FASCISTAS

MICHAEL MANN

FASCISTAS

Tradução de
CLÓVIS MARQUES

Revisão técnica de
MAURÍCIO PARADA

EDITORA RECORD
RIO DE JANEIRO • SÃO PAULO

2008

CIP-Brasil. Catalogação-na-fonte
Sindicato Nacional dos Editores de Livros, RJ.

M246f Mann, Michael, 1942-
Fascistas / Michael Mann; tradução de Clóvis Marques. – Rio de Janeiro: Record, 2008.

Tradução de: Fascists
ISBN 978-85-01-07589-5

1. Fascismo – Itália. 2. Guerra Mundial, 1939-1945 – Itália. I. Título.

07-3661 CDD – 320.533
CDU – 329.18

Título original em inglês:
FASCISTS

Direitos exclusivos de publicação em língua portuguesa para o Brasil adquiridos pela
EDITORA RECORD LTDA.
Rua Argentina 171 – Rio de Janeiro, RJ – 20921-380 – Tel.: 2585-2000
que se reserva a propriedade literária desta tradução

Impresso no Brasil

ISBN 978-85-01-07589-5

PEDIDOS PELO REEMBOLSO POSTAL
Caixa Postal 23.052
Rio de Janeiro, RJ — 20922-970

EDITORA AFILIADA

Sumário

Prefácio

Concebi inicialmente este estudo sobre o fascismo como um capítulo de um livro genérico sobre o século XX, o terceiro volume do meu trabalho *The Sources of Social Power* [As origens do poder social]. Meu terceiro volume, contudo, ainda está para ser escrito, pois o fascismo veio a absorver cada vez mais a minha atenção num período de sete anos. Meu "capítulo fascista" deveria ter sido escrito inicialmente, uma vez que na época eu freqüentava em Madri um instituto dotado de excelente biblioteca sobre o embate entre a democracia e o autoritarismo no entreguerras. Acontece que minha pesquisa sobre o fascismo acabou adquirindo as dimensões de um livro inteiro. E eu me dei conta, com enorme desalento (já que não é propriamente um tema agradável para ser tratado durante anos), de que ainda cresceria mais. Como os atos dos fascistas e simpatizantes culminaram em assassinatos em massa, tive de mergulhar também numa vasta literatura específica sobre os acontecimentos em torno da "Solução Final" ou "Holocausto". Logo percebi que essas duas literaturas — sobre os fascistas e seus genocídios — pouco tinham em comum. Tanto do ponto de vista acadêmico quanto do conhecimento popular, o fascismo e os assassinatos em massa cometidos durante a Segunda Guerra Mundial têm sido em grande medida mantidos em compartimentos separados, ocupados por teorias, dados e métodos diferentes. E estes compartimentos os mantêm segregados de outros fenômenos de limpeza étnica homicida que se têm manifestado com regularidade ao longo da era moderna — da América do século XVII à União Soviética do meado do século XX, a Ruanda-Burundi e à Iugoslávia no finzinho do século XX.

Essas três formas principais de comportamento humano profundamente deprimente — o fascismo, "o Holocausto" e, de maneira mais geral, os expurgos étnicos e políticos — têm afinidades de parentesco. Esta semelhança decorre de três fatores principais que se mostram mais patentes no fascismo: *nacionalismo orgânico, estatismo radical* e *paramilitarismo*. Sob condições ideais, todos os membros da família deveriam ser analisados num mesmo movimento. Dado meu pendor empiricista, contudo, eu sentia a necessidade de examiná-los mais, o que redundaria num livro de cerca de mil páginas, para leitura possivelmente de muito poucos — e que talvez não encontrasse editor.

De modo que desmembrei meu estudo em dois. Este volume diz respeito aos fascistas, focalizando sua chegada ao poder na Europa do entreguerras. Meu próximo volume, *The Dark Side of Democracy: Explaining Ethnic Cleansing* [O lado sombrio da democracia: Para entender a limpeza étnica], trata de toda a gama de movimentos modernos de expurgos étnicos e políticos, da época colonial aos dias de hoje, passando pelos genocídios na Armênia e dos nazistas. O inconveniente dessa divisão específica em dois volumes é que as "carreiras" das piores espécies de fascistas, especialmente os nazistas, mas também seus colaboradores, ficam parceladas. Sua ascensão é descrita neste volume, seus derradeiros atos, no outro. A vantagem é que os atos finais desses fascistas são relatados paralelamente a outros movimentos com os quais têm autênticas afinidades de parentesco — as milícias coloniais, as Forças Especiais turcas de 1915, o Angka cambojano, os Guardas Vermelhos, a milícia interahamwe hutu, os Tigres de Arkan e assim por diante. E com efeito o sentimento popular, especialmente entre seus inimigos e vítimas, identifica esta afinidade chamando-os todos de "fascistas!" — xingamento dos mais vagos, mas perfeitamente justificável. Pois estamos tratando de homens e mulheres brutais que utilizam meios paramilitares homicidas para atingir objetivos de nacionalismo e/ou estatismo radical (sendo todas estas características próprias do fascismo), ainda que articulados grosseiramente. Os estudiosos tendem a rejeitar essa designação genérica de "fascistas!", preferindo reservar a expressão (sem o ponto de exclamação) para os adeptos de uma doutrina bem mais estruturada. Como também tenho cá minhas pretensões acadêmicas, julgo estar no dever de compartilhar essa preferência pela exatidão conceitual. Mas a realidade pode ter a ver tanto com a doutrina quanto com o que é comum na prática. Este volume diz respeito aos fascistas segundo a definição dos estudiosos; meu outro volume fala dos responsáveis pelos piores atos e dos "fascistas!" no sentido mais popular e genérico da palavra.

Pude beneficiar-me grandemente dos conselhos e críticas de colegas na redação deste livro. Gostaria de agradecer especialmente a Ivan Berend, Ronald Fraser, Bernt Hagtvet, John Hall, Ian Kershaw, Stanley Payne e Dylan Riley. Agradeço ao Instituto Juan March de Madri por sua hospitalidade durante o primeiro ano de pesquisas para este livro e ao Departamento de Sociologia da Universidade da Califórnia em Los Angeles por ter sido em todo esse período a minha casa.

1

Uma sociologia dos movimentos fascistas

LEVANDO OS FASCISTAS A SÉRIO

Este livro tenta explicar o fascismo entendendo os fascistas — quem eram, de onde vieram, quais eram suas motivações, como chegaram ao poder. Centro minha atenção na ascensão dos movimentos fascistas, e não em regimes fascistas já instaurados. Investigo os fascistas em sua maré enchente em seus principais redutos na Europa do entreguerras, vale dizer, a Áustria, a Alemanha, a Hungria, a Itália, a Romênia e a Espanha. Para entender os fascistas, é necessário entender os movimentos fascistas. Pouco poderemos compreender dos fascistas individualmente e do que fizeram se não levarmos em conta que se uniram em organizações específicas de poder. Também precisamos inseri-los no contexto geral do século XX, em relação às aspirações de Estados mais eficazes e maior solidariedade nacional. Pois o fascismo não é uma aberração nem simplesmente uma questão de mero interesse histórico. O fascismo tem sido parte essencial, embora predominantemente indesejável, da modernidade. No início do século XXI, são sete os motivos pelos quais os fascistas ainda devem ser levados a sério.

(1) O fascismo não foi apenas um aspecto marginal no desenvolvimento da sociedade moderna. Disseminou-se por boa parte do núcleo da modernidade na Europa. Juntamente com o ambientalismo, foi a principal doutrina política de alcance histórico mundial surgida no século XX. Existe a probabilidade de que algo muito semelhante a ele, embora quase certamente com outro nome, venha a desempenhar um papel importante no século XXI. Os fascistas estão no próprio cerne da modernidade.

(2) O fascismo não foi um movimento apartado de outros movimentos modernos. Os fascistas apenas abraçaram com maior fervor o principal ícone político de nossa época, o Estado-nação, juntamente com suas ideologias e patologias. Devemos agradecer pelo fato de que hoje em dia a maior parte da população do mundo vive em Estados-nação moderados, dotados de poderes modestos e úteis e encarnando uma forma perfeitamente inofensiva de nacionalismo. As burocracias governamentais nacionais nos irritam, mas não nos aterrorizam — na realidade, servem eminentemente para atender a nossas necessidades. O nacionalismo também costuma manifestar-se de maneiras reconfortantemente domesticadas. Embora os franceses muitas vezes se considerem culturalmente superiores, os americanos afirmem que são o povo mais livre do planeta e os japoneses se considerem donos de uma homogeneidade racial sem equivalente, essas crenças altamente suspeitas servem para a satisfação própria, divertem os estrangeiros e raramente fazem mal a alguém.

O fascismo representa uma espécie de escalada para um segundo patamar além desse "brando nacionalismo de Estado". A primeira manifestação dessa escalada surgiu de duas formas paralelas, uma dizendo respeito à nação, a outra, ao Estado. No que se refere à nação, as aspirações democráticas se entrelaçaram com o conceito de nação "integral" ou "orgânica". Cabe ao "povo" governar, mas esse povo era considerado uno e indivisível, podendo assim excluir grupos étnicos minoritários e "inimigos" políticos (ver meu próximo livro, *The Dark Side of Democracy*, Capítulo 1, para análise aprofundada). Quanto ao Estado, assistimos no início do século XX à ascensão de um Estado mais forte, encarado como "portador de um projeto moral" e capaz de promover o desenvolvimento econômico, social e moral.[1] Em certos contextos, isto representava o surgimento de Estados mais autoritários. A combinação do nacionalismo e do estatismo modernos deixaria as aspirações democráticas de cabeça para baixo, transformando-as em regimes autoritários empenhados em "expurgar" da nação minorias e opositores. O fascismo, o segundo patamar da escalada, adicionou a esta combinação sobretudo um movimento paramilitar nitidamente "radical" e "fora de controle". A ele caberia neutralizar toda oposição ao Estado-nação com a violência vinda de baixo, qualquer que fosse o custo. Essa glorificação da violência concreta surgira em conseqüência da moderna "democratização" da guerra, transformada em guerra entre "exércitos de cidadãos". O fascismo, assim, propunha uma versão extrema e nitidamente paramilitar do nacionalismo de Estado (minha definição do fascismo pode ser encontrada mais adiante neste capítulo). Era apenas a versão mais extrema da ideologia política dominante de nossa era.

(3) A ideologia fascista deve ser levada a sério, em seus próprios termos. Não deve ser descartada por absurda, contraditória ou vaga. Hoje em dia, isto é perfeitamente aceito. Zeev Sternhell (1986: x) observou que o fascismo dispunha de "um corpo doutrinário não menos sólido ou indefensável em termos lógicos que qualquer outro movimento político". Em conseqüência, afirmava George Mosse (1999: x), "somente (...) quando houvermos entendido o fascismo de dentro para fora poderemos verdadeiramente avaliar seu poder de atração e sua força". Como os fascistas efetivamente ofereciam soluções plausíveis para os problemas sociais modernos, obtiveram apoio eleitoral de massa e um intenso comprometimento emocional de seus militantes. Naturalmente, como a maioria dos ativistas políticos, os fascistas eram heterogêneos e oportunistas. A importância da liderança e do poder no fascismo acentuava o oportunismo. Os líderes fascistas estavam autorizados a fazer praticamente qualquer coisa para tomar o poder, o que podia subverter outros valores fascistas. E no entanto a maioria dos fascistas, líderes ou liderados, acreditava em certas coisas. Não eram pessoas de temperamento estranho, sádicos ou psicopatas, nem meros portadores de um "saco de gatos" de dogmas e *slogans* mal digeridos (ou pelo menos não mais que qualquer um de nós). O fascismo foi um movimento de ideais elevados, que se mostrou capaz de convencer boa parte de duas gerações de jovens (especialmente nas camadas mais educadas) de que seria capaz de promover uma ordem social mais harmoniosa. Para entender o fascismo, adoto como metodologia levar a sério os valores assumidos pelos fascistas. Assim, cada um dos meus capítulos de estudo de caso começa com a explicação da doutrina fascista local, seguida, quando possível, de um relato daquelas que aparentemente constituíam as crenças dos fascistas comuns.

(4) Devemos levar a sério a base social dos movimentos fascistas e tentar ver que tipos de pessoas eram atraídas por eles. Eram poucos entre os fascistas os indivíduos marginais ou desajustados. Tampouco estavam eles confinados a classes ou outros grupos de interesses que tivessem o fascismo como

"fachada" para seus estreitos interesses materiais. Mas efetivamente existiam "clientelas fascistas centrais" nas quais os valores fascistas tinham maior repercussão. Esta constitui talvez a parte mais original deste livro, descortinando uma nova visão do fascismo, e ela decorre de uma metodologia que consiste em levar a sério os valores fascistas. Pois a clientela fascista central mantinha uma relação particularmente estreita com o ícone mais sagrado do fascismo, o Estado-nação. Devemos reconstituir essa clientela fervorosamente voltada para o Estado-nação para entender que tipos de pessoas poderiam sentir-se atraídos pelo fascismo.

(5) Também devemos levar a sério os movimentos fascistas. Eram hierarquizados mas num clima de camaradagem, corporificando ao mesmo tempo o princípio da liderança e uma coercitiva "jaula social", que ambos favoreciam o comprometimento, especialmente da parte de jovens do sexo masculino para os quais o movimento representava quase que uma "instituição total". Precisamos igualmente levar em conta seu caráter paramilitar, pois a "violência popular" foi crucial para o seu êxito. Os movimentos fascistas também foram mudando à medida que se sentiam atraídos por duas perspectivas diferentes. Uma delas consistia em utilizar o poder de maneiras cada vez mais radicais e violentas. A outra, em desfrutar das benesses do poder em conchavos por baixo do pano com poderosas elites tradicionais. Estas alternativas levaram a um endurecimento do fascismo (como na Alemanha) ou a seu abrandamento (como na Itália, pelo menos até o fim da década de 1930). Os fascistas também faziam "carreira" no movimento, o que podia levá-los por qualquer dos dois caminhos. Temos de observar os fascistas em ação: cometendo atos de violência, espancando, desenvolvendo carreiras.

(6) Devemos levar os fascistas "empedernidos" a sério num sentido muito mais sinistro, como responsáveis por graves atos de maldade. Não nos cabe desculpar ou relativizar, mas tentar entender. A capacidade de fazer o mal é uma característica humana essencial, assim como nossa capacidade de fazer o mal em nome de supostos objetivos morais. Os fascistas eram particularmente propensos a se iludir. Precisamos saber mais sobre as circunstâncias em que nós, seres humanos, o fazemos. Embora prefiramos escrever a história e a sociologia como um relato feliz, progressista e moral, esta seria uma grotesca distorção da realidade da experiência humana. O século XX testemunhou o mal de forma maciça, não como acidente ou ressurgência do primitivismo

em nós, mas como uma forma deliberada, intencional e essencialmente "moderna" de comportamento. Entender o fascismo é entender como pessoas aparentemente dotadas de elevados ideais de modernização acabariam gerando o mal absoluto. Deixo o pior, todavia, para meu próximo livro, *The Dark Side of Democracy.*

(7) Devemos levar a sério a possibilidade da volta dos fascistas. Se entendermos as condições em que foram gerados, estaremos em condições de entender melhor se podem voltar e o que fazer para evitá-lo. Algumas das condições geradoras do fascismo continuam presentes. O nacionalismo orgânico e a adoção de formas paramilitares com o objetivo de promover expurgos étnicos e políticos induzem hoje muitos milhares de pessoas em todo o mundo a cometer atos supostamente "idealistas", mas na realidade homicidas, contra vizinhos e adversários políticos considerados "inimigos". Podemos ficar horrorizados, mas não podemos descartar isto como simples retorno ao que há de "primitivo" em nós. Os expurgos étnicos e políticos constituem uma das maiores contribuições da civilização européia à modernidade, ao passo que o paramilitarismo violento é uma manifestação típica do século XX. Devemos entender esses aspectos da modernidade. Podemos nos regozijar pelo fato de o "estatismo" (o terceiro maior componente do fascismo, depois do nacionalismo orgânico e do paramilitarismo) estar em grande medida fora de moda, pois seus dois esteios históricos, o fascismo e o comunismo, ruíram desastrosamente. Os atuais regimes empenhados em promover expurgos tendem a ser paramilitares e autoritários, mas se dizem democráticos; as palavras "fascista" e "comunista" tornaram-se essencialmente formas vagas de xingamento. Quando o neoliberalismo supostamente desestatizado tiver tido tempo de fazer mal equivalente a certas partes do mundo, essa rejeição do Estado poderoso provavelmente se esvairá. Valores estatistas extremos poderão associar-se novamente ao nacionalismo paramilitar extremo em movimentos semelhantes ao fascismo — a menos que sejamos capazes de aprender com a história que aqui tento registrar. Não creio que novos movimentos venham a chamar-se fascistas, designação hoje tão detestada. Mas o fato é que parte da essência do fascismo continua viva.

Existem duas grandes correntes de pensamento sobre o fascismo. Uma "escola nacionalista" mais idealista, de que tratarei primeiro, concentra-se nas crenças e doutrinas do fascismo, ao passo que uma "escola classista" materialista, examinada posteriormente, chama a atenção para seus fundamentos de classe e sua relação com o capitalismo. Os debates entre as duas constituem mais uma reiteração da tradicional polêmica entre idealismo e materialismo nas ciências sociais. Entretanto, como as duas abordagens não raro parecem estar discutindo fenômenos em níveis diferentes — crenças em oposição a bases/funções sociais —, muitas vezes ficam falando sozinhas. Carecemos, assim, de uma teoria geral do fascismo que possa ser considerada aceitável. Uma teoria dessa natureza teria de ser construída com base em ambas as abordagens, aproveitando em cada uma delas o que é útil e adicionando o que é negligenciado pelas duas.

Optei por não impingir ao leitor uma dose muito pesada de teoria sociológica. Mas minha própria abordagem do fascismo decorre de um modelo mais genérico de sociedades humanas que rejeita o dualismo idealismo e materialismo. Meu trabalho anterior identificava quatro "fontes de poder social" primordiais nas sociedades humanas: ideológicas, econômicas, militares e políticas.[2] Os teóricos do fascismo que se baseiam nos conceitos de classe tendem a dar ênfase às relações de poder econômico em suas explanações, ao passo que os teóricos nacionalistas dão primazia à ideologia. Mas é necessário recorrer às quatro fontes de poder social para explicar a maioria dos desdobramentos sociais e históricos importantes. Para alcançar seus objetivos, os movimentos sociais manuseiam uma mistura de controle dos sistemas essenciais de significados (ideológico), controle dos meios de produção e troca (econômico), controle da violência física organizada (militar) e controle das instituições centralizadas e territoriais de regulação (político). Os quatro são necessários para explicar o fascismo. O fascismo de massa foi uma resposta às crises ideológicas, econômicas, militares e políticas posteriores à Primeira Guerra Mundial. Os fascistas tinham soluções a propor nos quatro casos. A organização fascista também associava consideráveis inovações ideológicas (geralmente chamadas de "propaganda"), eleitoralismo político de massa e violência paramilitar. Tudo isto tornou-se altamente ritualizado para intensificar o envolvimento emocional. Na tentativa de tomar o poder, os líderes fascistas também tentavam neutralizar as elites econômicas, militares, políticas e ideológicas (especialmente a Igreja). Deste modo, qualquer explicação do fascismo deve repousar no entrelaçamento das quatro fontes do poder social, como demonstram meus capítulos dedicados a estudos de caso empíricos. O último capítulo propõe o resultado desse modelo: uma explicação global do fascismo.

POR UMA DEFINIÇÃO DO FASCISMO

Naturalmente, precisamos definir os termos, embora não seja fácil. Alguns estudiosos recusam-se a definir o fascismo em sentido "genérico", considerando que o "verdadeiro" fascismo só existiu na Itália, seu país de origem. Já eu discordo, juntamente com muitos outros. Todavia, não busco desde logo uma definição genérica que possa ser aplicada a diferentes lugares e épocas. Busco apenas uma definição que tenha utilidade heurística ao longo do período entre as guerras na Europa — até o ponto em que chega meu último capítulo, quando levanto a questão de saber se tem havido movimentos fascistas em períodos mais recentes e em outros países.

Tratemos inicialmente de obter uma percepção geral do fascismo de acordo com os pontos de vista de seus mais destacados intelectuais, tendo como principais guias os comentários de Sternhell (1976, 1986, 1994) e Mosse (1999), assim como a compilação de textos fascistas efetuada por Griffin (1995). Inicialmente, eles eram em sua maioria esquerdistas não materialistas que aderiram ao nacionalismo orgânico. Em 1898, o francês Barrès deu a sua combinação pessoal o nome de "nacionalismo socialista", embora tenha sido a inversão desta expressão adotada pelo italiano Corradini, "socialismo nacional", que acabou vingando, apesar de, com a palavra socialismo, ele querer dizer na verdade sindicalismo: "Sindicalismo e nacionalismo juntos, são estas as doutrinas que representam a solidariedade", enfatizava. Os conflitos setoriais e de classe poderiam ser harmonizados com a ajuda de organizações sindicais coordenadas por um "Estado corporativo". Deste modo, o socialismo nacional estaria confinado em limites nacionais, transformando-se a luta de classes numa luta entre nações. As "nações proletárias" (como a Itália) eram exploradas por "nações burguesas" (como a Grã-Bretanha e a França). Para resistir, a nação proletária precisa lutar, com armas econômicas e mediante a "sagrada missão do imperialismo". Exceto a última parte da frase, isto se assemelha ao "socialismo terceiro-mundista" de anos recentes. Não eram idéias incomuns durante o século XX.

Na qualidade de esquerdistas não materialistas, esses homens também faziam o elogio da "resistência", da "vontade", do "movimento", da "ação coletiva", das "massas" e da dialética do "progresso" por intermédio da "luta", da "força" e da "violência". Estes valores nietzschianos tornavam o fascismo "radical". Os fascistas estavam decididos a superar implacavelmente toda oposição, pela vontade, pela força e o que fosse necessário, sem compromissos nem escrúpulos. Na prática, isto significava a constituição de forças paramilitares, além de partidos. Coletivistas, eles desprezavam o "individualismo amoral" do liberalismo de livre mercado e a "democracia burguesa", que negligenciavam os interesses das "comunidades vivas" e da "nação como todo orgânico". A nação era essencialmente una e indivisível, uma entidade viva e palpitante, definida como "integral" ou "orgânica". Ser alemão, italiano ou francês, sustentavam os fascistas, significava muito mais do que viver num espaço geográfico; significava algo que os estrangeiros não podiam avaliar, envolvendo uma identidade emocional básica, fora da esfera da razão. Como enfatiza Mosse, a versão alemã da nação diferia da européia do sul, sendo tão racial quanto cultural. Recorria mais ao darwinismo social, ao anti-semitismo e a outras correntes teóricas raciais do século XIX para formar um *Volk*, uma unidade étnico-cultural singular que transcendia qualquer possibilidade de conflito em seu interior, mas ao mesmo tempo erguendo limites mais altos contra os outros povos.

A nação, todavia, tinha uma estrutura tanto moral quanto racional. Recorrendo a Rousseau e Durkheim, os teóricos afirmavam que instituições competitivas como os mercados, os partidos, as eleições ou as classes não eram capazes de gerar moralidade. Esta teria de vir da comunidade, da nação. O francês Berth investia contra o liberalismo: "A sociedade é levada a um ponto em que se transforma unicamente num mercado formado por átomos entregues ao livre comércio, e em cujo contato tudo mais se dissolve. (...) partículas minúsculas de indivíduos, enfeixados nos limites estreitos de suas consciências e de suas caixas registradoras." Panunzio e Bottai seguiam Durkheim no elogio das virtudes da "sociedade civil", enxergando nas associações comunitárias voluntárias as bases da liberdade. Mas elas deveriam ser integradas num Estado corporativo que então cuidaria de representar os interesses da nação como um todo. Sem esta vinculação entre o Estado e as associações comunitárias, sustentavam, o Estado ficaria "vazio", com "déficit de conteúdo sociológico", como acontecia no Estado liberal (Riley 2002: capítulo 1). Em contraste, o Estado fascista seria "corporativo" e "sociológico", baseado em fortes vínculos associativos. Mais uma vez, parece perfeitamente moderno. Berth e Panunzio poderiam estar criticando o neoliberalismo dominante cem anos mais tarde.

Os intelectuais fascistas também atacavam uma esquerda aprisionada num "materialismo burguês" passivo. Suas pretensões revolucionárias haviam sido desmascaradas, afirmavam, pelo superior poder mobilizador da guerra moderna entre nações. As verdadeiras massas da modernidade eram as nações, e não as classes. O conflito de classes entre capitalistas e trabalhadores não era o cerne do problema, insistiam. A verdadeira luta era empreendida, isto sim, por "trabalhadores de todas as classes", "as classes produtivas", alinhadas contra inimigos "improdutivos", em geral identificados como capitalistas financeiros, estrangeiros ou judeus. Eles defenderiam os trabalhadores produtivos de todas as classes. O francês Valois escreveu que "nacionalismo + socialismo = fascismo", e o inglês Oswald Mosley afirmou: "Quem ama nosso país, é nacional, e quem ama nosso povo é socialista." Eram idéias de forte apelo no início do século XX, a "era das massas", pois os fascistas prometiam "transcender" uma luta de classes que aparentava então estar dilacerando o tecido social. E com efeito, versões abrandadas dessas pretensões de transcendência têm sido adotadas pela maioria dos movimentos políticos bem-sucedidos do século XX.

A nação deveria ser representada por um Estado corporativista e sindicalista. Ela seria capaz de "transcender" a decadência moral e o conflito de classes da sociedade burguesa no contexto de um "plano total" que oferecesse uma "terceira via" estatista entre capitalismo e socialismo. O italiano Gentile (adepto tardio do fascismo) alegava que o fascismo resolvia o "paradoxo entre liberdade e autoridade. A autoridade do Estado é absoluta". Mussolini concordava: "Tudo no Estado, nada contra o Estado, nada fora do Estado." "O nosso será um Estado totalitário a serviço da integridade da pátria", proclamava o espanhol José Antonio Primo de Rivera. O belga Henri de Man aplaudia a "democracia autoritária". A "revolução fascista" haveria de gerar "o homem total na sociedade total, sem conflitos, submissão nem anarquia", dizia o francês Déat.

Mas este seria o futuro. No momento, a nação teria de lutar contra seus inimigos para alcançar a auto-realização. E seria liderada por uma elite paramilitar. Os fascistas mais radicais endossavam a idéia do "assassinato moral". Sustentavam que a violência paramilitar seria capaz de "expurgar", "purificar", "regenerar" a elite que a cometesse, e também toda a nação. Valois o expressava de forma brutal:

> Ao burguês brandindo seus contratos e estatísticas:
> — Dois mais três fazem...
> — Zero — retruca o bárbaro, arrebentando sua cabeça.

Para Valois, o fascista "bárbaro" representava a moralidade, já que só ele representava a comunidade orgânica da nação, da qual decorriam todos os valores morais. Naturalmente, para esses intelectuais, vivendo no mesmo mundo pós-nietzschiano que gerou o vitalismo, o surrealismo e o dadaísmo, boa parte de tudo isto não passava de metáforas literárias. Mas os militantes fascistas haveriam posteriormente de invocar essas justificações para suas atividades.

O'Sullivan (1983: 33-69) observa que os fascistas odiavam a natureza "limitada" da democracia liberal, sua forma de governo imperfeita, indireta e apenas "representativa" (e não "direta"). A democracia liberal tolera os conflitos de interesses, "salões enfumaçados", "especulação" e compromissos "sujos" e "sem princípios". Na realidade, a aceitação das imperfeições e do compromisso é a essência tanto da democracia liberal quanto da democracia social, o que reduz os potenciais "inimigos" a meros "adversários", com os quais seria possível fazer acordos. As democracias liberal e social não reconhecem nenhum monopólio da virtude, nenhuma verdade absoluta. São anti-heróicas. Escrevendo estes dois livros, aprendi a não esperar que nossos políticos democráticos sejam demasiado apegados a princípios. Precisamos de seu instrumentalismo, de seus acordos sujos. Mas os fascistas não pensavam assim. Eles encaravam a política como uma militância sem limites para alcançar valores morais absolutos. Na expressão de Max Weber, era a "racionalidade de valores", voltada para a realização de valores absolutos, e não apenas de interesses instrumentais.

Chegávamos assim a um conteúdo emocional mais elevado. O fascismo considerava-se uma *cruzada*. Os fascistas não encaravam o mal como uma tendência universal da natureza humana. Como certos marxistas, os fascistas acreditavam que o mal estava encastelado em instituições sociais específicas, podendo portanto ser descartado. Sendo orgânica e expurgada, a nação poderia ser aperfeiçoada. Como observa O'Sullivan, o líder fascista romeno Codreanu constituía neste sentido um exemplo extremo. Ele via em sua própria "Legião do Arcanjo Miguel" uma força moral: "Todas [as demais] organizações políticas (...) acreditam que o país morria por falta de bons programas; conseqüentemente, montavam um programa perfeitamente estruturado para começar a arregimentar seguidores." Pelo contrário, afirmava Codreanu, "nosso país está morrendo de falta de homens, e não de programas". "Precisamos de homens, novos homens." Deste modo, a Legião libertaria a Romênia do "poder do mal". Ela abrigaria "heróis", "as melhores almas que nossas mentes sejam capazes de imaginar, as mais orgulhosas, mais elevadas, mais retas, mais fortes, mais inteligentes, mais corajosas e mais trabalhadeiras que nossa raça possa produzir". Será necessário lutar contra os "inimigos" que poluem a nação (Codreanu 1990: 219-21). Ele acreditava que, para defender o bem contra o mal, a violência era moralmente legítima.

Naturalmente, contudo, para entender os fascistas não podemos ater-nos aos intelectuais. Como poderiam as idéias que acabamos de arrolar mobilizar milhões de europeus? Quais as condições da vida real que tornavam plausíveis sentimentos tão extraordinários? Sternhell tende a considerar que o fascismo já estava pronto antes da Primeira Guerra Mundial, negligenciando a conversão, durante a guerra, através de uma retórica vociferante, de poucos em um movimento de massas. Sem a Grande Guerra, o fascismo provavelmente não teria passado de uma nota no rodapé da história. Mas não é fácil investigar os valores e emoções dos fascistas subalternos de períodos posteriores. A maioria não deixou muitos registros de seus pontos de vista. E, quando o fizeram, mentiam em muitos casos (pois na época estavam sendo julgados e corriam risco de vida). Reuni nos capítulos empíricos os documentos que pude recolher.

O relato de Sternhell também parece por demais voltado para os primeiros intelectuais italianos, espanhóis e franceses, flagrantemente omitindo os alemães. Mosse e outros afirmam que "fascismo" não é o mesmo que "nazismo". Consideram que os nazistas racistas e anti-semitas estavam mais voltados para o povo, o *Volk*, e menos para o Estado, e que os nazistas não dispunham de um modelo de Estado utópico. Era o movimento nazista e não o Estado que representava a nação, que era personificada pelo Führer. Em contraste, os fascistas da Europa meridional raramente eram racistas ou antissemitas, tendo desenvolvido esquemas corporativistas e sindicalistas para o desejado Estado. Enquanto o nazismo era *völkisch,* o fascismo era estatista (Mosse 1964, 1966, 1999; Bracher 1973: 605-9; e Nolte 1965, entre outros). E só o racismo nazista cometeu genocídio, afirmam. O nazismo, portanto, não era uma forma de fascismo.

Embora exista aí alguma verdade, alinho-me com os que acreditam que os nazistas *eram* fascistas e que o fascismo pode ser tratado como um fenômeno mais global. Hitler e Mussolini consideravam que pertenciam ao mesmo movimento. "Fascismo" era uma palavra italiana, que os nazistas, sendo nacionalistas alemães, não queriam tomar de empréstimo (o mesmo caso de certos autores espanhóis invariavelmente chamados de fascistas). Como veremos adiante, no entanto, os dois movimentos compartilhavam valores centrais semelhantes, tinham bases sociais semelhantes e deram origem a desdobramentos semelhantes. O nazismo dava mais ênfase ao nacionalismo, o fascismo italiano, ao estatismo. Mas eram variações sobre temas comuns.

A tendência para estabelecer uma dicotomia entre o nazismo e o fascismo italiano também revela uma obsessão com a Alemanha e a Itália. Mas o fato é que o fascismo disseminou-se mais amplamente, contra um pano de fundo de generalizada fermentação política, especialmente na direita. Focalizo aqui cinco casos de movimentos fascistas de massa: Itália, Alemanha, Áustria, Hungria e Romênia. Embora cada um deles fosse diferente, compartilhavam todos certas características. Constituíam uma família de fascistas, diferindo sobretudo na capacidade de tomar o poder. Só os três primeiros conseguiram instaurar regimes fascistas estáveis, embora breves. Isto ocorreu sobretudo porque seus impulsos ascensionais se deram em momentos diferentes, o que levou seus adversários políticos, especialmente os da direita, a adotar estratégias diferentes para fazer frente. Na realidade, a Áustria, a Hungria e a Romênia constituem casos nos quais podemos analisar uma dialética entre o fascismo e formas mais conservadoras de autoritarismo, dialética que nos ajuda a entender a natureza do fascismo de maneira mais global. Analiso, por fim, a Espanha, um dos países que contiveram relativamente poucos fascistas porém muitos simpatizantes, e nos quais nacionalistas e estatistas mais conservadores lograram manter sob firme controle seus aliados fascistas. Meu próximo livro também abarca uma série de movimentos nacionalistas de tendências fascistas — eslovacos, croatas, ucranianos, lituanos e assim por diante — que adaptaram diferentes misturas de fascismo italiano e nazismo alemão a seus objetivos específicos. Não havia uma dicotomia, mas um *espectro* de doutrinas e práticas fascistas — exatamente como em movimentos como o conservadorismo, o socialismo e o liberalismo.

Ao contrário do socialismo (que tem o marxismo), contudo, o fascismo não contém uma teoria sistemática. Os autores citados anteriormente sustentam uma série de coisas no vago arcabouço de uma *Weltanschauung* ("visão de mundo"), uma série de pontos de vista que de maneira geral "se coadunam" e a partir dos quais diferentes movimentos fascistas selecionaram o que lhes convinha. Vários estudiosos tentaram identificar este cerne. Nolte (1965) identificou um "mínimo fascista" associando três "antis" ideológicos — antimarxismo, antiliberalismo e anticonservadorismo —, mais duas características próprias do movimento, o princípio de liderança e o partido-exército, tudo isto orientando para uma meta final: o "totalitarismo". Isto não parece muito esclarecedor sobre o que os fascistas positivamente queriam, ao passo que a ênfase nos antis leva-o à dúbia conclusão de que o fascismo era essencialmente uma forma reacionária de antimodernismo.

Stanley Payne é hoje o mais destacado pesquisador em história comparada do fascismo. Ele considera que o cerne do fascismo abrange os três antis de Nolte e uma série de outras coisas: nacionalismo, estatismo autoritário, corporativismo e sindicalismo, imperialismo, idealismo, voluntarismo, romantismo, misticismo, militarismo e violência. Uma lista e tanto! Mas reduz tudo isto a três categorias — estilo, negações e programas —, embora se trate de qualidades mais abstratas que substantivas. E conclui afirmando que o fascismo foi "a mais revolucionária forma de nacionalismo", centrando-se no idealismo filosófico e na violência moralista (1980: 7; 1995: 7-14). A conclusão não parece suficientemente clara e, quando ele tenta categorizar subtipos do fascismo, revela-se que são basicamente nacionalidades (alemã, italiana, espanhola, romena, húngara e uma série de outras de caráter "subdesenvolvido"), o que parece meio caminho andado para a negação de qualquer cerne teórico no fascismo.

Juan Linz é o mais destacado sociólogo do fascismo. Sua definição é ainda mais longa:

> Um movimento hipernacionalista, freqüentemente pan-nacionalista, antiparlamentar, antiliberal, anticomunista, populista e portanto antiproletário, em parte anticapitalista e antiburguês, anticlerical ou pelo menos não-clerical, tendo como objetivo a integração social nacional através de um partido único e da representação corporativa, nem sempre com ênfases iguais; dotado de estilo e retórica muito próprios, baseava-se na atuação de militantes dispostos a atos de violência associados a uma participação no processo eleitoral para conquistar o poder com objetivos totalitários, mediante combinação de táticas legais e violentas.

Ele também cita com aprovação Ramiro Ledesma Ramos, proeminente fascista espanhol, que definiu o fascismo de maneira pouco menos longa, numa sucessão de frases compactas:

> Profundo sentimento nacional. Oposição às instituições demo-burguesas, ao Estado parlamentar liberal. Desmascaramento dos verdadeiros poderes feudais da sociedade atual. Economia nacional e economia popular contra o grande capitalismo financeiro e monopolista. Senso de autoridade, disciplina e violência. Hostilidade à solução antinacional e anti-humana que o classismo proletário parece oferecer para os óbvios problemas e injustiças do sistema capitalista (Linz 1976: 12-15).

Estes autores efetivamente transmitem a *Weltanschauung* fascista, dando a entender que seu cerne se encontra no "hiper"-nacionalismo. Mas provavelmente seria necessário um detalhamento mais claro, ainda que mais conciso, para obter uma definição genérica adequada.

É o que tem sido tentado em estudos mais recentes. Roger Eatwell fornece uma definição concisa. O fascismo, diz, "tenta propiciar o renascimento social com base numa terceira via radical holístico-nacional". Ele acrescenta que, na prática, o fascismo tende a dar ênfase ao estilo, especialmente à ação e a um líder carismático, mais do que a um programa detalhado, e a ceder a uma "demonização maniqueísta de seus inimigos" (2001: 33; cf. 1995: 11; e 1996). Abre então o espectro dessa descrição enumerando quatro características principais: nacionalismo, holismo (vale dizer, coletivismo), radicalismo e "terceira via". A terceira via ocupa um espaço entre capital e trabalho, direita e esquerda, extraindo o melhor de cada. Como isto significa que o fascismo tem algo de prático a oferecer à sociedade moderna, ele não o considera antimoderno, mas uma visão alternativa da modernidade. A definição de Eatwell é a que mais se aproxima da minha, reproduzida adiante.

Roger Griffin tenta uma definição genérica centrando-se mais exclusivamente em valores. Neste sentido, segue os passos de Sternhell e Mosse. Ele vê o fascismo como um "cerne mítico" do "ultranacionalismo popular", inspirado na idéia de renascimento da nação, da raça ou da cultura, na tentativa de criar um "homem novo". O fascismo é um "mito palingênico" do ultranacionalismo populista, buscando o renascimento da nação, qual Fênix, das cinzas de uma velha ordem social decadente. É "uma categoria da política moderna empenhada em promover uma revolução total na cultura política e social de determinada comunidade nacional ou étnica. (...) O fascismo como fenômeno genérico extrai sua coesão interna e sua força propulsora afetiva do mito fundamental de que um período de decadência e degenerescência mais cedo ou mais tarde dará lugar a outro de renascimento e rejuvenescimento numa nova ordem pós-liberal". Ele concorda com Eatwell no sentido de que o fascismo representa uma forma alternativa de modernização. E considera que sua visão do fascismo vem-se tornando a visão de "consenso", a ela se opondo apenas os materialistas, que trata de ridicularizar. Ela revela "a primazia da cultura" no fascismo. Ele também considera o fascismo uma "religião política" (1991: 44; 2001: 48; 2002: 24).

Mas o idealismo de Griffin não chega a ser motivo de orgulho, mostrando-se gravemente insuficiente. Como haveria um "mito" de gerar "coesão interna" e "força propulsora"? Um mito não pode ser agente de propulsão ou integração do que quer que seja, pois as idéias não estão soltas e desvinculadas de tudo no ar. Sem as organizações de poder, as idéias não podem fazer nada. O que falta aqui é alguma noção de poder. E um certo senso prático também parece estar faltando nesta definição. Os fascistas certamente terão oferecido algo mais útil do que o renascimento mítico da nação. Quem votaria apenas nisto? Embora o fascismo efetivamente tivesse um lado irracional, também era bastante prático e objetivo, apresentando programas econômicos e estratégias políticas (como igualmente observa Eatwell 2001). Também estava decididamente voltado para o mundo concreto, despreocupado do aspecto sagrado e religioso da experiência humana, embora disposto a moldá-lo a seus objetivos.

Mas o idealismo efetivamente parece estar por trás da maioria dessas definições. A primazia é dada, em geral, às idéias fascistas. O nacionalismo parece desencarnado, divorciado de seu principal portador concreto no mundo real, o Estado-nação. Todos os fascistas desejavam ao mesmo tempo, entrelaçados, uma nação coesa e um Estado forte. Griffin também pasteuriza o fascismo, guardando silêncio sobre a flagrante brutalidade de sua violência e de seu paramilitarismo, e até mesmo Eatwell afirma que o fascismo só "às vezes" gera violência (Linz, Nolte e Payne não passam por cima da violência).

A solução no caso dessas omissões, entretanto, não é abraçar a tradicional alternativa "materialista" ao idealismo, acrescentando a relação do fascismo com o capitalismo e as classes. Devemos definir o fascismo em seus próprios termos, mas acrescentando a seus valores os seus programas, atos e organizações. O fascismo não foi apenas um conjunto de indivíduos com determinadas convicções. Só teve um forte impacto no mundo em virtude de suas ações coletivas e formas organizacionais. Os fascistas abraçaram o compromisso com o elitismo, a hierarquia, o companheirismo, o populismo e a violência contidos numa forma algo vaga e paramilitar de estatismo. Se o fascismo fosse apenas uma questão de "mitos palingênicos de renascimento", que riscos ofereceria? Se não passasse de uma forma extrema de nacionalismo, teria sido apenas desagradavelmente xenofóbico. Ao abraçarem o paramilitarismo, contudo, os fascistas se coagiram reciprocamente à ação extremada, eliminaram seus adversários e convenceram muitos observadores de que seriam capazes afinal de trazer "ordem" à sociedade moderna. Seu Estado autoritário tratou então de impor a obediência ao povo, esmagando a oposição e cometendo assassinatos em massa. De modo que de nossa definição do fascismo devem constar tanto os valores fundamentais quanto as formas organizacionais essenciais do movimento.

UMA DEFINIÇÃO DO FASCISMO

Defino o fascismo com base nos valores essenciais, nas ações e nas organizações de poder dos fascistas. Resumidamente, *o fascismo é a tentativa de construção de um Estado-nação transcendente e expurgado por meio do para-*

militarismo. Esta definição contém cinco termos-chave que requerem maior explicação. Cada um deles também encerra tensões próprias.

(1) *Nacionalismo*. Como todos sabem, os fascistas tinham um profundo compromisso populista com uma nação "orgânica" ou "integral", implicando acentuada preocupação com seus "inimigos", tanto no exterior quanto (particularmente) no próprio país. Demonstravam baixíssima tolerância para com a diversidade étnica ou cultural, pois ela subverteria a unidade orgânica ou integral da nação. A agressão aos inimigos que supostamente ameaçariam essa unidade orgânica está na origem do extremismo fascista. O nacionalismo de tonalidades raciais revelou-se ainda mais extremado, já que a raça é uma característica inata. Nascemos com ela, que só pode ser eliminada com nossa morte ou desaparecimento. Assim foi que o nacionalismo racial nazista mostrou-se mais obcecado com a "pureza" e se revelou mais mortífero do que o nacionalismo cultural italiano, que de maneira geral permitia a adesão à nação daqueles que se mostrassem capazes de ostentar os valores e comportamentos aceitos.

Considero o conceito de "renascimento", visto por Griffin como a característica-chave do fascismo, uma característica mais genérica do nacionalismo, inclusive de formas muito mais brandas de nacionalismo — como no caso, por exemplo, dos nacionalismos irlandês, lituano ou zimbabuano. Como as nações na realidade são modernas (com uma ou duas exceções) e os nacionalistas alegam que são antigas, o paradoxo é resolvido por estes com uma visão de revivescência ou renascimento de uma nação supostamente antiga, já agora adaptada aos tempos modernos.[3] Nesses casos, o mito remete e dá continuidade à grandeza anterior dos *High Kings*, do Grão-Ducado ou do Grande Zimbábue — mas ninguém acredita que isto funcionaria hoje.

(2) *Estatismo*. Esta idéia envolvia ao mesmo tempo uma meta e uma forma organizacional. Os fascistas adoravam o poder de Estado. O Estado corporativo autoritário supostamente seria capaz de resolver crises e gerar o desenvolvimento social, econômico e moral, como enfatiza Gregor (1979). Como o Estado representava uma nação considerada essencialmente orgânica, precisava ser autoritário, encarnando uma vontade única e coesa expressa por uma elite partidária obediente ao "princípio de liderança". Os estudiosos costumavam dar ênfase ao caráter "totalitário" dos objetivos e dos Estados fascistas; Burleigh (2000) e Gregor (2000) ainda o fazem. Outros consideram

que o objetivo fascista era a "transformação total" da sociedade, dando ênfase, contudo, aos recuos que se verificavam no caminho. Consideram o pretendido Estado fascista vago e contraditório, contendo elementos opostos nas áreas partidária, corporativista e sindicalista, e observam com freqüência que, quando no poder, o fascismo tinha um Estado surpreendentemente fraco. Trataram de detalhar o facciosismo e as barganhas de Mussolini (Lyttleton 1987) e a "policracia" e mesmo o "caos" do regime nazista (Broszat 1981; Kershaw 2000). De modo que compreensivelmente hesitam frente ao qualificativo de "totalitário". Como os comunistas, os regimes fascistas apresentavam uma dialética entre "movimento" e "burocracia", entre "revolução permanente" e "totalitarismo" (Mann 1997). Também podemos identificar uma certa tensão entre um sindicalismo/corporativismo mais organizado de estilo italiano e a preferência nazista por uma ditadura mais fluida e "policrática". E em todos os regimes a tendência para um Estado uno e burocrático era solapada pela militância partidária e paramilitar e pelos acertos com elites rivais. O fascismo era mais totalitário em seus objetivos transformadores do que na efetiva forma de seu regime.

(3) *Transcendência.* Os fascistas rejeitavam as idéias conservadoras de que a ordem social vigente é essencialmente harmoniosa. Rejeitavam as idéias liberais e social-democratas de que os conflitos entre grupos de interesse são uma característica normal da sociedade. E rejeitavam também as idéias esquerdistas de que a harmonia só poderia ser alcançada pela derrubada do capitalismo. Os fascistas tiveram origem ao mesmo tempo na direita, no centro e na esquerda, contando com sustentação em todas as classes (Weber 1976: 503). Atacavam tanto o capital quanto o trabalho, assim como as instituições democráticas liberais que supostamente exacerbavam seu confronto. O nacionalismo de Estado fascista seria capaz de "transcender" os conflitos sociais, inicialmente reprimindo os que fomentavam os antagonismos, "dando com a cabeça de um na do outro", para em seguida incorporar as classes e outros grupos de interesse nas instituições corporativistas de Estado. A expressão "terceira via", adotada por Eatwell, parece demasiado débil para essa meta de transformação revolucionária, passível de ser apropriada por políticos de centro como Tony Blair. E decididamente não representava um compromisso ou uma simples convergência do melhor dos dois antagonistas (como afirma Eatwell). Pois efetivamente envolvia a suposta criação de um homem novo.

O fascismo foi em certa medida uma reação à crise do capitalismo (como sustentam os materialistas), mas propunha uma solução revolucionária e supostamente viável. Veremos adiante que a "clientela de base" da sustentação fascista só pode ser entendida levando-se a sério suas aspirações de transcendência, pois eram absolutamente sinceros a este respeito. Era também o elemento mais forte, em termos ideológicos, de seu apelo, oferecendo um horizonte plausível e viável de movimento em prol de uma sociedade melhor. A transcendência era, na realidade, o esteio central do programa eleitoral fascista. Em meu trabalho anterior, tenho sustentado que as ideologias exibem sua maior força quando oferecem horizontes plausíveis mas transcendentes para um mundo melhor. Associam o racional com o que está além do racional.

Mas a transcendência era o mais problemático e o mais variável dos cinco termos-chave do fascismo. Nunca chegou efetivamente a se concretizar. Na prática, a maioria dos regimes fascistas inclinava-se para a ordem estabelecida e o capitalismo. Os fascistas não dispunham de uma crítica geral do capitalismo (ao contrário dos socialistas), pois em última análise não se interessavam pelo capitalismo e pela divisão da sociedade em classes. O centro de gravidade de seu interesse estava na nação e no Estado, e não nas classes. O que era suficiente para gerar um confronto com a esquerda e não com a direita, pois os marxistas e os anarquistas, e não os conservadores, é que tendiam a estar comprometidos com o internacionalismo. Mas os fascistas, ao contrário da esquerda e da direita, podiam mostrar-se bastante pragmáticos em relação às classes — quando não as viam como inimigas da nação. Deste modo, não atacavam o capitalismo em si mesmo, mas tipos específicos de busca do lucro, geralmente no terreno das finanças ou por parte de capitalistas estrangeiros ou judeus. Na Romênia e na Hungria, onde dominavam estes tipos de capitalistas, o fascismo adquiriu um caráter nitidamente proletário. Em outros países, os movimentos fascistas eram mais pró-capitalistas. Ao se aproximarem do poder, defrontavam-se com um problema especial. Embora esperassem subordinar os capitalistas a seus objetivos, acreditavam, como autoritários que eram, na importância do gerenciamento, mas reconheciam carecer da capacitação tecnocrática para administrar indústrias. Entravam, assim, em acerto com os capitalistas. Além disso, os golpes fascistas da Alemanha e especialmente da Itália contaram com o apoio das classes altas. No poder, Mussolini nunca deu a impressão de estar empenhado em corrigir esse viés favorável à classe dominante, embora o mesmo não se desse com Hitler. Se o seu regime tivesse durado muito mais, duvido que a economia do Reich pudesse continuar a ser chamada de "capitalista".

No breve período de que puderam desfrutar, contudo, os fascistas efetivamente tenderam a recuar do projeto original de transcendência do conflito de classes. Esta "traição" é enfatizada nas interpretações do fascismo do ponto de vista da luta de classes e também por aqueles que duvidam da sinceridade ou da coerência dos valores fascistas (por exemplo, Paxton 1994, 1996). Mas os fascistas não poderiam simplesmente "acomodar-se" na traição. Todos os movimentos fascistas mostraram-se divididos entre "radicais" e "oportunistas", o que conferiu uma dinâmica hesitante ao movimento. Uma das manifestações disto revelou-se particularmente durante o regime nazista. Essa dinâmica deslocava em vez de simplesmente relegar a meta da transcendência. Os fascistas transcendiam então os conflitos étnicos e de classe, mas tratavam de remover apenas os inimigos étnicos, já que era necessário entrar em acerto com o inimigo de classe capitalista. Esse deslocamento das metas de transcendência na realidade agravava o caráter homicida do fascismo — também na Itália, no fim das contas, além da Alemanha, como demonstrarei em meu próximo livro.

(4) *Expurgos.* Como eram vistos como "inimigos", os adversários precisavam ser eliminados, sendo a nação expurgada de sua presença. Era a agressão fascista em ação. É constrangedor que de novo nos tenhamos familiarizado recentemente com a "limpeza étnica", embora o expurgo de inimigos políticos tenha recebido menos publicidade no fim do século XX. Geralmente os nacionalistas orgânicos consideram os inimigos étnicos os mais difíceis de lidar, pois as identidades políticas podem ser mais facilmente trocadas. Os comunistas podem ser reprimidos e até mesmo mortos, mas se renegam suas crenças podem na maioria dos casos ser admitidos na nação. Deste modo, os expurgos políticos freqüentemente têm início de forma homicida, acabando por abrandar-se quando o "inimigo" cede e vem a ser assimilado na nação. A limpeza étnica tende mais a sofrer uma escalada, pois não se pode permitir que o "inimigo" seja assimilado. Na maioria dos fascismos, limpeza étnica e expurgos políticos estavam entrelaçados, embora em graus diferentes. Até mesmo os supostos "inimigos" dos nazistas apresentavam roupagem étnico-política mesclada, como no caso dos temidos "judeu-

bolcheviques". Movimentos como o fascismo italiano e o nacionalismo espanhol identificavam a maior parte de seus inimigos em termos predominantemente políticos. Assim, o extremo nazista do espectro, de caráter mais étnico, era também mais homicida do que o italiano.

(5) O *paramilitarismo* representava ao mesmo tempo um valor fundamental e uma decisiva forma organizacional do fascismo. Era considerado "popular", crescendo de forma espontânea de baixo para cima, mas também era elitista, supostamente representando a vanguarda da nação. Brooker (1991) detém-se na camaradagem existente nos movimentos fascistas como característica definidora, e é certo que eles consideravam essa camaradagem testada na luta como uma manifestação da nação orgânica e do homem novo. A violência era a chave do "radicalismo" do fascismo. Os fascistas derrubavam formas legais com matanças. Através do fascismo, o povo alcançaria a transcendência de classe, "dando com as cabeças de uns nos outros". Seu elitismo e sua organização hierárquica passariam então a dominar o Estado autoritário por ele criado. Em hipótese alguma um movimento fascista seria apenas um "partido". Na realidade, os fascistas italianos por muitos anos estiveram organizados apenas em grupos paramilitares. O fascismo sempre foi um movimento uniformizado, em marcha, armado, perigoso e radicalmente desestabilizador da ordem vigente.

O que essencialmente distingue os fascistas das muitas ditaduras militares e monárquicas é esse caráter "de baixo para cima" e violento do seu paramilitarismo, capaz de gerar popularidade, tanto em termos eleitorais quanto entre as elites. Os fascistas sempre apresentaram sua violência como "defensiva" mas "bem-sucedida", capaz de derrubar inimigos que representariam a verdadeira origem da violência. Nem todos acreditavam, mas muitos o faziam, o que aumentava sua popularidade, o número de votos e o interesse das elites. Deste modo, o paramilitarismo representava para eles uma típica forma de abordagem da democracia eleitoral e das elites estabelecidas, ambas desprezadas na realidade. O paramilitarismo deve ser visto sempre como fenômeno entrelaçado com duas outras fontes essenciais do poder fascista: na luta eleitoral e no solapamento das elites. Foi o paramilitarismo — enjaulando os fascistas, coagindo seus adversários, conquistando o apoio ou o respeito do público em geral — que permitiu aos fascistas fazer muito mais do que seria de se esperar, considerando-se seus contingentes. Assim, o paramilitarismo era violência, mas sempre foi muito mais do que violência. Certamente não conferia aos fascistas meios de efetiva violência suficientes para organizar golpes que significassem enfrentar as forças armadas. Os paramilitares não representavam um poder militar. Os golpes fascistas só podiam ocorrer quando os fascistas se mostravam capazes de neutralizar o poder militar atraindo os soldados.

Esse conjunto de qualidades evidentemente tornava os fascistas "revolucionários", mas não em termos convencionais de esquerda/direita. Seria inexato chamá-los de "revolucionários de direita", como têm feito alguns. Essas diferentes qualidades também significam que os movimentos podem ser mais ou menos fascistas. Em princípio, poderíamos mapear os movimentos fascistas (cada um deles, naturalmente, único) num espaço de cinco dimensões, embora deva reconhecer aqui que isto estaria além de minha capacidade de representação. Tampouco está em meu escopo comparar movimentos fascistas e comunistas sob esses aspectos, embora existam certas semelhanças evidentes, além de algumas diferenças. Os dois têm constituído visões aternativas, ainda que fracassadas, da modernidade.

O APELO DO FASCISMO: TEORIA DE CLASSE

Sobre quem exerciam atração essas características essenciais? Que tipo de pessoa podia tornar-se fascista, e o que esperava do fascismo? Curiosamente — já que se trata de movimentos que negavam a importância das classes — as respostas são dadas em sua maioria por representantes das teorias de classe. Eles encaram o fascismo como produto dos conflitos de classe e das crises econômicas, sendo sua principal realização a solução das crises mediante a repressão da classe trabalhadora. Desta maneira, ele recebia o apoio de outras classes sociais. Duas variantes se têm manifestado, uma delas considerando o fascismo como manifestação essencialmente da classe média ou média inferior, e a outra, basicamente como aliado ou instrumento da classe capitalista. Renton (2000) refere-se a estas, respectivamente, como as teorias marxistas "de direita" e "de esquerda". Os marxistas entenderam o significado da violência e do paramilitarismo no fascismo. Otto Bauer dizia que o fascismo era "a ditadura do bando armado". Mas os marxistas tendem a descartar as crenças fascistas, reduzindo-as a sua suposta base socioeconômica. Para eles, parece fácil encarar o fascismo como uma forma genérica única. Como as classes e o capitalismo constituem características universais das sociedades modernas, o fascismo também é uma potencialidade universal. Todavia, como havia outras estruturas sociais igualmente universais no início do século XX, também era possível que se imprimissem numa única forma genérica de fascismo — como sustento ter sido o caso com o Estado-nação e a guerra envolvendo toda a cidadania.

Quem quer que escreva sobre a classe média precisa antes de mais nada deslindar a pletora de nomenclaturas usadas para designar as camadas médias da hierarquia de classes. A questão é enfrentada de maneiras diferentes por diferentes grupos lingüísticos. Um deles abarca qualquer um que não seja proletário nem das classes mais altas num cognato da expressão "pequena burguesia". É o que acontece em italiano e em espanhol, ao passo que a expressão alemã *Mittelstand* ("camada intermediária") também pode ser abrangente. Mas "pequena burguesia" não é de uso comum na língua inglesa. Os que a utilizam referem-se apenas a um subgrupo das camadas intermediárias — artesãos e pequenos comerciantes —, pequenos proprietários independentes que podem empregar membros da família, mas muito raramente mão-de-obra assalariada. Chamo este grupo de "pequena burguesia clássica". Os alemães freqüentemente referem-se a ele como a "velha" *Mittelstand*, juntamente com os funcionários do Estado. Embora com freqüência se acredite equivocadamente que a pequena burguesia clássica tende para o fascismo, o fato é que, com seu contingente tão reduzido, ela não teria sido capaz de dar sustentação a um movimento de massa tão grande. Assim, a maioria das teorias do fascismo que recorrem a explicações baseadas na "classe média" ou na "pequena burguesia" amplia sua fundamentação, encarando o fascismo como um movimento que combina (na terminologia inglesa) a "classe média inferior" e a "classe média". Passo aqui a chamar esta combinação simplesmente de "classe média", para distingui-la de duas outras "classes" genericamente identificadas: a classe trabalhadora e a classe alta. Naturalmente, tais expressões não constituem instrumentos de precisão, mas, como meus capítulos empíricos exploram as classificações ocupacionais bastante detalhadamente — demonstrando que, *seja qual for* a definição, as classes representam uma contribuição limitada para a compreensão dos fascistas —, este livro não requer efetivamente definições mais precisas de classe.

Já em 1923, Salvatorelli sustentava que o fascismo era um movimento independente de descontentes de classe média (cito-o no Capítulo 3) e Karl Radek, líder do Comintern judaico, referia-se ao fascismo como "o socialismo da pequena burguesia". Estas interpretações ganharam força depois da Segunda Guerra Mundial, à medida que se acumulavam pesquisas tendendo a confirmar que os fascistas provinham eminentemente de grupos que não pertenciam às elites nem ao proletariado — originando-se particularmente na classe média baixa (por exemplo, Lipset 1963: capítulo 5; Bracher 1973: 145; Kater 1983: 236; Stachura 1983b: 28). A explicação em geral oferecida era de ordem econômica:

> um mal-estar, um desajuste da sociedade capitalista (...) [atingia os elementos] (...) desarraigados e ameaçados pelas mudanças sociais e econômicas, cuja posição na sociedade estava sendo minada, que haviam perdido sua posição tradicional e temiam pelo futuro. Tratava-se, acima de tudo, das classes médias baixas — ou antes de alguns de seus grupos constituintes: artesãos e comerciantes independentes, pequenos agricultores, camadas mais baixas do funcionalismo público e trabalhadores em funções burocráticas. (Carsten 1980: 232-3.)

Estes teóricos concordam em que alguns fascistas eram anticapitalistas, mas consideram que, em muito maior número, eram anti-socialistas. Sob o fascismo, o capitalismo seria controlado, mas o socialismo seria destruído. Pois a classe média — afirmava-se — temia mais a ameaça que vinha de baixo que a que vinha de cima.

A teoria da classe média tem-se apresentado às vezes em termos ainda mais amplos. O fascismo tem sido visto como um fracasso de toda uma "sociedade da classe média" baseada no liberalismo e no capitalismo (Eley 1986: capítulos 9 e 10). É difícil identificar algum significado preciso nisto. Não é possível definir toda uma sociedade nem uma época inteira em termos de uma única classe. Nem se pode afirmar que o liberalismo ou o capitalismo fracassaram de modo geral. Outros autores têm procurado estender essa teoria acoplando a classe média a outros grupos, mais marginais. Carsten (1976) resume uma tradição que remonta na década de 1920 a Togliatti, Tasca, Fromm, Reich e Nolte, identificando como espinha dorsal do fascismo os estudantes, os soldados reformados, os "intelectuais sem trabalho", os *déclassés* e o "lumpen-proletariat", associados a pequenos comerciantes, artesãos e trabalhadores de colarinhos-brancos. Temos aí um conjunto dos mais heterogêneos, antes refletindo, talvez, a repulsa do autor pelos fascistas do que algum princípio de unidade entre esses grupos. Carsten dá a entender que gente de origem tão diferente tornou-se fascista por compartilhar uma experiência de privação econômica e de *status*. Alguns autores, com efeito, antes dão ênfase à privação econômica que à identidade de classe média. Zetkin, Thalheimer, Löwenthal, Sauer e Germani viam uma afluência dos destituídos, derrotados, marginais e desarraigados em direção ao fascismo — "uma autêntica comunidade de falidos", declarava Löwenthal. Sempre que consideram que determinado grupo ocupacional (seja de soldados, estudantes, advogados ou operários da construção) é particularmente fascista, esses autores tendem a explicá-lo através da privação econômica, do desemprego ou do declínio dos níveis salariais. Curiosamente, a maioria das teorias psicológicas do fascismo também se baseia na classe média. Em sua reinterpretação da teoria freudiana, a Escola de Frankfurt considerava a "repressão", a "personalidade autoritária", a "insegurança em matéria de *status*" e a "irracionalidade" características "burguesas", resultando especialmente da decadência da família burguesa. Nenhuma destas teorias psicológicas do fascismo tem boa sustentação empírica (como observa Payne 1995, 454). E ainda que alguns desses grupos estivessem predispostos para o fascismo, pode não ter sido por motivos de classe. Oficiais reformados podiam tornar-se fascistas sobretudo por seus valores militares, estudantes, por sua idade e pelo clima ideológico nas universidades. Ninguém tem apenas uma identidade social, conferida pela classe.

Na realidade, nenhuma dessas teorias da classe média sustenta-se hoje muito bem. Como a maioria dos movimentos políticos, o fascismo começou em camadas da classe média. Depois de se tornar um movimento político bem estabelecido, contudo, esta situação mudou, como demonstram os capítulos 3 a 8. Nos movimentos de maior alcance político, a maioria dos fascistas não era economicamente destituída nem particularmente de classe média.[4] Depois de 1930, nem os nazistas nem os eleitores nazistas podiam ser especialmente considerados burgueses ou pequeno-burgueses. O apoio com que contavam vinha de todas as classes. Os fascistas italianos ainda costumam ser considerados burgueses, embora sejam escassos os elementos de comprovação. Mas a militância de base na Hungria e na Romênia era eminentemente proletária (como reconheceu recentemente Berend 1998: 342-3). Em seu abrangente levantamento, Payne concorda com quase tudo isto, mas ainda assim tenta salvar algo da teoria da classe média. E conclui: "[O] radicalismo de classe média" constitui "uma das correntes mais importantes do fascismo, mas não pode fundamentar uma teoria geral" (1995: 445). Embora seja uma conclusão sensata, não nos leva muito longe. Se pessoas de todas as classes se tornavam fascistas, parece improvável que a consciência de classe ou os conflitos de classe pudessem explicar diretamente boa parte do fascismo.

A segunda teoria de classe considera os fascistas essencialmente aliados ou instrumentos da classe capitalista. Em sua fase "imperialista", "monopolista" ou "de crise" no início do século XX, o capitalismo precisava de um Estado autoritário para se defender do proletariado em ascensão. Embora esta teoria possa conferir aos fascistas uma "relativa autonomia" de caráter "bonapartista" em relação ao capitalismo, em última análise eles eram caudatários dos capitalistas. Assim, Poulantzas definiu o fascismo como um "Estado capitalista excepcional", funcionalmente necessário numa crise para proteger a classe capitalista do proletariado (1974: 11). Duas crises supostamente ameaçavam o capitalismo: a onda de socialismo revolucionário depois de 1918 (levando à tomada do poder na Itália) e o desemprego em massa acompanhado de pressão sobre os orçamentos de Estado em conseqüência da Grande Depressão (levando à tomada do poder por Hitler). Alguns observadores consideram que os capitalistas adotaram o fascismo cedo e entusiasticamente, mas a maioria vê uma adesão tardia, relutante e desconfiada.

Essa teoria perdeu parte de sua influência com o declínio do marxismo. Mas foi endossada por Hobsbawm, afirmando que, "ante problemas econômicos insolúveis e/ou uma classe trabalhadora cada vez mais revolucionária, a burguesia agora tinha de recorrer à força e à coação, ou seja, a algo parecido com o fascismo" (1994: 136).

Passando por cima da expressão "tinha de", perigosamente funcionalista, até mesmo um exame distraído dos cinco principais países fascistas revela grande oscilação no grau de perigo e ameaça que os capitalistas poderiam plausivelmente enxergar no proletariado. Se acaso temiam uma ameaça inexistente vinda de baixo, talvez devêssemos passar da análise sociológica para a psicológica. Embora não chegue a fazê-lo, fico imaginando por que as classes proprietárias aparentemente teriam uma reação excessiva a uma ameaça inexpressiva vinda de baixo. Minha resposta encontra-se no último capítulo. Empiricamente, embora o grau de apoio dos capitalistas aos movimentos fascistas seja controvertido, o fato é que variou consideravelmente de um país para outro. Como na teoria da classe média, os elementos de comprovação são às vezes neutralizados por indícios muito mais fortes de apoio por parte de grupos sociais adjacentes, neste caso, do "antigo regime" do período anterior: monarcas, aristocratas, funcionários de primeiro escalão, militares de alta patente, igrejas e profissionais de nível mais elevado. Embora estes tendessem também a ser proprietários, seus motivos de apoio ao fascismo poderiam derivar de suas necessidades ligadas à condição militar, religiosa ou ao antigo regime, mais do que a necessidades capitalistas. A teoria da classe capitalista é corroborada pela tendência dos líderes fascistas a recuar em sua pretensão de transcender os conflitos de classe. Se essas "traições" invariavelmente ocorriam, dominando a trajetória posterior do fascismo, o contexto social da militância fascista de base seria basicamente irrelevante: o fascismo efetivamente seria um servo ou fantoche do capitalismo. Algumas vezes foi o que aconteceu, com mais freqüência, não. De maneira geral, demonstro que a teoria da classe capitalista — como a teoria da classe média — explica alguma coisa do fascismo, mas nem tanto assim.

Houve quem tentasse fundir essas duas teorias de classe. Renton (2000, 101) afirma que, embora em sua origem seja "o socialismo da classe média", o fascismo é em última análise reacionário, contrário aos trabalhadores e aliado do capitalismo. Kitchen também considera que a "base social" do fascismo era de classe média, mas que sua "função" essencial era capitalista. Ele afirma que "os partidos fascistas eram em grande medida organizações da pequena burguesia", que compreendia "a esmagadora maioria". Mas seu papel consistia em funcionar em "estreita conjunção com a elite capitalista" (1976, 59, 65). Esta dupla abordagem pode permitir apreender uma certa dinâmica dos movimentos fascistas — a tensão entre uma militância de base pequeno-burguesa "radical" e líderes mais conservadores e oportunistas. Os conflitos que opunham "radicais" como Gregor Strasser e a militância das SA a líderes mais conservadores e oportunistas como Hitler e Göring, ou os Ras (senhores fascistas locais) "radicais" a Mussolini freqüentemente são encarados desta maneira, vindo os líderes a derrotar os radicais. Mais uma vez, tudo isto tem algum fundo de verdade.

Ao se concentrar na "base social" e nas "funções objetivas", contudo, a maioria dos teóricos de classe ignora as crenças dos próprios fascistas. Enxergam o fascismo "de fora", de uma perspectiva que não fazia muito sentido para os fascistas, que rechaçavam as teorias de classe, assim como toda forma de "materialismo". A atenção dos fascistas estava voltada em outra direção. No início do Capítulo 3, apresento uma teoria de classe do fascismo italiano (derivada de Salvatorelli) seguida do relato do próprio Mussolini sobre os motivos pelos quais abraçou o fascismo. Os dois parecem estar discutindo coisas completamente diferentes. É possível que outros soubessem melhor que o próprio Mussolini o que ele pretendia, ou talvez ele estivesse distorcendo a verdade (e com efeito, em certa medida, estava). Mas a disparidade é desconcertante, especialmente para um sociólogo. A maioria dos sociólogos concorda com a afirmação de que, "se as pessoas definem as coisas como reais, é que elas são reais em suas conseqüências". Se os fascistas acreditavam buscar a consecução de certos objetivos, esta crença tinha conseqüências em seus atos e não pode ser simplesmente descartada.

Há uma última dificuldade em qualquer abordagem ao fascismo do ponto de vista de interesses de classe. Os fascistas estavam envolvidos num combate de alto teor emocional para expurgar a nação dos "inimigos", e por isto entregavam-se a terríveis atos de agressão e perversidade, que geralmente não os beneficiavam materialmente. A agressividade dos fascistas voltava-se contra eles próprios — em especial em seu pendor para a guerra. Padeciam de crônico excesso de confiança sobre a real capacidade do homem novo. E embora algumas das atrocidades cometidas contra judeus e outros "inimigos" (saques eram cometidos por toda parte) fossem motivadas por interesses materiais, o genocídio já é uma outra questão, e só serviu para prejudicar materialmente a Alemanha (o que sabiam tanto os generais do exército quanto os oficiais das SS incumbidos do planejamento econômico). A combinação fascista de moralidade, agressão e homicídio em última análise desarma as teorias do interesse material. Os fascistas eram movidos ao mesmo tempo por valores e por uma racionalidade instrumental. No fim das contas, aqueles vieram a prevalecer, destruindo-os.

O fracasso dos intérpretes nacionalistas do fascismo a este respeito é diferente. Ao contrário dos teóricos de classe, eles não exploram as clientelas que estão no cerne do fascismo, centrando-se no conteúdo de sua ideologia e ignorando sua base social. Eventualmente, tomam algum empréstimo à interpretação de classe. É curioso que valores como nacionalismo, racismo e militarismo sejam considerados essencialmente "burgueses" ou "pequeno-burgueses" (Mosse 1964, 1966; Carsten 1980, 232). Não consigo entender por que esses valores deveriam ser considerados típicos da classe média. Tem-se a impressão de que muitos estudiosos não gostam da pequena burguesia. Será talvez o contexto de classe do qual tentam escapar em caráter pessoal. Até mesmo certos teóricos que não vêem as coisas pelo prisma das classes parecem obcecados pelo tema. Livros com subtítulos indicando em seu conteúdo "perfis sociais" de membros e eleitores do regime nazista revelam-se, em 90% dos casos, livros sobre a ocupação e as classes (por exemplo, Kater, 1983; Manstein, 1988) — como se nossas identidades sociais fossem, em 90% dos casos, determinadas por nossa classe ocupacional!

Payne (1995) é o responsável pelo exame mais abrangente do contexto em que surgiam os fascistas, explorando detalhadamente seu contexto de classe. Ele também observa mais brevemente outras características sociais relevantes, como a juventude e a masculinidade, a preponderância da formação militar, a educação secundária, a religião e (ocasionalmente) a região. Mas tenta relacionar apenas os dados de classe com teorias globais do fascismo. O resto é tratado como detalhamento complicador, não sendo teorizado. Linz (1976) fornecera anteriormente uma excelente análise do contexto de origem dos fascistas — atividades, setores, regiões, religiões, idade, gênero e assim por diante. Curiosamente, entretanto, já que é um bom sociólogo, não foi capaz de identificar padrões por trás de identidades aparentemente tão diversas. Embora enxerguem o fascismo como uma forma extrema de nacionalismo, esses estudiosos não tentaram identificar "clientelas nacionalistas nucleares". Constata-se uma enorme defasagem entre a ideologia e a base social. Podemos preenchê-la identificando clientelas de apoio voltadas para o nacionalismo de Estado e o paramilitarismo, paralelamente às clientelas de classe. As teorias de classe têm efetivamente um considerável fundo de verdade. O fascismo tomava muita coisa emprestada às ideologias e às organizações de classe, vivia obcecado com a ameaça do "bolchevismo" e se mostrava sensível aos interesses de classe. Kitchen está certo: precisamos entender a base e as funções sociais do fascismo. Mas não se pode equiparar "social" com "de classe". Examinemos sucintamente os contextos sociais em que o fascismo teve repercussão.

A REPERCUSSÃO SOCIAL DO FASCISMO

Um grande número de fascistas apareceu até aqui em apenas cinco contextos sociais. Começo pelo mais amplo deles.

O macroperíodo: as crises da modernidade européia no entreguerras

O período entre as guerras na Europa foi o cenário que gerou a maioria dos fascistas assumidos e no qual eles chegaram a sua maré enchente. Minha definição pretende ser antes de tudo "da época européia", para usar a expressão de Eatwell (2001; cf. Kallis 2000, 96), aplicando-se basicamente a esse período e a esse continente — embora talvez com alguma repercussão em outros países. O período e o continente viveram quatro grandes crises: as conseqüências de uma devastadora guerra dita "mundial" mas na verdade em grande medida européia, entre exércitos formados por massas de cidadãos, graves conflitos de classe exacerbados pela Grande Depressão, uma crise política decorrente da tentativa de muitos países de promover uma rápida transição para um Estado-nação democrático e um sentimento cultural de contradição e decadência da civilização. O próprio fascismo reconhecia a importância das quatro fontes de poder social, dizendo-se explicitamente capaz de apresentar soluções para as quatro crises. E as quatro desempenharam um papel mais específico na diminuição da capacidade das elites de continuar governando à velha maneira.

Mas é possível que o fascismo tivesse diferentes causas em cada país — sendo gerado aqui pela derrota na guerra, ali pela Grande Depressão. Mas o fascismo mostrou-se mais forte nos países em que encontramos combinações das quatro causas. É uma questão de intensidade: em que medida terá cada crise — econômica, militar, política e ideológica — contribuído para a ascensão do fascismo? O problema é discutido mais detidamente no Capítulo 2. Essas crises parecem ter sido causas necessárias do fascismo. Sem elas, não haveria fascismo. Mas nenhuma delas parece ter sido uma causa individualmente suficiente. A maioria dos países foi capaz de enfrentar crises sem recorrer ao nacionalismo de Estado orgânico e menos ainda ao fascismo. Chegamos assim a um segundo nível de análise, e especificamente à questão: em que lugares foi dada essa virada?

O macrolugar: metade da Europa

No período entreguerras, como veremos adiante no Mapa 2.1, praticamente toda a Europa Central, Oriental e Meridional adotou uma família de governos autoritários de direita, que tinha como um de seus membros o fascismo. Na região noroeste do continente, só minúsculas minorias buscavam essa forma de governo. Também havia movimentos de tendências fascistas nos países economicamente mais desenvolvidos de outros continentes, especialmente o Japão, a África do Sul, a Bolívia, o Brasil e a Argentina. Neles, o fascismo teve alguma ressonância, embora seu alcance seja matéria de debate (Payne, 1995: capítulo 10; Larsen, 2001). Meu ponto de vista sobre esses casos não-europeus é de que nenhum associava todos os valores essenciais do fascismo mencionados anteriormente. O Japão, por exemplo, efetivamente ostentava um nacionalismo de Estado muito desenvolvido que produziu a mais sofisticada teoria econômica quase fascista do mundo (Gao 1997: capítulos 2 e 3). Mas carecia de um movimento de massa de baixo para cima ou paramilitar (ver Brooker 1991, contendo comparações entre o Japão e Europa). Aquele que muitos chamam de "fascismo" japonês era dominado pelo militarismo, e não pelo paramilitarismo. Em contraste, na Argentina e no Brasil surgiram movimentos populistas de massa, e em certa medida autoritários, com algumas tendências "radicais" e estatistas, mas carecendo de um nacionalismo de expurgos. Por todo o mundo do entreguerras vamos encontrar teóricos lendo Barrès, Mussolini, Hitler e assim por diante, adaptando-os às condições locais para chegar a suas próprias doutrinas quase fascistas. Na Índia, por exemplo, Golwalkar adaptou as teorias raciais de Hitler a suas próprias pretensões de um Estado teocrático hindu puro e orgânico. Se permearmos o movimento paramilitar hindu RSS com essas teorias, o resultado será muito próximo do nazismo (Jaffrelot, 1996). Na década de 1930, contudo, esse movimento era minúsculo, como quase todos os outros partidos e milícias quase fascistas da época. Um único continente quase chegou a ser dominado pelo fascismo: a Europa.

Por que terá o nacionalismo de Estado autoritário dominado metade da Europa, ficando a outra metade com a democracia liberal? A causa não pode ter sido uma crise geral da sociedade moderna, como a Grande Depressão ou as derrotas do liberalismo, pois neste caso teria sido afetada toda a Europa, e não apenas metade. A diferença decorre basicamente do comportamento dos conservadores políticos, dos homens do "antigo regime" e das classes proprietárias. Pois neste caso a classe efetivamente importa, e profundamente, ainda que de forma bastante peculiar. Em toda uma metade da Europa, as classes superiores voltaram-se para regimes mais repressivos, acreditando que poderiam defendê-las da dupla ameaça da desordem social e da esquerda política. Mas não parece ter sido este um comportamento dos mais "racionais". Pois essas classes exageraram a gravidade das ameaças, negligenciando formas mais seguras de evitá-las que prevaleciam no noroeste do continente. Sua reação foi extremada, lançando mão da força muito cedo e muito abruptamente. A tentativa de explicar este enigma — um comportamento de classe que parece algo irracional — é um dos principais objetivos deste livro. Esta explicação é essencial para entender o ambiente macro-regional de nacionalismo de Estado autoritário em que o fascismo pôde florescer. Mas não será capaz de dar conta também do surgimento específico do fascismo, já que o fascismo de massa surgiu apenas em alguns países dessa região, e nem sempre por iniciativa das classes mais altas.

Mesolugares: Os cinco países fascistas

Por que terão os alemães, italianos, austríacos, húngaros e romenos adotado o fascismo em tão grande número quando seus vizinhos se contentaram em sua maioria com movimentos mais brandos? É verdade que grandes movimentos quase fascistas surgiram posteriormente em algumas regiões de outros países, como na região dos Sudetos, na Eslováquia, na Ucrânia e na Croácia. Estas serão examinadas em meu próximo livro. Mas foram poucos os fascistas que se manifestaram em outros países e regiões. Os fascistas não surgiram apenas nos países mais adiantados economicamente ou nas grandes potências do centro, do leste e do sul (como se costuma dizer). Este argumento deriva da obsessão com a Alemanha e a Itália. Mas a Hungria e a Romênia eram países bastante atrasados e potências secundárias, o que levou certos estudiosos a sustentar que é o atraso que gera o fascismo (por exemplo, Berend 1998). O fato é que o fascismo tinha um apelo suficientemente amplo — como o socialismo — para ser interpretado indiferentemente no contexto de uma economia avançada ou atrasada. Para explicá-lo, devemos explorar o que há de comum a estes casos — e dificilmente seria o grau de desenvolvimento. Ainda assim, contudo, não chegaremos a uma resposta satisfatória. Pois mesmo nesses países foram apenas alguns (minorias, na verdade) que se tornaram fascistas. Quem eram e por que se tornaram fascistas?

Mesolugares: As clientelas fascistas nucleares

Que grupos sociais específicos se sentiram mais atraídos pelo fascismo nesses países? Passarei aqui muitas páginas de vários capítulos examinando o contexto social dos líderes, militantes, membros, simpatizantes, conspiradores e eleitores fascistas — comparando-os (sempre que possível) com seus equivalentes em outros movimentos políticos. Trata-se de saber qual a idade dos fascistas, se eram homens ou mulheres, militares ou civis, urbanos ou rurais, religiosos ou seculares, vencedores ou derrotados economicamente, e de quais regiões, setores econômicos e classes sociais provinham. Compulsei com grande proveito o trabalho de estudiosos de muitos países para reunir a mais ampla coleção de dados jamais apresentados sobre os fascistas. Esses dados indicam a existência de três "clientelas fascistas" nucleares nas quais tinham maior repercussão os valores e organizações fascistas anteriormente identificados e que portanto vieram a organizar concretamente os movimentos fascistas. Naturalmente, as clientelas fascistas não surgiram prontinhas. Os fascistas tiveram de descobri-las para em seguida trabalhá-las, organizálas, convencê-las, suborná-las, coagi-las. Certos fascistas mostravam-se mais ágeis que outros. Alguns movimentos fascistas não foram capazes de entender direito suas clientelas, outros praticamente tropeçaram nelas acidentalmente (como os nazistas, que se depararam inesperadamente com o protestantismo alemão). Como os movimentos fascistas não eram todos iguais, suas clientelas também diferiam ligeiramente. Em meio às variações e acidentes, contudo, podemos identificar três padrões básicos de apoio de massa, descritos adiante. Este apoio provinha dos milhões de eleitores que votavam fascista e dos milhares que aderiram a organizações fascistas. Nos dois casos, o apoio era fundamental para o êxito dos fascistas, embora de formas muito diferentes. Mas por enquanto não estabelecerei uma distinção.

(1) *Clientelas inclinadas para o paramilitarismo.* Em todos os países, o cerne do fascismo consistiu em duas gerações sucessivas de jovens do sexo masculino que chegaram à idade adulta entre a Primeira Guerra Mundial e o fim da década de 1930. Como eram jovens e idealistas, os valores fascistas eram declarados "modernos" e "morais". Eram transmitidos particularmente por duas instituições de socialização de rapazes: a educação secundária e superior, estimulando idéias de progresso moral, e as forças armadas, indutoras do militarismo. Como o apelo era exercido sobretudo sobre jovens do sexo masculino, também tinha nítidas características machistas, induzindo todo um *ethos* de bravata e violência semidisciplinada e favorecendo em tempos de paz a transmutação do militarismo em paramilitarismo. O caráter do fascismo foi estabelecido por jovens socializados em instituições favoráveis à moralização da violência e por fim ao assassinato. Mas a semelhança de valores entre o paramilitarismo e o militarismo capacitou sempre o fascismo a recorrer às próprias forças armadas, não a ponto de induzir rebeliões militares, mas no sentido de gerar nelas um grau de simpatia que, chegando a níveis extremos, podia imobilizar o exército.

(2) *Clientelas tendentes à transcendência.* De maneira geral, o fascismo não era particularmente burguês nem pequeno-burguês. É bem verdade que houve certos vieses de classe na Itália e talvez também na Áustria. Depois de 1930, contudo, nada nesse sentido se verificou na Alemanha (se acrescentarmos as organizações paramilitares dos SA e dos SS ao partido nazista). Esses golpes fascistas também receberam certo grau de apoio das classes altas. Mas os fascistas romenos e húngaros eram mais recrutados em meios proletários do que burgueses e recebiam menos apoio das classes altas. Assim, as configurações de classe eram complexas e variáveis. E no entanto havia mais tendências constantes em termos de *setores econômicos*. Os fascistas provinham em geral de setores que não estavam na linha de frente da luta organizada entre

capital e trabalho. Eram com menos probabilidade trabalhadores de empresas manufatureiras urbanas (embora fosse este o caso nas imediações de Budapeste e Bucareste, pois nessas regiões a indústria estava mais integrada às clientelas estatistas). Também seriam menos provavelmente empresários pequenos ou grandes ou seus gerentes. Mas tampouco eram "marginais" ou "desarraigados". Sua posição social (no período entreguerras) era relativamente segura. De seu ponto de observação ligeiramente afastado, contudo, viam a luta de classes com repulsa, favorecendo um movimento com pretensões de transcendê-la. Na maioria dos casos, naturalmente, a transcendência não se concretizava, e vamos encontrar movimentos de tensão (registrados por muitos autores) entre uma base fascista mais "radical" e uma liderança mais "oportunista" tentando entrar em acertos com as elites. Da mesma forma, os capitalistas e os saudosos do antigo regime também podiam constituir uma clientela mais oportunista para essa transcendência capenga. Se efetivamente levarmos a sério as crenças dos fascistas, contudo, teremos de concluir que o fascismo atraía aqueles que viam a luta de classes "de fora", querendo que ambos os lados se danassem.

(3) *Clientelas tendentes ao nacionalismo de Estado*. Os diferentes contextos sociais dos fascistas pareciam dos mais heterogêneos. De maneira geral, tendiam a ter educação superior, ter passado por alguma experiência militar, trabalhar no serviço público ou no setor de serviços e ser originários de meios regionais e religiosos específicos. Para muitos observadores, isto confirmaria que o fascismo era um "saco de gatos" (visão particularmente aplicada aos nazistas, como veremos no Capítulo 4). Mas havia um princípio unitário em meio a tais características variadas: os fascistas estavam no cerne da nação ou do Estado. Alguns núcleos de "nacionalismo de Estado" eram equivalentes nos diferentes países: soldados e veteranos acima de tudo, mas também funcionários públicos, professores e trabalhadores braçais do setor público eram fascistas em quantidades desproporcionais em quase todos os países do fascismo de massa. Outras características variavam de acordo com o país. Nitidamente, o desenvolvimento industrial em torno das capitais da Hungria e especialmente da Romênia era assistido pelo Estado, o que conferia a certos trabalhadores do setor privado uma orientação mais estatista. Em quase todos os casos a religião era importante, reforçando o nacionalismo de Estado orgânico (exceto na Itália, onde a Igreja era transnacional). Os evan-

gélicos na Alemanha entre 1925 e 1935, os fiéis e o clero ortodoxos na Romênia e os católicos no "austrofascismo" eram atraídos pelo fascismo porque essas religiões eram fundamentais para a identidade do pretendido Estado-nação. Entre os alemães, o papel da religião variava com a mudança dos próprios nazistas: os responsáveis por genocídios, ao contrário dos eleitores nazistas, eram em quantidade desproporcional antigos católicos (fenômeno que demonstro e tento explicar em meu próximo volume). Em certos países, os fascistas provinham em maior número de regiões que estiveram no cerne histórico da nação ou do Estado, mas com maior freqüência ainda eram originários de territórios fronteiriços "de risco" ou de meios de refugiados de "territórios perdidos". Veremos adiante que estas eram todas nitidamente clientelas do nacionalismo de Estado.

Naturalmente, nem todos os fascistas provinham dessas três clientelas de base, como tampouco seriam fascistas todos os habitantes das regiões dessas clientelas. Por outro lado, o fascismo não se mantinha inalterado em seus valores e características. Nem se haveria de equiparar os eleitores vagamente simpáticos à causa que levavam dez minutos para depositar seu voto às elites que passavam um ano arquitetando algum acerto com os fascistas. Estas, por sua vez, não eram o mesmo que membros ou militantes fascistas que dedicavam grande quantidade de tempo e energia ao movimento — talvez até pondo em risco a própria vida. Voltemos nosso olhar para eles.

O microviveiro: os movimentos fascistas

Os "fascistas" não estavam plenamente formados no momento em que entravam para o movimento. Alguém pode filiar-se formalmente a um movimento e ter apenas um conhecimento rudimentar a seu respeito — simpatia por alguns *slogans*, respeito pela figura carismática de um Führer ou Duce ou simplesmente solidariedade para com amigos que aderiram. A maioria dos recrutados entrava para o movimento ainda jovem, solteiro, por formar-se e com pouca experiência civil como adulto. Para eles, os partidos e as organizações paramilitares fascistas representavam agências de socialização particularmente poderosas. Esses movimentos tinham orgulho de seu elitismo e autoritarismo, ostentando pronunciada hierarquia de posições e um culto extremado do líder. As ordens tinham de ser obedecidas, a disciplina era imposta. Acima de tudo, havia a exigência da militância. Os militantes, assim, vivenciavam uma intensa camaradagem emocional, ainda mais consolidada na clandestinidade, nos casos em que o movimento era proibido. Muitos militantes perdiam o emprego ou iam para a prisão ou o exílio. Embora isto fosse suficiente para dissuadir os mais fracos, essas ameaças serviam para consolidar ainda mais o movimento entre os que nele permaneciam.

O mesmo efeito tinha o paramilitarismo. Em certos movimentos fascistas (como o dos primeiros tempos na Itália e o da Romênia), a organização paramilitar *era* o movimento; em outros (como os nazistas), as organizações paramilitares coexistiam com instituições partidárias. Os paramilitares precisavam de muito tempo de dedicação, apreciando a disciplina permeada de companheirismo na consecução de atos de violência em pequenos grupos. Sobre seus membros eram exercidas fortes pressões por eles sentidas ao mesmo tempo como coercitivas e agradáveis, pois envolviam esforço físico e perigo, disciplina abusiva, intenso companheirismo e uma vida social coletiva das mais ativas, redundando em certos casos numa espécie de gaiola, quase uma "instituição total", no sentido conferido à expressão por Goffman. Naturalmente, alguns não agüentavam e muitos abandonavam o barco. Para os que ficavam, entretanto, o paramilitarismo representava um nítido papel de socialização fascista. Por exemplo, os nazistas austríacos foram perseguidos pelo governo entre 1934 e 1938. Muitos fugiram para a Alemanha, onde se tornaram revolucionários de tempo integral nas SS e em sua Legião Austríaca, "trabalhando" juntos, bebendo juntos em bares nazistas, dormindo juntos em quartéis nazistas.[5] Era nestes grupos socialmente engaiolados que os dirigentes fascistas gostavam de recrutar quadros "confiáveis" e "endurecidos" para missões particularmente homicidas.

Eles se tornaram bem preparados para a violência. A única experiência adulta de muitos dos primeiros recrutas jovens foi a guerra. A primeira geração de fascistas, a chamada geração "da frente de guerra", lutara praticamente toda na Primeira Guerra Mundial; a segunda, chamada de geração "doméstica", ainda estava na escola durante a guerra, embora muitos desses rapazes estivessem desejosos de entrar na luta e pudessem fazê-lo agora nas muitas campanhas paramilitares de escaramuças fronteiriças que ocorreram em toda a Europa no imediato pós-guerra. A terceira geração de recrutas teve acesso apenas a lembranças distorcidas da guerra relatadas pelos mais antigos, mas se viu mergulhada em manifestações ilícitas de violência de rua. A esta altura, os membros mais antigos podiam estar habituados à violência de "tempos de paz" e estavam encarregados de comandar os novos recrutas. Além disso, a violência bem-sucedida e impune pode ter um efeito ao mesmo tempo catártico e liberador em seus praticantes. Pode fazê-los sentir-se acima da moralidade convencional e introduzi-los em formas tecnicamente ilegais de comportamento, em graus em que se torna impossível recuar, fortalecendo o sentimento coletivo de pertencer a uma elite segregada e endurecida, acima dos padrões convencionais de comportamento. Para esses jovens, tudo isto era reforçado por duas outras características convencionais dos "bandos": a ressonância da violência em meio a afirmações machistas de masculinidade e o consumo excessivo de álcool, liberando as inibições. É difícil pensar em paramilitares fascistas sem cenas de violência no bar. Todas essas características tornam a violência fácil de repetir, uma vez iniciada.

As carreiras dentro dos movimentos fascistas também traziam recompensas materiais e de *status*. À medida que o movimento se expandia, o mesmo acontecia com as perspectivas de promoção e o poder, as vantagens pessoais e o *status*. Mas para ser promovido eram necessárias qualidades de caráter que transcendessem o mero oportunismo. As elites fascistas passaram a ser constituídas em quantidade desproporcional por membros experientes, "confiáveis", "endurecidos". Os confiáveis de melhor formação educacional tornavam-se "oficiais" do fascismo, os "antigos combatentes" de menor preparo tornavam-se "oficiais sem patente". Quase sempre os fascistas experientes e "endurecidos" constituíam a elite que dava ordens, capaz de disciplinar e socializar os novatos num comportamento fascista "normal". Os movimentos fascistas tiveram trajetórias diferentes. Os movimentos menores do noroeste europeu muitas vezes ascendiam para em seguida declinar com rapidez. Quando seus membros passavam a enfrentar os piores episódios de lutas de rua, muitos decidiam sensatamente deixar o movimento. Mas nos cinco principais países fascistas seria impossível entender o êxito de alguns milhares de fascistas, em meio à oposição/indiferença de milhões de habitantes, sem levar em conta a contribuição de sua extraordinária e violenta militância.

PLANO GERAL DO LIVRO

O arcabouço conceitual exposto anteriormente ajuda a explicar os fascistas. Examino as crises sociais e as reações das elites, dos milhares que aderiram aos movimentos fascistas e dos milhões de simpatizantes. O próximo capítulo explora as crises nos entreguerras, explicando o nível macro: por que a receptividade evidenciada em uma metade da Europa e a hostilidade constatada na outra? Como acredito ser capaz de responder a esta pergunta, não é necessário examinar variações nos casos hostis verificados no noroeste europeu. Em vez disso, os sete capítulos seguintes tratam da outra metade do continente, explicando por que alguns voltaram-se mais para o fascismo e outros, para outros tipos de movimentos autoritários de direita. É esta a base da minha escolha de seis países para estudos de caso. Na Itália, na Alemanha (com dois capítulos) e na Áustria, o fascismo dominou, chegando ao poder sem ajuda. Em outros dois países — Hungria e Romênia —, os fascistas tornaram-se protagonistas quase em situação de paridade, numa espécie de dialética da morte no interior da família autoritária. O último país — a Espanha — foi o mais dilacerado por lutas entre democratas e autoritários, exemplificando os casos em que o fascismo foi mantido como membro subordinado da família autoritária. Minha metodologia nesses estudos de caso consiste quase inteiramente em uma análise secundária de pesquisas primárias efetuadas por outros estudiosos — aos quais manifesto aqui, portanto, minha enorme dívida de gratidão. A partir dos estudos de caso, então, desenvolvo uma explicação mais genérica da ascensão dos fascistas, apresentada no último capítulo.

2

Para entender a ascensão do autoritarismo e do fascismo no entreguerras

INTRODUÇÃO: A ASCENSÃO DOS ESTADOS-NAÇÃO FORTES

Para entender o fascismo, devemos situá-lo em seu contexto. Ao longo de três décadas, ele não passou de uma variante de um ideal político mais amplo: o "nacionalismo autoritário de Estado". Este, por sua vez, era apenas uma versão do ideal político dominante da modernidade, o Estado-nação forte. Mas o fascismo só foi dominante na Europa, onde se estabeleceu no interior de um único grande bloco geográfico de regimes autoritários. Como em outras regiões a Europa continuou sendo liberal e democrática, havia "duas Europas". O período do crescimento explosivo do fascismo também foi perpassado por crises econômicas, militares, políticas e ideológicas. Discutiremos então, neste capítulo, a ascensão dos Estados-nação em todo o mapa da Europa, em meio a quatro crises sociais.

O poderio de Estado tem duas dimensões, infra-estrutural e despótica (ver Mann, 1988). O poder infra-estrutural assinala a capacidade do Estado de impor regras e leis por meio de infra-estruturas eficazes cobrindo todos os territórios e populações. Um Estado com infra-estrutura forte pode ser democrático ou autoritário. Os Estados Unidos, democráticos, têm mais poder infra-estrutural de Estado do que a União Soviética, que era autoritária. Este tipo de poder é o poder "através" do povo, e não poder "sobre" ele. Mas os poderes despóticos dizem respeito à capacidade das elites de Estado de tomar decisões "sobre" os súditos/cidadãos. Praticamente todos os Estados modernos vieram a adquirir poderes infra-estruturais maiores que seus antecessores históricos, e alguns também têm ostentado formidáveis poderes despóticos. A combinação de ambos os tipos de poder em grau considerável é característica dos Estados autoritários do século XX, que tento aqui explicar. Como surgiu essa combinação? A resposta é: pela exacerbação de ideais políticos comuns da modernidade.

Ao chegar o século XX, a Europa já era palco de "Estados-nação soberanos". Ou seja, cada um desses Estados proclamava sua soberania política sobre certos territórios, derivando sua legitimidade do "povo" ou da "nação" neles contido ou contida (muitos, como se sabe, ainda eram multiétnicos). Mas os Estados-nação ainda são jovens. A partir dos séculos XVI e XVII, os monarcas passaram a desfraldar a bandeira da soberania de Estado na política externa, surgiram "nações de classe alta" e as guerras de religião produziram eventualmente "nações da alma". Mas só recentemente a massa das populações tornou-se efetivamente membro da "nação". Até o século XVIII, os Estados muito pouco faziam. Conduziam a diplomacia e pequenas guerras externas, exerciam a justiça e a repressão nos níveis mais altos. Regulamentavam formalmente o comércio externo e detinham monopólios econômicos geralmente funcionando por terceirização. Alguns controlavam os preços dos cereais para evitar revoltas perto da capital. Só quando escorados em igrejas estabelecidas e maleáveis, os Estados penetravam boa parte da vida social fora das capitais e dos "condados domésticos". Mas os Estados do século XVIII efetivamente monopolizaram a função da violência militar, que agora passava por um surto. Por volta de 1700, os Estados absorviam talvez 5% do PNB em tempos de paz, e 10% em tempo de guerra. Pela altura de 1760, o índice de absorção em tempo de guerra se elevara a algo em torno de 15 a 25%. Em 1810, esses Estados tomavam 25 a 35%, alistando cerca de 5% da população. Estes índices (calculados em Mann, 1993, capítulo 11) são equivalentes aos das guerras mundiais do século XX e aos mais altos índices do mundo atualmente, os de Israel e da Coréia do Norte. Tais comparações permitem-nos avaliar a escala das transformações verificadas no século XVIII. Razoavelmente insignificantes até então, os Estados passaram a interferir pesadamente na vida dos súditos, por intermédio dos coletores de impostos e dos sargentos recrutadores. Forçaram os súditos a sair de sua histórica indiferença política para exigir direitos representativos. Foi assim que a filiação a uma nação, a "cidadania", transformou-se num ideal político moderno.

Mesmo no século XIX, contudo, eram poucos os que viam nos Estados o caminho para a consecução de muitos dos objetivos sociais mais importantes. A liberdade era quase sempre liberdade em relação ao Estado, e não através dele. Só os jacobinos viriam a manifestar, durante a Revolução Francesa, o conceito de que um Estado mais forte e uma concepção mais militante da cidadania seriam social e moralmente desejáveis. O jacobinismo foi derrotado, mas a expansão do Estado assumiu contornos mais sub-reptícios, fomentada pelo desenvolvimento do capitalismo industrial. Os Estados passaram a se responsabilizar pela construção de estradas e canais, assim como pela ajuda aos pobres. A França continuou a dar mais importância à coordenação estatal da atividade econômica do que a Grã-Bretanha ou os Estados Unidos, enquanto na Alemanha o *laissez-faire* era contestado nas teorias protecionistas de Friedrich List. Pela altura do fim do século, uma parte da teoria econômica se havia tornado um pouco mais estatista, passando o Estado a coordenar os investimentos bancários e industriais. No fim do século XIX, o Estado passou a organizar também as ferrovias, a educação de massa, a saúde pública e finalmente as primeiras manifestações de programas previdenciários. Tudo isto significava aumento do poder infra-estrutural. Como se tratava de bens desejáveis, a serem financiados por impostos indesejáveis, tornaram-se cada vez mais numerosas as parcelas da população interessadas no governo representativo e na cidadania — vale dizer, na redução dos poderes despóticos.

Essas atividades de Estado também tiveram como conseqüência involuntária a consolidação de redes de interação social, as "sociedades civis", mantidas coesas pelos territórios de cada Estado, o que fomentou um sentimento implícito de nacionalidade — menos uma ideologia do nacionalismo do que o reconhecimento de que efetivamente se vivia na mesma sociedade e sob o mesmo Estado que os demais súditos/cidadãos. Mas o nacionalismo explícito também se fortaleceu nesse mesmo período. Nos países do noroeste europeu e nas colônias européias nos quais primeiro surgiu o "governo pelo povo", este "povo" era constituído apenas de proprietários do sexo masculino, nos quais podiam ser reconhecidos "interesses" diversos, como cavalheiros, comerciantes, manufatores, artesãos e assim por diante. O corpo de cidadãos era internamente estratificado e existia acima das classes inferiores, às quais eram conferidos apenas alguns dos direitos da cidadania. O povo ou nação era contraposto a antigos regimes reacionários, mas internamente era heterogêneo e em geral não se mostrava hostil a outras nações.

Mas um nacionalismo mais agressivo tomou corpo durante o século XIX (Mommsen, 1990). Em certa medida, ele cresceu porque as aspirações de governo representativo vieram a ser dominadas pela idéia de que *todo* o povo deveria governar, pois nele estavam disseminadas certas virtudes e características necessárias para a cidadania. Cresceu particularmente nas regiões mais orientais dominadas por impérios dinásticos "multiétnicos" — os Habsburgo, os Romanov e os otomanos. Nessas regiões, os conflitos entre os governantes imperiais e os habitantes locais foram transformados, através das exigências da democracia, em conflitos entre comunidades supostamente étnicas/nacionais. As elites locais prejudicadas, exigindo direitos representativos e defrontando-se com pressões vindas de baixo, tentavam mobilizar "todo" o povo contra a etnia imperial e seus clientes étnicos locais. Isto induziu a aceitação da idéia de Corradini de que "a nação proletária" poderia sublevar-se contra os opressores. Os croatas, os eslovenos e outros podiam ressentir-se da dominação turca ou sérvia; os romenos queixavam-se dos húngaros; os eslovacos, dos tchecos; e quase todo mundo tinha queixas contra os dominantes alemães, russos e turcos. Os imperialistas alemães, russos e turcos (e mais tarde também húngaros) reagiram então com seus próprios contra-nacionalismos. Os judeus sofriam por serem cosmopolitas e portanto considerados antinacionais. Mas o anti-semitismo também estava entrelaçado com outros conflitos nacionalistas: o anti-semitismo tcheco foi fomentado pelo sentimento antialemão, o eslovaco, pelo sentimento antimagiar, e o anti-semitismo magiar e austríaco foi induzido por aspirações de revisionismo imperial. Em todos estes casos os judeus eram odiados em certa medida por sua suposta aliança com outro inimigo nacional. Inicialmente uma aliança idealista internamente voltada contra governantes "feudais", o nacionalismo tornou-se agressivo por dentro e por fora contra outras "nações".

Surgiu assim o ideal do Estado-nação orgânico, em oposição ao liberal e estratificado (ou o "nacionalismo étnico", em oposição ao "nacionalismo cívico"). Veja-se o caso da Áustria (analisado for Schmidt-Hartmann 1988 e aprofundado em meu próximo volume). Em 1882, três jovens políticos austríacos propuseram o "Programa de Linz", com a intenção de fundar um Partido do Povo Alemão. Esse programa associava nacionalismo alemão, sufrágio universal e uma legislação social progressista, denunciando ao mesmo tempo o liberalismo, o capitalismo de *laissez-faire* e o socialismo marxista. Os três afirmavam que, enquanto os liberais preconizavam uma constituição acolhendo o conflito de interesses, eles estavam ali para promover a "essência" da democracia. Sua legitimidade, sustentavam, se alicerçava na unidade do povo, no "bem geral", nos "interesses do povo". O partido nunca chegou a se concretizar. Os três se separaram e fundaram cada um o seu partido. Adler tornou-se líder dos social-democratas, Lueger fundou os social-cristãos e Schönerer fundou aquele que viria a tornar-se o Partido Pan-Germânico — os três partidos de massa da Áustria no entreguerras, que deram origem a movimentos sociais de caráter totalizador, e em dois casos originando movimentos fascistas (ver o Capítulo 6).

Esses jovens austríacos adotavam uma concepção *orgânica* do povo e do Estado. O povo, diziam, é uno e indivisível, unido, integral. Assim, seu Estado não precisa alicerçar-se na institucionalização do conflito entre interesses opostos. Um movimento nacional pode representar *todo* o povo, transcendendo em última análise qualquer conflito de interesses entre grupos sociais no seu interior. Os conflitos de classe e os interesses seccionais não deveriam ser acomodados, mas *transcendidos*. Parecia um belo ideal, mas tinha o seu lado sombrio (analisado muito mais detidamente em meu próximo volume). Todos os Estados efetivamente continham minorias com suas características culturais específicas. Algumas tinham vínculos culturais com um Estado estrangeiro, dominado por sua etnia e por elas considerado a sua "pátria". Os nacionalistas orgânicos viam com suspeita essa gente. Consideravam que estavam divididos em sua lealdade e portanto deveriam ser excluídos da plena integração na nação. Assim foi que os nacionalistas orgânicos passaram a acreditar em (1) a permanência do caráter, da alma ou do espírito nacional, diferente do de outras nações; (2) seu direito a um Estado que em última análise expressasse isto e (3) seu direito de excluir minorias com características diferentes, que serviriam apenas para debilitar a nação.

É a história bem conhecida da "ascensão e ascensão" de nações e Estados modernos — para a qual contribuí pessoalmente (Mann 1986, 1993: especialmente capítulos 10 e 11). Mas a expansão dessas redes nacionais de interação deu-se *paralelamente* à expansão de relações "transnacionais" de poder — o capitalismo industrial com suas ideologias anexas, como o liberalismo e o socialismo, mais as redes culturais mais amplas geradas pelos conceitos europeus/cristãos/"brancos" de identidade coletiva. A propriedade era por toda parte esmagadoramente "privada". Nenhum Estado intervinha muito na economia, exceto na adoção de tarifas de importação para a proteção econômica, na coordenação das redes de comunicações (especialmente as ferrovias) e na regulamentação do sistema bancário. Na semiperiferia européia surgiram outros conceitos de políticas de "desenvolvimento tardio" assistidas pelo Estado, que no entanto não tiveram grande importância antes de 1914. Assim, boa parte da vida social permanecia fora da esfera de competência do Estado-nação, mesmo durante seu grande período de expansão. Eram poucos os que esperavam muito mais que isto do Estado.

O mesmo quanto à maioria dos políticos. Antes de 1914, a maioria dos esquerdistas estava comprometida com versões descentralizadas da democracia, evidenciando uma certa ambivalência em relação ao Estado. Na extrema esquerda, o jacobinismo residual era superado pela profunda desconfiança em relação a todos os Estados existentes e ao nacionalismo que lhes servia de apoio. A ideologia socialista reconhecia apenas classes transnacionais (embora na prática a coisa freqüentemente fosse diferente). O notório silêncio de Marx sobre o Estado pós-revolucionário, suas afirmações inconseqüentes sobre a maneira como o Estado haveria de "desaparecer" e sobre o fato de a classe operária não ter uma nação constituíam exemplos da indiferença da esquerda em relação à emergência do Estado-nação. Os marxistas esperavam varrer os Estados do mapa, depois de usá-los transitoriamente para alterar as formas de propriedade. Os anarco-sindicalistas consideravam mais seguro que a esquerda ignorasse completamente os Estados. É claro que os esquerdistas queriam que o Estado aliviasse a pobreza e expandisse a educação gratuita. Mas em geral o reformismo previdenciário do pré-guerra não era promovido por socialistas, mas por liberais de esquerda "burgueses" que se sentiam mais à vontade num Estado que há muito os havia emancipado. Assim, eram antes os "socialistas da cátedra" alemães, os "novos liberais" britânicos, os republicanos radicais franceses e a intelligentsia liberal *zemstvo* na Rússia do que a esquerda marxista ou sindicalista que buscavam um Estado expandido para patrocinar o desenvolvimento econômico, cultural e moral. Todos, contudo, consideravam que isto contribuiria para promover maior democracia. Queriam uma redução dos poderes despóticos.

As coisas eram um pouco diferentes na direita, desde o surgimento de nacionalistas extremistas antes de 1914. Eles já tratavam de exortar os saudosos do antigo regime a mobilizar a nação para a derrota das forças corrosivas do liberalismo e do socialismo. Como enfatiza Sternhell, muitas idéias fascistas já circulavam antes de 1914. Mas embora entusiasmassem alguns intelectuais, haviam sido associadas a movimentos de massa, inicialmente desenvolvidos por partidos de esquerda e posteriormente copiados por apenas alguns partidos nacionalistas. Eram mantidos sob controle pelos saudosos do antigo regime e pelas igrejas que continuavam controlando a maioria dos Estados e dos votos e ainda viam com desconfiança as mobilizações de massa. A nação e as massas não deviam ser ativadas, mas representadas pelas elites. Como enfatiza Eley (1980), os grupos de pressão da direita nacionalista começavam a alarmar os conservadores alemães e a desestabilizar a política externa da Alemanha, mas seu papel na política interna era muito menor. Foi provavelmente na Áustria que os movimentos nacionalistas de massa mais se desenvolveram (Schorske, 1981: capítulo 3). Embora se ampliassem as funções de Estado, a maioria dos conservadores via no Estado pouco mais do que o mantenedor da ordem e o responsável pela ampliação do território. Como acontecia na esquerda, o Estado não era considerado "portador de um projeto moral" (para empregar a eloqüente expressão de Perez-Diaz). Os nacionalistas começavam a oprimir minorias, considerando-se desejável um aumento moderado do "poder infra-estrutural" do Estado. Estes, no entanto, tinham limites bem definidos, e não se verificava um real impulso para a ampliação dos poderes despóticos do Estado. O despotismo e o autoritarismo eram vistos como características do "antigo regime" que acabariam cedendo passo à modernidade. Em 1914, poucos seriam capazes de divisar um futuro fascista ou mesmo moderadamente autoritário.

Se a paz tivesse prevalecido na Europa, a expansão do Estado certamente teria prosseguido gradativamente e os Estados teriam adquirido maiores poderes infra-estruturais. O capitalismo industrial teria continuado a demandar assistência do Estado. A emancipação de trabalhadores e mulheres teria fomentado o desenvolvimento do Estado previdenciário. Teria surgido, de qualquer forma, um "nacionalismo de Estado moderado", temperado na semiperiferia pela teoria do "desenvolvimento tardio" de inspiração estatista. Veio, contudo, a Grande Guerra. Ela militarizou o Estado-nação, gerando um modelo econômico para a obtenção do desenvolvimento econômico por meio da intervenção e do planejamento estatais. Forneceu também um modelo "paramilitar" de ação social coletiva, enfraqueceu o conservadorismo tradicional, destruiu os impérios multinacionais que eram os principais rivais do Estado-nação e fortaleceu o nacionalismo agressivo contra o inimigo. Com a chegada ao poder de Lloyd George, Clemenceau e Ludendorff em 1916, estava dado o sinal de que a guerra agora seria "total" — não devendo ser conduzida por um antigo regime cavalheiresco, mas por uma nação mobilizada para o serviço militar e econômico. Empresários, líderes sindicais, funcionários públicos, generais e políticos serviam lado a lado numa única administração coordenada pelo Estado. Nada disso aconteceu com a mesma eficiência na Rússia, na Áustria-Hungria e na Itália, o que foi atribuído à força dos adeptos do antigo regime nestes países (e ao comportamento "impatriótico" de seus socialistas). Mesmo os Estados neutros do norte da Europa viram-se forçados pelos bloqueios e a guerra submarina a intervir consideravelmente (em especial na adoção do racionamento, uma radical forma de expansão dos poderes de Estado). Na Europa, só a Espanha e Portugal, ambos neutros, continuaram como anteriormente, na legitimidade de seus antigos regimes e de seus Estados fracos. Mas a maioria dos Estados tomara efetivamente o lugar das iniciativas privadas e de mercado para a consecução de metas coletivas maciças em nome da nação. Chegara o moderno estatismo, ao lado do moderno nacionalismo.

Embora os aparatos de intervenção do tempo de guerra viessem a ser desmantelados, o Estado infra-estruturalmente poderoso chegara para ficar. O privilégio foi ampliado e passou-se a esperar que os governos tratassem no pós-guerra de mitigar o desemprego e a escassez habitacional. A cidadania social veio somar-se à cidadania política. Programas mais ambiciosos de reconstrução social e desenvolvimento econômico começaram a circular entre os tecnocratas, entre eles os economistas. Na esquerda, os socialistas impunham-se agora a seus adversários anarco-sindicalistas (exceto na Espanha neutra), começando a considerar que tanto a revolução quanto a reforma poderiam ser mais efetivamente alcançadas mediante maior intervenção do Estado. As idéias de uma democracia essencialmente alheia ao Estado vigentes no pré-guerra já pareciam obsoletas. Na Rússia, a guerra e a guerra civil tornaram os bolchevistas mais ardorosos estatistas. Nos demais países, o liberalismo transmutou-se em democracia social e o estatismo moderado avançou.

A maior parte do drama ocorreu, contudo, na direita. Sobretudo sob a bandeira do crescente estatismo, ela chegou ao poder em mais da metade da Europa no período entre as guerras. Sua irrupção foi uma surpresa, pois os acordos de paz de 1918 haviam sido dominados pelos liberais. O presidente Woodrow Wilson proclamara o advento de uma "revolução democrática mundial". Os delegados do Congresso de Versalhes substituíram o Império Austro-Húngaro e partes dos impérios Russo e Otomano por uma dúzia de democracias putativas. Embora estas tendessem a instaurar a primazia de uma nação dominante, suas constituições asseguravam os direitos das minorias. Alguns liberais e socialistas passaram inclusive a alimentar a esperança de que o resto do mundo — colônias e Estados dependentes — logo seguissem o exemplo. Parecia ter sido inaugurada uma nova ordem mundial de Estados-nação moderados e democráticos.

E com efeito, depois de um breve período de turbulência no pós-guerra, a Europa parecia mesmo tomar este rumo. No fim da década de 1920, somente um de seus 28 Estados não tinha uma constituição contemplando eleições parlamentares, multipartidarismo e garantias para as minorias. As mulheres ainda eram excluídas do sufrágio na maioria dos casos (o que também acontecia com muitos homens em certas ocasiões), alguns executivos tinham poderes equivalentes aos das legislaturas e com freqüência as práticas políticas iam de encontro às normas constitucionais. Mas a democracia liberal parecia ser o ideal moderno que viria a predominar. A única exceção, a União Soviética, dizia-se na verdade ainda mais autenticamente democrática. As perspectivas não pareciam muito boas para o nacionalismo tolerante. Milhões de refugiados das minorias voltavam em fuga para suas pátrias nacionais, pressionados por seus antigos Estados (tratarei desta questão em meu próximo volume). De maneira geral, contudo, as Grandes Potências acreditavam que o Estado-nação democrático e liberal *era* o século XX.

No final do século XX, tanto na Europa como no Ocidente em geral, era o que acontecia. O noroeste europeu tem sido constantemente liberal ou social-democrata há muitas décadas, assim como as instituições políticas (inicialmente apenas para os brancos) de suas principais antigas colônias. Em 1975, os regimes autoritários da Europa meridional haviam chegado ao fim. Os regimes comunistas do leste desmoronaram abruptamente em 1989-91. No fim do milênio, *todos* os Estados europeus estavam formalmente comprometidos com a democracia multipartidária, embora certos regimes dos antigos países comunistas ostentassem, neste sentido, credenciais algo dúbias e em alguns poucos se manifestassem tensões étnicas. Mas a Iugoslávia parece uma estranha exceção para a maioria dos europeus. Embora se revele de difícil exportação para outras regiões do mundo, a democracia domina no Ocidente.

Entre 1920 e 1945, contudo, o Estado-nação democrático liberal recuou, acossado pelos autoritários. Em 1938, 15 dos 27 regimes parlamentares europeus eram ditaduras de direita, a maioria pretendendo representar uma única nação orgânica e limitando os direitos das minorias. O Mapa 2.1 especifica o ano do golpe em cada um deles. Em outros continentes, as quatro antigas colônias britânicas de maioria branca — Estados Unidos, Canadá, Austrália e Nova Zelândia — tinham democracias apenas para os brancos (só a Nova Zelândia conferia então direitos de representação à maioria dos não-brancos; a África do Sul e a Rodésia tinham impecáveis instituições parlamentares exclusivamente para brancos). Mas os dois principais Estados asiáticos, o Japão e a China, haviam sucumbido ao autoritarismo; ao passo que, na América Latina, só o Uruguai, a Colômbia e a Costa Rica mantinham uma constância democrática, enquanto a maioria dos regimes flutuava — de modo que encontrávamos no período entre as guerras dois blocos globais e europeus perfeitamente equilibrados, um liberal democrático, o outro orgânico-autoritário. Ambos buscavam a constituição de Estados de infra-estrutura mais forte; mas só o segundo também pretendia maiores poderes despóticos. O período culminaria em guerra total entre os dois. Como poderíamos explicar a ascensão do autoritarismo em apenas metade da parte relativamente avançada do mundo e da Europa no entreguerras? A tentativa de responder a esta pergunta é uma condição preliminar para a compreensão de uma segunda

Mapa 2.1. As duas Europas do entreguerras

questão: Por que surgiu o fascismo? Vamos encontrar as primeiras indicações no mapa da Europa.

GEOGRAFIA: AS DUAS EUROPAS

O Mapa 2.1, o mapa político da Europa no entreguerras, revela dois subcontinentes, "duas Europas", uma liberal democrática, a outra autoritária. As duas Europas eram geograficamente distintas, uma ocupando o noroeste do continente, a outra, as regiões central, oriental e meridional. À parte a Tchecoslováquia (que limitou relativamente os direitos de suas minorias alemã e eslovaca), a democracia liberal compreendia um bloco único de 11 países em todo o noroeste: Finlândia, Suécia, Noruega, Dinamarca, Islândia,

Irlanda, Grã-Bretanha, Holanda, Bélgica, Suíça e França. Quase todas as demais democracias liberais do mundo eram antigas colônias britânicas. Deste modo, o bloco liberal democrático abrangia três zonas socioculturais — "nórdica", "anglo-saxônica" e dos "Países Baixos" — vinculadas pelos elos de uma economia de comércio marítimo e semelhanças políticas e ideológicas. Nelas, o governo constitucional havia sido adotado muito antes de 1900. O mundo anglo-saxônico falava inglês; os países nórdicos (exceto a Finlândia) falavam dialetos reciprocamente inteligíveis do mesmo grupo lingüístico; e em toda a região, exceto na França, na Bélgica e na Tchecoslováquia, as elites em muitos casos eram fluentes em inglês.

À parte a Irlanda, tinham igualmente religiões bastante despolitizadas. Dez dos 16 países eram de maioria protestante. A Bélgica, a Tchecoslováquia, a França e a Irlanda tinham maiorias católicas, ao passo que a Holanda e a Suíça estavam divididas entre as duas religiões. Entre esses países estavam todos os majoritariamente protestantes da Europa, exceto a Alemanha, a Estônia e a Letônia. Mas estavam incluídos *todos* os países protestantes em que os vínculos Igreja-Estado se haviam enfraquecido significativamente ao logo do último século. O catolicismo holandês e o suíço também eram independentes do Estado, ao passo que a Bélgica, a Tchecoslováquia e a França eram países católicos razoavelmente seculares (e a Igreja tcheca estava em conflito com o Vaticano). Os países do noroeste compartilhavam muita coisa além do Estado-nação liberal democrático, e sua coesão geográfica permitia o fluxo de mensagens ideológicas comuns. Como veremos adiante, essa solidariedade cultural teria um peso considerável.

A maior parte da família orgânico-autoritária também formava um único bloco geográfico, constituído, entretanto, de duas zonas históricas e socioculturais bastante distintas: "latino/mediterrânea" e "eslava/européia central e oriental". Suas línguas eram bastante variadas e elas não constituíam um bloco comercial. À exceção da maior parte da Alemanha, da Estônia e da Letônia, contudo, haviam ficado com as duas Igrejas cristãs mais antigas, abrangendo a maioria dos países católicos e todos os países ortodoxos orientais da Europa. E abarcavam todos os países europeus que preservavam uma intensa ligação entre a Igreja e o Estado, à parte a Irlanda. Mais uma vez, essas afinidades culturais — assim como as linhas de variação cultural dentro dessa zona — haveriam de revelar-se importantes na geração do autoritarismo e do fascismo.

Em torno dessa "divisa continental" entre as duas Europas, podemos detectar uma "zona fronteiriça", indicada no mapa. Ela era constituída em sua maior parte por dois grandes países, a França e a Alemanha. Eram os países da oscilação, que poderiam ter-se encaminhado para o outro lado. A França poderia ter-se tornado autoritária e a Alemanha poderia ter continuado sendo parlamentar, pois em ambas ocorreu um prolongado confronto entre forças democráticas e autoritárias, como acontecera no período anterior. Os principais teóricos protofascistas do pré-guerra (Maurras, Barrès, Sorel) eram franceses, e estavam também na França os dois maiores partidos autoritários tanto da direita quanto da esquerda no noroeste europeu durante o período do entreguerras. À medida que aumentava o poderio da Alemanha nazista, crescia também a consciência da fraqueza da França, e os conservadores começaram a se dividir quanto às possíveis soluções. As vozes do fascismo ganharam força. Se as eleições marcadas para 1940 se tivessem realizado (e em regime de paz), o PSF, partido quase fascista, poderia ter conquistado mais de cem assentos parlamentares, considera Soucy (1991). Mais tarde, o regime colaboracionista de Vichy desfrutaria de considerável apoio interno. Em sentido inverso, a República de Weimar continha uma democracia avançada que poderia ter sobrevivido. E o resultado final da luta na França e na Alemanha também poderia ser explicado em termos geográficos, pois os "cernes" político-geográficos desses dois países estavam próximos do "outro" bloco geográfico. Paris e a circundante Île-de-France encontram-se no norte, ao passo que as regiões econômicas avançadas da França estavam sobretudo no noroeste. A França estava tão integrada na esfera britânica/dos países baixos e de livre comércio/democrática/protestante do noroeste quanto na região católica e mais autoritária do sul. Em sentido inverso, o cerne do Estado alemão estava em Berlim e na Prússia, na região oriental do país. Costuma-se dizer que a história da Alemanha consistiu no seqüestro pela Prússia dos portos liberais do sudoeste e de livre comércio do norte.

A "zona fronteiriça" também é representada neste livro pelo país em que mais se prolongou a luta entre a democracia e o autoritarismo, a Espanha. No Capítulo 9, veremos como esta luta foi longa e acirrada. Existem ainda três países politicamente fronteiriços — pois vamos encontrar democracias algo imperfeitas na Finlândia, na Tchecoslováquia e na Áustria antes de 1934. Além disso, na região noroeste do continente os movimentos autoritários só prosperavam em ambientes apartados no interior dessa zona fronteiriça ou a ela adjacentes. Na Tchecoslováquia, com sua constituição etnicamente composta, o Partido dos Alemães dos Sudetos arregimentou a minoria germânica, alcançando 15% dos votos nacionais em 1935; na Eslováquia, 10% foram para o Partido Hlinka. Na Bélgica, com sua divisão lingüística, o Christus Rex obteve 11,5% em 1936 (essencialmente na população francófona), enquanto o VNV flamengo conseguia 7,1%. Quando os líderes do Christus Rex abraçaram o fascismo, contudo, sua votação caiu para 4,4% em 1939, e o apoio do VNV também recuou quando o partido aceitou financiamento dos nazistas. Em 1936, o Movimento Lapua/IKL finlandês, explorando a vitória da direita na guerra civil e o irredentismo anti-soviético, alcançou 8,3% dos votos, que no entanto caíram para 6,6% em 1939. Na Holanda, com sua divisão religiosa, o NSB obteve 7,9% em 1935, sendo no entanto reduzido à insignificância em 1939, ao se aproximar de Hitler. Os movimentos autoritários não eram tão populares quanto os das regiões mais orientais e meridionais, mas tinham uma certa relevância.

Mas os autoritários situados mais no interior do bloco noroeste recebiam poucos votos. Os fascistas e simpatizantes ficavam para trás, girando em torno de 2% dos votos na Noruega, 1,5% na Suíça e bem menos que 1% na Grã-Bretanha, na Irlanda, na Islândia, na Suécia, na Dinamarca, nos Estados Unidos, no Canadá, na Austrália e na Nova Zelândia (Lindstrom 1985: 115; Linz 1976: 89-91; Payne 1980: 126-35; 1995: 290-312). Embora alguns intelectuais e elites brincassem com idéias autoritárias e fascistas (alguns deles foram citados no Capítulo 1) e embora se ouvissem queixas intermitentes sobre a "fraqueza" e as divisões da democracia parlamentar, o fator decisivo foi o fato de os conservadores permanecerem democráticos apesar de se tornarem populistas, limitando-se a mobilizar as massas atrás das bandeiras de um nacionalismo moderado, da religião, do respeito à ordem e da alegação de maior capacidade na gestão da economia capitalista (Mann 1993). Os conservadores resistiam aos direitistas autoritários, mas os social-democratas também resistiam aos revolucionários. Assim, ambas as correntes podiam processar e acomodar seus conflitos por meio de instituições democráticas, que em conseqüência foram aprofundadas.

Mas os autoritários prosperaram no centro, no leste e no sul do continente. Nas eleições livres realizadas na Áustria, na Alemanha e na Espanha, alcançaram cerca de 40% dos votos. Nas eleições semilivres da Europa Oriental, venceram categoricamente. Se tivessem conseguido mais liberdade para se organizar, os fascistas teriam obtido mais votos (como veremos nos casos da Hungria e da Romênia nos Capítulos 7 e 8). Não podemos dizer que os regimes autoritários desfrutavam de apoio majoritário, pois manipulavam os poderes executivos e alguns recorriam a poderes coercitivos durante as eleições. Mas exerciam um apelo muito mais forte do que no noroeste. Havia efetivamente duas Europas, uma convictamente liberal democrática, a outra atraída por visões orgânico-autoritárias do Estado-nação — com uma zona fronteiriça oscilante e politicamente dividida entre as duas.

A força desses blocos geográficos leva-me a pôr em dúvida três explicações habituais do autoritarismo e do fascismo. Uma delas encara cada país como um caso único, fornecendo uma explicação que podemos chamar de "nacionalista". A força do Estado-nação fez com que muitos estudiosos se voltassem para dentro, para estudar determinado país, geralmente o seu próprio. Eles tendem a buscar explicações em termos de "peculiaridades nacionais", como o *Sonderweg*, o "caminho especial" da Alemanha para o nazismo. Os historiadores da Espanha enfatizam as lembranças do glorioso Siglo de Oro, seguido do declínio imperial, o que resultaria numa Igreja gangrenada, num corpo de oficiais inflado, em regionalismos singulares, na violência meridional e assim por diante. Se eu fosse capaz de ler albanês, certamente tomaria conhecimento de predisposições únicas da Albânia para o autoritarismo. É bem verdade que os fatores locais explicam os *detalhes* de cada resultado nacional. O nazismo era tipicamente alemão e o franquismo era espanhol. Não poderia imaginar qualquer dos dois em outro país. Mas o Mapa 2.1 revela poderosos efeitos macro-regionais atravessando as fronteiras nacionais. Significavam eles que a Espanha poderia tornar-se autoritária, que a Albânia provavelmente o faria, mas não a Irlanda. A Irlanda tinha uma Igreja Católica poderosa e reacionária e passou por uma guerra civil na década de 1920. Mas a Irlanda estava na região noroeste do continente, tendo herdado algumas das instituições democráticas britânicas e compartilhando uma língua e trocas populacionais com dois países democráticos, a Grã-Bretanha e os Estados Unidos. Os albaneses não viviam numa civilização democrática; os irlandeses, sim. Assim foi que os exércitos adversários da guerra civil irlandesa transformaram-se na realidade em dois partidos eleitorais rivais — que ainda hoje dominam as eleições irlandesas. Precisamos fazer o levantamento dos detalhes locais — que por sinal proliferam em meus capítulos de estudo de caso —, mas também precisamos de uma abordagem mais macro.

A segunda abordagem também é implicitamente nacionalista. Divide o continente em Estados-nação, tratando cada um deles como um caso único, numa análise comparativa multidirecional. Arrola estatísticas nacionais para testar hipóteses indicando, por exemplo, que o fascismo surgiu em países atrasados ou naqueles em que se expandiam rapidamente as universidades. Utilizarei mais adiante essas estatísticas. Mas este método vem a ser limitado pelos dados geográficos brutos que acabamos de descortinar. Estariam todos os países mais atrasados ou aqueles em que as universidades se expandiam reunidos em bloco no mapa? Quase certamente não. É mais provável que a geografia também contribua com nítidas redes de comunicação contígua, de tal maneira que diferentes ideologias se disseminam em diferentes graus por diferentes regiões da Europa, de certa forma independentemente dos níveis de desenvolvimento ou das estruturas universitárias.

A terceira abordagem é portanto de caráter regional, identificando culturas macro-regionais — "mediterrânea", "da Europa Oriental", "da Europa Central" e assim por diante — como fatores decisivos em termos causais. Esta abordagem observa com acerto, por exemplo, que o organicismo mais centrado no anti-semitismo racista limitava-se basicamente à Europa Central e Oriental, não conseguindo muita penetração no sul. Mas o autoritarismo como um todo estava muito mais disseminado, permeando metade da Europa. Ele não refletia "o caso especial da Europa Central", como sustenta Newman (1970, 29-34), nem o "desenvolvimento tardio da Europa Oriental", como querem Janos (1989) e Berend (1998, 201, 343-5), nem mesmo o "desenvolvimento parcial ou atrasado" em geral, como afirma Gregor (1969, xii-xiv).[1] Embora todas essas teorias macro-regionais contenham uma dose de verdade, o fascismo tinha um caráter mais geral, embora igualmente mais localizado, que essas teorias regionais. Pois o fato é que os cinco grandes movimentos fascistas (na Alemanha, na Áustria, na Hungria, na Romênia e na Itália) estavam geograficamente disseminados pela Europa e por seus diferentes níveis de desenvolvimento. Precisamos de uma explicação mais global do autoritarismo e talvez de uma explicação mais particular do fascismo. Examinarei inicialmente a variável dependente do tipo de regime.

TIPOS DE AUTORITARISMO

Nosso problema de entendimento está na direita política. Em toda a "Grande Europa", a União Soviética era o único regime autoritário de esquerda. Todos os demais regimes autoritários eram considerados de direita — mas veremos adiante que só ambiguamente o fascismo podia ser considerado de direita. De modo que tinham certas características comuns. Todos esses regimes veneravam a ordem e protegiam a propriedade privada; todos abraçavam o estatismo autoritário, rejeitando o federalismo, a democracia e seus alegados "vícios": turbulentos conflitos de classe, corrupção política e declínio moral.[2] Também viriam a adotar o nacionalismo orgânico. A nação deve ser "una e indivisível", expurgada dos subversores da unidade nacional. Esses regimes, assim, reprimiam socialistas e liberais comprometidos com o internacionalismo, assim como minorias étnicas, regionais e religiosas supostamente leais a outros países. Em sua maioria, os autoritários escoravam-se nos poderes militares e policiais do antigo regime; os fascistas preferiam seus próprios paramilitares. Uma vez tendo rejeitado a acomodação pacífica das divergências, contudo, todos haviam optado pelo caminho da violência — o poder militar ou paramilitar — para resolver os problemas políticos.

Mas os membros da família eram variados (ver apanhados gerais em Polonsky, 1975; Payne, 1980; Lee, 1987 e Berend, 1998), sendo divididos por alguns estudiosos em dois grupos: os "fascistas" e um grupo muito maior identificado como "conservadores autoritários" ou simplesmente "autoritários" (por exemplo, Linz, 1976; Blinkhorn, 1990). Mas isto não basta. Em primeiro lugar, embora reconheça que o fascismo procede a uma mudança de direção para uma nítida combinação de direitismo e radicalismo, esta classificação ignora que isto se manifesta como estágio final de um problema mais amplo enfrentado pelos direitistas: a necessidade de enfrentar a pressão política organizada das massas. O autoritarismo moderno diferenciava-se dos regimes despóticos do passado pela tentativa de absorver as pressões provenientes da massa que sempre caracterizaram a política no século XX. Em segundo lugar, remete a um grupo "autoritário" por demais grande e variegado. O regime de Franco, não raro dito apenas "conservador autoritário", matou provavelmente mais de 100 mil pessoas a sangue frio. O regime de Metaxas na Grécia, qualificado de maneira equivalente, terá assassinado talvez uma centena.[3] Em terceiro lugar, os regimes foram-se tornando mais perversos ao longo desse período. Precisamos estabelecer mais distinções para dar conta das variações ocorridas entre os países e ao longo do tempo. Distingo quatro graus crescentes de autoritarismo no interior da família. Naturalmente, tratando-se de uma linha contínua, as delimitações entre os diferentes tipos são necessariamente algo arbitrárias, incluindo cada tipo regimes bastante diversos. Cabe lembrar também que se trata de regimes, e não de movimentos. Como observa Kallis (2000), os regimes não se limitam a exprimir ideologias, encarnando igualmente processos por eles identificados como de consolidação política, formação de políticas e alcance das mudanças desejadas. Todos eles envolvem tanto questões de ideologia quanto de viabilidade política (cf. Paxton 1998).[4]

Regimes semi-autoritários

Eram os regimes mais brandos e conservadores, tentando aferrar-se a métodos de governo do fim do século XIX. Tratava-se em geral de "Estados duais" em que consideráveis poderes eram detidos tanto por uma legislatura eleita quanto por um executivo não eleito — daí a qualificação de "semi-autoritários". As pressões vindas de baixo eram contidas pela manipulação das eleições e dos parlamentos. O executivo fixava as eleições, comprava deputados, nomeava gabinetes e reprimia os "extremistas" com base em poderes de emergência. Mas os parlamentos, os tribunais e a imprensa preservavam certas liberdades. As monarquias eram dominantes nesses casos, apoiadas pelos tradicionais partidos conservadores e liberais clientelistas. "Estatismo", aqui, significava lealdade ao "antigo regime" antigo. O nacionalismo, que dificilmente poderia ser considerado orgânico, era mantido em rédea curta. Os casos de expurgo de inimigos políticos davam-se mais por intimidação e encarceramento do que por assassinato, exceto durante o breve período de turbulência revolucionária no pós-guerra. Uma vez sentindo-se basicamente seguros, esses regimes não recorriam com freqüência ao assassinato, tratando de restringir as tendências à promoção de *pogroms* contra os judeus — que eram por demais úteis. Embora alguns deles manipulassem os preconceitos populares contra minorias, eram em geral apenas discriminatórios, sem tentar expulsá-las. E embora tivessem um forte estamento militar, a política externa mantinha-se cautelosa. As políticas fiscal e social também eram conservadoras e pró-capitalistas, resistindo tanto à modernidade quanto à democracia.

Entre os exemplos está a maioria dos regimes do entreguerras: a Grécia até o golpe de Metaxas, os regimes romenos da década de 1920 e do início da década de 1930, o regime espanhol de Alfonso XIII até 1923, os regimes do almirante Horthy e do conde Bethlen na Hungria na década de 1920, o governo social-cristão austríaco do chanceler Seipel no fim da década de 1920 (que tratou de subverter secretamente as liberdades), os governos pré-fascistas italianos de Salandra e Sonnino, os regimes pré-nazistas de Brüning, von Schleicher e von Papen. Todos eles sofriam pouca influência da ideologia fascista, mostrando-se basicamente bastante moderados e pragmáticos — em comparação com o que se seguiu. Mas nenhum deles durou muito.

Regimes autoritários semi-reacionários

Nestes casos, o antigo regime (centrado na monarquia, nos militares e na Igreja) enfrentava as pressões populares elevando o nível de repressão. Derrubava ou emasculava a legislatura, pondo fim ao dualismo observado anteriormente. A repressão se alternava com medidas discriminatórias de perseguição de bodes expiatórios voltadas contra esquerdistas, minorias ou judeus. Esses regimes ainda temiam as massas. Mas também promoviam medidas modernistas limitadas — e por isto eram apenas semi-reacionários. Preconizavam o nacionalismo orgânico, embora evitando qualquer mobilização popular por trás dele. A ideologia fascista tinha certa influência nestes casos. Alguns (como Salazar, Pilsudski e Primo de Rivera) cultivavam o domínio de um partido único, essencialmente imitando Mussolini, mas o partido era controlado de cima, competindo-lhe antes domesticar que insuflar as massas. Podia-se recorrer à organização de forças paramilitares, menos para combater do que para desfilar, retendo o exército seu efetivo monopólio sobre os meios de violência militar. A política externa mantinha-se cautelosa, e a política econômica, pró-capitalista e decididamente desenvolvimentista. Primo e Pilsudski chegaram mesmo a buscar a reforma social, mas seus esteios conservadores resistiram, provocando a queda do primeiro (ver Capítulo 9) e a virada direitista do segundo.

Era este o tipo de regime mais disseminado no entreguerras. Os casos a serem citados são os governos húngaros do almirante Horthy e outros durante a maior parte da década de 1930 (ver Capítulo 7), a "democracia dirigida" do rei Carol na Romênia do fim da década de 1930 (Capítulo 8), o general Primo de Rivera na Espanha em 1923-30 (embora ele também tivesse introduzido muitos elementos corporativistas; ver Capítulo 9), o general Pilsudski na Polônia em 1926-35, seguido de outros oficiais até 1939, os três regimes bálticos escorados no exército (Smetona na Lituânia em 1926-39, Ulmanis na Letônia em 1934-9 e Pats na Estônia em 1934-9),[5] o rei Zog na Albânia em 1928-39, o rei Alexander e o regente Paul na Iugoslávia durante a década de 1930, o regime do rei Bóris na Bulgária a partir de 1935, o governo de Metaxas na Grécia em 1936-8, o de Dolfuss na Áustria entre 1932 e o início de 1934 (Capítulo 6) e o regime militar português de 1928-32.

Regimes corporativistas

Cerca de um terço dos regimes desviou-se então ainda mais, tentando aumentar o estatismo, mobilizar o nacionalismo orgânico e intensificar a perseguição de minorias e esquerdistas. Fundamentalmente, começaram a inspirar-se consideravelmente na ideologia e nas organizações fascistas, não raro sob a pressão concreta de movimentos fascistas. Os elementos incorporados eram antes de estatismo "de cima para baixo" do que de paramilitarismo "de baixo para cima". O conceito de "corporativismo" transmite essa idéia de uma organização integrada e hierárquica, embora não seja uma qualificação perfeita, pois tende a abrandar as tensões que freqüentemente se manifestavam entre suas duas principais clientelas, os autoritários adeptos do antigo regime e os nacionalistas mais "radicais". Embora fossem pró-capitalistas, alguns regimes corporativistas desenvolveram políticas previdenciárias patriarcais e intervieram na economia para promover o crescimento (embora outros preferissem a ordem e a estabilidade ao dinamismo capitalista). O exército permanecia como esteio do regime, preservando o essencial de seu monopólio do poderio militar e cedendo apenas um pouco ao paramilitarismo. A política externa combinava uma retórica nacionalista belicosa com uma diplomacia na realidade bastante cautelosa.

Os exemplos são encontrados entre os regimes "fascistas compostos" nos quais as tendências fascistas são minadas por outra tendência: por exemplo, o "monarco-fascismo" de Metaxas na Grécia depois de 1938, o "clérico-fascismo" ou "austro-fascismo" de Dolfuss a partir de 1934 (ver Capítulo 6), o "monarco-fascismo" do rei Carol na Romênia a partir de 1938, seguido, entre 1940 e 1944, pelo "fascismo militar" do general Antonescu (Capítulo 8). Houve também o regime francês de Vichy, os gabinetes "radicais de direita" na Hungria durante a Primeira Guerra Mundial (Capítulo 7), a combinação de fascismo e "Deus, pátria e família" promovida por Salazar e a ditadura de Franco até o início da década de 1960. A ditadura de Metaxas foi a mais moderada: um movimento paramilitar juvenil e acessórios corporativistas, prisões em massa mas poucos assassinatos e pequeno grau de pressão sobre as minorias. Ele promoveu o expurgo dos monarquistas mas não do próprio monarca, e sua política externa oscilava cautelosamente entre a Alemanha e a Grã-Bretanha (Kofas 1983). O governo imperial japonês adotou este modelo depois de 1931 (embora também apresentasse elementos fascistas); Chiang Kai-shek pretendeu seguir este caminho, mas carecia de poder infra-estrutural sobre a China para concretizá-lo.

Naturalmente, estamos falando de configurações ideais, e as distinções concretas entre os regimes muitas vezes eram nebulosas. Mesmo quando a balança do poder se inclinava decisivamente para o executivo, certas formas parlamentares podiam ser preservadas — como, por exemplo, na Hungria e na Romênia no fim da década de 1930. Na Hungria, na realidade, não só o parlamento foi preservado; até 1944, nele tinham assento deputados socialistas, caso único entre todos os países do Eixo. A distinção entre regimes corporativistas reacionários e orgânicos também podia toldar-se — como aconteceu entre este último e o fascismo. Primo de Rivera podia ser considerado antes corporativista que reacionário. Nos regimes de Franco e, em menor grau, Salazar, o trabalho sujo freqüentemente cabia aos fascistas; ao passo que Carol, Antonescu e Horthy vieram a constatar que partes de seus governos haviam sido apropriadas pelos fascistas. Estávamos aqui diante de uma vigorosa rivalidade entre corporativistas e fascistas.

Regimes fascistas

O fascismo representava uma descontinuidade, invertendo o fluxo do poder ao adicionar ao corporativismo um movimento de massa "de baixo para cima" centrado no paramilitarismo e no eleitoralismo, ao mesmo tempo aumentando os poderes coercitivos exercidos do alto. O paramilitarismo floresceu em ambiente de flagrante queda dos padrões de lealdade e coesão das forças armadas. O exército dividiu-se, contribuindo as simpatias fascistas e paramilitares de muitos soldados para solapar a disciplina, o que pôs em risco o monopólio de poderio militar do Estado. Isto também originou uma tensão fundamental entre o paramilitarismo e o eleitoralismo "de baixo para cima", por um lado, e, por outro, um estatismo "de cima para baixo" centrado no "princípio de liderança". Esta tensão impediu que os regimes fascistas, chegando ao poder com a ajuda de elites do antigo regime, se acomodassem simplesmente em posições de extrema direita, conferindo-lhes seu caráter "radical". Na realidade, os líderes fascistas provinham de todos os setores do espectro político, tendo muitos deles passado pelo socialismo (como Mussolini, Déat e Mosley). O fascismo adotava o paramilitarismo internamente e o militarismo no exterior. Também intervinha maciçamente na economia, recorrendo a teorias fascistas específicas de desenvolvimento econômico. Mas as relações dos fascistas com os conservadores e os capitalistas mantinham-se ambíguas, parecendo cada qual precisar do outro.

Não dispomos de muitos casos de regimes fascistas. Os nazistas e os fascistas italianos foram os dois únicos regimes a tomar o poder e nele permanecer por alguns anos. Embora a Áustria tivesse proporcionalmente mais fascistas do que qualquer dos dois, eles estavam divididos em dois movimentos opostos e só foram capazes de tomar o poder em 1938, com a ajuda das tropas de Hitler. Os fascistas húngaros e romenos também contaram com forte apoio, mas igualmente foram muito perseguidos. Conseguiram se infiltrar nos regimes vigentes, chegando ao poder por breve período no fim da guerra, em 1944. Constatamos aqui (como no caso da Espanha) a importância das relações entre fascistas e outros direitistas autoritários: os golpes fascistas dependiam do equilíbrio de poder entre eles. Mas a influência do fascismo também era muito mais ampla. Os regimes corporativistas roubavam idéias fascistas para reprimir os verdadeiros fascistas e assim sobreviver. Até que, nas condições da guerra, outros nacionalistas orgânicos flertaram com o fascismo, aderindo ao Eixo — os hlinkas eslovacos, a Utasha croata e nacionalistas dos países bálticos, da Bielorrússia e da Ucrânia. Mas os italianos e os nazistas eram de longe os mais importantes. Seu êxito influenciou os demais. A marcha de Mussolini sobre Roma em 1922 foi tão precoce que todos os regimes autoritários dispunham de modelos italianos para copiar e adaptar. O poder geopolítico de Hitler disseminou a influência nazista, mas não por muito tempo. Ele provocou uma guerra mundial que os destruiu a todos. Como os regimes fascistas nunca chegaram a se institucionalizar firmemente, não sabemos como poderia ter sido um fascismo duradouro. Teria continuado a encarnar o facciosismo ziguezagueante do regime de Mussolini ou a radicalização persistente ainda que ligeiramente caótica de Hitler? Ou será que teriam surgido estruturas corporativistas/sindicalistas estáveis? Assim, ao estudar o fascismo, o extremo da família autoritária, estou estudando menos regimes concretos do que futuros regimes contemplados pelos grandes movimentos fascistas. O problema fascista que tento explicar, portanto, consiste em saber como esses futuros ideais surgiram e se tornaram poderosos, contra o pano de fundo dos regimes autoritários identificados aqui.

Minha tipologia levanta três questões fundamentais: Por que terá metade da Europa continuado a avançar nesse padrão autoritário? Por que será que somente uns poucos movimentos chegaram ao extremo do fascismo na busca de seus ideais? Por que só dois deles conseguiram tomar o poder sozinhos? Não são muitos os autores que distinguem claramente estas três questões. Na maioria das análises, as três são associadas a graves crises sociais que surgiram nos início do século XX: ideológicas, econômicas, militares e políticas. Estas correspondem às quatro fontes de poder social que analisei nos dois volumes de *The Sources of Social Power* (1986, 1993). Veremos adiante que o conceito de crises gerais serve para explicar o surto autoritário globalmente, mas nem tanto para entender a ascensão dos movimentos fascistas e menos ainda para explicar os golpes fascistas.

Poder econômico, crise econômica

As *relações de poder econômico* decorrem da necessidade humana de extrair, transformar, distribuir e consumir os recursos da natureza para a subsistência. Isto acaba gerando instituições econômicas e classes sociais derivadas da produção e das relações de mercado, que cooperam mas ao mesmo tempo entram em conflito umas com as outras. Aqueles que controlam os meios de produção e troca detêm um poder crucial que lhes confere certo grau de um poder social mais genérico. Mas este poder pode ser contestado por graves conflitos de classe. A época e o continente aqui analisados foram dominados pelo modo capitalista de produção em sua etapa industrial. Trata-se então de discutir o desenvolvimento e as crises do capitalismo industrial, seus conflitos de classe e sua responsabilidade na ascensão do autoritarismo e do fascismo.

Embora as relações de poder econômico sempre fossem importantes na vida humana, em nossa época materialista a teoria social parece obcecada com elas. As explicações econômicas do fascismo são as mais disseminadas, e as que mais detidamente analiso. As causas de longo prazo do autoritarismo e do fascismo são buscadas no "atraso" capitalista ou no "desenvolvimento tardio", e as causas de curto prazo, nos episódios de recessão econômica e de conflito de classes. Acredita-se que todos esses fatores contribuíram para solapar a legitimidade dos governos instaurados, agravando os conflitos a um ponto em que as soluções autoritárias pareciam tornar-se plausíveis — especialmente para os que tinham fácil acesso aos meios de coerção. Começarei pelas causas de longo prazo.

(1) A *teoria do desenvolvimento tardio* considera que os países economicamente atrasados foram atraídos para a política autoritária por teorias estatistas do "desenvolvimento tardio". Uma variante deste argumento esta-

belece uma associação com o nacionalismo. Os países atrasados sentem-se explorados pelos países desenvolvidos, e os nacionalistas exortam seus países a "se erguerem sobre as próprias pernas" com políticas econômicas dando expressão à autarquia e à proteção — que também aumentavam o estatismo.

Estas teorias implicam que os países autoritários sejam considerados os retardatários econômicos, o que efetivamente acontece. Os estudiosos têm mobilizado baterias de estatísticas socioeconômicas para demonstrar que, quanto mais elevados os índices do PNB, de urbanização, alfabetização e assim por diante, mais democrático o regime. A correlação entre os índices de desenvolvimento e democracia liberal geralmente varia entre r = 0,60 e r = 0,85. Elevando isto ao quadrado, constatamos que o grau de desenvolvimento explica algo entre um terço e dois terços da variação dos níveis de democracia liberal — uma constatação das mais sólidas em macrossociologia, disciplina na qual a maioria das comparações estatísticas entre diferentes contextos nacionais comporta considerável grau de erro e "ruído" (Rueschmeyer, Stephens e Stephens, 1992: 13-20; Maravall 1997). As comparações entre países europeus no entreguerras chegam à mesma conclusão (Janos, 1989; Stephens, 1989; Gomez-Navarro, 1991). O argumento também poderia sustentar-se no caso dos dois blocos geográficos do entreguerras identificados aqui?

Na Tabela 2.1, utilizei quatro índices de desenvolvimento socioeconômico: PNB *per capita*, proporção da população economicamente ativa na agricultura, na silvicultura e na pesca, índice de mortalidade infantil e quantidade anual *per capita* de itens enviados por correio. O PNB *per capita* mede o desenvolvimento econômico, enquanto os níveis de emprego agrícola indicam sua ausência. Nenhuma destas duas medidas é perfeita, pois a qualidade dos dados disponíveis e sua categorização variam de acordo com os países. A mortalidade infantil é uma medida mais simples de bem-estar, obtida de maneira bastante semelhante pelos diferentes governos, embora seja muito afetada pelos muito pobres (que contribuem com a maior parte da mortalidade).[6] Os itens enviados por correio permitem avaliar o verdadeiro grau de alfabetização "discursiva", embora sejam afetados pela urbanização, pois os habitantes das cidades escrevem mais cartas. Todos estes índices têm suas particularidades. O que importa é sua combinação. Os países mais desenvolvidos têm PNB *per capita* mais elevado e maior volume de correio, porém níveis mais baixos de emprego agrícola e mortalidade infantil. Seriam estes igualmente os países da democracia liberal?

Tabela 2.1
Estatísticas dos países autoritários e democráticos

Países	Força de trabalho agrícola (%)[a]	PNB *per capita*[b]	Índice de mortalidade infantil[c]	Itens postados *per capita*[d]	Gravidade do declínio (%)[e]	Nível máximo de desemprego (%)[f]
1. Democráticos						
Austrália	25,4	567	53	161	13,4	19,1
Bélgica	17,3	1,098	94	179	7,9	19,0
Canadá	36,8	1,203	90	96	30,1	19,3
Dinamarca	35,3	945	81	78	2,9	31,7
Estados Unidos	22,0	1,658	67	227	29,5	22,9
Finlândia	64,6	590	84	29	6,5	(6,2)[g]
França	35,6	982	97	153	11,0	15,4
Holanda	20,6	1,008	52	137	9,1	11,9
Irlanda	52,1	662	68	67	16,7	
Noruega	35,5	1,033	49	55	8,3	11,3
Nova Zelândia	33,4		36	215		(10,2)
Reino Unido	6,0	1,038	69	146	8,1	15,6
Suécia	36,0	897	59	88	9,2	23,3
Suíça	21,3	1,265	54	161	8,0	(4,7)
Tchecoslováquia	36,9	586	146	76	18,2	17,4
Média democrática	31,9	967	73	125	12,8	18,8
2. Autoritários						
Alemanha	29,0	770	89	94	16,1	30,1
Áustria	29,3	720	120	147	22,5	16,3
Bulgária	79,8	306	149		8,6	
Espanha	56,1	445	126	33	20,4	
Estônia	59,0	(95)		51		
Grécia	53,7	390	94	20	8,2	
Hungria	53,0	424	177	41	9,4	30,0[h]
Itália	46,8	517	120	59	6,1	(15,5)

Tabela 2.1
Estatísticas dos países autoritários e democráticos (cont.)

Países	Força de trabalho agrícola (%)[a]	PNB *per capita*[b]	Índice de mortalidade infantil[c]	Itens postados *per capita*[d]	Gravidade do declínio (%)[e]	Nível máximo de desemprego (%)[f]
Iugoslávia	78,1	341	147	35	11,9	
Japão	43,0	(208)	138	60	4,5	(6,8)
Letônia	66,2	(115)		47		
Lituânia	76,7	(69)				
Polônia	65,9	350	145	32	22,3	16,7
Portugal	55,0	320	142	23		
Romênia	77,2	331	184	21	6,2	
Média autoritária	57,9	352	159	48	12,4	

[a]Percentual da força de trabalho na agricultura, c. 1930. O número relativo à Tchecoslováquia é de 1930, mas se refere a território adquirido em 1945; o número de Portugal foi corrigido; o número da Espanha é relativo a 1920.
[b]PNB *per capita* de 1929, expresso em dólares americanos de 1960. *Fontes*: Bairoch, 1976, 297; Mitchell, 1993; nos casos da Estônia, da Letônia e da Lituânia, dados extraídos de *Latvian Economist*, 1933, estimativas da renda nacional, corrigidas 15% acima (dados que ainda parecem bastante baixos).
[c]Índice de mortalidade infantil por 1.000 em 1928. Note-se que, no caso dos Estados Unidos, o índice de mortalidade de crianças negras foi, sozinho, de 106. *Fonte*: Mitchell, 1993, 1998.
[d]Número de itens enviados por correio por habitante, c. 1930. *Fonte*: Mitchell, 1993, 1998.
[e]Queda percentual máxima no PNB no período 1922-35, a preços constantes. *Fonte*: Mitchell, 1993, 1995, 1998; Lethbridge, 1985, 538, 571, 592. O número relativo à Polônia é uma estimativa.
[f]Mais alto índice de desemprego no entreguerras. *Fontes*: Maddison 1982: 206; Newell e Symons, 1988, 70; Toniolo e Piva, 1988, 230; Garside, 1990, 5; Mitchell, 1993, 1995, 1998. São dados notoriamente falseados. É sabido que os sistemas nacionais de contabilidade mais atrasados geram dados de desemprego muito subestimados. Coloquei entre parênteses os que considero demasiado baixos.
[g]Os dados entre parênteses provavelmente não são dignos de crédito, sendo muito baixos. Não foram incluídos nos cálculos de valores médios.
[h]Apenas a força de trabalho industrial.

A resposta que vamos encontrar na tabela é "sim": nestes índices, as democracias mostraram-se mais desenvolvidas num fator de dois ou três.[7] A maioria dos países democráticos se sai melhor que a maioria dos autoritários em todas as quatro medidas de avaliação, pois o noroeste do continente era muito mais desenvolvido do que o sudeste. Havia, no entanto, alguns casos à parte. Todas as quatro estatísticas alemãs e três das austríacas revelam que os dois eram países desenvolvidos. A Tchecoslováquia, a Finlândia e a Irlanda constituíam casos economicamente marginais entre as duas Europas, e de certa maneira também eram politicamente marginais. Globalmente, com as grandes exceções germânicas, fica estabelecida uma relação nítida. Quaisquer que sejam as ressalvas que eu venha a fazer, o fato é que a ascensão do autoritarismo constituiu um problema sobretudo para os países menos desenvolvidos da Europa do entreguerras.

Mas a tabela mostra que o mesmo não se aplica ao fascismo. Com efeito, há quem argumente que o fascismo não é importante em países muito atrasados, pois requer uma economia e uma sociedade civil suficientemente avançadas para permitir a efetiva mobilização das massas. Os países mais atrasados, sustentam, tinham de recorrer a mecanismos de organização do antigo regime, como no caso da monarquia e das forças armadas, e portanto podiam no máximo aspirar ao corporativismo (Gomez-Navarro, 1991). Riley (2002) considera que a mobilização de massa fascista pressupunha uma "sociedade civil" mais densa — invertendo a habitual teoria liberal da sociedade civil, para a qual esta densidade é uma precondição da democracia. Esses autores dão a entender que o fascismo melhor se desenvolveu nos países mais desenvolvidos dotados de redes mais densas de mercados e associações voluntárias. Mas a Tabela 2.1 demonstra que os maiores movimentos fascistas podiam ser encontrados em *todos* os níveis de desenvolvimento, inclusive nos contextos avançado da Áustria e da Alemanha, intermediário da Itália e atrasado da Romênia e da Hungria. O fascismo não parece ter relação com o nível de desenvolvimento econômico.

As escolas teóricas marxista e "da modernização" afirmam que o desenvolvimento econômico *causa* a democratização, tendo as classes sociais modernas como seus agentes. Caudatários de uma tradição que remonta a Aristóteles, teóricos da modernização como Lipset (1960) e Huntington (1991, 66-8) argumentam que o desenvolvimento econômico permite a expansão da classe média, o que favorece a democracia. Um autor marxista, Barrington Moore (1966), concorda, argumentando que a burguesia (juntamente com a classe camponesa livre) pressionou pela adoção de constituições liberais no alvorecer da Europa moderna. Outros autores marxistas, especialmente Rueschemeyer et al. (1992), vieram mais recentemente a questionar este argumento. Eles demonstram que a tendência da classe média tem sido antes de seguir que de liderar a democratização, mostrando-se às vezes pró-democrática e às vezes antidemocrática. Sustentam que a classe operária representou a principal força por trás da democracia, enquanto os grandes senhores agrários eram os principais antidemocratas. Deste modo, a industrialização capitalista favoreceu a democracia ao ampliar a classe operária e reduzir o poder dos senhores agrários. Stephens (1979) explica o autoritarismo do entreguerras sobretudo em termos de conflito entre uma classe operária democrática e os capitalistas, especialmente os do setor agrário, que acabavam recorrendo à repressão autoritária. Existe aqui um argumento banal: quanto maior o grupo social capaz de mobilização, mais provavelmente favorecerá a emancipação de um grande número. Primeiro a classe média exigiu o sufrágio, sendo seguida pela classe operária — o que levou certos grupos inflados da classe média a recuar na democracia, como aconteceu durante a Revolução de 1848.

Quero acrescentar uma questão. O legado político de épocas passadas pode alterar comportamentos de classe. Veja-se o caso dos senhores agrários. Na Europa pré-moderna, representavam um fator político decisivo (como afirma Barrington Moore), pois controlavam a sociedade. Mas só em regiões atrasadas como a Hungria ou a Andaluzia preservavam grande poder econômico no período entre as guerras, depois de terem a industrialização e a reforma agrária cobrado seu preço. Os senhores agrários desempenharam um papel econômico menor na Alemanha de Weimar e menor ainda na Romênia. Ainda assim, não raro se mantiveram no controle dos executivos de Estado, especialmente nos corpos de oficiais e nos ministérios do Interior, pois há muito haviam enquistado seu domínio num espectro mais amplo de setores do "antigo regime": monarquias de sangue, nobreza fundiária e as elites da burocracia, das forças armadas e das Igrejas estabelecidas. Mayer enfatizou que os antigos regimes sobreviveram no período entreguerras preservando poderes políticos, militares e ideológicos ao mesmo tempo em que perdiam seu poder econômico. Veremos adiante que o direitismo autoritário e até mesmo o fascismo estavam relacionados mais de perto com as decisões tomadas pelos elementos ligados aos antigos regimes do que com as classes proprietárias em sentido estrito.

Luebbert (1991) enfatiza dois outros importantes legados do pré-guerra: o grau de poder já conquistado pelos partidos políticos liberais e o grau de mobilização dos trabalhadores agrícolas. Ele observa que a força das tradições políticas liberais ajudou as classes vacilantes a manter uma posição pró-democrática, ao passo que, na ausência dessas forças, elas eram compelidas para o campo autoritário. E se os trabalhadores agrícolas ainda não estavam organizados, as tentativas socialistas de organizá-los no entreguerras alienaram os pequenos proprietários do campo, fazendo-os resvalar para a direita (como demonstrou Heberle, 1964, em seu clássico estudo sobre o Schleswig-Holstein). Corroboro seu primeiro argumento e corrijo o segundo.

As classes são conceitos teóricos úteis que operacionalizamos com indicadores empíricos. Na pesquisa histórica, nossos indicadores freqüentemente são fracos. No que diz respeito ao fim do século XIX e ao início do século XX, recolhemos informações sobre organizações como os sindicatos e os partidos políticos, além das tendências gerais do eleitorado. Até depois de 1945, não dispomos praticamente de pesquisas de opinião ou de boca de urna, e nenhum dos autores citados tampouco tentou qualquer estudo ecológico do voto. Eles se limitam a apresentar padrões globais de votação e examinar organizações que presumem representativas das classes: os partidos socialistas e os sindicatos trabalhistas falam-nos da classe operária, os partidos conservadores e as organizações empresariais, da burguesia e dos proprietários fundiários, e assim por diante. Mas é arriscado equiparar classes com organizações específicas. Foram poucos no entreguerras os movimentos sindicais que conseguiram recrutar mais de um quarto dos trabalhadores braçais, ao passo que freqüentemente os partidos conservadores bem-sucedidos terão colhido mais votos entre os operários que em qualquer outra classe (já que os operários eram tão numerosos). Muitas influências sociais podem cortar transversalmente as classes — por exemplo, setor econômico, região, religião, gênero e geração. A análise ecológica do voto em meus capítulos de estudo de casos permite constatar que os principais "guetos proletários" — famílias operárias vivendo em zonas urbanas de densa população de trabalhadores, perto de fábricas ou minas — em geral apoiavam efetivamente ideais esquerdistas de democracia. Mas a maioria dos operários do período entreguerras vivia e trabalhava em outros tipos de comunidades, sentindo-se atraídos para ideais conservadores ou liberais de democracia e também para pontos de vista autoritários não-democráticos e especificamente fascistas. Os pequenos camponeses também abraçavam tendências políticas variadas, mostrando-se alguns pró-democráticos e outros, antidemocráticos, em função de complexas circunstâncias econômicas (e não apenas do medo de sua mão-de-obra, como sugere Luebbert) e também ao influxo de sentimentos regionais, étnicos, religiosos e de gênero. No período entreguerras, as organizações capitalistas (particularmente agrárias) tendiam a ser antidemocráticas, ao passo que as organizações socialistas eram relativamente pró-democráticas, mas estamos falando aqui de minorias, e não de maiorias.

A teoria de classe também enfrenta dificuldades com o fascismo. Enquanto as demais formas de regime autoritário mobilizavam conservadores tentando organizar e controlar movimentos de massa, o fascismo era um movimento populista e "radical", com um forte impulso "de baixo para cima". As explicações tradicionais de classe funcionam melhor no caso das formas mais conservadoras de autoritarismo e nem tão bem no do fascismo. Não que o fator classe fosse irrelevante no apoio ao fascismo. Os fascistas recebiam apoio desproporcional dos setores econômicos que apreciavam a mensagem da transcendência de classe, gente de todas as classes que trabalhava e vivia fora dos principais núcleos de grandes conflitos de classe da sociedade moderna.

O período entreguerras também assistiu ao advento do estatismo. As formas autoritárias de governo podiam agora proclamar-se com certa plausibilidade capazes de promover o desenvolvimento social — por exemplo, resolvendo o problema do desemprego —, pretensão que não tivera anteriormente o absolutismo. Isto, podia torná-lo mais atraente para os trabalhadores. Assim, as tentações opostas da democracia liberal e do autoritarismo variaram ao longo do tempo, talvez no interior de consideráveis grupos em todas as classes, independentemente do nível de desenvolvimento. A Europa do entreguerras nitidamente favorecia o autoritarismo, como não acontecera até então nem voltaria a acontecer no continente. Isto significa que as acentuadas diferenças reveladas na Tabela 2.1 talvez refletissem parcialmente a vinculação *anterior* do desenvolvimento capitalista à democracia. Esta possibilidade parece mais evidente se pensarmos na natureza cambiante da classe média, já mencionada. No período revolucionário francês, o capitalismo era altamente descentralizado, sendo o seu desenvolvimento industrial obra sobretudo dos pequenos empreendedores. Seus mercados eram relativamente "livres" — contribuindo também para o desenvolvimento de uma política livre. Em 1918, o "capitalismo organizado" havia chegado (para usar a expressão contemporânea de Hilferding), estando boa parte da classe média empregada e subordinada em organizações oficializadas. Ela talvez se sentisse menos atraída pela "política livre".

Tudo isto é especulação. Mas as estatísticas efetivamente mostram que o nível *absoluto* de desenvolvimento econômico alcançado no período entreguerras não explica a ascensão do autoritarismo. Vejam-se os casos da Itália e da Espanha. Suas rendas *per capita* por volta de 1930 estavam próximas do nível médio dos países que então mergulhavam no autoritarismo. Esse nível absoluto só muito recentemente havia sido alcançado no mundo: pelos Estados Unidos e a Grã-Bretanha na década de 1850, a Bélgica, a Holanda e a Suíça na de 1860, a França e a Noruega na de 1880, a Dinamarca na de 1890 e a Suécia na de 1900 (Bairoch, 1976, 286, 297).[8] Estavam, economicamente, em nível equivalente ao da Itália e da Espanha em 1930 (mas apenas, naturalmente, em termos econômicos brutos). No fim do século XIX, verificara-se um avanço em direção à democracia, e não ao autoritarismo. Mas agora a Itália e a Espanha caminhavam em direção oposta. O mesmo nível de desenvolvimento econômico acompanhou a democratização antes da Primeira Guerra Mundial, mas também um surto autoritário depois dela. O problema persiste hoje, pois a maioria dos países chegou ao nível de desenvolvimento econômico alcançado pela Grã-Bretanha na década de 1850 ou pela Dinamarca na de 1890, e no entanto só uns poucos são autenticamente democráticos. A cada década do século XX, um nível cada vez mais elevado de renda *per capita* parecia "necessário" nos países que promoviam uma transição para a democracia (ver as estatísticas apresentadas por Huntington 1991 e Maravall 1997). Outros processos do desenvolvimento histórico mundial devem ter contribuído para bloquear a democracia liberal no século XX. Sua economia não se revelou particularmente favorável à democracia — ao contrário de suas guerras, que em geral eram vencidas pelas democracias.

A teoria do "desenvolvimento tardio" fornece uma teoria econômica do bloqueio no século XX, sustentando que os países que mais cedo se desenvolveram — Grã-Bretanha, Bélgica, Holanda e Suíça, e talvez a França e os Estados Unidos — haviam encontrado condições econômicas extraordinariamente favoráveis à democracia liberal. Suas economias haviam crescido gradualmente, com mercados descentralizados e Estados fracos. Os primeiros países a exemplificarem o "desenvolvimento tardio", especialmente a Alemanha, nutriram modelos mais protecionistas e estatistas de desenvolvimento. À medida que se tornava posteriormente mais rápido e perturbador, o desenvolvimento econômico gerava mais confrontos de classe em Estados mais intervencionistas. Camponeses desestabilizados pelos mercados mundiais e operários demandando fábricas e cidades muito maiores expunham-se aos novos vírus do socialismo e do anarco-sindicalismo. Defrontavam-se com uma classe capitalista mais centralizada, apoiada por uma classe média mais dependente. O conflito de classes tornou-se mais desestabilizador. Dois grandes "campos armados" se defrontavam, nas palavras do autor contemporâneo Carl Schmitt (citado extensivamente mais adiante). Já agora os Estados tentavam promover o crescimento econômico, considerando-se portadores de um projeto desenvolvimentista (Janos, 1982; Gomez-Navarro, 1991). Pressionadas de baixo pelos proletários, as classes burguesas podiam recorrer a um Estado mais forte. Havia também uma dimensão internacional, pois a economia global também estava mais fortemente integrada. Os países que chegavam tarde ao desenvolvimento diziam-se "nações proletárias" exploradas pelos países avançados, gerando sentimentos nacionalistas nas classes baixa e média. Em virtude dessas tendências macroeconômicas, o desenvolvimento econômico tardio podia gerar um nacionalismo de Estado extremado, na tentativa de reprimir "inimigos de classe" no país e no exterior.

Este argumento parece plausível na periferia da Europa Oriental. Políticas de desenvolvimento tardio são encontradas no autoritarismo húngaro e romeno, como detalhamos nos Capítulos 7 e 8. Mas agora nem a Alemanha nem a Áustria buscavam um desenvolvimento "tardio": a Alemanha tinha a mais avançada economia da Europa, enquanto a Áustria, apesar de enormemente desestabilizada pela perda de seu império, ostentava uma economia razoavelmente aberta. O mesmo na Espanha e em Portugal antes de Salazar e Franco. E embora estes dois ditadores quase corporativistas tivessem promovido economias mais autárquicas, o objetivo não era de desenvolvimento econômico, mas de controle político. Na verdade, as economias corporativistas de ambos os países estagnaram terrivelmente. Inversamente, a periferia democrática nórdica caracterizou-se por um desenvolvimento tardio sem muita intervenção do Estado (Bairoch 1976). Nos países nórdicos, os índices de crescimento e industrialização, o tamanho das fábricas e a influência socialista eram agora maiores que os de quase todos os países autoritários. Mas no período entreguerras os nórdicos estavam aprofundando suas democracias. As mesmas pressões que no centro, no sul e no leste pareciam assoberbar as frágeis democracias contribuíam para aprofundá-las no noroeste. O desenvolvimento tardio sozinho não pode explicar o autoritarismo, embora fosse um elemento em certos lugares.

Um dos problemas é que essa tradição acadêmica se tem fixado no estatismo, ignorando o nacionalismo. Mas os movimentos autoritários — assim como seus teóricos econômicos — mobilizavam o nacionalismo juntamente com o estatismo. Como sustentou Berend (1998), o protecionismo, a substituição de importações, as desvalorizações encobertas e medidas semelhantes, prevalecentes na Europa Central e Oriental no período entreguerras, não eram apenas medidas técnicas de economia política. Também tinham relevância nacionalista, pressupondo certas crenças nacionalistas. Ideologias e movimentos nacionalistas orgânicos muito semelhantes adquiriam importância praticamente por toda parte nas regiões leste e sul do continente, o que já era mais raro nos países mais antigos do noroeste, inclusive os países nórdicos de desenvolvimento tardio. Mas era uma tendência generalizada nas terras anteriormente otomanas ou governadas pelos Habsburgo e os Romanov. E é naturalmente aqui que está a principal diferença. Em sua maioria, os países democráticos do noroeste estavam constituídos há muito mais tempo como Estados independentes. Quaisquer que fossem os sentimentos de "exploração" neles vivenciados, não podiam decorrer da dominação política estrangeira por parte de Estados do tipo Habsburgo ou Romanov. Naturalmente, a Irlanda e a Noruega diferiam a esse respeito. Mas essas diferenças e exceções assinalam a importância das relações políticas e geopolíticas de poder, analisadas adiante neste capítulo. Em contraste com sua experiência política comum, os países do leste e do sul passaram por conflitos de classe muito mais diversos, pois estes dependiam muito mais da estrutura econômica específica do país. Além disso, também aumentavam no início do século XX as tensões étnicas, ao passo que o conflito de classes era mais antigo e mais institucionalizado (embora fosse desestabilizado por breve período no fim da Primeira Guerra Mundial). Embora tanto os conflitos de classe quanto os nacionais contribuíssem para gerar formas de autoritarismo, veremos adiante que os conflitos nacionais geralmente eram mais relevantes para os projetos dos fascistas. Os fascistas alemães e romenos compartilhavam mais sentimentos nacionais do que de classe, como também veremos adiante. Portanto, o desenvolvimento econômico de longo prazo e os conflitos dele decorrentes efetivamente representaram causas significativas dos principais conflitos políticos do período, mas foram mediados pelo nacionalismo. Por isto é que as estratégias de desenvolvimento mais ostensivas foram adotadas com mais entusiasmo pelos fascistas, que associavam as duas coisas.

Deste modo, o atraso econômico pode contribuir mais para explicar o autoritarismo, mas as estratégias de desenvolvimento tardio podem ajudar mais a entender o fascismo.

(2) *Declínio econômico.* O autoritarismo pode ser uma explicação das flutuações econômicas de curto prazo, especialmente as recessões. Parece uma explicação óbvia, mas os dados são ambivalentes. As duas últimas colunas da Tabela 2.1 detalham as quedas máximas do PNB de ano para ano no período de 1927 a 1935 e os mais altos índices de desemprego registrados. Não se constata diferença genérica entre os países democráticos liberais e os autoritários. Os mais gravemente afetados pela recessão foram o Canadá e os Estados Unidos, democráticos, seguindo-se a Áustria, a Polônia e a Espanha, no campo autoritário, depois a Tchecoslováquia e a Irlanda, democráticas, a Alemanha autoritária e a Austrália democrática. Os dados relativos aos índices de desemprego são menos dignos de crédito. Infelizmente, não é possível calcular os índices de desemprego da maioria dos países mais atrasados e autoritários. Todavia, dois dos países fascistas, a Alemanha e a Áustria, efetivamente tinham índices altos, juntamente com a Dinamarca, do campo democrático. Mas não podemos enxergar aí indícios convincentes de qualquer relação mais clara. O problema é que todo o Ocidente sofreu uma queda, mas somente metade optou pelo autoritarismo.

Os golpes autoritários terão sido imediatamente precedidos por essas quedas? O início da Grande Depressão foi seguido de cinco golpes, entre 1932 e 1934: na Alemanha, na Áustria, na Estônia, na Letônia e na Bulgária. É muito provável que tenham sido precipitados pela Depressão. Examinarei os casos da Alemanha e da Áustria mais detidamente nos Capítulos 4-6. Ainda que eles confirmassem a hipótese, contudo, restariam dez ou 11 países cujos golpes não terão representado uma resposta à Grande Depressão, além dos 16 países do noroeste que não foram cenário de golpe algum, mas passaram pela experiência da Depressão. Em outros períodos, alguns golpes também se seguiram diretamente a episódios de recessão. A recessão italiana de 1918 só foi superada em 1922, o ano do golpe fascista. A Espanha e a Romênia passaram por dois grandes surtos autoritários. Na Espanha, houve o golpe de Primo de Rivera em 1926 e a sublevação militar de 1936. Mas um modesto *boom* se havia verificado no país entre 1922 e 1925, seguindo-se um declínio em 1932-3, uma recuperação em 1934 e um nivelamento em 1935 — o que de certa forma parece ambíguo. Na Romênia, o rei Carol assumiu plenos poderes em 1938, depois de seis anos de crescimento econômico moderado. O principal surto fascista na Hungria ocorreu no mesmo ano, em condições econômicas de ligeira melhora. Os golpes principais da Polônia, de Portugal e da Lituânia ocorreram em 1926, depois de vários anos de crescimento econômico moderado. Finalmente, a crise iugoslava de 1928-9 e a grega de 1935-6 manifestaram-se depois de vários anos de crescimento econômico. São indícios bastante contraditórios, que não apontam numa única direção.

Houve três claros surtos de autoritarismo, cada um deles abrangendo pelo menos um golpe fascista: em meados da década de 1920, em 1932-4 e a partir de meados dos anos 1930. Embora o segundo surto se manifestasse no fim da Grande Depressão e abarcasse o mais importante golpe fascista — na Alemanha —, o primeiro e o terceiro ocorreram essencialmente em meio a um crescimento econômico vacilante. Os três afetaram tanto os países grandes quanto os pequenos, distribuindo-se pelo centro, o leste e o sul do continente. Não houve, portanto, uma relação genérica entre ciclos econômicos e surtos autoritários no período entreguerras.

Em parte alguma o crescimento econômico mostrou-se muito vibrante nesse período. As economias industrializadas enfrentaram falências e desemprego em massa, as agrárias, superprodução, quedas de preços e endividamento. As economias em depressão geravam crises políticas. Em meio a essas crises econômicas, os regimes vacilavam. Mas a grande questão da gestão política era saber como resolver a crise econômica. A solução "tradicional" consistia em fazer pouca coisa, pois os mercados livres recuperam-se espontaneamente. Assim, eram poucos os partidos conservadores, liberais ou trabalhistas dotados de autênticas políticas macroeconômicas. Mas as políticas do "nacionalismo de Estado" começavam a se impor. As políticas keynesianas de gestão da demanda preconizavam soluções próximas do espírito do nacionalismo de Estado. Mais genericamente, as importações eram brecadas com tarifas, associadas a desvalorizações da moeda, para baratear as exportações. Era o nacionalismo econômico. Foi a partir destas políticas que os fascistas desenvolveram sua economia política autárquica. E não era uma economia política de caráter meramente técnico (se é que tal animal jamais existiu!). A política econômica dos países escandinavos veio a tornar-se a mais keynesiana, mas se manteve democrática, enquanto a maioria dos países, democráticos e autoritários, recorria a tarifas. Precisamos encontrar outros elementos para entender por que só determinadas economias adquiriram um viés autoritário. Todos os países viram seus regimes debilitados por dificuldades econômicas no entreguerras. Na região noroeste, gabinetes e partidos se cindiam, governos de coalizão eram formados e reformados; no centro, no sul e no leste, verificaram-se golpes, surtos de autoritarismo e fascismo de massa. Por que a diferença entre as regiões? Não será possível explicá-la apenas com base no desempenho da economia no entreguerras. Embora as dificuldades econômicas provocassem crises e golpes políticos, não parecem ter sido decisivas na geração de resultados autoritários e menos ainda fascistas, em vez de democráticos.

Naturalmente, este debate pode parecer por demais acanhado. Por que deveríamos esperar que os dados do desemprego ou da balança comercial do ano passado estivessem na origem do golpe deste ano? Os movimentos políticos levam alguns anos para ganhar impulso. É possível que o clima geral de crise econômica no período seja o fator mais importante de debilitação dos regimes, dando aos autoritários, entre eles os fascistas, a oportunidade de propor suas soluções e se organizar. Mas se o mais importante são a crise econômica e suas soluções, as elites políticas e os eleitores devem deixá-lo claro — mais uma incumbência para meus capítulos de estudos de caso.

(3) *Conflitos de classe.* Terão o autoritarismo e o fascismo decorrido do agravamento dos conflitos de classe? As duas teorias de classe por mim discutidas afirmam que sim. Os autores da "teoria da classe média" sustentam que a classe média foi a mais afetada pela crise econômica do período e buscou meios violentos de restabelecer o equilíbrio. Muito poucos indícios concretos têm sido arrolados para sustentar este argumento, embora se saiba que os períodos de inflação tendem a prejudicar mais a classe média do que as outras, em seus salários e rendimentos fixos. Em alguns países (como a Alema-

nha no fim da década de 1920), este parece ter sido um fator no declínio do liberalismo burguês. Mas não está nitidamente vinculado à ascensão do fascismo. Nem foram muito numerosos os golpes ocorridos depois de períodos de aumento da inflação. Ninguém foi capaz de demonstrar empiricamente que a classe trabalhadora saiu-se relativamente melhor do que a classe média nos anos vitais — embora as grandes empresas efetivamente o conseguissem. É possível que futuramente pesquisas mais detalhadas o façam, embora meus estudos de caso mais freqüentemente indiquem o contrário. E se o fascismo não era um fenômeno de classe média, toda a argumentação viria por água abaixo.

Os autores de "teoria da classe capitalista" afirmam que a crise econômica intensificou o conflito entre o capital e o trabalho, induzindo o capital a recorrer à repressão. Parece mais plausível. Com base no conhecimento que temos de todo o século XX, suspeitamos hoje de que o destino dos movimentos trabalhistas não era destruir o capitalismo, mas reformá-lo. Mas isto não estava tão claro nas décadas de 1920 e 1930. A Revolução Bolchevista teve um enorme impacto, e muitos esperavam que ocorressem outras revoluções nos países avançados. Grandes movimentos socialistas, comunistas e anarco-sindicalistas proclamavam sua adesão à "revolução". Quanto mais forte a esquerda, mais forte, talvez, era a reação autoritária. Mas será que era mesmo assim? Geralmente, mas nem sempre. Na década de 1930, a França liberal democrática tinha na verdade o maior partido comunista, e a Noruega liberal democrática, proporcionalmente, o maior partido de esquerda socialista. Mas só os esquerdistas do centro, do leste e do sul ocasionalmente assassinavam seus inimigos e efetivamente tramavam complôs revolucionários. Se estivéssemos no lugar dos *latifundistas* espanhóis, ameaçados por ocupações de terras, atentados a bomba e sublevações declaradamente "revolucionárias" promovidos por anarco-sindicalistas e socialistas, talvez também recorrêssemos às armas.

Mas em uma análise mais detida da violência de classe, as reações parecem mais intrigantes. Houve muito mais violência entre 1917 e 1919 do que posteriormente, e neste sentido a direita mostrou-se mais ativa de que a esquerda. Em 1917 e 1918, várias insurreições se levantaram contra governos que entravam em colapso ao influxo da guerra. Algumas tinham perspectivas de êxito. Exceto no caso da guerra civil russa, todavia, as vítimas mortais eram em sua maioria de esquerda. A única outra revolução "bem-sucedida" (mas de vida curta) ocorreu na Hungria. Ali, um golpe comunista-socialista liderado por Bela Kun tomou o poder e nele permaneceu por pouco mais de um ano, matando algo entre 350 e 600 civis (três quartos deles camponeses que resistiam à expropriação de sua produção pelo governo). Nas represálias que se seguiram, um movimento direitista de "Terror Branco" matou entre 1.000 e 5.000 esquerdistas, mandando para a prisão nada menos que 60.000 pessoas (Rothschild 1974: 153; Janos 1982: 202; Mócsy 1983: 157; Vago 1987: 297). A violência de direita não era uma mera reação à violência de esquerda, superando-a em muito.

Poderíamos encontrar indicadores mais rotineiros do conflito de classe e da "ameaça" esquerdista nos movimentos grevistas ou no voto socialista-comunista. Os movimentos grevistas chegaram ao auge no fim da guerra, mas declinaram antes do principal surto autoritário. Na Itália, foi diferente. As greves italianas chegaram ao auge em 1919-20, nitidamente contribuindo para fomentar o crescimento do fascismo. Em seguida declinou consideravelmente, graças em grande medida a pressões dos fascistas. A Itália, assim, de certa forma corrobora a teoria. As greves na Áustria chegaram ao auge em 1924 e passaram a decair constantemente, muito antes do surto direitista. As greves na Alemanha tiveram sua intensidade máxima em 1920, com um surto menor em 1924 e outro ainda menor em 1928, mas a tendência manteve-se em baixa — mais uma vez, sem nenhum surto autoritário até 1932-3. Em Portugal as greves chegaram ao auge em 1920, mas houve um pico relativamente menos intenso em 1924, dois anos antes do primeiro golpe militar. Na Polônia, a intensidade maior se deu em 1922-3, muito antes de qualquer golpe. As greves na Estônia efetivamente chegaram a intensidade maior em 1935 (retomando o nível alcançado em 1921-2), mas aparentemente tiveram pouca influência no golpe do ano seguinte. Neste país, a maior ameaça de esquerda ocorrera em 1924, com uma insurreição apoiada pelos soviéticos. Seu esmagamento, seguido do expurgo dos líderes em fuga, promovido por Stalin, eliminou toda ameaça "bolchevista" na Estônia (Parming 1975). As greves na realidade tiveram um maior alcance nas democracias. A grande greve geral na Grã-Bretanha aconteceu em 1926; na França, o auge ocorreu durante o governo da Frente Popular a partir de 1936. O problema é que são geralmente uma forma muito institucionalizada de manifestação de descontentamento, voltada para a obtenção de concessões por parte do sistema. Raramente visam a uma revolução. Será talvez pelo mesmo motivo que os padrões de filiação sindical não têm uma relação direta com os golpes de direita. Exceto no caso da Espanha, a sindicalização chegou ao auge entre 1918 e 1921 para em seguida declinar. O mesmo no caso do voto comunista/socialista, que sofreu um declínio generalizado a partir do meado da década de 1920 (embora na Áustria o voto socialista se mantivesse no mesmo nível até o fim e na Alemanha o voto de esquerda não declinasse muito, tendo em parte sido transferido dos socialistas para os comunistas em 1932 e 1933). A sindicalização e o voto de esquerda mantiveram-se em níveis muito baixos na Europa Oriental para que sejam levados em consideração. Era pequena no leste a ameaça da esquerda. Assim, a força da esquerda pode parecer relevante apenas no caso dos primeiros golpes — e especialmente no golpe fascista italiano. Os operários não representavam uma ameaça suficiente para provocar uma reação de direita em muitos países.

Finalmente, dispomos de uma medida decisiva de avaliação da força da esquerda e da direita: sua capacidade de tomar o poder. Entre 1917 e 1920, os conservadores tinham motivos para se preocupar com a esquerda: revolucionários russos e húngaros efetivamente tomaram o poder e houve sublevações esparsas em outros países. A partir de 1920, contudo, a situação é outra: golpes de direita bem-sucedidos em 16 países e nem um único de esquerda. O momento em que os esquerdistas mais perto chegaram de ter êxito foi provavelmente em 1934, quando forças de esquerda espanholas se apoderaram de parte da região asturiana, embora não da capital, sustentando-se por apenas duas semanas (ver Capítulo 9). Se os comunistas, os socialistas e os anarquistas representassem uma ameaça tão grande, caberia esperar que tivessem êxito pelo menos *uma* vez, durante um mês ou algo parecido. A maioria dos golpes de direita ocorreu na década de 1930, simplesmente tarde demais para representar uma resposta realista à ameaça da extrema esquerda, na época em rápido recuo em quase toda a Europa (como também observou Eley, 1983, 79). Naturalmente, alguns dos alertas vermelhos podem ter constituído jogadas táticas. Será que Hitler acreditava mais na "ameaça bolchevista" ou em sua utilidade eleitoral? Mussolini apenas fingia acreditar numa "ameaça comunista" (ver Capítulo 3). Metaxas usou a "ameaça comunista" como pretexto para dar um golpe na Grécia. Mas o partido comunista grego era pequeno e dividido, e a embaixada britânica afirmava em seus informes que a alegação não passava de cortina de fumaça para um golpe que na realidade resultava de lutas de facção na própria direita (Kofas, 1983, 31-50, 129-45). Mas o fato é que alguém devia temer um "perigo vermelho", caso contrário Mussolini e Metaxas não se teriam dado ao trabalho de ativar o alarme. Em termos racionais, não dá para entender o porque desse temor.

Também seria possível argumentar que os autoritários puderam atacar por causa da fraqueza da esquerda. Mas se a esquerda era fraca, por que precisaria a direita mobilizar-se? Por que haveriam os interesses de classe de determinar que o centro, o leste e o sul evoluíssem em direção a regimes extremados, em vez de se contentar com regimes semi-autoritários ou reacionários? Talvez não devamos subestimar o papel que o puro e simples desejo de vingança pode desempenhar nos conflitos humanos. Se a esquerda assustou terrivelmente as classes altas no passado, é possível que estas apreciassem uma oportunidade de esmagá-las com crueldade em outra oportunidade, passados os motivos do susto. Mas permanece uma dúvida. Por que teriam as classes altas e médias de aumentar os níveis de repressão, fechar parlamentos e abolir liberdades civis e mobilizar partidos de massa — e ainda por cima convocar perigosos fascistas — se estavam a seu alcance formas mais brandas e já testadas, a um custo menor e com menos riscos? Na realidade, a melhor solução para a luta de classes podia ser encontrada no noroeste do continente. Lá, os sindicatos, os partidos socialistas e as greves tinham maior amplitude do que na maior parte das regiões central, oriental e meridional, mas estavam envolvidos em compromissos de classe, sem representar grande ameaça às relações capitalistas de propriedade. Todos os partidos socialistas da região chegaram ao poder inicialmente formando governos minoritários ou em coalizão com partidos de centro, um arranjo ideal para aprender as artes da transigência. A indiferença das regiões central, oriental e meridional por toda essa experiência não deixa de ser intrigante.

Seja como for, os conservadores não raro consideravam as atividades do mundo do trabalho "insurrecionais" ou "revolucionárias". Era uma reação excessiva, temendo revoluções inexistentes, recorrendo precocemente à violência, como indica Mayer (1981). Os supostos bolchevistas denunciados na Alemanha por Hitler na verdade eram em sua maioria respeitáveis social-democratas, que durante mais de uma década governaram com moderação a maior província, a Prússia. Na Europa Oriental, o poder efetivo dos socialistas (e o interesse de ajudá-los demonstrado por Stalin) era irrisório se comparado com a histeria antimarxista da direita. Alguns dos adeptos da teoria das classes o reconhecem. Corner (1975, 83) escreve sobre a burguesia italiana: "Convencida de que estava a caminho a revolução social, ela tornou-se incapaz de distinguir entre a situação real e a imaginada." Neste caso, precisamos de uma explicação que vá além dos interesses "objetivos" de classe. Essa reação histérica de classe é um dos maiores enigmas do período.

Há quem conclua que o autoritarismo, especialmente em sua manifestação fascista, tinha um componente irracional. Tese que parece tentadora, diante de um fenômeno como a Solução Final nazista. Mas prefiro não separar tão categoricamente o racional do irracional, pois o cálculo humano "racional" está sempre permeado de ideologia. O problema enfrentado pela burguesia também tem atormentado a teoria social. Ainda não dispomos hoje de uma boa explicação da ferocidade da luta de classes. A culpa recai em parte no próprio Marx. Mais economista do que sociólogo, em última análise, sua obra-prima, *Das Kapital*, não prima por análises do conflito de classes, mas pelos cálculos econômicos racionais sobre lucros e perdas, sobre as partes do excedente que vão para o capital e para o trabalho e assim por diante. Aparentemente, Marx sofria da generalizada ilusão de que o capitalismo é movido pela busca racional do lucro, embora considerasse que em última análise era irracional para a humanidade como um todo.

Encontramos aqui dois problemas. Em primeiro lugar, seria difícil entender boa parte dos comportamentos analisados neste livro por intermédio desse critério puramente instrumental. Veja-se, por exemplo, o caso dos capitalistas espanhóis entre 1939 e o fim da década de 1960, fiéis seguidores do general Franco na gestão de uma economia estagnada e ineficiente que produzia baixo índice de lucro. Por que teriam ajudado o general Franco a chegar ao poder, passando a apoiá-lo com lealdade? Poderiam ter-se saído muito melhor com a Segunda República (como estão agora com a terceira). Pareciam impelidos pela motivação capitalista mais fundamental — ou antes, a motivação compartilhada por todas as classes proprietárias da história — de preservar seus privilégios e propriedades. Ao diabo com o lucro, se a própria propriedade parece ameaçada. O lucro é intrinsecamente quantitativo, divisível e passível de acertos, e na verdade a cooperação entre as classes tende a aumentar os lucros. Mas os direitos de propriedade são finitos e de soma zero. Se der a alguém quaisquer direitos sobre minha propriedade, eu os estarei perdendo. A resistência a qualquer possibilidade de perda de propriedade será necessariamente muito mais intensa e emocional do que a resistência a uma possível perda de lucros. Podemos imaginar uma solução conciliatória no sentido de compartilhar lucros, mas seremos capazes de lutar quase até a morte para proteger nossa propriedade. Os marxistas melhor fariam se não levassem tão a sério a economia política burguesa. Neste livro, é menos o lucro do que a defesa da propriedade que domina as motivações de classe capitalistas.

Mas nenhum dos dois motivos atua sozinho, como um cálculo racional desvinculado da ideologia. A busca do lucro individual é acompanhada de uma teoria da eficiência econômica e de uma moralidade da liberdade individual e da racionalidade. Essas teorias e morais não são estáticas e mudaram ao longo do século. No século XIX e no início do século XX, contudo, eram em geral acompanhadas por duas idéias: de que a organização coletiva representava um desrespeito à liberdade e de que só os homens instruídos e refinados (vale dizer, não as mulheres) eram capazes desse tipo de cálculo racional. Deste modo, os capitalistas abominavam os sindicatos por infringirem suas liberdades fundamentais e impedirem irracionalmente o funcionamento eficaz da economia. Consideravam também que os sindicatos reduziriam seus lucros, mas freqüentemente não era isto que os movia à resistência, pois a crença era injustificada e assim ficou demonstrado nos casos em que os sindicatos foram legitimados. Não é esta, todavia, a causa primordial do ódio e da resistência dos capitalistas nos países aqui analisados. Ela dominava nos Estados Unidos, mas não na Alemanha, tendo inspirado a mais feroz e perversa perseguição contra sindicatos em qualquer país na virada do século (ver Mann, 1993, 638-59). Ainda não morreu nos Estados Unidos, onde induz a um verdadeiro ódio aos "vermelhos" supostamente acobertados em qualquer organização de centro-esquerda.

Mas foi o substrato ideológico do segundo motivo, a defesa dos direitos de propriedade, que mais importou na ascensão dos regimes autoritários. Pois na ideologia da época a propriedade era associada a dois valores sociais muito prezados: ordem e segurança. De determinação divina, a tríade propriedade-ordem-segurança era a alma ideológica do regime. O novo autoritarismo começou a dar mais ênfase à ordem e à segurança, o que foi levado ainda mais longe pelo fascismo. Havia agora duas outras ameaças supostamente geradas pela esquerda moderna e a Revolução Bolchevista. Uma delas era a tradicional ameaça de expropriação dos privilégios e propriedades da classe alta. A segunda, a ameaça representada para todas as classes não por uma revolução "bem-sucedida", mas pela desordem, o conflito de classes sem fim. A primeira representava uma ameaça fundamental na veia jugular da classe capitalista, mas a segunda constituía uma ameaça à própria ordem civilizada, pondo em risco a segurança de todos. A sensação de estar exposto a inimigos tão ameaçadores pode levar a sentimentos muito reais de ódio e hostilidade.

Ainda não resolvi o problema da "reação histérica". Já indiquei que sentimentos muito fundamentais de medo, ódio e violência podem ter-se manifestado em termos de classe no período imediatamente depois da Primeira Guerra Mundial. Mas por que não terão cedido concomitantemente com a ameaça? A explicação pode estar em outros sentimentos básicos, chutar em vez de perdoar o inimigo quando está no chão, especialmente depois de nos ter amedrontado. Mas também pode ser porque a ideologia desempenha um papel mais influente na definição dos "interesses" do que reconhece a teoria da escolha racional. Se a propriedade é equiparada à ordem e à segurança, ambas — talvez sob a forma de crescentes militarismo e paramilitarismo — podem tornar-se valores positivos para classes que temem uma ameaça à propriedade. E quando se teme a desordem, os possíveis antídotos — nacionalismo, estatismo e transcendência de classe — podem também ser transformados em valores positivos. E com efeito é precisamente o que vamos constatar. Em metade da Europa, a direita também se sentiu atraída pelo nacionalismo, o estatismo e o militarismo como valores em si mesmos, que não raro impediram os detentores de propriedades na direita de calcular com precisão seus índices de lucro ou mesmo a probabilidade de preservarem suas propriedades. Esses valores levaram-nos a abraçar o autoritarismo e freqüentemente o fascismo com mais entusiasmo do que poderia justificar o simples interesse de classe. Para uma plena apreciação desta tendência, no entanto, teremos de passar também pelo exame das crises militares, políticas e ideológicas do período.

Em vista de tudo isto, a explicação econômica mais ambiciosa não pode ter caráter total, mas apenas parcial, devendo reunir elementos de todas essas abordagens. O atraso econômico pode favorecer regimes semi-autoritários.

O desenvolvimento tardio pode desestabilizar as relações de classe e fornecer novos modelos estatistas. O medo conservador de desestabilização associado a novos ideais estatistas pode compeli-los ainda mais para a direita, rumo à repressão. Mas nem a Alemanha nem a Escandinávia se encaixariam, e ainda não dispomos de uma boa explicação do fascismo. Embora as teorias econômicas e de classe nos ajudem no caminho, também precisamos investigar as outras fontes de poder social.

PODER MILITAR, CRISE MILITAR

O *poder militar* é a organização social da violência física. É universal nas sociedades humanas por causa da necessidade de defesa organizada dos grupos humanos e da onipresente utilidade da agressão. Os que detêm recursos militares podem conquistar um poder social mais generalizado. Inversamente, a decadência de instituições militares dominantes gera novas oportunidades de tomada do poder para outros, inclusive outros grupos armados. Qualquer das duas possibilidades, todavia, pressupõe igualmente que o "militarismo" desfruta de alguma valoração ideológica positiva na sociedade, e especificamente que as organizações militares parecem representar modelos legítimos de conquista do poder e de governo. Em princípio, todos os militares bem organizados podem tomar o poder, mas só uns poucos o fazem.

O poder militar tem sido negligenciado pela ciência social. Embora uma verdadeira enxurrada de teorias sociais sobre as relações de poder militar tenha surgido no início do século XX, elas tenderam a desaparecer depois de 1945 — ironicamente, com a derrota do fascismo. Desde então, temos assistido ao curioso espetáculo de uma era moderna dominada por guerras, conquistas e genocídios interpretada por teorias pacíficas e econômicas. Mesmo quando se voltam para o exame das relações de poder militar, os teóricos tendem a se concentrar exclusivamente na força altamente institucionalizada mantida pelos Estados, na repressão interna e nas guerras externas. Como veremos adiante, o foco exclusivo na violência organizada pelos Estados não é capaz de explicar a ascensão do fascismo.

Mas a sociologia histórica recente desvendou uma série de causas militares e geopolíticas de longo prazo da divisão da Europa em regimes constitucionais e absolutistas, paralelamente às causas econômicas identificadas por Barrington Moore. Eu mesmo (Mann, 1986, 1993), Tilly (1990) e Downing (1992) temos argumentado que (1) as lutas pela representação política resultaram da necessidade do Estado de taxar mais para promover guerras externas mais dispendiosas; (2) estas guerras passaram a ser cada vez mais conduzidas por exércitos profissionais controlados pelo Estado, podendo ser usados na repressão interna para extrair mais impostos; mas (3) os Estados que conseguiam levantar recursos com o comércio exterior ou a cobrança de impostos de estrangeiros submetidos a conquista não precisavam apertar mais os parafusos da repressão para impor impostos mais elevados; e (4) as potências navais não podiam intensificar a repressão tanto quanto as potências terrestres, pois as marinhas não podem navegar em terra. Para entender a divisão da Europa em regimes constitucionais e absolutistas entre os séculos XVI e XVIII seria necessário associar causas econômicas, militares e geopolíticas — e talvez outras ainda. Também é provável que as causas militares e geopolíticas continuassem a desempenhar um papel no posterior desenvolvimento das "duas Europas".

Além disso, as explicações do fascismo efetivamente reconhecem, em geral, que as relações de poder militar vinham de uma revolução. A Primeira Guerra Mundial ampliara a guerra envolvendo a cidadania em uma "guerra total". A maioria dos autores concorda em que o fascismo não teria triunfado sem o surgimento de uma forma tão catastrófica de guerra. A possibilidade de mobilizar milhões de homens em combate e muitos outros milhões de homens e mulheres no apoio econômico e logístico às forças armadas acarretou muitas mudanças sociais. A curto prazo, ampliaram-se com isto os poderes infra-estruturais e em certa medida despóticos da maioria dos Estados. Também é um truísmo que a vitória na guerra aumenta a legitimidade de um regime, ao passo que a derrota tem o efeito inverso. A guerra total tenderia aparentemente a reforçar este argumento — especialmente no caso da derrota, transformada em catástrofe social. Mas a guerra total moderna também dera origem a uma série de tensões entre o poder de Estado e a cidadania militarizada maciçamente, o que poderia desestabilizar radicalmente os Estados em circunstâncias de possível ou efetiva derrota. Os primeiros conflitos tiveram início em 1917 e 1918 com uma série de motins e insurreições de soldados e marinheiros na maioria dos exércitos combatentes. Eles chegaram ao auge nas revoluções de fevereiro e outubro da Rússia. Nelas, os soldados constituíram muitos dos conselhos revolucionários (soviets), e o Exército Vermelho com eles formado às pressas mostrou-se em seguida capaz de defender a revolução numa guerra civil. Na Áustria, na Alemanha e na Hungria também surgiram soviets de soldados insurretos, que no entanto logo foram reprimidos. Mas a repressão era mais comumente exercida pelo *doppelgänger* dos soviets de soldados, os paramilitares de direita, do que pelas forças armadas oficiais do Estado. Esse militarismo "popular", vindo de baixo, estaria no cerne dos movimentos fascistas em outros países.

O fascismo só haveria de tornar-se um movimento de massa no fim da Grande Guerra. A maioria dos Estados europeus participou, mas até os neutros foram profundamente afetados. Naturalmente, a guerra intensificou o nacionalismo e o estatismo. Mas também se manifestaram três vínculos militares diretos com o fascismo. Primeiro, a guerra tendia a privar de legitimidade os regimes derrotados, que em geral seguiam apenas uma linha semi-autoritária. Por isso, muitos têm sustentado que a derrota na Primeira Guerra Mundial muito provavelmente daria origem a novos resultados autoritários e fascistas — embora o impacto imediato fosse exatamente inverso, aumentando as pressões democráticas. Isso poderia ser plausível nos casos da Alemanha, da Áustria e da Hungria, os principais derrotados (à parte a Rússia), que cederam a regimes autoritários e logo corporativistas e fascistas. A guerra custou à Alemanha 10% de seu território e enormes gastos com indenizações; a Hungria perdeu mais de metade de seu território; e a Áustria perdeu todo o seu império. Nestes países, a direita alegava que a derrota resultara de uma "punhalada pelas costas" de políticos civis, esquerdistas e sinistros "judeu-bolchevistas". Reagindo à invasão de refugiados provenientes dos territórios perdidos, ela exigiu a recuperação desses territórios. A Bulgária foi derrotada em menor escala. A Itália às vezes é incluída entre os derrotados. Embora estivesse na verdade do lado dos vencedores, seus exércitos haviam levado uma sova e seus ganhos territoriais foram menos expressivos do que esperavam os nacionalistas. Por essa "vitória mutilada" foram responsabilizados os governos liberais "decadentes" e os esquerdistas "impatrióticos" (De Grand, 1978, 102-14). Como esses países representavam os principais casos de fascismo (à parte a Romênia), parece plausível vincular derrota militar, revisionismo e fascismo.

A questão do momento histórico preciso permanece um problema. Só os fascistas italianos (1922) e os autoritários reacionários búlgaros (1923) tomaram o poder logo depois da guerra, e eram estes os países onde menores se haviam revelado as perdas. A Alemanha teve tempo para a recuperação. As reparações foram resolvidas em 1930, e se sabia que a ocupação aliada da Renânia seria temporária. O golpe de Hitler em 1933 certamente foi demasiado tardio para ser diretamente vinculado à derrota na Primeira Guerra Mundial. Os políticos húngaros sabiam que seu revisionismo era retórico, e não concreto; os austríacos sabiam que não seriam capazes de restabelecer o império. Não seria muito viável explicar o persistente autoritarismo ou o surto fascista na década de 1930 por meio da derrota. A derrota na guerra não resultou diretamente no fascismo. Mas pode ter contribuído para o primeiro surto direitista do pós-guerra, minando as perspectivas imediatas de democracia, o que por sua vez pode ter fornecido militantes para fases posteriores.

O autoritarismo também triunfou em países com diferentes situações no contexto de guerra. A Sérvia e a Romênia saíram vencedoras. A Sérvia viu-se recompensada com o domínio da Iugoslávia. A Romênia viu seu território e sua população dobrarem com a guerra. Estes dois vencedores tornaram-se autoritários, e na Romênia surgiu um movimento de fascismo de massa. Dois países neutros — Portugal e Espanha — também se tornaram autoritários. Portugal não chegou a se envolver seriamente em combates nesse período. O império espanhol fora destruído pelos Estados Unidos em 1898-9 e um exército espanhol foi arrasado pelos marroquinos em 1921. Mas a culpa por essas catástrofes foi atribuída igualmente a políticos de esquerda e de direita, ao monarca e ao próprio exército. Eram poucos os espanhóis que apoiavam o revisionismo imperial. O mesmo no caso dos gregos depois da derrota pela Turquia em 1922. Só em 1936 o general Metaxas promoveria seu golpe, no qual tiveram papel secundário as questões de política externa. Finalmente, os "Estados sucessores" deviam sua existência à Primeira Guerra Mundial. A Polônia, os países bálticos e a Albânia também se tornaram autoritários, mas seus dirigentes do pós-guerra eram em sua maioria considerados heróis da libertação nacional. Deste modo, o autoritarismo e em menor grau o fascismo estavam associados a uma série de diferentes realidades de guerra, e não apenas à derrota.

Mas a guerra teve outro grande impacto numa região mais ampla da Europa. Em todo o centro, o leste e o sul, os Estados vitoriosos, derrotados e sucessores haviam passado por graves *deslocamentos* decorrentes da guerra. Os regimes derrotados perderam a legitimidade, territórios e recursos, e alguns passaram a sofrer a pressão de refugiados. Boa parte desses problemas foi vivenciada pela Grécia (neutra em 1914-18) depois de 1922. A Itália sofreu apenas um pequeno deslocamento, em Trieste e no sul do Tirol. Os dois grandes vitoriosos, a Romênia e a Sérvia, enfrentaram um problema diferente, mas paralelo: a incorporação de amplos territórios que transformaram o país e o Estado. Os sérvios tiveram de institucionalizar um arcabouço político que assegurasse seu domínio sem deixar por demais frustradas as outras etnias da nova Iugoslávia. Os romenos tinham agora um país maior e esmagadoramente rural, já não sendo exatamente a "nação proletária" oprimida da região. Na Alemanha, na Áustria, na Hungria, na Bulgária, na Romênia, na Sérvia e na Itália, antigos Estados tiveram de uma hora para outra de aprofundar o parlamentarismo. Os recém-criados "Estados sucessores" tiveram de ser instaurados praticamente do zero — nenhum deles teve a mesma oportunidade que os finlandeses e os tchecos, de construir sobre os alicerces de administrações e parlamentos regionais anteriores. Isto redundou em consideráveis deslocamentos decorrentes da guerra em praticamente todos os países do centro, do leste e do sudeste. Escaparam apenas dois países neutros, Espanha e Portugal.

Uma experiência exatamente oposta verificou-se no noroeste. Exceto em três casos, todos os países dessa região eram neutros ou saíram vitoriosos. As duas democracias liberais mais marginais, a Finlândia e a Tchecoslováquia, também foram os dois únicos novos Estados sucessores. A Bélgica foi o único Estado quase derrotado (sendo ocupada pelo exército alemão), mas os belgas não puseram a culpa em seus políticos, mas na geografia. A Bélgica também obteve pequenos ganhos territoriais e reparações nos tratados de paz. Entre os vencedores (França, Grã-Bretanha, Estados Unidos, Canadá, Austrália e Nova Zelândia), só a França teve ganhos territoriais, e a Alsácia-Lorena já era francesa antes de 1871. Tampouco suas constituições sofreram interferências. Em sua maioria, eram Estados antigos. Mesmo os tchecos e os finlandeses possuíam antigas instituições políticas até então "regionais", embora os tchecos não dispusessem de instituições que se tivessem mostrado capazes de governar os eslovacos e os alemães dos Sudetos (e estes últimos estariam na origem do posterior desmoronamento de seu Estado). Mas praticamente nenhum dos países do noroeste teve de enfrentar a derrota, incorporar novos territórios ou promulgar novas constituições. Assim é que o centro, o leste e o sul sofriam em suas instituições *políticas* um deslocamento provocado pela guerra, mas isso não ocorria praticamente em parte alguma do noroeste. Mas porque teria a desestabilização de partir da direita e levar ao autoritarismo e ao fascismo? Volto-me agora para o terceiro legado da guerra, o paramilitarismo.

A teoria fascista do pré-guerra foi influenciada pela percepção de que a guerra era capaz de mobilizar toda a nação, o que se tornou realidade com a Primeira Guerra Mundial. A "nação em armas" revelou-se disciplinada mas cheia de companheirismo, elitista mas peculiarmente igualitária — pois agora oficiais e soldados lutavam lado a lado, e os oficiais inclusive sofriam as baixas mais pesadas. A guerra "total" significou o recrutamento de algo entre 25 e 80% dos homens jovens e até o início da idade madura. Mas como a guerra envolvendo cidadãos em massa tinha conseqüências terríveis sobretudo para a tropa, em 1918 a maioria só pensava em acabar com aquilo o mais rápido possível e voltar para o trabalho e a família. Uma minoria de esquerda levou o desencanto ainda mais longe, exigindo uma sociedade mais justa e pacífica. Passado o surto de movimentos de "operários e soldados", estes foram absorvidos pelos movimentos civis de esquerda. Embora alguns deles criassem formações uniformizadas envolvidas em marchas e manifestações e que passaram a ser chamadas "paramilitares", eram muito menos violentas do que as fascistas, frente às quais geralmente perdiam nos confrontos de rua. Os veteranos de esquerda não veneravam o militarismo e logo perderiam sua identidade de veteranos de guerra. O mesmo não se dava com uma minoria de veteranos de direita, que idealizavam o companheirismo interclassista da frente de guerra e se desiludiram da conflituosa democracia civil do pós-guerra. Exaltando as virtudes militares e dando prosseguimento a certas práticas militares em tempo de paz, eles constituíram um movimento social próprio: o das organizações paramilitares de cidadãos.

Os paramilitares de direita e as ligas de veteranos organizados foram importantes na maioria dos países. Venceram uma guerra civil na Finlândia, combateram o governo de esquerda na Hungria em 1919-20, reprimiram opositores estrangeiros e de esquerda na Alemanha, na Áustria e na Hungria do imediato pós-guerra, derrubaram o governo civil na Bulgária em 1923 e quase derrubaram o governo estoniano em 1934. Constituíram o cerne da primeira onda de movimentos fascistas. Todos os movimentos fascistas e alguns dos corporativistas e autoritários reacionários mantinham consideráveis forças paramilitares nas quais o papel central de liderança era desempenhado por veteranos. A maioria das teorias do Estado moderno considera, como Max Weber, que ele detém o monopólio dos meios de violência na sociedade. Mas de modo algum foi sempre o que aconteceu. Por isto é que até mesmo no Estado moderno devemos distinguir analiticamente as relações de poder militares das políticas. O poder militar não é mobilizado exclusivamente pelos Estados. Embora todos os regimes do entreguerras fossem dotados de exércitos numerosos, bem treinados, bem equipados e com experiência de guerra, alguns desses exércitos viam-se em grande medida imobilizados por divisões ideológicas internas. A tropa era toda permeada por ideologias, especialmente de direita, não raro patrocinadas por respeitados veteranos militares — até mesmo o comandante supremo, general Ludendorff. Os exércitos perdiam boa parte de sua autonomia profissional encastelada. Alguns Estados tinham agora braços de barro e corações divididos.

Uma das abordagens da relação entre os veteranos de guerra e o fascismo centra-se no vínculo entre o poder militar e o econômico, vale dizer, no ressentimento dos veteranos e em suas carências materiais. O segundo tipo de abordagem centra-se na relação entre o poder militar e o ideológico, ou seja, na ascensão de valores paramilitares. O argumento econômico considera que um contingente veterano centrado na classe média baixa (incluindo os pequenos camponeses) foi compelido ao extremismo pelo desemprego e pela privação econômica no pós-guerra. O argumento centrado nos valores paramilitares considera que isto se deu em decorrência da experiência da frente de guerra, com o companheirismo acima das classes e a subordinação hierárquica. Os veteranos acreditavam que a organização paramilitar poderia concretizar importantes objetivos sociais e políticos, como a organização militar durante a guerra. Embora provavelmente não fossem mais numerosos do que os de esquerda, os veteranos de direita mantinham uma nítida presença no pós-guerra, o que os estimulava a uma política violenta de expurgos dos "inimigos" da nação e a "dar com a cabeça de uns na dos outros" para resolver os conflitos sociais. Nos capítulos de estudos de caso, analiso essas duas explicações opostas. O argumento ideológico sai-se melhor.

Os deslocamentos do tempo de guerra e a derrota, em alguns dos principais casos, foram responsáveis por boa parte da crise política inicial nos novos regimes, podendo ter desempenhado papel vital no refreamento do impulso inicial para a democracia. Em seguida, a experiência de valores e da organização militares por parte de determinado contingente gerou um cerne de militância e uma solução paramilitar plausível para a crise. Mas esta explicação não basta. Mais uma vez, o paramilitarismo só se manifestou de maneira significativa em metade da Europa, embora as duas metades (além de outros países) tivessem passado pela guerra. É verdade que manifestações de paramilitarismo e mesmo de atividade protofascista entre veteranos foram constatadas em quase todos os países combatentes. Elas foram bastante pronunciadas na França. Revelaram-se acanhadas na Grã-Bretanha, mas influentes na União de Fascistas de Mosley. Nos Estados Unidos, Campbell (1998) demonstrou que a recém-formada Legião Americana foi usada pelos fascistas na década de 1920 como organização de combate a greves e aos "vermelhos". Mas eram escaramuças insignificantes, comparadas com o fascismo dos veteranos na Alemanha, na Itália, na Hungria ou na Romênia. É possível que a diferença seja em parte explicada pela oposição vitória/derrota (mas não no caso da Romênia). Mas também há indícios de que outras circunstâncias, à parte a guerra e seus efeitos, contribuíram para o domínio do autoritarismo e do fascismo no entreguerras.

PODER POLÍTICO, CRISE POLÍTICA

O poder político deriva do controle do Estado, e em última análise da utilidade, para os grupos humanos, da regulação territorial e centralizada das relações sociais. Com toda evidência, quem controla o Estado exerce mais globalmente o poder. Muitas crises políticas e golpes ocorreram no período entreguerras em conseqüência das disputas entre facções pelo controle dos Estados. É o material com que trabalham as "teorias de elite" do poder político, que se defrontam com duas teorias reducionistas do Estado, a teoria de classe e o pluralismo. Independentemente do grau de poder autônomo controlado pelas elites de Estado, contudo, as instituições e crises dos Estados podem ter uma influência autônoma nos resultados políticos. O fato de o

Estado francês ser altamente centralizado e o americano, descentralizado exerce influência constante na política contemporânea, um exemplo da "teoria estatista institucional" por mim sugerida (Mann 1993: capitulo 3). O "novo institucionalismo" também tem enfatizado o permanente impacto das instituições vigentes na estruturação da vida social. No período entreguerras, vamos encontrar Estados semi-autoritários há muito institucionalizados mas agora supostamente em transição para a democracia e vivenciando suas próprias crises, com importantes conseqüências para o fascismo.

O principal problema de tentar entender o autoritarismo levando-se em conta apenas os efeitos da Primeira Guerra Mundial e as crises econômicas do entreguerras é que a política nas "duas Europas" já diferia há muito mais tempo. A maior parte dos países do noroeste havia feito a transição para o Estado-nação liberal democrático ao longo dos séculos XVIII e XIX. Em contraste, todo o centro, o leste e o sul só agora empreendiam mais abruptamente essa transição, em meio a uma crescente onda de nacionalismo e estatismo. O atraso econômico contribuiu muito para essa diferença, assim como os contextos militar e geopolítico. Mas também se verificaram problemas políticos específicos no centro, no leste e no sul. Esses Estados estavam em transição e tiveram dificuldades para enfrentar as crises do entreguerras.

Identifico dois aspectos principais na democracia liberal, às quais Dahl (1977) dá os nomes de "participação" e "contestação". "Participação" refere-se ao grau de participação no governo, centrando-se na identificação dos capacitados para o voto. É o que tem dominado os debates sobre o desenvolvimento democrático (Rokkan, 1970, parte II; Therborn, 1977; Rueschemeyer et al., 1992, 83-98). Mas a "contestação" (ou competição) é igualmente necessária na democracia liberal. Contestação significa que o poder soberano é disputado por diferentes partidos em eleições livres, e o poder executivo não pode anular as eleições.

O conceito de "participação" não estabelece uma distinção nítida entre as "duas Europas" no período imediatamente anterior à guerra. Entre os primeiros casos de sufrágio universal masculino estiveram Portugal em 1822, a Bulgária em 1879 e a Sérvia em 1889, e o mecanismo fora introduzido na França e na Alemanha para fortalecer os regimes semi-autoritários de Napoleão III e do Kaiser. No fim do século XIX, os homens freqüentemente podiam ser chamados a votar, mas não raro ainda eram controlados por caciques locais cujos poderes como empregadores, magistrados, provedores de caridade e coletores de impostos não podiam ser desafiados sem conseqüências (embora o recém-adotado voto secreto ajudasse). Embora em 1914 a conquista desses direitos fosse mais ampla no noroeste, havia variações em ambas as regiões, e elas aumentaram depois de 1918. Na década de 1920, toda mulher adulta tinha direito de voto na Alemanha e na Áustria, mas não na França, ao passo que na Grã-Bretanha as mulheres com idades entre 21 e 30 anos só puderam votar em 1929. O alcance da generalização do sufrágio não era suficiente para prever se a democracia sobreviveria, embora em países como a Itália e a Espanha os saltos abruptos do sufrágio efetivamente alarmassem os conservadores, levando alguns a abraçar o autoritarismo. Mais uma vez, o deslocamento político parece importante.

O conceito de "contestação" (ou competição) permite prever melhor. Em 1880, na maioria dos casos décadas antes, os países de todo o noroeste (inclusive suas extensões coloniais de população branca) dispunham de sistemas partidários competitivos, com eleições em grande medida livres e partidos se alternando no governo com pouca interferência do executivo. Nos países nórdicos, as assembléias de proprietários haviam sobrevivido inclusive a períodos absolutistas. Até mesmo nas "colônias" do noroeste, na Irlanda e na Noruega, as populações locais enviavam representantes eleitos à assembléia da potência colonial em Londres e Copenhague. Até os dois casos marginais, a Finlândia e a Tchecoslováquia, haviam sido autorizadas por seus senhores russos e austríacos a manter assembléias provinciais. Os parlamentos do noroeste também desfrutavam de poderes diferentes dos poderes do partido majoritário, de tal maneira que o partido governante não podia manter-se facilmente no poder manipulando cargos e recorrendo à repressão. Os casos paradigmáticos eram os Estados Unidos (livre disputa partidária envolvendo a maioria da população masculina branca a partir da década de 1790) e a Grã-Bretanha (livre disputa partidária envolvendo 15 a 20% dos homens a partir de 1832). A maioria dos países do noroeste acompanhou a tendência ao longo do século XIX. É bem verdade que as prerrogativas reais na escolha dos ministros foram mantidas na Suécia e na Dinamarca, mas raramente eram exercidas e acabaram sendo revogadas em 1917 e 1920.

Este critério efetivamente parece estabelecer uma distinção quase perfeita entre as duas Europas. Naturalmente, tinha muito a ver com o grau de desenvolvimento, com a política de classes de uma época anterior mas também com diferenças fiscais e militares (Mann 1986; Downing 1992). Qualquer que seja a combinação das causas originais, o que deixaram como legado foram consideráveis diferenças de natureza e estabilidade entre os regimes políticos do início do século XX, as quais por sua vez influenciavam agora os resultados.

Assim, durante a Primeira Guerra Mundial, havia parlamentos soberanos institucionalizados em toda a região noroeste.[9] Quando o sufrágio foi ampliado para as diferentes classes e religiões e para as mulheres, os partidos adaptaram as práticas liberais consolidadas (Luebbert, 1991). No entreguerras, a insatisfação era expressa por meio dessas instituições representativas (ver artigos em Schmitt, 1988). Só a Finlândia e a Tchecoslováquia tiveram de encontrar novas instituições — e ambas lutaram por isso. O Estado do noroeste era *unitário*, dominado pela soberania parlamentar institucionalizada e experiente no trato de conflitos entre classes, comunidades religiosas e regiões. A Bélgica e a Suíça tinham particular experiência na questão das diferenças étnicas. Importava menos a ideologia liberal do que instituições que encarnassem o liberalismo em suas práticas cotidianas.

Veja-se o caso dos mineiros britânicos no fim do século XIX. Provavelmente, poucos deles acreditavam no "liberalismo". Eram tão radicais (e bem organizados) quanto os mineiros da maioria dos outros países. Mas um número suficiente deles tinha direito a voto na qualidade de proprietários, e estavam suficientemente concentrados em determinadas zonas eleitorais para formar um bloco que não podia ser ignorado pelos partidos. O Partido Liberal mostrou-se sensível e passou a representar suas queixas no parlamento, de modo que os mineiros votavam nos liberais. Este estado de coisas encerrava tensões, e os parlamentares que representavam os mineiros adquiriram certa autonomia, passando a ser conhecidos como "Lib-Labs". No início do século XX, passaram-se para o Partido Trabalhista. Sua trajetória foi dominada por oportunidades geradas muito menos pela ideologia do que pelo pragmatismo básico da política eleitoral e parlamentar cotidiana. Em termos comparáveis, as novas tensões de classe e de outra natureza do período entreguerras podiam ser filtradas pelos Estados parlamentares institucionalizados, contribuindo para aprofundá-los e fortalecê-los. Essas tradições políticas democráticas eram simplesmente demasiado institucionalizadas para permitir que ideologias fascistas, bolchevistas ou de qualquer outra natureza se desenvolvessem muito. Nesses países, pode até ser inadequado falar do liberalismo como uma ideologia. Só o seria no sentido marginal de "ideologia institucionalizada", ou seja, alicerçada em práticas rituais mundanas. Encarava valores e normas instrumentalmente, considerando-os relevantes para vencer as próximas eleições ou manter razoavelmente satisfeitas as facções partidárias.

Como observou Linz (1976, 4-8), os partidos fascistas chegaram tarde às instituições parlamentares. Quando a competição entre os partidos já dominava o Estado, pouco espaço restava para eles. O que quer que a Primeira Guerra Mundial e o capitalismo reservassem para a Noruega, a Suécia ou a Dinamarca, por exemplo, seus partidos democráticos seriam capazes de enfrentar (Hagtvet, 1980: 715, 735-8; Myklebust e Hagtvet, 1980, 639-44). Se os sensores eleitorais detectassem aumento do nacionalismo, os partidos conservadores tratariam de oferecer um pouco mais dele. Se detectassem sentimentos estatistas, os partidos de centro-esquerda fariam o atendimento. Mais tarde, portanto, quando alguns desses países foram ocupados pelos nazistas, sendo destruídos seus sistemas partidários, as coisas podiam mudar com rapidez. Os nazistas encontraram sem dificuldades muitos colaboradores ideológicos a postos, depois de emascularem os parlamentos e as eleições. Na Noruega, por exemplo, foram apoiados por 55 mil colaboradores nacional-socialistas locais.

No centro, no leste e no sul da Europa, as coisas eram diferentes. Ou bem os parlamentos praticamente não existiam até 1914 (como no caso dos impérios russo e otomano) ou então compartilhavam o poder com um executivo não eleito, um monarca, comandantes militares ou um regime ministerial de forte clientelismo. O Estado era *dual*, desfrutando cada um de seus "dois Estados" (parlamento e executivo) de soberania parcial (Newman 1970: 225-6). É este o significado da expressão "semi-autoritário". Um dos legados do período absolutista anterior foi o fato de as forças armadas estarem mais especificamente sob controle do executivo do que na outra metade da Europa. Nos impérios alemão e dos Habsburgo, na Sérvia, na Romênia, na Grécia e na Bulgária, o monarca podia manipular as eleições e os parlamentos por meio de uma repressão seletiva e da manipulação de cargos. Na Espanha da Restauração e (em menor grau) na Itália "liberal" até 1919, o Ministério do Interior ou o primeiro-ministro ajudavam a manipular as eleições para formar governos oligárquicos dóceis (*el turno* na Espanha e *trasformismo* na Itália).

Em 1901, metade dos deputados italianos detinha cargos governamentais, dificilmente podendo ser considerados "independentes". Na Grã-Bretanha, os "detentores de cargos" já haviam sido eliminados em 1832. Nessa metade da Europa, contudo, as constituições democráticas eram em parte solapadas pelos poderes executivos. Nelas, os mineiros ficavam basicamente fora das instituições políticas. Os notáveis podiam continuar a "representá-los" indiretamente através do clientelismo político. Na falta disto, todavia, os notáveis podiam recorrer a poderes de repressão muito maiores do que seus equivalentes no noroeste. Dispunham de alternativas autoritárias e despóticas.

Em 1918, o centro, o leste e o sul viram-se assim defrontados com o que poderia ser chamado de "desenvolvimento tardio *político*". Larsen (1998; cf. Griffin, 2001, 49) considera que os países do Eixo "começaram tarde o processo de construção nacional e de liberalização e só introduziram o governo democrático pouco antes de entrar em colapso", o que, no entanto, também se aplicava de maneira mais genérica nessa metade do continente. A Alemanha e a Áustria fizeram abruptamente a passagem para a soberania parlamentar avançada e o sufrágio adulto pleno, como a Espanha em 1931. A Itália promovera sua primeira grande ampliação do sufrágio pouco antes da guerra, em 1912, e a segunda, em 1918. Estas importantes alterações no vetor parlamentar do Estado não foram acompanhadas de mudanças comparáveis no executivo, que (como veremos nos capítulos de estudos de caso) continuou dominado por elementos do "antigo regime" que controlavam a maior parte do aparato repressivo de Estado. Praticamente por toda parte podiam ser encontrados Estados duais, supostamente em processo de liberalização. Mas muitos países das regiões central, oriental e meridional enfrentaram outro problema de transição, pois também estavam em processo de fundação de Estados-nação. Nesta frente, os problemas eram novos e diferentes dos anteriormente enfrentados no noroeste. A "cegueira étnica"[10] dos países do noroeste não tinha cabimento para os habitantes dos antigos territórios ou vizinhanças dos impérios multinacionais russo, austríaco ou otomano — a representação agora não era apenas de classe, mas também de nacionalidade. Surgiam movimentos políticos empenhados na mobilização de identidades e interesses nacionais, paralelamente aos movimentos de mobilização de classes. Havia antigas nações imperiais (russa, alemã e otomana), nações imperialistas mais recentes (magiar), nações "proletárias" (sérvia, tcheca) e minorias de todas elas nos Estados majoritários de outras nações. Nos casos em que as nacionalidades também diferiam em suas religiões, era reforçado o sentimento de rejeição recíproca.

Os conflitos nacionais também estavam mais diretamente ligados aos conflitos internacionais do que os de classe. Os tratados de Versalhes e do Trianon redundaram em intensa redefinição de fronteiras, em obediência a dois princípios conflitantes. Um deles consistia em punir os derrotados e recompensar os vencedores. O outro, em estabelecer a "autodeterminação nacional", modificando fronteiras de acordo com padrões de assentamento étnico, para que cada novo Estado fosse predominantemente monoétnico. Em conseqüência, certos Estados insatisfeitos viram-se defrontados com exigências "irredentistas" de recuperação dos "territórios perdidos", partindo sobretudo de refugiados provenientes das regiões fronteiriças modificadas. Vemos assim como eram complexas e de difícil atendimento as exigências que passaram a ser feitas aos Estados-nação duais do centro, do leste e do sul, e como as práticas políticas não estavam preparadas para elas. Manifestava-se um considerável grau de incerteza e risco, em grande medida inexistente no noroeste. Para os que controlavam o vetor executivo do Estado, seria talvez mais seguro recorrer à repressão, em caso de crise. Cabe lembrar também que esse critério deixa a Alemanha e a Áustria, Estados anteriormente absolutistas, na mesma posição que os Estados menos desenvolvidos do leste e do sul.

Examinemos essa crise política de transição pela ótica do mais sofisticado teórico conservador do Estado na época.[11] Carl Schmitt era um famoso jurista alemão que acabou como apologista do nazismo depois da chegada de Hitler ao poder. Na década de 1920, contudo, era apenas um conservador, sem compromisso incontornável com algum tipo específico de regime, admirador de Mussolini mas não de Hitler e tentando desesperadamente alicerçar uma teoria da ordem constitucional contemporânea em bases jurídicas de princípios legais absolutos. Ele buscava certezas, e não riscos. Considerava que não havia certeza então na Europa continental porque o declínio do antigo regime semi-autoritário solapara dois atributos essenciais do direito constitucional. Primeiro, os parlamentos do antigo regime haviam manifestado o princípio iluminista da razão sob a forma do livre debate entre homens racionais, independentes e instruídos. A essência do liberalismo continental novecentista estava em que as melhores leis resultavam do entendimento racional entre homens instruídos. Já agora, sustentava Schmitt, o sufrágio de massa (a "participação", no sentido adotado por Dahl) resultava na ascensão de partidos de massa, que ameaçavam a independência desses homens. Os deputados foram transformados em meros "representantes" de interesses encastelados na sociedade, sendo instruídos por suas organizações e ideologias sobre como votar. O debate livre e racional chegava ao fim. Na realidade, ele pintava um quadro ainda mais sombrio em que "exércitos de massa" corporativistas e burocraticamente organizados (referindo-se basicamente ao trabalhismo organizado, mas também mencionando eventualmente a concentração econômica e os grandes negócios) "invadiam" e subordinavam o Estado a ideologias altamente moralistas de ódio que em última análise não ocultavam estar baseadas em estreitos interesses de classe. Talvez fosse possível algum tipo de acerto entre esses interesses, que no entanto teria agora de ser efetuado por intermédio destas mesmas organizações, e não pelo parlamento. Pois fora assim, como corretamente observava Schmitt, que a República de Weimar se fundara — mediante uma explícita e algo insegura "trégua de classe" negociada entre os sindicatos socialistas e os grandes empresários. Os participantes não estavam comprometidos pela solidariedade normativa do parlamento como assembléia de cavalheiros. E tampouco estavam comprometidos, acrescentaria eu, com velhas e consagradas práticas partidárias e parlamentares. Acaso mereciam confiança? Podiam confiar uns nos outros? Schmitt não acreditava.

Em segundo lugar, sustentava Schmitt, o domínio por parte dos partidos políticos (ou seja, a plena "contestação") encerrava qualquer possibilidade de que o Estado tradicional continuasse sendo o garantidor supremo e neutro da ordem e da conciliação, como fora no passado. Embora tendamos a ver os executivos do antigo regime como comprometidos por um viés de classe, favorecendo as classes proprietárias, não era assim que os viam os conservadores. O monarca e o Estado estavam "acima" da sociedade, sustentava Schmitt, fornecendo a suprema garantia constitucional contra os interesses privados abusivos. Um partido representava apenas uma "parte" da nação. Não podia substituir o Estado como poder "universal". Schmitt acreditava, não sem alguma razão, que as elites do Estado alemão estavam agora paralisadas. Mas o pluralismo da competição partidária que as havia substituído estava a apenas um passo de uma situação de guerra civil em que não haveria juiz para determinar o que é "meu e seu". A evolução da competição para uma "guerra" representava um risco muito concreto. Se nem a câmara de debates nem o executivo do antigo regime pudessem garantir a ordem, talvez fosse possível alcançá-la com um novo executivo de Estado. Assim foi que, ao longo da década de 1920, Schmitt começou a formular a idéia de que seria necessário um novo tipo de elite governante, acima da sociedade, para ocupar os centros "vacantes" de poder de Estado e evitar o risco de desordem. Com isto, ele passou do apoio ao semi-autoritarismo de Bruning e von Papen a Hitler e ao nazismo.

Schmitt estava dando voz a temores muito difundidos. Seu primeiro argumento atraía particularmente os liberais do antigo regime, e o segundo, os conservadores. Naturalmente, havia por trás desses temores uma forte dose de consciência de classe. Um "exército de massa" específico parecia particularmente ameaçador para Schmitt e outros conservadores e liberais: os sindicatos operários e os partidos socialistas a ele ligados. Por trás de seus piores temores estava a sombra da Revolução Bolchevista. Mas Schmitt não baseava sua teoria nos direitos de propriedade, mas num conceito mais amplo de ordem e segurança. Ele encarna à perfeição o que anteriormente observei ao tratar dos temores das classes proprietárias: os temores em relação à propriedade são substituídos por uma preocupação positiva com a ordem e a segurança. A ênfase por ele conferida à ameaça representada pelas grandes organizações burocráticas e corporativas ao livre debate racional tinha e ainda tem um apelo mais amplo. É bastante semelhante, por exemplo, à teoria da comunicação distorcida mais recentemente exposta por Habermas, de marcada coloração esquerdista. Schmitt chegava mesmo a encarar favoravelmente os benefícios previdenciários, a menos que envolvessem uma "usurpação" da sociedade sobre o Estado. Preocupava-se primordialmente com o Estado e a ordem social, e não com as classes e os interesses materiais. E tampouco tinha muito a ver com o capitalismo, caso também do seu círculo. Suas origens eram pobres, filho que era de um empregado ferroviário subalterno. A família era muito católica e o conservadorismo inicial de Schmitt assumiu contornos católicos (até que ele rompesse com a Igreja por causa de seu divórcio). Passaria então a vida em universidades alemãs como professor, gozando de segurança como funcionário público. Convivia com artistas, escritores e outros acadêmicos nos salões e nos cafés. Seus escritos granjearam-lhe fama entre juristas e funcionários públicos, e suas ligações com as elites do poder passavam basicamente por altos funcionários. Era uma figura central para a "burguesia humanística" e para o estatismo alemão, mas não para o capitalismo. Embora não fosse extremado em seu nacionalismo, nem um militarista, seus escritos geopolíticos descreviam uma ordem internacional contemporânea favorável aos interesses dos vencedores da Primeira Guerra Mundial. Assim foi que contribuiu para legitimar o revisionismo imperial alemão. Como veremos, o poder de atração do fascismo sobre as classes altas não se baseava apenas nos interesses de propriedade. Era mediado por preocupações com a ordem e a segurança, para alcançar um nacionalismo de Estado transcendente.

Assim, os temores de muitos conservadores e de alguns liberais foram acomodados no mesmo cesto ideológico dos fascistas. Uma crise de transição política numa sociedade de massa desequilibrara fontes de ordem e segurança constitucionais anteriores. As coisas começavam a parecer arriscadas, e poderiam se agravar — em meio a uma onda crescente de nacionalismo, estatismo e militarismo. Era melhor prevenir que remediar. Como tinham pronto acesso à repressão no Estado dual, os conservadores podiam — para usar uma expressão do futebol — "retaliar primeiro" (ao mesmo tempo gritando "falta!"). Era a racionalidade por trás da aparente paranóia em torno do perigo vermelho. Não se davam conta de que o perigo negro do fascismo poderia ser ainda mais ameaçador.

Deste modo, o autoritarismo resultava diretamente de uma crise política, agravando para certos Estados as crises decorrentes do capitalismo e do militarismo. Os Estados duais do sul, do leste e do centro (pois incluí os Estados alemães) não podiam estar certos de enfrentar essas crises com segurança, exceto pela repressão. Quaisquer que fossem as crises enfrentadas pelo noroeste em conseqüência da guerra mundial e do capitalismo, seus Estados liberais sobreviviam. Escreve Eugen Weber: "O fascismo do século XX é um subproduto da desintegração da democracia liberal" (1964, 139). Mas não é exatamente assim. Os Estados liberais institucionalizados superaram a crise com êxito. Sua afirmação deveria ser reformulada: o fascismo refletia uma crise do Estado dual, o Estado "semi-autoritário e semiliberal" encontrado em metade da Europa, enfrentando transições simultâneas para a democracia liberal e o Estado-nação no exato momento em que esses países se defrontavam com crises econômicas e militares. Isto gerava incerteza, uma espiral descendente e uma reação contra o liberalismo no interior do próprio Estado: uma revolta de metade do Estado contra a outra, cada uma delas mobilizando clientelas em seu apoio. Devemos analisar as elites e os partidos de Estado tão cuidadosamente quanto as classes sociais. O fator que desencadeou essa crise não foi o liberalismo, mas o conservadorismo. Foi o êxito com que os conservadores do noroeste promoveram a transferência dos partidos representativos de notáveis para os de massa que assegurou a sobrevivência dos Estados liberais nesses países. Em outros países, foi o fracasso dos conservadores nessa transição que resultou no autoritarismo, abrindo as portas para o fascismo. Embora a crise política decorresse em grande parte de processos de desenvolvimento econômico e geopolítico/militar de longo prazo, e em certa medida de crises econômicas e militares de curto prazo, também tinha causas políticas mais específicas. Por sua vez, a crise política criou uma necessidade de ideologias reais.

PODER IDEOLÓGICO, CRISE IDEOLÓGICA

O *poder ideológico* decorre da necessidade humana de encontrar o significado das coisas, de compartilhar normas, valores e rituais que parecem conferir sentido ao mundo e fortalecer a cooperação social. Uma ideologia que mobilize normas, valores e rituais plausíveis também pode conferir poder a seus promotores. A vida humana não "produz seu próprio sentido". Dependemos de sistemas mais gerais de significado que não podem ser diretamente "testados" pelas ciências ou por nossa própria experiência prática. Os sistemas de significado "transcendem a experiência", contribuindo assim para definir os interesses. Mas a socialização e as rotinas institucionalizadas da educação, do emprego, da política e assim por diante geralmente nos distanciam da necessidade de recorrer com freqüência a ideologias genéricas. As instituições em que estamos envolvidos criam rotinas cotidianas que "funcionam" e parecem "normais", gerando também "ideologias institucionalizadas" mínimas nas quais os valores são permanentemente minados pelo pragmatismo. Em épocas de crise, contudo, as rotinas e o pragmatismo tradicionais talvez não funcionem mais, e somos engolfados em idéias mais genéricas na tentativa de encontrar outras práticas viáveis. É possível então que os intelectuais proponham novos sistemas de significado, investindo-se de um poder social mais genérico. Podemos então considerá-los plausíveis e segui-los. Foi assim que interpretei a ascensão das religiões de salvação do mundo no primeiro volume de *The Sources of Social Power* (Mann, 1986, capítulo 10), e assim também interpretei a influência do Iluminismo na Revolução Francesa no volume 2 (Mann, 1993, capítulos 6 e 7). Teria sido semelhante com o fascismo? Eu investigo as redes fascistas de comunicação. Em termos geográficos, identifico três redes principais: redes transnacionais, redes macrorregionais capazes de ajudar a construir ou fortalecer as "duas Europas" e redes confinadas no interior de Estados-nação. Em termos sociais, identifico as clientelas ideológicas fundamentais do fascismo.

O fascismo era com toda evidência extremamente ideológico. Outros direitistas autoritários não funcionavam muito no nível ideológico. Tratavam pragmaticamente de montar uma fachada fascista compatível com a permanência no poder, ao mesmo tempo tentando diluir o impulso radical do fascismo de baixo para cima. Mas os precursores do fascismo no pré-guerra haviam sido intelectuais, e os intelectuais sempre foram importantes no fascismo. No período anterior à guerra, Maurras, Barrès, Sorel e teóricos raciais como Chamberlain e Gobineau, além de uma infinidade de jornalistas, vulgarizadores e panfletários — chegando, no nível mais baixo, à famigerada contrafação dos *Protocolos dos sábios de Sião* —, tinham leitores muito mais numerosos do que os membros das organizações políticas fascistas ou racistas. Todos os movimentos fascistas continuaram atraindo desproporcionalmente os instruídos — estudantes colegiais e universitários e as camadas mais instruídas da classe média. Salvatorelli (1923) chamava essa clientela nuclear de "burguesia humanística". Embora só na Itália e na Romênia o fascismo atraísse intelectuais realmente importantes, por toda parte foi capaz de interessar intelectuais secundários, em particular especialistas em comunicação nos jornais, no rádio, no cinema e nas artes gráficas. O fascismo foi um movimento da *intelligentsia* secundária.

Assim foi que se constituíram programas fascistas no contexto de uma ideologia mais ampla. Já citei a desdenhosa tirada de Codreanu sobre as "listas de compras" dos programas partidários. Os fascistas situavam a economia ou a economia política baseada em interesses no contexto geral de uma *Weltanschauung* (uma visão geral do mundo). Invocavam um objetivo moral mais elevado, transcendendo o conflito de classes e capaz de "ressacralizar" uma sociedade moderna que se tornara materialista e decadente. Identificavam uma "crise civilizatória" abarcando o governo, a moralidade, a ciência, a ciência social, as artes e o "estilo". Denunciavam seus inimigos em termos moralistas e altamente emocionais. Os socialistas traziam a "barbárie asiática", os liberais eram "decadentes" e "corruptos". A ciência era "materialista". Uma cultura "degenerada" e "envelhecida" precisava ser remodelada e rejuvenescida. Eles promoviam sua própria arte, arquitetura, ciência e ciência social, seus próprios movimentos juvenis e um culto do "homem novo", envolvendo tudo em intenso interesse pelo estilo e o ritual. Naturalmente, Mussolini e Hitler também reconheciam a força emocional das formas artísticas — música, marchas, retórica, pintura, artes gráficas, escultura, arquitetura. Conseguiram formar uma rede de artistas condescendentes que consideravam sua criatividade identificada com a ideologia fascista. Nas décadas de 1920 e 1930, a concatenação de crises aqui mencionada levou a uma grave perda do sentimento de significado. Se determinado país tivesse passado por guerras de destruição em massa e grave conturbação, perdido ou conquistado grandes extensões territoriais, assistido à transformação de suas populações em massas de refugiados (ou causado a fuga de refugiados), experimentado a recessão e os conflitos de classe com severidade e estivesse vivenciando uma difícil transição política, não só o "antigo regime" mas também muitas das antigas práticas e crenças em geral pareceriam inadequados. As ideologias sociais e políticas não requerem nem podem ter confirmação científica. Para as novas ideologias, não é necessária a verdade, mas a plausibilidade, a aparente capacidade de "conferir algum sentido" aos acontecimentos num momento de evidente dificuldade das ideologias estabelecidas. No período entre as guerras, as ideologias tradicionais encontravam dificuldade para interpretar a realidade contemporânea, pelo menos numa metade da Europa. O conservadorismo não confiava nas massas que agora ocupavam a cena, o liberalismo parecia corrupto e insuficientemente estatista e nacionalista. O socialismo desconfiava da nação e introduziu o conflito de classes, mas não a sua solução. As Igrejas cristãs se haviam retirado da espera profana e mostravam-se divididas. Havia uma abertura para novas ideologias e ideólogos, capazes daquilo que Lucien Goldman chamava de "máxima consciência possível", a primeira a identificar a inadequação das ideologias convencionais e a primeira a gerar novas ideologias.

Autores como Hughes (1967), Sternhell (1976: 320-5) e Mosse (1999) identificaram uma crise ideológica mais disseminada e nitidamente transnacional que permeava a Europa. Eles enxergam uma contradição entre a "razão iluminista" e uma preocupação pós-romântica com as emoções, as paixões, a vontade e o inconsciente — em alguns casos expressa em fenômenos "de massa" como as multidões, as greves, a guerra e o nacionalismo. Alguns deles têm tentado estabelecer, por meio da "história das idéias", um vínculo entre o fascismo e revoluções de "alto modernismo" que refletiam e reforçavam uma crise geral do início do século XX: "revoluções perturbadoras" na psicanálise, na pintura abstrata, na música atonal, o declínio do narrador onisciente do romance realista, o fascínio pelo extravagante, o fantástico, o decadente e o irracional, todos impulsos subversivos do programa iluminista de calma e confiante racionalidade. Mas se uma crise transnacional da alta cultura funcionou como uma das causas do autoritarismo, o mesmo deveria ter acontecido em todos os países. Teria cabimento reduzir o argumento a dimensões macrorregionais? Neste caso, caberia esperar que a crise cultural fosse maior no leste e no sul do continente. Embora ela se mostrasse de certa forma menos acentuada nos países anglo-saxônicos e escandinavos, a Paris democrática dominava a vanguarda, enquanto a Viena esquerdista liderava sua música e sua psicanálise. E tampouco puderam o leste e o sudeste, mais atrasados, enveredar pelo alto modernismo. Na verdade, a alta cultura é produzida por panelinhas das elites cosmopolitas, não muito vinculadas aos localismos. É particularmente o que acontece na música e nas artes, em grande medida livres das barreiras lingüísticas. Mas seria difícil vincular as "revoluções" geradas por Freud, Schönberg, Picasso, Joyce e assim por diante a revoluções políticas. Como muitos artistas "radicais" rejeitavam as formas artísticas apoiadas na experiência humana de massa (melodias fáceis, belas paisagens e assim por diante), não tinham muita ligação com as massas. Schorske (1981) sustenta que as elites cultivadas de Viena constataram o fracasso do liberalismo na reforma do Império Austro-Húngaro e ficaram horrorizadas com a emergência da política violenta de massa. Refugiaram-se então no romantismo estético e no ocultismo e rejeitaram os valores da ordem social vigente, antecipando os horrores políticos que estavam por vir.

Mas os fascistas rejeitavam boa parte desse alto modernismo como algo "degenerado". Há quem diga, por isto, que o fascismo era "antimoderno". Prefiro o conceito de modernidade ressacralizada proposto por Gentile (1996) ou o "modernismo reacionário" de Herf (1984), cunhado para descrever a visão de mundo dos engenheiros nazistas por ele estudados. Havia no nazismo nostalgia, romantismo, medievalismo e até primitivismo. E no entanto, como observa Allen (2002) a respeito dos tecnocratas das SS, os profissionais nazistas consideravam-se modernistas. Em terrenos tão diversos quanto a engenharia, a teoria gerencial, a biologia, a propaganda e as artes gráficas, os fascistas eram modernistas entusiásticos. Mostraram-se inovadores na comunicação de massa, disseminando sua ideologia por meio de cartazes, paradas, exposições, filmes e arquitetura. Na arquitetura e na música, eram extremamente conservadores; nas artes gráficas, no cinema e em manifestações teatrais, mostravam-se radicais. Mas não parece que uma crise da alta cultura tenha desempenhado um papel importante na força da ideologia fascista. Em vez disso, os fascistas propunham soluções genéricas plausíveis para as crises econômicas, militares e políticas da época, com impacto ainda maior graças a seu poder de comunicação.

Com efeito, era a época da ascensão dos Estados-nação, e a comunicação tornava-se menos transnacional, mais delimitada pelos Estados. A comunicação letrada do século XVIII fora dominada por Igrejas multilingüísticas e elites aristocráticas. O Iluminismo havia sido transnacional, disseminando-se entre os europeus letrados e além. O mesmo se aplica a seus herdeiros liberais e socialistas do século XIX, os "inimigos" do autoritarismo do século XX. O transnacionalismo socialista foi impulsionado pela difusão transnacional do capitalismo, o hábito dos antigos regimes de punir dissidentes com o exílio e a virada para a esquerda dos jovens judeus, pressionados por um novo anti-semitismo político (discutido em meu próximo livro). As redes cosmopolitas de exilados e judeus constituíam o cerne das Internacionais, facilitando a rápida tradução dos textos socialistas. Havia subculturas macrorregionais do marxismo, do sindicalismo e do reformismo, mas a maioria dos movimentos trabalhistas sofria todas essas influências. Na verdade, os autoritários e especialmente os fascistas consideravam os socialistas cosmopolitas, estrangeiros e traiçoeiros. A ascensão da sociologia no fim do século XIX era implicitamente nacionalista. Weber, Durkheim, Pareto e Mosca praticamente não se referiam uns aos outros. Estavam isolados por trás das fronteiras nacionais, todos empenhados em fazer a crítica do socialismo transnacional.

A mensagem do liberalismo também era transnacional, embora tivesse dois lares principais, a Grã-Bretanha e a França. O liberalismo encarnava a transigência parlamentar e o debate aberto entre cavalheiros independentes. Começou a encontrar dificuldades na era das massas. A gradual ampliação do sufrágio na Grã-Bretanha ocultara esta tendência, pois os partidos de massa foram aos poucos incorporados aos hábitos cavalheirescos de Westminster. A Terceira República francesa também a mascarou por algum tempo, pois os partidos republicanos estavam unidos em sua necessidade de defender a república contra a direita. Na visão de notáveis conservadores de outros países (como Carl Schmitt), contudo, a súbita entrada das massas em cena também introduziu partidos disciplinados ligados a ideologias preestabelecidas. O livre debate parlamentar era tragado pelos exércitos ideológicos. Os notáveis "liberais" podiam aferrar-se ao poder manipulando os partidos de massa emergentes, como no *caciquismo* e no *transformismo*, mas estes movimentos tornaram-se corruptos e tomaram rumos autoritários. A influência ideológica britânica no continente diminuiu no fim do século XIX, no momento em que a Grã-Bretanha voltava-se mais para seu império. A influência liberal britânica e, em menor grau, francesa também diminuiu na Europa.

Os debates com o liberalismo no continente com freqüência representavam desafios à ortodoxia "anglo-saxônica" (ou às vezes anglo-francesa). Em filosofia, o utilitarismo de Bentham, o positivismo de Comte e o pragmatismo americano — todos portadores da corrente pragmática da tradição iluminista — eram rebatidos com a intencionalidade neo-idealista, as emoções, o vitalismo e a *Lebensphilosophie* associados particularmente a Schopenhauer, Brentano, Bergson e Nietzsche. O inconsciente de Freud encontrava paralelo na psicologia da multidão de LeBon, na greve de massa de Sorel e no papel primordial do mito. Tönnies e Durkheim desafiavam o liberalismo de Spencer e Comte: a sociedade, afirmavam, não era formada apenas por contrastes entre indivíduos, exigindo comunidade e consciência coletiva. Gumplowicz e Ratzenhofer desenvolveram uma sociologia do conflito étnico e da "superestratificação" militarista, em desafio às teorias marxistas e liberais mais pacíficas dos conflitos de classes e grupos de interesse. Essas novas sociologias ainda eram pouco conhecidas na Grã-Bretanha e nos Estados Unidos. Embora em toda parte o darwinismo social estimulasse a eugenia, o noroeste considerava que o principal problema não era a reprodução das "raças inferiores", mas das classes inferiores. Na Alemanha e na Áustria, o darwinismo social e racial permeava romances populares, a sociologia popular e novos partidos políticos. Embora poucos desses autores fossem direitistas, sua vulgarização "nas mãos de mil intelectuais menores" (no dizer de Sternhell) estimulava expressões românticas e populistas de nacionalismo e estatismo.

A França e a Alemanha continuavam a funcionar como intermediários ideológicos do sul e do leste do continente. Weber percebeu a dualidade da racionalidade instrumental e de valores. Ortega y Gasset declarou que Bismarck e Kant personificavam na Alemanha todo o dilema político europeu: Bismarck oferecia ordem, estabilidade, comunidade e autoridade, Kant, liberdade, luzes, igualdade, individualismo. Os liberais voltaram-se de Westminster para uma república francesa mais conturbada e nacionalista. Os liberais espanhóis postularam que, embora a Inglaterra fosse o berço das liberdades públicas, a França as havia universalizado (Marco, 1988, 37-42). A Alemanha dominava o socialismo, de Marx a Bernstein, Kautsky e Rosa Luxemburg, líderes do maior partido socialista do mundo, o SPD. Por volta de 1900, no crepúsculo do liberalismo, os socialistas e os conservadores autoritários franceses e alemães dominavam o pensamento político europeu. A nova direita radical disseminou-se para o leste e o sul a partir dos dois principais protagonistas da "zona fronteiriça", os franceses e os alemães.

Diferiam as preocupações de franceses e alemães. Os direitistas franceses centravam-se no estatismo, os alemães, no nacionalismo. Isto porque a França tinha territórios bem estabelecidos e poucas disputas étnicas (a Alsácia-Lorena era objeto de disputa mas não apresentava muitas tensões étnicas). O debate na França voltava-se antes para o tipo de Estado que ocuparia esse território. Seus intelectuais protofascistas da virada do século foram insuflados pela derrota na república da direita ultramontana, monárquica e militar e por novas formas avançadas de estatismo, abarcando a modernidade, o "nacionalismo integral" e a mobilização de massa. O direitismo francês parecia mais atraente, portanto, em países com fronteiras bem delimitadas, nos quais a nação não era problemática, e sim o Estado. Maurras, Barrès e a Ação Francesa eram citados sobretudo na Espanha, em Portugal e na Itália. A Itália diferia pelo fato de que, nela, tanto liberais quanto conservadores gravitavam em direção a esse tipo de protofascismo. Mas eram liberais que não haviam logrado institucionalizar as práticas liberais em seus países.

Em contraste, os alemães não dispunham de um Estado único. Discutiam os méritos de uma Klein (pequena) ou Gross (grande) Deutschland (abrangendo a Áustria e outras áreas com populações de etnia alemã), enquanto os principais Estados alemães, a Prússia/Alemanha e a Áustria, tinham constituições semelhantes. Assim, os alemães debatiam mais as questões étnicas do que as constituições de Estado. Os direitistas deram origem ao nacionalismo orgânico *völkisch* ("popular"), que teve mais repercussão em regiões da Europa nas quais era objeto de controvérsia a relação entre etnia e Estado, na maior parte do leste e nos Bálcãs. O etnonacionalismo foi fomentado inicialmente pelos alemães da Áustria, pois só a Áustria tinha um império europeu envolvido em disputas entre nações "imperiais" e "proletárias". Embora o darwinismo social se disseminasse por todo o continente, os territórios alemães mais a leste o adaptaram a diferenças étnicas intra-européias — resultado do anti-semitismo e da dissociação entre nação e Estado neles verificados.

A Grande Guerra reduziu a influência geopolítica dos dois países mas aumentou o nacionalismo. O romeno Eliade denunciou "os traidores da Transilvânia (...) que acreditam na democracia e aprenderam francês" (Ioanid, 1990, 155). O nacionalismo *völkisch* alemão disseminou-se para o leste, graças especialmente ao ressentimento com o resultado da guerra. O nacionalismo também se abeberou nos conceitos filosóficos alemães de "vontade" e "luta" por parte de heróis ou elites contra a decadência, a corrupção e a banalidade, popularizados por Nietzsche, Wagner, Spengler e Sombart, com sua distinção entre os "heróis" germânicos e os "comerciantes" anglo-saxônicos. Nietzsche e Spengler eram autores muito lidos em toda parte; Maurras, Barrès e outros eram lidos esporadicamente na região noroeste do continente. Mas tinham muito menos repercussão nas práticas cotidianas das democracias liberais ou no protestantismo e no catolicismo despolitizados.

Uma terceira influência alemã foi sentida no domínio do sistema universitário alemão novecentista e, com ela, a sistematização do conhecimento, de maneira mais genérica (Collins, 1998, capítulo 13). As universidades alemãs dominavam particularmente a filosofia. Mas a filologia, a etnografia e a arqueologia alemãs influenciaram muito o nacionalismo. Os nacionalistas rejeitam formalmente influências estrangeiras, insistindo em sua "singularidade cósmica". As visões nacionalistas da *hispanidad*, do hungarismo, do "*Volk* ariano" da "terceira civilização grega" e da "segunda Roma" proclamavam-se enraizadas numa história, numa civilização e num solo nacionais sem equivalente. Um fascista romeno proclamava: "Nosso nacionalismo não se contentará com menos do que o super-homem e a supernação eleita pela graça de Deus" (Ioanid, 1990, 114). Mas o nacionalismo era na verdade uma doutrina comparativa em que a genealogia de cada nação era inserida no contexto de uma história civilizacional mais ampla, influenciada pelos estudos acadêmicos de orientação germânica sobre os indo-europeus, os arianos, o orientalismo, o Antigo Testamento, os bárbaros e o cristianismo primitivo. Com a popularização de textos eruditos, a Romênia foi proclamada "a única [nação] latina ortodoxa e a única ortodoxa latina". Os nacionalistas húngaros identificavam três povos eleitos: os alemães, os japoneses e os magiares. Os magiares, o único povo "turaniano" da cultura ocidental, eram os únicos capacitados a mediar entre Oriente e Ocidente em busca de um "terceiro império intermediário". Os turcos representavam uma visão alternativa do Império Turaniano Intermediário. Eram mitos históricos influenciados por estudos acadêmicos europeus e particularmente alemães do pré-guerra.

No período entreguerras, as tradicionais correntes alemãs de estatismo e militarismo misturaram-se ao nacionalismo *volkisch* e ao anti-semitismo, gerando o nazismo. Sua influência estendeu-se mais em direção leste do que sul, pois nesta última as fronteiras de Estado eram mais firmes e o racismo e o anti-semitismo, mais fracos. O estatismo francês fundiu-se com o liberalismo de tendências autoritárias e o sindicalismo da Itália, gerando o fascismo italiano. Pareto e Mosca foram adaptados, para dar a entender que as elites em busca de valores morais absolutos, quaisquer que fossem os meios empregados, eram superiores ao parlamentarismo "corrupto" da "Itália legal". O corporativismo de Spann abeberava-se em conceitos austríacos de organização por "estados" e o corporativismo romeno de Manoilescu foi um pioneiro da teoria da dependência periférica. Como no caso de

Gentile na Itália, seus esquemas corporativistas de reorganização social misturavam eficiência econômica com a nação integral e o "homem novo". As opções unipartidárias e corporativistas do fascismo italiano foram imitadas, da Polônia e dos países bálticos à Espanha e Portugal. Com a ajuda do estilo teatral e da retórica de Mussolini, a Itália tornou-se o centro da nova direita na década de 1920. À medida que crescia, o fascismo absorvia mais influências católicas. A transigência de Mussolini com o papa foi imitada em outros países, e na França, na Espanha e em Portugal, países católicos, o clérico-fascismo austríaco foi adaptado.

As Igrejas forneciam infra-estruturas decisivas de comunicação ideológica. Haviam sido a "alma" dos antigos regimes e continuavam sendo poderosas forças de massa, graças a sistemas escolares que alfabetizavam cerca de metade dos europeus e a sermões e cartas pastorais que alcançavam cada paróquia, reproduzidos em jornais e periódicos. As mensagens religiosas circulavam por três macrorregiões distintas, protestante, ortodoxa e católica. Mas também estavam incrustadas individualmente em cada Estado.

As grandes denominações protestantes eram em sua maioria Igrejas oficiais "estabelecidas". Na região noroeste, seus sistemas educativos haviam sido absorvidos pelo Estado ou conviviam harmoniosamente com o sistema estatal. Tendiam a reforçar o Estado, conservador, pró-capitalista e pró-democracia, e só moderadamente estatista e nacionalista. O respeito protestante pelo indivíduo e a comunidade local também gerou na Escandinávia e na Grã-Bretanha seitas dissidentes que reforçavam a democracia liberal e social. As Igrejas protestantes do noroeste raramente estimulavam o direitismo radical. A Alemanha era diferente, abrigando a única Igreja protestante que se firmou como alma de um regime semi-autoritário até 1918. Agora, mostrava-se desconfiada dos partidos católicos da República de Weimar, e muitos homens da Igreja buscavam uma forma alternativa de Estado, dotada do senso do sagrado. Encontraram o nazismo.

As Igrejas ortodoxas orientais assemelhavam-se inicialmente ao protestantismo, estando também "estabelecidas" em seus respectivos Estados. Mas a maioria acabaria subordinada ao domínio estrangeiro — austríaco, russo ou turco. Os monarcas dos novos Estados ortodoxos do século XIX, como a Bulgária, a Romênia e a Grécia, também provinham de dinastias estrangeiras. Com isto, as Igrejas ortodoxas tendiam a representar não a alma do Estado, mas a alma do povo — e freqüentemente dos camponeses. Os seminários e escolas ortodoxos contribuíram para o surgimento de movimentos de libertação nacional e para o nacionalismo orgânico. A combinação de um estatismo moderado (em decorrência do quietismo político e da valorização da hierarquia) com um nacionalismo mais pronunciado teve variados resultados políticos. Mas importantes facções de várias Igrejas ortodoxas inclinaram-se para a direita radical e mesmo para o fascismo — especialmente na Romênia (ver Capítulo 8).

Apesar de sediada na Itália, a Igreja católica tem caráter transnacional. Em alguns países, sua rede de escolas e ordens religiosas sobrepunha-se ao sistema de ensino oficial. As hierarquias católicas há muito haviam estabelecido termos de convivência com os Estados em que constituíam a religião dominante. No século XIX, representavam a alma dos antigos regimes. Mas passaram a sofrer o assédio de liberais e socialistas empenhados em secularizar o Estado. O Estado foi secular desde o início. Em 1900, a Igreja também perdia a batalha na França e nos Países Baixos. Deste modo, alguns católicos na hierarquia e nas ordens de ensino desenvolveram preocupações "sociais" e "corporativistas". Havia aqui um paralelismo com o fascismo, na ambigüidade entre esquerda e direita (Fogarty, 1957; Mayeur, 1980). Estimulado pela encíclica papal *Rerum novarum*, de 1891, o "catolicismo social" teve penetração inicial em regiões economicamente avançadas como a Bélgica, a França, o sul da Alemanha e a Áustria. Surgiram sindicatos e partidos de massa católicos. O movimento disseminou-se então em direção leste e sul, gerando, pela época da Primeira Guerra Mundial, partidos como o Zentrum alemão, os social-cristãos austríacos, os Popolari italianos e os mauristas espanhóis. O fascismo haveria de recorrer ao espírito social e hierárquico do "catolicismo social". Mas na França e na Bélgica houve divisão entre as facções sociais e hierárquicas. Os católicos sociais deram origem a movimentos de esquerda, enquanto os que davam ênfase à hierarquia aderiram a pequenos movimentos fascistas. Em Portugal, o integralismo lusitano absorveu textos da Ação Francesa, transmitindo-os à Espanha no início da década de 1920. O misticismo católico moldou-se ao nacionalismo orgânico. A exortação de Maurras a um nacionalismo populista baseado na ordem, na hierarquia e na comunidade, como anteparo ao individualismo, à secularização, ao liberalismo e ao socialismo repercutiu nos países católicos — tendo também certa influência na Grécia ortodoxa e nos Bálcãs (Augustinos 1977; Morodo 1985: 92-100, 107-14; Lyttleton 1987: 16-20; Close 1990: 205-11; Gallagher 1990: 157-8).

O poder ideológico religioso era portanto exercido de formas diversas. A religião reforçava a solidez macrorregional do bloco de países do noroeste, favorecendo um compromisso liberal democrático entre o centro-direita e o centro-esquerda. Nas outras regiões, a religião não tinha um mesmo efeito genérico. As Igrejas tendiam a encarar a esquerda atéia como inimigo principal, mas quem haveriam de apoiar contra a esquerda? O nacionalismo das Igrejas ortodoxas podia evoluir para o conservadorismo ou o radicalismo. Mas nos casos em que os antigos regimes e suas Igrejas associadas mantinham-se fortes, as Igrejas podiam evoluir ligeiramente para a direita sem se aproximar do fascismo (como na Espanha). Já os antigos regimes mais fracos e vulneráveis haviam perdido algo da aura sagrada a que Weber se referia como "legitimidade tradicional". Esta perda gerou um pânico moral em que alguns homens da Igreja começaram a encarar com simpatia o corporativismo e mesmo o fascismo — como aconteceu na Alemanha, na Áustria, na Itália e na Romênia. Em meio ao generalizado enfraquecimento dos antigos regimes, as três religiões podiam sentir-se atraídas pelo projeto moral e transcendente dos fascistas, não para rejeitar, mas para ressacralizar o modernismo. O fascismo surgiu em países nos quais as Igrejas haviam desempenhado um importante papel, agora em declínio, nas relações de poder político, o que foi explorado pelos fascistas com a transferência de parte desse sentido do sagrado de Deus para o Estado-nação.

Chegamos mais perto de entender individualmente as manifestações do fascismo, pois temos aqui quatro dos cinco principais movimentos fascistas. Como já observaram outros autores, os movimentos fascistas bem-sucedidos tentaram modernizar e nacionalizar o sentimento do sagrado. O espírito religioso do fascismo romeno e (em menor grau) do austro-fascismo era evidente. O fascismo italiano desenvolveu seus próprios rituais sagrados não-cristãos. Gentile (1990, 1996) afirma que ele ressacralizou um Estado italiano que havia sido dessacralizado — o que foi visto com simpatia pelo papa. Os comícios de Nuremberg e semelhantes também se destinavam a transmitir o senso do sagrado, e muitos religiosos protestantes alemães tornaram-se nazistas. Seria exagero considerar o fascismo uma religião (como fazem

Burleigh, 2000 e Griffin, 2001), pois o fascismo considerava que só o homem trazia o progresso e o renascimento, e não tinha uma concepção do divino. Mas o fascismo foi em geral ajudado por religiões estabelecidas e tomou de empréstimo muitas de suas técnicas, exatamente como tomou emprestadas técnicas dos movimentos socialistas.

As instituições educativas seculares também foram cruciais na transmissão de valores. Entre 1900 e 1930, quadruplicou o número de estudantes universitários no mundo mais desenvolvido, um índice de expansão ainda maior do que o das décadas de 1950 e 1960. Em ambos os períodos, esse crescimento levou a uma explosão da política estudantil. Na década de 1960, o movimento foi para a esquerda; depois da Primeira Guerra Mundial, acentuadamente para a direita. A Tabela 2.2 mostra que a expansão foi maior nos países autoritários. Se ignorarmos os dois casos mais extremos geograficamente, a Bulgária e a Dinamarca, a expansão universitária foi entre 50 e 100% maior nos países autoritários do que nos liberais, no período imediatamente anterior à chegada dos autoritários ao poder. A diferença diminuiu no fim da década de 1920, pois os fascistas e autoritários que chegaram ao poder na Itália e na Hungria reduziram deliberadamente a quantidade de estudantes turbulentos. A ampliação dos contingentes estudantis significava a existência de jovens intelectuais "mais toscos" vivenciando uma solução de continuidade entre a universidade e seus contextos familiares. Devemos ter em mente que essa expansão ocorria em regime de dominação da universidade germânica. Uma *Problemmatik* alemã era exportada numa época de maciça crise econômica, militar e política, o que não era propriamente a melhor maneira de socializar a juventude européia no liberalismo pacífico. Havia também um fator de geração. As novas ideologias de direita também estavam permeadas do caráter moralizador do idealismo juvenil. As façanhas de D'Annunzio, o primeiro a explorar a publicidade teatral e a glorificar a juventude, tinham rápida difusão entre os estudantes. Mussolini logo tratou de imitá-lo. Os extremistas do nacionalismo de Estado decretaram o culto da juventude, sobretudo os fascistas. Como era jovem, o fascismo era moderno, a sociedade do futuro — o que era convincentemente proclamado pelos fascistas para os novos contingentes juvenis. O essencial de seu apoio provinha sempre de jovens do sexo masculino.

Tabela 2.2
Aumento do número de estudantes universitários 1900-1930, países autoritários e democráticos

	Quociente 1900 = 1.00			Quociente 1920 = 1.00
	1910	1920	1930	1930
Alemanha	1,58	2,56	2,90	1,13
Áustria	1,63	—	—	0,97
Bulgária	4,90	19,31	22,45	1,16
Espanha				1,52
Hungria	1,33			0,98
Itália	1,03	2,05	1,78	0,87
Iugoslávia				1,31
Japão	1,92	3,20	7,28	2,28
Polônia				1,86
Portugal	1,07	2,53	4,78	1,89
Romênia				1,98
Média autoritária	**1,92**	**5,93**	**7,84**	**1,45**
Bélgica	1,47	1,73	2,01	1,16
Dinamarca	2,00	2,64	12,78	4,84
Estados Unidos	1,45	2,52	4,90	1,94
Finlândia	1,19	1,25	2,57	2,06
França	1,38	1,67	2,63	1,58
Holanda	1,32	1,81	3,85	2,12
Irlanda				1,18
Noruega	1,10	1,31	2,48	1,90
Reino Unido	1,48	1,93	2,09	1,08
Suécia				1,11
Suíça	1,62	1,65	1,63	0,99
Tchecoslováquia				1,15
Média democrática	**1,45**	**1,83**	**3,88**	**1,76**

Fonte: Mitchell, 1993, 1995, 1998.

Como vemos, em todos os países profissionais de alto nível de instrução os estudantes colegiais, universitários, de seminários e academias militares contribuíram desproporcionalmente para o fascismo na metade autoritária da Europa. Em contraste, os movimentos fascistas do noroeste tinham composição mais variada. Os estudantes eram proeminentes na França e na Finlândia, mas não na Escandinávia ou na Grã-Bretanha. Os veteranos militares também estavam muito representados imediatamente depois da Grande Guerra, mas, no noroeste, só as academias militares da França continuaram a formar jovens de tendências fascistas. Na metade autoritária da Europa, a educação era predominantemente fornecida pelo Estado, sendo freqüentemente um bastião do estatismo conservador, ao passo que a educação fornecida pela Igreja formava em tendências mais variadas. Em alguns países, os professores também eram nacionalistas.[12] Em toda parte os estudantes estavam na vanguarda fascista.

Por que terá o fascismo atraído em massa a *intelligentsia* secundária? Em certa medida, ele refletia o domínio das universidades alemãs e das academias militares alemãs e francesas nos sistemas educacionais do continente. Mas o poder e o *status* dos intelectuais que eram "notáveis" no antigo regime também podia ser ameaçado pela ascensão dos movimentos de massa. A explicação econômica seria que os profissionais e estudantes de alto nível de formação ficavam impossibilitados de encontrar emprego, tornando-se receptivos à política radical e mais passíveis de se tornar direitistas, pois eram de classe média. Uma explicação mais "ideal" seria que os intelectuais são investidos do poder ideológico na sociedade. Cabe-lhes explorar questões de significado transcendental. Em caso de crise de significado (resultante da concatenação das crises contemporâneas), são eles que a vivenciam mais fundamente, apresentando respostas novas e plausíveis à crise. Na verdade, os indivíduos de alto nível de instrução que se tornavam fascistas não eram os submetidos às maiores dificuldades econômicas. Parecem ter aderido ao fascismo por se sentirem atraídos pela mensagem de nacionalismo transcendente de Estado. Naturalmente, a ideologia nunca é desencarnada. Esses indivíduos viviam em meios sociais nos quais essa mensagem parecia mais plausível. Sua vida cotidiana dava-lhe ressonância.

Como os fascistas eram em sua maioria jovens do sexo masculino, há quem tenha falado da "geração de 1914", que teve como primeira experiência adulta a Primeira Guerra Mundial (por exemplo, Wohl 1979). Meus estudos de caso revelam que não só as trincheiras, como também as academias militares, as universidades e o ensino secundário germinaram valores paramilitares e de nacionalismo de Estado extremados — ao longo de pelo menos duas e às vezes três gerações masculinas. A tendência tivera início antes da Primeira

Guerra Mundial. Boa parte do corpo de oficiais da Europa Oriental freqüentara academias prussianas ou dos Habsburgo antes da guerra. Metaxas, Codreanu e Szalasi deram testemunho da importância que elas tiveram na formação de suas idéias. A expansão dos sistemas de reservistas pusera a maioria dos jovens em contato com o nacionalismo militarista. A Primeira Guerra Mundial consolidou esta tendência. Todo um continente de jovens saía dela armado, uniformizado e comprometido com o paramilitarismo como meio de promoção da mudança política. As academias militares continuaram a difundir o nacionalismo militarista.

Tentei delinear as redes ideológicas encarregadas de transmitir idéias autoritárias e fascistas. Algumas eram transnacionais, a maioria derivava dos Estados alemão e francês, na zona fronteiriça, mas seu raio de ação estava sobretudo no centro, no leste e no sul da Europa, sendo reinterpretadas no interior de cada tradição nacional. Seus principais portadores — jovens do sexo masculino instruídos e ligados a algum padrão militar ou religioso — desenvolveram o fascismo como um sistema integral de significados. Suas redes de comunicação ideológica também parecem ter incorporado a mistura, típica da juventude fascista, de moralização e violência, geralmente considerada seu lado "não racional". Mas o centro, o leste e o sul não constituíam um bloco monolítico, e já identifiquei algumas das infra-estruturas, especialmente religiosas, que contribuíram com diferentes tipos de autoritarismo na região. Mas é apenas um começo na identificação das causas ideológicas. Esperamos que os estudos de caso possam revelar mais.

CONCLUSÃO

O surto de nacionalismo e estatismo no entreguerras provavelmente não poderia ser contido. Por toda parte surgiam Estados-nação mais fortes e isolados. Mas esse surto poderia ter levado a formas mais moderadas de nacionalismo de Estado. A grande linha divisória — conceitual e geograficamente — passava entre a democracia liberal e formas de autoritarismo de direita. Aquela era adotada por quase todos os vencedores da Primeira Guerra Mundial. Mas não era fácil criar Estados-nação liberais democráticos por decreto, como se chegou a tentar entre os derrotados de 1918. No centro, no leste e no sul da Europa, sem o reforço das tradições e da cultura de toda a região, a democracia parlamentar parecia frágil e arriscada. O medo do risco em contexto de preocupação ideológica com a ordem e a segurança podia levar a investidas preventivas de repressão. A transferência de poderes soberanos aos adversários em caso de derrota eleitoral era rotineira no noroeste mas problemática em outras regiões, nas quais "nós" cada vez mais significava moralidade, civilização e a nação orgânica, e "eles", os ameaçadores traidores "estrangeiros". Não raro os partidos estavam mais comprometidos com metas substantivas ligadas aos valores do que com as regras do jogo democrático (Linz, 1978). Quando um movimento acredita que seus fins justificam os meios, estará mais disposto a recorrer à violência.

Inversamente, a soberania parlamentar tornou-se rotineira na região noroeste, e por isto flexível. Nela, socialistas opunham-se a comunistas, conservadores opunham-se a nacionalistas orgânicos, comprometidos todos com uma racionalidade instrumental dos meios e não dos fins, voltada para os eleitores hesitantes e para as posições intermediárias e derivada de seu longo envolvimento histórico com as instituições liberais da conciliação. Os países do noroeste enfrentaram crises até serem invadidos pelos exércitos de Hitler. Apesar de castigados pela Grande Depressão, por ondas de greves e as oscilações das alianças partidárias, não enfrentavam um perigo sério emanando de sua própria direita autoritária. A ascensão do fascismo não era vista como o alvorecer de uma nova era, mas como uma distante e desagradável ameaça à civilização. O noroeste reagiu à crise encaminhando-se hesitantemente para o centro, ampliando o sufrágio e aprofundando o Estado previdenciário. Esta parte da explicação parece óbvia. As relações estabelecidas de poder mantinham em xeque os autoritários, mesmo num período de grave crise econômica e de uma certa tensão de classe. Não existe, portanto, a necessidade de multiplicar estudos de caso das democracias liberais estabelecidas, já que nelas era tão pequena a variação.

Mas ainda não estamos em condições de entender o autoritarismo, especialmente sua variante fascista. Temos um problema de "sobredeterminação". A época era favorável a uma maior dose de nacionalismo de Estado, mas as quatro fontes do poder social e as quatro crises da modernidade ajudam a explicar a ascensão do autoritarismo e do fascismo. Os conflitos de classe fomentados pelo desenvolvimento tardio e as crises capitalistas estimularam o autoritarismo e o fascismo. O mesmo efeito teve a crise militar, através da derrota, das rupturas e do surgimento do paramilitarismo e do rearmamento. E também o Estado dual semi-autoritário/semiliberal do centro, do leste e do sul da Europa. E também as redes de comunicação ideológica, moldadas pela divisão regional e transmitindo a jovens instruídos e armados mensagens de teor cada vez mais fascista. Em termos ideais, deveríamos estabelecer o peso relativo de cada uma dessas quatro causas genéricas do autoritarismo do fascismo por meio de análises múltiplas. Mas é limitado o número de países que podem ser tomados como casos de estudo e só existem duas Europas. Em ambos os lados da linha divisória, temos uma série de possíveis causas fortemente inter-relacionadas.

É possível que os cinco movimentos fascistas tivessem causas diferentes. Afinal, a Itália tornou-se fascista antes de todos, a Alemanha era uma grande potência revisionista, a Áustria era um país exangue com dois diferentes movimentos fascistas, a Hungria estava exangue e a Romênia, inflada, em ambos os casos com autoritários disfarçados de fascistas. Poderiam ser casos completamente diferentes. Uma explicação dos regimes fascistas ficaria em grande medida confinada a dois casos. Mas a análise comparativa não pode prosperar em quantidades tão reduzidas. Volto-me, em vez disso, para o detalhamento do método de estudo de caso, voltando às explicações genéricas no último capítulo.

3

Itália

OS PRIMEIROS FASCISTAS

O fascismo teve origem na Itália. Embora os intelectuais do pré-guerra posteriormente identificados como "fascistas" viessem de diferentes países, como movimento de massa o fascismo italiano foi o primeiro. A própria palavra é italiana, derivando de *fascio*, um feixe de varas, palavra usada na época para se referir a qualquer grupo político pequeno e coeso — no sentido de que as varas teriam mais força quando muito bem amarradas, exatamente como os grupos humanos quando unidos por um forte companheirismo. Note-se que a idéia remete a organização, e não a valores. Mussolini também daria ênfase à derivação da palavra latina *fasces*, designando o símbolo de autoridade popular da antiga República romana, um machado cingido por varas, por ele usado como ícone do movimento.

Embora idéias posteriormente consideradas "fascistas" fossem ventiladas na Itália do pré-guerra, o fascismo propriamente dito só surgiu no fim da Primeira Guerra Mundial. Depois de se declarar neutro em 1914, o governo italiano aderiu em 1915 à Entente, atraído por promessas de ganhos territoriais em detrimento do Império dos Habsburgo. Mas a entrada na guerra gerou sérios conflitos. Em 1915 e 1916, ocorreram manifestações de massa, protestos violentos e combates de rua entre movimentos favoráveis e contrários à guerra. Tudo isto se seguia de perto a dois outros motivos de ruptura: uma expressiva ampliação do sufrágio masculino promovida inesperadamente (por motivos táticos), em 1912, pelo primeiro-ministro Giolitti e um período de agitação industrial que resultara no aumento do poder da ala da esquerda "maximalista" do Partido Socialista. Muitos conservadores e liberais temiam que o parlamentarismo liberal estivesse sob ameaça das ruas. As divergências em torno da guerra debilitaram o Estado e dividiram os principais partidos, inclusive o liberal e o conservador, ambos no poder. No Partido Socialista, a liderança opunha-se à guerra, o que deixava o PSI isolado entre os principais partidos socialistas. Isto levou os socialistas "patrióticos" — entre eles Benito Mussolini — a romper com o partido e juntar-se a nacionalistas radicais, intelectuais futuristas e sindicalistas na fundação do movimento fascista. Parte da esquerda italiana sentia-se fortemente atraída para o nacionalismo. Embora os movimentos operários de outros países viessem a demonstrar entusiasmo patriótico, só a esquerda italiana juntou-se aos nacionalistas para formar um partido importante.

Essa união tinha três importantes pré-requisitos. Primeiro, muitos italianos faziam uma nítida distinção entre a nação italiana e o Estado italiano. Havia o forte sentimento popular de que o Estado italiano fora criado na década de 1860 por meio de manobras diplomáticas entre a classe alta e governos estrangeiros, nas quais o movimento popular dos camisas-vermelhas de Garibaldi havia sido deixado de lado. Os nacionalistas haviam tentado reiteradamente reacender o fervor nacional populista, e muitos simpatizavam com o ponto de vista da esquerda de que o Estado é uma impostura, estando apenas os ricos representados por seus parlamentares conservadores e liberais. Como a Igreja católica também se mostrava hostil a esse Estado secularizado e se mantinha afastada da política, o Estado carecia de uma autoridade sagrada à direita. Não havia um "antigo regime" difuso controlando esse Estado. Dizia-se na época que a Itália "legal" não era a Itália "real", ou seja, que o Estado não representava a nação.

Em segundo lugar, o movimento trabalhista italiano continha um importante elemento sindicalista. Os sindicalistas rejeitavam a ênfase marxista no partido e no Estado, argumentando que os sindicatos eram capazes de promover a revolução. Os partidos representavam apenas as "massas eleitorais", ao passo que os sindicatos representavam a base material da vida, podendo assim tornar-se autênticas comunidades. O sindicato de cada profissão especializada podia forçar o aumento do preço de sua mão-de-obra mediante um monopólio da atividade mas, devido ao excesso de oferta de mão-de-obra não especializada, as greves deveriam ser gerais e violentas. Os trabalhadores deviam ser induzidos a compartilhar o trabalho e as privações para forçar o aumento de seu preço. As greves poderiam tornar-se afinal violentas e insurrecionais e unir todas as profissões num só proletariado revolucionário. Depois da revolução, a sociedade seria estruturada num "Estado sindical", grandemente descentralizado e autogerido, embora encarnando uma "aristocracia de produtores" tecnocrática. Embora formalmente fossem antiestatistas, os sindicalistas compartilhavam com os fascistas o anti-socialismo e o pendor para a violência. Ao incorporarem *todas* as atividades produtivas no proletariado, alguns sindicalistas afastavam-se da preocupação marxista com as classes, exaltando o poder do "povo" ou da "nação" como um todo. Para os sindicalistas, o proletariado *era* a nação, em posição de combate.

Em terceiro lugar, o nacionalismo italiano também tinha muitos elementos de esquerda. Não endossava o Estado vigente, embora os nacionalistas esperassem que o populismo revitalizasse o Estado. A Itália era "a última (ou a mais fraca) das grandes potências", a única "destituída de um império". Como dissera Corradini em 1911, a Itália era uma "nação proletária" explorada pelas grandes potências burguesas. Essa retórica feria um nervo sensível, e havia considerável apoio popular para que a Itália conseguisse "libertar-se" da pressão austríaca em suas fronteiras e atacasse do outro lado do Mediterrâneo em busca de colônias na Líbia. Para os nacionalistas de esquerda, a nação *era* o proletariado em posição de combate. A ponte entre o sindicalismo e o nacionalismo foi lançada pelos futuristas. Inicialmente um movimento cultural e artístico, eles desenvolveram pouco antes da Grande Guerra um programa político associando nacionalismo agressivo e uma visão de uma futura sociedade tecnocrático-industrial. Com seu desprezo pelo parlamentarismo liberal, acabaram se encaminhando para um programa de "ação no lugar de palavras" (De Felice 1995: 738-41).

As divisões provocadas pela Grande Guerra geraram entre essas forças disparatadas um intervencionismo nacionalista de esquerda que acabou evoluindo para o fascismo. Se não tivesse sobrevindo a guerra, não teria havido fascismo, sustenta Saladino (1966) com razão. Uma das quatro crises da modernidade identificadas no Capítulo 2 — a guerra total envolvendo a cidadania — havia precipitado o fascismo, em sua primeira manifestação original. Mas também pressupunha uma crise política e uma crise econômica: um Estado fraco e apenas parcialmente legítimo tentando empreender uma rápida transição para o pleno sufrágio masculino em meio à recessão do pós-guerra e à luta de classes entre uma classe capitalista relativamente fraca e um movimento trabalhista dividido. Em março de 1919, Mussolini e 190 outros fundaram os *fasci di combattimento* ("grupos de combatentes") em San Sepulchro, Milão. Predominavam os antigos soldados, seguidos por sindicalistas revolucionários, socialistas patrióticos e futuristas. O modelo eram os *fasci* futuristas, trinta dos quais haviam sido constituídos nos três meses anteriores (De Felice 1995: 476). Dos 85 com ocupações identificadas, 21 eram escritores e jornalistas, vinte, colarinhos-brancos, 12 operários, cinco manufatores e quatro professores. Quase todos tinham menos de 40 anos, e 15%, menos de 20. Poucos eram judeus (Gentile 1989: 35).

Rebatizado de Partito Nazionale Fascista (PNF), o movimento contava 20 mil membros no fim de 1920, quase 100 mil em abril de 1921 e 320 mil em novembro de 1921 — um crescimento muito rápido. Era menos um partido do que uma organização paramilitar, e em outubro de 1922 marchou sobre Roma. O governo poderia ter resistido a essa demonstração de força nem tão avassaladora por parte dos fascistas, dotados apenas de armas leves, mas capitulou, convidando Mussolini a formar um governo de coalizão. Três anos depois, ele se havia tornado um ditador. O fascismo conseguira participar do poder em apenas três anos e dominá-lo sozinho em seis. Por que terá tido êxito tão rapidamente? Quem o apoiava, e por quê?

DUAS TEORIAS DO FASCISMO ITALIANO

Uma teoria é da lavra de estudiosos acadêmicos, a outra, dos fascistas. Embora o fascismo tenha sido inicialmente gerado e nutrido pela guerra envolvendo a cidadania, a maioria dos estudiosos argumenta que sua grande expansão foi causada por uma crise capitalista. O fascismo, sustentam, tornou-se essencialmente burguês ou pequeno-burguês, sendo o seu "direitismo radical" fomentado pela insatisfação econômica dessas classes e logo manipulado pela classe capitalista para reprimir o trabalhismo e o socialismo. A contribuição original do fascismo italiano, prosseguem, foi aplacar o conflito de classes incorporando o trabalho em organizações corporativistas de Estado. Embora esta tenha sido uma interpretação aplicada de modo generalizado a todos os movimentos fascistas, só na Itália o ponto de vista manteve-se dominante desde então (Salvemini, 1973, 129; Tasca, 1976, 340; De Felice, 1980, Abse, 1986, 1996; Revelli, 1987; Lyttleton, 1987, 49-50; Brustein 1991; Luebbert, 1991, 274; Elazar, 1993). Esses autores mencionam outras causas do fascismo — uma democracia liberal frágil e abruptamente ampliada, nacionalismo, militarismo, juventude —, mas as subordinam ao elemento classe. Alguns enfatizam a insatisfação das classes rurais, outros, das classes urbanas; e as opiniões divergem quanto à contribuição relativa dos capitalistas, da classe média e da classe média baixa. Teria o fascismo protegido os capitalistas da revolução proletária, ou se tratava apenas de um radicalismo pequeno-burguês? Mas até mesmo as avaliações mais nuançadas (Roberts, 1980; Lyttleton, 1996) constituem variações em torno de um tema burguês. Algumas vozes discordantes (como por exemplo Saladino, 1966; Gentile, 1996) vêem o fascismo menos como um movimento de classe do que como uma forma extremada de nacionalismo, uma "religião cívica" da nação. Mas a teoria de classes predomina, especialmente quando se trata de identificar quem eram os fascistas e por que se haviam tornado fascistas.

A teoria de classes mais interessante é a de Salvatorelli (1923, 130-6), complementada por De Felice (1977, 128-31, 175-92; 1980). Salvatorelli considerava que a guerra intensificara a compressão das classes média intermediária e baixa entre as classes proletária e capitalista, mais organizadas. A ideologia fascista centrava-se num nacionalismo "tipicamente pequeno-burguês". Embora também houvesse apoio de trabalhadores desempregados e braçais, "o elemento pequeno-burguês não só predomina numericamente como (...) representa o elemento característico e regulador. (...) O fascismo representa a luta de classes da classe média baixa comprimida entre o capitalismo e o proletariado, como terceiro fator entre dois combatentes". Seu cerne se encontrava entre funcionários públicos, burocratas e profissionais liberais — identificados por Salvatorelli como "a pequena burguesia humanística" — que não constituíam "uma autêntica classe social com força e funções próprias, mas um conglomerado à margem do processo capitalista de produção". Deste modo, sustentava, o fascismo não tinha uma autêntica visão do desenvolvimento social e econômico, não estando portanto capacitado a transcender o conflito de classes. Os fascistas teriam de promover a ruína da civilização capitalista ou vender-se aos capitalistas. Ele considerava que a segunda alternativa acabaria prevalecendo. De Felice dividia essa classe média de maneira ligeiramente diferente, entre uma classe média tradicional (agricultores, comerciantes, profissionais liberais, pequenos empresários) dotada de alguma autonomia e homogeneidade e uma nova classe média (empregados e intelectuais assalariados), com menor grau desses atributos. No pós-guerra, a nova classe média foi mais prejudicada, fornecendo o principal impulso para o fascismo. As causas ideológicas, militares ou políticas de maneira geral só se manifestam nas avaliações dos dois autores na medida em que geram conseqüências econômicas e de classe. Assim, a Primeira Guerra Mundial exacerbou a insatisfação da classe média; a democracia italiana revelou-se frágil por causa de seus vieses de classe; o nacionalismo era essencialmente "pequeno-burguês" (cf. Tasca, 1976, 323, 358).

Mas esta visão centrada nas classes não era a dos próprios fascistas. Meu método de "levar os fascistas a sério" implica deixar que falem por si mesmos. A versão do próprio Mussolini pode ser encontrada em *A doutrina política e social do fascismo*, escrito em 1932 a partir de material coletado por Gentile. A essa altura, Mussolini era um ditador empenhado em legitimar seu regime, e devemos portanto compensar o elemento de propaganda desse documento com algumas de suas declarações anteriores ao golpe. Mussolini começa afirmando que foi inicialmente atraído para a política pela "doutrina da ação" socialista, o que era verdade (assim como no caso de outros intelectuais fascistas citados no Capítulo 1). O jovem Mussolini reiteradamente exortara seus companheiros socialistas a "fazer história, e não submeter-se a ela", através de uma "organização de guerreiros" que se preparasse para "o maior de todos os banhos de sangue". Mas ele afirma que em 1918 "o socialismo já estava morto como doutrina: existia apenas na forma de ódio". Foi então, prossegue, que o fascismo surgiu das cinzas do socialismo como uma "terceira força", conduzindo "a classe operária a uma real e eficiente liderança" sob "estrita disciplina militar". Mussolini tomava então emprestado ao nacionalista D'Annunzio o culto do paramilitarismo e da juventude, um culto elitista da liderança e a confiança em sua capacidade de manipular as multidões por meio do mito, dos símbolos e do ritual. Com isto, o ritual tornou-se um reforço vital da ideologia formal na prática do movimento, como sustentam Berezin (1997) e Gentile (1996). Também fomentou o desprezo do fascismo pela democracia, assim expresso por Mussolini:

> A democracia privou a vida do povo de "estilo", ou seja, uma linha de conduta, a cor, a força, o pitoresco, o inesperado, o místico: em suma, tudo que conta na vida das massas. Nós tocamos a lira em todas as suas cordas: da violência à religião, da arte à política.

Note-se a combinação de política, arte e estilo, tão característica do fascismo.

Mussolini não menciona que em 1919 o fascismo fora esquerdista, preconizando a jornada de oito horas e o controle por parte dos operários. Os sindicalistas de esquerda Panunzio, Gentile, Rossoni e Olivetti contribuíram com boa parte da retórica do movimento, adicionando, cada um à sua maneira, um sindicalismo ou corporativismo mais "integral". Afirmavam que "todo o movimento da classe operária deve ser orquestrado de acordo com as aspirações mais altas da nação" e que "o estatismo e o sindicalismo estão em processo de fusão". Mussolini mostrara-se algo desconfiado deles. Entre 1922 e 1924, ainda alimentava a esperança de liderar uma coalizão parlamentar fascista/socialista contra o conservadorismo e a democracia liberal burguesa. Esta aparente adesão à via parlamentar alienou os futuristas, que abandonaram o movimento. Mas Mussolini logo deixaria de lado o parlamentarismo, empenhando-se em domesticar seus sindicalistas num Estado corporativista mais orientado de cima para baixo. Proclamava então um "Estado ético totalitário", esquecido o controle por parte dos operários e calados os esquerdistas (Nolte 1965: 202-8, 258; Gregor 1979: 106-14; De Felice 1995; Dahl 1999: 46-70; Riley 2002: capítulo 2).

O paramilitarismo, legado das teorias idealistas da "ação" concretizadas pela experiência da guerra, vinha sendo um refrão mais constante. No início de 1919, Mussolini juntou-se aos futuristas no apelo à "ação" no lugar de "palavras" (paralelamente à supressão do parlamentarismo), conseguindo silenciar os nacionalistas e socialistas democráticos. Os primeiros *fasci* foram fundados em março, e as primeiras mortes ocorreram no mês seguinte. Em 1921, o primeiro congresso do PNF proclamava que seus "esquadrões de ação", os *squadristi*, constituíam "uma milícia revolucionária a serviço da nação (...) em obediência a três princípios: ordem, disciplina, hierarquia" (Gentile 1989: 398). Como afirma Dahl (1999, 145-6), a idéia da promoção de greves, ação e violência pelo bem contra o mal foi crucial para a combinação italiana de sindicalismo e estatismo. Em 1932, Mussolini ainda fazia o elogio das virtudes paramilitares:

> Só a guerra leva toda a energia humana a sua tensão máxima e confere seu selo de nobreza aos povos que têm a coragem de enfrentá-la. (...) O orgulhoso lema do *squadrista, Me ne frego* ["Não dou a mínima", ou, nas trincheiras, a expressão obscena "Que se fodam"], escrito nas bandagens dos feridos, é um ato filosófico (...) a educação para o combate, a aceitação dos riscos envolvidos no combate e um novo modo de vida para a Itália (...) santidade e heroísmo (...) sem a influência de qualquer motivação econômica.

As virtudes paramilitares estavam ligadas ao culto da juventude e do martírio, pois os soldados eram jovens que enfrentavam a morte. A própria Itália era uma nação "jovem" que só na década de 1860 havia sido unificada, "proletária", explorada por nações "plutocráticas" mais velhas. Um movimento que mobilizasse a poderosa energia de sua juventude poderia pôr fim a essa exploração. Gentile (1996, 23-7) considera que o paramilitarismo foi uma "cruzada santa", unificada pelos rituais da sagrada comunhão. Seu sangue, afirma (com certo exagero), era como o sangue de Cristo e dos mártires cristãos. Num funeral de militantes fascistas em 1921, o líder *squadrista* Lucca proclamava: "Ó Sagrada Trindade, nascida do sangue: o teu sangue, o teu sangue. As veias são esvaziadas de seu fluxo mais vital para criar uma nova fonte batismal: o cálice cheio de sua dádiva escarlate." Naturalmente, ao contrário do Cristo, esses fascistas eram mortos na tentativa de matar outros, pois se tratava da ideologia do assassinato moral. O fascismo era por demais instrumental e deste mundo para ser efetivamente uma religião.

Depois de tomar o poder, Mussolini subordinou os paramilitares ao Estado, exatamente como subordinou a violência real a sua comemoração ritualística. Para empregar uma terminologia nazista, a "ordem" precisava impor-se à "selvageria". Em 1932, ele afirmava que seu Estado era unitariamente uma "democracia modernizada, centralizada e dotada de autoridade", capaz de representar "organicamente" a nação:

> O alicerce do fascismo é (...) o Estado como valor absoluto, frente ao qual todos os indivíduos ou grupos são relativos, sendo entendidos exclusivamente em sua relação com o Estado. (...) O próprio Estado fascista é consciente, dotado de vontade e personalidade (...) ele representa o espírito imanente da nação. (...) Ele é a única força capaz de solucionar as dramáticas contradições do capitalismo. (...) Não é reacionário, mas revolucionário.

Esse Estado torna obsoleta "a rivalidade entre os partidos (...) e a irresponsabilidade das assembléias políticas. (...) O fascismo nega que a guerra de classes seja a força preponderante na transformação da sociedade". Era supostamente um Estado transcendente.

O Estado também é imperialista: "A expansão da nação é uma manifestação essencial de vitalidade. (...) O império requer disciplina, a coordenação de todas as forças e um profundo senso de dever e sacrifício. (...) Nunca antes a nação precisou tanto de autoridade, direção e ordem."

Em 1932, as atenções de Mussolini estavam voltadas para a guerra, o nacionalismo orgânico e o Estado. O paramilitarismo era considerado incômodo para o Estado, mas continuava sendo importante do ponto de vista retórico e organizacional, pois o fascismo dava prosseguimento a suas tentativas de mobilização das massas. E embora o partido tivesse apresentado toda uma série de políticas econômicas e sociais, considerava que decorriam da primazia da nação, do militarismo e do Estado (Delzell, 1970, 27-37). Mesmo o corporativismo era menos preconizado em termos de eficiência econômica do que por sua capacidade de transcender os conflitos de classe e de grupos de interesses e de mobilizar as massas (Berezin, 1997, 60-3). O fascismo italiano ganhara impulso no período imediatamente depois da guerra. Deste modo, o problema econômico estava menos ligado à recessão do que ao conflito de classes do pós-guerra.

Este viria a tornar-se o programa padrão dos fascistas em toda a Europa, revelando os valores fascistas essenciais enumerados no Capítulo 1: um nacionalismo de Estado orgânico e paramilitar, supostamente capaz de transcender os conflitos sociais. As principais peculiaridades italianas estavam na primazia e na precoce ostentação de grande variedade ideológica, e também na domesticação de seu paramilitarismo "radical" num estatismo menos dinâmico, ainda que mobilizado. Isto também contribuiu para enfraquecer as exortações para que a nação fosse expurgada de seus inimigos — os paramilitares já haviam cumprido a missão de livrar a Itália de seus adversários políticos, e não era muito grande a preocupação com inimigos étnicos, exceto posteriormente, na África.

Qualquer enunciado sucinto da doutrina fascista implicará simplificações. O fascismo italiano era um movimento em processo, pluralista, descentralizado e até desordenado. Seus paramilitares davam mais valor à ação do que à ideologia, enquanto Mussolini era um líder oportunista. Todavia, a maioria dos fascistas italianos considerava que não havia abraçado uma ideologia de classe, mas uma doutrina de nacionalismo de Estado orgânico e transcendente sob a capa de um fervor moral antimaterialista — uma transformação total da sociedade. Há quem diga que o fascismo era "a religião da Itália", "a religião da nação", "a milícia da nação"; seus inimigos eram "traidores da nação". Sustentam que o movimento dava ênfase à fé, aos símbolos e rituais, ao culto dos mártires mortos pela purificação da nação. Todas as sedes partidárias locais tinham um altar à nação e a seus mártires (Gentile, 1990, 1996). Mas os líderes fascistas estavam perfeitamente conscientes de que existia na Itália uma religião autêntica, crente nos milagres e cheia de temor e reverência pelas realidades alheias à matéria. E ela não era o fascismo, mas o catolicismo. Tentaram, assim, tecer rituais fascistas em seu manto sagrado.

Essas duas visões do fascismo — enfatizando a classe e o Estado-nação — são muito diferentes. As teorias de classe implicam a negação do significado e da sinceridade da ideologia fascista. Integram-se à tradição que não leva os fascistas a sério. Ao dar ênfase à segunda, Mussolini estava sendo sincero, impostor ou se iludia? Servia de fachada a um movimento de classe ou liderava um movimento autenticamente comprometido com idéias de um nacionalismo de Estado paramilitarista? Veremos adiante que fazia as duas coisas.

QUEM ERAM OS FASCISTAS?

Gênero, idade, militarismo

Como em todos os meus estudos de caso, examino algo detalhadamente o contexto social dos fascistas. É nele que vamos encontrar mais elementos para entender os fascistas comuns. Mas os movimentos sociais não são meros agregados de indivíduos, enumerados de forma indiferenciada e estática. Todo movimento abriga estruturas e processos específicos. Esse movimento fascista respeitava sobremaneira a ordem e a hierarquia, e a "carreira" dos fascistas dependia em grande medida da aquisição de poder dentro do movimento. Além disso, a violência paramilitar conferia poderes bem característicos a um movimento de "massa" (embora não "majoritário") comprometido com a violência. Como em todos os movimentos fascistas, a violência era fundamental para o sucesso. Precisamos observar esses fascistas em ação e examinar suas características individuais.

Começarei, todavia, pelas características conhecidas da massa dos fascistas. Infelizmente, não são abundantes os dados italianos disponíveis. O PNF só uma vez procedeu a um levantamento do contexto social de seus membros, com base em dados referentes a metade de seus 320.000 membros em novembro de 1921. Esperamos que seja uma metade representativa, pois são poucas as outras fontes de informação de que dispomos. Os estudiosos se têm concentrado em sua composição de classe. Chama mais a atenção, contudo, sua composição em matéria de gênero, idade e padrão militar.

O movimento tivera em seu início alguma contribuição feminista. Nove mulheres participaram da reunião de fundação em San Sepulchro, representando 5% dos presentes, e do arsenal de idéias dos primórdios fascistas/sindicalistas faziam parte típicos conceitos do livre pensamento em matéria de gênero e sexualidade. Mas a violência do movimento logo haveria de torná-lo masculinista. Em 1922, somente 1 a 2% dos membros plenos eram mulheres, e não havia mulheres na liderança. É claro que um fenômeno semelhante provavelmente também se manifestava em outros partidos, pois as mulheres italianas não tinham direito a voto. Na verdade, as organizações auxiliares de mulheres fascistas logo haveriam de tornar-se maiores e mais ativas que as de qualquer movimento rival, à parte a Igreja católica. O fascismo recrutava muitas mulheres descrentes do feminismo centrado na questão do emprego que passou a dominar os movimentos feministas socialistas e liberais do Ocidente. Mas a causa mais importante do crescimento das organizações fascistas femininas terá sido provavelmente a pretensão do fascismo de se constituir em um movimento "totalitário". O movimento precisava organizar as mulheres para controlá-las. Mas não desejava fazê-lo de forma coercitiva, e tratou de encaminhar o processo por meio de atividades sociais e ritualizadas. O fascismo homenageava nas mulheres as "reprodutoras da nação", os "anjos do coração". Atribuiu-lhes um papel na nação, não só em princípio, mas em cerimônias rituais comparáveis às da religião. A concordata com o papa permitiu ao movimento organizar cerimônias quase religiosas em homenagem às mães ou viúvas dos mártires fascistas e às mulheres que doavam suas alianças de casamento para fornecer ouro para a guerra na África

(Berezin, 1997). De Grazia (1992, 35) considera que o fascismo tratava agora de "nacionalizar" as mulheres, exatamente como os homens haviam sido nacionalizados no fim do século XIX. As políticas sociais tomadas de empréstimo ao catolicismo social beneficiaram as mulheres, com legislação de proteção no trabalho e assistência previdenciária para mães e famílias numerosas. Apesar de políticas semelhantes terem surgido nessa época em outros países católicos, a Itália fascista tomara a frente — embora seu efeito sobre as mulheres trabalhadoras possa ter sido superado pelas outras políticas trabalhistas do fascismo, que tendiam a prejudicar igualmente trabalhadores do sexo masculino e do feminino (Caldwell 1986; Willson 1996). O fascismo também permitia que as mulheres marchassem, participassem de manifestações e de eventos esportivos e dramáticos, além de usar belos uniformes. Muitas sentiam-se liberadas pela novidade desses papéis públicos (Passerini 1987: 193). Como observa Willson (1996: 81), o fascismo foi o primeiro movimento a projetar as mulheres na cena nacional — embora dissessem textos escritos basicamente pelos homens. O movimento em seus primórdios e a tomada do poder também se haviam mostrado decididamente "machistas". Mas as mulheres italianas certamente viriam a oferecer ao regime fascista estabelecido tanto apoio passivo quanto os homens.

Os fascistas também eram jovens. Na lista nacional, 25% dos membros tinham menos de 21 anos. É provável que boa parte dos demais não fosse muito mais velha. A média de idade dos filiados na Reggio Emilia e na província de Bolonha em 1922 era de 25 anos, e a dos *squadristi* de Bolonha e Florença, de 23 (Cavandoli, 1972, 135; Suzzi Valli, 2000, 135; Reichardt, 2002, 347). Os deputados eleitos para o parlamento por essas regiões estavam em sua maioria na casa dos 30 (mais jovens do que em outros partidos), assim como os secretários regionais (Gentile 2000: 411, 491). Ao contrário do que acontecia em outros partidos, praticamente nenhum líder tinha mais de 50 anos. Os jovens dominavam particularmente a violência fascista. Dos 400 "mártires" fascistas homenageados pelo partido, um quarto tem suas idades mencionadas, sendo a média de 21. Antes do golpe, a maioria dos fascistas era da mesma geração, nascida entre aproximadamente 1890 e 1905. Quero crer que se tratava de longe do partido italiano com membros mais jovens e menor índice de casamentos (embora não disponha de dados concretos sobre a filiação dos outros partidos). Até os deputados fascistas (selecionados por sua respeitabilidade) tinham em média 13 anos menos do que outros deputados.

Associada ao paramilitarismo, a juventude provavelmente foi responsável pela combinação fascista (constatada em todos os países) de moralidade, modernismo e assassinato. Apesar de violentos, os militantes eram considerados "idealistas", "modernos", "a onda do futuro". Como na retórica pública a Itália era considerada uma "nação jovem", a juventude do movimento fascista era apresentada como um exemplo. E quando levamos em conta o fator classe, devemos lembrar que o fascismo mobilizava particularmente jovens solteiros do sexo masculino, cuja experiência dificilmente poderia ser considerada típica das classes nas quais os classificamos. E, associado ao gênero, o fator juventude fazia uma enorme diferença: o fascismo assemelhava-se a um bando de adolescentes violentos, embora de caráter inusitadamente "idealista", servindo seus laços primordiais para cimentar um forte e violento companheirismo (Lyttleton, 1987, 244). Não é difícil imaginar a atração que um lema como *me ne frego* podia exercer sobre jovens do sexo masculino. E é fácil perceber o poder que essa violência disciplinada e ideologicamente legitimada podia conferir ao fascismo frente a partidos políticos que debatiam, promoviam manifestações mas não deixavam corpos no caminho. O próprio Mussolini declarou que seus *squadristi* haveriam de governar pela *trincerocrazia* ("trincheirocracia"). Era a geração de 1916, mobilizada pelo militarismo.

Com efeito, a maioria deles já tivera treinamento na violência militar. Cerca de 57% dos filiados em 1921 participaram da guerra (De Felice, 1966, 7; Revelli, 1987, 18). Mas praticamente nenhum dos militantes daquele quarto do total que, em 1921, tinha menos de 21 anos (e nenhuma das poucas mulheres) poderia ter lutado na guerra. Assim, cerca de 80% dos fascistas em idade de prestar serviço militar (homens entre 20 e 44 anos no período de 1916 a 1918) devem ter participado dos combates. Maior ainda fora a participação dos líderes — até 1931, entre 68 e 81% dos secretários regionais eram veteranos (Gentile, 2000, 495). Nesta faixa etária, o maior índice de recrutamento na Itália durante a guerra fora de 23% — um quociente de sobre-representação de 3,5. Na verdade, considera-se que os primeiros contingentes de militantes fascistas provinham sobretudo dos soldados voluntários de elite conhecidos como *arditi*. Há indicações de que algumas unidades de *arditi* passaram-se integralmente para o movimento fascista, lideradas sobretudo por oficiais futuristas. Foram complementadas principalmente por estudantes, demasiado jovens para terem lutado, mas aparentemente movidos por sentimentos nacionalistas igualmente extremados. Os primeiros *squadristi* parecem ter sido rapazes de alto nível de instrução (Gentile, 1989, 74; Snowden, 1989, 158-60; Riley, 2002, capítulo 2). É provável que cerca de um quarto dos *arditi* se tenha tornado fascista, enquanto outros aderiam a outros movimentos nacionalistas. Como a maioria dos operários industriais havia sido isentada do serviço militar, a maior parte dos *arditi* era formada por antigos camponeses, servindo sob o comando de oficiais de classe média. Alguns observadores contemporâneos acreditavam que os jovens oficiais estavam super-representados entre os fascistas. Gramsci (1971, 212-13) considerava que os oficiais de carreira provinham em grau desproporcional da "pequena e média burguesia rural", recebendo em seu treinamento valores e poder para defender seus interesses de classe pela força. Eles foram atraídos para o fascismo ao mesmo tempo por objetivos econômicos e meios militares.

Como havia no exército três milhões de homens, só uma pequena parte tornou-se fascista. A maioria dos soldados queria apenas uma rápida desmobilização, de volta à vida civil, mais preocupados com o emprego ou a educação do que com ideologia. Teria a insatisfação econômica levado alguns deles ao fascismo, como se costuma alegar? Pouco se tem pesquisado a questão. Mais soldados aderiram à associação dos veteranos, organização mais central, vagamente ligada aos *popolari* católicos mas limitada em suas atividades a pressionar por empregos e benefícios previdenciários e opondo-se na realidade ao fascismo. Uma pequena organização paramilitar de esquerda, os Arditi del Popolo, chegou a ser formada mas veio a ser rechaçada pelos partidos socialista e comunista, os quais (como veremos adiante) preferiam a retórica à ação concreta. Outros aderiram à Legião nacionalista de D'Annunzio (Ledeen, 1977). O fascismo representava um porto de acolhida mais "radical" para uma pequena minoria de veteranos, mantendo vivos sua organização e seu companheirismo. Por sua experiência, eles contavam com uma organização e valores militaristas duráveis. Afirmavam que o companheirismo, a disciplina e o nacionalismo igualitário das trincheiras poderiam resolver os problemas da Itália. Assim como "não havia diferenças de classe na frente de batalha", o paramilitarismo podia agora "transcender" as divergências de classe. O líder socialista Turati enfatizava a acomodação com a violência envolvida nessas "carreiras":

> A guerra (...) acostumou os jovens e os adultos ao uso diário de armas comuns e inusitadas (...) Exaltava o assassinato individual e coletivo, a chantagem, a detenção, as brincadeiras macabras, a tortura de prisioneiros, as "expedições punitivas", as execuções sumárias. (...) Criou de maneira geral o clima necessário para o crescimento e a disseminação do bacilo fascista (citado em Nolte, 1965, 144).

Esses fascistas consideravam que a violência paramilitar disciplinada era positiva e moral. Gentile (1996) cita muitas proclamações da espiritualidade do paramilitarismo por parte dos ideólogos oficiais. Ficamos imaginando como a coisa era interpretada pelos jovens truculentos perfilados para ouvir esses oradores! Balbo, o líder dos *squadristi*, tinha os pés um pouco mais no chão. Servira com mérito na frente durante a guerra e registrara em seu diário: "Lutar, combater e voltar para casa na terra de Giolitti [o supermanipulador — primeiro-ministro], que transformava todo ideal em objeto de negociata? Não, melhor negar tudo, destruir tudo, para renovar da estaca zero." A violência, escrevia ele, era "a maneira mais rápida e definitiva de alcançar a meta revolucionária. (...) Nada de hipocrisia burguesa, de sentimentalismo: ação, direta e cortante, levada às últimas conseqüências, a qualquer custo" (Segrè 1987: 34). Mas ele efetivamente tinha a capacidade de comandar capangas em vista de um propósito mais elevado. Considerava seus *squadristi* herdeiros da "santa plebe de Garibaldi", os camisas-vermelhas que haviam libertado a Itália da opressão estrangeira — analogia a que os fascistas recorriam com freqüência.

O paramilitarismo também conferia uma identidade social concreta e abrangente. Os soldados de volta da frente de batalha eram jovens, em sua maioria solteiros, com pouca experiência no mercado de trabalho, mal integrados em comunidades locais centradas na família, na ocupação e na religião, propensos a se identificar com a nação como um todo — que o exército de massa alegava "representar" (Linz, 1976, 37). Nos registros partidários em que são apresentados como *arditi*, os militantes fascistas não são relacionados com qualquer outra ocupação ou classe — como se isto fosse suficiente como identidade social total (Misefari e Marzotti, 1980). É possível que nunca tenham tido um emprego ou situação familiar passíveis de configurar outras identidades adultas. Sua capacitação militar seria a principal, o militarismo estava entre seus valores principais, sendo a unidade de *squadristi* a que pertenciam toda a sua vida social, fornecendo-lhes o esteio emocional da integração e do companheirismo. Ao contrário do que acontecia com os nazistas, sequer havia em geral uma separação entre partido e organizações paramilitares: com freqüência os militantes locais do partido simplesmente eram chamados de "*squadristi*". Tasca (1976, 345; cf. Lyttleton, 1987: 46-9, Snowden, 1989, 157) concluiu que o fascismo era o paramilitarismo, levando sobre os adversários a vantagem da ferocidade paramilitar disciplinada. Sob esta disciplina (algo frouxa), contudo, não raro vivendo permanentemente em quartéis, com tratamento implacável para os "traidores", a organização paramilitar hierárquica também socializava os fascistas coercitivamente numa vida de violência coletiva. Os *squadristi* funcionavam como sucedâneo do emprego, da comunidade e da igreja. Enjaulavam e coagiam seus membros numa agradável vida de violência. Em sua retórica, os oradores fascistas endossavam a filosofia da ação. Mas era isto igualmente o que os paramilitares praticavam. Com isto, coagiam outros a aceitar os ditames fascistas. Como em todos os demais casos de organizações paramilitares maiores, devemos entender como crucial para o êxito dos fascistas essa dupla forma de coação, de companheiros e inimigos.

Mas a carreira dos fascistas italianos na violência diferia das dos outros fascismos. Como nos outros casos, os primeiros contingentes de recrutas vieram diretamente da guerra, mas o contingente fascista italiano não teve equivalente na passagem direta, pela violência, a uma rápida tomada do poder, sem atravessar um período de atividade eleitoral prolongada. Uma vez no poder, os paramilitares foram domesticados por Mussolini, com sua integração a uma bem remunerada organização paramilitar de Estado, a MSVN. Um segundo surto de violência, agora patrocinado pelo Estado, ocorreu na África no fim da década de 1930, e um terceiro, na Europa perto do fim da guerra. Assim, os fascistas italianos tiveram carreiras desiguais na violência. A primeira fase foi breve, supostamente legitimada por valores militares e uma situação de "guerra civil". A segunda e a terceira fases (discutidas em meu próximo volume), apesar de homicidas, também foram breves, mas de certa forma mantidas longe do alcance da visão da maioria dos italianos.

Deste modo, os primeiros fascistas italianos eram em sua maioria jovens do sexo masculino organizados em bandos paramilitares. A maioria participara da guerra no início da idade adulta, outros eram ainda mais jovens. Todos foram introduzidos ao militarismo e/ou ao paramilitarismo entre os 18 e os 21 anos de idade, na guerra ou como *squadristi*. Que melhor lema poderiam ter que *me ne frego*? Até aqui, poderiam parecer mais próximos de Mussolini que de Salvatorelli e De Felice em sua concepção do fascismo. Com efeito, gostavam de parodiar os teóricos de classe, escarnecendo de seus adversários marxistas com o terrível epíteto de "burgueses". Como a palavra italiana *borghese* também significa "civil", a provocação queria dizer ao diabo com a "burguesia" "respeitável", psicologicamente "reprimida" e "fraca". Como veremos, as expressões "juventude", "ação" e "violência" também adquiririam uma ressonância ideológica mais ampla.

Região

O fascismo mostrou-se mais forte nas duas pequenas regiões italianas da "fronteira ameaçada", o Alto Adige (Tirol Sul), disputado com a Áustria, e o nordeste, disputado com a Iugoslávia. Em março de 1921, só em Trieste encontravam-se 15 mil dos 80 mil membros do movimento, mais do que o dobro dos contingentes de qualquer outra província. Em Trieste e na vizinha província de Udine estavam 20% dos militantes fascistas (eram 71 as províncias). No imediato pós-guerra, ainda em disputa as fronteiras redesenhadas, muitos consideravam o norte e o nordeste "sob ameaça" e muitos habitantes dessas regiões voltaram-se para o nacionalismo de Estado extremista para protegê-las do crescente nacionalismo austro-alemão e esloveno (De Felice, 1966, 8-11; Linz, 1976, 82-4, 92; Steinberg, 1986). Mas o fascismo também era forte nas cidades modernas do norte da Itália, a partir das quais disseminou-se para as regiões agrárias mais avançadas do nordeste e do centro-norte — a Venezia Giulia, o Vêneto, todo o Vale do Pò, a Toscana e a Úmbria. Em seguida, apossou-se também das grandes cidades do noroeste. Riley (2002, Capítulo 2) observa que eram as regiões mais modernas da Itália. As regiões agrárias apresentavam as mais variadas relações de produção — algumas com grandes proprietários fundiários, outras com pequenas propriedades de camponeses. Mas todas essas áreas fascistas tinham em comum "sociedades civis" relativamente fortes, graças a densas redes de associações de voluntários, como as cooperativas e as câmaras de trabalho. Ele conclui que o fascismo disseminou-se mais nas áreas em que a sociedade civil era mais forte e onde podia mobilizar associações de voluntários já existentes. Finalmente, depois da Marcha sobre Roma, o fascismo pôde disseminar-se pela maior parte do país. Em 1923, cerca de 40% dos membros estavam no centro da Itália, 37%, no norte, e mesmo no sul eram encontrados 23% — embora os distritos realmente atrasados desta região praticamente não fossem afetados. Em 1922, a contribuição de Trieste e Udine caíra para 5%, enquanto a das sete maiores cidades italianas caíra de 39 para 25% (Revelli 1987: 22).

Os fascistas do nordeste tinham características próprias. A filiação em Udine em 1922 é detalhada na terceira linha da Tabela 3.1 do Apêndice. Embora com ligeira predominância da classe média, esses militantes também provinham da maior parte dos setores da força de trabalho local.[1] Calculei um quociente entre o percentual de um grupo no movimento fascista e seu percentual na força de trabalho como um todo, com isto estabelecendo um índice de super-representação ou sub-representação fascista. Os valores superiores a 1,0 indicam super-representação de fascistas, e os inferiores, sub-representação. Estabeleço os cálculos desses quocientes nos capítulos de estudos de casos.[2] Em Udine, o grupo mais super-representado era o de integrantes da administração pública ou privada (numa razão de 3,1), seguido dos grandes proprietários fundiários e profissionais (razão de 1,5). Os trabalhadores do setor comercial estavam, *grosso modo*, em posição de paridade (1,1). Os da indústria estavam sub-representados (0,5). O quociente da agricultura também era de apenas 0,4, com a ressalva de que se trata de uma cidade. Mas a categoria "administração" abarcava trabalhadores braçais do setor público. Sua eliminação do cômputo resultaria num quociente de "colarinhos-brancos" de aproximadamente 2,0. Eram eles provavelmente o grupo com mais nítida super-representação, e não a "pequena burguesia clássica" (vale dizer, independente). Os operários constituíam mais de um quarto do partido em Udine, mas de certa forma estavam sub-representados (quociente de aproximadamente 0,75). Em Trieste, os fascistas eram considerados na época de múltipla origem de classe. Seus violentos ataques contra os socialistas e os eslovenos da região resultaram em controle das ruas antes do que em outras partes do país. Segundo os jornais, o fascismo local era mais forte entre operários e funcionários públicos, associando nacionalismo agressivo e sindicalismo em manifestações e desfiles provocativos. Alguns fascistas atacavam os judeus, mas a maioria investia contra o "inimigo" socialista, também identificado aqui como "eslavo" ou esloveno, logo "estrangeiro". O fascismo do Alto Adige também era forte, tendo sido esta a administração regional mais cedo tomada pelos fascistas (Silvestri 1969; Payne 1995: 108; Abse 1996). Nessas duas regiões, encontramos fascistas endossando a política étnica, inclusive a discriminação contra outros grupos étnicos, que podia ser acompanhada de violência com vistas à limpeza étnica, pressionando as minorias a fugir. Mas eram raros os casos de assassinato, não sendo promovidos esquemas de deportação formal. As pressões coercitivas para a emigração eram comuns em praticamente todas as fronteiras européias disputadas depois da Primeira Guerra Mundial (como ficará demonstrado em meu próximo volume), e a Itália não era exceção. Aqui, elas nitidamente estimulavam o fascismo.

Este padrão revela-se comum. O fascismo exercia mais ampla atração interclassista nas regiões fronteiriças supostamente "ameaçadas". Como a Itália era uma península com boas relações e nenhuma disputa de fronteiras com seus dois principais vizinhos, a França e a Suíça, havia apenas duas pequenas regiões fronteiriças "sob ameaça", Trieste e o Tirol Meridional. Se fossem mais amplas essas regiões, o fascismo italiano poderia ter tido uma base de classe mais ampla, tornando-se mais étnico e menos político seu pendor para os expurgos.

Classe

Como em todos os países, de longe é o fator classe que mais tem merecido atenção em se tratando do contexto dos fascistas italianos. E, como sempre, a maioria dos estudiosos considera que esses fascistas são predominantemente das classes média intermediária e baixa. Mas a melhor fonte de que dispomos, a lista nacional de filiação, não corrobora inequivocamente esta visão (o que também é observado por Payne 1995: 104). A Tabela 3.1 do Apêndice mostra, na linha 1, que os operários constituíam 41% dos membros do PNF. Representavam 46% da força de trabalho em nível nacional (Sylos Labini, 1978), numa razão de 0,86, indicando a ocorrência de uma sub-representação muito pouco acentuada. Mas o quociente de operários fora da agricultura era de apenas 0,64,[3] ao passo que os trabalhadores agrícolas estavam ligeiramente super-representados (1,10). O fascismo pode ter tido bases mais amplas no campo, embora as cidades corroborem parcialmente a visão classista ortodoxa de que o fascismo não atraiu assim tantos operários.

Mas esses dados contêm alguns problemas. Primeiro, como a maioria dos fascistas era jovem, caberia esperar que demonstrassem dotes ocupacionais menos desenvolvidos do que os da população adulta como um todo. É possível, assim, que os membros fossem mais acentuadamente de classe média do que indicam esses dados — embora não tenhamos como verificar esta suspeita. Segundo, os dados relativos à força de trabalho incluem as mulheres, mas eram poucas as mulheres fascistas. A proporção de mulheres na força de trabalho era um pouco maior na agricultura do que na indústria ou na maioria dos setores de serviço. Assim, se pudéssemos excluir as mulheres de nossos cálculos, o quociente de membros da classe operária entre os fascistas rurais talvez aumentasse para 1,15-1,20, ao passo que o de trabalhadores não agrícolas diminuiria ligeiramente. Terceiro, não eram muito claras as delimitações entre trabalhadores agrícolas e pequenos proprietários rurais, pois muitos trabalhadores e meeiros freqüentemente tinham um minúsculo lote de terra, sendo portanto ao mesmo tempo trabalhadores e rendeiros ou proprietários. Havia também muitas gradações nos direitos dos rendeiros. É difícil estabelecer nítidas identidades de classe no campo. Como veremos adiante, esta difusa zona de classes estava no cerne da luta entre fascistas e socialistas no campo. Quarto, os dados relativos a 1921 podem ter sido afetados pela "persuasão coercitiva" dos fascistas entre os operários. Por esta altura, muitas organizações socialistas já sofriam a repressão da violência fascista, e os operários começavam a aderir aos sindicatos fascistas — alguns sob coação —, em grande parte porque estes pareciam ser os únicos ainda dotados de alguma eficácia (Tasca 1976). Assim é que o fascismo pode ter sido mais acentuadamente de classe média do que indicam as estatísticas, especialmente nas cidades, mas muito menos no campo. Mas o fato é que os dados não são muito fidedignos.

Qual a natureza da super-representação de classe média de que estamos falando? Na lista nacional, os artesãos e pequenos comerciantes — "a pequena burguesia clássica" — tinham um quociente de apenas 0,77, estando portanto sub-representados. Seus equivalentes rurais, camponeses rendeiros e fazendeiros, estavam representados num quociente ainda mais baixo (0,39). Seria isto real? Estariam os pequenos camponeses sendo registrados como trabalhadores? Os grandes empresários estavam super-representados (quociente de 2,5), embora fossem menos numerosos em termos absolutos. Os do setor terciário eram nitidamente os mais fascistas, especialmente os mais instruídos. Os estudantes representavam nada menos do que 13% de todos os membros, com o impressionante quociente de 9,3 (cf. linha 4 da Tabela 3.1 do Apêndice). Estimava-se em 1920-21 que algo entre 4 e 5% dos professores e 12 a 13% dos estudantes fossem fascistas, o que faria do PNF o maior movimento nas escolas e universidades. Nesse período, a maioria dos estudantes universitários era de classe média (Petersen, 1975, 660). Também estavam consideravelmente super-representadas as ocupações típicas de estudantes em início de carreira. O quociente era de 8,3 nas profissões liberais, 10,9 nos trabalhadores em funções burocráticas e 3,09 nos funcionários públicos e professores. A teoria de Salvatorelli começa a parecer pertinente (como observam Linz, 1976 e Weiss, 1978, 32-5 nota) — ainda que no caso apenas dos *jovens* de classe média. Os burgueses jovens "humanísticos" ou instruídos constituíam a principal parte da classe média atraída para o fascismo. Mas seu grau elevado de instrução poderia indicar que não eram particularmente *pequeno*-burgueses.

Esses dados parecem indicar que o fascismo tinha mais membros da classe trabalhadora no campo do que se poderia depreender de sua reputação de movimento "pequeno-burguês". Mas o fato é que este rótulo — ponderado por grandes diferenças setoriais — pode ser mais aplicável nas cidades. Devemos portanto estabelecer uma distinção entre fascismo urbano e rural.

Classe nas cidades. Dispomos de estimativas sobre o contexto de classe dos fascistas em várias cidades. As linhas 4 e 5 da Tabela 3.1 do Apêndice detalham a filiação fascista e de *squadristi* nas cidades-reduto de Bolonha, Florença e Reggio Emilia. Bolonha e Florença são grandes cidades universitárias nas quais quase metade dos *squadristi* era de estudantes. Eram na verdade esquadrões decididamente burgueses, com sub-representação de operários e da pequena burguesia e particular super-representação de profissionais e funcionários públicos. Como Suzzi Valli (2000) constatou que os estudantes eram antes de ciências que de artes, não se tratava da "burguesia humanística" no sentido mais estrito! Em Reggio Emilia, os operários também estavam sub-representados, assim como nas imediações da cidade (veremos adiante que o mesmo não acontecia ao redor de Bolonha). Cavandoli (1972: 133) observa que isto se devia em parte ao fato de que muitos operários acabavam de deixar o partido local, insatisfeitos com sua guinada à direita. Ele também parece incluir os "artesãos" na classe média, classificação problemática na maioria dos países nesse período.[4] As poucas profissões que menciona — como "fabricantes de queijo" e "artistas de rua" — parecem evocar antes uma economia informal de fundo de quintal do que artesãos independentes bem estabelecidos. Os empregados eram os mais super-representados nessas amostras, seguidos provavelmente pela área cinzenta em que a atividade artesanal converge com o mercado de trabalho informal.

A Tabela 3.1 do Apêndice detalha, nas linhas 5 e 6, duas amostras nacionais predominantemente urbanas de "mártires" fascistas (mortos pela causa) e paramilitares do MVSN. Efetivamente parece que a violência fascista era cometida em grande medida por homens das cidades. Os grupos dominantes eram estudantes, operários e trabalhadores do setor público — que na Itália eram sobretudo policiais e soldados, muitas vezes fascistas disfarçados antes da tomada do poder, e declaradamente depois. Note-se, contudo, que os operários ainda estavam de certa forma sub-representados. Como observa Reichardt (2002: 344), os mártires italianos diferiam dos mártires nazistas (SA), que em sua esmagadora maioria eram operários ou artesãos, com poucos estudantes ou funcionários públicos. Os fascistas do porto industrial de Livorno (onde o socialismo estava bem implantado) eram sobretudo de classe média. Cerca de 19% eram apresentados como "profissionais liberais, industriais ou estudantes", 30%, como colarinho-branco, 18%, como "pequeno-burgueses" (abrangendo artesãos e professores públicos) e somente 9% como operários (quociente local de apenas 0,20). Um antigo membro escreveu amargurado que "aqui o fascismo é odiado por todos os operários". Havia mais operários no MVSN local: os estudantes constituíam 28% dos paramilitares, os trabalhadores 22%, o resto da classe média 20%, e os operários 29% — um quociente de 0,71 (Abse, 1986, 68-9). Os dados relativos à pequena cidade de Arezzo são enumerados em percentuais arredondados de maneira suspeita: 50% de lojistas, comerciantes e colarinho-branco, 25% de profissionais liberais e estudantes e 25% de operários (Lyttleton, 1987, 68). Snowden (1989, 165-77) acredita que na Toscana os partidos eram em sua maioria pequeno-burgueses até 1922, quando os operários industriais começaram a aderir, provenientes dos derrotados sindicatos socialistas. Todavia, quando ele fornece dados anteriores (relativos a cinco pequenas cidades da Toscana sem indústria pesada), os operários representavam entre um quarto e metade dos membros em cada uma delas. A maior parte estava empregada em oficinas muito pequenas, e não em grandes fábricas.

Lyttleton (1987, 49-71) sustenta que o primeiro cerne de estudantes e veteranos no fascismo foi ampliado por sindicatos "amarelos" e católicos ativos em indústrias menos concentradas e oficinas menores, envolvendo artesãos, comerciantes e o lumpen-proletariat. Francini (1976, 82-4) afirma que o *fascio* de Pistoia centrava-se em trabalhadores e comerciantes de rua e no mercado de gado. Parece portanto que o fascismo não tinha facilidade para penetrar a classe operária *organizada* na indústria manufatureira urbana, os guetos da classe operária. Mas as cidades também tinham uma ampla economia informal, deixando a maioria dos trabalhadores e dos "não propriamente artesãos" fora do alcance normal do movimento socialista, e portanto passíveis de recrutamento pelo fascismo. Isto explicaria a ampla base social da lista de membros de 1921.

Um jornalista fascista afirmava que os fascistas das grandes cidades eram

> empregados, pequenos rendeiros e profissionais modestos (...) os homens novos. Formavam a multidão que antes da guerra observava os acontecimentos políticos com indiferença e apatia e que agora participa da luta. O fascismo mobilizou suas forças nas zonas obscuras da vida política, e daí decorrem a descontrolada violência e a exuberância juvenil de sua conduta. (Lyttleton, 1987, 67)

Esta parece, no entanto, antes uma descrição dos quadros dirigentes fascistas do que dos membros urbanos comuns. O fascismo urbano parecia recrutar militantes em *todos* os grupos deixados de fora das organizações políticas do pré-guerra, os partidos conservadores e liberais de "notáveis" e os socialistas. Nas cidades maiores, provavelmente se centraram de início na "nova classe média", para em seguida arrebanhar muitos outros empregados em oficinas menores, em formas mais casuais e improvisadas de emprego e no setor público. Nas cidades pequenas, nas quais o socialismo era fraco, uma proporção maior de trabalhadores podia estar exposta ao fascismo. A "violência descontrolada" mencionada por nosso jornalista fascista pode ter derivado menos do elemento classe do que dos veteranos, ao passo que a "exuberância juvenil" pode ter sido antes um atributo de juventude que de classe.

De modo que a maioria dos fascistas não parece ter figurado no cerne capitalista urbano do proletariado industrial ou da classe média. Na verdade, a alegação fascista de transcendência do conflito de classes pode ter sido apoiada essencialmente por indivíduos de todas as classes situados à margem desse conflito. Na cidade, o PNF era antes um partido de classe média que da classe operária. Todavia, embora certamente não fosse um partido proletário, era "radical" e populista, liderado por ex-sindicalistas e ex-socialistas, e apresentava uma base social moderadamente diversificada. Com efeito, sua base "radical" tornou-se insatisfeita com as alianças oportunistas de Mussolini com os partidos parlamentares e as classes proprietárias. Temos aqui um quadro urbano bastante misturado.

No passado, alguns autores apresentavam os fascistas como membros marginais e até perniciosos da burguesia. Os líderes *squadristi* eram considerados indivíduos "desarraigados" e "marginais" do "sombrio submundo criminal" ou "ineptos esbanjadores de pequenas heranças familiares" — "homens ambiciosos e fracassados que encontraram na disposição de recorrer à violência a chave da mobilidade ascendente e da influência que lhes era negada por meios convencionais" (Snowden, 1989, 163). Trabalhos mais recentes (Suzzi Valli, 2000; Reichardt, 2002) tendem a refutar esses estereótipos. É verdade que alguns fascistas eram criminosos e que a corrupção era comum. O *fascio* de Florença foi dissolvido por uma comissão de inquérito do próprio partido que declarava, muito compenetrada: "O fascismo deve ser um movimento de ideais para o renascimento econômico e moral de nossa nação; não pode ser um bando de mercenários e guardas pretorianos que, por amor ao lucro, assassinam, roubam e pilham." A convivência da moralidade com a violência era o eterno problema do fascismo. Mas os exemplos de líderes em mobilidade descendente fornecidos por Snowden nem sempre convencem. Por exemplo, Compagni efetivamente estava em mobilidade descendente até servir com distinção no exército durante a guerra. Posteriormente, recuperou riqueza e influência como funcionário da Associação dos Veteranos. Só então se tornou fascista. Giacomelli parece mais afetado pela mobilidade geograficamente do que socialmente, começando como operador de guindaste, migrando para a América sem muito êxito, voltando para a Itália e solicitando trabalho no partido de Milão ao amigo Pasella (por ser um fascista convicto ou por necessidade econômica? Não fica claro). Nem se pode dizer que um renegado político seja necessariamente marginal em termos sociais. Pasella denunciou seus antigos amigos socialistas às autoridades durante a guerra por convicção nacionalista. Se o fascismo permitiu-lhe "escapar à ruína de sua carreira política", a "ruína" é que decorria de suas convicções fascistas, e não o fascismo da ruína.

Os fundadores de um movimento radical raramente têm carreiras profissionais convencionais. Qual a causa e qual o efeito? Terão sido as fortunas de família, as vantagens educacionais e as oportunidades ocupacionais dissipadas em virtude de convicções políticas extremadas? Como veremos adiante, muitos indivíduos altamente respeitáveis vieram a admirar o "idealismo" temerário dos *squadristi.* Teriam também admirado elementos indolentes, marginais e criminosos? Não creio muito. Podemos ter aqui mais um exemplo do desejo acadêmico de depreciar os fascistas em vez de levá-los a sério.

Os fascistas italianos (como os de outros países) costumam ser retratados como indivíduos marginais às voltas com frustrações econômicas e sociais. Seriam acaso mais provenientes de ocupações subalternas? Seriam os fascistas desempregados em número desproporcional? Teriam os estudantes fascistas piores perspectivas de emprego do que os outros? Não dispomos de elementos para responder a essas perguntas. Os dados fornecidos por Barbagli (1982, 110-28) efetivamente parecem indicar que a educação superior fornecia quantidade muito maior de profissionais qualificados do que o mercado era capaz de absorver. A situação era ruim para os professores, mas pior ainda para os engenheiros. Ele dá a entender que muitos se voltaram para a política extremista, mas reconhece que faltam elementos de comprovação. Seja como for, muitos foram absorvidos pelo setor público, que crescia rapidamente, em especial nos escalões mais altos. A "burguesia humanística" teria sido mais afetada do que os grupos de classe média pela inflação, o desemprego ou os salários baixos? Os dados colhidos por Zamagni (1979-80, 41-2) indicam o oposto. Maier (1975: 313) tenta resumir a base social do fascismo: "Deste modo, a burguesia decadente das cidades pequenas e a burguesia rural ascendente se reforçaram reciprocamente. Ambas estavam na defensiva, em virtude de questões de *status* e propriedade recém-conquistados ou recentemente postos sob ameaça." O que significa ter o melhor de dois mundos! Note-se que todas essas afirmações correspondem aos pontos de vista dos primeiros estudiosos dos nazistas alemães, antes de serem objeto de uma pesquisa séria. As posteriores pesquisas alemãs refutam o estereótipo, como veremos no capítulo seguinte.

Existe um ponto de vista alternativo. A "burguesia humanística" super-representada talvez não fosse constituída pela parte "inferior", "marginal" ou "despossuída" da classe média, mas por indivíduos atraídos por valores do nacionalismo de Estado e por meios paramilitares. Mais do que qualquer outro, este movimento fascista granjeara a simpatia de muitos intelectuais. Neste setor, os elementos jovens, os estudantes, também foram cativados. As profissões de maior grau de instrução parecem em sua maioria super-representadas, ao passo que havia muitos simpatizantes entre os funcionários públicos. Os oficiais militares e de polícia de todas as patentes demonstravam tanta simpatia pelos fascistas que os ministros e prefeitos não conseguiam obrigá-los a fazer cumprir proibições contra os fascistas (Dunnage, 1997, Capítulo 6). Mas eram pessoas com empregos seguros. Os funcionários públicos eximiam-se de revelar sua filiação ao partido e sua militância antes da tomada do poder (como acontecia em outros países). Estavam apenas ligeiramente super-representados nas listas de filiação até passar a necessidade de cautela, depois do golpe. Em 1927, os funcionários públicos formavam o maior grupo nos partidos de Verona e Roma, com quocientes de 3,0-5,0 (Revelli, 1987). Roma, a capital, tornou-se o maior reduto fascista, sendo hoje o principal reduto neofascista. É provável que o apoio viesse menos da classe média "inferior" ou "marginal" e mais de todo um setor da classe média — de suas camadas mais altas e privilegiadas às mais baixas. Este setor seria definido por sua masculinidade, juventude, experiência militar, nível elevado de instrução, experiência de Estado e relação relativamente indireta com o conflito de classes.

Tudo isto tende a corroborar uma versão mais ambígua da tese de classe, em benefício da versão "nacionalismo de Estado", na argumentação de Salvatorelli. Na realidade, pode haver pelo menos *duas* "clientelas fascistas" nucleares: (1) um viés burguês, mais proeminente entre os que se encontravam à margem da luta de classes italiana, atraídos pelas pretensões fascistas de transcendê-la e (2) aqueles cuja situação social favorecia o nacionalismo de Estado paramilitar. Considerando-se a atual escassez de dados, são conjeturas plausíveis, e não verdades demonstráveis.

Classe no campo. O fascismo rural tornou-se maior que o fascismo urbano. O PNF só concorreu seriamente em uma eleição livre, em 1921, em aliança com outros nacionalistas de direita. A coalizão recebeu 15% dos votos, chegando a mais de 25% nas regiões agrícolas do centro e do norte, na Toscana e no Vale do Pò. Só aí se poderia dizer que o fascismo evidenciou um autêntico apoio de massa. O fascismo rural também diferia socialmente, embora mais uma vez, aqui, os dados sejam escassos. O estudo sobre os *squadristi* da província de Bolonha efetuado por Reichardt (2002: 306), resumido na linha 7 da Tabela 3.1 do Apêndice, revela um partido de amplas bases, superando os *squadristi* da cidade de Bolonha (comprovado por Suzzi Valli 2000). Metade dos *squadristi* do interior era de trabalhadores, mais ou menos a mesma proporção que na força de trabalho do interior (infelizmente, não podemos determinar com exatidão a quantidade de trabalhadores agrícolas e industriais). Estudantes, proprietários, trabalhadores em funções burocráticas e do setor público estavam super-representados, ao passo que meeiros e a pequena burguesia estavam grandemente sub-representados. Uma grande seção local do partido perto de Bolonha era predominantemente de classe baixa: 7% eram proprietários de terras ou rendeiros, 13%, profissionais liberais, 3%, comerciantes ou manufatores, 5%, trabalhadores em funções burocráticas, 4%, funcionários públicos e 11%, operários fabris, restando 58% que eram trabalhadores agrícolas por jornada ou meeiros. Cardoza (1982, 320) considera que era um quadro típico da região. Corner (1975, 151-7) acredita que em Ferrara os militantes eram arrebanhados em todas as classes, exceto entre os trabalhadores pobres. Mas Kelikian (1986, 205) afirma que em Brescia o partido era constituído por membros mais jovens e menos respeitáveis da classe média instruída, com o apoio de camponeses arrendatários prósperos. Isto não corresponde à composição social indicada pela lista nacional do partido. Nas cidades e aldeias meridionais da Calábria (onde o fascismo tinha pouca penetração), dentre os indivíduos identificados como fascistas (por Misefari e Marzotti, 1980), cerca de metade era de veteranos de guerra *arditi*, e a maior parte dos demais era de classe média, sobretudo profissionais liberais e funcionários públicos, além de uns poucos proprietários de terras e camponeses. Deste modo, a super-representação rural pode ter decorrido da guerra. Um exército constituído predominantemente de camponeses nutrira o fascismo em seus primórdios, no momento em que o militarismo se transmutava em paramilitarismo.

Com efeito, o fascismo italiano triunfou mais pela violência do que pelas urnas. O que pesou foram milhares de paramilitares, e não milhões de eleitores. Assim, a violência fascista é capaz de revelar alguma coisa sobre quem eram os fascistas, ao passo que seus alvos revelam contra quem eles estavam. Neste terreno, dispomos de elementos concretos sobre incidentes de violência envolvendo fascistas, registrados pelo PNF em cada província e publicados por Tasca (1976, 120) e De Felice (1966, 35-9). Tasca manifestou reservas sobre esses dados, considerando-os inconsistentes e parciais. A maior parte derivava originalmente de um levantamento do Partido Socialista sobre os ataques sofridos por seus militantes, negligenciando os ataques contra "inimigos" não-socialistas — só dois incidentes deste último tipo são mencionados, numa nota de rodapé. As ligas camponesas "brancas" organizadas pelos *popolari* católicos, os comunistas, os anarquistas, os eslovenos do nordeste e os alemães do Tirol foram todos perseguidos pelos fascistas, mas não constam dessas estatísticas. Não existem dados relativos a Trieste, e os relativos a Udine não mencionam ataques aos eslovenos. Esses dados também convinham à propaganda fascista. Podiam ser usados para justificar a violência como forma de autodefesa ante ataques dos socialistas. É possível, assim, que os dados levantados por Tasca estejam algo comprometidos. Mas a fonte alternativa de dados utilizada por Franzosi (1996) revela uma variedade não muito maior de oponentes. Nos relatos dos jornais italianos de circulação nacional, havia participação de "comunistas" em 65% dos confrontos em 1921 e 53% em 1922, sendo o envolvimento de socialistas de 15% e 17% respectivamente, e dos partidos *popolari* e "constitucionalista" de apenas 7 e 5%, respectivamente. Mas o nordeste é mais uma vez omitido.

Quaisquer que sejam suas insuficiências, os dados apresentados por Tasca têm sido usados em "análises ecológicas", comparando variações da violência fascista nas diferentes províncias com variações dos fatores econômicos e políticos. Szymanski (1973) demonstrou que os fascistas estavam mais envolvidos em atos de violência em regiões industriais do que nas agrícolas, e que havia muito mais violência nas áreas de forte presença socialista (com base na votação socialista de 1919; cf. Tilly, 1975, 177). Elazar (1993) usa os dados de forma mais abrangente. Ela também demonstra que os incidentes de violência fascista eram muito mais freqüentes nas províncias que votaram nos socialistas em 1920 — e com a maior freqüência, globalmente, nas províncias governadas por socialistas. Essa relação era mais forte nas regiões centrais e setentrionais com um grande proletariado agrícola. Ela reúne igualmente dados mais dignos de crédito indicando que os fascistas tomaram o poder em 12 das 14 províncias com uma maioria eleitoral socialista, e em apenas uma de 15 com uma maioria liberal ou conservadora. Deduz, assim, que o fascismo era fundamentalmente anti-socialista. Arrolando ainda indícios em apoio à violência dos *squadristi* no exército, no governo e na classe alta, Elazar conclui que foi basicamente a luta de classes que gerou e nutriu o fascismo. Na verdade, ela sustenta que os fascistas não tomaram realmente o poder, recebendo-o de proprietários e funcionários do Estado para protegê-los da classe operária e do socialismo. Ela rejeita a teoria de Salvatorelli e De Felice a respeito de um fascismo independente de classe média. Considera, em vez disso, que o fascismo foi uma ferramenta da classe capitalista, e particularmente dos grandes proprietários fundiários. Tasca — um líder socialista, como se sabe — chegara anteriormente a conclusões semelhantes, embora com maiores restrições.

A análise ecológica do voto e dos dados de filiação também pode ajudar aqui. Como os fascistas só concorreram seriamente em uma eleição, em 1921, em chapa única com candidatos nacionalistas, não é fácil afirmar quem os apoiou. Linz (1976, 82-4) demonstrou que a filiação fascista estava em proporção inversa ao voto no partido católico dos *popolari*, mostrando-se mais forte em áreas relativamente descristianizadas (o Vale do Pò e a Romagna). Na Itália, o nacionalismo tendia a ser secular, opondo-se ao poder transnacional da Igreja católica — e o fascismo herdou esse manto anticlerical, ao mesmo tempo em que nitidamente tentava ressacralizar o Estado. Brustein (1991) distingue os votos dados aos candidatos fascistas e aos nacionalistas em 1921 (embora não diga como). Corrobora o estreito vínculo estabelecido por Linz entre a votação do PNF em 1921 e a votação dos socialistas em 1919 e 1920. A relação era muito menos acentuada em 1921, especialmente nas regiões agrárias. Conclui, assim (ao contrário de Szymanski e Elazar), que muitos socialistas se passaram para o fascismo. Com isto, temos uma explicação alternativa da tomada do poder pelos fascistas em antigos redutos socialistas: conseguiram enfraquecer os socialistas dividindo-os. Brustein também constata uma forte relação entre o voto fascista e os empreendimentos comerciais agrícolas bem-sucedidos, fossem de grande ou pequena escala. O cruzamento com dados de urbanização, novos eleitores, regiões e votação nos *popolari* católicos não enfraquece essas duas correlações. Brustein argumenta que, em 1921, os fascistas apresentavam o programa agrário mais atraente para os empreendimentos comerciais e os trabalhadores e meeiros que acreditavam na possibilidade futura de comprar ou arrendar terras. Até mesmo camponeses muito pobres podiam alimentar essa expectativa, ainda que de forma irreal. Assim, os atrativos do fascismo podiam chegar a um ponto bem baixo na estrutura social rural, especialmente nas regiões mais prósperas. Com efeito, eram estas as áreas de maior presença fascista, e também as mais seculares. Os fascistas rurais, sustenta Brustein, não estavam em decadência econômica, mas eram modernos e prosperavam. Reagiram positivamente ao programa agrário fascista e negativamente às políticas coletivistas dos socialistas. Deste modo, Brustein aparentemente dá sentido não só à composição de classe como também a parte da composição regional do fascismo rural.

Os estudos locais tendem a corroborar Brustein, dando a entender que os fazendeiros modernizadores e de ação comercial voltavam-se contra o regime parlamentar, que consideravam estar cedendo às exigências das ligas camponesas que representavam os meeiros pobres e sem terra (Cardoza 1982; Kelikian 1986; Dunnage 1997). O *boom* da época da guerra e a pressão das ligas camponesas haviam conferido certa independência financeira a muitos trabalhadores e meeiros. Aceleraram-se as vendas de terras. Muitos camponeses agora se passavam para o fascismo, preferindo o apoio fascista à propriedade privada ("Terra para os camponeses" era o *slogan*, e o fator de atração eram os subsídios para a compra) à coletivização socialista (Snowden, 1972; Corner, 1975, 144-67; Maier, 1975, 310-11).

É difícil ter exatidão no que diz respeito aos fascistas rurais. As categorias "proprietário de terras", "camponês", "meeiro", "arrendatário" e "trabalhador por jornada" encontradas nas fontes disponíveis abrangiam toda uma série de condições locais, em termos de colheitas, riqueza e recursos organizacionais. Mas uma coisa é certa: as comunidades de alta concentração de trabalhadores ou arrendatários sem-terra em condições mais ou menos equivalentes raramente eram fascistas. Pelo contrário, formavam o cerne das ligas camponesas socialistas e eventualmente "brancas" organizadas pelos católicos. O proletariado organizado em seus guetos proletários, como seu equivalente urbano, resistia ao fascismo.

Mas a violência e a turbulência organizacional eram endêmicas em decorrência do problema fundamental da economia rural: o excesso de oferta de mão-de-obra de trabalhadores sem terra. Isto não raro solapava qualquer tentativa de mobilizar a insatisfação, mas significava também que a mobilização coletiva tendia a ser violenta e freqüentemente transitória. Os trabalhadores e camponeses tinham de ser coagidos à solidariedade, aceitar trabalho apenas através dos sindicatos, compartilhá-lo em semanas de trabalho abreviadas e mediante paralisações sempre ameaçadas pelos "fura-greves" (ou "pernas-negras") que rompiam os piquetes (não raro sob a proteção de bandos armados pelos empregadores). Os sindicalistas revolucionários é que haviam desenvolvido e divulgado essas táticas. Os socialistas freqüentemente as aplicavam, o que agora também faziam os *popolari.* Mas a maioria das greves não funcionava, provocando o rápido colapso da organização e o subseqüente surgimento de outras. As ligas camponesas haviam crescido muito recentemente (sua filiação mais que dobrou em 1920), e eram frágeis, com muitos inimigos. Suas "bolsas de trabalho" tentavam distribuir os empregos, criando a sensação de injustiça. Aplicavam uma justiça sumária aos trabalhadores levados por sua condição miserável a romper as greves ou boicotes e aos pequenos proprietários incapazes de cumprir as condições trabalhistas das ligas. As ligas socialistas, mais poderosas, intimidavam as ligas brancas, grandes mas insuficientemente organizadas. Havia nas ligas socialistas muitos membros contrariados e sem convicção, que acabaram se tornando fascistas (Maier, 1975, 174-5; Cardoza, 1982, 337-8; Segrè, 1987, 36, 59). Os "fura-greves" têm sido muito importantes nas relações trabalhistas modernas. Devemos lembrar que "classe trabalhadora" não é o mesmo que "classe operária organizada". Na primeira metade do século XX, dois terços da força de trabalho mantinham-se em geral alheios aos sindicatos. Nas regiões rurais, esse contingente de dois terços tendia a ser encontrado em localidades nas quais não haviam sido criados sindicatos, entre trabalhadores endividados ou isolados das redes de apoio ao trabalho. Ou então se tratava simplesmente de trabalhadores medrosos, religiosos ou conservadores, alguns aparentados aos capatazes ou intendentes, esperando também galgar essas posições ou que tinham parentes (especialmente mulheres e filhas) como criados dos proprietários, temendo por eles ou com eles se solidarizando. Para eles, a garantia de trabalho era mais importante do que o risco dos protestos. Se contassem com proteção, podiam furar greves. Destacados *squadristi* haviam começado como sindicalistas revolucionários, e os *squadristi* ofereciam uma violência *melhor* do que ninguém, pois eram paramilitares no sentido próprio. Às vezes sua violência vinha em socorro das greves, às vezes, dos fura-greves. Mas a violência fascista dava resultados e era valorizada por muitos italianos das regiões rurais.

Eles também estavam começando a se cansar da retórica socialista. O principal problema dos socialistas num partido liderado por "maximalistas" era que pregavam a revolução mas não podiam concretizá-la. A afirmação de Mussolini de que o socialismo continuava existindo apenas sob a forma de ódio ineficaz era um permanente tema fascista. O "marxismo" e o "bolchevismo" levavam ao confronto, mas não ao triunfo. Como isto parecia verdadeiro no início da década de 1920, as dissidências se davam em benefício do movimento que se dizia capaz de transcender a luta de classes. Em 1921, os socialistas escreviam candidamente sobre "a entusiástica adesão diária de grandes massas de trabalhadores ao programa do *fascio*"; "as atuais dissidências são obra dos que chegaram por último à organização proletária, pois estão insatisfeitos com o regime de justiça da classe trabalhadora" — referência à coação usada para promover a solidariedade de classe. A coletivização era "considerada uma violação cada vez mais grave da liberdade individual". Eles reconheciam a popularidade de *slogans* fascistas como "A terra para quem nela trabalha!" e "A cada camponês todo o fruto de seu labor sagrado!" (Corner, 1975, 144, 159; Snowden, 1972, 279). Nem se pode dizer que o fascismo simplesmente traiu esses simpatizantes. Os sindicatos fascistas que se multiplicavam resolveram com rapidez disputas em torno de contratos, não raro mediante o emprego da força, talvez em termos mais favoráveis aos empregadores do que exigiam os sindicatos socialistas. Mas o fato é que as resolviam, o que significava trabalho, sem demora, para membros do movimento fascista.

Mas qualquer pretensão de transcendência do fator classe era ilusória. Na verdade, o fascismo tornou-se cada vez mais conservador, uma aliança entre classes proprietárias rurais, ou seja, uma aliança entre grandes fazendeiros comerciais e camponeses "intermediários ou subintermediários" — os que se julgavam capazes de atividade econômica independente, muitos inclusive com minúsculos lotes de terra. Balbo afirmava que "a força de nosso exército" vinha "dos pequenos arrendatários e pequenos proprietários do campo" (Corner, 1975, 102). Os grandes proprietários fundiários vieram a dominar essa aliança, exatamente como dominariam a posterior política agrária do regime fascista. Dispunham de recursos para fundar *fascii* rurais (com isto financiando os *squadristi* de tempo integral) e montar associações coletivas para organizar a luta (Maier, 1975, Elazar, 1993). Um fascista radical insatisfeito observou: "Enquanto nas cidades e nas zonas industriais ele parece um movimento romântico (...) nas zonas agrárias (...) é o partido de uma classe, e age como tal" (Snowden, 1972, 283). O modelo de classe — não estático, mas emergente, dinâmico — funciona melhor no campo. O fascismo rural foi consideravelmente açambarcado pelas classes de proprietários fundiários, embora não se tivesse originado entre eles, que sempre estiveram entre os fascistas mais conservadores e menos ideológicos. Para eles, o fascismo era útil, e não a verdade revelada.

Mas não devemos adotar um modelo unidimensional. Mesmo no campo, ainda será necessário explicar a juventude dos militantes, sua masculinidade e sua experiência militar, além do entusiasmo com que abraçaram o nacionalismo extremista. O próprio Mussolini sustentava:

> A unidade da Itália é obra da burguesia intelectual e de algumas classes de artesãos das cidades. Mas a grande guerra de 1915-1918 recrutou milhões de *rurali*. Todavia, sua participação nos acontecimentos foi globalmente passiva. Eles foram mais uma vez arrastados pelas cidades. Agora, o fascismo transformou sua passividade rural (...) em apoio ativo à realidade e à santidade da nação. (Lyttleton, 1977, 70)

Ele está dizendo que a primeira guerra e logo o fascismo paramilitar proporcionaram formas de organização coletiva aos camponeses.

Entre os fascistas rurais, contudo, o nacionalismo de Estado parece menos presente do que a insatisfação de classe. Aos olhos dos setores agrícolas (inclusive muitos socialistas), os fascistas efetivamente pareciam capazes de transcender a luta de classes, o que no entanto haveria de verificar-se algo ilusório. Em certa medida, o fascismo realmente pôs a Itália para trabalhar de novo, mas em termos permeados por considerável viés pró-capitalista.

A COMPOSIÇÃO SOCIAL DE OUTROS MOVIMENTOS

Em termos ideais, seria desejável comparar os fascistas com indivíduos de outros movimentos. É o que poderei fazer no caso da Alemanha, no próximo capítulo. Mas pouco sabemos dos membros comuns dos outros partidos italianos. A Tabela 3.1 do Apêndice, linhas 5 e 6, compara deputados fascistas e católicos. Eles parecem semelhantes. Dados coletados por Gentile, (2000, 413, 493) sobre os deputados de todos os partidos mostram que eram em sua maioria profissionais, especialmente advogados. Os socialistas também tinham numerosos trabalhadores, ao passo que entre os fascistas havia mais ampla variedade de ocupações de classe média. Juntamente com os socialistas, eles também tinham mais jornalistas (o que também se verificava no caso dos secretários fascistas regionais). Também carecemos de dados eleitorais ecológicos sobre os demais partidos. Temos de recorrer a avaliações jornalísticas contemporâneas do apoio eleitoral e da composição dos partidos.

A maioria dos estudiosos acredita que os partidos de esquerda granjeavam apoio sobretudo entre os trabalhadores do norte, contando com poucos votos no sul (à parte a região da Apúlia). O Partido Socialista Italiano tinha apenas dois terços da filiação do PNF, mas contava com mais do que o quádruplo do apoio eleitoral, especialmente nas cidades. Em 1919, obteve 40% dos votos urbanos e 30% dos rurais. O PPI católico tinha nominalmente maior número de membros, mas o triplo do apoio eleitoral dos fascistas, concentrado no campo e nas cidades não industrializadas do norte. Dos 1,2 milhão de membros de sindicatos católicos registrados no outono de 1920 (os sindicatos socialistas tinham a metade), 80% estavam na agricultura (em comparação com apenas 33% dos membros de sindicatos socialistas). No campo, havia uma rivalidade entre "brancos" e "vermelhos". Mas o recém-fundado PPI sempre foi uma frágil coalizão de padres, conservadores clericais e populistas radicais (Salvemini, 1973, 137-51; Molony, 1977, 55-6, 88; Mayeur 1980, 109-17).

Os partidos "constitucionalistas" ou "liberais" geralmente são considerados de composição burguesa (embora não disponhamos de dados sobre sua filiação). Mas o fato é que seu amplo eleitorado — quatro vezes o dos fascistas — devia estar disseminado pela maioria das classes. Eram partidos de notáveis, escorados nas tradicionais redes de patrões e clientes, ameaçadas pelos novos partidos de massa — socialistas, fascistas e *popolari*. Com base no que sabemos sobre os partidos conservadores, liberais e católicos de outros países, podemos depreender que, embora seus líderes e membros fossem muito mais burgueses do que os socialistas ou fascistas, conseguiam colher os votos de quase tantos trabalhadores quanto os socialistas. Isto porque ainda se apegavam às regiões mais atrasadas e mais religiosas da Itália, além das mais burguesas.

A grande pergunta é por que esses três movimentos rivais muito maiores desmoronaram tão rapidamente diante do fascismo. A resposta tem duas vertentes. Primeiro, o paramilitarismo fascista era a mais eficaz forma de mobilização de poder no terreno que se revelou o mais crítico, a violência. Segundo, alguns desses rivais, liderados por suas elites, abriram dissidência, apoiando o golpe fascista. Vamos agora ver por quê.

APOIO DAS ELITES AO FASCISMO

Motivações de classe

Os fascistas não conquistaram o poder sozinhos. Foram ajudados por elites. Começo pelos capitalistas. Teriam financiado o fascismo? Os registros do PNF mostram que o partido era financiado sobretudo por pequenas contribuições de membros e simpatizantes. Mas nos níveis local e provincial e no financiamento dos jornais dos simpatizantes e das organizações de fura-greves, o dinheiro mais grosso era encaminhado para as associações fascistas de fachada. Alguns industriais haviam entrado em pânico durante as ocupações de fábricas em 1920, mas mandaram chamar os *carabinieri*, e não os *squadristi*. A maioria queria que os socialistas fossem reprimidos pelo governo apenas em grau suficiente para o restabelecimento do parlamentarismo gerenciado em caráter "liberal". Em 1922, a Confederação da Indústria Italiana não apoiou a Marcha sobre Roma, preferindo uma alternativa "semi-autoritária" liderada por Giolitti ou Salandra. Essa alternativa voltou a ser amplamente discutida em 1924, quando o novo regime foi abalado pelo assassinato, pelos fascistas, do respeitado deputado socialista Matteotti. Quando o fascismo revelou seu verdadeiro nível de violência, os industriais demonstraram preferências mais moderadas. Ao contrário dos proprietários fundiários, poucos industriais chamaram os *squadristi*, embora a partir de outubro de 1922 alguns fornecessem subsídios e alguns poucos se tornassem membros. Era um apoio mais tardio e menos decidido do que o dos proprietários fundiários, tendo sido incitado por empresários com interesses agrícolas e em províncias de comércio agrícola (Melograni, 1965, 1972; Seton-Watson, 1967, 598; Kelikian, 1986, 144; Lyttleton, 1987, 210-11; 1996, 19; Snowden, 1989, 121-56; Elazar, 1993, 161-2, 181-9).

Tratava-se em todos os casos de ajuda importante, decisiva em certas áreas rurais. Mas só depois do golpe é que toda a classe capitalista aderiu. A maior parte dos agrupamentos de classe alta não confiava na violência fascista promovida por "radicais", o que parecia verificar-se sobretudo nas cidades. Para acalmar seus temores e chegar ao poder, Mussolini começou a deixar claro, no fim de 1921 e em 1922, que estava propondo um trato. Em troca de seu apoio, sufocaria a violência revolucionária dos autênticos fascistas radicais. A manobra deu resultados, mas havia sido imediatamente antecedida por outras dissidências na elite. Como veremos adiante, muitos membros da elite religiosa, política e militar também se passaram para uma aliança com os fascistas. Examinemos inicialmente em que medida o fizeram — juntamente com muitos capitalistas — por nítidas razões de classe. Três motivos podem ser relevantes no caso das classes proprietárias. Os dois primeiros dizem respeito à suposta necessidade de "defesa da propriedade", e o terceiro, à necessidade de "lucro capitalista".

(1) As classes proprietárias podiam temer a disseminada e crescente violência que se apoderava do país, associando-a à necessidade de defender a propriedade e a ordem. Ao contrário da violência do movimento grevista de 1911-12, centenas de pessoas estavam sendo mortas. A maioria dos funcionários que reuniam relatos sobre a violência culpava a esquerda. Um deles escreveu, histericamente, sobre sua "intoxicação com a violência", falando de soldados e policiais "massacrados por anarquistas e socialistas". Alguns pou-

cos funcionários sustentavam o oposto: os *squadristi* eram incitados pelo "espírito ensandecido e acima de tudo intransigente das classes comerciais e industriais" (Maier, 1975, 317, 319). A maioria dos estudiosos acredita que a direita estava exagerando. Cardoza (1982, 293) afirma que as elites eram movidas por sentimentos violentos de vingança. De Grand (1978, 120) sustenta que recorreram a atos de "assustadora" e "histérica" violência verbal. As mortes e suas circunstâncias revelam que a maior parte da violência era cometida pela direita. O período de insurgência de esquerda em 1919-20 registrara poucas baixas, mas na "guerra civil" instigada pelos fascistas em 1921-2 elas foram muitas. As estimativas variam em torno de 2 mil mortes. Cerca de 300 foram decididamente de fascistas, e mais de 700, decididamente de esquerdistas. As estimativas locais também ficam pouco acima de um quociente de 2 para 1, entre esquerdistas e fascistas, em matéria de mortos e feridos. A violência de conseqüências graves não era primordialmente obra da esquerda. Além disso, mais gente continuava sendo morta nas "guerras sociais" tradicionais e nas lutas mafiosas do sul — sobretudo na região ocidental da Sicília — do que na principal área de confronto socialista-fascista, a Toscana e o Vale do Pò (Molony, 1977, 99; Lyttleton, 1982, Petersen, 1982, 280-294; Payne, 1995, 105-6). A violência era sobretudo de caráter tradicional, seguida da violência fascista, ficando a esquerda bem para trás.

Mas havia uma diferença importante entre a violência fascista e a de outras origens. Ela não estava voltada contra o Estado. Qualquer que fosse a teoria fascista de um eventual golpe, na prática os fascistas não desafiavam ou sequer invectivavam muito o Estado. Na realidade, atacavam aqueles que diziam que eles estavam atacando o Estado — os esquerdistas. Assim, muitos funcionários governamentais provinciais e locais instigavam a violência fascista de forma encoberta. Uns poucos funcionários moderados queixavam-se da "simpatia", da "excessiva tolerância" e da "cumplicidade" com os fascistas por parte de magistrados, policiais e militares que sustentavam que "os fascistas são os defensores da ordem". Os socialistas estavam duas vezes mais expostos do que os fascistas a ataques mortais, mas também eram entre duas e quatro vezes mais suscetíveis de ser detidos. Em 1921-2, algumas unidades policiais e do exército também forneceram aos fascistas armas de cintura e suprimentos, e certa vez caminhões, um canhão e tanques (Lyttleton, 1987, Elazar, 1993, 227-32). Na verdade, boa parte do poder executivo de Estado apreciava o paramilitarismo fascista — ele era "patriótico" e estava a serviço da "ordem" (De Felice, 1966, 35-7; Petersen, 1982, 280-1; Segrè, 1987: 55-7; Snowden, 1989, 194-204; Dunnage, 1997, 120-5).

Mas as palavras de esquerda contrastavam com os atos fascistas. Os socialistas falavam de revolução e de atacar o Estado, mas na realidade encaravam o paramilitarismo como uma arma do inimigo de classe. Os socialistas moderados reiteradamente denunciavam a violência. Expulso da liderança do PSI, Turati denunciou os maximalistas vitoriosos no congresso do partido em 1918:

> A violência nada mais é que o suicídio do proletariado; serve aos interesses de nossos adversários. (...) Nosso apelo à violência será retomado por nossos inimigos, cem vezes mais bem armados do que nós, e então (...) adeus Partido Socialista. Falar (...) constantemente de violência e adiá-la sempre para amanhã é (...) a coisa mais absurda do mundo. Serve apenas para armar, incitar e justificar a violência do adversário, mil vezes mais forte do que a nossa. (...) É a mais rematada estupidez a que pode chegar um partido, acarretando a renúncia a qualquer revolução. (citado por Elazar, 1993, 135-6)

Mas até os maximalistas estavam envolvidos em pouco mais do que greves de massas e manifestações — com mais janelas quebradas e espancamentos do que Turati podia suportar. O Ministério da Guerra destacou um coronel para fazer um relatório sobre a ameaça. Ele escreveu que só os maximalistas endossavam a revolução e que

> (...) não são capazes de se organizar. Atuam em massas heterogêneas sob o impulso de emoções passageiras. Têm em sua posse armas escassas e mal distribuídas. Não dispõem de corpos organizados capazes de utilizá-los. (...) Têm todos uma noção muito limitada de tática, emprego de armas, disciplina, cooperação e até da própria ação. (...) Qualquer tentativa de preparação coordenada fica em nível local, abrangendo no máximo um distrito. (...) Para eles é impossível qualquer preparação prolongada com vistas ao futuro. (...) Hipnotizados pelo barulho e as multidões, iludem-se quanto a sua própria força e a suas perspectivas. Seu primeiro revés será seguido de desilusão e desordem. (Salvemini, 1973, 269)

O coronel estava com a razão. Quando os *squadristi* atacavam, os socialistas tentavam apenas defender-se. E não conseguiam. Raramente atacavam sedes fascistas locais. Sua iniciativa mais agressiva consistia em emboscar unidades fascistas em marcha. Cada elemento socialista tendia a agir por conta própria, ao passo que os fascistas coordenavam "caminhões e telefones" em caráter regional. Os socialistas defendiam seu terreno; os *arditi* tinham mobilidade, dormindo onde quer que o fascismo precisasse deles. O próprio líder socialista Tasca lamentaria mais tarde que os socialistas não tivessem estômago para a guerra (1976, 126-7). A questão não era decidida por votos nem debates, mas pelo paramilitarismo. Os militantes socialistas, comunistas e anarquistas rapidamente eram derrotados nos confrontos, para os quais não estavam preparados com sua atitude próxima do pacifismo.

De modo que a violência fascista não precisava ser horrenda. A glorificação da violência feita por Balbo e anteriormente citada não chegou a ser testada. Na verdade, eles alegavam que sua violência era defensiva — eram os socialistas que estavam atacando a ordem social em geral e a eles em particular. Não sabemos até onde os fascistas teriam chegado. Eles quebravam ossos, obrigavam a beber óleo de rícino, queimavam e saqueavam prédios. Geralmente, só matavam quando encontravam resistência. As mortes aumentavam, mas somente até o momento, que logo chegava, em que o inimigo capitulava. Alguns esquerdistas eram punidos com prisão, outros, obrigados a deixar a região onde moravam, submetidos a um exílio interno informal. Os expurgos eram quase exclusivamente políticos, dando vazão a uma violência essencialmente pragmática. E funcionava. O socialismo foi varrido em questão de semanas em certas áreas e, em toda a Itália, em apenas um ano, de meados de 1921 a meados de 1922. Com isto, o fascismo italiano pôde relaxar e tornar-se mais benevolente até a aventura etíope. O feito deixou impressionados muitos italianos, especialmente os que não assistiam aos acontecimentos de perto. À distância, a vitória fascista ficava parecendo transcendência do conflito, e não a brutal violência que efetivamente era, o que agradava às elites e a outros setores desejosos de ordem social. O que não sabemos é o alcance dessa popularidade, pois agora não havia mais eleições plenamente livres. Mas o paramilitarismo fascista não era apenas uma questão de violência, dizendo respeito também à construção da solidariedade interna do movimento e de sua popularidade entre os italianos.

Assim, o medo da violência era justificado, mas estava focalizado no inimigo errado. A violência de esquerda tornava-se insignificante ao lado da violência tradicional do sul e da violência fascista e de Estado. Mas as classes altas apreciavam particularmente estes dois últimos tipos de violência "ordeira".

(2) As classes proprietárias podiam temer uma revolução política. Ao contrário do que aconteceu em outros países, na Itália o turbulento período quase revolucionário do pós-guerra antecedeu imediatamente o golpe fascista. As greves de 1918-19 efetivamente pareciam combinar reivindicações salariais e de preços com gestos políticos influenciados pelos bolchevistas. Várias aldeias chegaram a ser tomadas por breve período por autoproclamados "sovietes", embora as pretendidas greves gerais tenham todas fracassado. A maioria das greves teve caráter mais limitado. Em março de 1920, diziam respeito quase sempre às "comissões internas" conjuntas de gerentes e empregados que continuavam em funcionamento desde a guerra e que agora os patrões queriam abolir. Os patrões saíram vitoriosos dessas greves, mas tiveram prosseguimento atos esporádicos de protesto e violência (exagerados pela imprensa). Cerca de 1,3 milhão de operários industriais toscanos promoveram no fim do verão rápidas greves por reivindicações salariais e relativas às comissões internas. Os patrões não cederam, fecharam as fábricas e começaram a adotar medidas disciplinares contra os líderes. As greves se disseminaram, levando a ocupações de fábricas.

Essas ocupações viriam a adquirir uma aura mítica, apresentadas como um microcosmo da futura ordem socialista e "um momento necessário do desenvolvimento revolucionário e da guerra de classes". A polícia alegava ter apreendido arsenais clandestinos, mas muitos observadores mostravam-se céticos, já que o governo não os apresentava. Os operários não tentaram tomar prédios governamentais, e poucas greves eram planejadas com antecipação. Só ocorriam escaramuças em frente a sedes sindicais ou fábricas ocupadas, em algumas das quais os operários tentavam assumir a gestão. Os operários estavam "defendendo seu próprio espaço" — a atividade típica dos socialistas do entreguerras (Mann, 1995). O *slogan controllo*, segundo alerta Salvemini (1973, 274), não significa "controle operário", mas simplesmente a possibilidade de fiscalizar a contabilidade da empresa, privilégio de que os sindicatos desfrutavam durante a guerra. Logo haveriam de manifestar-se divisões entre os militantes, os sindicatos e o partido socialista: eles estavam querendo salários mais altos, transparência ou revolução?

O primeiro-ministro Giolitti, então com 80 anos, tinha duas décadas de experiência no trato com a esquerda como chefe de governo. Apesar das exortações conservadoras para que o exército fosse convocado, ele não interveio. Dizia que sua tática consistia em "permitir que a experiência tivesse prosseguimento até certo ponto, para que os operários se convencessem da inviabilidade de suas concepções e também para impedir os cabeças de passar adiante a culpa por seu fracasso". Mobilizar tropas "seria fazer o jogo dos revolucionários, que não desejavam outra coisa" (Giolitti, 1923, 437-8). Em vez disso, ele promoveu um acordo sobre os conselhos conjuntos entre sindicalistas e industriais moderados. As ocupações tiveram fim, como ele previra. Deste modo, Giolitti já obrigara os revolucionários a botar as cartas na mesa em novembro de 1920 — *antes* do início da violência fascista (Salvemini, 1973, 296-315; Tasca, 1976, 83, 122-3).

Assim é que os teóricos da motivação de classe retrocederam para um segundo argumento "revolucionário": o fascismo não era uma resposta à revolução, mas uma "contra-revolução preventiva", para impedir que uma revolução viesse a acontecer no futuro. O número de militantes socialistas filiados quadruplicara entre 1914 e 1919, chegando a 200.000, enquanto a federação dos sindicatos socialistas, a CGL, aumentou sete vezes os seus quadros, chegando em 1920 a 2,2 milhões (entre eles um milhão de trabalhadores agrícolas). Os maximalistas também derrotaram os reformistas no partido, embora não nos sindicatos. O partido agora preconizava "o estabelecimento da República Socialista Italiana sob a ditadura do proletariado". Em 1921, um grupo de esquerda fez cisão e fundou um pequeno partido comunista. "Maximalistas" e comunistas disputavam em retórica revolucionária. Na eleição nacional de 1919, as divisões no campo dos partidos conservadores e liberais "constitucionais" permitiram que os socialistas conquistassem 156 dos 535 assentos, e o PPI, 100. Os "constitucionalistas" caíram de 410 para 239 cadeiras, mantendo-se divididos. As eleições locais de 1920 deram aos socialistas o controle de 2.162 assembléias, permitindo-lhes assumir um quarto das administrações locais. "Os patrões perceberam que já não eram mais patrões", recordaria um militante. Mas essas assembléias socialistas não eram revolucionárias. Algumas hasteavam bandeiras vermelhas no telhado da sede da municipalidade — não raro desencadeando atos de violência dos fascistas. Mas a maioria elevava os impostos, especialmente sobre os proprietários fundiários, oferecendo mais contratos públicos às cooperativas locais e menos aos grandes empresários. E declaravam que não usariam tropas para reprimir greves e ocupações de terras. Era a variante italiana do "socialismo municipal" do entreguerras.

É verdade que, em nível nacional, os socialistas liderados pelos maximalistas rejeitaram a oferta de ministérios feita por Giolitti. Mas o primeiro-ministro acreditava que logo teriam de aceitar, pois o país nitidamente se encaminhava para a direita. Os patrões evidenciavam maior solidariedade e os partidos "constitucionais", até então divididos, formaram chapas comuns e reconquistaram todas as grandes cidades, exceto Milão e Bolonha, nas eleições locais do fim de 1921. A filiação sindical e socialista, o voto socialista e os índices de greve diminuíram, enquanto aumentavam as lutas de facções na esquerda. Estavam todos encerrados em seus guetos por uma retórica maximalista e realizações minimalistas, o anticlericalismo militante e o afastamento dos pequenos fazendeiros. Como no resto da Europa, a onda revolucionária havia recuado antes da investida dos fascistas. O próprio Mussolini concordava com esta análise, escrevendo em julho de 1921: "Afirmar que existe um perigo 'bolchevista' na Itália é confundir certos temores vagos com a realidade. O bolchevismo foi derrotado. Mais do que isto: foi renegado pelos líderes e pelas massas" (Nolte, 1965, 206; cf. Maier, 1975, 182-92). Deste modo, não era necessária a ajuda dos fascistas para derrotar o "bolchevismo".

De modo que este segundo temor era real mas exagerado. Sequer seria necessária uma contra-revolução preventiva. Mas Giolitti não recebeu a devida gratidão por sua vitória não intervencionista, sendo vilipendiado pela direita. É compreensível que um surto de violência por parte de um setor político cause pânico em outro. Mudando a maré, pode seguir-se um desejo de vingança, e não de conciliação. Mas será que a vingança requeria todo o derramamento de sangue do fascismo? Alguma outra coisa teria contribuído para isto?

A maioria dos conspiradores vinha das classes proprietárias agrárias. Talvez estivessem apavorados com a agitação rural e as ocupações de terras —

sobretudo quando o governo Giolitti, o Ministério da Agricultura, entregue ao PPI, e párocos locais começaram a dar sinais de que consideravam as ocupações aceitáveis, como medidas *ad hoc* de redistribuição de terras. Tratava-se basicamente de uma questão de defesa da propriedade. Mas o problema é que a maior parte das ocupações ocorria em áreas de pouca atividade fascista, na região do Lácio, no centro, e no sul. Mesmo nelas, afetaram apenas 2,3% das terras — e, em nível nacional, a proporção era minúscula, 0,33%. Poucas dessas ocupações foram organizadas por socialistas, inserindo-se a maioria numa tradição local de insurreição rural (Salvemini, 1973, 227; Tilly, 1975, 170-1). E a atividade fascista visava menos às ocupações de terras do que aos contratos de trabalho das ligas camponesas. O mesmo se aplica à indústria. A violência fascista visava sobretudo a projetos reformistas, e não revolucionários. O que pode levar-nos ao terceiro motivo.

(3) Os capitalistas podiam tentar reprimir a mão-de-obra para proteger seus lucros. Em 1936 (analisando as coisas retrospectivamente), o dirigente austro-marxista Otto Bauer apresentou uma explicação desta natureza para o fascismo europeu em geral e o italiano em particular:

> O fascismo não triunfou no momento em que a burguesia estava ameaçada pela revolução proletária, e sim quando o proletariado há muito havia sido enfraquecido e forçado a ficar na defensiva, tendo já cedido a onda revolucionária. Os capitalistas e grandes proprietários fundiários não entregaram o poder de Estado às hordas violentas do fascismo para se proteger da ameaça da revolução proletária, mas com o objetivo de reduzir os níveis salariais, revogar as conquistas sociais da classe operária e destruir seus sindicatos e seu poder político. Seu objetivo (...) não era tanto reprimir o socialismo revolucionário mas anular as conquistas do socialismo reformista. "O revolucionarismo verbal dos maximalistas", escreve Silone, "põe em risco apenas os lampiões da iluminação pública e eventualmente os ossos de alguns policiais. Mas o reformismo, com suas cooperativas, seus aumentos salariais em épocas de crise e seu seguro-desemprego ameaça algo muito mais sagrado: o lucro capitalista." (Forgacs, 1986, 31)

Bauer invoca aqui aquele que identifico como o segundo grande motivo das classes proprietárias: a busca do lucro capitalista. Mas será que o lucro capitalista realmente precisava de um Mussolini? Que havia de errado com a receita, preconizada por Giolitti, de uma conciliação de classe à maneira do noroeste europeu, talvez com uma pequena dose de semi-autoritarismo? Certamente já era a essa altura uma estratégia vitoriosa (segundo acreditava Giolitti), pois o trabalhismo havia definhado. Por que os capitalistas italianos, especialmente os senhores agrários, se opunham tanto ao reformismo que convocavam fascistas para matar seus adversários, expondo-se eles próprios à ameaça? O apoio que manifestaram ainda hoje é um enigma. Precisamos voltar-nos agora para outras fontes de poder social, além da econômica.

Motivações ideológicas, políticas e militares

Inicialmente, a Igreja católica via o fascismo com desconfiança. Ela favorecia um conservadorismo semi-autoritário e não-nacionalista, mas até então desempenhara um papel secundário na política. Depois da guerra, importantes personalidades católicas convenceram a hierarquia da necessidade de um partido católico de massa. Fundou-se então o PPI. Em 1922, contudo, uma facção "clérico-fascista" surgira no interior do PPI. O partido agora era favorável a uma acomodação com Mussolini, e convenceu o Vaticano neste sentido. O líder do partido, Dom Sturzo, um padre, era um democrata, mas se sentiu obrigado a concordar, por seus votos de obediência. O partido absteve-se na decisiva votação parlamentar de 1922 condenando a violência fascista. Integrou-se em seguida à coalizão governamental de Mussolini e contribuiu para que se chegasse à concordata entre o fascismo e a Igreja. O objetivo da Igreja era preservar seus interesses e sua autonomia institucionais. Mas também era evidente que preferia um regime chefiado por Mussolini a uma aliança democrática entre o PPI e o centro-esquerda (Salvemini, 1973, 345-53; Molony, 1977, Mayeur, 1980, 109-17). O fascismo e a Igreja eram antes rivais que inimigos. Como dizia Pio XI, "se existe um regime totalitário — totalitário de fato e de direito —, é o regime da Igreja" (Gaillard, 1990, 208). Uma vez tendo os fascistas reconhecido os legítimos interesses institucionais da Igreja, o Vaticano passou a preferi-los em relação à democracia, se esta incluísse os socialistas. Pio XI parecia satisfeito com o trato, agradecendo a Mussolini por pôr em prática o "catolicismo social" da *Rerum novarum*.

Um grande movimento rival e quase toda a mais poderosa instituição ideológica da Itália haviam abandonado a democracia. Ela desempenhou um papel considerável de "sacralização" e mobilização das comunidades locais nas cerimônias do novo regime fascista (Gentile 1996; Berezin 1997). Este movimento fora arquitetado primordialmente pelas elites católicas, em especial o Vaticano — provavelmente indo de encontro ao sentimento majoritário no PPI. É difícil ter certeza, pois o partido era bastante amorfo. Só a hierarquia da Igreja seria capaz de impulsioná-lo numa única direção. Infelizmente, essa direção foi o fascismo.

Boa parte da hierarquia executiva do Estado também desertou. O que era de crucial importância militar, pois só as forças policiais e o exército detinham o poder coercitivo necessário para reprimir os *squadristi* depois de terem neutralizado os socialistas. Mas o monopólio da força armada por parte do Estado haveria de revelar-se inócuo. Nem a polícia nem o exército opuseram resistência ao fascismo. Na verdade, foram ambos subvertidos do interior por uma generalizada simpatia pelo fascismo. Muitos membros das camadas superiores do serviço público (especialmente no Ministério do Interior), administradores regionais, magistrados e o comando do exército efetivamente se tornaram simpatizantes do fascismo entre 1920 e 1922. No executivo, a corte real e alguns ministérios com funções mais "brandas" resistiram por mais tempo. O ramo executivo do governo desfrutara de uma certa autonomia em questões militares e de ordem pública antes e durante a guerra. A própria declaração de guerra de 1916 fora arquitetada contra a vontade do parlamento. Embora o controle parlamentar tivesse aumentado em 1918, os magistrados, prefeitos e policiais continuaram a desfrutar de autonomia, o que sempre favorecera a direita, passando agora a favorecer cada vez mais o fascismo. Certos prefeitos e autoridades policiais e militares mostravam-se simpáticos aos fascistas "patrióticos", mas o principal problema eram os funcionários de mais baixo escalão, que não cumpriam as diretivas de ordem pública contra os fascistas. Isto fomentava a desordem, o que por sua vez convencia funcionários de mais alto escalão a concordar com a incorporação dos fascistas ao regime, para "domesticá-los" e pôr fim à violência (Dunnage, 1977, 138-45). Assim, o paramilitarismo fascista não só matava como convencia as autoridades a legitimar os assassinatos.

Deste modo, os funcionários públicos estavam super-representados entre os fascistas. Nos meses que antecederam e se seguiram ao golpe, uma grande quantidade de funcionários também abriu o jogo. Em 1922, os jornais davam conta da adesão de "centenas" de oficiais militares ao partido. Pelo menos 12 generais juntaram-se a eles entre julho e setembro. A Marcha sobre Roma foi comandada por generais reformados e só teve início uma vez convencido Mussolini de que o exército não interferiria, o que foi decisivo. Ocorrendo apenas algumas escaramuças isoladas, a marcha não foi uma revolução, talvez sequer um autêntico golpe (conclui Salvemini, 1973, 316-86). Muitos oficiais e soldados teriam preferido apenas um governo semi-autoritário, mas a alternativa não parecia viável e de qualquer maneira alguns deles admiravam os ideais e o "vigor" dos fascistas — que não raro eram seus filhos. O nacionalismo de Estado extremista também podia mexer com seus sentimentos. A metade executiva do Estado dual foi conivente com a derrubada da metade parlamentar.

Mas até a metade parlamentar ficou dividida. As elites *popolari* deram a guinada mencionada aqui. Muitos políticos "constitucionais" fizeram o mesmo. Haviam esperado mobilizar por conta própria o nacionalismo popular, mas foram superados pelo fascismo entre os jovens. Chegaram a um entendimento com Mussolini quando este se mostrou disposto a conter seus radicais. Mas não eram favoráveis a uma revolução fascista, ao corporativismo ou ao sindicalismo (exceto quando contribuía para suas próprias atividades econômicas). Seus motivos para a guinada eram caracteristicamente variados, misturando sentimentos de classe com outros mais ligados ao nacionalismo de Estado. Vejamos de que maneira a *Nazione*, um jornal florentino, exemplificava um nacionalismo conservador que também era permeado por consciência de classe:

> O fascismo inevitavelmente é uma reação freqüentemente amarga e violenta — às vezes exageradamente —, mas sempre contra um pano de fundo emocional de violência maximalista [ou seja, socialista]. É a arma contundente com que a classe média se mune para investir contra as forças da destruição. (...) Sua juventude não o exime de erros, mas efetivamente o livra do tédio em que vegetam muitos partidos veneráveis. Seja como for, trata-se de mais um fenômeno (...) daquela restauração dos valores nacionais que constitui o mais reconfortante sinal do fim do ano que passou (Snowden, 1989, 151).

Mas havia uma crise política. O pleno sufrágio masculino fora introduzido de uma hora para outra — embora o executivo continuasse detendo certos poderes residuais. Seria possível fundamentar numa coalizão um governo parlamentar estável, fosse uma coalizão de centro-esquerda com socialistas moderados, o PPI e os liberais giolittianos ou outra de centro, envolvendo "constitucionalistas" liberais e conservadores e o PPI. Nenhuma das alternativas revelou-se possível. Os socialistas maximalistas recusaram-se a participar, o mesmo fazendo o PPI (que poderia ter rachado, caso seus líderes optassem por uma das duas coalizões) e os constitucionalistas ficaram divididos. Os líderes de ambos os partidos de massa, os socialistas e os *popolari*, não estavam acostumados com a transigência necessária para disciplinar seu próprio partido no interior de uma coalizão. Os principais líderes partidários era bons em matéria de acertos por trás das portas, mas não quando se tratava de defendê-los perante as massas. A responsabilidade pelo fracasso na busca de uma conciliação liberal democrática não cabe apenas aos socialistas, mas a todo o espectro político. A democracia liberal estava em transição, não se tendo ainda institucionalizado (como enfatiza Maier, 1975, 322-50). Assim foi que uma crise de classe se entrelaçou com uma crise nitidamente política.

À medida que aumentava a violência fascista, os partidos "constitucionais" mostravam-se menos interessados na proteção das vítimas do que num governo autoritário. O que os levou a favorecer uma aliança pela preservação da ordem entre o Estado vigente e o movimento fascista. Giolitti esperava impedi-la, mas até ele acabou se convencendo de que os fascistas eram apenas jovens nacionalistas excessivamente ardorosos — adotando a atitude de "um pai frente a um filho estouvado". Ele esperava que a violência do filho levasse os socialistas moderados à mesa de negociação — e em junho de 1921 a maioria dos deputados socialistas (mas não a liderança do partido) declarou que apoiaria qualquer governo de coalizão que representasse uma resistência ao fascismo. Foi o que levou Mussolini a entrar em pânico e convocar a marcha — embora o Vaticano também estivesse instruindo o PPI contra qualquer envolvimento numa coalizão. Giolitti era um típico político do semi-autoritarismo da década de 1920, incapaz de se dar conta de que o paramilitarismo fascista seria de natureza diferente da repressão seletiva que ele próprio promovia ocasionalmente e da violência retórica dos socialistas. Na década de 1930, os políticos já haviam aprendido esta lição.

Mas a maioria dos líderes "constitucionalistas" também parecia dar preferência ao fascismo sobre qualquer conciliação com a esquerda. O primeiro-ministro Salandra declarava que o fascismo era agora "a salvação e a única defesa válida contra a subversão e a anarquia. (...) Era necessário, em minha opinião, conferir sem demora uma forma legal ao inevitável advento do fascismo". Outros ex-primeiros-ministros, Facta e o próprio Giolitti, fizeram o mesmo. Não eram autênticos "constitucionalistas", comprometidos com as instituições parlamentares. Ao longo de duas décadas, Giolitti havia recorrido à repressão e à manipulação quando necessário. A manipulação de cargos permitira-lhe obter uma "maioria garantida" e transformar o parlamento num mercado onde os privilégios eram negociados e pagos. A corrupção diminuíra os atrativos do liberalismo, estimulando dissidências à esquerda (sindicalistas) e à direita (Corradini, D'Annunzio e fascistas) para afirmar que a legitimidade não está nas instituições parlamentares, mas diretamente no "povo" ou na "nação" — e num movimento minoritário de voluntários que viria a representar o povo "organicamente".

O compromisso de liberais e conservadores com a democracia era incerto. Não haviam conseguido promover a transição dos partidos de notáveis para partidos de massa porque se haviam dividido seriamente. A guerra acarretara um nacionalismo divisor de mobilização de massas. Os liberais e os conservadores estavam divididos bem no meio, ocorrendo importantes deserções em suas fileiras tanto para o lado de D'Annunzio quanto, mais adiante, para os fascistas. Até que a Igreja mudou sua posição, de uma hostil negligência em relação às atividades políticas (que pelo menos permitira aos notáveis liberais e conservadores seculares do norte dominar a política parlamentar do pré-guerra) para a participação por intermédio de seu próprio partido de massa, o PPI. Isto debilitou o controle do poder político por parte dos antigos notáveis seculares, afastando-os dos novos centristas religiosos. Nessa posição enfraquecida e assediada, eles se mostraram muito receptivos a idéias como as de Carl Schmitt, discutidas no capítulo anterior. Confrontados por um jovem movimento fascista, tinham também a estranha sensação de que pelo menos em parte a combinação fascista de nacionalismo de Estado e paramilitarismo podia ser a onda do futuro, mais eficaz nas modernas condições de enfrentamento da turbulência que seus próprios subterfúgios algo corruptos e semi-autoritários. Como enfatiza Gentile (1996, 1-18), as elites do pré-guerra, especialmente as da metade executiva do Estado, vinham tentando reiteradamente, mas sem resultado, cultivar um patriotismo mais mobilizador. Seu fracasso levou-as a encarar com simpatia métodos fascistas mais "modernos". Uma problemática transição política havia enlameado a política partidária, corroído o executivo de Estado e dificultado a conciliação liberal do conflito de classes.

Como não havia eleições, não temos como saber o alcance desses temores em suas bases de massa. Cabe presumir que muitos indivíduos de todas as classes efetivamente temessem a desordem. Embora, como vimos, a "ameaça" da esquerda fosse exagerada, os tempos realmente pareciam perigosos. A Revolução Bolchevique e a turbulência revolucionária em outros países inflamavam esse sentimento de ameaça. Os jornais de circulação de massa exageravam a ameaça para atrair leitores, dando um tratamento sensacionalista à violência e à anarquia — exatamente como os de hoje nos alarmam com sexo, drogas e violência criminal. Os jornais, sobretudo os de direita, eram os principais meios de comunicação da época (havia na Itália menos de 100 mil rádios). Esses temores podem ter-se arraigado profundamente. Mas não havia manifestações de massa (à parte os próprios fascistas), e a Marcha sobre Roma suscitou pouca reação popular. A organização da cumplicidade era quase inteiramente elitista. De modo que a resposta é, sim, as elites efetivamente pensavam que estavam se voltando para o fascismo para defender a "ordem", o que certamente incluía defender-se do socialismo. Em parte, sua motivação estava no fato de que as alternativas mais moderadas ao seu alcance haviam sido solapadas por uma crise política. Mas esta ainda seria uma explicação insuficiente. Elas também consideraram atraentes as soluções fascistas para a crise porque endossavam outros valores fascistas.

Como deixara claro o panfleto de Mussolini, o fascismo estava focalizado no nacionalismo orgânico e num paramilitarismo que levava a um regime altamente estatista e imperialista. O nacionalismo italiano tendia a se concentrar em reivindicações na área da política externa, contra os acordos de paz de 1918-19. Os nacionalistas reivindicavam territórios no Tirol austríaco e na Iugoslávia, e os seguidores de D'Annunzio haviam tomado Fiume (Ryeka), sendo contidos pelo governo constitucionalista, desejoso de respeitar os tratados de paz. Mussolini fez um grande escarcéu em torno disto. As nações "plutocráticas", a Grã-Bretanha e a França, haviam assumido posição dominante nos tratados de paz, atuando os liberais italianos como seus lacaios. A "nação proletária" precisava erguer-se para conquistar a igualdade e talvez também capturar seus territórios naturais. Como enfatizou Gregor (1979), o fascismo italiano tinha uma ideologia pronunciadamente "desenvolvimentista". A Itália se tornaria próspera pela mobilização coletiva dos recursos da nação. Era uma retórica atraente, com amplo apelo popular.

Não está claro que grupos se sentiram particularmente atraídos. Esse tipo de nacionalismo agressivo costuma ser identificado como de "classe média". Mas que relevância poderiam ter tais questões para as inquietações de qualquer classe? Fiume, as pobres colônias africanas ou os arrogantes britânicos e franceses estavam muito distantes das preocupações diárias dos italianos. Novos territórios muito pouco contribuiriam para o desenvolvimento econômico; outra guerra seria uma perspectiva aterradora. Mas efetivamente existiam clientelas menores de apoio. Primeiro, o fascismo alcançou seus índices mais altos de recrutamento nas províncias da fronteira norte. Nelas, o nacionalismo significava acabar com a sensação de vulnerabilidade dos italianos da fronteira, conferindo-lhe privilégios sobre os eslavos e os alemães de "segunda classe". Segundo, os nacionalistas que inicialmente seguiam D'Annunzio ou o fascismo eram em sua maioria antigos *arditi* que haviam arriscado a vida pela nação. Sentiam-se humilhados pelo acordo do pós-guerra. Terceiro, o grosso da "burguesia humanística" centrada no Estado favorecia um Estado ampliado — e os servidores militares e civis tinham um interesse material nisto. Estes três grupos não parecem configurar uma classe, mas uma clientela nuclear menor do nacionalismo paramilitarista, mais particular e "nacionalista de Estado".

Mussolini tentou ampliar essa reduzida clientela de apoio nacionalista mediante um populismo orientado ao mesmo tempo para o passado e para o futuro. Envolveu seu movimento numa simbologia imperial romana, declarou-se descendente de Garibaldi, inseriu rituais fascistas nos dias de comemoração oficial da jovem nação e recebeu as bênçãos da Igreja da Itália. Clamava pelo renascimento de Roma e a consecução do periclitante elã italiano de busca da dignidade e do poder. Pessoalmente, assumiu uma atitude quintessencialmente italiana de "homem viril, indivíduo apaixonado, o homem pobre que brada e brande o punho para as nações do mundo (...) apoderando-se (...) das tradições cômicas do teatro de rua em suas poses e caretas" (Passerini, 1987, 191-2). Mas essa "nação proletária" não era muito agressiva. A maioria dos italianos desconfiava do militarismo. Mais uma vez se haviam revelado soldados medíocres — embora seres humanos profundamente sensíveis — na Primeira Guerra Mundial. Os italianos em geral eram por demais perspicazes para concordar com qualquer iniciativa de agressão no exterior, e Mussolini o percebeu. Embora inicialmente juntasse sua voz ao clamor na questão do Adriático, deixou-a de lado em novembro de 1920, quando lhe foi oferecida a efêmera oportunidade de romper com D'Annunzio e participar do governo de coalizão de Giolitti. Declarando que "a Itália precisa de paz para recuperar-se", ele denunciava os que se mostravam "mesmerizados pela visão de umas poucas ilhas e praias no Adriático" (Tasca, 1976, 84-5). Embora provavelmente cobiçasse uma gloriosa expansão imperial à romana, mantinha-se por enquanto realista quanto às chances da Itália neste sentido.

De modo que o nacionalismo de Mussolini (como o da maioria dos fascistas) centrou-se inicialmente no renascimento *interno*. Murri, convertido da democracia cristã, via o fascismo como a solução orgânica para a história italiana moderna: "Hoje, como no Risorgimento, o objetivo é transformar os italianos numa só Nação e num só Estado (...) buscar e instaurar decididamente uma visão de unidade nacional (...) e um Estado eticamente válido que funcione em nossas próprias consciências" (Gentile, 1996, 57). Assim, a agressão fascista voltava-se sobretudo para os "inimigos internos" cujo "internacionalismo" supostamente debilitava a nação. Os socialistas, chamados de "bolchevistas" estrangeiros, haviam-se oposto à guerra para em seguida importar práticas políticas "russas". Os fascistas mais radicais denunciavam no PPI um representante da Igreja cosmopolita, que sempre se mostrara hostil ao Estado-nação italiano. A luta entre socialismo e capitalismo só servia para dividir a nação, enquanto as instituições parlamentares agravavam as divisões, fazendo-as tomar o rumo da "anarquia". Em junho de 1921, um simpatizante fascista do gabinete do promotor de Florença escreveu num relatório oficial:

> Os simpatizantes acompanham o movimento fascista com satisfação e, ainda que não a aprovem, no mínimo justificam sua violência, pois sentem que de nenhuma outra forma uma reduzida minoria de almas denodadas teria sido capaz de fazer frente à preponderância de socialistas, anarquistas e *popolari*, os quais, ante a inação do governo, certamente teriam conduzido a Itália a um Estado caótico e bolchevista, como na Rússia (Maier, 1975, 316).

Nessa época, a Rússia era sacudida pela guerra civil. Mussolini declarou que se o bolchevismo tivesse funcionado, tudo bem. Mas "o bolchevismo arruinou a vida econômica da Rússia" (Delzell, 1970, 8). Os fascistas usariam os paramilitares e o Estado para acabar com o conflito de classes e restabelecer a unidade orgânica. Haviam sido os únicos autênticos patriotas em 1914-18. Tinham agora o direito de bradar "Viva a Itália!" e denunciar seus inimigos como "antinacionais". Não atacavam "a classe operária" ou "o proletariado", e sim os "marxistas" e "bolchevistas", chamados de "os outros austríacos", "traidores e difamadores da vitória" e "traidores da nação". Sua retórica antiburguesa inicial veio a ser encoberta por uma bateria de expressões de nacionalismo e antibolchevismo, como observaria o primeiro-ministro Bonomi (De Felice, 1977, 117-18).

O que estava mais próximo da experiência cotidiana dos italianos. Essa retórica atraía menos os dois campos de classe em confronto, e mais os que estavam à margem, desanimados de uma solução — a "burguesia humanística" fora da esfera da produção direta, parte dos dois terços de proletários não organizados, pequenos e médios fazendeiros. Também exercia atração sobre as elites de um Estado que, no espaço de uma década, dera uma guinada para o sufrágio masculino e a soberania parlamentar formal. Os militares, a monarquia, o alto funcionalismo público, os administradores regionais — além dos representantes politicamente encastelados do antigo regime (a Igreja e os notáveis locais) — duvidavam de que a constituição liberal fosse capaz por si só de conter o caos social. Compartilhavam a segunda preocupação de Carl Schmitt (discutida no capítulo anterior): a Itália precisava de um Estado "acima" dos confrontos sectários de uma sociedade dividida em campos armados. A velha parte autoritária do Estado seria suficiente? Ou precisaria da ajuda de uma nova elite, como acabara aceitando Schmitt?

Os chefões fascistas locais, os *ras*, perceberam e trataram de explorar o dilema do Estado. Viram que existiam na verdade "dois Estados", um hesitantemente democrático, centrado nos partidos constitucionais, e o outro mais autoritário, centrado em seu braço executivo. Trataram então de aumentar essa fissura e se infiltrar em ambos. Em maio de 1922, Balbo organizou uma marcha de 40 a 50 mil trabalhadores no centro de Ferrara para exigir emprego. Convenceu a polícia e os militares a ficar longe da multidão, prometendo que a ordem seria mantida pelos *squadristi*. As autoridades gostaram da idéia de evitar um confronto. Mas ele disse então que não poderia controlar a multidão se pelo menos algumas de suas exigências não fossem atendidas. Exigiu que o prefeito prometesse um programa de obras públicas no prazo de 48 horas, caso contrário haveria uma irrupção de violência. Uma frenética troca de telefonemas entre o prefeito e Roma acabou assegurando que a promessa fosse feita naquele mesmo dia. Muitos se perguntavam quem estava governando. Balbo seguiu então para Bolonha com 20 mil seguidores. O prefeito de Bolonha era um dos raros constitucionalistas autênticos. Mas nem mesmo ele ousou recorrer à tropa, na qual muitos já confraternizavam com os fascistas. Chegou-se a um impasse, resolvido quando Mussolini convenceu o ministério a transferir o prefeito. Em Ravenna, Balbo avisou ao chefe de polícia que seus homens pretendiam incendiar casas de socialistas, acrescentando que poderia impedi-los se a polícia fornecesse uma frota de caminhões para tirá-los da cidade. Foi o que se deu, mas ele ficou com os caminhões, passando a usá-los para espraiar "uma coluna de fogo", incendiando sedes socialistas e comunistas nas províncias de Ravenna e Forlì.

Essas táticas foram retomadas na Marcha sobre Roma. Um avanço paramilitar semi-ordeiro frente a uma força armada imobilizada forçou o governo, dividido, a ceder. Foram destruídas a unidade e a autoridade de um Estado oficialmente democrático, mas na verdade dual. Para preservar a unidade nacional e a ordem de Estado, seus funcionários e políticos voltaram-se para o fascismo. Um movimento populista radical dando vazão a uma considerável violência paramilitar solapara a capacidade de resistência das elites, apelando simultaneamente para seus preconceitos de classe e de nacionalismo de Estado.

OS FASCISTAS NO PODER

O fascismo italiano não era um movimento unitário. Abrangia tendências e facções as mais diversas — socialistas, sindicalistas, estatistas, nacionalistas conservadores, *squadristi* radicais e reacionárias agrários. O próprio Mussolini pode ter favorecido um fascismo de fragrância socialista, mas seu oportunismo permitiu-lhe tomar o poder manipulando as diferentes facções com uma política ziguezagueante. Neste sentido, assemelhava-se a Hitler. Mas importantes diferenças entre os dois seriam reveladas depois da tomada do poder. Mussolini não tinha o radical transcendentalismo racial de Hitler, e seu estatismo não buscava purgar as divergências de facções, mas envolvê-las num vago corporativismo. Uma vez no poder, conferiu a todas elas uma parte do bolo. Os fascistas não conquistaram o poder. O que fizeram foi abrir caminho violentamente para perto dele e entrar em acertos com elites não-fascistas. A tentativa de satisfazer a todos esses grupos poderosos resultou na dispersão da soberania de Estado entre o sistema monárquico, a burocracia tradicional, o Grande Conselho fascista, o Ministério das Corporações, os sindicatos, o partido — e o próprio Duce. Em nível local, o secretário do partido, o prefeito, os líderes sindicais e a *podestà* competiam pela autoridade. O estatismo fascista, o militarismo, o sindicalismo e o oportunismo na verdade criaram um Estado de alto grau de pluralismo. Os conflitos e conciliações institucionalizados pela democracia liberal nos partidos e parlamentos assumiam agora formas mais privadas no interior do Estado fascista.

Os radicais foram barrados em sua tentativa de estabelecer um Estado sindicalista, mas vieram a ser compensados com o controle monopolístico dos sindicatos, assim como as associações de empregadores se viram dotadas de poderes semelhantes sobre o outro lado do processo de barganha e no Ministério das Corporações. Depois de 1926, amplas benesses materiais foram distribuídas aos militantes fascistas por meio das contribuições sindicais, neutralizando seu desejo de provocações violentas (Riley, 2002). Em outros contextos, o regime transferia poderes a elites não-fascistas. Isto logo pôde ser notado no campo, quando os proprietários fundiários assumiram a organização fascista em 1922. O processo foi mais lento nas cidades pequenas, onde os *fascii* radicais continuaram provocando turbulências ao longo da década de 1920. Os sindicatos fascistas também se tornaram mais acentuadamente de classe média, dominando as camadas inferior e intermediária do serviço público e dos governos locais (Lyttleton, 1987, 217-20, 278). Depois do golpe, diminuiu no PNF a presença de operários e camponeses, com a adesão de muitos oportunistas de classe média. Os dispersos dados disponíveis sobre os partidos locais em 1927 revelam a presença de poucos membros operários e a predominância do setor público (Forgacs, 1986, 50 nota 32; Revelli, 1987, 25-34). A partir de aproximadamente 1935, contudo, os sindicalistas começaram a ressurgir, e a crescente popularidade do regime de Hitler encorajou Mussolini a mostrar-se mais radical tanto na política interna quanto na externa. Ele podia agora empregar a energia dos militantes fascistas para reduzir o poder de parte das antigas elites (Sarti, 1990; Dahl, 1999).

Tanto a estabilização do seu próprio poder quanto a ascensão de Hitler permitiram a Mussolini adotar uma política externa mais agressiva. Ele passou a agir com agressividade contra os africanos na Líbia e na Etiópia (trato desta questão em meu próximo livro). Todavia, como demonstra Mallett (2000), cedo ele havia percebido que a Grã-Bretanha e a França impediam o acesso da Itália a uma verdadeira ação imperial no além-mar. Após a chegada de Hitler ao poder, ele entrou em aliança com a Alemanha para combatê-las. No momento em que a Itália entrou na Segunda Guerra Mundial, ele empreendera um decisivo programa de construção de navios e submarinos que julgava ser capaz de desafiar o domínio britânico no Mediterrâneo e no mar Vermelho. A ambição expansionista revelada em seu ensaio de 1932 dera com os burros n'água, embora ele parecesse consciente de que só poderia ter dois resultados: ou a Itália seria derrotada ou haveria de tornar-se subserviente à Alemanha (Ceva, 2000).

Ao satisfazer amplamente suas diferentes facções e prover a ordem e um certo sentimento de expansão, o regime também se tornou bastante popular. As eleições de 1924 não foram inteiramente livres, mas a maioria fascista, inesperadamente grande, parecia essencialmente idônea. Era generalizado o sentimento de alívio ante o restabelecimento da ordem. Uma vez firmemente estabelecido no poder, depois de 1926, o regime já não precisava de grandes manifestações de violência, parecendo ter alcançado ampla popularidade, ainda que não muito intensa. A criação de tribunais especiais e de uma polícia secreta não levou ao terror: 80% dos julgados por crimes políticos foram absolvidos, e a maior parte dos condenados recebeu sentenças de menos de três anos de prisão. Entre 1927 e 1940 houve apenas nove execuções políticas. E mesmo durante a guerra houve apenas mais 22. Significativamente, as vítimas eram em sua maioria nacionalistas eslovenos. Durante a guerra, o regime fascista condenou à morte apenas 92 soldados italianos, contra 4 mil sentenças de morte proferidas por seu antecessor "liberal" na Primeira Guerra Mundial — e 35.000 de sua aliada, a Wehrmacht alemã (Payne, 1995: 117; Knox, 1996: 128). Tudo isto indicava um baixo nível de repressão. Eram poucos os sinais de rebeldia entre proletários, camponeses e outras camadas, à parte os manifestados por chefes partidários locais.

De Felice (1974, Capítulo 2) considerava demonstrar isto que o regime desfrutava do apoio ativo dos italianos. O regime conseguiu fazer frente à Grande Depressão (embora não tão bem quanto alegasse). Afirmou a posição da Itália como grande potência — até cometer o terrível erro de entrar na Segunda Guerra Mundial. As entrevistas de Passerini (1977) com italianos de idade avançada revelam pontos de vista mais ambíguos do que simples "apoio" ou "divergência". As anedotas e piadas que contam — sobre o regime, suas canções e *slogans*, e também sobre seu próprio e às vezes ambíguo envolvimento com ele — indicam uma certa ambivalência em relação ao fascismo. Os sindicatos e os movimentos femininos, juvenis e de lazer do fascismo forneciam serviços e rituais para seus muitos membros. Berezin (1997) sustenta que os rituais fascistas vieram a permear as práticas da vida cotidiana, apropriando-se do patriotismo comum e intensificando-o, enquadrando o catolicismo e o pároco local em seus projetos. Ainda que não tenha "ressacralizado" o Estado e a nação italianos, o fascismo efetivamente foi capaz de se implantar como algo normal e italiano. A Segunda Guerra Mundial acarretou maior grau de radicalismo e menor popularidade. Os relatórios policiais indicam que a partir de 1943 muitos italianos encaravam a escassez de alimentos e os bombardeios como conseqüências de uma guerra estúpida, imposta a um regime fraco pelo poderio alemão (Abse, 1996). A Itália ficou então profundamente dividida, à medida que muitos se levantavam contra o fascismo, radicalizando-se por outro lado os remanescentes fascistas. Até então, contudo, uns poucos milhares de antigos combatentes fascistas e um número maior de oportunistas parecem ter governado a Itália sem enfrentar muita resistência.

CONCLUSÕES

Os fascistas mataram a democracia e alguns milhares de italianos. Os alvos eram antes políticos que étnicos, sobretudo porque o país desfrutava de limites territoriais seguros. Só o nordeste, em sua insegurança, levou os fascistas locais a se sentirem tentados a movimentos de agressão contra inimigos etnicamente definidos. Caso sejam ignorados a África e o último ano da guerra (discutido em meu próximo livro), o fascismo italiano foi o mais benevolente dentre os movimentos fascistas aqui analisados. Por isto é que ressurgiram na Itália nos últimos anos elementos que se dizem "neofascistas".

Os fascistas surgiram como resposta a uma crise de mobilização de massa para a guerra. A Itália ocupava uma posição marginal no sistema das grandes potências, e os italianos ficaram divididos frente à guerra. Ela dividiu os partidos políticos e abriu espaço para novos partidos. Algumas centenas de fascistas transformaram-se então em um movimento de massa, à medida que novas crises na sociedade italiana do pós-guerra exacerbavam as lutas de classes do capitalismo, dando força a um movimento paramilitar juvenil. O paramilitarismo passou a ser visto como a solução para a luta de classes. Mas seria uma enorme simplificação encarar o fascismo italiano apenas como uma organização paramilitar aplicada a metas capitalistas. Como nos demais países, as classes proprietárias recorreram "cedo demais" às armas, no momento em que nem a defesa da propriedade nem os lucros estavam efetivamente ameaçados. Para entender esta reação aparentemente excessiva, devemos levar em consideração também uma crise política e ideológica gerada por um Estado dual. A Itália não tivera um "antigo regime" coeso. A Igreja era poderosa mas se opunha ao Estado. As elites liberais e conservadoras haviam gerido o Estado no pré-guerra sem contar com raízes sociais profundas, e o Estado não conseguira efetivamente mobilizar sentimentos nacionalistas. A metade parlamentar do Estado promovia uma rápida transição para a democracia masculina, tendo de se confrontar com dois novos "exércitos de massa", facções de socialistas radicalizantes e populistas católicos incoerentes. A metade executiva do Estado detinha o monopólio do poder militar mas se vira desgastada por sonhos de um nacionalismo e de um estatismo mais mobilizadores. Num país em que o antigo regime não era capaz de mobilizar seu próprio autoritarismo, o fascismo cedo começou a exercer atração. Por isto é que a alternativa da repressão fascista foi convocada "cedo demais". Mas a rápida sucessão da Primeira Guerra Mundial, dos confrontos de classe do pós-guerra, da tentativa de aprofundamento da democracia por parte de um Estado fraco e da irrupção dos jovens fascistas dificulta o estabelecimento das respectivas contribuições causais dessas quatro crises.

Os fascistas italianos propunham soluções plausíveis para a crise. Alegavam transcender a luta de classes, o que parecia particularmente atraente para os que estavam fora dos guetos proletários e do cerne industrial/comercial da classe capitalista. Diziam-se capazes de promover o desenvolvimento social por meio do nacionalismo de Estado, o que parecia atraente para os que tinham vínculos mais fortes com a nação ou o Estado. Os meios escolhidos, por violência paramilitar, convergiam sobretudo para os valores militaristas e machistas dos jovens desmobilizados. A militância desses milhares de fascistas aproximou o fascismo do poder. Mas as elites também passaram a favorecer a repressão fascista do inconformismo de classe, em parte porque a crise política restringira as alternativas, mas igualmente porque se sentiam atraídas pelo nacionalismo de Estado do fascismo. Foi sua deserção que permitiu a tomada do poder. Cada um desses elementos contribuiu com diferentes clientelas nucleares para o fascismo — classes, setores, regiões, gerações. A variedade dessa base de sustentação pode afinal ter exigido algo como o agudo oportunismo de Mussolini para permitir a conquista e a preservação do poder. É uma história de milhares, e não de milhões — a força de ataque de milhares de paramilitares fascistas e a traição de milhares de elementos das diferentes elites italianas. Os socialistas e os *popolari* tinham efetivos suficientes para se opor a eles, mas não dispunham de uma força paramilitar nem exerciam igual atração sobre as elites. A maioria dos italianos observava com sentimentos ambivalentes. Aparentemente, não desaprovaram um resultado que significava paz social e progresso moderado. Mas foram basicamente irrelevantes para a ascensão dos fascistas ao poder.

Minha explicação é mais multifacetada do que as teorias de classe ou fascistas apresentadas no início do capítulo. Invoquei as quatro fontes do poder social — ideológica, econômica, militar e política — para entender a tomada do poder pelos fascistas. A complexidade dessa explicação exigiria, em termos ideais, dados mais precisos e completos do que pude encontrar. Devo aqui reconhecer, finalmente, algo que raramente admitem as análises do fascismo italiano. Todas as interpretações genéricas do fascismo italiano, inclusive a minha, repousam em elementos documentais bastante inconsistentes. Os dados disponíveis sobre os fascistas e seus aliados, seu contexto e suas motivações não autorizam generalizações muito confiantes. Volto-me agora para os nazistas, muito mais bem documentados.

4

Nazistas

A Alemanha foi a maior potência e o país mais desenvolvido entre os que se tornaram fascistas. Os nazistas constituíam o maior movimento fascista do mundo, dispondo da maior força paramilitar e do maior número de votos. Foi o fascismo mais "radical", o que cometeu maiores atrocidades. Torna-se por isso mesmo particularmente urgente entender quem eram os nazistas, em que acreditavam e como tomaram o poder. Felizmente, trata-se do caso mais bem documentado. Embora sempre haja mais perguntas a serem feitas e mais dados a serem buscados, este capítulo e o próximo podem aproximar-se de uma explicação satisfatória da ascensão dos nazistas, solucionando alguns enigmas deixados pela escassez dos elementos documentais italianos discutidos no capítulo anterior. E embora os movimentos fascistas fossem diferentes uns dos outros, compartilhavam suficientes elementos para que utilizemos a solidez dos dados alemães com objetivos mais amplos e de caráter comparativo.

Mas havia diferenças flagrantes em relação à Itália. Ao contrário desta, a Alemanha perdera a Primeira Guerra Mundial. A Alemanha também teve uma história política muito específica no pós-guerra. Um breve período de turbulência revolucionária abriu caminho para uma democracia liberal avançada, a República de Weimar, que estabeleceu o sufrágio feminino e o mais avançado Estado previdenciário do mundo. Por outro lado, a Alemanha continha não apenas uma, mas duas grandes religiões cristãs, o protestantismo e o catolicismo. Como Hitler só tomou o poder em 1933, a ascensão dos nazistas também foi mais lenta, sendo afetada pelos acontecimentos do entreguerras: uma crise inflacionária, disputas com as potências da Entente em matéria de fronteiras, reparações e armas, a Grande Depressão e um surto generalizado de autoritarismo. Muito mais do que os fascistas italianos, os nazistas disputavam eleições seriamente; muito menos, todavia, chegaram a desafiar o poder militar de Estado. Finalmente, o fascismo alemão era muito mais racista do que o italiano. Todas estas diferenças importavam.

O mesmo quanto às peculiaridades de longo prazo da história alemã, não raro consideradas um *Sonderweg*, um caminho sem equivalente de desenvolvimento histórico. A questão costuma ser enfocada em termos de política de classes: não tendo passado por uma "revolução burguesa", a Alemanha preservou, ainda tornando-se um país avançado, um Estado semi-autoritário segundo o modelo do antigo regime e que era apoiado pela burguesia. Juntos, afirma-se, o antigo regime e a burguesia solaparam a democracia de Weimar, resvalando para o apoio ao fascismo. Mas a nação alemã e suas classes tinham seu caminho próprio. O Estado-nação alemão tinha a possibilidade de duas fronteiras: uma *Klein* ou uma *Gross Deutschland* (pequena ou grande Alemanha). Sessenta milhões de alemães viviam na República de Weimar, mas quase 20 milhões viviam fora dela, a maioria em territórios adjacentes. Isto conferia à "nação" alemã uma identidade menos centrada no Estado e mais étnica e potencialmente mais racista, gerando também um potencial projeto de expansão territorial. O "pequeno" Estado alemão (originalmente a Prússia, agora a Alemanha de Weimar) poderia unificar toda a "grande" nação alemã, graças sobretudo à expansão para o leste. Examinarei o papel desses diferentes legados de classe, nação e Estado.

Pergunto quem apoiava o nazismo e por quê. Neste capítulo, analiso os membros do nazismo. No próximo, examino os dois outros principais ingredientes da ascensão do nazismo ao poder, os eleitores e os "co-conspiradores" da elite. Tento entender também como os membros, os eleitores e as elites mobilizaram-se conjuntamente no momento em que os nazistas galgaram o poder. Nestes capítulos, chegamos apenas até 1933. Os 12 anos do Reich que se seguiu são discutidos em meu próximo volume. Este capítulo leva os nazistas a sério. Em que acreditavam? Quem eram? E qual era a natureza de suas atividades?

A IDEOLOGIA NAZISTA OFICIAL

Muitos observadores e estudiosos têm enfatizado que a ideologia nazista era incoerente. Os nazistas, afirmam, eram politicamente "semi-analfabetos", envolvidos numa "mixórdia de idéias" e recorrendo ao "amontoado de idéias em vigor na época" — ambíguos, contraditórios, destituídos de princípios e se destacando apenas pela "poderosa eficácia [de] retalhos vulgarizados de idéias e dogmas de salvação (...) um mito político para as massas" (Broszat, 1987, 38, 186-90; cf. Peukert, 1989, 39; Bracher, 1971). Estes pontos de vista são típicos da tendência de não se levar a sério o fascismo. O problema está em parte no fato de que, como o nazismo costuma ser considerado um movimento extremamente ideológico, muitos alimentavam expectativas irreais quanto a sua sofisticação ideológica. Mas o nazismo não era como os partidos marxistas. Nenhum partido fascista tinha o lastro teórico (ou quem sabe a rigidez doutrinária) proporcionada pelo marxismo a certos partidos socialistas. Mais próximos neste sentido dos partidos conservadores e liberais, os nazistas tinham propostas políticas fundamentadas em uma ideologia mais frouxa — seria adequada aqui a expressão alemã *Weltanschauung* ("visão de mundo"). Como acontecia concretamente com qualquer partido constituído, elas também eram comprometidas pelo oportunismo político e as tentativas de remendar as dissensões internas. Curiosamente, entretanto, podemos considerar o oportunismo fascista em certo sentido "dotado de princípios". Como os fascistas veneravam o poder, o elitismo e a liderança, os dirigentes eram na verdade autorizados por seus seguidores a se comportar de maneira arbitrária, se isto pudesse garantir o poder. O fascismo também privilegiava a ação sobre o dogma. Muitos nazistas gostavam de se fazer passar apenas por homens de ação. Vangloriavam-se de nunca terem lido o programa do partido e diziam (embora apenas em caráter privado) que sequer haviam chegado a abrir seus exemplares de *Mein Kampf*. Eichmann fez questão de declarar, durante seu julgamento em Jerusalém: "O programa do partido não importava, sabíamos o que estávamos buscando." Tratarei aqui de explorar esse "conhecimento compartilhado" a que se referia Eichmann, mais do que qualquer dogma canônico. Nesse nível, os nazistas mostravam mais coesão ideológica do que se costuma sustentar.

Parte desse conhecimento compartilhado pode parecer flagrantemente absurdo para nós e também para muitos de seus próprios contemporâneos. A idéia de que os judeus, representando 0,76% da população (e chegando no máximo a 2% entre os banqueiros e acionistas alemães, vale dizer, o "capital financeiro judeu"), constituiriam uma grave ameaça à Alemanha só podia ser risível. Também era absurdo da parte dos eleitores apoiar exatamente aquele partido que mais atos de violência cometia na Alemanha, sob a alegação de que isto era necessário para pôr fim à violência. Na tentativa de solucionar os problemas de um país, contudo, muitos partidos propõem "soluções" estranhas mas que ainda assim têm repercussão. A política não é uma questão de verdade, mas de ressonância minimamente plausível. Vivi em países onde as eleições também foram vencidas por partidos que apontavam um inimigo principal caricatural e quase imaginário: nem os conservadores e algo capengas sindicatos britânicos nem o fraco poder interno do governo federal americano poderiam ser verdadeiramente responsabilizados por uma parte importante dos problemas de seus países na década de 1980.[1] A culpa atribuída aos judeus pelos nazistas era ainda menos plausível, mas a verdadeira diferença está em seu potencial infinitamente maior de fazer o mal.

Começo com um texto nazista clássico, o programa partidário de 1920. Alguns estudiosos minimizam a importância deste documento, e no entanto ele representa (com uma exceção) uma clara síntese do nazismo, assim como de um nacionalismo de Estado empenhado em expurgos. Seus pontos iniciais eram constantemente repetidos pelos nazistas: a "união de todos os alemães numa Grande Alemanha", a revogação dos tratados de paz e "terra e territórios (colônias) para alimentar nosso povo e acomodar nossa população excedente". "Somente aqueles de sangue alemão, qualquer que seja seu credo, podem ser membros da nação. Da mesma forma, nenhum judeu pode ser membro da nação." Outros artigos enumeravam as políticas educacionais, econômicas, jurídicas, de comunicação e saúde e as condições de estabelecimento de um Estado corporativo autoritário exigidas por essas metas. Essas cláusulas de política interna eram vazadas em linguagem *völkisch*: aos não-alemães devia ser negada influência nos meios de comunicação, a liberdade religiosa só seria permitida se não ameaçasse o Estado nem "ofendesse os sentimentos morais da raça alemã". Em dois pontos se afirma que a punição para os não-alemães que infringissem esses dispositivos seria a deportação.

Em discurso de 1923, Hitler deixava perfeitamente clara a importância dos "inimigos" para o nazismo:

> O nacionalismo representa acima de tudo a inoculação contra um bacilo, e o conceito anti-semita é a defesa necessária, o anticorpo, se quiserem, contra uma pestilência que hoje em dia ataca o mundo inteiro. (...) Existe apenas uma diferenciação: ou se é alemão ou se é antialemão. Os nacional-socialistas são a ponta-de-lança da marcha da Alemanha, e declaramos que não nos sentaremos à mesa com criminosos que já nos apunhalaram pelas costas. (Sereny, 1995, 58-9)

É uma visão maniqueísta do mundo, dividido entre os alemães e seus inimigos. Todavia, como os fascistas italianos, os nazistas estavam mais à esquerda quando começaram. Do programa partidário fazia parte um esboço do "socialismo" nazista: não a abolição da propriedade privada, a democracia econômica ou a igualdade, mas "a primazia do trabalhador sobre o explorador" — definido este último como o grande capital e os índices altos de juros. Era um tanto vago mas de caráter estatista: cabia ao Estado prover a subsistência e o bem-estar dos cidadãos, abolir as rendas que não fossem obtidas pelo trabalho e tomar medidas contra as altas finanças e o capital judaico. Havia também um programa radical de reforma agrária prevendo a desapropriação de terras.

Esse esquerdismo inicial manifestou-se de forma ainda mais simples em inúmeros panfletos das origens do partido. Eis aqui um deles, de 1920:

> PARTIDO NACIONAL-SOCIALISTA DOS TRABALHADORES ALEMÃES
>
> Com incansável diligência, os agentes da bolsa de valores judaica internacional e os agiotas tentam levar a Alemanha ao colapso, de modo que possam entregar o Estado e a economia aos
>
> TRUSTES FINANCEIROS INTERNACIONAIS
>
> Para isto é necessário dividir e portanto enfraquecer nosso povo. Donde, igualmente, o encarniçado combate dos

> MERCENÁRIOS
>
> das altas finanças internacionais contra um partido que, ao contrário de todos os outros, não é formado por
>
> "BURGUESES" OU PROLETÁRIOS
>
> mas pelos trabalhadores criativos, intelectuais ou braçais, de nosso povo. Só eles podem ser e serão os esteios da futura Alemanha (reproduzido em Noakes e Pridham, 1974, 37-41).

Nas ruas, contudo, os nazistas não enfrentavam capitalistas nem judeus. Envolviam-se em combates de rua contra esquerdistas que proclamavam as virtudes do internacionalismo e da Rússia. De modo que mudou a ênfase do nazismo. Os estudos regionais do nazismo revelam que em toda a Alemanha as manifestações de anti-semitismo dos nazistas diminuíram no fim da década de 1920. Embora o anti-semitismo não fosse abandonado, agora os principais elementos "antialemães" passavam a ser os "bolchevistas" ou "marxistas" — que sempre o haviam sido em certas áreas (Heilbronner, 1990). Mas os nazistas também afirmavam que a violência contra os bolchevistas e a imposição de restrições aos capitalistas eram essenciais para a consecução de uma meta positiva. Estava em questão a criação da *Volksgemeinschaft*, uma "comunidade orgânica do povo", destinada a transcender conflitos de classe e de qualquer outra natureza.

Novos elementos eram acrescentados ao programa à medida que o movimento crescia. Alguns serviram para consolidar o fascismo. Os primeiros ataques retóricos à república "civil" evoluíram para um ataque mais filosófico à própria democracia: o desejado Estado "forte" tornou-se declaradamente autoritário. Em meados da década de 1920, tendo Hitler deixado a prisão, seu elemento central passou a ser o "princípio do Führer": lealdade incondicional ao líder, personificação do *Volk* alemão. Foi de grande ajuda que Hitler fosse carismático, com notável capacidade de gerar sentimentos de confiança nos seguidores. Era um homem capaz de expressar uma "visão", sem elementos concretos e específicos, baseada em dicotomias maniqueístas, mas aparentemente de uma clareza e sinceridade ofuscante (Kershaw, 1998, 290-1). Tendemos hoje em dia a ficar intrigados com o magnetismo ensandecido que ele exibia nos comícios em Nuremberg. Mas suas qualidades de liderança eram mais evidentes em ambientes fechados. As memórias dos nazistas também falam de homens e mulheres que calavam dúvidas e críticas depois de ouvirem palavras tranqüilas mas firmes de Hitler em caráter privado. Depois de 1927, aproximadamente, os nazistas parecem ter dedicado devoção quase incondicional a seu líder, a personificação da Alemanha, como se depreende do mais conhecido dos *slogans* nazistas: "*Ein Volk! Ein Führer! Ein Reich!*" Comparados aos fascistas italianos, contudo, os nazistas minimizavam a importância dos projetos para uma futura sociedade. Para eles, o "Estado corporativo" era um ideal estrangeiro, fosse italiano ou austríaco. A forma do futuro Reich foi deixada aos cuidados de Hitler, que não se mostrava muito específico. Embora se desse grande ênfase ao "estatismo", seus contornos ficavam um pouco vagos.

O grande recuo se deu em relação ao "socialismo". Em 1928, o partido renunciou ao compromisso com uma reforma agrária radical. Seu anticapitalismo também começou a vacilar, passando a ser mais contestado no interior do movimento. Sob a influência de Feder, Hitler estabelecera uma distinção entre capital "produtivo" e "improdutivo" ou "parasitário", sendo o primeiro autenticamente "alemão" e o segundo, internacional ou judaico. A partir de 1930, todavia, ele buscava a aprovação de empresários que não entediam essa distinção. O "socialismo" nazista passou a merecer menos ênfase, em favor de uma reivindicação mais vaga e constantemente reiterada de "justiça social". Aí estava a grande ambigüidade nazista. Mas o movimento efetivamente preservou certas inclinações "socializantes", que viriam a influenciar a forma de inserção da economia política na estratégia eleitoral nazista depois da Grande Depressão, como veremos no próximo capítulo.

A IDEOLOGIA DOS NAZISTAS

Caberia levar a sério essa *Weltanschauung*? A pergunta importante a ser feita é: Era compartilhada pelos nazistas em geral? Naturalmente, não dispomos de muitos indícios no que diz respeito às centenas de milhares de nazistas "comuns". A fonte mais útil de que dispomos sobre as crenças dos militantes nazistas são os 581 ensaios escritos para um concurso anunciado num jornal do partido nazista sobre o tema "Por que me tornei nazista". O convite foi feito em 1934 pelo diligente sociólogo americano Theodore Abel. Os ensaios reproduzidos em seu livro de 1938 foram duas vezes analisados por Peter Merkl (1975, 1980). Com toda evidência, os autores não formavam uma amostragem aleatória de todos os setores da militância nazista. Representam uma amostragem de "antigos combatentes" de bom nível de instrução e portanto tendendo a ser de classe média, mais comprometidos com o fascismo do que a média dos membros. Mas esses militantes nazistas efetivamente compartilhavam as crenças descritas anteriormente. O tema ideológico central de 32% dos ensaios era uma *Volksgemeinschaft* transcendente, 23% dos ensaios expressavam formas de "superpatriotismo" (orgulho da Alemanha e ódio de estrangeiros), 18% se identificavam com Hitler como encarnação do *Volk*, 14% estavam centrados no anti-semitismo, 6%, num "romantismo do sangue e do solo", e 5% defendiam a recuperação dos territórios perdidos por via militar — um espectro ideológico bastante acanhado.

Esses militantes também se mostravam bastante duros com respeito aos "inimigos". Marxistas/comunistas/socialistas eram considerados o principal inimigo em 63% dos ensaios, os judeus, em apenas 18%, os liberais/capitalistas, em 8%, e os católicos, em 5%. Um terço dos ensaios não deixava transparecer sinais de anti-semitismo, metade deles revelava algum e 13% pareciam obcecados com isso. Cerca de 22% evidenciavam ódio a estrangeiros que viviam no exterior, 15%, a "estrangeiros" na Alemanha, e 5% falavam de uma conspiração envolvendo ambos. Quase todos declaravam odiar a República de Weimar, 30% porque era dominada por judeus ou outros "antialemães", 19% por configurar um sistema multipartidário, 9% porque era marxista, 3% porque era capitalista e liberal, 23% porque era "liberal ou capitalista" *e* "marxista", 6% porque era "negra" *e* "vermelha". Uma pequena maioria considerava que os inimigos não eram sensíveis aos argumentos da razão. Cerca de 21% empregavam termos de exclusão dos inimigos da comunidade humana ou moral (como "subumanos", "roedores", "assassinos"). Cerca de 40% preconizavam a guerra e 48% se haviam envolvido em atos de violência "tendentes a indicar sadismo ou masoquismo". À parte o culto ao Führer e o militarismo, contudo, era muito menor nesses ensaios a expressão do estatismo (Merkl, 1975, 453-542). Os principais inimigos eram agora os bolchevistas, embora com freqüência associados aos judeus e ao "sistema" de

Weimar. A linguagem racista biomédica era freqüente, embora os inimigos étnicos e políticos parecessem estreitamente entrelaçados. A violência permitiria expurgá-los da *Volksgemeinschaft*. Ela teria um papel redentor, como observou Friedlaender (1997) a respeito do anti-semitismo nazista, propiciando um forte apego emocional à Alemanha, ao movimento e ao Führer. O "núcleo duro" do nazismo endossava o nacionalismo orgânico transcendente e excludente expresso no programa e na propaganda do partido. Mas não era apenas uma questão de racionalidade instrumental. Também era necessário fazer um gesto, um movimento de lealdade e comprometimento. O poder ideológico raramente depende da sofisticação de sua mensagem. Em suas manifestações mais fortes, envolve exortações simples mas de grande repercussão, transcendendo a realidade mundana e conferindo significado à ação. Foi o que deu aos nazistas o fervor e o ímpeto que os caracterizaram.

E que pensar dos nazistas mais "comuns", que talvez não se dispusessem a escrever ensaios? Neste caso, dispomos de evidências documentais menos sistematizadas, mas elas existem.

Podemos ter uma idéia dos nazistas mais "comuns" por meio dos formulários de filiação a uma Sturm Abteilung ("Seção de Assalto"), ou SA. A partir de 1930, era necessário responder a um questionário sobre os "motivos de adesão". As respostas eram em sua maioria simples e diretas. Declarava um engenheiro:

> Entrei para a SA para apoiar meu líder e a Alemanha na batalha contra o comunismo e o SPD, traidores do povo e da pátria, e para apoiar a erradicação desses parasitas, até o fim, ainda que custe minha vida!

Como em 1930 cerca de 70% dos novos membros das SA eram operários, suas respostas eram em geral ainda mais simples:

> O trabalho não estava em pauta porque o governo marxista não sabia como proporcionar pão e trabalho ao povo.
>
> Para participar desta organização que assegura a unidade do povo alemão e proporciona ao trabalhador alemão meios de reintegração ao processo produtivo.

> Estou na SA porque fui criado desde criança como nacionalista, pois meu pai [também operário] não podia perder tempo com o SPD ou o KPD.
>
> O novo movimento, o Princípio do Líder, despertou meu interesse há muito tempo, pois fui convencido pela Idéia Nacional do nosso líder.
>
> Eu me preocupo com a nação, amo a Pátria e não pertenci anteriormente a nenhum partido político.
>
> Há muito tenho alimentado o anseio de uma Alemanha ordeira, livre de judeus, e esperado o dia em que seria abolido o domínio dos patrões imposto pelo SPD.
>
> Como alemão ariano, não estaria à minha altura apoiar esse governo de patrões e judeus.

Também eles estavam dando um salto de fé, "até o fim", envolvendo "amor" e "anseio" pelo objetivo da "reintegração". Em nível mais mundano, também endossavam o programa do partido e os ensaios de Abel. Eles "sabiam o que estavam fazendo".

Não entrarei aqui nas motivações compulsadas em minha amostragem de criminosos de guerra nazistas, apresentadas em meu próximo volume (pois podem ser indivíduos completamente fora do comum). Como todos os movimentos bem-sucedidos, contudo, o nazismo atraía muitos filiados por motivos vagos ou irrisórios. O oficial das SS Gerstein (que mais tarde arriscaria a vida para denunciar o genocídio nazista) lembrava-se de ter aderido (logo depois de se formar em engenharia e medicina) por simples nacionalismo idealista. Ele acreditava que os nazistas dariam nova vida à Alemanha. Scheltes, jovem arquiteto no gabinete de Albert Speer (o arquiteto e planejador econômico de Hitler), considerava que "precisava fazer uma escolha (...) tudo na Alemanha se havia tornado político (...) entre esquerda e direita. (...) Optei pela direita, representada pelos nacional-socialistas". Hupfauer, que viria a ser assistente administrativo de Speer, era um ambicioso advogado, na expectativa de estudar no exterior. Mas "os amigos me convenceram a ficar. (...) O partido pretendia mudar todo o conceito de relações de trabalho, com base no princípio da co-determinação e da responsabilidade compartilhada entre a gestão e os trabalhadores. Eu sabia que era utópico, mas acreditava de todo coração. (...) As promessas de um socialismo desvelado mas disciplinado feitas por Hitler encontraram ouvidos muito receptivos" (Sereny, 1995, 146, 180-1, 356). Estes dois membros da equipe de Speer também estavam dando um salto de fé, embora, na qualidade de intelectuais, também tivessem consciência da essencial ambigüidade política e de classe do nazismo: seria o nazismo de direita ou verdadeiramente transcendia as classes?

Todas as principais tensões do movimento convergiam para esta ambigüidade. Em 1932 e 1933, as SA começaram a dar sinais de inquietação ante os acenos oportunistas de Hitler para as elites e seu aparente recuo no "socialismo" nazista. Manifestara-se a habitual contradição entre tendências revolucionárias e burocratizantes do fascismo (ver Mann 1997). As SA assumiam um tom orgulhosamente proletário, como nesta marcha:

> Somos o exército da suástica,
> Ergam bem alto a bandeira vermelha,
> Nós lutamos pela liberdade do trabalho alemão.

Embora não fosse um teórico, o líder das SA, Röhm, efetivamente apoiava um Estado de "operários, camponeses e soldados", baseado nos "soldados alemães da linha de frente" (todas as citações extraídas de Fischer, 1983, 55-6, 82-3, 149-59).

O que quero dizer é que esse movimento era mais forte em seu compromisso emocional e não menos coeso em suas crenças e tendências do que a maioria dos movimentos modernos. Com efeito, ele apresentava a dinâmica normal dos movimentos políticos: tensão entre os três elementos da ideologia oficial, bases mais radicais e seleção mais conservadora da liderança. A ambigüidade resultante tinha forma e nível normais em qualquer movimento político. Neste caso, a inquestionável autoridade de Hitler foi capaz de atenuá-la. Eram estas as crenças emocionalmente endossadas pelos nazistas. Mas que tipos de pessoas eram eles? Estaríamos em condições de identificar as clientelas nazistas nucleares?

AS CLIENTELAS NAZISTAS NUCLEARES

Homens e mulheres

Como em outros partidos da época, a maioria dos militantes nazistas e todos os líderes eram homens. As mulheres eram 5 a 10% dos membros comuns do partido (e mais tarde dos responsáveis pelo genocídio). Mas havia muito mais mulheres nazistas do que isto parece indicar. Cerca de 90% das mulheres do partido não eram casadas; presumia-se que os maridos filiados representavam a família inteira. A maioria das mulheres aderia apenas a organizações auxiliares. Não tenho como saber quantas eram, mas é provável que seu acréscimo elevasse o número de mulheres nazistas acima dos 10 a 23% (conforme a época) de mulheres no SPD, socialista, e dos 9 a 16% no KPD, comunista. Os partidos de centro e direita tinham menos mulheres filiadas, mas alguns também contavam com organizações femininas auxiliares.[2] Na liderança de outros partidos havia entre 5 e 15% de mulheres, que no entanto raramente eram influentes. O DDP, liberal, constituiu um comitê de mulheres para marginalizar suas feministas, consideradas prejudiciais à captação de votos. Assim, *todos* os partidos da República de Weimar eram masculinos. Só no nível de liderança os nazistas levaram esta situação ao extremo. Na cidade de Marburg, as mulheres nazistas eram numericamente superiores às mulheres de outros partidos, em termos tanto absolutos quanto relativos. E ao passo que as mulheres de esquerda eram sobretudo da classe trabalhadora e as conservadoras, de classe média, as mulheres nazistas provinham de todas as classes (Weber, 1969, I; Bacheller, 1976, 321; Kater, 1983, 149-52; Wickham, 1983, 324; Frye, 1985, 95-6; Koshar, 1986, 239; Boak, 1990, Brustein, 1996, Tabela 3.2).

Mas a ideologia nazista não tinha equivalente na subordinação formal das mulheres à autoridade patriarcal. Os partidos liberais e de esquerda diziam-se feministas. Até os conservadores afirmavam querer mais ativistas do sexo feminino. A ideologia nazista era decididamente machista, insistindo em que as mulheres se mantivessem na esfera privada, para trazer ao mundo e criar a raça "mestra". Sob os nazistas, a participação feminina na força de trabalho alemã manteve-se mais baixa do que em outros países em guerra até 1943. Os próprios nazistas sustentavam, contudo, que se preocupavam com as mulheres. Forneciam ajuda previdenciária às viúvas e mães e denunciavam como decadente a cultura da "mulher como objeto sexual" das democracias liberais. Suas organizações femininas eram ativas em obras caritativas e educacionais e no patrocínio de atividades físicas e esportivas para meninas. Comentava o líder da Juventude Hitlerista, von Schirach: "Não importa a que altura uma jovem é capaz de saltar, a que distância atira, e sim que seu corpo possa desenvolver-se adequada e harmoniosamente" (Steinhoff et al., 1989, 20). Os nazistas preocupavam-se com a saúde e o bem-estar daquelas que traziam ao mundo e criavam a raça. A preocupação com as últimas conquistas do conhecimento nas áreas médica, dietética e de saúde pública, sua difusão pelos mais atualizados meios de comunicação de massa e os programas e paradas desportivos e comunitários evidenciam um tipo de patriarcado nitidamente moderno — e proclamado em mais alto e bom som do que os liberais ou esquerdistas proclamavam o feminismo. Os nazistas mantinham sob discreta reserva alguns de seus pontos de vista, mas se orgulhavam de seu patriarcado.

Isto se revelou popular entre as mulheres como entre os homens. Uma análise ecológica do voto (discutido em mais profundidade no próximo capítulo) indica que as mulheres, com menos probabilidade do que os homens de votar nos nazistas na década de 1920, reduziriam consideravelmente a defasagem daí em diante. Na verdade, as mulheres protestantes, que eram a maioria, viriam afinal a votar um pouco mais nos nazistas do que os homens protestantes. Entre os católicos, os nazistas não tinham como competir com o Partido do Centro, que recebia 70% do voto católico feminino, contra 56% entre os homens católicos (Mayeur, 1980, 133; Childers, 1983, 260; Falter, 1986, 1991, 136 e seguintes). Como o Partido do Centro também era patriarcal (de uma forma mais tradicional), poucas mulheres parecem ter-se sentido discriminadas pelas ideologias que as excluíam da esfera pública. As imagens de mulheres na propaganda nazista são bem conhecidas — saudáveis, atraentes (mas não sensuais), vestidas num branco virginal, escovadas e sorridentes, jogando bola, admirando a natureza, oferecendo flores a Hitler. Eram imagens de impacto, coerentes com a pretensão nazista de representar o *Volk* "limpo, saudável e conscientemente alemão". Embora poucas mulheres fossem militantes, muitas eram leais ao nazismo. Algumas o provaram participando do genocídio (seu caso será discutido em meu próximo volume). Mas o movimento era decididamente masculinista, com conseqüências que serão discutidas adiante.

Jovens e veteranos militares

Vimos que os fascistas italianos eram sobretudo jovens veteranos militares. Os nazistas também eram jovens, embora com menos veteranos. A média de idade dos membros em 1923 era de 27 anos, chegando a 29 no fim da década de 1920. Os militantes eram ainda mais jovens. Numa amostragem de membros muito ativos das SA em 1929-32, 60% tinham menos de 25 anos, enquanto os "mártires" mortos nos confrontos de rua em 1923 tinham em média 24. Metade dos membros do partido e três quartos dos militantes das SA eram solteiros. Como na Itália, a maioria dos fascistas não tinha compromissos familiares, pondo suas "carreiras" à disposição do movimento. Por volta de 1930, os líderes nazistas eram nada menos que dez anos mais jovens do que os líderes de todos os demais partidos de Weimar, exceto o KPD, comunista. Os militantes socialistas do SPD eram bem mais velhos do que a população alemã em média. Os partidos "burgueses" e os socialistas personificavam o bom senso estagnado das camadas de meia-idade, e não o dinamismo da juventude, de modo que os nazistas proclamavam: "Abram caminho, senhores de idade!" É claro que, com o tempo, os nazistas começaram a envelhecer: os novos membros tinham em média 36 anos em 1933, e 47 em 1939. A essa altura, os nazistas eram representativos da estrutura etária dos alemães como um todo (Weber, 1969, II, 26; Merkl, 1975, 13, 1980, 98; Douglas, 1977, 71; Kolb, 1979, 101; Madden, 1982a, 1982b, 50; Fischer, 1983, 49-51; Kater, 1983, 139-48; Peterson, 1983, 216; Jamin, 1984: 85; Brustein, 1996: figura 5.2b).

As autobiografias nazistas de Abel revelam que o NSDAP e as SA eram considerados organizações adultas, cujos membros eram em geral integrados depois de um período de aprendizado em algum movimento juvenil de direita. Quase todos esses militantes haviam participado de um grupo juvenil, metade na Juventude Hitlerista ou nos paramilitares de direita, e a outra, em movimentos civis de direita (Merkl, 1980: 205-6). Assim, em sua maioria os militantes nazistas se haviam iniciado em atividades extremistas exatamente como os jovens fascistas italianos, no fim da adolescência ou no início da idade adulta, por volta dos 20 anos.

Com isto, muitos explicam o nazismo como um fenômeno de geração, uma "cultura juvenil da revolta". Afirma-se que a Primeira Guerra Mundial foi vivenciada de maneira semelhante pela "Geração de 1914", nascida entre 1890 e 1915, jovem demais para ter grande experiência adulta antes da guerra. No interior deste contingente etário, distingue-se uma "geração da frente de guerra", nascida entre 1890 e aproximadamente 1901 e que lutou na guerra, e uma "geração doméstica", que vivenciou a guerra apenas na infância. Ambas as experiências afastaram jovens do sexo masculino da República de Weimar, compelindo-os para a direita. A mesma atenção não tem sido dada às experiências de guerra das jovens do sexo feminino. A "geração da frente de guerra" enfrentara diariamente a morte, desenvolvendo um companheirismo masculino intenso e igualitário. Mas seu sacrifício foi "traído" em casa por elites civis de meia-idade. Até que chegou a "geração doméstica", sofrendo privações materiais e paternas durante a guerra e desenvolvendo um nacionalismo e militarismo voyeurístico. Mas seu romance com a guerra foi abalado pela rendição e a volta das figuras paternas derrotadas. Na prosaica e débil democracia civil, o desemprego também afetou sobretudo os jovens. Eles ansiavam por uma comunidade mais integrada e uma figura paterna mais forte — encontrando-as no *Volk* e no Führer. Esta é a história de uma geração (Merkl, 1975, 1980; Wohl, 1979, 64-84; Madden, 1982a; Loewenberg, 1983; Ziegler, 1989, 59-79).

Essa história contém elementos de verdade e problemas. Na década de 1920, os nazistas ainda eram uma pequena minoria, com movimentos juvenis menores que os de seus rivais socialistas, católicos e "burgueses". Deste modo, poucos integrantes dessa geração tornaram-se nazistas fervorosos. Também havia muitos nazistas de outras gerações. Em 1920, o militante nazista típico nascera em 1887, sendo portanto ligeiramente mais velho do que a geração da guerra. O grupo etário entre 18 e 29 anos estava apenas um pouco super-representado no partido nazista: o quociente de sua percentagem no partido em comparação com sua percentagem na população era de aproximadamente 1,25, chegando a 1,40 em 1927. Nenhum contingente etário estava muito sub-representado. Só o quociente dos membros com mais de 60 anos ficou abaixo de 0,90 (Kater, 1983: 261, 269-73). Assim, todas as faixas etárias estavam muito bem representadas. As análises ecológicas do voto indicam que, em 1930, os eleitores mais antigos eram inclusive um pouco mais nazistas do que os jovens (Falter, 1991, 146 e seguintes). Dos 24 principais líderes, nove tinham mais de 24 anos ao ter início a guerra em 1914. Embora o próprio Hitler (nascido em 1889) praticamente não tivesse vivência como adulto antes do início da guerra, Ritter von Epp (46 anos) já era um oficial de alta patente, Schwarz e Hierl (ambos com 39) eram um respeitável funcionário público e um oficial de nível médio, e Frick (37), um funcionário público de mais alto escalão com doutorado em direito. Esses homens maduros já haviam abraçado o extremismo de direita, do qual decorreu posteriormente o seu nazismo.

Muito antes de 1914 também se havia desenvolvido uma "cultura juvenil". As universidades eram um importante viveiro para o nazismo. Há quem sustente que sua expansão no pós-guerra deu origem a uma nítida experiência de passagem de gerações (especialmente quando os pais não haviam freqüentado uma universidade). Mas a expansão universitária fora maior no pré-guerra (Flora, 1983-7, 808, 811). O nacionalismo conservador já dominava as universidades por volta de 1890. Em 1918, mostrava-se decididamente *völkisch*. Esta palavra, de grande relevância em nosso contexto, significa literalmente "popular", mas denota um populismo orgânico racista e de tom anti-semita. A política *völkisch* dava ênfase à unidade étnica dos alemães, onde quer que vivessem, endossando a expansão geopolítica para o Leste. Embora os judeus fossem escolhidos como o "inimigo" mais óbvio desse projeto de ambições voltadas para o Leste, os eslavos também eram visados. Até 1918, os estudantes prestavam lealdade ao *Kaiserreich*, mostrando-se portanto conservadores. Mas o colapso desse Estado em 1918 permitiu ao nacionalismo de tom racista florescer independentemente do estatismo conservador. Foi o que aconteceu, até que eles o associaram ao estatismo nazista. Em 1928, o jornal das fraternidades universitárias declarava: "Não é a economia política, mas a raça que determina o destino de um *Volk*" (Mosse, 1971, 141). Em 1930, a maioria dos estudantes provavelmente era nazista. Mas era a culminância de uma tendência que vinha de longe.

Um importante antecessor das organizações juvenis do pós-guerra foi o movimento *Wandervogel*, que organizava excursões e mutirões em campos de trabalhos a partir de aproximadamente 1900. Seus líderes eram adultos e estimulavam os jovens a cultivar atividades e idéias que expressassem a alma romântica e idealista do *Volk* alemão. Surgiram a partir daí pequenas organizações políticas juvenis que se expandiram depois de 1918, tornando-se mais *völkisch*, antidemocráticas e militaristas. Meio milhão de filiados de classe média seguiam rotinas de treinamento, usavam uniformes e às vezes portavam armas. Costumavam apresentar-se como uma "terceira força" entre o capitalismo e o socialismo. Foi nesse movimento que nazistas como os irmãos Strasser e muitos dos que contribuíram com depoimentos para a seleção de Abel se imbuíram de idéias protofascistas (Mosse, 1971, 118 e seguintes; Stachura, 1983a). A maioria das organizações era controlada por partidos de adultos e associações *völkisch* e de veteranos. Os nazistas cresceram à sombra de uma organização paramilitar maior, o *Stahlhelm* ("Capacete de Aço"), liderada por veteranos *völkisch*. Seu líder, Franz Seldte (mais tarde líder do partido DNVP), declarava: "Devemos lutar para levar ao poder homens que nos convoquem para esmagar de uma vez por todas esses malditos ratos revolucionários, sufocando-lhes a cabeça em sua própria merda" (Ziegler, 1989, 77). Mas a verdadeira inovação do *Stahlhelm* manifestou-se na organização da sociedade civil. Suas paradas paramilitares e os "Dias da Germanidade" que promovia levavam às ruas muitos milhares de alemães, entre eles muitas mulheres, em grandes manifestações de ativismo comunitário nacionalista — sobre cujas bases seriam formados os nazistas (Fritzsche, 1998: 134-6).

Assim, embora a cultura jovem tenha sido transformada pela guerra, a cultura adulta também o foi. Nem se tratava de uma questão de revolta juvenil contra a cultura adulta. Metade dos ensaístas da coletânea de Abel fala da política dos pais. Somente 14% desses pais haviam apoiado partidos convencionais (dos conservadores aos socialistas), ao passo que 15% davam conta de um ambiente familiar apolítico. Nada menos que 68% dos pais eram nacionalistas extremistas, militaristas ou *völkisch*. E somente 2% dos consultados relatavam formas agudas de conflito com os pais (Merkl, 1975, 295). Em sua maioria, esses nazistas não se estavam revoltando, mas *ampliando* as características políticas de uma formação familiar que também havia sido mudada pela guerra. Essas famílias não poderiam continuar sendo bastiões de um militarismo e de um nacionalismo conservadores e favoráveis ao sistema quando este sistema havia desaparecido.

Com freqüência os nazistas eram veteranos militares. Ainda em 1933, um terço dos membros do partido era de veteranos. Cerca de 84% dos consultados na pesquisa de Abel que estavam em idade de prestar serviço militar haviam participado da guerra (percentual semelhante ao dos fascistas italianos), estando de certa forma super-representados (Merkl, 1980, 107-9). O grosso dos membros das SS provinha de famílias ligadas ao exército (como veremos adiante). Os estudos de caráter local constatam que, uma vez tendo-se tornado competidores sérios na arena política, os nazistas passaram a receber forte apoio das associações de veteranos. Num conjunto de 60 *Gauleiter* (líderes regionais) e *Reichsleiter* (líderes nacionais) que podiam ter participado da guerra, um único constituiu exceção (Goebbels, dispensado do serviço militar por motivos de saúde).[3] Havia representantes de todas as patentes: pelo menos 27 haviam chegado a oficiais (entre eles um general, um coronel e dois majores); 29 tinham outras patentes. Pelo menos 34 haviam participado de combates na frente de guerra, e só um fora estacionado na retaguarda. Pelo menos 25 haviam sido feridos, e nenhum desertou. O cabo Hitler desempenhara uma função subalterna mas perigosa, levando mensagens entre as trincheiras; Göring foi um piloto de combate muito condecorado. Naturalmente, os nazistas tratavam de ostentar suas credenciais como guerreiros em períodos eleitorais. Com elas, aliadas ao tradicional *ethos* direitista autoritário das forças armadas alemãs, os nazistas podiam espicaçar os sentimentos morais e políticos do pequeno exército de tempo de paz. As primeiras iniciativas de agitação tomadas por Hitler no pós-guerra haviam sido financiadas por fundos do exército. Em seguida, ele marcharia ao lado do general Ludendorf nas manifestações do pós-guerra. Em contraste, a esquerda alemã era antimilitarista. Cerca de 57 líderes comunistas do KPD podiam ter participado da guerra. Mas 16 deles haviam sido civis, cinco eram oficiais e 34, de outras patentes. Onze haviam estado na frente de guerra, e quatro, na retaguarda. Somente cinco haviam sido feridos, ao passo que seis desertaram ou foram à corte marcial. Muitos haviam atuado nos conselhos operários de 1918, que, do ponto de vista da direita, traíram as forças armadas (Weber, 1969, II). Quase todos os conselhos organizados por marinheiros e soldados de esquerda haviam sido constituídos entre militares da reserva, em guarnições inativas ou em forças navais ancoradas em portos alemães, e não nas tropas mobilizadas na frente de guerra. A guerra foi uma experiência formadora para a direita e para a esquerda. A direita explorou as virtudes do militarismo e do "mito da frente de guerra"; a esquerda deu ênfase à exploração embutida na condução da guerra.

Como no caso da Itália, existem duas explicações principais para o fascismo dos veteranos militares. Uma delas é econômica: a Alemanha estava cheia de veteranos militares sem possibilidade de emprego, treinados apenas para combater e cuja insatisfação se traduzia num direitismo radical. Mas embora o exército alemão fosse o mais reduzido por força dos tratados de paz, os veteranos foram beneficiados por programas de emprego preferenciais e (pelos padrões da época) generosos. Os empregadores queixavam-se de ser forçados a contratá-los. O desemprego era eminentemente de curto prazo (Bessel, 1988; Geary, 1990, 100-1). As organizações de veteranos também minimizavam os interesses materiais em favor das exortações a um Estado "nacional, social, militar e autoritário", rejeitando os valores de uma república "derrotada", civil e democrática (Diehl, 1977). Não resta dúvida de que a insatisfação material desempenhou um papel, mas não o principal. E por que haveria de levar a um *direitismo* extremista?

A segunda explicação está centrada na tradução dos valores militares em valores paramilitares. Chegando ao fim a guerra, os soldados desmobilizados e alguns estudantes tentaram pôr em xeque a república que surgia e os tratados de paz, constituindo forças paramilitares de aproveitadores como os *Freikorps*, para combater os "bolcheviques" em casa e os eslavos nas fronteiras disputadas do Leste. Elas, e não a *Reichswehr* regular, é que haviam sufocado as primeiras sublevações esquerdistas do pós-guerra. Os dirigentes da República de Weimar tinham para com elas um embaraçoso débito — os políticos de Weimar não tinham o monopólio do poder militar na Alemanha. Logo, alguns dos *Freikorps* haveriam de constituir uma primeira onda de recrutas nazistas. Suas campanhas receberiam publicidade cada vez maior ao longo da década de 1920 em memórias e romances de grande penetração que continham material de espantosa brutalidade:

> Fizemos a última investida. Sim, levantamo-nos uma última vez e avançamos por toda a linha. Mais uma vez, levamos conosco o último homem, arrastando-o de seu abrigo, e mergulhamos na floresta. Percorremos os campos de neve e chegamos a outra floresta. Atiramos num inimigo apanhado de surpresa, abrindo fogo, espancando, arrasando e pondo em fuga. Expulsamos os letões como coelhos a correr pelos campos, incendiamos todas as casas e transformamos cada ponte em pó, destruindo todos os postes telegráficos.

> Jogávamos os corpos em poços, atirando granadas de mão sobre eles. Massacrávamos tudo que caía em nossas mãos; queimávamos tudo que podia ser queimado. Víamos tudo vermelho; não tínhamos mais sentimentos humanos em nossos corações. Onde quer que tivéssemos vivido, a terra gemia destruída. Onde quer que tivéssemos atacado, havia apenas, no lugar das casas, ruínas, cinzas, vigas calcinadas, como feridas supurando em campo aberto (Von Salomon, citado por Hamilton 1982: 340).

As histórias combinavam nacionalismo, brutalidade, adulação do companheirismo e desconcertantes fantasias sexuais masculinas, exaltando a violência por sua capacidade de purificar e libertar a masculinidade da asfixia da moralidade convencional (Theleweit, 1987, 1989). Embora matassem e estuprassem com desenvoltura, os *Freikorps* não chegaram a desenvolver uma teoria dos expurgos étnicos ou políticos. O "inimigo" precisava ser brutalizado, em certos casos assassinado, mas sua identidade era decididamente geopolítica: ele era em geral um polonês ou báltico autorizado pelos tratados de paz de 1918 a se apoderar de terras alemãs. Havia um racismo antieslavo, mas o "judeu-bolchevista", elemento posteriormente central na demonologia nazista, era raro. O niilismo tão disseminado nessa literatura também era comum na arte do pós-guerra. Artistas de esquerda como George Grosz pintavam grotescas cenas de guerra com a intenção de nos voltar contra a guerra; os artistas de direita produziam imagens fortes de um poderio blindado desumanizado, dignificando o guerreiro como instrumento eficiente de uma máquina de guerra modernista.

O paramilitarismo do pós-guerra poderia ter desaparecido, mas veio a ser fomentado pelos acontecimentos de 1923, com a ocupação da Renânia por tropas francesas e belgas para fazer cumprir medidas de reparação. Teve origem assim uma segunda onda de recrutas nazistas, adolescentes da "geração doméstica", recrutados sobretudo nesses territórios ocupados (eram os "nazistas da fronteira ameaçada") e entre os filhos de funcionários públicos e soldados ("estatistas"), denunciando uma República de Weimar que relutava em defender seu território já reduzido. Eles mais uma vez se apoderaram do monopólio formal de poder militar do Estado, usando uniformes, atirando em certos casos nas tropas de ocupação mas sobretudo marchando e espancando "colaboradores". Esse novo paramilitarismo não teve êxito — os franceses ficaram —, mas representou um gesto de desafio e gerou considerável simpatia entre os alemães. Essas duas ondas — de recrutas da "fronteira ameaçada" e "estatistas" — formavam quase metade da amostragem de Abel. Uma terceira onda de recrutas chegou no fim da década de 1920, constituída sobretudo de jovens trabalhadores, desiludidos com a estagnação política e econômica de Weimar. Em sua maioria, eles não rejeitavam, mas ampliavam os valores de sua formação: um nacionalismo mais agressivo, crescente hostilidade à democracia e ao socialismo (Merkl, 1975, 68-89, 139; cf. Diehl, 1977; Grill, 1983). As três ondas estavam centradas no paramilitarismo. Até a tomada do poder, a maioria dos membros do partido nazista também participava de uma das organizações paramilitares.

O "mito da frente de guerra" e os mitos da "punhalada pelas costas" e da ingratidão de Weimar sofreram uma escalada no fim da década de 1920. Mas não tinham fundamento: em sua maioria, os integrantes das unidades do exército que voltavam da frente de guerra haviam sido festejados como heróis, afirma Bessel (1988). Terá sido provavelmente a fraqueza militar da república que alimentou o mito. Mas os ensaios reunidos por Abel mostram boas recordações de guerra dos veteranos fascistas: a disciplina igualitária mas hierarquizada gerara um senso pessoal e nacional de satisfação:

> O nacional-socialismo foi concebido nas experiências das trincheiras. Só pode ser entendido nos termos dessas experiências da linha de frente.
>
> A guerra nos havia ensinado uma lição, a grande comunidade da frente de batalha. Todas as diferenças de classe, profundamente enraizadas antes da guerra, desapareceram ao seu influxo. Lá, importava o que uma pessoa *era*, e não o que parecia ser. Havia apenas um povo, e não indivíduos. O sofrimento e o perigo comuns nos haviam amalgamado e endurecido; por isto é que fomos capazes de enfrentar o mundo durante quatro anos.
>
> Meu antigo mundo despedaçou-se em minhas experiências. Em seu lugar, foi o mundo das trincheiras que se abriu para mim. Se antes eu fora um solitário, agora encontrava irmãos. Os filhos da Alemanha enfrentavam ombro a ombro batalhas encarniçadas, mirando seus fuzis contra o inimigo comum. Deitávamo-nos juntos nos *bunkers*, trocando nossas experiências de vida, compartilhando nossos bens (...) cuidávamos das feridas uns dos outros. Quem seria capaz de questionar a verdadeira germanidade, ou qual era o seu grau de instrução, ou se você era protestante ou católico? (Abel, 1938, 142; Merkl, 1980, 113.)

Com efeito, a partir de 1916 o exército alemão efetivamente *fora* bastante igualitário e tecnocrático, com a mais alta proporção de tropas combatentes de qualquer das potências em guerra. Geyer (1990, 196-7) fala de um "taylorismo para a organização da violência", um modelo capaz de "organizar a nação como um todo", dissolvendo "as fronteiras entre os militares e a sociedade civil". Os autores dos depoimentos colhidos por Abel afirmavam que só os nazistas eram capazes de manter esse espírito. No *Stahlhelm*, um deles não encontrara "um espírito de companheirismo, [apenas] diferenças de classe" (Merkl, 1980, 211). Assim, o paramilitarismo podia transformar a política.

Como no fascismo italiano, portanto, os nazistas eram desproporcionalmente jovens solteiros do sexo masculino com formação militar — embora fossem envelhecendo, casando e ficando mais antigos. Sucessivas gerações masculinas ampliaram o nacionalismo de direita e o estatismo de seus contextos familiares — pela militância juvenil do pré-guerra, depois pelas trincheiras e finalmente, por uma década de lutas paramilitares contra o esquerdismo civil e a intervenção estrangeira. Assim, a verdadeira história da passagem de gerações é bastante complexa, não exatamente uma "revolta" e envolvendo pelo menos duas gerações. O nazismo surgiu como um nacionalismo de Estado reforçado particularmente, durante uma longa geração, pela guerra, e ainda amplificado por acontecimentos posteriores. Mais significativa ainda terá sido talvez a perpetuação das violentas organizações paramilitares dominadas por jovens do sexo masculino no governo de uma grande potência.

Núcleos religiosos e regionais

Como a Alemanha tinha duas grandes igrejas, os protestantes evangélicos e os católicos, os nazistas tentaram atrair ambas a partir do momento em que pretenderam tornar-se um grande partido. O estatuto do partido de 1920 preconizava um "cristianismo positivo", ou seja, o teísmo, mas, como isto servia apenas para alienar as duas Igrejas, logo veio a ser deixado de lado. Hitler era um católico negligente, como muitos de seus primeiros companheiros. Mas os nazistas vinham desproporcionalmente de contextos protestantes. Diferem apenas os *Gauleiter* anteriores a 1933, que apresentavam proporções próximas da média nacional, de 62% de protestantes e 37% de católicos (Rogowski, 1977, 403). Dos 33 principais líderes nazistas, contudo, 16 declaravam-se protestantes e apenas três, católicos (afirmando os demais que não tinham religião; Knight, 1952, 31). Nos ensaios de Abel, dois terços não mencionam sua formação religiosa, 25% se dizem protestantes, e apenas 10%, católicos. Como não dispomos de informações sobre os membros comuns do partido, recorremos a dados ecológicos: os nazistas de antes do golpe nas áreas católicas estavam substancialmente sub-representados (Brustein, 1996: figura 1.4). Os paramilitares efetivamente registravam a formação religiosa: as amostragens de oficiais e homens nas SA e de oficiais nas SS variavam entre as proporções de 3 protestantes para 1 e 5 para 1, embora os militantes de base das SS fossem protestantes apenas na proporção de 2 para 1 (Merkl, 1980; Jamin, 1984: 90; Ziegler, 1989: 87-9; Wegner, 1990: 239-42). Deste modo, os nazistas alemães vinham desproporcionalmente de contextos protestantes. No próximo capítulo, veremos que o mesmo acontecia com os eleitores nazistas. Meu próximo volume mostra que o núcleo dos responsáveis pelo genocídio provinha desproporcionalmente de contextos católicos. Nele explicarei também este enigma.

Não dispomos de muitos dados úteis sobre os contextos regionais. Os estudiosos se têm mostrado obcecados com as questões de classe, ignorando a geografia. O título completo do grande livro de Kater é *The Nazi Party: A Social Profile of Members and Leaders, 1919-1945* [O partido nazista: Um perfil social de membros e líderes, 1919-1945] (1983), mas, para o autor, "social" tem um significado bastante restrito. Ele passa cerca de 90% do tempo discutindo a questão das classes ocupacionais, e 10% as idades. Os estudos sobre os paramilitares tendem a concluir que eram poucas as variações regionais, mas as classificações geográficas dos autores não são muito sofisticadas. Alguns limitam-se a dividir a Alemanha em "norte" e "sul", sem encontrar diferenças significativas entre as duas regiões. Outros dividem-na em províncias, constatando apenas uma super-representação de bávaros — o que é em si mesmo interessante, pois eles seriam sobretudo católicos, que estavam sub-representados no partido (Jamin, 1984: 92-3; Ziegler, 1989: 83; Wegner, 1990: 235-9). Mas os "alemães étnicos" do exterior e os homens dos "territórios perdidos" e das áreas da "fronteira ameaçada" a eles adjacentes constituíam 36% da amostragem de Abel, uma super-representação de algo entre 2,0 e 3,0. Merkl (1975, 105, 1980: 136-7) frisa que a invasão francesa de 1923 gerou fervorosos nazistas no sudoeste. Cerca de 12% dos principais líderes nazistas, mas apenas 4% dos ministros do gabinete de Weimar haviam nascido fora do país (Knight, 1952, 28; cf. Kater, 1983, 188). Os austríacos e os "alemães étnicos", em sua maioria refugiados do Leste, também estavam super-representados entre os oficiais das SS (Ziegler, 1989). Encontraremos esses grupos adiante em circunstâncias mais sinistras. Estas amostragens são de nazistas puros e duros, os que podiam ostentar uma longa carreira em organizações nazistas. Newman (1970, 291-6) acredita que os "homens da fronteira" estavam de modo geral super-representados entre os fascistas do entreguerras. E certamente estavam super-representados no núcleo duro dos nazistas. Deixarei para tentar entender por que os protestantes eram tão nazistas depois de examinar os padrões de votação no próximo capítulo.

Nazistas da classe operária

Passamos agora à questão das classes, a obsessão de quase todos os estudos acadêmicos anteriores sobre os nazistas. Os dados sobre as classes sociais dos membros do partido nazista são portanto abundantes. São resumidos nas Tabelas 4.1 a 4.6 do Apêndice.[4] Quase todos fornecem um detalhamento sobre os nazistas *antes* da tomada do poder. A partir de então, o oportunismo e o carreirismo nitidamente influenciavam os que aderiam, em especial no setor público. Muitos destes não eram nazistas ideologicamente comprometidos, mas do tipo "maria-vai-com-as-outras". Retornarei a estes quando tratar de seu possível papel no genocídio nazista.

Começo pelos trabalhadores braçais. Nas diferentes amostras locais, regionais e nacionais da Tabela 4.1, os trabalhadores representam 28 a 52% dos membros do partido nazista. O número mais baixo é o primeiro, relativo a uma única cidade, Munique, com poucas indústrias. Em outros dados relativos ao período inicial, os trabalhadores também estão sub-representados, e os grupos pequeno-burgueses, super-representados — combinando com o estereótipo tradicional (Douglas, 1977; Madden, 1982; Grill, 1983, 81-8). Isto se dava num momento em que o partido ainda não tinha importância para a Alemanha nem para o mundo. À medida que ele crescia, no entanto, sua base se ampliava e aumentava o número de seus trabalhadores. Na tabela, as outras amostras apresentam um espectro de 31 a 52% de trabalhadores. A partir de então, os trabalhadores constituíam entre um terço e metade dos nazistas.

Duas conclusões bastante diferentes podem decorrer daí. Podemos enfatizar que muitos nazistas eram trabalhadores, o que naturalmente tinha certo impacto no partido. Ou então podemos dar ênfase ao fato de que os trabalhadores estavam ligeiramente sub-representados no partido (o que deixa de acontecer mais adiante, quando acrescentamos os paramilitares). Os trabalhadores representavam 55% da força de trabalho alemã em 1933, embora pouco menos de 50% na maioria das cidades e regiões citadas na tabela. Os quocientes de trabalhadores nessas amostras ficariam em sua maioria entre 0,75 e 0,90, indicando uma leve sub-representação (cf. Brustein, 1996: Capítulo 4). Os quocientes mais altos nesse espectro tendem a ser os dados regionais fornecidos por Mühlberger, extraídos dos arquivos locais do partido; os mais baixos são os das estatísticas nacionais do partido. Mühlberger acredita que isto reflete as dificuldades do partido na fixação de trabalhadores em seus quadros: alguns aderiam e deixavam as filiais locais do partido depressa demais para serem rastreados pela sede. A alta rotatividade era um problema ainda pior para o partido comunista, de maioria proletária.

Que tipos de trabalhadores eram nazistas? Os trabalhadores especializados estavam ligeiramente super-representados, se comparados aos não-especializados (Rosenhaft, 1987; Mühlberger, 1991; Fischer, 1995, 115; Brustein, 1996, figura 4.4). O que não surpreende: os trabalhadores especializados têm maior probabilidade de aderir aos mais diferentes tipos de associações de voluntários (já que dispõem de maior capacitação social e organizacional). Poucos nazistas eram trabalhadores agrícolas: 8% da força nacional de trabalho, menos de 4% nas amostras nazistas em meu Apêndice, 5% em Brustein (1996, figura 3.1). Mas tampouco havia muitos socialistas ou comunistas entre os trabalhadores agrícolas. A maioria desses trabalhadores vivia e trabalhava entre os patrões (ao contrário do que acontecia com os trabalhadores agrícolas do sul da Europa) e carecia de autonomia para aderir a movimentos políticos radicais. Também aqui, pode tratar-se de um desincentivo antes organizacional que ideológico. É possível que os trabalhadores agrícolas, assim como os trabalhadores não-especializados, simpatizassem mas tivessem dificuldade para aderir.

Em outros setores, havia mais trabalhadores nazistas. Deixando de lado o setor agrícola, os quocientes de trabalhadores subiriam para aproximadamente 0,90, quase chegando à paridade. Na verdade, os trabalhadores estavam super-representados na Juventude Hitlerista até depois da tomada do poder (Mühlberger, 1987, 110-11; Stachura, 1975, 58-62). Os nazistas saíam-se melhor nas cidades pequenas e médias do que nas grandes. Os quocientes de trabalhadores nazistas devem ter chegado acima de 1,0 em muitas cidades menores, mantendo-se no entanto perto de 0,5 em certas cidades grandes. Fora das cidades grandes, talvez 40 a 55% dos membros do partido nazista fossem trabalhadores, e nas cidades grandes, apenas 30 a 40%.

A maioria dos estudos sustenta que os nazistas tinham pior desempenho em grandes empresas da indústria pesada, controladas pelos sindicatos e partido socialistas. Os empregadores mais receptivos encontravam-se no setor público — transportes, serviços postais e serviços de utilidade pública —, especialmente na medida em que o setor público absorvia veteranos militares mais antigos (que freqüentemente eram nazistas). A maioria dos estudiosos considera que os nazistas também se saíam bem em oficinas menores e no setor de serviços (estando bem representados os setores de construção e hoteleiro), pois neles havia pequena distância social entre o patrão e os empregados e uma perspectiva direitista comum (Kratzenberg, 1989, 175-95; Mason, 1995). Os trabalhadores da amostragem de Abel eram sobretudo do setor público, de ofícios manuais e comércios artesanais. Os poucos que trabalhavam em manufaturas de grande escala freqüentemente se diziam vítimas de seus colegas "marxistas". Brustein apresenta dados detalhados sobre os diferentes setores (1996: figuras 4.2 e 4.3). Seus quocientes não variam tanto assim: os nazistas estavam ligeiramente super-representados no setor de serviços, com 1,3, nos ofícios manuais, com 1,2, e em "ramos mistos", com 1,1. Estavam ligeiramente sub-representados, com 0,9, na grande indústria. Só a agricultura, com um quociente de 0,7, destoa consideravelmente.

Brustein constatou diferenças maiores entre ramos de determinados setores. Na agricultura, os resultados são claros: mais nazistas na criação de gado do que nas regiões de cultivo de cereais ou vegetais (uma vez compensados os efeitos de distorção da religião). Ele atribui isto a reações racionais às políticas econômicas do nazismo, como protecionismo, apoio à indivisibilidade das heranças e oposição a subsídios para os plantadores de cereais do leste. O modelo do fascismo como "ator econômico racional" proposto por Brustein, igualmente aplicado por ele ao caso da Itália (ver Capítulo 3) e ao movimento rexista belga, funciona melhor no caso dos camponeses dedicados à agricultura. Eles compram e vendem diretamente no mercado, sendo suas fortunas direta e visivelmente afetadas pela política econômica governamental. No caso da vasta maioria, no entanto, trabalhando nos setores industrial ou de serviços, parece muito menos clara a economia política que poderia promover seus próprios interesses econômicos. Seria melhor a redistribuição ou o fomento das condições de investimento dos mais ricos? Livre comércio ou protecionismo? Como saber qual das alternativas seria mais benéfica? Todos os movimentos políticos sustentam com grande convicção que suas diferentes propostas seriam benéficas. Boa parte do jogo político gira em torno da relativa plausibilidade dos apelos rivais endereçados a indivíduos cuja posição social não lhes confere uma visão clara do seu interesse econômico "racional".

Dito isto, eis os resultados do ramo industrial apresentados por Brustein. Os trabalhadores metalúrgicos eram os mais super-representados, com um quociente de 3,0, seguidos pelos setores de carpintaria, produtos alimentares e couro (todos acima de 2,0). Os quocientes eram mais baixos em mineração, terra e pedras (0,3), assim como em borracha, amianto, produtos químicos, empresas de utilidade pública, produtos metálicos e têxteis (todos entre 0,1 e 0,2). São diferenças grandes. Ele argumenta que os trabalhadores de diferentes ramos tinham interesses econômicos diferentes e portanto reagiam de maneira diferente ao programa econômico nazista. Focaliza sua atenção numa questão central: uma orientação antes interna que para a exportação em determinada indústria acarreta maior índice de filiação ao partido nazista, pois os nazistas eram partidários da autarquia. Tenho algumas dúvidas. A proporção de protestantes e trabalhadores especializados em uma indústria serve como bom prognóstico em seus dados. Brustein considera que os trabalhadores especializados estavam indignados com os ataques dos patrões a seus privilégios e apreciavam o estímulo dos nazistas à mobilidade social. Mas o fato é que os trabalhadores especializados tendem a funcionar como elementos de ligação em todos os partidos: o mesmo resultado poderia ser constatado em membros do SDP. Naturalmente, os mineiros diferem dos operários têxteis sob muitos aspectos. Precisamos saber mais a respeito das características dos trabalhadores em cada setor industrial para interpretar adequadamente esses resultados.[5]

Há quem considere que a experiência do desemprego é que tornava os trabalhadores nazistas (Kratzenberg, 1987, 204-24, 245-63; Fischer, 1991,

130-1; Stachura, 1993, 706-10; Mason, 1995). Esta observação é às vezes associada à idéia mais geral de que o fascismo exercia especial apelo sobre os despossuídos e os marginais. Mas Brustein (1996, figura 1.2) não constata nenhuma relação entre os índices locais de desemprego e os índices de filiação ao partido nazista (estes eram mais altos em comunidades com um nível intermediário de desemprego). Como os nazistas eram jovens, estando por isso mais provavelmente desempregados, caberia esperar na verdade que o nível de desemprego entre os nazistas fosse mais alto do que a média nacional. Os militantes das SA efetivamente apresentavam um nível mais alto de desemprego durante a Depressão, mas esse desemprego podia ser efeito e não causa da militância, que consumia muito tempo. Era o que se dava na amostragem de Abel. Um terço dos consultados ficara desempregado, falira ou sofrera outras conseqüências graves em virtude da Depressão (percentual provavelmente próximo da média nacional). Mas quase todos sustentavam crenças fascistas ou estavam envolvidos em organizações nazistas ou semelhantes muito antes da Depressão (Merkl, 1980: 191-4). Os dados eleitorais apresentados no próximo capítulo sugerem que o KPD, comunista, e não o NSDAP, nazista, tornou-se o partido dos desempregados. Os trabalhadores nazistas provavelmente não eram mais materialmente despossuídos do que outros trabalhadores.

Não menos relevante é saber se os nazistas tinham mais trabalhadores do que os outros partidos. A Tabela 4.4 do Apêndice mostra que o SPD, socialista, e o KPD, comunista, realmente eram "partidos proletários". Cerca de 80% dos membros do KPD em 1927 eram operários ou artesãos. Se acrescentarmos a maior parte das "dona-de-casa" (provavelmente as mulheres dos operários), chegaremos perto de 90%. Todavia, como era muito menor que o partido nazista, o KPD mobilizava efetivamente um número menor de trabalhadores. O SPD era a força proletária dominante, graças sobretudo às massas filiadas a seus sindicatos. Os operários e suas mulheres representavam entre 60 e 80% de sua filiação no entreguerras. Os especializados estavam super-representados no SPD, embora não provavelmente no KPD (Weber 1969: I: 27; Fischer, 1991: 128-32; Lösche, 1992: 14-17). Mas os nazistas eram mais proletários do que os partidos de centro ou de direita. A Tabela 4.4 do Apêndice mostra que apenas 1% dos membros do DVP, conservador, era de operários. A Tabela 4.1 do Apêndice apresenta um detalhamento dos membros do ultraconservador DNVP e do partido nazista em áreas locais comparáveis. Os operários representavam apenas 2% do DNVP em Osnabrück, mas 39% dos nazistas de Hanover. Na região industrial do Ruhr, os operários formavam 11% do DNVP em Düsseldorf, 41% dos nazistas da Westfália do sul e 52% dos nazistas do Ruhr ocidental. A Tabela 4.5 do Apêndice faz o detalhamento dos militantes do partido na pequena cidade bastante burguesa de Marburg: 16% dos nazistas eram operários, muito menos do que os 63% do SPD e do KPD, porém mais do que os 3% dos partidos "burgueses" e os 7% dos partidos voltados para "interesses especiais".[6] Os partidos de esquerda eram "proletários", os de direita eram "burgueses" e os nazistas eram mais multiclassistas.

Como havia muito mais burgueses entre os líderes nazistas do que entre os membros comuns, há quem argumente que o nazismo tornou-se "aburguesado". Mas o número de operários diminui à medida que se sobe na hierarquia de *qualquer* partido — o que estava contemplado na famosa "lei de ferro da oligarquia" enunciada por Michels, com base em seu conhecimento do Partido Socialista Alemão. A questão vital é: seriam os líderes nazistas mais "aburguesados" do que os de outros partidos? A Tabela 4.5 do Apêndice compara os deputados de todos os partidos representados no Reichstag. Neste caso, os operários nazistas ficavam bem para trás dos do SPD e do KPD, rivalizavam com os do Partido Católico do Centro mas estavam muito à frente dos três partidos "burgueses". A Tabela 4.2 do Apêndice mostra que, entre os candidatos nazistas ao Reichstag, 16% eram operários e 6%, colarinho-branco em 1929, e 18% eram operários e 13%, colarinho-branco em 1930. Estes dados apequenam a representação de operários e trabalhadores de colarinho-branco entre os candidatos do DNVP e os líderes provinciais. As tabelas 4.2 e 4.6 do Apêndice contêm dados sobre todos os níveis da hierarquia nazista. No alto, não havia ex-operários como *Reichsleiter*, a menos que contemos o próprio Hitler (que era pintor, tendo sido obrigado a pintar paredes, e foi cabo). No caso dos *Gauleiter* regionais, 7% eram antigos operários, ao passo que, entre os 250 burocratas e líderes locais que se seguiam na escala hierárquica descendente, os operários representavam entre 21 e 25%. Nas eleições locais de Frankfurt, 48% do KPD, 42% do SPD e 32% dos candidatos nazistas viviam em bairros da classe operária (Wickham, 1983).

Os nazistas tinham uma considerável presença de operários e colarinhos-brancos em todos os níveis da hierarquia, exceto na cúpula. Embora não fosse um partido proletário, eles estavam plenamente enraizados.

Nazistas de classe média

Volto-me agora para os grupos ocupacionais considerados de classe média baixa, pequeno-burgueses ou *Mittelstand* — pequenos fazendeiros, colarinhos-brancos nos setores público e privado e a "pequena burguesia clássica" (mestres artesãos e pequenos empresários e comerciantes). Juntos, estes grupos geralmente representavam 31 a 36% do partido — ligeiramente super-representados, com quocientes de 1,20-1,30.

Os pequenos fazendeiros só se tornaram super-representados depois de 1928 — com grandes variações regionais. Já mencionei os argumentos economicistas de Brustein a este respeito. Mas as regiões agrícolas também eram mais segregadas do ponto de vista religioso do que as áreas urbanas. As regiões agrícolas solidamente protestantes produziam muitos nazistas, e as solidamente católicas, muito poucos. Finalmente, a ansiedade das regiões "de fronteira" parece ter proporcionado alguns recrutas rurais aos nazistas, embora outros estudiosos tenham levantado este argumento apenas para explicar o alto índice de filiação nazista no Schleswig-Holstein. Todas essas três explicações parecem ter algum peso.

Os colarinhos-brancos do setor privado geralmente estavam um pouco super-representados, especialmente nas amostras nacionais do meu Apêndice (cf. Brustein, 1996, figura 3.6). A "pequena burguesia clássica" não estava sub-representada nem super-representada. Neste grupo, os mestres artesãos estavam sub-representados (quocientes em torno de 1,3 nas amostras nacionais, maiores do que nas amostras regionais). Mühlberger considera que este último dado é fabricado: um jovem empregado comercial podia apresentar-se como *Kaufman* (quase impossível de traduzir, mas significando literalmente "mercador"), para causar boa impressão. Os colarinhos-brancos, assim, podiam estar um pouco mais super-representados — e certamente tenderam a se passar dos sindicatos de esquerda para os de direita no fim do período de Weimar. Uma parte do fascismo de colarinho-branco foi causado por insatisfação econômica. Mas o aumento do desemprego afetava mais os trabalhadores braçais, ao passo que os setores burocráticos que caminhavam para a direita tinham na verdade índices menores de desemprego do que outros setores, segundo Speier (1986: 62 e seguintes). Embora nesse período os salários estivessem em declínio, o mesmo acontecia com os preços. A renda real dos empregados assalariados do setor privado aumentou 13% entre 1929 e 1932. As pequenas empresas estavam sub-representadas entre os nazistas, e no entanto foram as mais afetadas pela Depressão. Speier (um sociólogo de Weimar) sugere que os empregados estavam indignados com o fim de privilégios como os salários semanais no lugar de pagamentos por hora, esquemas de seguros e o direito de ser chamado de "*Herr*" no trabalho. Ele observa que a imitação das estruturas de comando militar nos escritórios alemães alimentou uma cultura autoritária que pode ter contribuído para encaminhar as insatisfações para a direita. As motivações econômicas e "autoritárias" podem ter-se manifestado igualmente entre os fascistas de colarinho-branco.

Dois grupos intermediários tinham probabilidade ainda maior de aderir: os profissionais liberais, e os funcionários públicos de escalão inferior. A partir do fim da década de 1920, ambos entraram para o partido em proporções quase idênticas a seus superiores nas classificações censitárias alemãs, os "profissionais academicamente qualificados" e os "servidores públicos de nível superior". Jarausch (1990) tampouco identifica uma diferença entre os dois níveis de profissionais em seu estudo das profissões individuais. Como acontecia na Itália, isso parece indicar antes um efeito setorial do que de classe. Assim, classifiquei ambos os grupos de nível mais baixo juntamente com seus superiores em minhas tabelas no Apêndice.

O agrupamento censitário alemão das "ocupações de elite" permite-nos identificar os 5% de nível mais elevado da força de trabalho, abrangendo empresários, profissionais liberais e gerentes de nível superior, além de funcionários públicos. Era desproporcional sua representatividade entre os nazistas. Os quocientes variam (o que costuma acontecer com quantidades pequenas), mas geralmente estão acima de 2,50, o nível mais alto até aqui registrado. Isto tenderia a corroborar uma interpretação mais "burguesa" do que "pequeno-burguesa" do fascismo. Mas devemos aqui pensar um pouco mais. A maioria dos partidos políticos é dominada pelas elites, assim como as associações voluntárias (além dos sindicatos). Mais uma vez, a pergunta vital é: teriam as elites desempenhado um papel mais dominante no nazismo do que em outros movimentos?

As Tabelas 4.4 e 4.5 do Apêndice mostram que as elites estavam pouco representadas nos dois partidos de esquerda, mas dominavam os demais partidos. Devemos desconfiar dos dados do SPD e do KPD: muitos dos líderes provenientes da classe operária haviam passado anos em confortáveis funções burocráticas no partido ou no sindicato. Nos três partidos "burgueses", as coisas eram transparentes. Mais de metade dos líderes e candidatos do ultraconservador DNVP ocupavam posições de elite — em sua maioria, grandes senhores fundiários e empresários, mas também oficiais da reserva, funcionários públicos graduados e profissionais de alto nível de instrução. Em nível local (em Düsseldorf e Osnabrück), havia no DNVP predomínio da *Mittelstand*, especialmente a pequena burguesia clássica. No DVP, conservador, 60% dos militantes tinham ocupações de elite, em sua maioria empresários e gerentes de nível superior, seguidos por servidores públicos de nível superior, com alguma representação da pequena burguesia clássica, muito poucos colarinhos-brancos e sem operários (cf. Fritzsche, 1990, 94-100). Os grandes comerciantes e empresários, advogados e professores dominavam a cúpula do DDP, liberal (Schneider, 1978, 50-1; Frye, 1985, 1-2). Mesmo entre os deputados do Centro Católico, as elites fundiárias e industriais eram muito mais numerosas do que entre os deputados nazistas (Morsey, 1977, 35). Em Marburg, as elites constituíam 41% dos membros dos partidos "burgueses", 18% dos partidos voltados para interesses especiais, 15% dos nazistas e apenas 1% no conjunto do SPD/KPD. As mulheres de Marburg que militavam nos partidos "burgueses" e voltados para interesses especiais eram sobretudo de elite, ao passo que as mulheres nazistas não o eram. Exceto nos partidos de esquerda e no nazista, os membros e militantes de *Mittelstand* vinham desproporcionalmente de pequenos comércios e empresas (Koshar, 1983: 238-9). Em determinado grupo nazista feminino de uma localidade da Prússia oriental, 50% eram mulheres de operários, seguidas pelas mulheres de funcionários públicos de todos os níveis (Fischer, 1995, 165).

Os nazistas, assim, eram menos elitistas e menos voltados para os negócios do que os membros de quaisquer dos demais partidos, exceto os dois de esquerda. Senhores agrários, industriais e altos executivos dominavam os partidos "burgueses", mas eram raros entre os nazistas. Os pequenos negócios estavam super-representados nos partidos "burgueses" e de interesses especiais, em comparação com os nazistas. Em sentido inverso, os nazistas recrutavam sobretudo entre funcionários públicos e profissionais de elite, assim como funcionários públicos de níveis mais baixos, seguidos por colarinhos-brancos da *Mittelstand*. Tudo isto começa a parecer-se um pouco com aquele que poderia ser, segundo indiquei, o padrão italiano: recrutados na burguesia "nacionalista de Estado", que também estava de certa forma distanciada da esfera das relações diretas de produção.

Mas os dados relativos aos funcionários públicos e aos professores empregados pelo Estado levantam uma questão metodológica. Eles foram proibidos de se filiar ao partido nazista por vários governos provinciais e municipais a partir de 1925, pela Prússia a partir de 1929 e em toda a Alemanha a partir de 1930. Deste modo, eram baixos entre eles os níveis de filiação nazista declarada. Quando havia pressão do governo, os membros nazistas solicitavam ao partido documentos de "desvinculação" demonstrando (falsamente) que já não eram nazistas. Brustein (1996, 167-75) não constata sub-representação nem super-representação dos funcionários públicos até 1933, o que, considerando-se os desincentivos, revelaria para ele um impressionante grau de comprometimento com o nazismo. Os contemporâneos consideravam que os funcionários públicos e professores simpatizavam secretamente com o nazismo, ao passo que os nazistas destinavam mais panfletos a eles do que a qualquer outro grupo ocupacional. Os historiadores têm registrado muitos casos de funcionários locais e professores que colaboravam de forma semi-acobertada com os nazistas (Childers, 1983, 176, 238-43; Grill, 1983, 203-5; Caplan, 1986, 1988; Zofka, 1986).

Para enfrentar o problema da possibilidade de engano, podemos examinar o contexto dos nazistas de tempo integral e da amostragem de militantes de longo prazo feita por Abel em 1933, que não precisavam recorrer a dissimulação. Na amostragem de Abel, os funcionários públicos eram de longe os mais super-representados dentre os grupos ocupacionais — uma probabilidade quatro vezes maior de serem nazistas do que os alemães em geral (Merkl, 1975, 14). Entre os 54 *Gauleiter* nazistas de tempo integral até 1928, 56% haviam trabalhado anteriormente como funcionários públicos ou professores empregados pelo Estado, percentual que posteriormente subiu para 60 — cinco vezes mais do que a representação de outros indivíduos de posição social comparável. São os anos que antecederam o golpe nazista, depois do qual podia ser conveniente para os funcionários públicos aderir ao partido. Entre os nazistas de nível médio como os *Kreisleiter* (chefes sub-regionais) ou deputados nazistas locais em 1933, um quarto havia sido de funcionários públicos. Os registros locais de filiação eram afetados pela clandestinidade.

Mas mesmo neste caso os funcionários públicos constituíam entre 10 e 25% dos membros (Kater, 1983). Em 1933, apenas 5,7% da força de trabalho estavam ocupados no setor público. Cerca de 10% dos funcionários públicos se haviam filiado ao partido nazista em 1933, e 18,4% em 1935. São níveis altos de mobilização. Em 1932, alguns departamentos governamentais eram dominados pelos nazistas — segundo advertências feitas por seus chefes (Mommsen, 1991, 116). Jamin (1984, 258) também constata que os funcionários públicos estavam sempre "drasticamente super-representados" em suas amostras dos contingentes paramilitares das SA.

A penetração direitista no Estado não era novidade. Os grupos de pressão nacionalista tinham predominância de funcionários públicos antes de 1914 (Mann, 1993, 585-8). Depois de 1918, isto se foi gradualmente ampliando em direção ao nazismo. Um quarto dos consultados por Abel provinha de meio familiar de "serviço militar-civil" (Merkl, 1975, 50-61). O estudo sobre oficiais de alta patente das SS efetuado por Wegner (1990: 240-1) revela um permanente traço de união entre militarismo, educação e Estado. Cerca de 17% deles haviam sido oficiais do exército, 15%, oficiais da polícia, 22%, professores e 6%, outros tipos de funcionários públicos. Metade tinha pais no setor público. O setor estatal alemão contribuiria com metade daqueles que haveriam de se tornar os gestores do genocídio.

Mais uma vez, todavia, precisamos aqui fazer uma pausa. A questão vital é a de caráter comparativo: os funcionários públicos tinham mais probabilidade de pertencer ao nazismo ou a outros movimentos? Como em outros países, os funcionários públicos e professores estavam super-representados na maioria dos partidos. Minhas tabelas do Apêndice e outras fontes demonstram que, na Alemanha, toda a direita, nazista ou não, os atraía como membros ou líderes locais, ficando o centro em segundo lugar e a esquerda muito para trás. Até 1933, mas não depois, havia menos funcionários públicos entre os nazistas de Marburg do que nos partidos "burgueses" ou de interesse especial. No Reichstag, os funcionários públicos estavam super-representados em todos os partidos. Até 1930, esta situação era mais pronunciada nos partidos burgueses e no Centro Católico, seguidos pelo bloco *Völkisch* e pelos nazistas. Depois de 1930, eles eram nitidamente mais nazistas (Stephan, 1973, 308; Bacheller, 1976, 365-6, 379, 453-62; Linz, 1976, 63-6; Morsey, 1977, 34-5; Mühlberger, 1987, 106-7; Sühl, 1988, 203-5, 227;

Lösche, 1992, 14-16). Os funcionários públicos *tornaram-se* desproporcionalmente nazistas.

Os funcionários públicos de Weimar estavam predispostos porque já preferiam o ramo executivo do Estado ao legislativo: os "interesses do Estado" eram mais importantes do que os "interesses político-partidários", afirmavam. Quando a democracia vacilava, esse "estatismo" ficava ainda mais acentuado, permitindo que os funcionários públicos usurpassem o papel dos políticos nos governos autoritários de Brüning, Papen e Schleicher depois de 1930 e fomentassem simpatias nazistas no serviço (Mommsen, 1991, 81-4; Caplan, 1988). Haveria também um motivo material? Não parece muito provável. Os funcionários públicos de escalão mais alto eram tão privilegiados que nem o desemprego nem a pobreza poderiam empurrá-los para a direita. Em 1930, o primeiro governo de Brüning efetivamente cortou salários, pensões e até empregos (Mommsen, 1991, 79-118). Todavia, como os preços estavam caindo, o salário real dos funcionários públicos na verdade aumentou um pouco entre 1929 e 1932. Os dados ecológicos revelam que os funcionários públicos tendiam ligeiramente a votar nos nazistas depois das crises econômicas de 1924 e 1929, embora a relação perdurasse também nos períodos melhores (Childers, 1983, 171-8). A propaganda nazista voltada para eles não se concentrava em seus interesses econômicos, mas em um nacionalismo de Estado mais amplo — no qual, naturalmente, eles haveriam de desempenhar um papel importante (Caplan, 1988). Seu direitismo provavelmente misturava um senso muito genérico de interesse ocupacional pessoal a um nacionalismo de Estado mais ideológico — como também sugeri no caso do fascismo italiano. Pessoalmente, acredito que o investimento na educação pública hoje é necessário para o crescimento econômico — mas eu sou professor numa universidade pública. Seria possível deslindar meu interesse pessoal de minha teoria econômica? Minhas motivações provavelmente estão misturadas — e provavelmente o mesmo se dava com as dos funcionários públicos nazistas.

Finalmente, os profissionais de formação universitária (vale dizer, "profissionais acadêmicos") estavam super-representados no NSDAP e nos corpos de oficiais das SA e das SS — mais do que o grupo de "empresários e gerentes". Também dominavam o ultraconservador DNVP. Jarausch (1990, especialmente, 78-111) atribui isto à insatisfação econômica, mas sua conclusão não é corroborada pelos dados que ele próprio apresenta. Ele reconhece que os operários e os colarinhos-brancos foram mais negativamente afetados. E demonstra que as profissões mais atingidas pela Depressão não eram mais nazistas. Sua multifacetada análise do contexto dos professores escolares demonstra que o protestantismo era o maior indicador de uma futura adesão ao nazismo, seguido pelo urbanismo, a juventude e a masculinidade. As diferenças de posição e salário ficavam muito para trás. As profissões mais nazistas — guardas-florestais, veterinários, fazendeiros de formação universitária, juízes e médicos — não enfrentavam grande competição dos judeus (embora os judeus dificilmente predominassem em qualquer profissão na Alemanha, sendo os percentuais mais altos os de 16% entre os advogados e 10% entre os médicos). As profissões mais nazistas pareciam atraídas por um nacionalismo *völkisch* e de "sangue e solo", acrescido de estatismo. A propaganda nazista não se centrava em suas privações econômicas, mas em temas políticos e ideológicos: antimaterialismo, lealdade ao Estado e não aos partidos, nacionalismo e um modernismo livre das divisões de classe. Um panfleto destinado aos engenheiros denunciava "o sufocante abraço judaico-materialista de nossos elementos vitais", que impedia o avanço tecnológico. O partido declarava que sua política educacional "nunca se centrou nas lutas em torno de questões profissionais, burocráticas, salariais ou de emprego. Sua vontade esteve sempre voltada para a penetração ideológica da educação alemã, a luta pelo poder político no Estado e o expurgo de todas as tendências marxistas destrutivas de nossa vida cultural". Os próprios dados de Jarausch indicam que as motivações ideológicas predominavam sobre as de caráter material pessoal na formação das atitudes em relação ao nazismo. E, como acontecia em outros redutos nazistas, as profissões estavam distantes das relações diretas de produção.

Naturalmente, os profissionais liberais, professores e funcionários públicos também tinham um nível alto de instrução. Talvez fosse esta a causa do seu nazismo. As universidades, desde o início, se haviam voltado contra a república. As fraternidades estudantis eram em sua maioria *völkisch* e antissemitas. Em 1930, é possível que metade dos estudantes alemães fosse nazista, com poucas diferenças de meio social ou disciplinas acadêmicas — à parte o apoio muito menor entre os católicos. Os nazistas obtiveram maioria nas eleições estudantis nacionais de 1931. Cabe lembrar que essas datas antecedem a grande afirmação nazista na política nacional: os nazistas se apoderaram das universidades *antes* das outras grandes instituições.

A privação econômica teria sido causa do fascismo entre os estudantes? Muitos estudantes eram pobres (o que, é claro, não chega a ser inusitado). Mas em Marburg os formandos com piores perspectivas de encontrar emprego, em medicina e ciências naturais, tinham menos probabilidade de ser nazistas (Koshar, 1986: 243). Seja como for, as universidades eram direitistas desde a década de 1880, quando o conceito originalmente liberal de *Bildung* (educação refinada na tradição do Iluminismo) tornara-se mais nacionalista e quando o nacionalismo começara sua virada ideológica e racista. Poucos professores eram nazistas, mas a maioria era nacionalista de Estado conservadora. Camada mais alta do serviço público, com títulos e privilégios, beneficiados recentemente por consideráveis aumentos salariais, eles constituíam talvez o grupo mais seguro da Alemanha — seguidos de perto por outros funcionários públicos e membros das profissões liberais (Weisbrod, 1996, 31). Entre eles, a cultura do racismo autoritário não podia ter derivado de insegurança ou privação econômica. Os professores secundários e primários também tinham maior probabilidade de ser nazistas e de estar entre os grupos que gozavam de maior segurança da força de trabalho. As instituições educacionais há muito representavam um elemento central da tradição alemã de nacionalismo de Estado — haviam-se encaminhado para sentimentos *völkisch* e agora radicalizavam no nazismo (Kater, 1975, 1983, 44; Linz, 1976, 67; Giles, 1978, 1983; Marshall, 1988).

Uma estudante, nascida em 1910, conta como o seu nacionalismo fora fortalecido pela ocupação francesa da sua cidade natal, Düsseldorf. Até que, na universidade, foi levada por amigos a um comício nazista:

> Os nazistas nos diziam que Hitler aprendera uma grande verdade em suas experiências na guerra. O importante não era saber se alguém tinha dinheiro ou algum título, mas se contribuía para o bem-estar de seu povo. Hitler dizia que o nacionalismo e o socialismo deviam ser idênticos. O nacionalista devia estar disponível para qualquer de seus compatriotas e o socialismo deve adaptar-se à natureza de um povo. Daí o nacional-socialismo. Para nós, significava companheirismo — solidariedade. (...) Dizíamos: "É a única resposta possível ao bolchevismo." E foi assim que entrei para a Liga Nacional-Socialista dos Estudantes Alemães (Steinhoff et al., 1989, xxvii).

Assim foi que os nazistas atraíram duas gerações de jovens, em sua maioria do sexo masculino. A primeira chegou através das experiências de guerra, a segunda foi socializada mais tarde em escolas, universidades e movimentos juvenis de toda a Alemanha. Os mais intelectualizados debatiam as idéias mais recentes, tentando combiná-las com o romantismo, o idealismo, a "espiritualidade" e o racismo da cultura alemã. Muitos acreditavam que a era liberal e burguesa entrara em colapso na guerra e no pós-guerra. A alternativa socialista parecia velha, materialista e por demais proletária para ser palatável aos intelectuais (Mosse, 1971, 144-51). Muitos preferiam visões mais orgânicas da modernidade, nas quais um movimento e um Estado encarnavam a nação, promovendo o desenvolvimento social e moral. O fascismo atraía os jovens instruídos do sexo masculino porque era a mais recente corrente de pensamento de metade do continente. Sua ressonância ideológica na época em que viviam — muito mais do que os reclamos específicos de um contingente etário — foi o principal motivo de ter sido ele um movimento característico de uma passagem de gerações.

OS PARAMILITARES NAZISTAS

Tudo isto diz respeito ao partido nazista. Mas devemos acrescentar os paramilitares — as SS e especialmente as SA, que eram dez vezes maiores do que as SS antes do golpe. Em 1932, juntas, as duas organizações tinham mais membros do que o partido. Como apenas algo em torno de metade de seus membros também eram filiados ao partido, os paramilitares representavam um canal alternativo de acesso ao fascismo. A Tabela 4.3 do Apêndice reúne os dados relevantes a este respeito, mais completos no caso das SA do que no das SS. Só os colarinhos-brancos do setor privado parecem ter sido (ligeiramente) super-representados nas SS antes do golpe. Os operários constituíam o grupo maior, ligeiramente sub-representado até 1933, e a partir de então em paridade. Em suas ocupações, as SS parecem amplamente representativas da população masculina alemã. Isto mudaria consideravelmente em meados da década de 1930, à medida que as SS passaram a ser vistas como "a elite" do regime nazista, embora a mudança se desse de maneira congruente com meu argumento neste capítulo (super-representação muito pronunciada de funcionários públicos de mais alto escalão, profissionais acadêmicos e estudantes, e uma contrastante sub-representação de trabalhadores na indústria — ver meu próximo volume).

Em contraste, as SA eram proletárias. A Tabela 4.3 do Apêndice mostra que os operários passaram de 60% do contingente das SA antes de 1929 para 70% depois. A Depressão elevou o desemprego nas SA ao espantoso nível de 60 a 75%. Mas caberia perguntar se os operários entravam para as SA porque estavam desempregados ou se as atividades nas SA os desqualificavam para o emprego. Provavelmente as duas coisas. A amostragem de Abel abrange muitos homens filiados às SA que se dedicavam de corpo e alma à causa muito antes da Depressão, quaisquer que fossem as conseqüências econômicas. Os arquivos das SA também indicam que os patrões não gostavam de contratar integrantes das SA, pois tendiam a ser mais articulados e a se ausentar para marchar. Por outro lado, alguns recrutas das SA citaram o desemprego como motivo da adesão. Globalmente, parece provável que as SA tenham começado tão proletárias e desempregadas quanto o grupo etário em que eram recrutadas, tornando-se então ainda mais proletárias e desempregadas sob a pressão da Depressão (Fischer, 1983, 25-47).[7] O paramilitarismo representava uma alternativa de atividade de tempo integral. É possível que tenha sido este o principal papel material do nazismo.

Também dispomos de dados sobre o cerne das forças paramilitares empenhadas em lutas de rua. De um total de 300 nazistas mortos em lutas de rua, 57% eram operários (quociente de 1,22) e 25%, "empresários, profissionais liberais e estudantes" (provavelmente estudante sobretudo, pois eram jovens). Todos os demais grupos estavam sub-representados (Merkl, 1980, 98-9; cf. Stachura, 1975, 59). Esses combatentes fascistas não eram tão proletários quanto seus equivalentes comunistas. Cerca de 90% dos comunistas detidos em combates de rua em Hamburgo e Berlim e cerca de 70% dos "mártires" do partido eram operários (Kater, 1983, 253; Peterson, 1983, 214; Rosenhaft, 1983, 167-207). Como em outros países, todavia, os fascistas mortos eram em sua maioria operários ou estudantes.

Antes de 1933, o partido e as forças paramilitares, juntos, abrigavam meio milhão de operários, total proporcional, *grosso modo*, à quantidade de operários na população alemã. Globalmente, os nazistas não eram particularmente pequeno-burgueses ou burgueses, abrangendo um amplo espectro da estrutura de classes na Alemanha. Neste sentido, eram efetivamente o que diziam ser: um partido nacional, ainda que avesso ao setor manufatureiro urbano e voltado para os setores estatal e educacional.

MOBILIDADE SOCIAL E MARGINALIDADE SOCIAL

As amostras nazistas têm a peculiaridade de nos permitir uma avaliação da mobilidade e do sucesso sociais. Costuma-se dizer que os nazistas apresentavam mobilidade para baixo, culpando o sistema político por suas frustrações na carreira. Nas autobiografias reunidas por Abel, contudo, pouco menos da metade não vivenciara qualquer mobilidade significativa, um quarto ascendera de maneira significativa em relação a suas origens e apenas um sétimo evidenciava sinais de declínio (Merkl, 1975, 62-76). Dentre os *Gauleiter* do levantamento de Rogowski (1977), 64% haviam desfrutado de empregos seguros e 75% seguiam carreiras condizentes com suas qualificações educacionais. Cerca de 40% haviam experimentado mobilidade para cima em comparação com seus pais, e apenas 21%, mobilidade para baixo. Sua mobilidade ascendente era portanto o dobro da registrada entre os alemães em geral. Os grupos de maior mobilidade ascendente — veteranos do exército, universitários graduados e colarinhos-brancos — também eram os que mais forneciam contingentes nazistas. Kater (1983, 182-4, 375) conclui que os funcionários nazistas "não projetavam a imagem de um grupo de perdedores vivendo à margem da sociedade". Ele pôde identificar um maior número de *Gauleiter* do que Rogowski e acredita que sua mobilidade ascendente não era tão elevada. Todavia, eles "superavam por margem bastante significativa o padrão de mobilidade ascendente constatado na população em geral" — embora Kater acrescente que essa mobilidade para cima deve ter-lhes dado um medo "terrível" de voltar a cair. Só estariam seguros os imóveis? Kater acrescenta que os altos tecnocratas do partido apresentavam origens e formação mais estáveis e convencionais de classe média alta, sem qualquer indicação de marginalidade.

Ziegler (1989, capítulo 4) conclui que as SS eram uma autêntica meritocracia. Seus oficiais já haviam alcançado um modesto grau de sucesso educacional e ocupacional antes da adesão, o que no entanto foi acelerado uma vez na organização. Muitos estabeleciam uma comparação favorável às SS com o universo ocupacional "obcecado com *status*" de Weimar. Uma minoria de oficiais SS da amostragem de Wegner (1990, 251-62; não são fornecidos números) vivenciaram mobilidade descendente no pós-guerra, enquanto alguns dos recrutas mais jovens haviam temido dificuldades econômicas. Mas nenhum de seus casos de estudo individuais experimentara a marginalidade econômica — exceto autênticos "marginais" como Theodor Eicke, cujos freqüentes confrontos com a polícia resultavam de seu extremismo político, e não o contrário (ver mais detalhes sobre este terrível indivíduo em meu próximo volume). Ambos os estudos mostram que os valores militares e nacionalistas desempenharam um papel muito mais importante do que as privações econômicas na atração de recrutas para as SS.

Jamin (1984) destoa neste consenso, considerando que as carreiras dos oficiais SA demonstravam uma "inconsistência social". Os oficiais careciam de "um lugar estável na hierarquia social" e estavam muito sujeitos a mobilidade descendente. Mas os dados que expõe não parecem tão nítidos. Metade dos líderes das SA em sua amostragem principal não havia experimentado qualquer mobilidade significativa de geração para geração e metade, nenhuma mobilidade dentro da mesma geração (como na amostragem de Abel).[8] Dentre os oficiais SA que experimentaram mobilidade, ela afirma que foi o dobro o número dos que a vivenciaram de forma descendente. Mas a desproporção é agravada pela categoria por ela invocada de "mobilidade descendente ambivalente", medida (de uma geração a outra) através da comparação de um pai trabalhando como "artesão ou agricultor autônomo" com um filho "colarinho-branco, operário especializado ou soldado profissional". Isto parece dúbio por três motivos: os "artesãos" eram em sua maioria operários, e não de classe média; a palavra "soldado" é por demais vaga para denotar *status* social numa guerra mundial; e os filhos de agricultores que emigravam podiam não estar passando por um processo de mobilidade descendente, mas fugindo da pobreza. Se aceitarmos as categorias propostas por Jamin, 25 a 30% dos líderes das SA haviam passado por um processo de mobilidade descendente; caso contrário, 10 a 15% o haviam. Se ficarmos com 20%, não chega a ser um percentual muito alto. Frente a outros dados examinados aqui, isto não seria suficiente para escorar sua conclusão de que o nazismo representava os "socialmente desarraigados e isolados", não podendo portanto desenvolver um "programa sociopolítico positivo e representar de maneira racional os reais interesses sociais de seus membros". Pois o fato é que o nazismo efetivamente representou "interesses sociais reais"— embora não primordialmente os de classe.

O conceito de marginalidade tem influenciado muitas análises do nazismo. Naturalmente, o próprio Hitler adapta-se com perfeição ao estereótipo — pintor fracassado, migrante internacional, cabo dispensado, vegetariano numa época de carnívoros, um homem sem uma verdadeira vida de família, provavelmente inativo sexualmente. Mas seu radicalismo se originara nas experiências "normais" de um nacionalista antieslavo e pan-germânico austríaco cujo anti-semitismo casual tornou-se algo muito mais perigoso em conseqüência de suas experiências nos anos revolucionários posteriores a 1917 (Hamann, 1999). Os teóricos da "sociedade de massas" costumavam argumentar que as massas "atomizadas" e os indivíduos "marginais", sem fortes raízes sociais, voltam-se para movimentos utópicos radicais e líderes carismáticos. A teoria sofreu uma atualização recente no conceito de que uma democracia saudável repousa sobre uma "sociedade civil" vibrante, com densas redes de sociabilidade entre os cidadãos, centradas em associações voluntárias que não sofram o domínio do Estado nem do mercado econômico. Supostamente, a melhor garantia de uma sociedade livre e de democracia é uma densa rede de sociabilidade centrada em associações voluntárias.

Infelizmente, a Alemanha que se tornou nazista era exatamente isto, uma "sociedade civil" das mais densas — e os nazistas estavam bem no seu centro. A Alemanha apresentava níveis elevados de filiação a grupos de interesses e associações voluntárias, inclusive uma densa rede de sindicalização de trabalhadores braçais e colarinhos-brancos. Foram dados dessa natureza que há alguns anos permitiram a Hagtvet (1980) demolir cabalmente a teoria do nazismo como fenômeno de sociedade de massa. Dispomos hoje de novos argumentos documentais em favor de sua tese. Os estudos sobre dados eleitorais contidos no próximo capítulo indicam que não foram indivíduos marginais, mas comunidades inteiras que aderiram ao nazismo: na agricultura, por exemplo, as mais coesas comunidades protestantes tornaram-se nazistas. Os nazistas também tiveram muito sucesso na organização e não raro na tomada do controle de associações profissionais. Foram igualmente hiperativos nas associações comunitárias locais. Em Marburg, segundo demonstra Koshar (1986), os nazistas eram mais ativos em outros clubes sociais locais do que qualquer outro movimento político. A seção local do partido mobilizava e dependia de redes sociais formadas por clubes de tiro ao alvo, ligas de veteranos, sociedades esportivas e de ginástica, sociedades de canto coral e fraternidades estudantis. Foi em parte esse ativismo social que levou os nazistas a uma visão elitista de si mesmos, considerando-se a parte "conscientemente alemã" da população. O que se aproxima do argumento de Fritzsche (1998) de que o ativismo comunitário dos nazistas fora construído a partir de inovações do *Stahlhelm*, como principal fonte de sua popularidade: eles efetivamente organizaram a nação alemã. Koshar conclui que a corrida dos nazistas para o poder pode ser considerada, em certo sentido, uma revolta do ativismo das comunidades locais contra o fracasso do sistema político nacional. É o que estavam dizendo os militantes nazistas de Abel e os recrutas das SA citados anteriormente: eles estavam contra "o sistema".

A Alemanha era portanto uma sociedade civil muito forte, e os nazistas estavam bem no seu coração. Liderada pelos nazistas, ela se tornou uma sociedade civil forte mas perversa. Como vimos, Riley (2002) mostra uma vinculação semelhante entre sociedade civil e fascismo na Itália. Da mesma forma, meu próximo livro revela uma tendência geral dos movimentos de limpeza étnica para um enraizamento mais forte nos movimentos voluntários da "sociedade civil" do que seus oponentes liberais. A sociedade civil pode não ser tão civil assim! Na verdade, não chega a ser tão surpreendente. É raro encontrar derrotados marginalizados nas elites políticas — eles costumam ser encontrados em bares, prisões e cemitérios, e não na política. Aqueles que tentam mudar o mundo cortejando o perigo têm mais probabilidade de se sentir confiantes e fortalecidos pelo sucesso social. Em sua maioria, os fascistas alemães sentiam-se fortalecidos pelo sucesso pessoal nos terrenos militar, educacional, social e profissional, reforçado pela sensação de serem "bons alemães", com uma ideologia que representava a mais avançada manifestação do conhecimento na época.

CONCLUSÕES

Classe e setor

Como as abordagens das bases sociais do nazismo têm sido dominadas pelas teorias de classe, vale a pena resumir minhas conclusões sobre os elementos econômicos e de classe do nazismo. Embora o nazismo se tenha originado com uma base particular em grupos predominantemente de classe média, seus contornos já eram diferentes no momento em que se tornou um movimento de massa, depois de 1930.

(1) Não havia uma correlação global entre fatores de classe e o fascismo alemão, ao contrário do que aconteceu na Itália. Quase todas as classes estavam bem representadas no nazismo.
(2) Como na Itália, as classes rurais passaram de uma situação de sub-representação para a super-representação, embora poucos trabalhadores agrícolas alemães se tornassem membros do movimento fascista.
(3) Como na Itália, a burguesia instruída e "nacionalista de Estado" era a mais super-representada, enquanto a burguesia de negócios, grande ou pequena, estava sub-representada. Isto também influenciou a educação dos jovens. A educação oficial e protestante (mas não a católica) contribuiu para a emergência do fascismo como movimento com cunho de mudança de geração.
(4) Como na Itália, os nazistas tiveram dificuldade para penetrar nas comunidades operárias da economia industrial urbana. Todavia, como a maioria dos operários vivia e trabalhava fora dessas comunidades, os nazistas puderam arregimentar muitos operários em outros contextos sociais.
(5) Como eu suspeitava, sem poder comprovar no caso da Itália, os fascistas alemães não eram marginais socialmente nem derrotados economicamente. Nos casos em que dispomos de dados de contextualização relativos a suas motivações, não parece em geral haver indicação de frustração econômica ou profissional. Pelo contrário, mostravam-se mais seguros, a salvo das oscilações a que os surtos e quedas econômicos expõem os grupos mais diretamente ligados às atividades de negócios. E em termos sociais estavam

no centro da sociedade civil. Embora se tratasse de uma sociedade civil muito forte, não era uma sociedade civil muito boa — o que vai de encontro ao retrato da sociedade civil quase universalmente pintado na ciência social contemporânea.

(6) Como na Itália, os fascistas tendiam a estar distantes das principais arenas do moderno conflito de classes: poucos empresários, membros da "pequena burguesia clássica", gerentes do setor privado ou operários industriais urbanos. Os nazistas não eram observadores diretos, mas indiretos da luta de classes mais pronunciada — com toda evidência, agiam em função da proclamada pretensão de "transcendência" do conflito de classes (tema de que voltarei a tratar no próximo capítulo).

Destes seis pontos, só o último poderia ter surpreendido os líderes nazistas. A ausência de um viés de classe global não seria uma surpresa: eles alegavam transcender a estrutura de classes, na qualidade de *Volkspartei*, partido popular. Já vimos que a alegação era plausível, embora houvesse uma defasagem religiosa em suas credenciais "nacionais". Os nazistas tinham poucos seguidores católicos — o que será discutido no próximo capítulo. Globalmente, contudo, os nazistas eram o partido mais capaz de se apresentar nos comícios como "acima das classes". A seus palanques eram deliberadamente convocados oradores que variavam de príncipes prussianos a funcionários ferroviários, de generais reformados a estudantes e operários, falando com os mais variados sotaques — uma ostentação de independência do fator classe bem simbolizada em Hitler, o cabo menosprezado pelo sotaque provinciano austríaco.

A importância da militância nazista

Examinamos já boa parte das crenças e da base social dos militantes nazistas. Mas que faziam eles efetivamente? E como terá isto contribuído para sua chegada ao poder? No momento do golpe, o partido nazista tinha mais de um milhão de membros. Mas o que importava era menos o tamanho do movimento do que o ativismo do cerne de militantes. Como em todos os movimentos, havia muitos membros apenas nominais ou marginais. À medida que crescia, o partido enfrentava dificuldades com a alta rotatividade dos membros, especialmente os da classe operária (Mühlberger, 1991). Mas, em média, seus membros eram muito mais ativos do que os de qualquer outro movimento. Em praticamente qualquer oportunidade a liderança local podia mobilizar dezenas ou centenas de militantes para marchar, manifestar-se, encher salões e, se necessário, promover alguma balbúrdia, e os membros compareciam, deixando seus empregos (o que irritava muito os patrões) e cedendo generosamente seu tempo e energia. Os partidos burgueses eram respeitáveis partidos de notáveis sem grande senso de "militância". Não marchavam e raramente promoviam manifestações. Seus comícios eram formais, polidos, recorrendo essencialmente a práticas rotineiras de deferência à plataforma e ao *status* social de seus oradores. Em caso de perturbação desses comícios por baderneiros ou algum empurra-empurra ou pancadaria, não podiam recorrer a uma reação coletiva e decidida de seus militantes. Eram sobrepujados pela energia, o entusiasmo e a violência maiores dos nazistas. Até mesmo os socialistas e os comunistas, inventores do conceito de companheirismo militante, eram apanhados de surpresa.

Os rituais eram essenciais para a mobilização dos militantes nazistas. Como temos acesso a gravações dos discursos de Hitler e aos jornais cinematográficos de suas mesmerizantes *performances* em Nuremberg, tendemos a considerar esses grandiosos rituais como o elemento-chave. Mas Hamilton (1982, capítulo 12) nos lembra de que os comícios-monstro ao estilo de Nuremberg envolviam apenas uma minúscula minoria de alemães, ao passo que Hitler só foi capaz de dominar o rádio ou as atualidades cinematográficas quando da tomada do poder. O partido se mobilizava por meio de sua célula local, usando telefones e caminhões para a comunicação física e a máquina de escrever e o *cyclostyle* para a comunicação escrita — tudo operado por militantes dispostos a deixar o emprego a qualquer momento para desempenhar essas funções. Em "Northeim" (população, 10 mil), cerca de 67 membros do partido e das SA e 75 integrantes da Juventude Hitlerista geravam mais comícios, manifestações e marchas do que qualquer outro partido. Suas ações, sua energia e seu entusiasmo eram apresentados ao público em ocasiões ritualizadas como um microcosmo da nova e futura Alemanha. A coisa toda não parecia particularmente autoritária, pois ostentava a "efervescência coletiva" considerada por Durkheim o elemento-chave para a consolidação dos rituais. Cabe frisar que os nazistas prosperavam na democracia liberal — na liberdade de reunião, manifestação e reprodução da palavra impressa, o que ocorria em grau mais intenso em épocas eleitorais, mas funcionava o tempo todo. Eles não poderiam ter-se saído tão bem contra um regime autoritário. À parte qualquer outro tipo de consideração, sua violência teria sido prontamente neutralizada por unidades policiais e militares como mera baderna amadorística, o que, como veremos no Capítulo 8, viria a acontecer com os "legionários" fascistas da Romênia.

Os líderes nazistas locais desfrutavam de certa legitimidade por sua disponibilidade para empregar tempo e energia no trabalho pela comunidade. Recrutavam membros através dos clubes locais, envolvidos em atividades como esportes, canto ou tiro ao alvo, formalmente apolíticas mas envoltas num tom nacionalista desde o fim do século XIX. A militância nazista ampliou-se então, gerando uma ampla variedade de atividades. A Juventude Hitlerista e os movimentos femininos eram em geral considerados valiosos e interessantes, propiciando a saúde do corpo e da mente. Embora os contingentes do partido e das forças paramilitares em certa medida se sobrepusessem, o ativismo de uns e outros pode ser em parte distinguido. Os membros do partido costumavam postar-se de pé em pequenos grupos nas esquinas, distribuindo panfletos, arengando e seguindo em grupo para os comícios. Alguns faziam-no em regime de tempo integral, mas a maioria não.

As forças militares das SA tinham seus próprios poderes e sua força de atração específica. Seus membros circulavam juntos em exibições ritualizadas bem mais amplas. Os homens das SA eram mais jovens, mais provavelmente solteiros. Também atuavam em tempo integral em maior número, não raro vivendo juntos em pequenos quartéis, sendo sustentados com fundos do partido. Exatamente como os *squadristi* italianos, viviam engaiolados numa vida agradável de companheirismo disciplinado, bebendo em grupos, pavoneando-se uniformizados e desfrutando do elitismo nazista que os tornava especiais, "conscientemente alemães". Em algumas unidades, acrescia a solidariedade homossexual. Quase sempre sua violência era basicamente simbólica. Formavam guardas de honra para os oradores ou intimidavam esquerdistas e judeus com sua simples presença coletiva. E punham para correr os contestadores, de modo que os comícios nazistas davam uma impressão de ordem, ao contrário dos comícios dos outros partidos, que eles próprios tratavam de tumultuar. Quando havia violência, estavam em seu elemento, pois formavam um bando organizado e armado de jovens comprometidos por seu movimento com metas e meios radicais. Sua violência estava quase sempre voltada contra a esquerda (nas regiões da fronteira oriental, contra os poloneses), e muito menos contra os judeus ou os partidos "burgueses". Os nazistas tentavam legitimar sua violência dizendo-a "defensiva". Diziam que os "bolchevistas" já haviam ocupado partes da Alemanha. As táticas das SA baseavam-se explicitamente na provocação do inimigo. O inimigo nunca era o Estado. O poder paramilitar nazista nunca bateu de frente com os poderes militares ou policiais de Estado. Os inimigos eram outros movimentos ou os judeus. Era muito mais fácil simular uma posição defensiva contra a esquerda, pois os judeus e os "partidos burgueses" eram totalmente não-violentos. As unidades das SA recebiam ordens de entrar nos principais redutos socialistas e comunistas para marchar, gritar e cantar, atraindo ataques. Seguiam-se confrontos e os ferimentos eram ostentados para demonstrar que "não se passa uma noite sem que os homens das SA tombem nas ruas, vítimas do terror comunista". Comenta Merkl: "Um inimigo fictício, os agressivos e arruaceiros comunistas ou socialistas, era usado como fachada para o verdadeiro objetivo, a conquista do poder de Estado."

Mas na realidade as táticas dos nazistas eram mais sutis. Eles não pretendiam tomar de assalto o Estado diretamente pelo poder paramilitar, pois sabiam que jamais seriam capazes de enfrentar o exército alemão. A violência dos nazistas tinha três outros objetivos: consolidar seu próprio companheirismo, emocionalmente "fortalecido na luta", intimidar os adversários e demonstrar que a "ameaça marxista" podia ser neutralizada com seu paramilitarismo disciplinado. A propaganda nazista e a parcialidade da imprensa tratavam então de transmitir esta tese a milhões que nunca haviam presenciado diretamente a violência (Abel, 1938, 99-110; Allen, 1965, 23-34, 73; Noakes, 1971, 99, 142, 202-19; Hamilton, 1982; Merkl, 1982, 373; Bessel, 1984, 26-32, 45-9, 75-96; 1986; Heilbronner, 1990).

Deste modo, a violência nazista não funcionava tanto no sentido de destruir efetivamente o inimigo (como fizera a violência fascista na Itália), pois inicialmente o socialismo alemão saía-se muito melhor na defesa de suas comunidades, mas no de convencer seus próprios membros de que formavam uma elite forjada no companheirismo solidário, disposta a assumir riscos em nome de metas radicais, e também para convencer muitos alemães e as elites de que uma violência "ordeira" e ritualizada era necessária para resolver a "anarquia" do país. Uma vez no poder, eles organizariam um Estado mais comprometido com a "ordem". E com efeito, a segunda organização paramilitar, as SS, de pequenas dimensões antes da tomada do poder, realmente misturava as idéias de violência e ordem. As SS estavam comprometidas com a idéia de que a disciplina paramilitar podia gerar uma nova elite social, política e racial. Assim, em contraste com as SA, atraíam muitos membros da jovem elite educacional e profissional da Alemanha (o que será aprofundado em meu próximo volume). Esse espectro de atividades militantes — do respeitável ao violento — permitiu que o nazismo exercesse atração sobre os elementos mais diversos da população. E também serviu para confundir os alemães comuns em suas reações ante o nazismo, na medida em que amalgamava o que geralmente consideramos legítimo e ilegítimo. O que nos leva à reação dos dois outros ingredientes vitais na caminhada do nazismo para o poder: o eleitorado e as elites.

5

Simpatizantes alemães

Os nazistas conseguiram tomar o poder porque, em sua perspicácia, sua liderança soube mobilizar três fontes essenciais do poder: o ativismo e a violência dos militantes nazistas (discutidos no capítulo anterior), os votos de um terço do eleitorado alemão e a ambivalência das elites alemãs em relação à democracia de Weimar. Ao contrário dos fascistas italianos, os nazistas disputaram seriamente e tiveram êxito em eleições. Receberam os votos de mais de um terço dos alemães, o que lhes permitiu chegar ao limiar do poder por meios constitucionais. Como os fascistas italianos, no entanto, os nazistas na verdade tomaram o poder com a ajuda das elites do país. Examinarei inicialmente o alcance e as motivações do apoio do eleitorado. Por uma questão de concisão, centrarei a atenção no principal período de sucesso eleitoral, depois de 1930. Levo em conta as fontes de poder ideológico de massa dos nazistas: a mensagem eleitoral que os nazistas tentavam passar e a maneira como era percebida pelos eleitores.

A ESTRATÉGIA ELEITORAL NAZISTA

Há quem diga que os nazistas faziam qualquer coisa por votos; sua busca de votos não era dominada pela ideologia, mas pelo oportunismo. É mais uma manifestação da tendência tradicional a não levar os fascistas a sério. Childers (1990) afirma que os panfletos e discursos estavam taticamente voltados para grupos de interesses específicos, sendo as diferentes propostas políticas moldadas de forma oportunista a cada um deles. Com efeito, o livro de Hitler, *Mein Kampf*, evidencia total desprezo pelas massas, explicando como manipulá-las e a seus ressentimentos. Explicava ele certa vez a seus confidentes: "A compreensão é uma plataforma incerta para as massas. A única emoção estável é o ódio" (Kershaw, 1991, 51). Em períodos eleitorais, contudo, ele instruía o movimento a aplacar os sentimentos de hostilidade e ódio contra "inimigos" como os judeus e os eslavos. Mais do que os outros partidos alemães, os dirigentes nazistas reiteradamente promoviam reuniões com finalidades táticas, treinavam seus oradores e instruíam os militantes sobre quem deviam abordar, o que dizer e o que evitar dizer. Os nazistas foram inovadores em matéria de manipulação política. Naturalmente, em comparação com os partidos políticos de hoje, eram amadores em suas técnicas e terrivelmente sinceros na expressão de seus ódios.

A mensagem na verdade era bastante clara e coerente. Como poderíamos esperar, a propaganda nazista estava centrada num forte nacionalismo. Ao eleitorado dizia-se que os alemães eram racial e culturalmente superiores, e estavam destinados a dominar outras nações. O partido prometia uma expansão territorial para formar uma "Grande Alemanha" que libertaria milhões de alemães vivendo sob domínio estrangeiro. Considerava os russos bestiais mas atrasados, incapazes de resistir ao poderio da moderna Alemanha; ao passo que os franceses e os britânicos eram "civilizados" mas "decadentes", e provavelmente sem disposição para a luta. Os rigores da divisão territorial que haviam imposto à Alemanha nas fronteiras constituíam uma conspiração internacional (às vezes dita também "judaica"). Os nazistas propunham uma política externa fortemente revisionista, com exigências muito simples em matéria de recuperação de territórios perdidos e do "devido lugar da Alemanha". O que nada tinha de muito polêmico. Quase todos os partidos alemães sustentavam o mesmo argumento, embora muitos oradores nazistas se expressassem de forma mais inflamada. Mas os nazistas tinham duas vantagens nesse tipo de reivindicação na política externa. Primeiro, não estando no poder, os nazistas estavam em posição de vantagem, pois a maioria dos demais partidos participara dos governos de coalizão da República de Weimar, podendo ser acusados de se terem vendido às potências estrangeiras. O constante revisionismo de Hitler, sua proposta de rearmamento e o militarismo do próprio movimento nazista reforçaram os atrativos da política externa nazista. A paz efetivamente *fora* imposta em termos muito duros, considerados injustos pela maioria dos alemães. O fato de o país ter sido privado de territórios e de uma parte importante de seu parque industrial aumentou as chances eleitorais de um movimento revisionista como o dos nazistas. Naturalmente, a realidade geopolítica era de que as potências estrangeiras estavam comprometidas com um calendário de retirada da Renânia e com o fim do pagamento de reparações de guerra. Assim, os alemães não esperavam que, lançando mão do porrete para apressar a justiça — e quem sabe até recuperar alguns territórios —, fossem desencadear uma guerra. Em matéria geopolítica, Hitler falava exatamente como eles, exatamente como uma grande potência como a Alemanha devia falar. De modo que a política externa nazista era popular: agressão, mas sem guerra. Durante seis anos de seu regime, Hitler efetivamente conseguiu manipular esta sutil combinação.

Isto, no entanto, não foi decisivo do ponto de vista eleitoral, pois os eleitores alemães (como a maior parte dos eleitorados) estavam mais preocupados com questões internas. Mas a segunda vantagem dos nazistas foi o alcance maior de seu nacionalismo. Pois o nazismo também tinha uma mensagem interna de um vigor ímpar, coerente ao mesmo tempo com sua política externa e com uma posição que aparentemente negava as classes, ocupada pelo próprio partido. Um dos consultados no levantamento de Abel rememorava a primeira vez em que ouvira um nazista pregando o nacionalismo transcendente:

> Fui arrebatado não só por seu apaixonado discurso mas também por seu sincero comprometimento com todo o povo alemão, cuja maior infelicidade era estar dividido em tantos partidos e classes. Finalmente, uma proposta prática para a renovação do povo! Destruam os partidos! Acabem com as classes! Uma autêntica *Volksgemeinschaft*! Eram metas com as quais eu podia comprometer-me sem reservas. (...) Foi assim que entrei para a Juventude Hitlerista e encontrei o que buscava: um verdadeiro companheirismo. (Merkl, 1980, 251)

A entrada de diário em que uma professora de escola relatava ter ouvido um discurso de Hitler perante uma multidão compacta conferia significado dos mais concretos à transcendência:

> Ordem e disciplina imaculadas prevaleciam no ambiente (...) para aquele homem que atraíra 129 mil pessoas de todas as classes e idades. Lá estava Hitler trajando um simples paletó preto. (...) Assunto principal: dos partidos nascerá uma nação, a nação alemã. Ele criticava "o sistema" ("Quero saber o que resta para destruir neste Estado!") (...) não fazia ataques pessoais, nem promessas, vagas ou precisas. (...) Quantos são aqueles que olham para ele com tocante fé, vendo nele aquele que assiste, o salvador, o que vem libertar do sofrimento insuportável — para ele que vem resgatar o príncipe prussiano, o estudioso, o sacerdote, o fazendeiro, o trabalhador, o desempregado, resgatando-os dos partidos de volta à nação. (Noakes e Pridham, 1974, 104.)

Note-se a maneira como a professora especifica as classes. No capítulo anterior, vimos que a alegação dos nazistas não era mera retórica, refletindo a efetiva composição do movimento nazista. A maioria dos oradores nazistas entrelaçava os aspectos externo e interno do nacionalismo, numa retórica acima das classes e não raro agressiva que não era tão universalmente popular. Os inimigos políticos eram tachados de estrangeiros. Os esquerdistas eram bolchevistas (eslavos) ou judeus; o capital financeiro era estrangeiro ou judeu; liberais e católicos eram internacionalistas. Para os nazistas, os "inimigos" tinham sempre uma identidade étnica e política mista, constantemente afetada por questões de fronteira. Os nazistas sempre preconizaram uma política de limpeza étnica e política. Pretendiam "acabar com", "eliminar", "esmagar" "o sistema marxista-capitalista-judaico de extorsão", o "internacionalismo vermelho-negro" que mantinha dividida a nação alemã. Os nazistas prometiam "dar com as cabeças de uns nas dos outros" para garantir a paz social. Os partidos "burgueses" e empenhados na defesa de interesses particulares eram apresentados como "partidos do racha" representativos de interesses de classe ou facções, enquanto os apelos a contingências de classe, *Stand* (grupo de *status*) e *Beruf* (profissão) dividiam a nação. Quando os líderes de classe alta do DNVP, partido de direita, também exortaram à eliminação das diferenças de classe em nome da unidade alemã, sua hipocrisia ficou evidente, especialmente para os trabalhadores. Os oradores do DNVP, como os dos demais partidos "burgueses", vinham das classes privilegiadas. Os socialistas e comunistas eram sobretudo da classe operária, com uma pitada de judaísmo. Os nazistas, que negavam as classes, eram diferentes, parecendo um instrumento mais plausível no sentido de uma justiça social neutra mas germânica. Esta pretensão de um nacionalismo orgânico permeava toda a política nazista.

Além de uma retórica atraente, os nazistas apresentavam propostas políticas mais concretas. Em plena Depressão, eles não podiam ignorar as questões econômicas. Mas Hitler e a maioria dos nazistas desprezavam a "economia política" estreita, subordinando-a à política. A política econômica que propunham tinha sólidas raízes num estatismo alemão que remontava a Friedrich List, passando pelo "socialismo de Estado vindo de cima" enunciado por Rathenau durante a Primeira Guerra Mundial e adquirindo colorações *völkisch* na década de 1920 (Barkai, 1990). O estabelecimento de diferenças entre o capital produtivo/criativo e o improdutivo/judaico era tomado de empréstimo a essa tradição acadêmica.

Essa economia política estava voltada para vários grupos de interesse. A autarquia (envolvendo taxas de juros mais baixas) era defendida especialmente frente aos setores rurais, que poderiam beneficiar-se com a diminuição das importações de alimentos e do endividamento. Muitos agricultores votavam nos nazistas porque consideravam ser do seu interesse material (como enfatiza Brustein, 1996). Mas não eram políticas excludentes de alternativas, talhadas especificamente para os agricultores. Os nazistas estabeleciam as políticas agrícolas no contexto de questões mais amplas. Segundo a *Declaração Oficial sobre os Agricultores e a Agricultura*, a "autodeterminação nacional" serviria para neutralizar "a sujeição pelo débito à alta finança internacional" e ao "capital judaico internacional". As indenizações de guerra representavam um fardo para a agricultura, e deviam por isso ser canceladas. O mesmo quanto a uma democracia parlamentar que não fora capaz de proteger os agricultores. Os nazistas alegavam que essas políticas tinham teor mais moral do que econômico. Os agricultores eram "os principais portadores de uma saudável herança *völkisch,* a fonte da juventude do povo e a espinha dorsal do poder militar". Mas seus interesses de classe vinham em segundo lugar na "guerra política de libertação": "Essa guerra não pode ser combatida do ponto de vista de um único grupo ocupacional; deve ser combatida do ponto de vista de todo o povo", representado pelos "membros conscientemente alemães de cada ocupação e posição social" (Fischer, 1995, 147-8). Na região rural da Baixa Saxônia, a ideologia tinha mais apelo do que as políticas específicas (que sob muitos aspectos se assemelhavam às políticas do outro partido de direita, o DNVP), afirma Noakes (1971). O anti-semitismo aparecia em algumas campanhas rurais: o "sangue e o solo" alemães eram explorados pelos agiotas judeus. Na realidade, não eram. Os judeus representavam um símbolo exótico conveniente para as verdadeiras queixas dos agricultores contra um mundo urbano cosmopolita pelo qual se julgavam oprimidos. Mas os nazistas sempre contextualizavam os interesses materiais específicos numa ideologia mais ampla — como costumam fazer os movimentos políticos bem-sucedidos. Por isso tentavam transcender (ou talvez escamotear) a multiplicidade de interesses do mundo real.

Eles também prometiam salvar a classe média "essencialmente alemã", "espremida entre o socialismo internacional e o mercado de capitais judaico". Mais uma vez, o interesse setorial era contextualizado numa teoria mais ampla da exploração externa, reforçada pelo ataque à democracia liberal, incapaz de proteger as vítimas. Mas despendiam o dobro de energia no esforço de organização dos trabalhadores (Brown, 1989). Denunciavam os bolchevistas, mas não a classe operária. E glorificavam o trabalhador produtivo: tanto os trabalhadores quanto os capitalistas produtivos eram exaltados por serem "conscientemente alemães", ao contrário dos capitalistas exploradores, que eram "improdutivos", "aproveitadores" ou "usurários" — além de judeus ou estrangeiros. Assim era apresentado aos eleitores o cerne da *Weltanschauung* nazista: os alemães contra os estrangeiros, no país e no exterior. E os eleitores acorriam.

O programa original do partido prometia trabalho e bem-estar para todos, embora sem especificar muito claramente como alcançar esta meta. Durante a Depressão, o partido começou a consolidar isto. Inicialmente, desenvolveu um serviço próprio de trabalho voluntário, "Socialismo de Atos", com teses improváveis: "Todos fazem o mesmo trabalho: arquitetos, engenheiros, comerciantes, empregados de escritório, assalariados, artesãos, estudantes, trabalhadores especializados e não especializados. Aqui, a *Volksgemeinschaft* se manifesta com transparência e autenticidade" (Kele, 1972, 193). A essa altura da Depressão, o governo Brüning tratava de desinflacionar a economia, o que implicava cortes em programas de *treinamento vocacional, criação de empregos e educação*. Muitos jovens relutavam em dar seu primeiro voto aos partidos conservadores ou liberais representados por esse governo — ou mesmo para os socialistas que continuavam colaborando com ele.

Em discurso no Reichstag em maio de 1932, Gregor Strasser foi mais adiante, propondo aos nazistas programas de obras públicas financiados por uma "expansão do crédito produtivo". Por trás disto estava um programa radical proposto pela Seção de Política Econômica dos nazistas, incluindo impostos mais altos para os ricos. Hitler relutava em divulgar esta proposta, temendo a reação do mundo dos negócios — a idéia poderia esperar a chegada dos nazistas ao poder, disse ele ao chefe da seção (Turner, 1984). Mas as promessas de Strasser foram divulgadas nas campanhas eleitorais subseqüentes e se revelaram populares. E, com efeito, uma vez que os nazistas chegaram ao poder, boa parte dessa política foi aplicada. O principal objetivo dos nazistas era na verdade financiar o rearmamento, mas o conseqüente investimento na indústria pesada efetivamente reduziu o desemprego. Os *slogans* eleitorais "trabalho e pão" e "direito ao trabalho" também vinham embalados numa retórica de nacionalismo de Estado: "autodeterminação econômica nacional para que o capital internacional não mais possa decidir se os alemães têm ou não o direito de trabalhar e viver" (Childers, 1983, 148-53, 246-8). Era uma retórica atraente para muitos, mas não era apenas retórica.

As estatísticas oficiais alemãs dão a entender que o desemprego diminuiu durante o período nazista, e muitos têm aceitado a alegação. Mas alguns historiadores da economia lançam um olhar cético sobre os dados concretos. É provável que o desemprego efetivamente tenha caído, mas não tanto assim (Silverman, 1988). Mas os dados apresentados eram os únicos disponíveis e, como a partir de 1933 os trabalhadores já não podiam se organizar à margem das instituições nazistas, os que estavam desempregados não tinham muitas oportunidades de descobrir quantos eram. Muitos também eram ostensivamente postos para trabalhar em projetos de embelezamento das cidades da Alemanha. Assim, o "fim do desemprego" *parecia* ser uma grande realização dos nazistas. E na verdade os nazistas efetivamente tiveram um impacto mais positivo na economia do que praticamente qualquer outro governo da época — pelo menos até aproximadamente 1938, quando ficou evidente o superaquecimento. A Grande Depressão estimulara os nazistas a conferir alguma substância ao "socialismo produtivista". Em contraste, a maior parte da direita capitalista e da esquerda marxista acreditava nas "leis da economia capitalista", e portanto nada fazia. Os socialistas traíam mais categoricamente os seus trabalhadores do que os nazistas (alguns socialistas também preconizavam políticas keynesianas, mas eram neutralizados por seus líderes). Como rejeitavam o primado das forças materiais, os nazistas não acreditavam em leis capitalistas, o que lhes permitiu preconizar pioneiramente uma espécie de nacionalismo de Estado keynesiano-militarista. A Depressão realmente ajudou os nazistas, mas precisamente porque eram fascistas, alegando de forma plausível ser capazes de resolvê-la.

Brustein (1996) enfatiza particularmente que os trabalhadores apreciavam as promessas de emprego feitas pelos nazistas. Vimos, no entanto, que os motivos apresentados pelos recrutas das SA para aderir não raro acomodavam interesses materiais pessoais num nacionalismo mais amplo: eles sentiam que sua segurança no emprego também fazia parte de um processo de renascimento nacional. Em discurso após discurso, Hitler repisava a mensagem de que os nazistas não estavam preocupados sobretudo com as políticas do dia-a-dia, mas com um "gigantesco novo programa", uma "visão", um "ideal elevado" que seria capaz de superar as divisões sociais (Kershaw, 1998, 330-2). Na Alemanha, como em outros países no entreguerras, os socialistas freqüentemente cometiam o erro de pensar que classe e identidade nacional eram fatores alternativos. Uma boa metade dos trabalhadores alemães discordava. Orgulhavam-se de ser trabalhadores *e* alemães. E os nazistas apregoavam a dignidade de ambas as identidades.

Naturalmente, os nazistas não podiam realmente transcender o conflito de classes, como prometiam. Metade da liderança queria postergar qualquer meta dessa natureza para bem depois da tomada do poder. Nazistas conservadores como Göring convenceram Hitler a buscar o poder granjeando o apoio dos capitalistas e de outros reacionários. As contas poderiam ser acertadas depois. O "radical" Goebbels hesitou. Embora não fosse um socialista, ele odiava o capitalismo por acreditar que os judeus estavam no seu cerne e que o problema seria solucionado com "espírito de sacrifício, o intransigente desejo de liberdade latente no proletariado, e que um dia haverá de despertar". Esse espírito, pensava ele, podia ser utilizado para fins nacionais, e não de classe. Hitler deixou claro seu ponto de vista numa discussão com Otto Strasser (o mais esquerdista dos líderes nazistas):

> HITLER: Nossa organização (...) baseia-se na disciplina. (...) Aqueles que governam devem saber que têm o direito de governar porque pertencem a uma raça superior. Devem preservar este direito e consolidá-lo implacavelmente. (...)
>
> STRASSER: Suponhamos, *Herr* Hitler, que chegasse ao poder amanhã. Que faria a respeito da Krupp? Haveria de deixá-la em paz?
>
> HITLER: É claro que a deixaria em paz. Você acha que eu sou maluco de querer arruinar a grande indústria alemã? (...) Existe apenas um sistema econômico, que é da responsabilidade e está sob a autoridade de diretores e executivos. Peço a *Herr* Amann [seu chefe de gabinete] que se responsabilize perante mim pelo trabalho de seus subordinados e que exerça autoridade sobre eles. *Herr* Amann pede a seu imediato que se responsabilize por suas datilógrafas e exerça autoridade sobre elas; e assim por diante, até o escalão mais baixo. Assim tem sido há milhares de anos, e assim continuará sendo sempre. (...) Um Estado forte deve cuidar para que a produção seja orientada de acordo com os interesses nacionais e, se estes interesses são contrariados, poderá desapropriar a empresa em questão e assumir sua gestão (Noakes e Pridham, 1974, 99-100).

Otto Strasser deixou então o partido, alegando que Hitler traíra o nacional-socialismo ao endossar o capitalismo. Mas seu irmão Gregor, que se manteve fiel, observou mais apropriadamente que Hitler prometera proteção apenas aos capitalistas que serviam aos interesses nacional-socialistas. O que estava em questão era o princípio de autoridade, e quem o traía era Otto, e não Hitler, sustentava Gregor (Kele, 1972, 159).

Enquanto os capitalistas submetessem suas autoritárias organizações às metas nazistas, Hitler permitia que colhessem lucros. Quando resistiam, tratava de esmagá-las. O capitalismo não o interessava enquanto propriedade privada, mas enquanto sistema autoritário e disciplinado de produção. Era a origem ideológica do viés pró-capitalista dos nazistas, reforçado na prática por seus ataques aos socialistas nos combates de rua. Os nazistas não transcenderam a luta de classes, mas a abafaram com o pleno emprego, reprimiram-na com a violência e a subordinaram a metas de nacionalismo de Estado. E, passados oito anos, todas as classes sociais da Alemanha começariam a sofrer catastroficamente com o domínio nazista.

Os nazistas não escondiam seu racismo. Embora chegasse a níveis extremos, ele tinha como ponto de partida sentimentos comuns na época. A própria Constituição de Weimar definia a nação alemã como uma união de "tribos", sendo a cidadania definida pelo "sangue alemão" (Brubaker, 1992). Na época, as teorias raciais tinham influência na ciência biomédica em muitos países, e eram comuns as generalizações de caráter racial do senso comum. Os alemães e outros grupos nacionais eram definidos pelo sangue, hereditariamente, acrescendo-se a isto a idéia de superioridade nacional comum nas grandes potências. Os alemães eram considerados racialmente superiores aos grupos nacionais de que estavam cercados, em especial os das nações supostamente menos civilizadas do Leste e os "semitas". Piadas, canções e pichações antieslavas eram comuns na região oriental do país, até mesmo no SPD. Seriam muito diferentes das piadas dos americanos sobre os "polacos" ou dos britânicos sobre os irlandeses? Os estigmas étnicos e raciais eram lugares-comuns no início do século XX. O anti-semitismo "casual" era tão disseminado na Alemanha que os nazistas não precisavam insuflá-lo nas eleições. Bastava invocar o forte nacionalismo alemão e, de passagem, um anti-semitismo moderado — como no incansavelmente repisado *slogan* "Alemanha, desperta! Judeus, morram!" Seria algo a ser levado mais a sério do que os cantos das torcidas violentas nos dias de hoje? Até os judeus tinham suas dúvidas, pois eram poucos os que temiam algo mais grave do que a discriminação e o desconforto econômicos sob Hitler. A maioria dos alemães não gostava dos judeus, ou antes, não gostava das imagens culturais dominantes do "judeu". Mas não era uma prioridade em suas vidas. Como vimos no capítulo anterior, formas casuais de anti-semitismo manifestavam-se nos ensaios de metade dos consultados na amostragem de Abel, dominando apenas em uma pequena minoria. Só um punhado de líderes nazistas foi inicialmente atraído para o movimento pelo anti-semitismo, e muitos nazistas ficaram profundamente chocados com a violência das SA e as leis antijudaicas na década de 1930 (ver em meu próximo volume uma análise mais aprofundada desses temas).

Naturalmente, Hitler era diferente, assim como os intelectuais nazistas do eixo "Viena-Munique" de nacionalismo *völkisch*, surgido no fim do século XIX e no início do século XX. Aparentemente, Hitler não se mostrara particularmente anti-semita na Viena do pré-guerra (segundo afirma Hamman,

1999). Mas a guerra e os anos revolucionários que a sucederam parecem tê-lo mudado. Seus escritos na Alemanha antes de *Mein Kampf* continham três vezes mais passagens sobre os judeus do que sobre os bolchevistas (Friedlander, 1986, 26). Na época de *Mein Kampf*, ele afirma que os judeus sem pátria eram um "bacilo", uma "doença", uma "praga", "parasitas", uma "epidemia" ou um "vírus" no corpo de outras nações. Os marxistas e os capitalistas alemães haviam sido infectados pelo "judaísmo espiritual". O marxismo, a Revolução Russa e o capitalismo eram *todos* conspirações judaicas. Os judeus deviam ser "completamente erradicados", "eliminados" "pelos mais severos métodos de luta". Mas não fica claro o que exatamente ele queria dizer com isto. Hitler recorria o tempo todo a uma prosa hiperbólica e, quando se exaltava, usava palavras violentas indiscriminadamente. Certa vez, o chanceler Brüning mereceu em conversa com ele uma amostragem em regra. Hitler vociferava que haveria de "aniquilar" (*vernichten*) o KPD, o SPD, a "reação", a França e a Rússia — sem mencionar desta vez os judeus (Kershaw, 1998, 339). Ainda não estava claro, talvez até mesmo para o próprio Hitler, o que poderia significar em termos práticos toda essa limpeza étnica e política (Gordon, 1984, Capítulos 3 e 4).

Seja como for, os líderes nazistas estavam suficientemente informados das prioridades dos alemães para minimizar o anti-semitismo em período eleitoral, exceto como acompanhamento rotineiro e casual da retórica antibolchevista e antiusura. Ele também era útil para encobrir a contradição entre os ideais transcendentes e o viés capitalista pragmático. Usando-se o adjetivo "judaico" para acompanhar o marxismo e o capital financeiro, eles ficavam parecendo camaradas a serem igualmente agredidos. Mas as políticas anti-semitas associadas a judeus concretos não conquistavam votos, especialmente nas cidades, onde viviam quase todos os judeus. Embora a imagem do judeu geralmente fosse negativa, a maioria dos alemães os via como elementos moderadamente úteis ou um problema por demais secundário para decidir o seu voto. De modo que o partido mantinha o anti-semitismo no diapasão dos *slogans* não muito agressivos — até que a ditadura, a guerra e o Estado das SS permitissem alternativas diferentes (Kele, 1972, 77; Grill, 1983; Gordon, 1984; Zofka, 1986; Schleunes, 1990).

Hitler não teria chegado a 5% dos votos se tivesse prometido uma segunda guerra mundial ou o assassinato de milhões de judeus e eslavos. Nem parecia ter essas metas em mente. Mas os principais nazistas efetivamente ocultaram do eleitorado o caráter profundamente sistemático de seu ódio. Em meio a acontecimentos mais contingenciais, ele haveria de levá-los mais tarde à guerra e ao genocídio. À parte a gigantesca exceção constituída por esta impostura (que em certa medida era também uma auto-impostura), os nazistas apresentavam um programa eleitoral razoavelmente coerente, não raro sincero e plausível e às vezes inovador, com base num nacionalismo de Estado orgânico.

Quando a Depressão tornou impopulares os partidos governantes, o eleitorado começou a reagir melhor. De uma votação de apenas 3% em 1928, os nazistas chegaram a 18% em 1930 e 37% em julho de 1932, caindo ligeiramente para 33% em novembro de 1932 (a última eleição livre). Chegaram a ter o voto de um terço dos alemães. Não obtinham, assim, uma maioria, embora em muitas democracias pudessem ter chegado com isto ao governo. Os nazistas tinham um percentual maior do eleitorado, por exemplo, do que os democratas ou republicanos hoje em dia nos Estados Unidos. Na Alemanha, estavam assim autorizados, em termos constitucionais, na qualidade de maior partido, a tentar formar o próximo governo. Era possível alcançar uma incontestável maioria com o apoio dos outros partidos de tendências autoritárias, e efetivamente eles formaram governo juntos. Isto era importante porque significava que os nazistas não precisavam se lançar na aventura arriscada de um golpe. Em 1933, eles conseguiram manipular os dispositivos da Constituição sobre poderes de emergência. Não precisaram rasgar a Constituição.

Por que terão obtido tantos votos? O ato de votar tem um caráter mínimo, geralmente implicando grau muito pequeno de comprometimento com a ideologia de um partido. Na época, acreditava-se que o NSDAP atraía muitos votos de protesto — o que não chega a surpreender, tratando-se de um partido mobilizado contra tantos "inimigos". Enfrentando a economia alemã tantos problemas, não era preciso ser um fascista convicto para examinar a hipótese de votar no NSDAP. "Já tentei os outros, chegou a hora de dar uma chance a Hitler" — era esta muito simplesmente a motivação de muitos. A partir de 1930, os eleitores que votavam pela primeira vez representavam 20% dos votos nazistas, misturando jovens eleitores e eleitores que até então não votavam (Falter, 1986). Seu conhecimento do nazismo talvez fosse limitado. Todavia, outros elementos correlatos da opção eleitoral pelo nazismo parecem indicar maior ressonância das idéias nazistas. Tentemos então identificar as clientelas nucleares do nazismo.

ELEITORES NAZISTAS

Religião e região

Nos principais estudos de abrangência nacional, a melhor maneira de prever uma tendência para o voto nos nazistas é de longe a religião (Falter, 1986, 1991; Childers, 1983). De todos os eleitores registrados em julho de 1932 (inclusive os que não votavam), cerca de 38% dos protestantes apoiavam os nazistas, e apenas 16% dos católicos — uma diferença grande. Quanto maior a percentagem de protestantes em determinada área, maior o apoio eleitoral aos nazistas. Em áreas fortemente católicas, o voto nos nazistas geralmente ficava abaixo de 10%, e nas áreas fortemente protestantes costumava ficar acima de 60%. Apenas sete das 124 zonas eleitorais com o mais alto índice de voto nos nazistas em 1930 não eram majoritariamente protestantes (Falter e Bömermann, 1989). Mesmo nas grandes cidades, onde as duas religiões conviviam, o impacto da religião era tão importante quanto o da classe (Hamilton, 1982, 38-42, 371-3, 382-5). E nas cidades pequenas com população de menos de 25 mil habitantes, nas quais viviam dois terços dos alemães, a religião em muito superava a classe como dado capaz de indicar preferência pelo voto nos nazistas.

O ímpeto eleitoral dos nazistas verificou-se portanto desproporcionalmente entre os protestantes. Inversamente, o colapso dos partidos liberais e conservadores frente a essa arremetida eleitoral nazista foi apenas um colapso do eleitorado protestante. Os dois partidos católicos (o Partido do Centro e o BVP bávaro) conseguiram manter seus níveis de votação, numa correlação de aproximadamente 0,90 com o percentual de católicos em determinada zona eleitoral. Assim, os católicos das zonas católicas praticamente não mudaram. Mas os três partidos ditos burgueses — o DDP liberal, o DVP conservador e o DNVP ultraconservador — dependiam dos protestantes. A partir de 1928, os nazistas começaram a açambarcar boa parte desse eleitorado. Mesmo os dois partidos socialistas oficialmente seculares eram na verdade eminentemente protestantes, estando portanto expostos ao mesmo risco. A tendência era mais acentuada entre as mulheres: as mulheres católicas votavam maciçamente Centro/BVP, e as protestantes, sobretudo nos partidos "burgueses", e logo nos nazistas (Falter, 1986, 163-70).

Assim, *todas* as correlações aqui relatadas eram apenas parciais: eram maciçamente as classes *protestantes*, os veteranos *protestantes*, os estudantes *protestantes*, uma geração *protestante* e assim por diante que eram particularmente atraídos para o nazismo. As comunidades fortemente católicas eram mantidas distantes dos encantos do nazismo — exatamente como uma quantidade semelhante de alemães estava distanciada em "guetos proletários" coesos. No fim das contas, nem "vermelhos" nem "negros" estavam livres do autoritarismo. Os partidos católicos passaram a apoiar o autoritarismo reacionário depois de 1930, para afastar aquelas que consideravam as duas piores ameaças, o fascismo e o bolchevismo. Em 1932-3, cooperaram com Hitler. E o Partido Comunista promoveu seu enlouquecido ataque ao "fascismo social" do SPD, durante o qual cooperou freqüentemente com os nazistas. No fim, o KPD e o SPD se uniram para se opor aos nazistas, mas se tratava apenas de uma resistência verbal. Acabaram se submetendo sem lutar. Tudo isto significa que a maioria dos católicos, socialistas e comunistas só era capaz de demonstrar fraqueza e desorientação, mas nada pior.

A importância da religião para o nazismo tem sido reconhecida, mas não suficientemente teorizada. Os estudiosos costumam frisar a resistência católica ao nazismo, mas vêem o protestantismo menos como uma instituição pró-nazista do que como "mais fraca" do que a Igreja Católica, menos capacitada para resistir (por exemplo, Brooker, 1991, Capítulo 7). Também nos deparamos com alguns enigmas. A associação entre nazismo e protestantismo não era constante. Inicialmente, os nazistas puros e duros, especialmente na área teórica, tendiam a ser católicos renegados (como Hitler) provenientes do eixo Viena-Munique. E a partir do fim da década de 1930, os católicos haveriam de se impor novamente, envolvendo-se desproporcionalmente nos piores excessos do nazismo (ver meu próximo volume). E a relação tampouco era constante no resto da Europa. Como vimos no Capítulo 2, o noroeste democrático era eminentemente protestante — e suas áreas nórdicas democráticas eram eminentemente luteranas, a denominação protestante mais próxima doutrinariamente dos protestantes alemães. Sendo assim, por que terão os protestantes alemães apoiado o nazismo nesse momento específico?

O elo causal tem menos a ver com teologias ou força eclesiástica do que com a relação das Igrejas com o Estado-nação. A Igreja católica via com desconfiança o Estado alemão. Os principais redutos católicos ficavam nas províncias do sul incorporadas muito contra a vontade, no século XIX, ao *Kaiserreich* dominado pela Prússia. A Igreja católica alemã era controlada do exterior e favorecia o transnacionalismo, e não o "nacionalismo de Estado". Isto levara o Partido do Centro a apoiar a democracia liberal, para resistir às tendências autoritárias do *Kaiserreich*. Os católicos menos ligados a Roma se haviam voltado para a Viena católica, e não para a Berlim protestante, em busca de proteção política. Com isto, assimilaram as aspirações pangermânicas (a união de todos os alemães), e não a estratégia *Kleindeutsch* (da pequena Alemanha) da Prússia. A Igreja protestante — falando estritamente, a Igreja evangélica — se havia desenvolvido, de uma maneira complicada, como a Igreja Oficial da Alemanha Prussiana, sendo portanto "nacionalista de Estado" de uma forma implicitamente *Kleindeutsch*. Era na verdade uma federação de várias Igrejas provinciais dos *Länder* pertencentes às três denominações protestantes, luterana (a maioria), reformada e unida. Desde a Reforma, essas Igrejas eram chefiadas em cada mini-Estado alemão pelo governante local. Depois da unificação nacional (1871), passaram a ser administradas e financiadas pelo governo provincial de cada *Land*. Suas assembléias, seus púlpitos e suas publicações apoiavam o *Kaiserreich* e seus valores oficiais de disciplina, fé, ordem e hierarquia. Weimar havia posto fim à monarquia e à maior parte dos controles de Estado, mas não aos subsídios governamentais nem à identificação com o Estado-nação. Deste modo, a Igreja evangélica manteve-se voltada para o "nacionalismo de Estado", em suas tradições e expectativas. Esperava que o Estado garantisse a ordem social, valores positivos cristão-alemães e sobretudo conservadores e uma ativa política social nacional.

Mas esse Estado cristão-conservador não existia mais, e os conservadores e evangélicos buscavam um Estado mais forte, capaz de encarnar a cultura e a moralidade alemãs. Inicialmente, o nazismo contava com o apoio de poucos. Um maior número se aproximou por intermédio das organizações *völkisch* ou conservadoras. A partir de meados da década de 1920, os líderes nazistas, irreligiosos, foram surpreendidos com o apoio de clérigos protestantes no púlpito e nos palanques. Os nazistas da cidadezinha de "Northeim" estudados por Allen (1965) retribuíram incluindo orações e hinos nos comícios e apresentando candidatos "cristão-nacionais" nas eleições para a direção das escolas. Os temas protestantes atraíam votos dos partidos "burgueses" para o nazismo. Assim foi que os nazistas conseguiram dividir a Igreja evangélica, ao contrário da católica. A organização de fachada "cristã-alemã" e evangélica do nazismo conquistou maioria de dois terços na eleição da Igreja evangélica em julho de 1933. Mas tentou dar passos largos demais, propondo a eliminação do Antigo Testamento (judaico) da Bíblia! Seja como for, mais de metade da Igreja manteve-se "cristã alemã nazista", sendo os demais obrigados a constituir uma "igreja confessional" independente (Helmreich, 1979; Brooker, 1991, Capítulo 10). A afinidade entre o nazismo e a Igreja evangélica, evidente nos índices de filiação e de votação, tinha um cerne ideológico não menos evidente: o compartilhado nacionalismo de Estado. Como eram funcionários públicos protestantes, estudantes protestantes, veteranos protestantes e assim por diante que agora aderiam ao nazismo, seu nacionalismo de Estado ficava redobrado.

Uma vez estabelecido um Reich expansionista, no entanto, a Igreja evangélica não poderia oferecer esse apoio ideológico. Já não existia uma Áustria forte para impedir a união de todos os alemães num único Estado *Grossdeutsch*. A expansão posterior de um Estado alemão se daria sobretudo entre alemães católicos, na Áustria, na Silésia e na Alsácia-Lorena, sabendo-se que o pangermanismo não estivera fortemente associado ao Estado prussiano/alemão *Kleindeutsch* dos evangélicos. Meu próximo volume mostra um deslocamento religioso no cerne da clientela nazista, dos protestantes para os (ex-)católicos, ocorrido no fim da década de 1930, no momento da "radicalização" dos nazistas.

O protestantismo também ajuda a entender boa parte do padrão eleitoral regional. Nas primeiras eleições, o apoio aos nazistas, embora pequeno, parece ter procedido de ambas as comunidades religiosas. Em 1924, dois dos quatro resultados eleitorais regionais de mais de 10% ocorreram nas localidades protestantes de Mecklemburgo e Francônia, e dois na Baviera católica. Mas em julho de 1932 as regiões de maior votação nazista eram esmagadoramente protestantes: a maior parte do nordeste protestante (Prússia Oriental,

Pomerânia, Mecklemburgo, Brandemburgo, Baixa Silésia e Turíngia), todo o noroeste protestante e as partes mais protestantes do Hesse e da Baviera (ou seja, a Francônia). Também se podia distinguir uma causa secundária. A Alemanha rural e agrária era de certa forma mais nazista. Assim, as áreas protestantes que votavam menos nos nazistas tendiam a ser dominadas por trabalhadores industriais-urbanos — Berlim, Saxônia e Westfália Ocidental/Renânia-Ruhr, que se mantinham leais aos partidos de esquerda (Milatz, 1965; Passchier, 1980). Uma terceira causa de variações regionais ainda parece parcialmente encoberta. As regiões de maior votação nazista eram o Schleswig-Holstein e as regiões do nordeste divididas em duas pela Polônia (a única outra região com votação nos nazistas de mais de 45% em 1931 foi Hanover). Poderiam ser consideradas as áreas "fronteiriças ameaçadas", próximas dos territórios tomados à Alemanha pelo Tratado de Versalhes. Poder-se-ia argumentar que os aliados também tomaram à Alemanha o controle de boa parte do Sarre e do Ruhr, no sudoeste, sem que isto gerasse um índice alto de votos nos nazistas — sendo essas regiões ao mesmo tempo majoritariamente católicas e industrial-urbanas. Uma vez tendo os católicos e a classe operária industrial deixado para trás seu isolamento do nazismo — depois da tomada do poder —, as regiões da "fronteira ameaçada" se tornariam o bastião do nazismo radical. Antes da tomada do poder, no entanto, o cerne do eleitorado nazista era primordialmente protestante e secundariamente rural.

Classes

Os componentes de classe do eleitorado têm merecido muita atenção. Como não dispomos de pesquisas de boca-de-urna, temos de recorrer a análises ecológicas das votações. Os distritos eleitorais mais pronunciadamente nazistas também seriam mais acentuadamente de classe média, como sustenta uma importante teoria do fascismo? O primeiro grande estudo ecológico foi o realizado por Hamilton (1982) sobre as grandes cidades. Nele, encontrou elementos que corroboram a teoria de classe burguesa: quanto mais alta a classe social de determinada área, mais votava nos nazistas. A maioria das áreas mistas, nas quais viviam, segundo ele deduz, mais elementos de classe média baixa, expressava apoio próximo da média nacional. Mas essa constatação foi consideravelmente relativizada em estudos posteriores.

Childers (1983, 1984, 1991) analisou o país inteiro. E constatou que até 1928 os nazistas saíam-se melhor em áreas com muitos artesãos, pequenos comerciantes e funcionários públicos. A partir de 1928, vieram juntar-se as regiões de pequenos empreendimentos agrícolas. Assim, sustenta ele, o núcleo nazista original se encontrava na "velha" classe média baixa — a pequena burguesia clássica acrescida dos funcionários públicos de baixo escalão —, mas não na "nova" classe média de colarinhos-brancos e gerentes. Como Childers geralmente classificava os "artesãos" na pequena burguesia e não na classe operária, é provável que estivesse superestimando o apoio da pequena burguesia clássica ao nazismo. Até 1930, o nazismo haveria de encaixar-se parcialmente no molde da teoria de classe pequeno-burguesa. Daí em diante, contudo, Childers concorda em que a base de apoio se ampliou e as correlações de classe ficaram enfraquecidas, geralmente chegando a um grau insignificante. Sua interpretação do fenômeno (não os levando muito a sério) é de que os nazistas se tornaram nacionalmente um partido "saco-de-gatos" de protesto, "com amplitude quilométrica e profundidade de pires".

Os dados de alcance nacional colhidos por Falter (1986, 1991, 1998) são os mais recentes e os mais completos, corroborando a conclusão de Childers sobre o acontecido depois de 1930. Falter demonstra que a proporção de trabalhadores em determinado distrito eleitoral não influenciava muito a votação nos nazistas. Globalmente, não havia um viés de classe. Mas havia importantes diferenças setoriais. Os trabalhadores agrícolas eram os mais nazistas (embora houvesse poucos deles filiados ao partido), seguidos de trabalhadores na construção, nos serviços e na função pública. Mas nas áreas de operariado industrial a votação nos nazistas era menor — exceto em regiões com fábricas de propriedade do governo. Childers (1983, 255) também constatou uma relação entre o nazismo e as atividades de artesanato e manufatura em pequena escala, especialmente a partir de 1932. Assim, em torno de 1930, os nazistas receberam 30% de seus votos dos trabalhadores, e em 1932, cerca de 40%. Nesse momento, cerca de 50% dos trabalhadores alemães votavam nos socialistas ou comunistas, 30% votavam nos nazistas, 10% nos partidos católicos e 10%, nos "burgueses". Houve muita mudança de campo entre os três partidos "radicais" a partir de 1930. Os nazistas atraíram três milhões de votos do SPD e meio milhão do KPD, enquanto um milhão e meio migravam em direção oposta (Falter, 1991, 116). No início década de 1920, o SPD flertara com a ideologia *Volksgemeinschaft*, consciente de que muitos trabalhadores consideravam-se *ao mesmo tempo* da classe operária e nacionalistas alemães (Fischer, 1995, 115-16). Entretanto, observa Falter, os nazistas efetivamente criaram um "movimento do tipo *Volksgemeinschaft*" (1998: 123).

Os dados eleitorais confirmam os dados de filiação apresentados no capítulo anterior. Os trabalhadores não se sentiam menos atraídos pelo nazismo do que as outras classes. As teorias de classe média do fascismo estão equivocadas, no caso da Alemanha. Mas o cerne do fascismo proletário não está na atividade manufatureira privada em grande escala nas cidades grandes, mas nos setores agrícola, de serviços e governamental, assim como em fábricas menores espalhadas por cidades menores e no campo. Trabalhadores fascistas não faltavam, não no coração da luta de classes, mas em suas margens.

Falter também demonstra que, no eleitorado de classe média, as áreas protestantes de pequenos empreendimentos agrícolas tornaram-se nitidamente nazistas em 1932, enquanto as católicas votavam nos nazistas mais ou menos em nível nacional. Os que trabalhavam por conta própria (mas não os artesãos independentes) eram moderadamente nazistas, assim como as comunidades com muitos aposentados e donas-de-casa (cf. Childers, 1983). A maioria das áreas de colarinhos-brancos era um pouco menos nazista, uma vez destacados os efeitos de outras variáveis, embora Falter sustente que os nazistas tendiam a ser da "velha classe média" — empresários, artesãos e agricultores independentes. As correlações entre a votação nos nazistas e o número de funcionários públicos são modestamente positivas, menos acentuadas do que nos dados mais consolidados apresentados por Childers. Só raramente as correlações estabelecidas por Falter entre grupos de classe média e o voto nos nazistas ultrapassam 0,20. Mas ele também demonstra que o voto nos nazistas era mais baixo em regiões de alto índice de desemprego, especialmente na Depressão. As áreas católicas prósperas continuavam votando no Centro, mas as áreas prósperas protestantes tornaram-se nazistas. As áreas de alto índice de desemprego votavam nos socialistas ou comunistas. Indivíduos empregados de todas as classes sentiam-se mais atraídos para o nazismo do que os desempregados (cf. Stachura, 1986). Assim, o sucesso econômico é mais útil para entender o nazismo do que a privação, como vimos ter sido também o caso entre membros do partido nazista. No Capítulo 1, vimos que as teorias de classe média do fascismo freqüentemente vinham amalgamadas com teorias da privação econômica. Nenhuma das duas funciona no caso dos dados eleitorais alemães — uma vez tendo-se tornado os nazistas uma força incontornável.

AS CLASSES, A ECONOMIA E O DECLÍNIO DOS PARTIDOS DEMOCRÁTICOS

Mas as teorias da classe média ainda podem ser parcialmente aproveitadas. O voto nos nazistas aumentou em grande parte à custa dos votos dos chamados partidos burgueses, vale dizer, os conservadores e os liberais (o DNVP, o DDP e o DVP) e os "partidos menores voltados para interesses particulares", como a Liga Camponesa, o Partido dos Inquilinos ou a Aliança do Interesse. Childers (1991, 320) considera que os partidos "burgueses" não fizeram muita força para superar as clivagens de classe, região ou religião, ignorando especialmente os operários, ao passo que os partidos de interesses particulares centravam-se em ocupações burguesas específicas. Em ambos os casos, sustenta ele, era praticada a política da profissão ou do grupo de status.

Na verdade, todos os partidos mais antigos eram portadores do legado do *Kaiserreich* semi-autoritário do pré-guerra. Como o Reichstag não passara a controlar o executivo, seus partidos não podiam ser considerados responsáveis, em última análise, pelas políticas adotadas. Eles tinham pouca experiência em acordos recíprocos para a obtenção de algum resultado na prática política, pois os ministros do Kaiser já haviam providenciado os acertos necessários. Os partidos tendiam a representar apenas suas próprias clientelas de interesses específicos. Em seus primeiros anos, a República de Weimar mantivera-se coesa porque os partidos anteriormente contrários ao sistema, os socialistas e o Centro Católico, haviam-se juntado a alguns dos partidos burgueses numa ampla coalizão. Quando os socialistas abandonaram a coalizão, se os partidos burgueses fossem autenticamente "liberais" ou "conservadores" no sentido mais amplo, poderiam ter aumentado seu apelo. Em vez disso, continuaram representando sua estreita base de apoio (Jones, 1988). Quando os nazistas começaram a descortinar um horizonte mais amplo, depois de 1928, conseguiram açambarcar os seus eleitores. Inversamente, dois eleitorados mantiveram-se firmes, o católico e o da esquerda (no qual os comunistas ganharam terreno em detrimento dos socialistas). A esquerda exercia atração sobretudo sobre a classe operária urbana, e os partidos católicos, sobre os católicos de todas as classes. Tudo isto tenderia a reforçar a interpretação classista da ascensão nazista: a organização "burguesa" entrou em colapso à medida que os eleitores de classe média se bandearam para o nazismo (Kitchen, 1976). Embora talvez não houvesse maior probabilidade de que a classe média passasse a votar nos nazistas depois de 1930, é possível que as oscilações no voto da classe média tenham permitido seu sucesso.

Mas será que os partidos podem ser tão diretamente identificados com classes? Alguns dos partidos de interesses particulares tinham na verdade maior especificidade setorial do que de classe. Para vencer eleições, os partidos camponeses precisavam recrutar trabalhadores e diminuir a participação de proprietários e agricultores independentes. Os partidos representantes dos ofícios manuais precisavam recrutar mestres *e* empregados. A "Aliança do Interesse" que conquistou um quarto dos votos em Marburgo em 1924 representava rendeiros, corretores de imóveis, veteranos de guerra, beneficiários da reforma agrária, colarinhos-brancos e grandes famílias. Dava ênfase aos interesses dos consumidores e jogava sua rede o mais longe possível em busca de votos (Koshar, 1986: 84). Estes não eram partidos meramente burgueses. E sequer o eram os chamados partidos burgueses liberais e conservadores. Eles exerciam atração sobre toda a nação ou, alternativamente, sobre uma classe média que supostamente incluía trabalhadores (como no uso americano contemporâneo da expressão "classe média"). Na maioria dos países, cerca de um terço dos trabalhadores votam habitualmente nos partidos conservadores, mobilizados por redes patrão-cliente, acreditando em ideologias conservadoras ou na competência superior dos notáveis conservadores. Falter (1986, 167-9) demonstra que o percentual de trabalhadores em determinada localidade não fazia muita diferença para a votação nos partidos "burgueses" (embora o DVP, anteriormente liberal, obtivesse um pouco mais de votos em áreas com mais trabalhadores). Todos eles colhiam a maior quantidade de votos no setor primário e a menor, nas áreas industriais. Os nazistas provavelmente arrebataram a maior parte dos seguidores dos partidos "burgueses" na classe operária — em especial na agricultura e no setor de serviços —, exatamente como esses partidos haviam arrebatado seus seguidores em outras classes. Esses partidos eram burgueses na liderança e geralmente em suas políticas, mas *não* no apoio de massa. Jamais teriam sido partidos importantes se só pudessem atrair apoio burguês. De modo que os nazistas parecem ter arrebatado e em certa medida "radicalizado" a maioria dos alemães de tendências conservadoras em todas as classes.

Por que terão entrado em colapso os conservadores e o centro? Haveria alguma relação com a saúde da economia? O voto dos chamados partidos burgueses manteve-se estático, em torno de 35 a 37%, durante as crises de inflação e estabilização de 1923-4. Começou a cair durante os anos do *boom* econômico. Quando do apogeu econômico de maio de 1928, os partidos "burgueses" haviam perdido quase um terço de seu eleitorado — *antes* que tivesse início a Grande Depressão (Childers, 1991, 326). Enquanto isto, os nazistas também haviam discretamente açambarcado os votos do pequeno movimento *völkisch*, tornando-se o principal partido da direita radical (Grill, 1983). O primeiro grande avanço nazista, nas eleições locais de 1930, também ocorreu antes que se manifestasse a recessão. Até mesmo o seu avanço nacional, em dezembro de 1930, deu-se antes de ficar claro que se tratava de uma "grande" depressão. Os nazistas tornavam-se agora o principal partido *völkisch*, capaz igualmente de acicatar sentimentos nacionalistas, estatistas e anti-semitas nos partidos "burgueses". Assim, enquanto eles ascendiam, os partidos "burgueses" vinham declinando continuamente, ao longo de uma década — embora os partidos menores voltados para "interesses particulares" subitamente entrassem em colapso, perto do seu fim.

Para reagir ao declínio, todos esses partidos julgaram ter identificado a tendência da época e tentaram mover-se para a direita. O DDP, liberal, estivera inequivocamente comprometido com a república democrática, e foi o primeiro a entrar em declínio (caindo para 1% do voto em 1932). Sua reação consistiu em apoiar o fortalecimento do Estado. O DVP, conservador, preconizara uma monarquia constitucional, mas ao começar a perder votos (caindo abaixo de 2% em 1932) abraçou o semi-autoritarismo. O mais conservador dos três, o DNVP, herdara o manto do semi-autoritarismo do pré-guerra. Seu eleitorado manteve-se mais firme do que o dos rivais, mas ainda assim declinou, chegando a 8,3% em novembro de 1932. A essa altura, ele já estava no cerne do governo autoritário-reacionário do período imediatamente anterior à ascensão dos nazistas.

Assim foi que os eleitores dos partidos "burgueses" voltaram-se firmemente contra a democracia. Transferiram-se para os menos democráticos dentre esses partidos até 1930, e a partir daí passaram a votar nos nazistas. Os três partidos perceberam essa mudança e reagiram dando as costas à democracia. Embora a liderança dos partidos fosse "burguesa", seus temores baseavam-se em sentimentos muito disseminados em todo o país, à parte os dois campos internacionalistas "vermelho e negro", os marxistas e os católicos. Somente essas duas subculturas resistiram fortemente aos atrativos do nazismo. Os operários industriais cercados por outros operários industriais continuaram a votar na esquerda. Os católicos que viviam e trabalhavam entre outros católicos votavam nos partidos católicos. Em ambos os casos, havia redes de associações de voluntariado para reforçar a linha do partido. O Centro pôde preservar seus votos nos distritos de freqüência mais ativa das igrejas e aumentou seus votos naqueles em que o voto foi transformado em questão confessional pelos padres (Kühr, 1973: 277-95). Embora o SPD, o KPD e o Centro conseguissem preservar a maior parte do editorado em seus redutos, os nazistas haviam roubado metade dos redutos dos partidos "burgueses" (Falter e Bömermann, 1989). Fora dessas duas comunidades, os alemães estavam expostos, independentemente de classe — na verdade, *a maioria* deles pode ter votado nos nazistas em 1932. Por mais desagradável que possa parecer, a maioria da nação alemã, fora das esferas "vermelha" e "negra", voltou-se firmemente contra a democracia liberal e logo para o nazismo. Os nazistas eram um partido nacional em dois sentidos. Efetivamente exerciam amplo apelo sobre toda a nação. Mas também mobilizavam a nação num sentido mais mítico, contra duas comunidades grandes e supostamente "antinacionais" no interior da própria Alemanha, os "vermelhos" e os "negros". Os nazistas não exerciam particular apelo sobre a burguesia ou a pequena burguesia, mas especificamente atraíam protestantes de todas as classes, e os radicalizaram. Era este o cerne de sua clientela de massa.

AS ELITES DE WEIMAR

Devemos agora voltar-nos para as teorias do fascismo centradas nas classes altas. Os nazistas não obtiveram maioria eleitoral. Como na Itália, chegaram ao poder com a ajuda de complôs de bastidores entre grupos de elite e das classes altas. As elites começaram a gravitar para o autoritarismo em 1930, quando o governo de coalizão começou a fazer água, pressionado pela Grande Depressão. O governo de centro-direita chefiado por Brüning começou a evitar o Reichstag, governando por decretos presidenciais com base nos poderes de emergência da Constituição. Em seguida, os regimes semi-autoritários de von Papen e von Schleicher promoveram a primeira repressão efetiva. Até que, em 1933, von Papen e Hindenburg convidaram Hitler, já agora o líder do maior partido do Reichstag, a entrar para o gabinete. Foi uma breve tentativa de autoritarismo semi-reacionário. Mas Hitler não era lá homem de compartilhar. Com a ajuda da morte do presidente Hindenburg, ele rapidamente assumiu o controle de todo o governo, estabelecendo a ditadura nazista. Quem esteve implicado nessa deriva das elites em direção ao fascismo? E quais eram suas motivações?

Examinemos inicialmente os suspeitos de sempre nesse tipo de teoria — os capitalistas — e seus prováveis motivos. No caso da Alemanha, a argumentação só pode envolver um dos dois "motivos capitalistas" que mencionei, ou seja, antes a busca do lucro que a defesa da propriedade. Os capitalistas alemães podiam ter efetivos motivos de preocupação com os direitos básicos de propriedade nos anos do imediato pós-guerra — embora na verdade os social-democratas, apesar de moderados, se houvessem mostrado perfeitamente dispostos a convocar as tropas e os paramilitares de direita para esmagar os poucos reais revolucionários. No final da década de 1920, contudo, o SPD era monoliticamente moderado e respeitável, e embora os comunistas do KPD estivessem crescendo, tendiam a mobilizar os grupos menos influentes de trabalhadores. Não existia uma real ameaça à propriedade da parte da esquerda. Entre 1929 e 1933, contudo, os capitalistas podiam sentir-se espremidos entre a Grande Depressão e as progressistas políticas fiscais e previdenciárias da República de Weimar, buscando a repressão por parte de um regime autoritário como solução para a lucratividade.

Com efeito, o apoio capitalista a Weimar não demonstrava nenhum entusiasmo e não derivava de convicção, mas do medo à ameaça de "revolução" no pós-guerra. Muitos se sentiam inicialmente insatisfeitos com as reformas sociais e trabalhistas do pós-guerra. O seguro-desemprego, os programas públicos de habitação e os projetos municipais eram financiados com taxações progressivas, inclusive sobre a riqueza e as corporações. As leis trabalhistas limitavam a jornada de trabalho, obrigavam os empregadores a contratar veteranos e deficientes físicos, proibiam demissões sem justa causa e forçavam os patrões a reconhecer os sindicatos, negociar com os conselhos de fábrica, solicitar arbitragem ao governo e pedir a aprovação governamental em caso de demissão de mais de cinqüenta trabalhadores. Mesmo antes da Depressão, os empregadores começavam a mostrar-se indóceis. Assim foi que, em 1928, os industriais do aço e do ferro da região do Ruhr entraram em *lockout* para resistir a um acordo salarial imposto pelo governo.

A Depressão agravou sua insatisfação. Mais impostos lhes eram cobrados, pois os gastos governamentais aumentavam, embora as entradas diminuíssem. A indústria pesada foi a mais afetada, embora não fossem grandes as diferenças políticas entre os setores (Geary, 1990; Patton, 1994). A maioria dos capitalistas politicamente ativos aprovou a virada dos partidos "burgueses" para a direita. Eles queriam a deflação, mais flexibilidade no mercado de trabalho, cortes na assistência previdenciária, o rompimento com o SPD e o governo por decreto presidencial. Alguns historiadores econômicos argumentam que a Depressão simplesmente jogou uma pressão muito grande sobre a democracia de Weimar, incapaz de resolver os problemas econômicos estruturais por ela expostos (Borchardt, 1982; James, 1990). Salários e subsídios previdenciários exorbitantes e os elementos de rigidez do mercado de trabalho eram protegidos por instituições conciliatórias de Weimar. Uma estratégia reflacionária veio a ser bloqueada, pois os créditos externos viriam envoltos em condições inaceitáveis e os internos teriam levado à inflação (possivelmente rompendo as regras do Reichsbank). De qualquer maneira, era baixo o índice de poupança interna. Esta teoria econômica do colapso de Weimar poderia ser usada também para explicar a solução repressiva: poder-se-ia dizer que a república dava espaço a um excessivo poder operário para o gosto de muitos capitalistas, que portanto se voltaram inicialmente para os semi-autoritários e logo para os nazistas, buscando a salvação na repressão. Na verdade, muitos dos protagonistas — e até mesmo alguns líderes nazistas — acreditavam que era isto que estava acontecendo depois de 1930. Tendo a concordar que se não tivesse havido uma Grande Depressão, não teria existido um regime nazista. O colapso de Weimar foi uma condição necessária para a ascensão dos nazistas ao poder. E foi a Grande Depressão que acabou abalando aquela república algo precária. Mas será que isto aconteceu com a interferência do conflito de classes? Já parece mais duvidoso.

O primeiro contra-argumento fora levantado por economistas que identificavam a viabilidade de um contexto de classe alternativo. Holtfrerich (1990) sustenta que o problema do baixo índice de poupança interna poderia ter sido resolvido mediante acordo entre o capital, o trabalho e um governo que carreasse recursos para programas de poupança popular. É possível que soluções dessa natureza exigissem um grau de sabedoria keynesiana que só bem mais tarde seria viável. Mas as democracias do noroeste que igualmente enfrentavam a Depressão recorriam a soluções democráticas que não requeriam grande sabedoria. Os políticos iam abrindo caminho como podiam através das crises do dia-a-dia. Os conservadores britânicos esperaram que o governo do Partido Trabalhista rachasse e fizeram um acordo deflacionário com sua ala direita. Nos Estados Unidos, o New Deal oferecia uma estratégia contra-deflacionária e pró-industrial, granjeando o apoio dos sindicatos moderados, dos "liberais corporativos" e de setores internacionalizados do capital. Os escandinavos começaram a promover acordos coletivos entre o capital, o trabalho, os agricultores e o governo para reestruturar os mercados de trabalho e permitir uma ligeira reflação. Nenhuma destas soluções conseguiu até agora fazer uma enorme diferença do ponto de vista econômico. E tampouco afirmavam "transcender" os conflitos de classe. Mas efetivamente aprofundaram a conciliação de classe. A solução democrática associava um ligeiro alívio do sofrimento com a responsabilização coletiva dos partidos e classes pelos problemas. Não chegava a ser uma revolução — no cômputo geral, a maior parte do sofrimento recaía, na maioria dos países, sobre os trabalhadores, na forma do desemprego. Os conservadores alemães poderiam ter aplicado sua própria versão do esquema. Alguns tentaram, mas a maioria não o fez, preferindo soluções que fossem percorrendo a escala autoritária em direção ao fascismo. Não é possível explicar o fenômeno simplesmente pela pressão econômica.

O segundo contra-argumento é o de que havia poucos capitalistas entre os nazistas ou mesmo nos complôs de von Papen, von Schleicher e do círculo do presidente Hindenburg. Gregor Strasser muito apropriadamente denominou o governo autoritário semi-reacionário proposto por Schleicher de "gabinete do anseio anticapitalista". Foi ainda menor o número de capitalistas que se voltaram para os nazistas. Um comício realizado em Bad Harzburg em outubro de 1931 costuma ser considerado o primeiro grande ato de cooperação entre os industriais e os nazistas. Mas Turner (1985) demonstrou que só estava presente um industrial poderoso, sendo os demais empresários menores ou executivos relativamente sem importância. Na verdade, a maioria dos capitalistas parecia alimentar a expectativa de que dirigentes autoritários mais conservadores fossem capazes de deflacionar a economia, revogar a reforma agrária *e* controlar Hitler.

O terceiro contra-argumento é o de que a maioria dos capitalistas não queria um regime nazista, pois não confiava na economia política dos nazistas e temia os seus radicais. Os barões da imprensa e das atualidades cinematográficas parecem ter sido os que mais se aproximaram de se tornar simpatizantes nazistas. Hugenberg, um nacionalista extremista, controlava o principal império de comunicações. Sob sua liderança, o DNVP evoluiu para um autoritarismo semi-reacionário. Ele cometeu o erro histórico de proporcionar uma cobertura favorável aos nazistas, acreditando que sua sorte e a deles estariam unidas na ascensão. A maioria dos jornais populares era apolítica, preferindo abrir espaço para personalidades, escândalos e esportes. Informavam superficialmente sobre as atividades dos nazistas, embora geralmente sem hostilidade. A maioria da imprensa de qualidade apoiava os partidos burgueses, considerando que combatiam "os partidos marxistas internacionalistas (...) que haveriam de destruir o povo e a nação, a família e o espírito alemão" (na colocação do *Hamburger Nachtrichten*). O "socialismo" nazista também os rejeitou. À medida que os partidos burgueses declinavam, contudo, alguns jornais de qualidade passaram a encarar os nazistas simplesmente como patriotas exaltados demais: "Afiados e implacáveis combatentes nacionais", dizia o *Rheinisch-Westfälische Zeitung*, manifestando-lhes apoio em 1932. Os nazistas agora mereciam uma cobertura de imprensa mais favorável, o que aumentou sua votação (afirma Hamilton, 1982, 125, 165). Isto era perfeitamente comum no início do século XX: os barões da imprensa mobilizavam um nacionalismo populista que aumentava o público pagante e compelia a política para a direita. Na Grã-Bretanha, os Northcliffe e os Beaverbrook davam força ao imperialismo conservador; o mesmo faziam homens como Hearst nos Estados Unidos; na Alemanha, eles fizeram o conservadorismo retroagir para o autoritarismo. Eu não teria uma boa explicação para isto, mas o fato tinha certa relevância política, considerando-se o poder ideológico dos barões da imprensa.

Mas a maioria dos empresários não confiava nos nazistas. Hitler insistia em que detestava o socialismo, mas eles temiam os radicais nazistas da Seção de Política Econômica. Preocupava-os também a violência nazista, mas os nazistas não atacavam os direitos de propriedade — seu alvo eram aqueles que o faziam. O "princípio de autoridade" dos nazistas era perfeitamente conveniente. Eles teriam, de longe, preferido outras soluções. Mas o inimigo do meu inimigo é meu amigo. Muitos acabaram dando as boas-vindas a sua chegada ao poder, poucos os haviam ajudado, mas menos ainda foram os que lhes impediram o caminho.[1] Não temos aqui um caso de culpabilidade capitalista maciça, como na Itália.

O quarto contra-argumento é o de que não havia na Alemanha uma luta de classes profunda. O campo mostrava-se particularmente tranqüilo. A turbulência chegara ao auge em 1918-20, para em seguida declinar. O crescimento do KPD depois de 1930 era algo preocupante, pois os comunistas pregavam a revolução. Mas era um partido minoritário, recrutando sobretudo desempregados sem força de ação. O SPD, socialista, e seus sindicatos eram muito maiores. Desde 1925 estavam formalmente comprometidos com uma linha de "luta de classes". Mas na realidade o SPD era moderado, e já estivera à frente dos governos de vários *Länder* há mais de uma década. A retórica da "luta de classes" voltava a se manifestar sempre que o SPD sentia que o KPD estava roubando seus votos, mas o SPD não combateu nem a estratégia deflacionária de Brüning nem o meio-golpe de Hitler. Não havia, objetivamente, revolução em ebulição — exceto a nazista. Os capitalistas não precisavam defender sua propriedade. Não havia a probabilidade de que alguém viesse expropriá-la. Se o lucro era sua única preocupação, por que não se mostravam mais pragmáticos em sua política econômica?

Mas neste ponto os argumentos de classe podem voltar à tona. Talvez os capitalistas fossem motivados por um medo mais difuso da violência, envolvendo uma suposta "anarquia", além do conflito de classes. Houve alguns distúrbios graves. Mas, como sempre, os socialistas foram antes vítimas que culpados: 22 homicídios cometidos por esquerdistas resultaram numa média de 15 anos de condenação envolvendo 38 pessoas, mais dez sentenças de morte; 354 homicídios cometidos por direitistas levaram a uma média de quatro meses de condenação envolvendo 24 pessoas — sem nenhuma sentença de morte. Embora em 1927 os 22 assassinos de direita envolvidos na conspiração da "Reichswehr Negra" recebessem seis sentenças de morte e seis de prisão prolongada, as sentenças de morte foram comutadas, e apenas três dos réus ainda estavam na prisão três anos depois. Quando a organização paramilitar de direita *Stahlhelm* marchava, era providenciada proteção policial; quando os esquerdistas marchavam, eram fustigados pela polícia (Tilly, 1975, 224-5, 229; Southern, 1982, 339). A "milícia" do SPD mantinha-se na defensiva, o mesmo acontecendo com o KPD até 1928. Mas o Comintern instruiu os partidos comunistas no sentido de que "a luta de massa do proletariado (...) romperá as amarras (...) da legalidade sindical". Os comunistas tornaram-se mais violentos. Em 1931, contudo, das 29 pessoas mortas, 12 eram comunistas, duas, socialistas, seis, nazistas, uma, *Stahlhelmer*, quatro, policiais e quatro de filiação desconhecida — numa razão de dois esquerdistas para um direitista. Até que os comunistas, assustados, recuaram, passando a sustentar que qualquer coisa que ultrapassasse uma vigorosa autodefesa poderia alienar os trabalhadores neutros e comprometer os ideais partidários (Newman, 1970, 227-36; Merkl, 1980, Capítulo 2; 1982, 377; Rosenhaft, 1982, 343-52). O namoro da esquerda com a violência fora breve e ineficaz.

Os nazistas, por sua vez, abraçaram a violência paramilitar tática desde o início. Mas em pequena escala. Ao contrário dos *squadristi* italianos, eles nunca lançaram ataques militares em grande escala, nunca assediaram sedes socialistas nem expulsaram socialistas das cidades. Paradas, uniformes, bandeiras e demonstrações de poder disciplinado eram usados para impressionar, lançar manifestações e marchas de provocação e dispersar comícios do inimigo. O objetivo era provocar movimentos do rival, e não o Estado. O movimento não alienou as elites de Estado, mas efetivamente intimidou os movimentos rivais. Em julho de 1932, não foram os nazistas, mas o semiautoritário von Papen que recorreu a poderes discricionários para afastar o governo provincial socialista da Prússia. Goebbels escreveu em seu diário: "Basta mostrar os dentes para os vermelhos, e eles se entregam. Os social-democratas e os sindicatos não levantam um dedo. (...) Os vermelhos perderam sua oportunidade. E não haverá outra." No ano seguinte, os nazistas tomaram o poder. O SPD protestou junto às autoridades constitucionais, os comunistas entraram para a clandestinidade, mas pouco fizeram. Foi a direita, e não a esquerda, que cometeu quase toda a violência na Alemanha — e os capitalistas não precisavam dos fascistas para derrotar o socialismo alemão. Como o sabiam, não os apoiaram inicialmente.

Outros grupos de elite, contudo, mostraram mais cumplicidade. O exército foi crucial, pois poderia, com sua capacidade militar, ter dominado os paramilitares nazistas. A liderança nazista mostrava-se cuidadosa com o exército, acreditando que oporia resistência a uma tentativa declarada de golpe. Mas embora muitos oficiais mais antigos se opusessem a Hitler, os mais jovens não raro simpatizavam. As forças armadas queriam acima de tudo o rearmamento, e era precisamente o que os nazistas reiteradamente prometiam (Geyer, 1990). Em contraste, o alto comando declarava publicamente que a República de Weimar não lhe proporcionava os recursos necessários para defender a Alemanha com "qualquer chance de êxito". Em 1932, sua lealdade estava mais direcionada para o chefe de Estado, o respeitado general reformado Hindenburg, do que para a república, enquanto os generais politizados, como Schleicher, participavam das intrigas semi-autoritárias ao redor do chefe de Estado. Na verdade, a liderança política da república jamais tivera um efetivo monopólio dos meios de violência militar. As forças armadas haviam preservado boa parte de sua autonomia profissional, mantendo-se distantes dos confrontos políticos, queixosas mas cultivando seu senso de orgulho e honra. Depois de 1930, todavia, tanto os semi-autoritários quanto os nazistas estavam fazendo política na tropa e no corpo de oficiais. Generais como Blomberg e Reichenau admiravam Hitler e apoiavam abertamente as manobras constitucionais dos nazistas, que evitavam a necessidade de um golpe.

Em 1933, portanto, a lealdade do exército não foi efetivamente posta à prova. Não houve uma "marcha sobre Berlim", contra a qual um governo legítimo se visse na contingência de mobilizá-lo. Mas agora era evidente a divisão no exército, que não mais constituía uma casta coesa à parte. Embora o alto comando guardasse em sua maioria um profundo ciúme profissional das SA, que representavam com toda evidência um possível rival, alguns grupos regionais do exército estavam na verdade treinando unidades das SA (Fischer, 1995, 22, 132). Como Hitler tinha grandes planos para as forças armadas alemãs, uma vez no poder ele teve de restabelecer sua unidade e seu profissionalismo, assegurando seu comprometimento com seu regime. Pôde então varrer quase toda a oposição no exército, assassinando Röhm e a liderança das SA em junho de 1934 — com a ajuda do exército. Em questão de dois meses, todo soldado alemão estava prestando juramento de lealdade pessoal ao Führer. Com a ajuda de vários expurgos no alto comando, o exército foi então seduzido a uma parceria com os nazistas, envolvendo-se em suas piores atrocidades.

Não houve um golpe nazista. Os últimos governos legítimos da República de Weimar consentiram em sua própria queda. Destacados funcionários públicos, juízes e os líderes dos partidos "burgueses" e católicos mostraram-se particularmente coniventes, embora não tanto com o golpe nazista quanto com o sepultamento da democracia. Eram os círculos do antigo regime em que se movia Carl Schmitt e nos quais suas idéias (analisadas no Capítulo 2) tinham influência. Brüning, líder do Partido do Centro Católico e chanceler entre 1930 e 1932, adotou o conceito de Schmitt de que o Estado deve estar "acima" dos "exércitos" em confronto no seu interior. Valeu-se da crise econômica para governar por decreto, "acima" dos confrontos político-partidários. No ano de 1932, o parlamento reuniu-se apenas por 14 dias. Brüning tomava o *Kaiserreich* semi-autoritário anterior a 1918 como modelo constitucional (Mommsen, 1991, 84-5). Mas von Papen, von Schleicher e Hindenburg (além de Schmitt) consideravam a monarquia obsoleta e arquitetaram o seu repúdio. Os líderes do DNVP e do *Stahlhelm* tornaram-se os principais protagonistas por breve período, juntamente com os generais e os cabeças do serviço público. Representando os últimos bastiões do antigo regime e do antigo dinheiro ainda enquistados no Estado, e não o moderno capitalismo, julgavam-se absurdamente capazes de dividir os nazistas entre Strasser e Hitler ou atrair o NSDAP globalmente para uma aliança com eles. A transição para a ditadura nazista deu-se por meio das derradeiras gesticulações dos líderes do antigo regime, dos tribunais e dos altos escalões do serviço público. No primeiro gabinete formado por Hitler, havia apenas quatro nazistas, mas cinco aristocratas conservadores, Hugenberg, o magnata dos meios de comunicação ligado ao DNVP, o chefe do *Stahlhelm*, pertencente ao DNVP, e um direitista católico. Durante pelo menos dois anos, esses nacionalistas de direita haviam buscado um governo autoritário, sem se mostrar capazes de concretizá-lo por si mesmos. Só os nazistas podiam oferecer tropas de choque à elite. Como também tinham a vontade de poder, o jogo estava encerrado para o antigo regime.

Deste modo, a Alemanha diferia da Itália, onde a maioria da classe governante esteve envolvida no meio-golpe fascista. Na Alemanha, a contribuição da classe governante foi muito incerta. Na verdade, o apoio das elites refletia o apoio popular. Era mais forte fora dos principais bastiões do capitalismo moderno. Os dirigentes industriais e financeiros alemães não se opuseram a Hitler, mas tampouco fizeram muito para ajudá-lo. A maior ajuda veio dos agonizantes restos do antigo regime, de certa forma distantes do cerne dos conflitos de classe. Viam a crise exatamente como fora vista pelo teórico constitucionalista Carl Schmitt. "Exércitos de massa" classistas e nacionalistas haviam invadido o espaço parlamentar e liberal-conservador de debates, assim como os ministérios (por meio dos programas previdenciários). Não mais havia um Estado neutro sobrepairando, capaz de arbitrar as questões com autoridade. Os poderes de emergência do chanceler (pelos quais era em parte responsável o grande sociólogo Max Weber, e para os quais o eminente jurista Carl Schmitt fazia agora vigorosa defesa legal) ofereciam certa margem de manobra. Entretanto — e aqui concordavam novamente com Schmitt —, o pretendido Estado realmente precisava de uma nova elite. Embora houvesse quem julgasse encarná-la, logo seriam forçados a reconhecer a superioridade dos nazistas.

A CRISE DAS TEORIAS DE CLASSE E ECONÔMICAS DO NAZISMO

Enumerei até aqui quatro objeções empíricas às teorias diretamente econômicas e classistas sobre a ascensão do nazismo.

(1) A decadência da democracia de Weimar prosseguira igualmente nos bons e nos maus períodos econômicos, à medida que o eleitorado e os partidos "burgueses" iam gradualmente retirando seu apoio. Ela se acelerara com a Depressão, o que foi relevante. O nazismo já se tornava importante dentro da Alemanha, mas a Depressão pode ter sido uma causa necessária de sua chegada ao poder. Será esta provavelmente a verdade fundamental das explicações econômicas do nazismo. Todavia, a decadência também deve ter tido outras causas, além da crise econômica.

(2) Os principais eleitorados nazistas, mesmo alarmados pelos confrontos de classe, não estavam muito diretamente envolvidos neles e foram dos menos afetados pela crise econômica e a privação.

(3) Os capitalistas tiveram responsabilidade no desgaste do governo democrático, mas não foram protagonistas de seu efetivo colapso, e menos ainda do golpe nazista. Globalmente, sua contribuição não foi de apoio à democracia de Weimar, mas tampouco apoiavam em geral os nazistas.

(4) O período de "crise" e "impasse de classe" foi por demais breve e carente de iniciativas políticas para explicar inteiramente o rompimento com a democracia — a menos que ela já estivesse cambaleante em resultado de outros golpes (como também observa Kershaw, 1990).

Na verdade, as teorias de classe do nazismo vêm perdendo credibilidade há alguns anos. Kele (1972), Mason (1995), Merkl (1980, 153) e Eley (1983) há anos já haviam enfatizado que o nazismo desfrutara de considerável apoio da classe operária. Autores mais recentes distanciaram-se algo relutantemente da teoria de classe, aceitando em contrapartida mais elementos da visão que os nazistas tinham de si mesmos. Stachura (1993) abandonou suas interpretações anteriores de classe (1975, 58; 1983b) para considerar que o nacionalismo, amplamente disseminado em todas as classes na Alemanha, foi fundamental para o êxito do nazismo. Falter (1991, 51 e seguintes, 169-93) vê o nazismo como um amplo "partido popular de protesto" de caráter nacional. Mühlberger (1987, 96, 124; 1991, 202-9) e Childers concordam em que os nazistas eram antes um movimento nacional que de classe, embora sustentassem que isto os tornava relativamente incoerentes. Segundo Childers, o nazismo era

> uma coalizão de forças sociais extraordinariamente heterogênea. E no entanto, embora fosse extraordinariamente amplo, esse apoio também era extraordinariamente raso. (...) Os elementos socialmente disparatados da clientela nacional-socialista formavam uma combinação política muito instável, já se mostrando claros na eleição de novembro [de 1932] os primeiros indícios de sua decomposição (...) [não] um movimento de autêntica integração social, um *Volksbewegung*, como sustentavam os seus dirigentes. Na verdade, o NSDAP era em última análise um partido saco-de-gatos altamente volátil cujos êxitos foram construídos sobre a crise econômica e cuja clientela era precariamente mantida coesa pelo ódio, a frustração e o medo (1984, 53; cf. 1991).

Eley (1983) considera que a ideologia nazista centrava-se num "populismo nacional" ou "jacobinismo de direita", definido como "militante, comunitário, antiplutocrático e popular, mas ao mesmo tempo virulentamente anti-socialista, anti-semita, intolerante da diversidade e agressivamente nacionalista". O fascismo, conclui, "torna-se primordialmente um tipo de política, envolvendo autoritarismo radical, ativismo militarizado e a busca de um Estado centralmente repressivo". Isto está próximo de minha visão pessoal. Para explicar sua popularidade, contudo, Eley retoma a análise de classe: o confronto de classes gerou o impasse político que abriu caminho para os nazistas. Parece um exagero. Fischer vai um pouco mais adiante: a *Volksgemeinschaft* nazista constituía uma autêntica ideologia nacional, compartilhada por milhões de alemães de todas as classes. Considera que pertencia no século XX à mesma família do conceito de "cidadania", que privilegia a integração nacional sobre o confronto de classe (1995, 125-8). O que está muito próximo de minha tese de que o nazismo proporcionava um nacionalismo de Estado transcendente e plausível.

Mas nenhum desses estudiosos dá o passo seguinte, de identificar a clientela nacionalista que conferia coerência estrutural ao movimento nazista. Na verdade, Baldwin (1990) vai para o outro extremo. Como considera que as coisas não podem ser explicadas pelo fator classe, ele deduz que todas as "interpretações sociais" estão revogadas. Rejeita qualquer tipo de estrutura social em favor de uma interpretação psicológica. A "anomia" e o "desarraigamento", sustenta, indicam a *ausência* de uma estrutura social no apelo nazista. Como tantos outros, ele parece acreditar que "econômico" ou "de classe" é igual a "social": se as explicações do nazismo com base no fator classe não funcionam, é porque o nazismo devia carecer de qualquer estrutura social. Esses historiadores teriam a ganhar com um pouco mais de sociologia, para reconhecer que existem outras estruturas sociais além das classes e dos mercados. A coerência nazista repousava — como provavelmente também acontecia com o fascismo italiano — na clientela social daquilo a que me referi como "nacionalismo de Estado paramilitar e transcendente".

CONCLUSÃO: MOBILIZANDO A CLIENTELA DO NACIONALISMO DE ESTADO PARAMILITAR TRANSCENDENTE

Vamos então convocar aqui a clientela nuclear nazista global, com um número suficiente de militantes e simpatizantes para permitir a tomada do poder pelos nazistas. Como se sabe, os nazistas provinham de todo o país e de suas diferentes estruturas sociais, etárias e de gênero. Não afirmo ter conseguido explicar a origem de todas as suas bases de apoio, mas apenas suas desiguais fontes nucleares. Uma delas era a essa altura protestante, pois a Igreja evangélica considerava-se a alma do Estado-nação alemão. O nazismo também estava fortemente arraigado entre refugiados de etnia alemã e os alemães das áreas fronteiriças que podiam ser considerados "ameaçados". Estava profundamente arraigado entre os funcionários do setor público, em especial homens que haviam tido alguma experiência na disciplina militar, mas também entre funcionários civis, professores com função pública e trabalhadores braçais do setor público. Todos eles podiam desejar particularmente um Estado forte como solução para os problemas sociais, mas considerando o Estado de Weimar dividido e fraco. Estava profundamente arraigado nas universidades e nas camadas mais instruídas da população, imbuídas de um nacionalismo *völkisch*. Todos esses grupos compartilhavam o "nacionalismo de Estado", a crença de que um Estado ativista, corporificando a cultura do *Volk*, poderia encarnar os objetivos morais coletivos.

Esse ambiente, que já era nacionalista de direita antes da guerra, gerou então os principais portadores do fascismo, duas gerações de jovens do sexo masculino envolvidos em violência paramilitar contra inimigos "estrangeiros" dentro do país e fora dele. Os membros e militantes desse cerne tinham raízes sociais mais fortes no Estado-nação do que no capitalismo industrial moderno ou na luta de classes. Seu movimento coletivo tomava emprestados conceitos socialistas de militância e companheirismo, adicionando um paramilitarismo que reforçava o engaiolamento de sua juventude. Eles eram comprometidos, "conscientemente alemães" e alguns muito idealistas, ao passo que outros eram muito violentos (sendo alguns deles ambas as coisas). A combinação de todos estes elementos confundia os observadores que não interpretavam a realidade social pelo prisma da comunidade socialista ou da católica.

Além desses portadores principais — milhares marchando e promovendo ataques —, os nazistas atraíram o apoio mais difuso da maior parte das classes e gerações — milhões votando e simpatizando. A característica mais proeminente deste terço da população alemã era estar de certa forma afastado da linha de frente da luta de classes. Ele estava basicamente fora das grandes áreas industriais urbanas, da esfera da classe operária industrial organizada, dos círculos mais altos e modernos do capital, do mundo economicamente frágil da pequena burguesia independente, das áreas de altos índices de desemprego da Grande Depressão. Esse apoio popular era o mais suscetível de ceder à tática paramilitar nazista de que a violência nazista era apenas defensiva, precisando escorar-se num regime mais comprometido com a ordem. O apoio popular foi reforçado pelas maquinações mais secretas de um antigo regime militar e civil que também estava de certa forma afastado das principais arenas da moderna luta de classes. Os simpatizantes não eram marginais na sociedade. Não eram despossuídos nem alienados. Provinham mais do mundo agrícola, do setor público, das profissões liberais, da educação, das pequenas oficinas e das cidades pequenas. Assim, o suposto "impasse de classe" resultante de um conflito de classes representou uma causa importante da ascensão do nazismo ao poder — não, primordialmente, porque o nazismo representasse determinadas classes em conflito com outras (embora tampouco fosse inteiramente neutro), mas porque prometia transcender o conflito de classes e porque esta promessa tinha uma plausibilidade mínima em termos das políticas propostas e da composição social daqueles que as faziam.

A maioria desses alemães estava cansada da política de classes e da fraqueza nacional da Alemanha. Antes da guerra, o conflito entre o antigo regime do *Kaiserreich* e o proletariado declaradamente marxista fora na verdade bastante ritualizado, de tal maneira que ao longo dele a Alemanha pôde manter-se unida e forte. Mas a guerra havia desestabilizado os rituais, debilitando tanto o antigo regime quanto a nação como um todo. Pela esmagadora e inesperada derrota na guerra podiam ser responsabilizadas as elites reacionárias incumbidas do esforço de guerra ou os socialistas impatrióticos que assumiram a responsabilidade governamental na rendição. Os alemães assistiram então aos turbulentos conflitos de classe dos primeiros anos do pós-guerra, à perda de territórios alemães, ao gravame das reparações de guerra, tudo isto imposto por potências estrangeiras, enriquecendo os franceses, os britânicos e as populações eslavas do Leste. Coniventes com estas humilhações "internacionalistas" foram os socialistas e os liberais à frente do primeiro período da República de Weimar e talvez, com menos plausibilidade, os judeus. Os alemães vivenciaram então duas catástrofes econômicas internacionais — a crise da inflação e especialmente a Grande Depressão — que também suscitaram uma revivescência limitada do conflito de classes. Esse terço dos alemães era suscetível de ser levado a amaldiçoar os estrangeiros e ambos os campos do conflito de classes. O socialismo só oferecia um futuro utópico e um presente caótico — exatamente como o "bolchevismo" ou "judeu-bolchevismo" (na alegação dos exilados russos brancos e das populações de etnia alemã do leste) fazia naquele momento na Rússia. Os socialistas alemães careciam de apoio e determinação para derrubar o capitalismo. Não contribuíam com soluções, apenas com mais problemas. Nem poderia um capitalismo industrial e financeiro identificado com o internacionalismo, o judaísmo, o liberalismo e a Depressão superar o socialismo e regenerar a economia. Como tampouco parecia qualquer dos dois grandes campos da luta de classes disposto a fazer grande coisa para remediar as leis da economia política capitalista.

Hitler ofereceu outra solução, afirmando com plausibilidade que subordinaria o conflito de classes e as "leis" capitalistas ao bem comum da nação — assim como haveria de submeter as potências estrangeiras e seus lacaios internos ao ressurgente poderio alemão. Para esse terço da população alemã, situado onde estava, parecia haver duas tarefas plausíveis: conquistar o poder de Estado por meio de uma transcendente "terceira força" para superar o conflito de classes por quaisquer meios necessários e lograr o progresso mobilizando a solidariedade nacional alemã contra todas as formas de divisão e de estrangeirismo. Pareciam razões suficientes para levar os nazistas a sério e encará-los com simpatia — em suma, para dar-lhes uma chance.

Para aqueles de nós que vivemos em democracias funcionais, uma crise militar e econômica ainda não parecem suficientes para invocar uma solução tão extrema. Que os nazistas aboliriam a democracia se chegassem ao poder era algo perfeitamente sabido. A Alemanha não estava mergulhada no caos; sua depressão não era mais grave do que a americana. A democracia é capaz de lidar com crises nesse nível. A política partidária funciona, na famosa observação de Lipset, como "tradução democrática da luta de classes". Mas isto seria ignorar a crise política do Estado alemão. Ainda não havia sido possível o estabelecimento das regras do jogo como as únicas a serem respeitadas, por parte de uma democracia parlamentar avançada. A rapidez da transição deixara os elementos conservadores do parlamento e o executivo com sentimentos ambíguos em relação à democracia. As elites continuavam achando que dispunham de uma alternativa autoritária. Nem se pode dizer que a parte mais pró-nazista da população alemã estivesse estrategicamente posicionada para tomar a iniciativa numa conciliação democrática e de classe. Em vez disso, mostrava-se estrategicamente posicionada e receptiva a uma solução "nacionalista de Estado": um Estado "autônomo" situado "acima" dos conflitos de classe e atendendo às exigências da nação. Os conservadores preferiam um *Kaiserreich* semi-autoritário, que no entanto fora destruído pela catastrófica derrota na guerra. Não só a monarquia, mas também os partidos conservador e nacional-liberal, que haviam estado no governo no pré-guerra, foram destruídos. O serviço público mantinha-se em grande parte intacto, mas o exército foi radicalmente reduzido, e lambia as próprias feridas, relutando em intervir. Como na Itália, as forças armadas estavam imobilizadas tanto pela desintegração do antigo regime quanto por sua própria receptividade às inclinações paramilitares e militaristas do fascismo. Em nenhum dos dois países os fascistas triunfaram apenas graças à opinião pública ou às urnas. Também mobilizaram a força paramilitar combinada ao eleitoralismo, e igualmente podiam contar com certa simpatia das elites em relação a suas metas e a seus meios paramilitares. O antigo regime fora imobilizado. Qualquer forma mais branda de autoritarismo teria de contar com os partidos conservadores e centristas que se sucederam, todos eles (exceto o partido católico) em declínio, e com o serviço público. A partir de 1930, estes efetivamente tentaram instaurar seu próprio domínio autoritário, mas, carecendo de capacidade de mobilização social, fracassaram. A astuta utilização desses três recursos — militantes altamente motivados, generalizada simpatia entre os eleitores e ambivalência e fraqueza das elites — permitiu aos líderes nazistas tomar o poder com uma mistura de coerção, disputa eleitoral e manipulação da constituição.

Os nazistas constituíam efetivamente uma terceira força — menos, porém, a força de uma terceira classe do que uma força nitidamente comprometida com o nacionalismo de Estado, e prometendo um paramilitarismo "purgador". Em ordem decrescente de explicitude, a nação teria de ser expurgada dos bolchevistas/marxistas, dos judeus, dos eslavos, dos políticos que semeavam a dissensão e dos internacionalistas. O que exatamente se queria dizer com palavras como "exclusão" ou "eliminação" não ficava claro, especialmente para o eleitorado alemão, cujo grau de atenção era tão limitado quanto o da maioria dos eleitorados. Não tivessem sido tão poucos os que se deram ao trabalho de percorrer as páginas de *Mein Kampf*, a tendência de Hitler talvez tivesse ficado mais clara. Mas eram necessárias outras condições, manifestando-se depois da tomada do poder, para que os assassinatos em massa viessem somar-se a esta tendência — como demonstrará meu próximo volume.

6

Austro-fascistas, nazistas austríacos

Durante a Segunda Guerra Mundial, os aliados declararam a Áustria "a primeira vítima da agressão nazista". Definir a *Anschluss* de 1938 como uma invasão alemã era o mesmo que pintar os austríacos como vítimas inocentes e os fascistas austríacos como um bando de colaboradores, e não um movimento nacional de massa. Trata-se de uma clara maneira de não levá-los a sério. As atividades do secretário-geral da ONU Kurt Waldheim em sua juventude durante a guerra, reveladas em 1988, chocaram o mundo porque pareciam incluí-lo nesse terrível bando extremista. Mas a verdade é ainda mais chocante. Waldheim não era uma aberração, apenas um jovem e ambicioso oficial austríaco "cumprindo o seu dever" (declaração dele), mobilizado nos Bálcãs para participar de atos de "limpeza", na linguagem dos relatórios de seu regimento, a serem promovidos "sem misericórdia nem piedade", pois "só um coração frio pode ordenar o que precisa ser ordenado". A maioria do eleitorado austríaco também pode ter considerado que era um comportamento normal, já que, apesar dessas revelações, elegeu-o presidente da Áustria (Ashman e Wagman, 1988, Capítulo 4; Sully, 1989).

Na verdade, a Áustria poderia até parecer o país mais fascista do mundo no entreguerras, pois tinha dois movimentos fascistas, ambos contando com apoio de massa, ambos capazes de tomar o poder e governar o país. Mas seu sucesso deveu-se em parte à posição da Áustria como potência germânica secundária. Os êxitos de Hitler eram particularmente admirados e emulados na Áustria. E os austríacos viriam a contribuir substancialmente para o esforço de guerra alemão, e especialmente para a Solução Final, cujos responsáveis eram austríacos em grau desproporcional. O anti-semitismo austríaco era particularmente brutal, chegando às vezes a chocar oficiais das SS alemãs incumbidos da deportação de judeus do país (Botz, 1987b; Bukey, 1989, 1992; Ferenc, 1989: 217; Parkinson, 1989, 319-22; Stühlpfarrer, 1989: 198-204). Neste capítulo, tento explicar por que o fascismo envolvendo uma forte dose de anti-semitismo era tão popular na Áustria. Embora o "austríaco comum" não fosse um fascista nem um assassino, em nenhum outro país estes adquiriram tanta legitimidade. Pergunto, assim, quem eram os fascistas austríacos, como granjearam legitimidade e como chegaram ao poder.

DOIS ESTADOS-NAÇÃO, DOIS FASCISMOS

Em 1918, o Estado-nação austríaco era novinho em folha. Até aquele ano, a Áustria fora o coração da monarquia multinacional austro-húngara, com soberania sobre mais de cinqüenta milhões de pessoas espalhadas por boa parte da Europa do leste e do sudeste. Agora, uma república remanescente abarcava apenas o pequeno país que chamamos de Áustria, com 6,5 milhões de habitantes, 94% dos quais eram de etnia alemã. Mas se os alemães da Áustria devessem agora ter um Estado-nação próprio, qual seria ele? Havia dois possíveis candidatos: a própria Áustria — um segundo Estado *Kleindeutsch* — ou o *Anschluss*, a união com a vizinha Alemanha (a solução *Grossdeutsch*). Os dois fascismos rivais tornaram-se as versões mais extremadas das duas respostas possíveis a essa "questão nacional" fundamental. Seu extremismo tinha duas origens básicas: uma valoração positiva do estatismo, decorrente do fato de ter sido este o coração de um grande Estado histórico, e uma valoração positiva de um nacionalismo revisionista, em reação àquele império "cosmopolita" e aos Estados eslavos que haviam tomado seu lugar. O "revisionismo" também era uma faca de dois gumes. Os austríacos sabiam que não seriam capazes de restaurar por si mesmos o império. Ou os alemães liderados pela Alemanha seriam capazes de recuperar os territórios e domínios perdidos, ou eles ficariam acusando os "traidores" que os haviam perdido.

O movimento geralmente chamado de "austro-fascismo" oscilou em torno da opção de uma Áustria independente mais ressentida. O austro-fascismo surgiu dos movimentos paramilitares formados depois da Primeira

Guerra Mundial, consolidando-se no movimento paramilitar de direita *Heimwehr* (Guarda Doméstica), no fim da década de 1920 e no início da década de 1930, e se desvinculando do Partido Social Cristão conservador, que conquistou cerca de 40% dos votos nacionais nas eleições do entreguerras e chefiou todos os governos eleitos. Os social-cristãos ofereciam a possibilidade de uma continuação do antigo regime dos Habsburgo: sem um monarca, mas com um nacionalismo conservador católico de certas tendências autoritárias. Estavam fortemente arraigados nas classes médias e na maior parte do interior do país e das pequenas cidades provinciais. A partir de 1930, contudo, seu governo dependia do apoio no parlamento dos deputados mais "radicais" da *Heimwehr*. A maioria dos líderes social-cristãos, entre eles os chanceleres Dollfüss e Schüschnigg, deixava-se levar agora para o fascismo por meio do corporativismo, embora seu fascismo fosse mais de intenções do que de atos concretos.

Os austro-fascistas hauriam maciçamente na Igreja católica e no legado dos Habsburgo. A nova República da Áustria fora reduzida ao coração católico do império, nitidamente conservador, afeito à hierarquia e à ordem. Mas agora o conservadorismo do antigo regime era amplamente considerado insuficiente. O fascismo parecia representar uma alternativa mais moderna. Mussolini oferecia uma promissora mistura de mobilização nacionalista e corporativismo hierárquico, com ressonância, aqui, no catolicismo social e numa visão romântica das tradições supostamente corporativas dos "estados" na história austríaca. Deste modo, os conservadores poderiam continuar governando mediante a apropriação dos elementos mais "de baixo para cima" do fascismo. Foi esta a principal força do austro-fascismo. Em seu desejo de modernizar e mobilizar, ao mesmo tempo contando com o poder das hierarquias sociais tradicionais, ele começou semi-autoritário, evoluindo para um autoritarismo semi-reacionário e ainda além dele. Embora haurisse certas doutrinas do fascismo italiano, assemelhava-se mais aos regimes de Franco e Salazar: autoritário, corporativista, tradicionalista, uma vertente católica da ideologia fascista isenta do paramilitarismo de massa violento e turbulento, característico do fascismo alemão e do italiano. Os paramilitares da *Heimwehr* efetivamente tentaram cumprir este papel, mas tiveram sucesso limitado. O único partido criado em 1934, a Frente da Pátria, era (como seus congêneres espanhol e português) uma organização ao estilo de cima para baixo, integrada ao Estado tradicional. Seus líderes queriam uma filiação de massa, para melhor controlá-la, e todo mundo aderia para se enturmar. Visitando uma cidade industrial, o chanceler Schüschnigg teria perguntado ao chefe da seção do partido sobre as condições locais:

> "Bem", respondeu ele, "temos um punhado de comunistas, talvez 2 ou 3%. Os nazistas, infelizmente, são muito fortes; digamos 20%, talvez 25 (...) os 'vermelhos' sempre foram bem organizados aqui. Não resta dúvida de que 60% continuam com eles e possivelmente até..." "Meu Deus!", interrompeu Schüschnigg, "quantos estão na Frente da Pátria?" "Ora, todo mundo, *Herr* Chanceler — absolutamente 100%." (Pauley, 1981, 160)

O radicalismo provinha basicamente da *Heimwehr*. O movimento começou como uma associação informal de paramilitares por volta de 1918, combatendo os "vermelhos" e os estrangeiros em regiões fronteiriças. Depois da perda dos territórios, o ressentimento nacionalista tomou o lugar de sua retórica. Examinarei o anti-semitismo mais adiante, mas o austro-fascismo expressava o nacionalismo "ariano", com uma forte fixação no "inimigo", pretendendo unificar "todo o *Volk* alemão" para "combater o marxismo e a democracia burguesa, [pela] criação de um Estado autoritário" e para "convergir para uma base *völkisch* e eliminar a escória judaica internacional, que está sugando a última gota de sangue de nossas veias". Herdou a tradição *völkisch* de denúncia do capitalismo como fenômeno "judaico", mas o fato de ser financiado por empregadores solapou suas pretensões de se constituir numa "terceira força" (Siegfried, 1979). Tampouco conseguiu chegar a um acordo sobre a forma de seu Estado autoritário. O incoerente Juramento de Korneuburg preconizava em 1930 a captura do Estado e a remodelagem da economia: "Repudiamos a democracia parlamentar ocidental e o Estado dos partidos", desejando o "governo pelas corporações (*Stände*)" e "combatendo a subversão de nosso *Volk* pela luta de classes marxista e a economia capitalista e liberal"; o corporativismo "superará a luta de classes", pois "o Estado é a personificação de todo o *Volk*". O inimigo era "o bolchevismo, o marxismo e seu criado, o sistema partidário democrático-parlamentar, as causas da atual corrupção e os principais inimigos das peculiaridades *völkisch*, das convicções cristãs, da ideologia germânica [e] (...) de uma consciência racial germânica". Um dos líderes declarou que "só o fascismo poderia salvar-nos agora (aplausos entusiásticos)" (citações de Carsten, 1977, 44, 47, 172, 213-4; Jedlicka, 1979, 26, 233-4). Mesmo carecendo de uma efetiva plataforma de políticas, os *slogans* tinham um tom fascista: expurgar a nação de seus inimigos étnicos/políticos e instaurar o estatismo autoritário. Mas a alegação de transcendência das classes era solapada por um evidente viés capitalista. Além disso, não ficava claro o que poderia significar "expurgar". A maioria dos políticos social-cristãos insinuava apenas discriminação e cidadania de segunda classe para os inimigos, mas alguns militantes da *Heimwehr* pareciam pretender muito mais. Enxergando seus inimigos em termos raciais, acreditavam que não poderiam ser "convertidos" ou convencidos a cooperar.

As estimativas relativas a 1928-30 são de 200 mil membros na *Heimwehr* e 120 mil em sua organização paramilitar armada. Provavelmente é um exagero. O movimento teria sido maior do que o exército austríaco, reduzido pelos tratados de paz a apenas 25 mil homens, mais os 14 mil da polícia e das forças de segurança. As unidades da *Heimwehr* nunca foram coesas, e seu desempenho sempre ficou muito aquém da jactância (Wiltschegg, 1985, 292). Os paramilitares caíram então para cerca de 50 mil, entre disputas de facções causadas pela tendência da liderança para a política eleitoral. Seus medíocres resultados eleitorais foram suficientes apenas para pôr fim à maioria parlamentar absoluta dos social-cristãos. Os líderes da *Heimwehr* eram agora convidados a participar do gabinete, aumentando sua influência sobre os social-cristãos. Eram eles aliados óbvios na luta contra o socialismo, e poderiam ser usados para solapar o apelo dos nazistas, mais seculares. Mas também influenciaram os social-cristãos. Em 1934, Dollfüss declarou corporativista o seu regime, fundando a Frente da Pátria. A *Heimwehr* ajudou a sufocar uma tentativa de golpe nazista mais tarde naquele ano, embora Dollfüss morresse na refrega. Seu sucessor, Schüschnigg, incorporou a *Heimwehr* à Frente da Pátria em 1936. À medida que os líderes da *Heimwehr* eram domesticados no regime, muitos de seus militantes mais radicais, insatisfeitos, aderiram ao nazismo. Um deles foi Kaltenbruner, que viria a tornar-se o vice de Himmler nas SS. A tendência foi particularmente evidente na Estíria. Pelo menos três dos futuros chefes de polícia das SS na Europa Oriental ocupada (Constantin Kammerhofer, August Meyszner e Hans Rauter) começaram sua vida de violência ilegal na *Heimatschutz* da Estíria.

A *Heimwehr* representava o turbulento paramilitarismo de baixo para cima característico do fascismo. Mas sua ideologia era vaga e oscilante: na Estíria, era claramente fascista, na Baixa Áustria e no Tirol, provavelmente apenas autoritária e reacionária. No governo, o movimento mostrou-se algo conservador e pró-capitalista. Seu corporativismo dos "estados" era proclamado com orgulho, mas não aplicado. Seu nacionalismo era racista e anti-semita, mas que Estado haveria de corporificá-lo? A hipótese da *Anschluss* com a Alemanha havia sido contemplada, mas, como a Alemanha foi dominada inicialmente pelos socialistas e logo pelos nazistas, os austro-fascistas passaram a preconizar uma Áustria independente.

Há portanto quem duvide de que os austro-fascistas fossem autenticamente "fascistas" (Carsten, 1977, 237, 244-5; Payne, 1980, 109). Por alguns, são chamados "clérico-fascistas" (Gulick, 1948, II, parte 7). Edmondson (1978, 1985) considera-os violentos "sucedâneos" do fascismo, e não o fascismo real. Wiltschegg (1985, 270) resume tudo muito adequadamente com dois coloquialismos austríacos, falando de fascismo *Möchtegern* e *Maul* — aproximadamente, fascismo "faz-de-conta" e "escarrado". Ao contrário dos casos ibéricos, contudo, o austro-fascismo associava corporativismo, organizações paramilitares violentas e nacionalismo anti-semita. Certamente pretendia tornar-se um movimento de massa violento e implacável, embora não dispusesse dos meios para tal. Depois do *Anschluss*, a maioria de seus militantes participou entusiasticamente do regime nacional-socialista do Grande Reich Alemão. Estavam perfeitamente preparados para o fascismo, ainda que não pudessem chegar a ele por seus próprios esforços. A soma de todas essas características redunda num fascismo fronteiriço contendo muita tensão entre os fascistas, os corporativistas e os autoritários semi-reacionários.

Mas o partido nazista austríaco era com toda evidência fascista, remontando suas origens a 1903, muito antes dos nazistas alemães. Depois de 1918, a mistura de nacionalismo racista e socialismo proletário permitiu o crescimento nas regiões fronteiriças em que germinavam movimentos *völkisch*. Os nazistas provinham sobretudo da clientela dos partidos nacionalistas germânicos, que recebiam cerca de 20% dos votos no início do período entre-guerras, dominando as regiões fronteiriças perto da Iugoslávia, da Tchecoslováquia e da Alemanha. Seu nacionalismo era mais racista. Mas o anticlericalismo, a desunião e mais tarde a subserviência a Hitler levaram à estagnação. Até o início da década de 1930, sua ideologia e sua organização assemelhavam-se muito ao nazismo alemão. Não há necessidade de repetir aqui esses detalhes, embora caiba observar que o partido austríaco provavelmente era mais anti-semita. Um social-democrata escrevia à mulher da prisão: "A verdadeira praga são os [presos] nacional-socialistas. (...) São na maioria terríveis baderneiros anti-semitas cujo único argumento é 'o judeu'" (Carsten, 1977, 251). Os êxitos de Hitler na Alemanha voltaram os nazistas austríacos decididamente para a alternativa do *Anschluss* e contribuíram para o seu crescimento. Nas últimas eleições locais livres entre 1931 e 1933, os nazistas geralmente arrebanharam entre 15 e 24% dos votos (Kirk, 1996, 35-9). Chegaram a 41% na última eleição, em Innsbruck, em 1933. O Partido Nacional Alemão estava entrando em colapso e os nazistas também capturavam 10 a 20% dos votos social-cristãos e socialistas. Há quem diga que os nazistas teriam chegado a 20 a 30% da votação nacional (por exemplo, Pauley, 1981, 83, 86). O chanceler Dollfüss não diria o mesmo, pois não se arriscou a nenhuma nova eleição e tentou proibir os nazistas. Mas o partido continuou a crescer na clandestinidade: 69 mil membros em 1934, 164 mil no momento da *Anschluss* e 688 mil em 1941 — 10% da população austríaca. Esse "período ilegal" foi crucial no treinamento de um núcleo de assassinos nazistas austríacos "radicais", que levantaram vôo próprio durante a Solução Final.

Esses dois campos direitistas e autoritários eram confrontados pelo Partido Socialista da Áustria, que recebia pouco menos de 40% dos votos, dominando os distritos do operariado urbano, especialmente em Viena. Como só os socialistas resistiram ao fascismo até o fim, a Áustria era o único país em que o fascismo era endossado em eleições livres pelos partidos que representavam a maioria do eleitorado. Este êxito torna primordial a tentativa de explicar a ascensão dos fascistas austríacos.

QUEM ERAM OS FASCISTAS?

Idade, gênero e militarismo

Mais uma vez, os fascistas eram desproporcionalmente jovens, do sexo masculino e militarizados. Ambos os movimentos tinham média de idade bastante baixa, especialmente os nazistas. No fim da década de 1920, os membros da *Heimwehr* tinham em média 29 anos, enquanto nas SA a média era de apenas 23. O partido nazista não envelheceu muito: em 1933, os nazistas ainda tinham em média apenas 33 anos, no início de 1938, apenas 36, chegando a 39 em 1940-41, até que em 1942-44 uma maciça injeção de sangue novo do movimento juvenil baixou a média para 23. Como em outros países, no entanto, os militantes de extrema esquerda também eram muito jovens. Os nazistas detidos em campos de prisioneiros depois de 1934 eram ligeiramente mais jovens do que seus congêneres comunistas-socialistas e austro-fascistas (já que havia maior número com menos de 20 anos), porém um pouco mais velhos do que os esquerdistas mortos, feridos ou detidos nos distúrbios de 1919 e 1927 (Botz, 1983, 66, 155, 325-7).

Como na Alemanha, costuma-se afirmar que o fascismo austríaco era dominado por dois contingentes etários: a "geração da frente de batalha" de jovens ex-soldados (nascidos entre 1890 e 1900) e a "geração doméstica" (nascida entre 1900 e 1914), os escolares do período da guerra, tornando-se parte de ambos os contingentes os primeiros estudantes universitários do pós-guerra (Pauley, 1981, 91-2; Wiltschegg, 1985, 274; Botz, 1987, 253-7). As estatísticas etárias relativas aos nazistas mostram um quociente de apenas 0,20 no caso dos nascidos antes de 1878, elevando-se a 0,75 no período 1879-88 e alcançando a paridade em 1889-93, para chegar a uma super-representação, aumentando de 1,2, no caso do contingente de 1894-8, para 1,5 no dos nascidos em 1899-1903 e 1904-8, 1,8 no do contingente de 1909-13 e voltando à paridade relativamente aos poucos que nasceram depois. Assim, a "geração da frente de batalha" não era tão proeminente quanto a "geração doméstica", mais jovem, que dominou o movimento muito mais do que na Alemanha. Os nazistas mantiveram-se mais jovens em média do que os austro-fascistas, como seria de esperar, tratando-se de um movimento que chegou a seu apogeu mais tarde.

Não encontrei dados precisos sobre soldados em nenhum dos dois movimentos. Mas é claro que os veteranos militares eram importantes, especialmente na primeira onda de austro-fascistas, capaz de se apropriar das tradições militares do antigo império. O cerne original da *Heimwehr* era a "Associação de Combatentes da Frente", com 50 mil membros. O crescimento nazista inicial no pós-guerra também pode ter dependido de ex-soldados, mas sua estagnação, seguida de posterior crescimento, diminuiu sua contribuição em termos relativos. Como ambos os movimentos se mantiveram jovens e a Áustria só foi autorizada a constituir um minúsculo exército no entreguerras, não poderia haver muitos veteranos de guerra em nenhum dos dois em meados da década de 1930. O impacto mais duradouro do militarismo, como em outros países, foi antes no reino da organização e da ideologia paramilitares. A combinação de disciplina, companheirismo e hierarquia estimulou o autoritarismo "orgânico" e o culto ao líder. Mas a polícia, as forças de segurança e o pessoal do exército também ajudaram muito, primeiro à *Heimwehr* e mais tarde aos nazistas, especialmente oficiais e soldados mais jovens (Carsten, 1977, 330, 252). Os fascismos austríacos mostraram-se capazes de se renovar entre jovens soldados e civis, à medida que os veteranos de meia-idade se afastavam, presumivelmente para passar mais tempo com a família. Assim, embora fosse inicialmente fomentado pela experiência de guerra de uma geração especifica, o fascismo conquistou a Áustria (assim como a Alemanha) por sua capacidade de socializar uma segunda geração no nacionalismo de Estado paramilitarizado durante o período do entreguerras. O fascismo era a grande idéia da época, pelo menos nessa região da Europa.

No quesito gênero, os dados são esparsos. A *Heimwehr* não tinha membros do sexo feminino, embora fosse grande o apoio das mulheres ao grupo. Não pude encontrar informações sobre gênero e eleitores da *Heimwehr*. Mas os nazistas tinham muitas mulheres entre seus membros. Em 1919, as mulheres representaram 15% dos candidatos do partido na eleição nacional, tanto quanto em qualquer outro partido de qualquer país nessa época. Até que ele se masculinizou, em parte por ordem expressa de Hitler: as mulheres representavam apenas 6% dos novos membros no período de 1926 a 1931. Daí em diante, voltaram a ser mais numerosas, chegando a 12% dos novos membros em 1933, 28% em 1938 e permanecendo pouco abaixo de 20% durante a guerra. Mas essas mulheres numerosas eram mantidas em papéis subordinados, assim como no austro-fascismo. Havia na Áustria um procedimento original, pelo qual as mulheres votavam separadamente dos homens, o que nos permite saber quantas mulheres votavam nos nazistas. A maioria votava de forma bastante semelhante aos homens, provavelmente em blocos familiares. Mas havia ligeiras diferenças. Em Viena, as mulheres representaram 46% dos votos nazistas em 1919, 42% em 1930 e 47% em 1932 — uma sub-representação muito leve. Os comunistas recebiam proporcionalmente menos votos das mulheres do que os nazistas, e os socialistas, um pouco mais, ao passo que os social-cristãos eram os que mais recebiam, representando as eleitoras uma nítida maioria de seus votos, presumivelmente em virtude da maior religiosidade das mulheres (Pauley, 1981, 101-2; 1989, 42). As mulheres provavelmente apoiavam o regime de Dollfüss — embora já não houvesse eleições para comprová-lo. Pareciam pelo menos tão comprometidas quanto os homens com o nazismo depois do *Anschluss* e aparentemente tiveram maior impacto no novo regime do que na Alemanha. O regime aplicava menos políticas de segregação de gênero na Áustria do que no Reich como um todo. Por exemplo, a participação feminina na força de trabalho era muito maior (Bukey, 1992, 223-4).

O fascismo austríaco parece portanto menos discriminatório em matéria de gênero do que a maioria dos fascismos, e mesmo que a maioria dos movimentos políticos da época. Embora suas organizações paramilitares se assemelhassem aos bandos de adolescentes do sexo masculino do fascismo em outros países, mereciam aprovação quase majoritária (e substancial participação) das mulheres austríacas. Muitas testemunhas falavam do comportamento particularmente virulento contra os judeus por parte das mulheres que assistiam às cenas de deportação. O fascismo tinha ressonância específica nos ambientes "nacionais". O austro-fascismo tinha ressonância nas tradições políticas e na Igreja católica, o nazismo, no nacionalismo pangermânico. Nenhum destes ambientes era tipicamente masculino. As manifestações declaradas de anti-semitismo eram consideradas mais legítimas na Áustria do que em países mais a oeste ou ao sul, podendo portanto ser protagonizadas por mulheres e crianças comuns, além dos militantes do sexo masculino. O fascismo e o anti-semitismo austríacos estavam no coração da vida nacional, conduzidos por jovens do sexo masculino mas apoiados por boa parte da população.

Região e religião

Como 96% da população da Áustria eram germanófonos e 90%, católicos, o único conflito étnico/religioso significativo opunha os cristãos aos judeus. Quase não havia judeus nazistas, e poucos deles eram austro-fascistas. Mas os padrões regionais de apoio ao fascismo refletiam matizes nacionais e religiosos, assim como diferenças setoriais e de classe. Como a Espanha, o país tinha uma capital politicamente dividida. Viena era a sede histórica de um grande império, com fortes tradições militares, católicas e de funcionalismo público, que fomentaram o austro-fascismo. Também abrigava o grosso da população judaica, o que fomentava ambos os fascismos entre alguns de seus vizinhos cristãos. Mas Viena também tinha uma grande indústria e um proletariado bem organizado que entregou o controle político da capital ao socialismo. O fascismo dominava cada vez mais as províncias e o campo. Lá, o fator classe era menos importante na determinação das lealdades políticas do que na capital. Algumas províncias experimentavam tensões nas fronteiras. Muitos alemães de todas as classes que viviam perto dos novos Estados eslavos sentiam-se ameaçados. Ambos os fascismos recrutavam desproporcionalmente na Caríntia, na Estíria e em regiões da Burgenland perdidas para a Hungria. Determinada aldeia da Burgenland, que oscilava do controle húngaro para o austríaco, gerou dezenas de nazistas e vários militantes das SS, sendo o mais notório deles o brutal criminoso de guerra Alois Brunner, da Gestapo. Na infância, os integrantes desse contingente de militantes locais se haviam impregnado de sentimentos antieslavos e anti-semitas na família e na igreja, nutrindo o nacionalismo germânico na escola, onde haviam sido obrigados a aprender o magiar (Epelbaum, 1990). Foram as preocupações da vida na fronteira, mais do que sua composição de classe, que os tornaram fervorosos nacionalistas, defensores de um Estado forte para proteger a nação.

A Áustria também tinha uma história religiosa semi-esquecida que influenciou regionalmente o recrutamento para os dois fascismos. O antigo reduto territorial dos Habsburgo era profundamente católico e apoiava os social-cristãos e os austro-fascistas, ao passo que as províncias ocidentais anteriormente protestantes eram um pouco mais seculares, movendo-se em direção ao nacionalismo germânico e ao nazismo. As relações dos nazistas com a Igreja católica revelaram-se ambivalentes. Embora muitos nazistas fossem anticlericais, os dirigentes nazistas sabiam que um anticlericalismo sem freios seria suicídio político e se dispunham a entrar em acordo com a Igreja. A ambivalência era recíproca, da parte do clero. Alguns padres seriam encarcerados mais tarde, e um punhado deles, executados como opositores do regime nazista. Embora fossem inicialmente austro-fascistas, contudo, os membros da hierarquia da Igreja tornaram-se colaboradores. Preferiam o nazismo ao socialismo democrático. Assim foi que negociaram com o regime — vindo depois a apoiá-lo —, exceto quando ele ameaçava os interesses institucionais da Igreja. Os 4% de protestantes da população parecem ter votado maciçamente nos nazistas, e não raro se dizia que seus ministros eram nazistas (Carsten, 1977; Pauley, 1971, 96, 99-100; Botz, 1987, 262-3; Hanisch, 1989; Bukey, 1992, 226).

Essas diferenças religiosas e regionais envolviam visões diferentes a respeito do Estado-nação. Inicialmente, a Igreja católica apoiava uma Áustria independente (já que seria católica), enquanto os protestantes queriam escorar-se na Alemanha. Os que viviam nas regiões fronteiriças com a Alemanha sentiam-se mais próximos dos alemães do Reich do que os habitantes dos redutos territoriais centrais dos Habsburgo. Os que viviam na fronteira com a Tchecoslováquia e a Iugoslávia buscavam a proteção mais forte que um Estado pangermânico poderia proporcionar. Embora as diferentes províncias tivessem estruturas de classe um tanto diferentes, este fator empalidecia ao lado das diferentes visões do Estado-nação. Em 1938, contudo, as preferências mudavam: agora estava claro que a Áustria não poderia ter seu próprio Estado-nação e seria absorvida no Reich alemão. Concretizavam-se as aspirações históricas de um "Grande Reich". Este Reich não seria nitidamente protestante e haveria de inclinar-se para o leste, em direção à tradicional esfera de influência austríaca. Assim, seria mais numeroso o apoio dos austríacos. Deste modo, os fascistas austríacos de ambos os tipos, de ambas as religiões, da maioria das regiões e da maioria das classes podiam agora servi-lo com certo entusiasmo. O nazismo tornou-se verdadeiramente um movimento nacional.

Classe, setor e economia

Até que ponto os conflitos de classe e outras relações de poder econômico podem explicar as coisas? Vimos em capítulos anteriores que os diferentes movimentos fascistas tinham composição de classe algo diferente. Embora tanto o movimento italiano quanto o alemão recrutassem membros de todas as classes, os italianos eram de certa forma mais pequeno-burgueses e burgueses de que os alemães. Os dois fascismos austríacos, um mais influenciado por Mussolini, o outro, por Hitler, eram também diferentes nesta medida.

Mas as opiniões divergem sobre a *Heimwehr*. Newman (1970, 261) afirma que recrutava em todas as classes, menos no operariado industrial urbano. Edmondson (1978, 38-9, 59) sustenta que era liderada por oficiais profissionais e da reserva, aristocratas sem título, colarinhos-brancos e "jovens desiludidos", sendo as bases "provavelmente [constituídas de] camponeses e representantes da classe média mais baixa" — o que, segundo explica, significa comerciantes, advogados e burocratas. August Meyszner parece encaixar-se perfeitamente neste estereótipo da liderança. Filho de um tenente do exército, ele serviu na polícia e no exército antes da Primeira Guerra Mundial, foi ferido e condecorado na guerra e em seguida — destituído de seu título nobiliárquico menor — entregou-se à agricultura em sua aldeia natal na Estíria. Foi líder de milícia na *Heimwehr* e deputado do Heimatblock no parlamento antes de aderir ao nazismo. Preso várias vezes durante a república, orgulhava-se de seu histórico de violência. Meyszner tornou-se um notório chefe de polícia das SS durante a guerra, sendo enforcado pelos iugoslavos em 1948 (Birn, 1991).

Mas Edmondson também endossa a improvável estimativa do *New York Times*, em 1927, de que a *Heimwehr* tinha 70% de membros camponeses, 20% de estudantes e 10% de operários industriais. Carsten (1977, 93, 113, 120, 123) afirma que os membros da seção vienense eram em sua maioria trabalhadores e funcionários do setor público. Em outras regiões (à parte a Estíria durante a Depressão), todavia, ele acredita que se tratava sobretudo de um movimento rural "de protesto contra a modernização e a urbanização". Ele observa que tanto a *Heimwehr* quanto os nazistas recrutavam em clubes comunitários *völkisch*, especialmente clubes de ginástica, que eram importantes para atrair estudantes e jovens. Botz (1987a, 257-63) acredita que muitos líderes da *Heimwehr* eram aristocratas, veteranos militares e estudantes, especulando que trabalhadores de grandes propriedades agrícolas e especialmente de silvicultura estavam super-representados entre os membros. A maioria concorda em que se tratava de um movimento essencialmente rural.

Nem todos esses pontos de vista podem estar corretos. Alguns são refutados pelos dados quantitativos, mesmo limitados. Embora houvesse alguns aristocratas proeminentes, Wiltschegg demonstra que representavam menos de 2% dos líderes. As Tabelas 6.1 e 6.2 do Apêndice deste livro mostram que os líderes e militantes da *Heimwehr* eram recrutados amplamente em toda a estrutura de classes, com certo favorecimento das classes média e alta, mas não tanto quanto em outros partidos não-socialistas da época. Havia muitos ex-oficiais do exército e oficiais de patente inferior. Eram em sua maioria originários das províncias, mas não do meio rural. O movimento da *Heimwehr* (e os social-cristãos de que era constituído) era o único que contava igualmente com militantes rurais e urbanos. Também dispomos de pequenas amostras de militantes. Entre os 36 militantes eminentemente urbanos detidos pela polícia por atos de violência política, estavam super-representados a "pequena burguesia clássica" e os trabalhadores, com quocientes de 1,71 e 1,16, respectivamente (Botz, 1980). Entre os 42 "mártires", 43% eram trabalhadores, 21%, empresários (pequenos ou grandes?) e o resto, representantes de diferentes setores da estrutura de classes (Wiltschegg, 1985, 278). Caberia concluir que os elementos mais violentos da *Heimwehr* eram desproporcionalmente de trabalhadores (como de hábito entre os fascistas) e da pequena burguesia clássica (o que seria muito inusitado)? Com amostras tão inexpressivas, não podemos ter certeza.

O eleitorado da *Heimwehr* não era rural, mas ligeiramente urbano. Em 1930, havia uma correlação negativa (–0,15) entre essa votação e a proporção de empregados na agricultura em cada comuna, e correlações positivas entre ela e o grau de urbanização (0,14) e a proporção dos empregados no setor terciário (0,15; Botz, 1987a, 269). Como se trata de correlações baixas, o austro-fascismo provavelmente exercia um amplo apelo em todo o país. Também contava com associações de trabalhadores. Embora fossem muito menores do que as dos social-democratas, somavam quase 100 mil membros, concentrados particularmente nos colarinhos-brancos e do setor público, contingente que se sustentou melhor depois de 1930 do que o dos sindicatos socialistas (Wiltschegg, 1985, 274-83; Kirk, 1996, 33). A *Heimwehr* saiu-se bem numa região mineradora e de indústria pesada da Alta Estíria, habitada sobretudo por trabalhadores (Pauley, 1981, 76). Seu sindicato superou o sindicato socialista a partir de 1928, e a região elegeu um membro do parlamento pela *Heimwehr* a partir de 1930. Lewis (1991) atribui este êxito à repressão dos sindicatos socialistas por parte das empresas e ao tratamento preferencial dado à organização. Como os socialistas eram fracos nessa região e a maioria dos empregos não era para trabalhadores qualificados, as empresas podiam demitir os esquerdistas e substituí-los por desempregados dóceis. Mas isto não explica o sucesso eleitoral da *Heimwehr* na região (em voto secreto). Os trabalhadores parecem ter-se mostrado mais dispostos a aderir ao fascismo do que admite Lewis. A seção da Estíria era a mais violenta da *Heimwehr*, tendo-se filiado aos nazistas em 1933. Embora provavelmente voltado para a burguesia e a pequena burguesia, o austro-fascismo tinha bases bastante amplas. Se o seu conservadorismo estimulava uma composição burguesa e rural, o seu fascismo estimulava outras tendências.

A respeito dos nazistas austríacos temos mais informações. Sua votação em 1930 foi semelhante à da *Heimwehr*: uma correlação negativa baixa de –0,20 com o emprego agrícola e correlações positivas baixas com a urbanização (0,15) e o emprego no setor terciário (0,21). Originalmente urbanos, pretendiam expandir-se entre os camponeses, que consideravam "a espinha dorsal da Áustria". Seguiram-se êxitos eleitorais nas regiões rurais da Estíria e da Caríntia no início da década de 1930, quando a *Heimwehr* estagnou. A participação de camponeses na tentativa de golpe nazista de 1934 chocou os conservadores. Mas as baixas correlações podem indicar que o apoio de que desfrutavam, embora desigual, era bastante amplo. Os nazistas também tinham um atrativo apenas contingencialmente vinculado ao fascismo: eram favoráveis ao *Anschluss*, e depois do golpe de Hitler constituíam o partido que mais provavelmente poderia pô-lo em prática. Muitos apoiavam os nazistas por considerarem esta a maneira mais provável de concretizar a união com a Alemanha — e a prosperidade econômica. Qualquer indivíduo ligado ao turismo, uma indústria importante, poderia desenvolver simpatia pelo nazismo: o *Anschluss* abriria as fronteiras e traria os turistas de volta. As empresas de propriedade de alemães também estavam interessadas no livre comércio, ao passo que muitas empresas de austríacos preferiam o protecionismo. O apoio eleitoral não indica necessariamente crenças fascistas, apenas interesses materialistas.

Mas o cerne austro-nazista era autenticamente fascista. O pequeno partido DAP, no pré-guerra, e o DNSAP, no início do pós-guerra, eram autenticamente nacionalistas *e* socialistas. Seus membros eram sobretudo trabalhadores, em especial ferroviários (mais uma vez, trabalhadores do setor público). Mas no início da década de 1920 verificou-se um influxo de estudantes, professores e profissionais liberais. Um conflito ao mesmo tempo de classes e de gerações viria então debilitar o partido por quase uma década (Pauley, 1981, 27-9, 40-1). A Tabela 6.1 do Apêndice contém dados sobre a filiação a partir de 1923. O quociente de trabalhadores entre 1923 e 1925 era de 0,82 — uma ligeira sub-representação —, caindo para um nível muito baixo, 0,36, entre os novos membros do período 1926-32 e novamente se elevando até 0,67 entre os novos membros de 1934-8. Como na Alemanha, os trabalhadores do setor público eram mais fascistas. Mas embora tivesse sempre entre um quarto e um terço de trabalhadores e artesãos, o partido tornara-se mais acentuadamente de classe média do que seu congênere alemão. Isto se dava basicamente por que o socialismo austríaco estava mais firmemente enquistado nas áreas industriais urbanas, em especial em Viena. Na capital, os socialistas dominavam os bairros operários. A Tabela 6.1 do Apêndice mostra que o socialismo era muito mais proletário do que o nazismo. Os nazistas só representavam um concorrente sério entre os funcionários públicos, especialmente nos serviços ferroviários, de bondes e postais, assim como em áreas distantes de mineração e em empresas de propriedade de alemães nas províncias.

Como em outros países, os trabalhadores apareciam com mais destaque nas organizações paramilitares do que nos partidos. A Tabela 6.1 do Apêndice mostra que muitos trabalhadores estavam entre esses nazistas nos arquivos da polícia e que os trabalhadores representavam 52 e 39% das pequenas amostras de tropas das SA e das SS, respectivamente, apresentadas por Botz — embora isto ficasse muito aquém dos 82% de trabalhadores na organização paramilitar socialista, a menos virulenta *Shutzbund*. Um dos líderes das SA considerava que os trabalhadores recrutados eram "os autênticos crentes", e durante a repressão promovida por Dollfüss aumentou a percentagem de trabalhadores (Botz, 1980, 196, 206, 221; Pauley, 1981, 97-8).

O fascismo exercia mais atração sobre os trabalhadores fora de Viena. A "Viena Vermelha", onde vivia metade dos militantes socialistas, não era representativa da Áustria. O socialismo provincial era mais fraco, menos marxista, mais fluido. Como na Romênia e na Hungria, o fascismo e o socialismo podiam ter zonas de sobreposição, especialmente nas regiões do nacionalismo alemão, nas quais o anticlericalismo, o anticapitalismo e o anti-semitismo eram compartilhados por muitos socialistas e nazistas. Embora os líderes socialistas se opusessem ao anti-semitismo, mostravam-se relutantes em deixar isto muito claro em público, pois acreditavam que muitos de seus seguidores odiavam os judeus. A solução que preferiam para o "problema judaico" não era o multiculturalismo, mas a assimilação dos judeus. E a ortodoxia vienense de que o socialismo e o nazismo representavam pólos opostos tampouco era compartilhada por todos os socialistas do interior. Os dois partidos acreditavam que havia entre eles uma troca constante de militantes insatisfeitos, para melhor combater o verdadeiro inimigo, o conservadorismo austríaco. Depois de 1934, boa parte desse movimento encaminhou-se para os nazistas, embora seja difícil avaliar seu alcance (Kirk, 1996, 44). Algumas unidades da *Schutzbund* socialista desertaram em bloco, enquanto dois socialistas que fugiram de Linz depois da fracassada sublevação de 1934 acabariam voltando em 1938 como oficiais das SS (Bukey, 1986, 136). Os nazistas prometiam pleno emprego com alguma plausibilidade. Como isto fora conseguido na Alemanha, a promessa tinha impacto entre os trabalhadores. Durante o *Anschluss*, a Gestapo informava que "existia entre os trabalhadores um entusiasmo pelo nacional-socialismo que nenhum outro governo havia suscitado" (Bukey, 1978: 317). O novo regime foi capaz de cumprir suas promessas por algum tempo em 1938: o desemprego diminuiu 60%, os lucros aumentaram e os salários subiram durante pelo menos um ano. A partir daí, a economia nazista enfrentou dificuldades. Oportunistas de classe média entravam agora para o partido nazista em grande quantidade, ao mesmo tempo em que aumentava a insatisfação dos trabalhadores. O restrito movimento de dissensão constatado por Kirk (1996) — panfletos, pichações e arruaças de bar — envolvia sobretudo trabalhadores (Bukey, 1989, 155-6; 1992, 210-19; Konrad, 1989). Os trabalhadores haviam contribuído mais para o nazismo no período que realmente importava, 1934 a 1938. Mas se tratava de um partido multiclassista e não proletário, como seu congênere alemão.

Quem eram os membros da classe média? Mais ainda do que na Alemanha, antes de 1934 eles eram desproporcionalmente "profissionais acadêmicos" — funcionários públicos, profissionais qualificados e estudantes (a chamada *intelligentsia* ariana). Em 1918, as universidades estavam impregnadas de idéias autoritárias, em especial o corporativismo católico do sociólogo Othmar Spann, cujas idéias representavam uma plataforma de lançamento comum para o fascismo intelectual. A partir de 1930, as organizações estudantis nazistas assumiram a liderança da vida estudantil em várias universidades, tornando-se o maior movimento estudantil do país. Professores e educadores tornaram-se particularmente nazistas, seguidos, segundo se costuma dizer, por advogados, veterinários, farmacêuticos, arquitetos e engenheiros — muitos aparentemente provenientes da *Heimwehr* (Carsten, 1977, 191, 198; Pauley, 1981, 94; 1989, 41-2). A Tabela 6.1 do Apêndice mostra que os funcionários públicos eram os mais super-representados entre os nazistas austríacos antes de 1933 e novamente entre 1939 e 1941 (representando 20 a 27% dos membros, com quocientes entre 2,0 e 2,5). Meu próximo livro mostra que os criminosos de guerra eram desproporcionalmente recrutados na força policial, entre os militares e advogados do serviço público. No período de perseguição, entre 1934 e 1938, o número "oficial" de trabalhadores nazistas no setor público naturalmente diminuiu. Bukey (1978) calcula que metade da seção do partido em Linz era constituída de funcionários do Estado, muitos dos quais eram agora demitidos (alguns fugiram para a Alemanha). Outros ocultavam sua filiação.

Na amostragem de criminosos de guerra analisada em meu próximo volume, parece particularmente difícil estabelecer em que momento alguns dos austríacos que eram oficiais de polícia ou funcionários públicos efetivamente aderiram ao nazismo. Homens como Franz Stangl, comandante em Treblinka, tentaram em seu julgamento, correndo o risco da pena de morte, estabelecer uma data o mais tardia possível para a filiação. Mas o fato é que indivíduos como eles já estavam cooperando informalmente com os nazistas. A votação nazista era quase sempre mais alta nas capitais provinciais e sedes de condados dotadas de uma substancial máquina de administração pública (Pauley, 1981, 95). Funcionários públicos, juízes e outros empregados da administração mostravam-se constantemente inclinados para ambos os movimentos fascistas, enquanto os funcionários públicos de Viena contribuíram para organizar o *Anschluss* (Botz, 1988).

Podemos comparar diretamente diferentes tipos de ativistas políticos em Linz. Os dados fornecidos por Bukey (1986) são reproduzidos na Tabela 6.2 do Apêndice. Indicam que os nazistas austríacos contavam com mais profissionais liberais do que qualquer outro partido e eram mais proletários e menos pequenos-burgueses do que qualquer outro, exceto os comunistas e socialistas. A Tabela 6.1 do Apêndice, linhas 8 e 9, contém dados sobre os nazistas e os esquerdistas registrados nos arquivos da polícia de Viena por atos de violência. Cerca de 82% dos esquerdistas e 40% dos nazistas (um quociente de 0,75) eram trabalhadores; havia mais colarinhos-brancos e estudantes entre esses representantes do austro-nazismo (quocientes de 2,64 e 16,67). As linhas 10 e 11 contêm dados sobre os reclusos de um campo de prisioneiros depois das fracassadas revoltas socialista e nazista de 1933-34 — uma amostragem dos combatentes dos dois movimentos. Mas há um problema: os numerosos "artesãos". Em minha tabela, eles são incluídos (como faz o autor do estudo) na pequena burguesia. O que redunda em apenas 38% de trabalhadores entre os nazistas (quociente 0,71), 48% (0,91) entre os socialistas e 53% (0,98) entre os comunistas. É improvável que os trabalhadores estivessem sub-representados nos três grupos políticos. Como acontecia na Alemanha, muitos desses "artesãos" eram provavelmente operários. Se acrescentássemos metade deles, os trabalhadores estariam igualmente representados em relativa paridade (1,00) entre os nazistas e os socialistas, e super-representados entre os comunistas (aproximadamente 1,20). É provavelmente o que mais se aproxima da verdade. Os combatentes nazistas seriam assim razoavelmente proletários — incluindo os trabalhadores menos qualificados. Entre os reclusos de classe média, os estudantes (um maciço quociente de 11,00) e os empregados do setor privado (quociente de 1,70) estavam super-representados entre os nazistas, e os profissionais, nos três grupos (quocientes pouco acima de 2,50). As SA também contavam com mais estudantes e trabalhadores do que o partido (Carsten, 1977, 198). Deste modo, os combatentes nazistas eram em sua maioria jovens trabalhadores e estudantes, com uma ampla amostragem da classe média — e a ausência da "pequena burguesia clássica".

Os nazistas eram liderados, portanto, por funcionários públicos (especialmente os envolvidos na manutenção da ordem pública) e profissionais, com uma filiação de ampla representatividade, embora ligeiramente burguesa e pequeno-burguesa, mas dependendo de jovens trabalhadores (em especial do setor público), estudantes e colarinhos-brancos para o trabalho sujo de caráter paramilitar. Estavam provavelmente sub-representados a "pequena burguesia clássica" e a maioria dos grupos dos setores privados de fabricação e distribuição. Mais uma vez, encontramos uma clientela que aparentemente observava de fora o conflito de classes, e provavelmente acolhia as alegações fascistas de transcendência do conflito de classes.

Seria possível explicar o apoio aos fascistas em função das condições da economia? Em parte, sim, em virtude da maneira específica como a economia austríaca estava ligada à alemã. A Áustria sem dúvida foi duramente atingida pela Grande Depressão. A queda no seu PNB, de 23%, foi a maior da Europa, como mostra a Tabela 2.1 (embora fosse menor do que a queda nos Estados Unidos e no Canadá). O ano de mais grave desemprego seria 1933. Mas o desemprego manteve-se em níveis altos até o *Anschluss*, em parte em decorrência do bloqueio da economia austríaca imposto por Hitler. Os surtos de fascismo na Áustria estão muito claramente relacionados com a recessão econômica. O populismo antiliberal e anticapitalista da *Heimwehr* cresceu rapidamente no início da Depressão; os nazistas cresceram quando ela chegou ao auge e perdurou. Os governos de Dollfüss e Schüschnigg certamente acreditavam que os problemas econômicos estavam por trás da insatisfação política. Os fascistas afirmavam que por trás dos fracassos econômicos do governo estava a desunião nacional fomentada pelos judeus e os bolchevistas. Um expurgo de alcance nacional e a reorganização corporativista poderiam resolver o problema. Alguns austríacos aceitavam este argumento, mas a maioria considerava que os governos não davam conta da gestão econômica, o que talvez fosse possível mediante a união com a Alemanha, promovendo a integração com a bem-sucedida economia do país vizinho. A crise econômica foi um fator decisivo no colapso da república e especialmente na tomada do poder pelos nazistas. Os nazistas pareciam propor a melhor solução: o *Anschluss*. O nazismo tinha forte ressonância na experiência material das famílias austríacas, por motivos mais concretamente econômicos do que em qualquer dos outros países.

Mas os mais duramente atingidos pelos problemas econômicos também seriam os mais fascistas? O cerne fascista identificado aqui costuma ser explicado em termos de universidades e profissões com excesso de oferta, ex-funcionários públicos e oficiais do exército desempregados e declínio do padrão de vida dos funcionários públicos. Os fascistas eram "os grupos que constituíam as principais vítimas da grande crise econômica" (afirma Carsten, 1977, 206, 331-2; cf. Siegfried, 1979). Isto vem a ser uma explicação do fascismo principalmente em termos de relações de poder econômico. Mas as indicações concretas neste sentido são ambíguas. Boa parte do setor público austríaco, das forças armadas e das universidades, que até então constituíam a espinha dorsal de uma grande potência, foram os "maiores derrotados" do colapso dos Habsburgo (Bukey, 1978, 325). "Derrota" significava, naturalmente, perdas materiais, mas também a perda de posição na sociedade, de significado social e propósito. Mas Botz (mesmo parecendo aceitar um argumento materialista) demonstra que os níveis de renda dos funcionários públicos e os índices de desemprego não haviam piorado em relação aos dos trabalhadores. Newman (1970, 257) observa que, embora muitos funcionários públicos e oficiais estivessem desempregados, muitos já eram nacionalistas alemães há muitos anos, tendo sido este o estímulo decisivo para sua adesão ao fascismo. Além disso, a elite nazista de Linz vivenciara mais mobilidade para cima do que para baixo, com um grau relativamente elevado de instrução. Bukey (1978, 323-5) duvida de que fossem "marginais", especialmente depois que os pangermânicos burgueses começaram a afluir em massa para o movimento na década de 1930. Os problemas econômicos deram um forte impulso ao nazismo, mas não parecem ter atraído particularmente os seus militantes.

Naturalmente, como os níveis de desemprego mantiveram-se altos na Áustria até o *Anschluss*, muitos nazistas estavam desempregados. Todavia, em minha amostragem de criminosos de guerra, geralmente fica difícil dizer quem veio primeiro, o extremismo ou o desemprego. O mecânico Vinzenz Nohel volta e meia estava desempregado, mas provavelmente isto já acontecia quando já era filiado ao partido nazista (seu irmão, militante das SA, certamente estava também). Josef Schwammberger, empregado no comércio, pôs fim a um período de 15 meses de desemprego entrando para as SS, onde logo se tornou extremamente ativo. Mas havia sido forçado aos seis anos a mudar-se com a família do Tirol austríaco, quando o território foi cedido à Itália em 1918, e parece ter desenvolvido pontos de vista extremistas ainda muito jovem. Acabou como guarda nos campos da morte, onde um sobrevivente diria a seu respeito: "Não poderia chamá-lo de animal para não envergonhar os animais. Ele matava simplesmente porque queria matar." Herbert Andorfer, que viria a se tornar comandante do campo de Semlin, em Belgrado, foi obrigado pela Depressão a deixar a universidade sem completar seus estudos. Mas parece ter aderido ao partido nazista alguns meses antes. O Dr. Irmfried Eberl, que viria a comandar o campo da morte de Treblinka por breve período, não encontrava emprego como médico no serviço de saúde público da Áustria, mas isto se explicava aparentemente pelo fato de já ser um nazista notório. Adolf Eichmann, que não estava desempregado mas não era propriamente um sucesso como vendedor, aderiu ao partido nazista por recomendação de um conhecido mais bem-sucedido, Kaltenbrunner. Até onde sabemos (por trás das mentiras que contou em seu julgamento), as frustrações da carreira estavam inextricavelmente entrelaçadas a suas queixas ideológicas. Naturalmente, o desemprego em massa desempenhou um papel substancial na tendência dos austríacos para o nazismo — especialmente porque Hitler parecia oferecer uma solução. Mas o nazismo não parece ter exercido uma atração desproporcional sobre os que estavam efetivamente desempregados. Os problemas econômicos atraíram simpatizantes em massa para o nazismo, mas não o cerne de militantes que efetivamente asseguraram a vitória.

Ambos os fascismos austríacos foram fomentados pela insatisfação econômica, ambos tinham vieses de classe. Ambos provavelmente sub-representavam os operários industriais no partido, embora não no ativismo paramilitar. Ambos super-representavam os funcionários públicos, os nazistas sub-representavam os agricultores e a *Heimwehr* sub-representava os colarinhos-brancos do setor privado. Mas sua base eleitoral era mais ampla do que a de seus rivais. O Partido Socialista da Áustria, com uma correlação negativa maciça, em 1930, de –0,70 com os empregados agrícolas e amplas correlações positivas de 0,60 com a urbanização e 0,45 com o emprego no setor terciário, estava preso em guetos industriais urbanos. Como estes eram grandes na Áustria, os socialistas saíram-se bem. Mas não o suficiente para efetivamente vencer as eleições nacionais. O Partido Social Cristão inverteu as três correlações (respectivamente, 0,45, –0,40 e –0,31), revelando-se relativamente fraco fora da agricultura. A base social austro-fascista foi-se então constantemente restringindo. O regime de Dollfüss, nadando contra a corrente pró-alemã, tornou-se nitidamente um regime de elementos das classes altas e ligados ao antigo regime, exibindo em suas fotografias de grupo muitos uniformes militares e clericais e ternos caros. Em contraste, os nazistas tornaram-se mais populistas.

Botz conclui que eram dois "heterogêneos partidos saco-de-gatos" ou "partidos populares assimétricos" — conclusão idêntica à da nova ortodoxia sobre o nazismo alemão. Nesse país, muitos se voltaram para o nazismo porque seu principal objeto de atração ou repulsa estava voltado em outra direção. Os nazistas austríacos cresceram no rastro de Hitler e da pujança econômica e militar da Alemanha — que exercia atração cada vez maior sobre os alemães dos países vizinhos. E, numa rivalidade tripla — entre social-cristãos, nacionalistas alemães e socialistas —, cada qual podia recorrer ao inimigo de seus inimigos. No fim da década de 1930, os nazistas recrutavam mais trabalhadores e socialistas apresentando a única alternativa "radical" restante aos austro-fascistas, e recrutavam austro-fascistas oferecendo a única forma viável de nacionalismo não-socialista. Mas as clientelas do nacionalismo de Estado representavam uma sólida base de apoio. Mais uma vez, o cerne era constituído de elementos das instituições públicas (exército, emprego público e educação superior, com uma penumbra de profissionais acadêmicos) e daqueles que eram levados por sua oposição a acreditar numa nação forte e íntegra (especialmente os austríacos da fronteira). Mais uma vez, o fascismo austríaco também recebia apoio de indivíduos fora do cerne capitalista urbano e industrial da luta de classes. Tendo visto a república em impasse por causa do conflito entre um socialismo urbano e industrial e um conservadorismo rural e provincial, muitos gravitaram em direção à plausível promessa fascista de "transcendência" da divisão nacional. Mas o apelo inusitadamente forte do fascismo no país pode ter se devido à possibilidade de que esta nação etnicamente alemã se unisse a um Reich nazista econômica e geopoliticamente mais bem-sucedido. Todas as quatro fontes de poder social parecem ter sentido este chamado, embora na Áustria os fatores macroeconômicos desempenhassem um papel mais importante de que em outros países.

O ANTI-SEMITISMO AUSTRÍACO

A principal contribuição austríaca ao fascismo europeu consistiu em intensificar seu anti-semitismo político. Embora houvesse historicamente menos pogroms do que na Polônia ou na Ucrânia, a Áustria fora a pioneira no desenvolvimento dos modernos movimentos políticos anti-semitas. A partir da década de 1850, a política austríaca fora permeada por uma retórica que associava os judeus ao capitalismo predador, ao radicalismo político e religioso, a um cosmopolitismo antinacional e a uma ameaça racial oriental à "civilização ocidental". Pulzer (1993, 38) observa que, embora os estudiosos gostem de distinguir formas econômicas, políticas e religiosas de anti-semitismo, os políticos austríacos preferiam embaralhá-las numa única ameaça à unidade do povo austríaco ou alemão. Sua retórica era corroborada em material sensacionalista nos jornais e em estatísticas exageradas sobre o número de bancos, lojas de departamentos, jornais ou cinemas nas mãos dos judeus. O anti-semitismo adquiriu uma profunda ressonância popular. A partir da década de 1880, Schonerer e Lueger transformaram-no no cerne de seus partidos nacionalistas de massa. Schorske (1981, Capítulo 3) considera que desenvolveram formas de "política num novo diapasão", patrocinando seus próprios jornais, clubes desportivos e manifestações violentas de massa. Foi sem dificuldades que o fascismo se desenvolveu a partir desse populismo.

Com o declínio do Império dos Habsburgo, o nacionalismo austríaco e alemão fortaleceu-se. Nos primeiros anos do século XX, os judeus eram considerados coadjuvantes cosmopolitas do regime antinacionalista e antidemocrático dos Habsburgo. Já em 1884, o líder do SPD, Karl Kautsky, advertia: "Os anti-semitas são (...) muito mais perigosos do que na Alemanha porque se apresentam como oposicionistas democráticos, com isto apelando para os instintos dos trabalhadores" (Carsten, 1977, 16). Mas eles haveriam de se revelar mais perigosos num sentido popular. A partir do fim da década de 1930, embora alguns nazistas alemães ostentassem o mais fanático anti-semitismo, parece ter aumentado o número de austríacos envolvidos em desordens, apoderando-se dos bens de vizinhos judeus, e em atos localizados de deportação antes da Solução Final (Botz, 1987b; Bukey, 1992, 214-19).

A força do anti-semitismo austríaco é às vezes explicada em termos essencialmente materialistas: a classe trabalhadora se ressentia da riqueza dos judeus, a classe média, de sua concorrência (Pauley, 1981, 16-17). Isto só seria plausível em Viena, onde viviam 91% dos judeus. Nas outras regiões, os judeus estavam em grande medida fora dos circuitos mais evidentes de consumo e concorrência. Mas em Viena representavam cerca de 10% da população, constituindo uma minoria próspera e em evidência. Em 1914, os judeus vienenses eram predominantemente de classe média e instruídos. Cerca de 35% dos alunos do Ginásio de Viena (o melhor colégio) eram judeus, assim como 28% dos estudantes universitários da cidade. Eles apresentavam alto grau de instrução. Judeus vienenses como Freud e Mahler estavam entre as maiores personalidades da alta cultura européia. Os judeus representavam 62% dos advogados e dentistas da cidade, 47% dos médicos, 27% dos professores universitários e 18% dos diretores de bancos. Cerca de 94% das agências de publicidade eram de judeus, assim como 85% dos negócios de mobiliário e 70% do comércio de vinhos e produtos têxteis (Pauley, 1987, 154-5). São concentrações efetivamente impressionantes. Globalmente, cerca de 200 mil cristãos tinham empregados judeus, embora os judeus fossem muito menos numerosos na maioria dos setores de manufatura e em outras cidades. Ao contrário do caso da Alemanha, encontramos plausíveis raízes materiais para o anti-semitismo, expressas pelo ressentimento urbano contra as finanças e o capitalismo de serviços dominado pelos judeus, assim como no ressentimento rural contra a suposta dominação judaica das cidades.

Todavia, com uma importante exceção, o nazismo e o austro-fascismo eram efetivamente mais fortes onde o número de judeus era menor. Os judeus representavam menos de 2% da população fora de Viena. Embora na capital pudesse haver manifestações de rivalidade religiosa em determinadas profissões, o fenômeno era raro em outras regiões. Poucos professores eram judeus, e os judeus constituíam o minúsculo percentual de 0,25 entre os funcionários públicos, estando em número ainda menor no exército. Mas o nazismo estava encastelado no emprego público fora de Viena — especialmente nas regiões fronteiriças da Caríntia e da Estíria, onde o número de judeus era menor do que em qualquer outra parte. Embora o austro-fascismo viesse afinal a se tornar importante na classe média vienense, seu núcleo territorial encontrava-se no campo e nas cidades do interior. O fascismo anti-semita parece ter prosperado à distância dos judeus, e não em sua proximidade. "O judeu" podia ser um símbolo conveniente da dominação urbana. Mas esta seria uma explicação mais plausível do austro-fascismo do que do nazismo, que era mais urbano.

As exceções urbanas são algumas profissões e, sobretudo, os estudantes. Eles constituíam o grupo mais nazista em toda a população e o que tinha maior probabilidade de enfrentar os judeus. Seu anti-semitismo efetivamente estava voltado com freqüência para a concorrência judaica. Os estudantes exigiam em alto e bom som um *numerus clausus* (cota máxima) de admissão de judeus na universidade. Caberia perguntar se os interesses materiais transformaram-nos nos principais portadores ideológicos do anti-semitismo para uma população mais distante. Em certa medida, sim. Mas o anti-semitismo estudantil na verdade antecedera a grande leva de imigração judaica no início do século e sempre estivera associado a outros ideais de direita, especialmente no nacionalismo pangermânico. Sua gradual evolução para o fascismo foi um processo longo, aparentemente sem relação com as flutuações do emprego (Whiteside, 1966; Pauley, 1981, 17-19, 93-4).

Ernst Kaltenbrunner, que viria a se tornar o chefe do SD, o serviço de segurança de Hitler, liderou os ataques estudantis aos judeus e aos "vermelhos" na década de 1920. Mas estava apenas seguindo uma tradição de família. Na década de 1890, seu pai também tomara a frente de ataques estudantis contra os judeus, que considerava um "corpo estranho" na nação. Pai e filho tiveram carreiras bem-sucedidas como advogados no interior, ao mesmo tempo mantendo suas atividades nacionalistas. Josef Fitzhum, mais tarde chefe de polícia das SS nos Bálcãs, alegava que suas oportunidades profissionais em Viena haviam sido obstruídas pelos judeus. E no entanto (deixando de lado uma demissão por desvio de fundos), já em 1918, ao deixar o exército aos 22 anos, antes mesmo que tivesse início a sua carreira, ele afirmava que a república era dominada pela "escória vermelha", por "bandos criminosos comunistas" e pelos judeus. Parece haver aí algo mais ligado ao anti-semitismo dos nazistas do que a um mero materialismo, alguma coisa ideologicamente ligada a seu forte nacionalismo.

Conhecemos bem o estereótipo anti-semita materialista do judeu Shylock, o usurário, senhorio ou pequeno comerciante (advogado também, em algumas culturas) dissimulado, calejado e "velhaco". Este estereótipo era muito disseminado na Áustria do entreguerras. Mas convivia com um outro estereótipo, o dos judeus ortodoxos poloneses ou ucranianos do *Território do*

Acordo, que viviam e se vestiam à maneira antiga, um símbolo, para muitos austríacos (e para outros), da barbárie oriental — a suposta antítese da civilização católica da Áustria dos Habsburgo, e também, no entreguerras, da civilizada nação cristã alemã. Todavia, ao associar o cultivado médico, alfaiate ou comerciante vienense — ou Sigmund Freud — a um "outro" estrangeiro, distante mas ameaçador, Hitler e outros austríacos poderiam estar justificando sua exclusão da nação pela força. O que permitiria a seus vizinhos e colegas apoderar-se de seus bens e de seus empregos — quem sabe uma solução satisfatória para as queixas materiais de que acaso se ressentissem. Ainda precisamos entender essa ideologia das antíteses entre o judeu e a nação civilizada. Mas suas causas parecem menos materiais do que suas conseqüências.

Duas outras condicionantes ideológicas parecem ter sido necessárias. Primeiro, o anti-semitismo era fundamental para a ideologia nacionalista nessa região da Europa (e nas áreas mais orientais, como demonstra meu próximo volume). Parkinson (1989, 327) tende a psicologizar o fenômeno:

> O anti-semitismo (...) especificamente austríaco, com sua ganância e perversidade, só pode ser explicado em função da condição psicológica em que se encontravam os austríacos (...) Torturada por um avassalador complexo de inferioridade em relação aos alemães e aos judeus mas incapaz de descarregar sua mágoa sobre aqueles, a maioria dos austríacos tentou resolver o problema adulando os alemães e espezinhando os judeus.

Mas também devemos ter em mente que no pré-guerra os judeus cosmopolitas haviam sido identificados (justificadamente) como esteios da dinastia reinante dos Habsburgo, que fora antinacionalista. Como observou Kautsky, os movimentos populistas argumentavam que os judeus deram força ao odiado antigo regime. Antes de 1900, o movimento anti-semita populista de Schönerer havia dado vazão a esse tipo de anti-semitismo. Posteriormente, a gestão social-cristã do prefeito Lueger em Viena visara um inimigo "judeu-magiar" da Áustria. Nos demais Estados ligados à dinastia, os judeus constituíram durante séculos bodes expiatórios da opressão dos Habsburgo (Sugar 1971, 154), mas na própria Áustria eram bodes expiatórios do colapso do poderio austríaco. Depois de 1918, eram o único lembrete não-nacional da desastrosa "experiência multinacional dos Habsburgo". Já registramos a importância do movimento *völkisch*, mais difusamente sustentado num eixo Viena-Munique de intelectuais, para a formação do nazismo alemão. Na Áustria do entreguerras, ele permeou boa parte do espectro político, evoluindo da direita para a esquerda (Whiteside, 1966; Carsten, 1977, Capítulos 1 e 5). Os judeus na verdade eram inimigos do nacionalismo orgânico que agora expressavam os nacionalistas alemães.

Em segundo lugar, os ideólogos nazistas, como acontecia na Alemanha, insistiam em que os judeus exacerbavam o conflito de classes: não eram justamente judeus, em sua maioria, os maiores e mais exploradores dentre os capitalistas e os principais "vermelhos"? Havia nisto alguma verdade. Muitos eminentes socialistas e capitalistas (embora não a maioria) eram efetivamente judeus. Acredita-se que 75% dos judeus vienenses votavam nos socialistas. Os nazistas estabeleciam uma dicotomia entre uma nação alemã idealizada e seus "inimigos" — o capitalismo internacional/judaico "estrangeiro" e os "bárbaros" "judeu-bolchevistas" do leste. O austro-fascismo servia de sucedâneo a um Estado-nação austro-alemão, mas visualizava um inimigo semelhante (embora odiando os judeus por motivos tanto religiosos quanto raciais). Um populismo anticapitalista poderia atrair muitos trabalhadores não isolados no cerne das comunidades socialistas (no fim, atraiu mesmo muitos deles), ao passo que o nacionalismo antibolchevista atraía boa parte da classe média e da população agrária e das províncias. Como em outros países, a idéia de um Estado forte dando com as cabeças de ambas as classes umas nas outras nesse setor industrial urbano atraiu amplo apoio. Aqui, no entanto, como em outros países do Leste, as cabeças visadas eram em sua maioria semitas.

Os judeus constituíam o símbolo tangível de todos esses "estrangeiros", tornando-se portanto os maiores candidatos, juntamente com os bolchevistas, ao expurgo nacional. Como na Áustria do pós-guerra não havia outras minorias étnicas ou religiosas importantes, os ataques aos "estrangeiros" centraram-se neles. Na consciência popular, os judeus estavam indelevelmente associados ao nacionalismo e ao conflito de classes. O anti-semitismo era um patrimônio da civilização ocidental cristã. Mas intensificou-se no período entreguerras, evoluindo para "expurgos" sistemáticos, que poderiam, pela eliminação dos judeus, reduzir o conflito de classes e tornar mais íntegra a nação. O problema, numa explicação materialista do anti-semitismo, e mesmo do fascismo de maneira geral, não está na falta de importância dos interesses e ressentimentos econômicos, mas no fato de que o interesse próprio não leva automaticamente a qualquer resultado político especifico. Entre o sentimento pessoal de frustração econômica e o fato de ser anti-semita, conservador ou socialista encontra-se todo um território de ideologia e política no qual os movimentos políticos tentam convencer-nos de que este ou aquele é nosso inimigo, e aquele outro, nosso amigo. Quando esses inimigos e amigos têm a amplitude de "classes" ou "nações" inteiras, nossa efetiva experiência material não tem como confirmar sua "verdade", mas apenas sua plausibilidade superficial. É portanto o terreno da política e da ideologia, mediado por estruturas sociais mais complexas e localizadas do que simplesmente a classe ou a nação, que deve ser explorado na tentativa de entender o anti-semitismo de massa. Era este particularmente o caso na Áustria. Embora o fascismo austríaco viesse a adquirir um componente substancialmente econômico, já era este muito menos o caso em seu anti-semitismo — um componente fundamental do fascismo austríaco e especialmente de sua virulência e violência.

UMA CONSPIRAÇÃO DAS ELITES? MOTIVAÇÕES DE CLASSE

Terá havido igualmente uma conspiração das classes altas, como na Itália e (em menor grau) na Alemanha? Terão as classes dirigentes ajudado os fascistas a reprimir as classes inferiores, comprometendo assim a alegação fascista de representar toda a nação e transcender as classes? No caso dos austro-fascistas, a resposta é um inequívoco sim. A *Heimwehr* mantinha relações estreitas com o clero e o corpo de oficiais, recebendo generosos subsídios de capitalistas ativos no terreno político (uma minoria, com toda evidência), uma vez tendo estes percebido que a república se tornara insegura (a *Heimwehr* também recebia dinheiro de Mussolini). O material humano do regime de Dollfüss provinha do antigo regime, com o apoio de capitalistas modernos. Sua política econômica deflacionária era dominada pelos grandes empresários e proprietários fundiários. Depois da promulgação das leis raciais de Nuremberg pelo regime de Hitler, até os capitalistas judeus passaram a ajudar o austro-fascismo, pois viviam aterrorizados por seu rival, o nazismo. Alguns capitalistas austríacos também temiam a maior competição que seria acarretada pelo *Anschluss*. Assim foi que as elites e os capitalistas tomaram a frente do processo de sabotagem da república e de sua substituição pelo austro-fascismo. As elites foram um elemento central do austro-fascismo, ao contrário do que realmente acontecera no fascismo italiano ou no alemão. Em contraste, apenas umas poucas empresas de propriedade de alemães contribuíram para os nazistas austríacos. Em sua maioria, os representantes das classes mais altas tinham forte suspeita do populismo radical dos nazistas. Sua responsabilidade direta na tomada do poder pelos nazistas foi pequena.

Qual seria a motivação das elites austro-fascistas? Uma pura e simples motivação de classe? Em certos momentos elas o reconheceram, embora (como em outros países) alegando autodefesa — vale dizer, defesa dos direitos de propriedade e do lucro capitalista. Alegavam que seu apoio representava uma reação justificada à violência dos socialistas. Examinarei os diferentes elementos de sua argumentação. Em primeiro lugar, diziam que os socialistas proclamavam a "revolução", que nitidamente ameaçava a propriedade. E com efeito os socialistas haviam proclamado a revolução em 1918-19, em meio ao colapso do Império dos Habsburgo. Mas os próprios socialistas haviam imediatamente desarmado a revolução, desmobilizando os conselhos de operários e soldados, recomendando que os manifestantes voltassem para casa, fazendo o elogio da constitucionalidade republicana e se eximindo até de pregar expurgos no exército e no serviço público. Embora tenham formado em 1923 sua própria organização paramilitar, a *Schutzbund*, em reação aos grupos paramilitares de direita, tratava-se antes de um movimento de caráter defensivo. É verdade que se recusaram a participar de um governo de coalizão nacional, invocando razões marxistas: o Partido Socialista era o partido do proletariado, os outros partidos representavam as classes opostas, não podendo haver uma aliança entre eles. Acreditavam também (não sem motivo) que a oferta era uma armadilha para fazer com que assumissem a co-responsabilidade pelo desemprego em massa da Depressão. Sua intransigência representou um engodo tático para a esquerda socialista. Em termos táticos, funcionou: a esquerda não se bandeou para o pequeno Partido Comunista, mas não teve condições de influenciar a política do partido. Mas, do ponto de vista estratégico, foi um desastre. A manobra polarizou a Áustria num grau em que a violência (mobilizada com mais eficiência pela direita) poderia parecer uma solução razoável, tornando os soldados e funcionários públicos socialistas vulneráveis aos expurgos promovidos pelos social-cristãos. Em 1933, o Partido Socialista entrou em desespero, mudou de orientação e propôs um acerto e participação numa coalizão aos social-cristãos. Mas era tarde demais: os social-cristãos já haviam embarcado em sua viagem pelas soluções autoritárias (Gulick, 1948: II, 1266-78).

Na prática, o Partido Socialista há muito aderira à "democracia burguesa" e ao reformismo. O impulso reformista foi mais acentuado na chamada Viena Vermelha, cujo governo regional (controlado pelos socialistas) era dotado pela constituição de poderes consideráveis, inclusive fiscais. Os projetos habitacionais, educacionais e previdenciários da Viena Vermelha não eram particularmente importantes, numa perspectiva comparativa, mas o mesmo não se pode dizer de seu método de financiamento: impostos progressivos cobrados desproporcionalmente às classes média e alta. Se seus enormes conjuntos habitacionais eram o símbolo da democracia social do entreguerras, os impostos redistributivos constituíam sua infra-estrutura (Gruber, 1985; Marcuse, 1985). Esta política tendia a espremer os lucros dos ricos, como acontece com programas desse tipo em qualquer lugar. A segunda motivação de classe dos proprietários, o lucro capitalista, entrou em ação. A curto prazo, o temor podia ser justificado. Mas a longo prazo essa forma de redistribuição não reduzia efetivamente os lucros. Esse tipo de reformismo agressivo equivalia ao que os socialistas suecos e dinamarqueses fariam pouco depois — e ao que efetivamente a Segunda República Austríaca realizou de forma mais consensual e com resultados macroeconômicos espetaculares depois da Segunda Guerra Mundial. Em nenhum dos dois casos houve uma reação fascista. E como a maioria dos austríacos, e especialmente a maioria dos fascistas austríacos, não vivia em Viena, não parece que as realizações concretas do socialismo austríaco devessem necessariamente determinar uma reação fascista da direita.

Em segundo lugar, eles alegavam que a reação fascista constituía uma resposta à agitação das greves de massa, à retórica e aos eventuais atos de violência de rua da esquerda. Mas o índice de greves da Áustria não era particularmente elevado, e só ocasionalmente as greves descambaram para a violência depois de 1920. As greves chegaram ao auge em 1931, decaindo para um nível próximo de zero em 1934, em conseqüência da Grande Depressão e do nível moderado de repressão. Os conservadores podiam considerar desejável a continuação de um regime semi-autoritário, mas dificilmente teriam motivos para justificar o austro-fascismo ou o nazismo como reação às greves.

Em terceiro lugar, a crítica de direita à retórica socialista geralmente se centrava num artigo do "Programa de Linz" adotado pelo partido em 1926, que freqüentemente se considera preconizar a "ditadura do proletariado". Cabe aqui citar esse artigo:

> O Partido Social-Democrata dos Trabalhadores deve (...) preservar para a classe operária a possibilidade de destruir o domínio de classe da burguesia por métodos democráticos. Todavia, se apesar de todos esses esforços do Partido Social-Democrata dos Trabalhadores uma contra-revolução da burguesia efetivamente destroçar a democracia, a classe operária só poderá tomar o poder de Estado pela guerra civil. (...) Entretanto, se a burguesia resistir à mudança social revolucionária, que será a tarefa do poder de Estado da classe operária, através da constrição planejada da vida econômica, de uma sublevação violenta ou da conspiração com poderes contra-revolucionários estrangeiros, a resistência da classe operária será forçada a romper a resistência da burguesia por meio da ditadura.

A prosa é empolada, mas só enxergo nela (assim como Lowenberg, 1985, 73-4) a defesa do direito de um governo ou partido legalmente constituído de se armar para a autodefesa, caso atacado. Na verdade, os socialistas austríacos evidenciaram um comedimento extraordinário e mesmo suicida frente às provocações da direita (Stadler 1981). Sua organização paramilitar, a *Schutzbund*, tinha cerca de 80-90.000 membros, mas era mal equipada em armas e minimamente treinada. Sua violência era quase sempre reativa, empenhada apenas em defender as zonas mais proletárias da cidade. Ao contrário das duas organizações paramilitares fascistas, raramente desfilava fora de seus guetos. Não adotava as táticas de provocação que eram universais nos movimentos fascistas. Naturalmente, na prática os desfiles e proclamações não raro degeneravam em confrontos nos quais pouco importava se a ação era defensiva ou ofensiva. Mas as ações de maior envergadura eram estritamente controladas pelos líderes do partido, receosos das "provocações" das bases (Botz, 1985). Os socialistas haviam tido experiências desagradáveis. Em

1927, dois membros do movimento direitista *Frontkämpfer*, que haviam atirado sem motivo em dois operários socialistas, foram absolvidos por um tribunal ideologicamente comprometido. Seguiu-se uma revolta e o Palácio de Justiça foi incendiado. Ignorando os apelos dos líderes socialistas para que a situação fosse desarmada com moderação e cooperação, o governo social-cristão mandou a polícia armada, que matou a tiros entre 85 e 90 pessoas. A manchete do jornal oficial dos social-cristãos, uma publicação de circulação de massa, proclamava "Um julgamento justo". Os social-cristãos, os nacionais alemães, a *Heimwehr* e os nazistas protestavam: Bolchevismo! Revolução! Mas embora as bases socialistas estivessem agora inflamadas, os líderes trataram de acalmá-las, desarmando a situação com um mero protesto parlamentar.

A moderação dos socialistas prosseguiu até 1934, atando-lhes as mãos frente às medidas de repressão adotadas por Dollfüss e as violentas manifestações com que a *Heimwehr* tentava montar um "golpe em processo". Ambos tentaram forçar a *Schutzbund* a assumir uma posição de resistência que viesse então a ser esmagada pelo Estado (a *Heimwehr* também tentava induzir os nazistas a se levantar). Mas os socialistas muito molemente renunciaram a seu proclamado direito de autodefesa. Quase toda a liderança do partido submeteu-se sem resistir, até o fim oferecendo aos líderes austro-fascistas concessões que permitissem sua própria sobrevivência. Em março de 1933, quando Dollfüss impediu que os parlamentares se reunissem, a *Schutzbund* finalmente recebeu ordens de mobilização, embora em posições defensivas. Mas imediatamente o líder socialista Otto Bauer ordenou que voltasse a se desmobilizar, como gesto de boa vontade. O governo reagiu determinando sua dissolução. No fim, em fevereiro de 1934, Richard Bernaschek, o líder da *Schutzbund* na cidade de Linz, acabou dando início a uma insurreição local em reação a uma batida policial. A coisa logo se disseminou espontaneamente por várias partes do país por intermédio das organizações socialistas. Mas a sublevação ocorria contrariando ordens expressas dos líderes do partido, desdenhosamente chamados por Bernaschek de "guarda-freios" do socialismo. Ele havia transmitido por telefone a ordem "Às armas!" no exato momento em que a polícia arrombava sua porta para detê-lo. Sem uma liderança, sem coordenação, sem treinamento para atacar tropas ou sequer ocupar estrategicamente espaços neutros, as milícias socialistas não conseguiram sobreviver ao massacre promovido pelas tropas regulares, a polícia e as formações da *Heimwehr*. Haviam sido provocadas a uma revolta tardia e desorganizada. Foi este o maior movimento de resistência proletária ao fascismo ocorrido fora da Espanha, o que revela o caráter pacífico do socialismo no entreguerras.

Mais tarde, no exílio, Bauer lamentaria seu erro: em março de 1933, dizia, o Partido Socialista devia ter determinado greve geral e uma ação ofensiva — como proclamava o programa de Linz. "Na época, ainda éramos suficientemente ingênuos para acreditar nas promessas de Dollfüss. (...) Foi um erro, o mais fatal de nossos erros." Na Áustria, como em todos os outros países, não foram os socialistas, mas os dois movimentos fascistas que cultivaram a violência. A *Heimwehr* orgulhava-se de seus atos de agressão paramilitar, embora eventualmente os líderes condenassem os excessos das bases. Os nazistas proclamavam de peito aberto o "terror das tropas de assalto" e uma "implacável violência contra o terror bestial". E, como podemos constatar em qualquer país, o desequilíbrio no compromisso com a violência refletia-se nas baixas. Entre os 859 mortos ou gravemente feridos durante as manifestações de revolta civil entre 1918 e 1934, encontramos o habitual quociente de 2 para 1 entre as vítimas socialistas e fascistas (Botz, 1982, 303; Bukey, 1986, 120-37).

Ao contrário das alegações direitistas, os socialistas austríacos eram basicamente democratas. Em contraste, os dois campos nacionalistas eram no máximo democratas "acidentais" (para usar a expressão espanhola discutida no Capítulo 9). Só eram democratas enquanto pudessem manter-se no poder por meios democráticos. Mas jamais entregariam o poder aos socialistas. Em vez disso, optaram por alternativas autoritárias e fascistas. Mesmo na década de 1920 havia muitos autoritários no partido social-cristão e na Igreja católica. A partir da década de 1920, os governos social-cristãos usurparam os direitos constitucionais, expurgando socialistas do exército e da administração, promovendo formas seletivas de repressão e cooperando com a *Heimwehr*. A principal função do exército passou a ser reprimir greves. Chegou então a vez de expurgar os nazistas do exército. Em meados da década de 1930, o exército era um braço confiável do austro-fascismo — embora a partir de 1936 voltasse a ser infiltrado pelos nazistas (Stülpfarrer, 1989, 194-5). Com a chegada da crise econômica na Depressão e as pressões fascistas enfrentadas pelos social-cristãos e os nacionalistas alemães, ambos os movimentos romperam com a democracia. Alguns líderes e militantes foram diretamente para os dois movimentos fascistas, outros pressionaram seus próprios movimentos para a direita.

Não precisavam tê-lo feito. Podiam ter buscado uma grande aliança democrática com os socialistas, que teria envolvido concessões sobre a distribuição de cargos e o papel das forças armadas e da polícia, além de concessões keynesianas para aliviar a Grande Depressão. Ou então poderiam ter voltado sua repressão contra os fascistas, tentando restabelecer o *status quo* quase democrático do meado da década de 1920. É possível que a polícia e o exército não se tivessem prestado a reprimir a *Heimwehr* (efetivamente reprimiram os nazistas até certo ponto em 1934, mas se teriam recusado a fazê-lo em 1938). Todavia, como se tratava dos organismos repressores dos próprios social-cristãos, revela-se apenas, assim, a que ponto o regime estava permeado de sentimentos autoritários. Ou então poderiam simplesmente prosseguir com um governo de minoria, preparando-se para novas eleições. Pauley (1981, 80) não pode argumentar que os nazistas só alcançavam 25% dos votos e ao mesmo tempo que Dollfüss só podia ir cada vez mais para a direita (em caso de não conseguir uma aliança com os socialistas). Certos apologistas dos regimes de Dollfüss e Schüschnigg argumentam que eles reprimiram os socialistas para introduzir um "autoritarismo temporário", abrindo assim uma margem de manobra para fazer frente ao nazismo. Não parece convincente: é estranho defender a democracia mediante a eliminação do maior grupo de democratas. Não; homens como Dollfüss e Schüschnigg *preferiam* o autoritarismo, e na hora H deram preferência aos fascistas sobre os socialistas democráticos — e por isto é que se tornaram por sua vez simpatizantes dos fascistas e recorreram à força armada de Estado para reprimir os democratas.

Um estudo sobre Linz, a cidade natal de Hitler, na Alta Áustria, corrobora esta avaliação. Ao longo da década de 1920, Linz parecia um modelo de democracia de conciliação. O que resultava em parte de certos acertos constitucionais: a cidade tinha um governo socialista, mas sua fonte de renda era o governo provincial da Alta Áustria, controlado pelos social-cristãos. Uma atenção indevida tem sido centrada em Viena, cidade que ocupava constitucionalmente uma posição de província, podendo cobrar impostos e tangenciar qualquer compromisso com os conservadores. Em Linz, todavia, como em outras cidades, as duas administrações, se quisessem evitar o total colapso, tinham de cooperar e entrar em acordo. Até mesmo nos primeiros dias do regime de Dollfüss, alguns líderes social-cristãos e até nacionalistas alemães resistiram a seu autoritarismo usurpador. A ruptura manifestou-se em Linz quando o bispo local da Igreja católica, um antigo autoritário, proibiu qualquer atividade política de seu clero, mais conciliador. Veio então o colapso da principal organização de base dos cristãos sociais, a Associação Popular Católica, agora dilacerada por disputas e de certa forma redundante num regime autoritário. Os social-cristãos da Alta Áustria foram autoritariamente postos na linha pelo regime na época em que Bernaschek lançou sua desesperada resistência (Bukey, 1986, especialmente 39-74, 112-19). Alguns conservadores estavam comprometidos com a conciliação democrática, mas fora basicamente um movimento fugaz e "acidental" — e não uma questão de princípios.

Como em outros países, na Áustria os conservadores também abraçaram o fascismo e lançaram mão das armas cedo demais. Uma análise de classe de sua indecorosa pressa teria de se concentrar no desejo de preservar os lucros capitalistas, e não a propriedade em si mesma. Eles resistiam antes à reforma que à revolução, pois só eram ameaçados com reformas. Reagiam com hostilidade a praticamente qualquer manifestação pública, distorciam a "violência" dos programas socialistas e cometiam eles próprios muito mais violência, e com muito mais prazer. Naturalmente, sentiam-se vulneráveis e ameaçados. Até 1918, haviam sido a elite governante de uma grande potência. Assustaram-se com os movimentos insurrecionais desse ano, mas conseguiram reconquistar o poder. Seus pontos de vista eram semelhantes aos dos congêneres alemães (discutidos no capítulo anterior). Consideravam que o Estado deve dispor de poderes de manutenção da ordem acima dos conferidos ao parlamento, que podiam ser neutralizados pelos "exércitos de massa" da sociedade civil. Contemplando o fracasso dos conservadores alemães, tentaram aumentar seu próprio poder com um movimento de massas, o austrofascismo. Poderiam ter tido êxito, como Franco e Salazar. Mas foi basicamente o êxito de Hitler ali ao lado que solapou o seu. Mais uma vez, a democracia não estava institucionalizada de maneira estável. Numa crise, a direita tinha outras alternativas. Foi basicamente por razões de classe que eles as abraçaram, como sustentam os marxistas. Queriam com toda convicção que seu Estado corporativista reprimisse a esquerda e propiciasse um capitalismo mais "harmonioso". O austro-fascismo certamente tinha um viés capitalista. Mas o fascismo austríaco não era apenas isto.

O APELO DO NACIONALISMO DE ESTADO

Entrelaçado a esse viés capitalista estava um segundo motivo, mais dominante na ala populista do austro-fascismo e dominando o nazismo austríaco. Aqui, a preferência pelo fascismo sobre a democracia tinha origens em um nacionalismo de Estado mais acentuado. Estes fascistas preferiam um Estado unipartidário, autoritário e mobilizador das massas que encarnasse a nação "racialmente pura", expurgada de "estrangeiros" e "traidores". Não estavam muito interessados no capitalismo. Nada tinham de importante a dizer sobre o capitalismo, além do expurgo dos elementos estranhos de suas duas classes em confronto, os "bolchevistas", nas fileiras do trabalho, e os "judeus", no capital. Na verdade, os dois eram freqüentemente amalgamados num único inimigo composto, o "judeu-bolchevismo". Proclamavam orgulhosamente a superioridade dessa visão brutal sobre a conciliação e o acordo que constituem a essência da democracia. Eram predominantemente jovens e instruídos, numa época em que o fascismo varria os países vizinhos. Acreditavam, assim, que o nacionalismo de Estado transcendente, extremo e baseado nos expurgos era o grande conceito inovador da época. Também nuançaram seu nacionalismo de Estado com o anti-semitismo racial que crescia em sua região da Europa.

Ambos os movimentos eram permeados ao mesmo tempo por um viés pró-capitalista e um nacionalismo de Estado mais populista, embora o viés capitalista viesse a dominar cada vez mais a liderança do austro-fascismo e o nacionalismo de Estado sempre predominasse no nazismo. Uma vez no poder o austro-fascismo, as tensões entre as duas motivações começaram a dilacerá-lo. Não podendo mais Mussolini proteger a Áustria da Alemanha, e tendo Hitler começado a fazer pressão econômica, os nazistas podiam explorar sua fragilidade e até infiltrar o regime, roubando a maioria de seus militantes. Chegado o momento da "invasão" alemã, o governo austríaco estava irremediavelmente dividido e o exército manteve-se de lado, demonstrando nítida simpatia pelo nazismo, relutando em pôr seu monopólio formal do poder militar a serviço do Estado. Até aproximadamente 1936, o governo e o exército haviam abraçado o austro-fascismo. Quando ele começou a declinar, o mesmo lhes aconteceu. Hitler ficou surpreso com o calor da recepção que lhe foi reservada e a facilidade com que os nazistas austríacos se apoderaram da maioria das administrações provinciais antes mesmo que as tropas alemãs sequer chegassem perto (Pauley, 1981, 216-17). A tomada do poder pelos nazistas diminuiu o viés capitalista e aumentou o nacionalismo de Estado dos expurgos.

As macrocausas do fascismo austríaco revelaram-se bastante semelhantes às registradas nos outros casos até aqui discutidos. Uma crise militar (neste caso, uma derrota catastrófica acrescida de escaramuças de fronteira no pós-guerra) e uma constante crise econômica (recessão contínua e conflitos de classe) fizeram com que a ideologia fascista parecesse plausível, gerando sua base de apoio político (organizações paramilitares mais clientelas favoráveis ao nacionalismo de Estado e à transcendência de classe). Duas peculiaridades austríacas fariam desta, então, uma forma muito específica de fascismo. Em primeiro lugar, como havia dois ideais diferentes de Estado-nação (uma Áustria pequena e uma grande Alemanha), havia também dois fascismos rivais. O austro-fascismo representava a opção pequena, mais corporativista e presa ao antigo regime, e o nazismo era a opção grande, mais radical. Como o antigo regime sobrevivera aos desastres de 1918 em excelente forma, podia fundir-se com o austro-fascismo para assumir o controle do país. Na verdade, poderia ter durado tanto quanto os regimes de Franco ou Salazar. Mas, em segundo lugar, o Grande Irmão alemão vivendo ali ao lado garantiu o triunfo da Grande Alemanha e portanto do nazismo. Esta explicação associa relações de poder ideológicas, econômicas, militares e políticas, embora numa configuração global específica. Em particular, o paramilitarismo desempenhou na Áustria um papel diferente e menos importante na tomada do poder. Ambos os fascismos mobilizaram organizações paramilitares. Mas os nazistas mobilizaram-nas contra o poder militar de Estado em 1934 e foram esmagados, ao passo que o sucesso dos dois "golpes", dos austro-fascistas em 1934 e dos nazistas em 1938, também foi assegurado pelo poder militar de um Estado.

Os austríacos haveriam de cometer muitas atrocidades até perder a guerra. Mas não foi este o desenlace final, já que vieram em sua maioria a ser perdoados na confusão ideológica dos aliados. Foram poucos os julgamentos de criminosos de guerra austríacos. A recompensa pelos horrores veio a ser uma vida de tranqüilidade num dos países mais ricos e aparentemente mais harmoniosos do mundo. A estreita cooperação entre socialistas e social-cristãos no pós-guerra devia algo ao legado do corporativismo fascista. E talvez devesse algo também a um culposo segredo compartilhado — "se não nos mantivermos unidos, seremos enforcados separados".

7

A família húngara de autoritários

INTRODUÇÃO À EUROPA ORIENTAL

As análises do fascismo concentram-se em geral na Itália e na Alemanha (eventualmente ampliando-se para incluir seu *Ostmark* austríaco). Mas nenhuma avaliação pode ser completa sem a Europa Oriental, onde o fascismo difundiu-se amplamente — não só como um movimento específico, mas também como uma força radical corrosiva no interior de regimes autoritários mais conservadores. Pois nessa região os autoritários funcionaram no período do entreguerras como uma família conflituada cujos membros reacionários, corporativistas e fascistas disputavam ruidosamente o domínio. Por outro lado, as economias da região eram menos desenvolvidas e os antigos regimes sobreviveram bem. A maioria dos Estados e nações também tinha fronteiras problemáticas, o que estimulava o surgimento de versões rivais do nacionalismo orgânico. Até que ponto eram diferentes essas famílias do Leste? Poderíamos considerá-las exemplos de estratégias de desenvolvimento econômico tardio, de resistência à exploração por parte de países mais avançados ou um produto de rivalidades étnicas locais? Acaso encontraremos aqui as mesmas clientelas fascistas nucleares? Responderei a essas perguntas nos capítulos sobre a Hungria e a Romênia, os países dotados de movimentos fascistas mais significativos.

Ambos os movimentos eram grandes. O movimento húngaro da Cruz Flechada[1] tinha cerca de 250 mil membros em 1939-40, 2,7% da população nacional (Szöllösi-Janze, 1989, 128-33). Na Romênia, a Legião do Arcanjo

São Miguel (também chamada de Guarda de Ferro) tinha 272 mil membros em 1937 e 300 mil a 500 mil em 1941 — 1,5 a 2,8% da população romena (Heinen, 1986, 382, 454; Ioanid, 1990, 72). São percentuais mais elevados do que os índices de 1,3% alcançado pelo nazismo alemão e de 1,0% pelo PNF italiano antes da tomada do poder. Ambos os movimentos também obtinham votação elevada nas eleições. Ao partido romeno foram oficialmente atribuídos 16% dos votos na eleição de 1937, apesar das pressões do governo e da manipulação de resultados. O chefe de polícia confessaria mais tarde que a votação real esteve mais próxima de 25%, enquanto outros partidos de nacionalismo extremista ou anti-semitas quase chegavam também à marca conjunta de 25% (Ioanid, 1990, 69). A coalizão da Cruz Flechada efetivamente recebeu 25% na eleição húngara razoavelmente limpa de 1939, enquanto a votação conjunta dos outros partidos da "direita radical" superava confortavelmente a marca dos 50%. Como só podiam votar os homens húngaros com mais de 26 anos e as mulheres com mais de 30, e como os jovens eram mais fascistas, cabe deduzir que seu apoio popular está subestimado nesses percentuais. Ambos os movimentos eram portanto grandes e nitidamente fascistas em ideologia e formas de organização, recorrendo aos habituais expedientes paramilitares e cerimoniais dos fascistas e obrigando muitos de seus rivais a envergar roupagens semelhantes.

Ambos os movimentos fascistas só tiveram breve participação no poder governamental durante a guerra, mas também infiltraram ou influenciaram outros governos no entreguerras e durante a guerra. Como foi mais tardio o surgimento dos fascistas na Europa Oriental, as elites governantes puderam aprender com as experiências italiana e alemã como mantê-los acuados, alternadamente reprimindo-os e roubando suas idéias — estratégia que não se eximiram de explicar a diplomatas britânicos (cujos relatórios ao seu governo foram editados por Vago, 1975). Isto ajudou a conter o fascismo declarado, mas também significou que a partir de meados da década de 1930 os regimes desses países viram-se impregnados por idéias e práticas fascistas, amalgamadas a um autoritarismo mais conservador. Significou também que os "autênticos" fascistas não chegaram a desenvolver grande oportunismo, pois os antigos regimes não se mostravam tão dispostos a participar de conspirações a seu lado. Os fascistas ficaram essencialmente de fora do poder, como elementos "radicais" e intratáveis.

Deste modo, os dois países tornam-se cruciais para qualquer avaliação geral do fascismo. Diferiam um do outro sob três importantes aspectos. Primeiro, a Hungria era (ao lado da Áustria) a maior derrotada da Primeira Guerra Mundial, tendo cedido 68% de seu território e 59% de sua população. A Romênia, principal beneficiária desses territórios e populações (além de ganhos recebidos de outros derrotados, a Áustria, a Rússia e a Bulgária), foi de longe a maior vencedora. Segundo, as estruturas de suas classes rurais diferiam grandemente. Na Hungria, a classe da "pequena nobreza" manteve seu poder político depois da Primeira Guerra Mundial, sendo portanto mínima a reforma agrária. Mas na Romênia havia poucas grandes propriedades, menos numerosas ainda depois da reforma agrária voltada basicamente para as minorias étnicas no pós-guerra. A Hungria tinha uma poderosa classe de proprietários fundiários, a Romênia, potencialmente forte. Terceiro, a Hungria fora até então um dos países mais tolerantes com os judeus, que supostamente haviam desfrutado de uma "Era de Ouro" no pré-guerra, ao passo que a Romênia fora o país mais anti-semita da Europa, o único que ainda em 1918 negava cidadania aos judeus. Devemos portanto nos eximir de quaisquer generalizações fáceis sobre o impacto da guerra mundial, dos proprietários fundiários reacionários (dois elementos analisados no Capítulo 2) ou do anti-semitismo tradicional sobre o fascismo. Mas os dois países também apresentavam semelhanças sob alguns aspectos importantes. Eram vizinhos, países menos desenvolvidos e potências secundárias. Permitem-nos ampliar nossa compreensão do fascismo.

Mas o fato é que esses dois fascismos não têm sido levados a sério. Sua história não foi muito fixada e veio a ser distorcida ao longo de quarenta anos de historiografia comunista, que descartava os fascistas como "criminosos", "depravados", "lumpen" e "pequeno-burgueses", elementos marginais no país e supostamente sua única fonte significativa de anti-semitismo (por exemplo, Lackó, 1969; Ránki, 1980). A queda do comunismo ainda não resultou num florescimento local da pesquisa. Os húngaros e os romenos continuam compreensivelmente relutantes quando se trata de encarar a possibilidade de que os fascistas e os anti-semitas estivessem muito próximos das correntes centrais da vida nacional durante as últimas experiências de seus países com a democracia. De modo que não é fácil explicar esses fascismos. A escassez de dados dignos de crédito parece ter convencido alguns historiadores da

Hungria a optar pelo caminho analítico mais fácil, abraçando a teoria tradicional de classes. Segundo eles, o fascismo húngaro é essencialmente pequeno-burguês. O que não é bem o caso em relação à Romênia, onde Eugene Weber (1966a) há muito demonstrou que havia uma base de apoio em diferentes classes. E mesmo na Hungria vamos encontrar discordâncias. O empresário inglês John Keyser informava em 1939 ao Ministério do Exterior britânico que a Cruz Flechada era

> Primeiro, um movimento nacional voltado para a recuperação de territórios perdidos (...) segundo, um movimento de classe média empenhado em ocupar as posições detidas pelos capitalistas; e, terceiro, um movimento de massas — tanto urbanas quanto rurais — que tenta destruir o capitalismo. Naturalmente, o segundo e o terceiro elementos estão incluídos no primeiro, compartilhando todos a expressão de seus objetivos no mesmo anti-semitismo.

Ele acrescentou que a popularidade dos fascistas levara o governo a tomar emprestados elementos de seu programa, estratégia por ele considerada "algo perigosa, pois pode fazer o jogo deles" (Vago, 1975: 354). Os elementos de pesquisa hoje disponíveis confirmam mais a análise de Keyser que a teoria da pequena burguesia. Berend (1998, 142-3) tentou resumi-la. Não descarta completamente a teoria de classe por mim discutida no Capítulo 1, pois registra a presença no fascismo europeu oriental da "*intelligentsia* lumpen e de indivíduos desarraigados das mais variadas camadas sociais". Mas também observa que os partidos fascistas da Hungria e da Romênia (e igualmente da Croácia e da Eslováquia) "manifestavam um caráter altamente populista, camponês e operário". Szöllösi-Janze (1989) não chegou a conclusões muito diferentes. Ele depreende dos dados disponíveis sobre a Hungria que o fascismo húngaro era um movimento popular das massas oprimidas liderado por elites excluídas. Isto procede, até aí. Mas também devemos ir além do fator classe, verificando a maneira como os conflitos de Estado, setoriais e étnicos se amalgamavam com o elemento classe, dando origem às clientelas nucleares do fascismo húngaro e romeno.

A NARRATIVA HÚNGARA

As expectativas de uma democracia liberal no novo Estado da Hungria logo desmoronaram, em 1919-20. Um governo comunista-socialista de insurgência liderado por Bela Kun tentara recuperar parte dos territórios perdidos na guerra e desafiar a intenção da Entente de impor duros termos de paz. Mas os esquerdistas foram derrotados por tropas romenas e de outros países e definitivamente esmagados pelas milícias direitistas húngaras dos "brancos", que saíam de sua base, a cidade fronteiriça de Szeged, em defesa da chamada "Idéia de Szeged". Esta Idéia de Szeged preconizava a violência contra o inimigo "judeu-bolchevista", conceito tomado de empréstimo às forças brancas da guerra civil russa, que aqui ganhava plausibilidade pelo fato de serem judeus vinte dos 26 ministros e vice-ministros do governo de Kun. Os brancos rapidamente trataram de massacrar um grande número de esquerdistas e judeus, arregimentando outros sob coação em "unidades de serviço e trabalho" para a construção de estradas (essas unidades seriam reativadas na perseguição aos judeus durante a Segunda Guerra Mundial). Mas o ideal de Szeged era vago em seus aspectos positivos. Corporificava um nacionalismo orgânico (a Hungria não pertencia ao Leste nem ao Ocidente, configurando portanto a promessa de uma "Terceira Via", mas só para os magiares) e uma exortação vaga à instauração de um Estado "forte". Esta combinação era potencialmente fascista, e na década de 1920 alguns de seus seguidores tomaram empréstimos aos modelos italianos para desenvolver algo então denominado de "fascismo de cavalheiros", com elementos de nacionalismo orgânico, de um populismo não mobilizador de cima para baixo e de um corporativismo limitado.

O cerne desses movimentos protofascistas encontrava-se na "Associação dos Heróis", movimento de veteranos militares e refugiados dos "territórios perdidos" tomados à Hungria pela Entente nos termos do Tratado de Trianon, de 1920. Afirma-se que os refugiados eram sobretudo contingentes deslocados do exército e de funcionários públicos que constituíam agora o cerne de um movimento "revisionista imperial" empenhado na reconquista dos territórios perdidos. Os refugiados representavam 5% da população húngara, mas supostamente mais de metade dos contingentes paramilitares contra-revolucionários. Entre um terço e metade teriam sido oficiais do exército, em sua maioria jovens. Mas alguns destacamentos eram formados por estudantes (especialmente de medicina), cerca de um terço dos quais seriam refugiados. Essas afirmações não parecem muito corroboradas por dados concretos. A derrota de Bela Kun acabou emasculando a esquerda, o que levou à emigração de milhares de intelectuais liberais e de esquerda, especialmente judeus. O antigo regime podia desmilitarizar e instituir um regime semiparlamentar. Dispomos de alguns dados sobre os deputados que herdaram então a liderança de direita. Os refugiados estavam super-representados em todos os partidos, mas particularmente no partido de extrema direita (o KNEP) — numa razão de 6,9 (super-representação de quase sete vezes), o dobro do quociente de 3,3 verificado entre os deputados de centro. Os deputados refugiados também eram mais jovens e instruídos (Braham, 1981, Capítulo 1; Mócsy, 1983, 126-9, 137-8, 146, 172-4).

A vitória da direita na guerra civil permitiu ao antigo regime recuperar boa parte do poder perdido em 1918 e renovar-se com uma geração de jovens veteranos militares e refugiados mais radicais em seu direitismo. A Hungria continuou sendo uma monarquia, mas sem um monarca, pois não havia um pretendente viável ao trono. O poder executivo era exercido por um regente, o almirante Horthy (um almirante sem marinha, pois o novo Estado, muito reduzido, não tinha mar!). Os componentes executivos do Estado mantinham-se basicamente os mesmos. Era um regime semi-autoritário, no sentido definido no Capítulo 1, pois tanto o parlamento eleito quanto Horthy e seu executivo tinham poderes autônomos. Mas só uma minoria tinha acesso ao voto, e no interior a votação era aberta e sujeita a corrupção e a táticas de força, praticadas sobretudo por senhores fundiários do antigo regime. O partido comunista foi proibido e a censura era forte. Em 1920, foi adotado um *numerus clausus* (cota máxima), restringindo o número de judeus nas universidades a 6% da população estudantil — a primeira legislação anti-semita na Europa do pós-guerra. O próprio Horthy era basicamente um conservador oscilando com sua época para a direita. Mas com efeito endossou formalmente a Idéia de Szeged, e os diplomatas britânicos informavam que em seu conservadorismo dominava o ódio aos judeus, aos comunistas e aos tratados de paz (Vago, 1975, 174). Mas ele não era um mobilizador de massas, e suas políticas mantinham-se cautelosas. Na década de 1920, ele e o primeiro-ministro Bethlen manifestaram a intenção de evoluir para a democracia de tipo ocidental — lamentando apenas que o país não estivesse pronto para ela.

Efetivamente fizeram tentativas de evoluir em direção ao centro, e a partir de 1926 os direitistas radicais de Szeged foram marginalizados. Em 1928, os dispositivos de *numerus clausus* nas universidades foram alterados, embora continuasse limitado o número de judeus passíveis de matrícula (Sakmyster, 1994; Ságvári, 1997, 406; Berend, 1998, 140-2).

Mas a força do antigo regime também impediu uma autêntica reforma agrária. O poder dos senhores fundiários reacionários permanecia intacto e o populismo agrário, sufocado. Não havia no país um equivalente do grande Partido Camponês Nacional da Romênia, e o socialismo também era fraco. Pareciam poucas, portanto, as chances de que o parlamento da Hungria viesse a tornar-se verdadeiramente independente do executivo e do antigo regime. A direita radical também se beneficiava da popularidade do revisionismo imperial. Embora desde 1867 a Hungria efetivamente tivesse sido uma nação imperial, dominando metade do Império dos Habsburgo, essa dominação fora breve, de modo que o nacionalismo húngaro ainda encarnava o ideal romântico da luta de libertação nacional, resultado de um longo confronto com os turcos e os Habsburgo. Tal como na Sérvia, essa história gerara um nacionalismo que poderíamos considerar de tendência mais imperialista — afinal, eles dominavam outros grupos étnicos —, mas que, para os húngaros, parecia uma espécie de "*teologia da liberação*". Já agora perdido o poder imperial, os magiares (como mais tarde os sérvios) alegavam que não queriam o império, mas a "liberdade". Todo dia as crianças húngaras entoavam o canto patriótico do Credo Magiar:

> Eu acredito em um Deus,
> Eu acredito em uma Pátria,
> Eu acredito em uma Verdade divina eterna,
> Eu acredito na Ressurreição da Hungria.
> A Hungria desmembrada não é um país.
> A Hungria unida é o Céu. Amém.

As pressões da direita, exacerbadas pelo início da Grande Depressão, levaram Horthy a restringir o sufrágio, limitar as liberdades civis, expurgar esquerdistas e judeus do setor público e (para comprar a simpatia dos refugiados) aumentar as vagas universitárias e os empregos no serviço público. Seu regime moveu-se para a direita no início da década de 1930, aproximando-se do "autoritarismo semi-reacionário" por mim descrito no Capítulo 2, dominado por proprietários fundiários e as camadas superiores do serviço público e das forças armadas, alternando clientelismo e repressão para manter as massas em posição passiva (Szöllösi-Janze, 1989, 101; Sakmyster, 1994). A tendência direitista teria prosseguimento no período entre as guerras.

A derrota e o Tratado de Trianon também haviam acarretado um forte desequilíbrio econômico. O padrão de vida caiu vertiginosamente. Horthy e os centristas voltaram suas expectativas para a melhora constante, ainda que modesta, da economia na década de 1920: em 1929, o PNB *per capita* era 14% maior do que em 1913 (Bairoch, 1976, 297). Como em outros países de uma Europa Oriental influenciada pelas teorias do desenvolvimento tardio, os métodos escolhidos eram moderadamente nacionalistas. Em 1925, foram impostas tarifas e feitas as primeiras tentativas sérias de políticas de substituição de importações. Mas veio a Grande Depressão, exacerbando a insatisfação. Dada a grande fraqueza da esquerda socialista, as soluções propostas para enfrentar a Depressão apontavam numa direção nacionalista e autárquica de direita, como acontecera em outros países da Europa Oriental. A substituição de importações foi levada adiante, protegendo a indústria interna à custa da agricultura e criando uma aliança Estado-indústria que impediu mudanças econômicas estruturais e fortaleceu práticas arcaicas que beneficiavam as classes do antigo regime sob um fino verniz de corporativismo (Aldcroft e Morewood, 1995, 58-95; Berend, 1998, 234-65). Durante algum tempo, isto aumentou a influência do fascismo italiano na direita.

O pesado fardo da dívida externa húngara foi aliviado por um empréstimo francês. Mas a ajuda veio com uma condição que causou forte ressentimento: que o regime renunciasse a toda tentativa de rever os tratados de paz. Os tratados continham garantias sobre os direitos das minorias, que na Hungria do pós-guerra eram sobretudo judaicas. Os indivíduos que se sentissem discriminados podiam endereçar à Liga das Nações, em Genebra, uma petição contra seus governos. Como tais iniciativas vinham ocorrendo intermitentemente em toda a Europa Oriental, a questão dos direitos étnicos, especialmente judaicos, tornou-se muito vívida, tema das manchetes de jornais e dos discursos dos políticos. Encarada pelos nacionalistas como uma "interferência estrangeira", ela politizou ainda mais o sentimento antijudaico: os judeus pareciam aliados às potências estrangeiras que impunham suas condições à pobre e fraca Hungria. Como essas potências também eram "capitalistas", os populistas podiam acrescentar um matiz classista à sua queixa: a Hungria estava sendo explorada pelo capital estrangeiro, ocidental e judaico. Deste modo, o revisionismo imperial fundiu-se numa idéia "proletária" da nação magiar. Os protestos populistas começaram a assumir formas direitistas e anti-semitas radicais, liderados (segundo se diz; não dispomos de dados concretos) por funcionários públicos de estratos inferiores, professores e os militares, mais uma vez destacando-se os refugiados. Com isto, alguns também se tornavam suscetíveis ao nazismo. Nesta tendência direitista, não é fácil distinguir as correntes econômicas, geopolíticas e de nacionalismo e estatismo mais difusos.

Em 1932, muitos temiam a agitação social, em especial no campo, terrivelmente abalado pela Depressão. Pressionado, Horthy moveu-se ainda mais para a direita, designando primeiro-ministro o general Gömbös, um antigo amigo, homem-chave da Idéia de Szeged, organizador do "terror branco" e notório anti-semita. Ele tomou francamente o rumo do fascismo, declarando a violência "uma ferramenta de Estado aceitável (...) para moldar o curso da história, não no interesse de uma pequena facção, mas de toda uma nação". Passou a adotar soluções corporativistas no empenho de unidade nacional e se aproximou de Mussolini. Depois do golpe de Hitler, prometeu a Göring que adotaria o totalitarismo, apresentando-se em carta a Hitler como um "companheiro de racismo". Declarou que seu governo haveria de "garantir nossa civilização nacional, baseada em nossas peculiaridades raciais e nos princípios morais cristãos". Mas sua concepção do fascismo baseava-se essencialmente num corporativismo de cima para baixo — o "hitlerismo das melhores classes", na formulação do embaixador britânico. Ele e seus aliados temiam que os verdadeiros fascistas insuflassem as massas, temor que os atava a Horthy e ao antigo regime. Szöllösi-Janze caracteriza seu governo como "nova direita radical", centrado numa burocracia e num exército radicalizados, com um partido único de estrutura de cima para baixo, escorando sua legitimidade formal nas massas mas tomando o cuidado de não mobilizá-las efetivamente. Sua súbita morte em 1936 impediu um provável golpe que fecharia o parlamento (Berend, 1998, 308-11). O regime manteve-se em diapasão essencialmente autoritário e semi-reacionário. O parlamento manteve-se em funcionamento, mas aumentavam os poderes de um executivo de tendência radicalizante.

A essa altura, a Depressão começava a ceder. Mas a economia crescia lentamente na década de 1930, enquanto a agricultura estagnava. A recuperação foi promovida então com o aumento dos gastos militares, o que, como na Alemanha, fomentou uma abordagem keynesiana autoritária da economia. A Hungria também estava sendo atraída para a crescente esfera de influência da Alemanha, com a oferta de condições de comércio inicialmente muito favoráveis. As potências liberais e os judeus eram culpados pelo atraso húngaro e a Alemanha nazista, exaltada como amiga da Hungria. A economia política e a geopolítica mantinham-se estreitamente entrelaçadas. Em 1938, o *Anschluss* levou os nazistas à Áustria, bem ali ao lado, enquanto a submissão da Tchecoslováquia permitia a Hitler devolver à Hungria seus antigos territórios na Eslováquia. Os revisionistas constataram que tinham um aliado na Alemanha. Enquanto aumentava a influência nazista, o parlamento continuou funcionando, mas a metade executiva do Estado rachou. Os autoritários semi-reacionários de Horthy controlavam a polícia e os ministérios do Interior e da Agricultura, mas os corporativistas pró-nazistas açambarcaram as Finanças, a Indústria e a Defesa (Szöllösi-Janze, 1989, 97). Sob a influência alemã, o anti-semitismo crescia, e em 1938 a extrema-direita fez aprovar leis discriminatórias contra os judeus (Mendelsohn, 1983, Capítulo 2). Quando o major Ferenc Szálasi conseguiu unir a maior parte dos pequenos partidos fascistas, muitos oficiais e funcionários públicos radicais aderiram. O executivo de Estado estava agora dividido em três facções, entre os autoritários semi-reacionários, os corporativistas e os fascistas. Uma sucessão de primeiros-ministros mais "moderados" (qualificação relativa) proibia periodicamente os fascistas. O próprio Szálasi foi detido três vezes. Se não tivesse havido a guerra, o resultado dessas rivalidades seria duvidoso. Uma dialética entre o fascismo e formas mais conservadoras de autoritarismo em tempos de paz poderia ter tido resultados diferentes.

A guerra alterou muito a ressonância das diferentes alternativas políticas. Mas ainda durante a guerra o regime não se limitou a uma radicalização em direção ao fascismo. Horthy foi induzido a aderir ao Eixo pela geografia, o desejo de Hitler de ver recuperados os territórios da Hungria e seu próprio feroz anticomunismo. Adaptou-se à hegemonia alemã, ao mesmo tempo preservando certa liberdade de ação. Seu principal trunfo de barganha com Hitler era o fato de que os alemães preferiam seu regime mais ordeiro aos inquietos fascistas locais. Em troca da aliança, Hitler devolveu em 1940 a maioria dos "territórios perdidos" (o que também trouxe de volta mais minorias). Enquanto a Cruz Flechada perdia força, perseguida intermitentemente pelo regime, outros elementos radicais do governo introduziam leis vedando aos judeus o acesso a profissões de elite e à propriedade. Muitos milhares foram deportados para o exterior em batalhões de trabalhos forçados, e não retornariam. Na Hungria, o Holocausto foi obra basicamente de direitistas radicais húngaros. Mas Horthy opôs resistência à exigência alemã de que a Solução Final fosse plenamente aplicada, até março de 1944, quando as tropas alemãs ocuparam o país. Em outubro, as SS e Szálasi arquitetaram um golpe, que levou a um efêmero regime fascista da Cruz Flechada. O Exército Vermelho entrou no país em janeiro de 1945, submetendo e executando Szálasi e os seus.

Este breve resumo permite-nos identificar cinco grandes tendências do período entreguerras.

(1) A insatisfação econômica gerou movimentos populistas de protesto, inclusive de direita radical. Mas a tendência direitista foi constante nos bons e nos maus tempos, não podendo portanto ser atribuída simplesmente às condições econômicas.

(2) Depois da guerra civil, a Hungria não tinha uma esquerda muito presente, mas os elementos ligados ao antigo regime radicalizavam. A insatisfação popular com a exploração era cada vez mais expressa pela direita radical, incluindo os fascistas. Todavia, como a esquerda era muito fraca, seria implausível atribuir o constante impulso para a direita a um desejo dos capitalistas ou de outras camadas de reprimir a esquerda. Ela já havia sido emasculada.

(3) Os ideais estatistas de desenvolvimento tiveram enorme impulso durante o período, mas os estatistas estavam divididos entre diferentes ideais de direita. O regime acabou roubando as vestimentas fascistas, ao mesmo tempo em que reprimia os verdadeiros fascistas. Ainda assim, os fascistas ganhavam força.

(4) O nacionalismo orgânico era bastante peculiar, esmagadoramente centrado nos judeus, a única minoria significativa e supostamente "hostil"

que restava no país. A Hungria fora até então considerada "boa para os judeus", sem pogroms. Muitos judeus foram mortos na explosão de 1919-20, quando a direita foi varrida pelo medo do "judeu-bolchevismo". O anti-semitismo continuou então germinando, embora só tenha voltado a explodir no fim da década de 1930. Não parece ter relação com o estado geral da economia.

(5) Os governos húngaros foram pressionados pela situação geopolítica a se aliar a outras potências revisionistas, contra as potências liberais que haviam imposto as condições de Trianon. Os êxitos de Hitler fizeram com que os revisionistas húngaros passassem a apoiar uma aliança com a Alemanha, e assim foi que alguns deles se sentiram atraídos pelo nazismo.

A convergência dessas tendências fomentou o fascismo, mas de maneira desigual. Embora perdurasse uma crise política e se verificasse uma tendência constante para soluções mais autoritárias durante o entreguerras, o resultado fascista mostrou-se mais incerto, requerendo portanto uma análise mais detalhada. Voltemo-nos primeiro para o próprio movimento fascista. Em que acreditavam os fascistas? E quem eram eles?

A IDEOLOGIA DO MOVIMENTO DA CRUZ FLECHADA

Szálasi infelizmente era mais adepto de homilias empoladas que de *slogans* de impacto. Não será fácil a leitura dos próximos parágrafos. O fascismo, dizia, haveria de "promover a convergência do interesse moral, espiritual e material do Eu e do Nós". O princípio moral, explicava, era cristão, o espiritual, o "hungarismo", ou seja, o nacionalismo, e o princípio material era o nacional-socialismo. Szálasi considerava que cada um deles era necessário, mas que cada idéia ou princípio individualmente considerado devia estar isento de excessos. Assim, não sendo coibido pelo socialismo, o nacionalismo levava ao chauvinismo, ao imperialismo e à guerra. Não sendo coibido pelo nacionalismo, o socialismo levava a infindáveis conflitos de classe ou ao "capitalismo de Estado" segundo o modelo soviético. O nacional-socialismo seria capaz de transcender esse conflito, proporcionando a seu Estado "orgânico" e a sua elite partidária "um terceiro fator de produção", somando ao capital e ao trabalho uma "inteligência" ou "planejamento" coletivo. O "socialismo" de Szálasi era nitidamente produtivista. Associava a defesa do "trabalhador como construtor da nação" a ataques ao capital financeiro e ao planejamento de Estado para acabar com o desemprego. O trabalho era a "base da vida material", o desemprego era a "morte material". A nova ordem seria corporativista, militarista e estatista: "todos os aspectos da vida social subordinados ao governo (...) um estatismo ativo e brutalmente realista". Havia aqui considerável influência italiana, mas também uma ênfase tipicamente húngara no exército, o "messias capaz de induzir o país pelo caminho da verdade".

O terceiro princípio, o princípio espiritual do "hungarismo", expressava "a mais perfeita totalidade da nação". Os magiares, "o único povo turaniano da cultura ocidental", estavam em posição ímpar para mediar entre as civilizações oriental e ocidental. Ao lado dos alemães e dos japoneses, estavam destinados a ser um dos três "povos governantes" do mundo. Sua "nação armada" levaria uma "Pax Hungarica" à bacia do Danúbio e uma "paz trabalhista" às "classes trabalhadoras" (estranhamente integradas por camponeses, operários, *intelligentsia*, soldados, mulheres e jovens). Mas a Hungria precisava recuperar, se necessário pela força, os territórios perdidos. Anteriores tentativas de "organização social total" haviam sido feitas pelos militares, a Igreja e o capitalismo. O fascismo húngaro completaria a obra totalizadora por eles iniciada. Os militares passariam a apoiar o hungarismo, já que defendiam valores muito semelhantes. Mas cabia esperar que a Igreja e o capitalismo se opusessem.

Szálasi negava que fosse um nacionalista intolerante, alegando que o hungarismo implicava "co-nacionalismo", o que no entanto era desmentido por sua inclinação para as teorias raciais e por seu anti-semitismo. Ele exortava seus seguidores a colecionar crânios para confirmar a superioridade biológica da raça turaniana. Embora se dissesse "a-semita" e não anti-semita, o fato é que acreditava numa Hungria "livre dos judeus". Sustentava também que os magiares eram economicamente explorados pelos judeus, que deviam ser expropriados e estimulados a emigrar. Embora não falasse de "eliminação" (código para assassinatos em massa), Szálasi afirmava que a questão judaica era a "única questão concreta" com que se defrontava o movimento. E, como Hitler, equiparava o judaísmo a todos os inimigos principais: o "comunismo" ou "marxismo", a "maçonaria", o "capital financeiro", a "bancocracia", a "plutocracia" ou o "padrão ouro" e o "liberalismo", as "democracias liberais" ou o "parlamentarismo". Considerando-se um bom católico, ele sustentava que o Antigo Testamento mostrava "como Deus desprezava os judeus", ao passo que o Novo Testamento representava "a santificação do desprezo de Deus" (citações de Weber, 1964, 157-64; Szöllösi-Janze, 1989, 220-250; Janos, 1982, 272-6; Karsai, 1998, 103-4).

Os fascistas de Szálasi partiam de idéias perfeitamente convencionais na direita húngara — nacionalismo "liberacionista" orgânico, "terceira via" e anti-semitismo nacionalista/cristão. Fundiram-nas com idéias extraídas tanto de Mussolini quanto de Hitler. Da Itália, adaptaram o corporativismo, associado ao conceito, desenvolvido por Corradini, de um "nacionalismo proletário" empenhado em se livrar do jugo da exploração estrangeira. A partir do nazismo, desenvolveram o populismo magiar no sentido de uma *Volksgemeinschaft* ampliada, deram uma tonalidade mais racial ao anti-semitismo e o misturaram ao antibolchevismo. O respeito pelas forças armadas do próprio Szálasi minorou o conflito entre o paramilitarismo da Cruz Flechada e o poder militar do Estado, e ele parecia às vezes mais adocicado, às vezes mais pragmático do que muitos líderes fascistas. Alguns de seus seguidores eram mais ameaçadores, mas o paramilitarismo não teve na Hungria a importância dos quatro outros principais países fascistas. A Cruz Flechada promovia manifestações, marchas e às vezes tumultos, mas aparentemente não foi além disso até os anos de guerra. Esta parece ter sido a principal diferença em relação à combinação de elementos que normalmente identificamos como fascista.

Era esta a ideologia formal do movimento. Seria interessante saber até que ponto era aceita pelos fascistas da base, mas não dispomos de elementos para isto. Vejo-me assim forçado a me voltar diretamente para a explicação do elemento humano do movimento: quem eram os fascistas? Mesmo aqui, todavia, não sabemos muita coisa.

QUEM ERAM OS FASCISTAS?

Não dispomos aqui de dados tão sólidos quanto os relativos aos outros países estudados até o momento, o que nos força a recorrer mais às avaliações qualitativas dos contemporâneos. Mas os fascistas certamente eram jovens. Era o que constantemente enfatizavam os relatórios diplomáticos britânicos, sabendo-se que o fascismo surgiu inicialmente nas universidades e entre a soldadesca jovem. Embora a idade média dos membros do movimento tenha aumentado com o tempo, seus líderes permaneceram mais jovens do que outras elites políticas (Janos, 1982, 282-4). Houve participação de mais de uma geração. Para Szálasi e a maioria dos primeiros direitistas radicais, a participação na guerra e na guerra civil constituía *a* experiência formadora, reforçada pelo ambiente universitário do início da década de 1920. Deste modo, o cerne inicial associava as gerações "da frente de guerra" e "doméstica". Depois da estagnação, contudo, verificou-se no fim da década de 1930 uma rápida expansão entre jovens do sexo masculino sem experiência da guerra. Mais uma vez, o fascismo era mais a ideologia de um período do que de uma única geração.

Os observadores e historiadores do fascismo húngaro têm negligenciado o fator gênero. Não encontrei dados suficientes sobre o contingente feminino da Cruz Flechada, o que não significa que as mulheres estavam ausentes, exceto como líderes. Havia grupos auxiliares e de apoio femininos, mas não pude obter informações sobre quem eram.

Os dados de classe também são muito limitados. Em virtude disso, muitos se escoraram nos pontos de vista convencionais da teoria da "pequena burguesia" (Nagy-Talavera, 1970, 152-4, 287; Janos, 1982, 270-1; Vago, 1987, 308-15). Mas a única fonte autorizada a este respeito não confirma este ponto de vista. Deak (1966) escreve que um ex-ministro da Cruz Flechada forneceu-lhe detalhes sobre os membros em 1937 e 1940. Segundo esta fonte, em 1937 cerca de 50% dos filiados eram operários industriais (num quociente de 1,86), e em 1940, cerca de 41% (1,50), configurando substancial super-representação de operários.[2] Juntos, os camponeses e os trabalhadores agrícolas representavam apenas 8% (0,27) e 13% do partido (0,44) — uma nítida sub-representação. A classe média civil também estava sub-representada, configurando 12 e 19% das duas amostras (quocientes de aproximadamente 0,40 e 0,60, respectivamente), enquanto os oficiais do exército representavam o generoso percentual de 17% dos filiados em 1937 (fenomenal super-representação; dados relativos a 1940 indisponíveis). Isto tenderia a indicar um fascismo proletário-militar urbano — diferente dos movimentos fascistas que examinamos até agora em outros países. Mas precisaríamos dispor de mais dados para aceitar uma fonte que pode ser de origem duvidosa.

Não dispomos de mais dados sobre as bases fascistas, mas de alguma coisa sobre os líderes fascistas, elementos que são apresentados na Tabela 7.1 do Apêndice. Na linha 1 desta tabela, encontramos informações sobre a liderança em 101 pequenas comunidades rurais. Quase metade desses líderes eram camponeses com pequenas propriedades, aparentemente bastante pobres. Em sua maioria, os outros líderes eram pequenos comerciantes, artesãos e operários, em ordem decrescente de importância. Considerando-se que em sua maioria os líderes eram instruídos e a maioria dos camponeses sem-terra, não, os partidos rurais podem ter tido uma base bastante popular. O fascismo pode ter atraído os camponeses por motivos econômicos. Os governos não se haviam mostrado capazes de fazer muita coisa para compensar a queda dos preços agrícolas durante a Depressão. Como os nazistas alemães pareciam ter combatido a Depressão com sucesso, muitos camponeses acreditavam que o fascismo também poderia funcionar na Hungria — segundo informavam os diplomatas britânicos. Mas não estava aí a única explicação.

A linha 2 da tabela refere-se aos líderes de nível intermediário nas cidades maiores, que provinham, como se poderia esperar, de contextos mais urbanos e burgueses. Quase metade era constituída de profissionais independentes. Nas cidades maiores, eram em sua esmagadora maioria profissionais liberais e funcionários do governo. As principais profissões eram medicina e advocacia, nesta ordem. Szöllösi-Janze faz uma advertência bem conhecida: como os funcionários públicos e os militares estavam proibidos de desempenhar funções oficiais nos partidos fascistas, deve ter sido maior o verdadeiro percentual de sua participação oculta na Cruz Flechada. A maioria dos estudiosos incluiria funcionários públicos, oficiais e estudantes (demasiado urbanos para estar na primeira amostra, demasiado jovens para estar nas outras) entre os grupos super-representados nessas amostras.

Dispomos de dados sobre os deputados de vários partidos representados no parlamento. A Hungria fora um país imperial, associado à Áustria e efetivamente dominando metade do Império dos Habsburgo. No início da década de 1920, os políticos provinham em sua maioria do antigo regime — senhores fundiários, profissionais do *establishment* e burocratas ligados à pequena nobreza fundiária. Eram notáveis locais responsáveis pelos votos de seus dependentes — no esquema dos típicos partidos "conservadores" e "liberais" baseados na relação patrão-cliente e ligados ao regime. Mas esse antigo regime fora desestabilizado pela derrota na guerra, com uma redução territorial de 50% que tornou o país mais urbano e menos controlável por parte dos notáveis e dos refugiados insatisfeitos. Surgiram então vários partidos potencialmente de massa — pequenos partidos socialistas e camponeses, além de "nacionalistas radicais" de direita que tendiam para o fascismo. Se somarmos os candidatos parlamentares e os ministros nacionalistas radicais e fascistas do período entre as guerras, veremos que eram em 68 a 76% dos casos plebeus, em comparação com apenas 19% de plebeus nos partidos governamentais. Como mostra a Tabela 7.1 do Apêndice, estes continuaram dominados por proprietários fundiários, funcionários públicos e profissionais liberais (sobretudo advogados), com um punhado apenas de camponeses com pequenas propriedades e sem representantes da indústria. Em contraste, metade dos fascistas provinha do setor público ou de setores profissionais (médicos, advogados, oficiais do exército e professores), enquanto a outra metade era recrutada predominantemente entre camponeses e a pequena burguesia, com alguns operários (Batkay, 1982, 42-5, 51-3, 64; Janos, 1982, 282-4).

Mas nos deparamos aqui com um dado complicador. Como na maior parte da Europa Oriental, os fatores classe e etnia estavam entrelaçados. Na Hungria, isto afetava sobretudo a classe média, os judeus e os alemães (que eram quase dois milhões). Enquanto os funcionários públicos, os proprietários fundiários e os profissionais eram magiares ou alemães em sua esmagadora maioria, o comércio e a indústria eram dominados por outros estrangeiros, especialmente judeus. Só poderemos entender o fascismo húngaro entendendo a ligação entre os judeus, os habitantes de etnia alemã e os magiares.

Os alemães descendiam sobretudo dos "suábios", com pequena amostra de refugiados *Ungarndeutsche* ou "zipser" da Eslováquia (transferidos da Hungria para o novo Estado da Tchecoslováquia por força do Tratado de Trianon). Haviam sido inicialmente estimulados a se estabelecer no país séculos antes, para desenvolver a agricultura, o comércio e a indústria. No século XIX, muitos se haviam transferido para profissões de *status* mais elevado e para o setor público, especialmente no exército. E se haviam magiarizado em grande medida. Mas a ascensão do Império Alemão reativara seu orgulho étnico alemão, especialmente no caso dos que se haviam formado em universidades ou academias militares alemãs ou austríacas (Szelenyi, 1998, parte 3). A ascensão da moderna Alemanha aumentara a influência alemã na Hungria, com os suábios no comando (Janos, 1970, 220-4; 1982, 282-4; Rothschild, 1974, 308; Mendelsohn, 1973, 113; Szöllösi-Janze, 1989, 130-1, 159-63). Os suábios orgulhavam-se agora de ser húngaros *e* alemães. Muitos admiravam os êxitos de Hitler, considerando que ele contribuía para a modernização da Europa Central. Tornaram-se ambivalentes quanto ao Estado a que queriam servir, a Hungria ou a Alemanha. Muitos alemães resolveram o dilema aderindo à direita radical de tendências nazistas, na qual se destacaram. Nos gabinetes húngaros do entreguerras, somente 30% dos radicais de direita — inclusive alguns membros da Cruz Flechada — tinham nomes de aparente origem magiar, em comparação com 88% entre os ministros liberais e conservadores. Quase todos os demais nomes eram alemães. A Cruz Flechada aparentemente começou a se preocupar com isto, pois na eleição de 1939 duplicou a proporção de candidatos com nomes magiares. Todavia, o seu Conselho Nacional, que governou o país em 1944-45, voltou a ter apenas 30% de nomes magiares. Tanto Szálasi quanto Gömbös tinham ascendência em parte alemã. Há quem interprete este fato como elemento de uma tendência mais ampla de origens étnicas periféricas entre os líderes fascistas. Hitler era austríaco, o líder romeno Corneliu Codreanu era filho de imigrantes (seu pai provavelmente tinha origem polonesa, sua mãe era de uma família alemã de Bukovina) e os líderes eslovacos Jozef Tiso e Vojtech Tuka falavam originalmente magiar. Tenho minhas dúvidas. Na Hungria, o fascismo suábio tinha motivos mais diretos.

Antes da Primeira Guerra Mundial, os húngaros não se haviam mostrado particularmente anti-semitas. A idéia de que os judeus viviam uma "Era de Ouro" parece desmentida pelo fato de que o anti-semitismo eventual se escorava, como em outras regiões da Europa, no cristianismo. Mas a nova corrente européia de anti-semitismo político era fraca. Só em 1867 os húngaros haviam assumido o controle de metade do Império dos Habsburgo. Conscientes de que nela estavam em minoria, os nacionalistas magiares não haviam optado pela idéia orgânica. Abraçaram a doutrina do "equilíbrio étnico", precisando de todo o apoio com que podiam contar de outras minorias desvinculadas de Estados rivais. Também pareciam satisfazer-se com o controle do Estado — a colheita fora farta em seu novo domínio —, permitindo que outros dominassem o capitalismo. Em ambas as frentes os judeus eram aliados (Karady, 1993), motivo pelo qual lhes foi oferecido um "contrato de assimilação". Os judeus seriam integrados à cidadania e protegidos de perseguições. Em contrapartida, seriam assimilados, magiarizando-se, e poriam seus recursos econômicos a serviço do Estado húngaro. Se fossem ainda mais longe, batizando-se, podiam até trabalhar no setor estatal. Essencialmente, contudo, o efeito disto foi a criação de um "sistema dual de mercado": os judeus eram empresários, os magiares trabalhavam no Estado. E no censo de 1910, 76% dos judeus afirmavam que o magiar era sua língua mãe, muitos haviam magiarizado seus nomes e alguns tomavam a frente nos ataques contra as "etnias estrangeiras" (como os romenos e os sérvios). A assimilação estava bem encaminhada (Karady, 1997).

Esta situação veio a ser ameaçada pelo acerto de 1918. Os magiares de tal maneira dominavam o novo Estado que não precisavam de aliados cosmopolitas. Ali estava o seu Estado orgânico, que no entanto também era fortemente ameaçado do exterior. A suposta tríade do regime de Bela Kun — a União Soviética, os bolchevistas internos e os judeus — é que havia causado as atrocidades de 1919. Senhores de um Estado fraco, os magiares precisavam fortalecê-lo com estratégias de desenvolvimento econômico. Mas a economia era controlada por judeus cosmopolitas, e não pelos magiares. Os judeus tornaram-se o inimigo principal. Os nacionalistas invertiam agora sua política de tolerância anterior, visando a "desassimilação" e separando os judeus da nação. A década de 1920 foi palco de uma enxurrada de invectivas antijudaicas, permeando a elite literária tanto quanto os panfletários (Ozsvath, 1997). Nesta virada, constatamos a importância da geopolítica para o nacionalismo. Uma configuração geopolítica gerara a idéia de um Estado etnicamente equilibrado; outra dera origem ao conceito de um Estado comprometido com um nacionalismo de expurgos.

Em 1930, havia apenas pouco mais de meio milhão de judeus, 5,1% da população nacional, e em declínio. Mas estavam altamente concentrados. Cerca de 20% viviam em Budapeste, e 40% destes estavam no comércio e nas finanças. Nada menos do que 80% dos proprietários do setor financeiro (e 44% dos colarinhos-brancos) eram judeus. No comércio, os percentuais respectivos eram de 53% e 48%. Os judeus representavam 38% dos mineiros (e 21% dos colarinhos-brancos do setor de mineração) e 12% dos proprietários de manufaturas (e 39% dos colarinhos-brancos da indústria). Eram 62% dos donos de estabelecimentos comerciais com mais de vinte empregados e 47% dos donos de estabelecimentos industriais nas mesmas condições. São dados impressionantes. Metade do capitalismo húngaro — grande ou pequeno — era judaico. O capital financeiro tinha a espantosa representação de quatro quintos de judeus. Algumas das profissões mais privilegiadas também eram eminentemente judaicas. Entre os médicos, 60% eram judeus, 51% entre os advogados, 34% entre os jornalistas e 30% entre os engenheiros. Os judeus estavam apenas ligeiramente super-representados nas universidades como um todo, pois apenas 2% do setor público eram constituídos de judeus. Mas os judeus representavam apenas 7% dos operários industriais, 2,5 dos trabalhadores nos transportes e 0,3% da população agrícola (dados extraídos de Szöllösi-Janze, 1989, 58-60). Observa Mendelsohn (1983: 92): "Bem ou mal, os judeus estavam totalmente identificados como a Hungria capitalista, burguesa, ocidentalizada e urbana. E não conquistaram a admiração dos muitos inimigos do capitalismo e da cidade."

Tais divisões levaram a tensões ao mesmo tempo étnicas e de classe, passíveis de exploração pelos populistas que investiam contra a "exploração" "estrangeira", vale dizer, judaica. As divisões também geraram pontos de vista divergentes a respeito do moderno desenvolvimento econômico: os magiares e os alemães eram mais estatistas, já que se tratava do *seu* Estado. Os judeus e outros capitalistas mostravam mais pendor para o mercado e a internacionalização, pois era esta a sua experiência social. Esses dois contrastes, envolvendo a nação e o Estado, montaram o palco para o crescimento do fascismo entre os magiares e os alemães que buscavam um nacionalismo de Estado forte para defendê-los contra a "exploração estrangeira".

Voltemo-nos mais diretamente, todavia, para a questão da composição de classe do fascismo. Nesta frente, as explicações freqüentemente começam em termos inequivocamente materialistas. Explica-se fascismo como resultado de uma "proletarização da classe média" e de uma "superprodução acadêmica" (Janos, 1970, 210-11; Nagy-Talavera, 1970, 69; Rothschild, 1974, 178, 308; Vago, 1975, 320; 1987, 286). Afirma-se que as perspectivas de emprego não acompanhavam a expansão universitária. Assim, os estudantes e as profissões de excessiva demanda explodiam em protesto. Como esses elementos provinham em sua maioria de ambientes de classe média, o protesto era de direita, e não de esquerda. O grande número de estudantes judeus e suas melhores perspectivas fizeram com que os protestos estudantis se voltassem para o fascismo anti-semita, segundo sustentavam diplomatas britânicos (Vago, 1975). O domínio judaico nos melhores empregos tornou a classe média anti-semita, afirma Rothschild (1974, 196). Seria verdade?

A "superprodução" parece mais plausível imediatamente depois da guerra, quando funcionários públicos, oficiais e estudantes magiares voltaram em massa como refugiados, demandando as reduzidas perspectivas do novo Estado; também poderia ser plausível durante a Grande Depressão. Mas a superprodução não poderia explicar o período de maior crescimento do fascismo, no fim da década de 1930, quando a economia se recuperava (Barany, 1971). Todavia, a recuperação foi fomentada pela Alemanha nazista, agora a principal cliente da produção agrícola da Hungria. Os fascistas sustentavam que os nazistas haviam salvo a Hungria da "tirania parasitária do capitalismo financeiro judaico". Deste modo, embora o colapso econômico possa ter fomentado precocemente o fascismo húngaro, foi antes o crescimento econômico que a depressão que contribuiu para gerar o fascismo como movimento de massa.

Poderia a tese da "superprodução" explicar o crescimento do nacionalismo orgânico extremista voltado contra os judeus? Essencialmente, não. Como na Áustria — e, mais uma vez, com exceção dos estudantes e de algumas profissões —, os fascistas provinham de ocupações e setores com os menores contingentes de judeus. Os fascistas de classe média mais provavelmente se encontravam no serviço público e no exército, nos quais praticamente não havia judeus. Na verdade, Horthy bem cedo aplacara os direitistas, promovendo o expurgo de funcionários públicos e professores liberais e judeus, ampliando as universidades e escolas e praticamente impedindo o acesso de judeus a um serviço público inchado. A insatisfação econômica no setor público aumentara com o agravamento das pressões orçamentárias durante a Depressão, mas elas acabaram cedendo. Ainda assim, a extrema direita continuava fortemente super-representada no setor público, enquanto as escolas e universidades cada vez mais davam vazão ao ultranacionalismo no ensino, gerando jovens fascistas. As motivações econômicas de curto prazo não parecem ter dominado esse fascismo.

Os veteranos do exército haviam constituído a vanguarda das primeiras tendências fascistas, e o exército continuava sendo a mais importante fonte do fascismo húngaro. Os contemporâneos consideravam que no fim da década de 1930 entre 40 e 50% dos integrantes do exército eram pró-fascistas (John Keyser chegava a arriscar percentuais de 80 a 90%). Às vezes referiam-se a "oficiais", às vezes davam a entender que os soldados rasos também eram fascistas. Afirmavam invariavelmente que os oficiais e soldados mais jovens eram os que se sentiam mais atraídos. O pessoal regular do exército pode ter sido acompanhado de "lumpenguardistas", formações paramilitares irregulares de direita constituídas por antigos soldados que se voltaram para o fascismo. Não pude, todavia, encontrar detalhes a seu respeito. Não havia grande competição judaica nem grave privação econômica entre os militares, que se expandiram ao longo da década de 1930. O fascismo militar deve ter sido nutrido por outras influências. Na Hungria, parece ter sido maior do que em outros países a ressonância normal do extremismo de direita de cima para baixo, ordeiro e disciplinado, nas forças armadas. O corpo de oficiais também era recrutado desproporcionalmente na habitual clientela do nacionalismo de Estado, funcionários públicos e profissionais liberais, e não na indústria ou no comércio. E apresentava uma alta proporção de alemães suábios, entre eles 21 dos 27 generais em 1941 (Janos, 1982, 253). Assim, o exército tornou-se uma ponta de lança da *Mitteleuropa*, misturando tradições alemãs, austríacas e magiares a um militarismo nazigermânico mais moderno. Durante a guerra, o exército manteve-se pró-nazista, anticomunista e fortemente anti-semita. Embora quisesse em 1944 emular o governo romeno e passar-se para o lado dos Aliados, Horthy acreditava que não teria o apoio do exército. No fim das contas, o exército húngaro não chegou a uma total conivência com o Holocausto, embora durante a guerra se revelasse o "último satélite" de Hitler (Gosztony, 1985; Szöllösi-Janze, 1989, 194-201; Ránki, 1971:69).

Assim, o anti-semitismo nas áreas mais fortemente fascistas não estava voltado para dentro, contra a competição dos judeus, mas para fora, contra o domínio judaico das finanças e do comércio — ao mesmo tempo contra os interesses monetários de Budapeste e contra o comércio rural e a agiotagem de pequena escala. Esta tendência foi reforçada pelo anticapitalismo entre os operários e os camponeses pobres. A este estereótipo, mais uma vez, somava-se paradoxalmente seu aparente oposto: o judeu como socialista. Embora o socialismo fosse relativamente fraco, atraíra no início do século boa parte de uma geração de jovens judeus burgueses. Havia mais judeus entre os líderes socialistas do que em qualquer outro país. Cerca de 40 a 77% de várias amostragens de líderes socialistas húngaros, do regime de Bela Kun em diante, eram judeus (Janos, 1982, 177; Mendelsohn, 1983, 95). A burguesia execrava a memória de Bela Kun por motivos de classe; muitos trabalhadores mais jovens, pouco expostos ao socialismo, podiam pensar que Kun não passava de um judeu estrangeiro.

Como na Áustria, havia exceções. As universidades e certas profissões tinham muitos judeus e fascistas. As universidades eram antros de anti-semitismo. Os estudantes se revoltaram várias vezes, exigindo quotas para a admissão de judeus. Sob sua pressão, o governo havia imposto quotas em 1920, levantando-as em 1928. Seja como for, 13% de judeus nas universidades não era exatamente um percentual "avassalador", capaz de acabar com as perspectivas de emprego dos cristãos. E enquanto os estudantes magiares e alemães provinham dos setores estatal, profissional e fundiário, voltando a se encaminhar para eles mais tarde, os judeus eram de procedência e destinação predominantemente comercial. Estavam antes em trajetórias diferentes em suas carreiras do que em direta rivalidade econômica. Era mais provavelmente na cultura que diferiam, o que tornava difícil a coexistência.

Mas que pensar dos poucos empregos em que os diferentes grupos étnicos efetivamente se entrecruzavam, em algumas das profissões liberais? Seria o fascismo, nestes casos, uma reação à superprodução, à proletarização e a uma "ameaça" material judaica? Kovács (1991) considera que não: os engenheiros e os médicos seguiam profissões que prosperavam; não constituíam um proletariado acadêmico. Nos primeiros anos do século, haviam sido atraídos para a esquerda, na qual se presumia que estavam as idéias "modernas". Depois da debacle do governo de Kun, todavia, suas associações profissionais voltaram-se para o horizonte de modernidade descortinado pela extrema direita. Em 1937, *todos* os 23 engenheiros eleitos para o parlamento representavam partidos fascistas. Kovács considera que o fascismo emanava de suas ideologias profissionais "tecnocrática" (engenheiros) e "biomédica" (médicos). Aqueles associavam o progresso científico ao Estado, estes, à nação racial. Em contraste, diz ela, a maioria dos advogados continuava apoiando os partidos do regime porque suas práticas dependiam do capitalismo (e, acrescentaria eu, do antigo regime). Embora houvesse advogados fascistas, eles representavam uma proporção muito menor da profissão do que os médicos e engenheiros fascistas. E embora houvesse muitos médicos judeus, Kovács argumenta que os fascistas da área médica estavam menos interessados na competição econômica do que em inserir o anti-semitismo numa ideologia mais ampla de nacionalismo de Estado.

Assim, a "superprodução", a direta rivalidade ocupacional dos judeus e outras formas de privação econômica desempenharam um certo papel na ascensão do fascismo, ao passo que a Grande Depressão desempenhou um papel importante num período específico. Mas de qualquer maneira as motivações materialistas estavam densamente entrelaçadas com as questões étnicas. O fascismo parecia antes produto de um conflito setorial entre o nacionalismo de Estado magiar/alemão e um capitalismo supostamente internacional e judaico. A isto somava-se um conflito étnico/de classe que opunha os operários e camponeses magiares aos capitalistas "estrangeiros". O primeiro conflito contribuiu para formar toda a direita radical húngara, o segundo foi mais específico do fascismo.

ELEITORES FASCISTAS

Os dados eleitorais relativos a 1939 permitem-nos apreciar melhor o apoio dos operários e camponeses (resultados em Lackó, 1969; Ránki, 1980; Vago, 1987, 306-10; Szöllösi-Janze, 1989, 153-65). A coalizão da Cruz Flechada obteve 25% da votação nacional. Mas saiu-se melhor nos subúrbios do "cinturão vermelho" industrial de Budapeste. Em aliança com um pequeno partido quase fascista, ela obteve ali 42% dos votos. Também se saiu bem nas comunidades de mineração e nas áreas agrícolas mais pobres. Os bairros de Budapeste com mais operários deram mais votos aos fascistas. O aumento em sua votação na Cruz Flechada também foi proporcional ao declínio do voto socialista: o fascismo roubava eleitores socialistas. Na verdade, o partido comunista, proibido, instruiu seus membros a votarem na Cruz Flechada, por considerá-la o partido mais favorável aos operários. O voto socialista manteve-se mais alto nos guetos proletários mais antigos. As novas áreas do operariado eram mais vulneráveis. Szöllösi-Janze considera que os operários mais jovens mostravam-se mais receptivos, embora não existam elementos diretos de comprovação associando idade e votação. Deak (1966, 396-7) observa que os sindicatos socialistas recrutavam operários relativamente habilitados e privilegiados em indústrias bem estabelecidas, funcionando essa parcialidade como fator de alienação de outros operários que eram então recrutados por movimentos populistas e anti-semitas.

Na verdade, a Cruz Flechada era sob muitos aspectos autenticamente esquerdista. Sua pretensão de transcender a política de classes não era solapada por vieses capitalistas encontrados mais a oeste. Ela sustentava uma posição mais antifeudal e anticapitalista que qualquer dos partidos fascistas até aqui analisados (Janos, 1982, 287). É bem verdade que raramente ela atacava o capitalismo de frente, preferindo denunciar os "capitalismos adjetivais", vale dizer, o capitalismo "estrangeiro", "financeiro" e (especialmente) "judaico". Estes ataques, todavia, incluíam exigências de redistribuição da propriedade. Um assessor financeiro da Liga das Nações informava em 1938 que o programa fascista consistia em

> entregar a condução dos negócios nas mãos de homens não corrompidos pela riqueza ou pelo jogo político (...) tirar as finanças e a indústria das mãos dos judeus, proporcionando assim empregos para os desempregados instruídos, dividir as grandes propriedades e dar terras aos camponeses sem-terra, fazendo do rearmamento o ponto cardeal do programa de governo.

O que este representante da ortodoxia fiscal não dizia era que os fascistas representavam o rearmamento em termos quase keynesianos, como elemento de fomento da economia e criação de empregos, desenvolvendo uma visão alternativa do desenvolvimento econômico em termos de nacionalismo de Estado. Alguns observadores sustentavam que a Cruz Flechada se havia transformado em túmulo de antigos comunistas. O embaixador britânico fornecia a inverossímil informação de que 60% de seus seguidores eram anteriormente simpatizantes de Bela Kun (Vago, 1975, 320-1, 265, 308, 215). Mas a Cruz Flechada ocupava a bancada da esquerda na câmara e organizava greves, destacando-se a grande greve de mineiros em 1940. Cabe lembrar que socialistas e comunistas haviam sido esmagados em 1919 e continuavam em posição de fraqueza. Horthy permitira que os socialistas se organizassem nas cidades menores se mantivessem uma atitude moderada e ficassem distantes do campo. Na verdade, durante toda a guerra houve deputados socialistas no parlamento, mesmo quando os nazistas controlavam boa parte da Hungria. Ao mesmo tempo, Horthy reprimira violentamente o partido comunista. Exatamente como pretendera, essa política de duplicidade dividira a esquerda. Uma facção radical aderiu em massa à Cruz Flechada, preconizando a violência populista e o planejamento sindicalista (Wessely, 1991). Mas é possível que uma substancial presença organizada da classe operária entre os fascistas húngaros os tenha aproximado mais do caráter de um partido de massa "comum", intensificando sua organização eleitoral, em detrimento da paramilitar.

Na classe média, as regiões com muitos funcionários públicos também ostentavam índices mais altos de votação fascista, em contraste com as regiões de maior número de comerciantes e artesãos independentes (que eram também as áreas mais judaicas). Os distritos com maior população de etnia alemã eram mais fascistas. O voto socialista e liberal sustentava-se mais nas áreas mais judaicas, o que parece indicar que os judeus apoiavam a esquerda tradicional. O partido governamental saía-se melhor nas áreas mais burguesas e nas habitadas por maior número de funcionários públicos.

A região também tinha o seu peso. Embora a votação na Cruz Flechada se espraiasse pela maior parte das províncias do coração do país, era mais baixa no extremo norte e no sudoeste. Isto se devia possivelmente ao fato de que essas fronteiras eram menos "ameaçadas", pois nem a Áustria nem a Tchecoslováquia eram consideradas o verdadeiro obstáculo ao revisionismo imperial. Mas certamente havia nessas regiões um menor número de refugiados magiares e de judeus suscetíveis de mobilizar o extremismo nacionalista.

Embora não sejam tão detalhados como no caso dos estudos alemães, esses dados eleitorais indicam que o fascismo húngaro atraía sobretudo os operários industriais, seguidos dos camponeses mais pobres. Por outro lado, o fascismo também competia ferozmente com outros direitistas no setor público. O fascismo húngaro parece ter tido uma liderança burguesa nacionalista de Estado que mobilizava uma base eleitoral proletária contra os "exploradores estrangeiros".

CONCLUSÕES

Os fascistas só tomaram o poder na Hungria quando já era tarde demais, em outubro de 1944. Foram neutralizados por outros membros da família autoritária, que lançaram mão de tantas características exteriores do fascismo que se tornou difícil distinguir quem era verdadeiramente fascista. Graças à guerra civil, o antigo regime readquiriu poder, mas com uma ala radical. A guerra civil também pôs fim ao poder da esquerda e aos conflitos de classe mais graves e declarados. Na Hungria, os conservadores do antigo regime não foram forçados pelo pânico a entrar em aliança com os fascistas. A direita radical, incluindo certas correntes do fascismo, apelava mais para motivações de nacionalismo de Estado que inicialmente associavam revisionismo territorial e estatismo de desenvolvimento tardio. À medida que aumentava a influência do nacionalismo orgânico e do nazismo, contudo, passou-se a identificar também um inimigo estrangeiro no interior do país. Os nacionalistas radicais, entre eles os fascistas, centravam-se nos judeus, associando-os, plausivelmente, ao capitalismo cosmopolita e (menos plausivelmente) ao bolchevismo internacional. Assim, muitos elementos do programa de um fascismo de tendência nazificante viriam a ser adotados por boa parte da família húngara de autoritários.

Como só pude lançar mão de dados documentais limitados sobre os fascistas, não será possível emitir uma avaliação definitiva a seu respeito. O caso da Romênia, mais bem documentado, esclarece algumas dessas questões. Mas três grandes tendências magiares podem ser identificadas. Duas delas equivaliam ao que se verificara em outros países: o fascismo era um movimento de duas gerações diferentes de jovens do sexo masculino, sendo liderado por uma variante da habitual clientela nuclear burguesa movida pelo "nacionalismo de Estado". Desta vez, contudo, tinha um componente militar mais forte e um componente paramilitar mais fraco, o que se devia sobretudo ao fato de o antigo regime ter sobrevivido tão bem. Foi este desde o início um fascismo bastante "oficial" e "estatista", com maior respeito do que os demais movimentos fascistas pelas estruturas de autoridade vigentes. Não precisarei aqui detalhar mais uma vez minha explicação dessas duas clientelas nucleares de apoio: que o fascismo era a idéia do momento numa época de crise em países nos quais a democracia não estava solidamente institucionalizada, atraindo sobretudo os jovens, os elementos de alto grau de instrução e os muito ligados à nação e/ou ao Estado. Naturalmente, os "autênticos" fascistas nunca chegaram a ter apoio majoritário na Hungria, e tampouco se aproximaram do poder de uma forma viável. Todavia, fomentado pelo estatismo do desenvolvimento tardio, o revisionismo imperial voltou-se para idéias mais "proletárias" sobre exploração estrangeira. Fortemente influenciados na década de 1930 pela Alemanha nazista, os direitistas autoritários húngaros empenhavam-se em envergar a indumentária fascista ao mesmo tempo em que reprimiam os fascistas declarados. Também surgira no período do pós-guerra o nacionalismo orgânico, voltado contra um único inimigo judaico e fazendo a direita húngara voltar-se para o nazismo. A expansão de Hitler servira então para reforçar esta tendência. Ao ter início a guerra, as elites do nacionalismo de Estado já eram simpatizantes fascistas.

Mas a terceira característica do fascismo húngaro diferia do fascismo italiano e do nazismo: seu apoio de massa era consideravelmente proletário. A Cruz Flechada não se limitou a atrair operários fora dos "guetos proletários" nucleares (como conseguiram outros fascismos bem-sucedidos). Penetrou também *o interior* do gueto proletário, na capital e em certas áreas rurais. Isto se devia em grande parte à debilidade do socialismo. Devastados em 1918 por seu excesso de ambição revolucionária, e logo pela repressão e pelas táticas astutas de Horthy, os socialistas e os comunistas não estavam em condições de proporcionar uma liderança plausível aos oprimidos. O espaço foi ocupado pelos fascistas. Eles atacaram a corrupção e a riqueza do antigo regime e também a exploração pelo capital financeiro, estrangeiro e judaico. Exaltavam os trabalhadores produtivos, apoiavam algumas de suas lutas e exigiam o pleno emprego — tudo em meio a uma alternativa modernista ao que era oferecido pelos socialistas. A isto se associava uma política externa "proletária": a pobre e dependente Hungria era explorada pelas potências liberais plutocráticas do capitalismo financeiro. E como as classes dirigentes estavam sempre empenhadas em encarcerá-los, os fascistas foram mal ou bem forçados a seguir um viés antes proletário que capitalista. As teorias que explicam o fascismo pelo desejo das classes proprietárias de reprimir o trabalho "sacando o revólver" simplesmente não se aplicam à Hungria. Mas é verdade que o fascismo húngaro, com menor presença paramilitar do que os outros fascismos, também tinha menos armas ao alcance da mão.

Entretanto, deve ter havido alguma tensão entre o elitismo "de cima para baixo", o estatismo e o militarismo e o proletarismo "de baixo para cima". Ela foi amainada por um fator mais específico que uniu os nacionalistas de Estado e o proletariado num fascismo de feição mais nazista: o anti-semitismo. Como na Áustria e (veremos adiante) na Romênia, parecia plausível tachar os judeus de inimigos tanto do Estado-nação quanto do proletariado. Para os fascistas, os judeus pareciam um importante aliado do antigo regime e do capitalismo financeiro e estrangeiro. O conflito étnico era assim reforçado por um conflito setorial: o estatismo se opunha ao capitalismo industrial e financeiro supostamente voltado para objetivos estrangeiros e judaicos, e não nacionais. Esse capitalismo recentemente impusera enorme sofrimento ao povo; o alívio era agora proporcionado pelo nacional-socialismo, como se podia ver na Alemanha. Os judeus não pareciam tão disseminados e ameaçadores para os trabalhadores. Mas o domínio judaico sobre o crédito e o comércio estimulou um anti-semitismo de motivação materialista entre os camponeses pobres e (provavelmente com menor freqüência) os inquilinos e consumidores urbanos. Era possível identificar um conflito de classes direto entre muitos mineiros e operários industriais e seus patrões judeus. E foi no anti-semitismo que o nacionalismo orgânico magiar tomou o rumo das limpezas étnico-políticas homicidas, como veremos em meu próximo volume.

As teorias socialistas do conflito de classes têm exercido muito maior atração sobre os operários do que as fascistas. Na ausência de um efetivo socialismo, todavia, a tríplice teoria fascista do conflito de classes — segundo a qual o capital *financeiro, estrangeiro* e *judaico* explorava os trabalhadores — parecia plausível em alguns países no entreguerras. E na política, o que predomina é uma plausibilidade mínima mas de forte ressonância, e não um padrão mais elevado de verdade.

8

A família romena de autoritários

INTRODUÇÃO: CONTEXTO

Delineei os contornos genéricos do fascismo romeno na introdução do capítulo anterior. Tratarei aqui de apresentar a Romênia como país, o mais economicamente atrasado e politicamente novo dentre os que analiso neste livro. A moderna Romênia surgira apenas em 1861 como uma união entre a Moldávia e a Valáquia (por sua vez formada pelas províncias da Oltênia e da Muntênia), recém-arrebatadas ao declinante Império Otomano. A Primeira Guerra Mundial proporcionou um extraordinário período de prosperidade a este pequeno país, como vemos no Mapa 8.1.

Tentada por ofertas territoriais da Entente, a Romênia declarara guerra às potências centrais em 1915. A recompensa nos tratados de paz foi imensa: a província da Bukovina tomada à Áustria, a Transilvânia e partes da Crisana-Banat à Hungria, a Bessarábia à Rússia e a Dobruja à Bulgária. Foram assim mais que duplicados o território e a população da Romênia, enquanto os não romenos chegavam a 30% da população (não obstante a emigração em grande escala de minorias de volta a suas "pátrias"). O fator étnico era agora mais relevante politicamente, estando mais entrelaçado com o fator classe, pois as classes mais baixas e rurais dos novos territórios tendiam a ser romenas, ao passo que as classes mais altas e urbanas representavam sobretudo as antigas nacionalidades dominantes (especialmente magiares e alemães) e os judeus. Os não-romenos — sobretudo judeus, húngaros e alemães — eram proprietários da maioria das empresas comerciais e de manufatura, assim como de uma ampla maioria das empresas maiores. Sozinhos, os judeus representavam 4% da população, eram proprietários de 40% dos empreendimentos comerciais e de crédito e de 28% do setor industrial-artesanal. Constituíam um quarto das únicas profissões liberais a que tinham acesso, medicina, farmácia e veterinária. A classe média romena só dominava o setor público e as profissões não-científicas (Ianciu, 1996, 65-76). Compreende-se assim que surgisse nas fileiras da classe média "humanista" e dependente do Estado uma forma orgânica de nacionalismo que proclamava a Romênia como "nação proletária", "explorada" por estrangeiros (especialmente judeus) no interior do país e "ameaçada" por potências revisionistas em suas fronteiras.

Mapa 8.1. Romênia.

Mas será que alguém lhes dava ouvidos? O exército e o Estado, formados por elementos da monarquia e políticos notáveis, haviam saído triunfantes de uma guerra difícil. A Igreja ortodoxa mostrava-se leal. Só os senhores fundiários estrangeiros haviam partido. Não podemos chamá-lo exatamente de um "antigo regime", pois seu domínio fora de apenas meio século. Mas a elite dominante estava perfeitamente encastelada, mobilizando um nacionalismo moderado que esperava continuar controlando de cima. Neste país atrasado, o nacionalismo era sobretudo urbano. Era pequena nas massas camponesas, inicialmente, a identificação com a nação. Suas preocupações eram mais paroquiais e voltadas para a subsistência. Efetivamente esperavam que no pós-guerra o Estado melhorasse materialmente sua qualidade de vida, e receberam bem as primeiras medidas de reforma agrária. Mas a economia romena precisava de mais investimentos para aumentar a produtividade agrícola. A reforma agrária diminuiu a probabilidade de que isto acontecesse, com a proliferação de pequenas propriedades de camponeses. Isto também contribuiu para aumentar o índice de natalidade além do que as práticas familiares de empreendimento agrícola eram capazes de sustentar. Muitos camponeses pobres viram-se forçados a trocar o trigo, a principal colheita de exportação, pelo milho, colheita de subsistência de mão-de-obra intensiva. A maioria das famílias romenas vivia na pobreza e empenhada na mera subsistência, convivendo com doenças. O PNB *per capita* cresceu escassos 7% entre 1913 e 1938 (Bairoch, 1976, 297). O índice de mortalidade infantil — um bom indicador da pobreza rural — agravou-se um pouco depois de 1930, embora em média a expectativa de vida tivesse melhorado em relação aos níveis do pré-guerra. Já não sendo controlados pelos senhores fundiários na maioria das áreas, os camponeses podiam começar a dar ouvidos a soluções políticas radicais para sua penosa condição.

Formalmente, a Romênia era uma democracia liberal. Sob pressão da Entente, o sufrágio fora estendido a toda a população adulta, inclusive judeus — o último Estado europeu a conceder direitos de cidadania aos judeus. Paralelamente ao parlamento, contudo, o rei preservava consideráveis poderes executivos, inclusive o direito de escolher os ministros e de controlar a polícia e o exército. Deste modo, o soberano e os notáveis, conservadores e liberais, governaram o país na década de 1920 com a habitual combinação semi-autoritária de eleições, clientelismo, corrupção e repressão seletiva dos extremistas (entre eles os fascistas). Era um regime designado cinicamente como de "governo de rotatividade", sendo considerado corrupto e ineficaz. Ante um liberalismo ineficaz e um socialismo considerado estrangeiro, estava aberto o caminho para a "terceira via" fascista. Mas o governo efetivamente ofereceu uma política econômica nacionalista, "só nossa", uma estratégia moderadamente estatista de desenvolvimento tardio, centrada em tarifas protetoras e descrita por seu principal arquiteto, o economista Manoilescu, como a "incrível arma" do nacionalismo econômico. A ela se associou uma tentativa de assimilação forçada de minorias e "romenização" das instituições públicas, especialmente a educação, a sinalização de tráfego e a publicidade de negócios. Como isto implicava a eliminação de direitos de minorias até então privilegiadas, surgiram entre elas manifestações de protesto e um certo revisionismo imperialista, provocando reações organicistas entre os romenos. Assim, dezenas de magiares foram mortos por tropas que atiraram contra uma manifestação de protesto na Transilvânia em 1919. Até os conservadores e liberais romenos perseguiam metas de moderado nacionalismo de Estado no início do entreguerras.

Formado por modernizadores urbanos, o governo também favorecia antes o desenvolvimento industrial que agrícola, utilizando as rendas do petróleo (o único grande trunfo econômico do país) para fomentar o desenvolvimento industrial e restringir as importações. Essas rendas também alimentavam a corrupção. Quando a agricultura estagnou, os camponeses deram ao Partido Camponês Nacional, agremiação "marginal" que ainda não se envolvera com corrupção, uma vitória esmagadora em 1928. O PCN defendia em sua plataforma um comércio mais livre, a proteção social de camponeses e operários e mais democracia, menos corrupção. Seus líderes mais conhecidos também preconizavam a tolerância étnica e religiosa, embora o partido não estivesse isento de anti-semitismo. Ele representava a principal oportunidade de induzir a maioria dos camponeses a uma democracia liberal progressista, que poderia ter inclusive estimulado a intolerância étnica. Mas o rei mostrava-se profundamente avesso às tendências reformistas desse novo governo. E 1928 foi um ano ruim. A Grande Depressão acabou com a credibilidade do governo do PCN (exatamente como aconteceu com muitos governos durante a Depressão), que não voltaria realmente a se recuperar. Como a indústria produzia sobretudo para o mercado interno e a principal indústria de exportação era a de petróleo, a indústria não foi muito gravemente afetada pela Depressão. Em 1933, os níveis de produção eram novamente os de 1929. A agricultura foi mais atingida. A renda dos camponeses caiu cerca de 58% nesse período. Temendo uma revolta, o Estado reestruturou as dívidas dos camponeses — a última grande medida favorável aos camponeses promovida pelos governos do entreguerras. Mas os políticos romenos aprenderam com a Grande Depressão que a proteção industrial funcionava (à parte o setor petrolífero). Trataram então de reforçar as políticas de substituição de importações com uma medida explicitamente antiimperialista e "proletária": a exploração ocidental mantinha a Romênia na pobreza, logo, proíbam-se as importações ocidentais. Em 1938, a Romênia tinha uma auto-suficiência de 80% em produtos industriais. Embora a Alemanha passasse a ser seu principal cliente externo, o país não estava tão submetido à dominação econômica alemã quanto a Hungria, situando-se em maior distância geográfica. A mão-de-obra e a energia utilizadas na indústria haviam aumentado cerca de 50% desde 1929 — muito acima do crescimento da economia mundial. Isto fora conseguido mediante ampliação do setor estatal, restrição do consumo e suspensão do investimento na agricultura (Berend e Ranki, 1974; Chirot, 1978; Verdery, 1983, 278-86; Ronnas, 1984, 37, 116-122, 241; Aldcroft e Morewood, 1995, Capítulos 3 e 4; Berend, 1998).

O governo estava agora nas mãos de coalizões cada vez mais autoritárias de notáveis e nacionalistas, apoiadas e manipuladas pelo rei Carol. "Não dou importância a eleições", disse ele sem rodeios a um jornalista britânico. Mas teve de tolerá-las ao longo da década de 1930, aumentando os poderes do executivo, que adquiriu matizes de autoritarismo semi-reacionário, e logo de corporativismo italiano. A partir do fim da década de 1930, Carol e seu sucessor, o general ditador Antonescu, também se sentiram compelidos a usurpar algumas características do movimento fascista romeno (Zach e Zach, 1998, 809-15). O poder político abusivo pela parte executiva do Estado e as pressões econômicas da Grande Depressão foram responsáveis pela base da tendência inicial da Romênia para o autoritarismo.

Assim, no entreguerras, eram sobretudo a burguesia industrial e comercial não-romena e o setor estatal que se saíam melhor, seguidos pelos operários industriais, ficando os camponeses para trás. Caberia portanto esperar que um "conflito de classes normal", exacerbado pela Grande Depressão, opusesse os camponeses e talvez os operários a uma burguesia protegida pelo Estado e o rei. Mas interveio um conflito étnico-político, reestruturando a idéia coletiva de exploração. É relevante, aqui, que o maior caso de sucesso no entreguerras tenha sido o da educação, uma decisiva infra-estrutura de poder ideológico.

Nesse período, dobraram os índices de alfabetização. O efeito disto foi aumentar a consciência étnica, pois a disseminação da alfabetização na língua romena reforçou o senso de identidade nacional e a receptividade à ideologia nacionalista. E era mesmo provável que isto acontecesse, pois, como na maioria dos outros países, os professores, jornalistas, dicionaristas e gramáticos tendiam a ser nacionalistas. Os movimentos sociais que proclamavam serem os romenos uma "nação proletária" explorada por estrangeiros atraíram mais seguidores, especialmente entre os jovens e os recém-instruídos.

A IDEOLOGIA DA LEGIÃO DO ARCANJO MIGUEL

A variante romena do fascismo era essencialmente doméstica, embora tomasse alguns empréstimos tanto ao nazismo quanto ao fascismo italiano. Seu líder ou "capitão" era Corneliu Codreanu, nascido em 1899 numa pequena cidade fronteiriça da Moldávia, de mãe alemã e pai professor, o qual, apesar da origem polonesa, tornou-se um ativo nacionalista romeno. Codreanu formou-se na academia militar e na Universidade de Jassy, como advogado. Em Jassy, sofreu a influência do famoso professor nacionalista A. C. Cuza, fundador do movimento de extrema direita rebatizado em 1925 de Liga da Defesa Cristã Nacional (LANC). Cuza era adepto de um anti-semitismo extremo deduzido do nacionalismo orgânico. A nação devia ser una, expurgada de todos os elementos não-romenos. Os judeus eram o maior perigo — "parasitas perigosos", uma "nação bastarda, degenerada, estéril, sem terra, incapaz de formar um organismo social completo e produtivo". Deviam ser "eliminados", palavra sem significado claro, mas certamente abrangendo deportações em massa para o exterior, expropriações e proibição de participação na vida pública. No início da década de 1920, eram propostas tão extremadas quanto quaisquer outras que circulassem na Europa. Mas Cuza era um tradicionalista. Embora adotasse a suástica como símbolo antes de Hitler, suas quatro pontas mostravam dizeres formando um *slogan* tradicionalista: "Um país, uma lei, um povo, um rei" (Ianciu, 1996, 186-96).

Mas Cuza era professor, e não homem de ação. Foi o que incomodou o jovem Codreanu, que em 1927 rompeu com ele para criar seu próprio movimento, a Legião do Arcanjo Miguel (por ele inicialmente constituída como movimento juvenil dentro da LANC). Dela sairia em 1930 a Guarda de Ferro (arregimentando elementos de todas as idades). Daí em diante, as duas organizações seriam praticamente sinônimas. Vou aqui simplificar referindo-me a ambas como "Legião". A principal discordância de Codreanu com Cuza era de natureza tática. Codreanu desejava empreender uma campanha planejada de violência, voltada inicialmente contra os judeus. O anti-semitismo é a presença dominante na autobiografia por ele escrita para seus legionários em 1936 (Codreanu, 1990). Mas era um anti-semitismo muito específico. Ele *sempre* denunciava os judeus como exploradores ricos — eram parasitas, sanguessugas e assim por diante, dominando a indústria, o setor bancário e o comércio, "espremendo" os romenos numa pobreza e numa dependência abjetas. Até mesmo na Bessarábia, onde também denunciava os judeus como "comunistas" (o território fora uma província russa antes de 1918), denunciava-os igualmente como Shylocks. Seu anti-semitismo parece ter sido inteiramente do tipo "proletário" — embora ele não use a expressão —, apresentando os romenos como proletariado oprimido, e os judeus, como capitalistas. Seu desejo de mais "ação" do que pretendia Cuza derivava da descoberta de que manifestações de provocação contra judeus ricos, aliadas à conseqüente violência "defensiva" contra os chefes de polícia e as autoridades administrativas que protegiam os judeus e reprimiam os protestos, eram fortemente apoiadas pela população local. Na verdade, mais de uma vez ele foi absolvido na década de 1920 em processos por homicídio e intimidação porque os jurados também detestavam os políticos corruptos e a brutalidade dos chefes de polícia. As experiências negativas com as autoridades levaram-no a ver os políticos como lacaios dos judeus — literalmente "comprados" por suas propinas —, mais uma vez uma visão em geral mais associada aos movimentos esquerdistas "proletários" do que aos de direita. Com isso, veio a adotar o ponto de vista revolucionário de que todo o sistema político precisava ser derrubado — com exceção da monarquia (instituição pela qual guardava um respeito decorrente da valorização de seu papel histórico na libertação nacional). No clima do início da década de 1920, contudo, e com a ajuda dos valores militares inculcados na escola de cadetes, esses pontos de vista e iniciativas levaram-no a um paramilitarismo provocador contra o Estado, e não só contra os inimigos na sociedade civil — o que acabou por conduzi-lo ao fascismo.

De sua autobiografia constam seus principais pronunciamentos políticos. Seu primeiro grande discurso político, o "Credo do Socialismo Cristão Nacional", dado a público em 1920, começava e terminava assim:

> Acredito num Estado romeno uno e indiviso (...) esteio de todos os romenos e só dos romenos, amante do trabalho, da honra e temente a Deus (...) provedor de direitos iguais, civis e políticos, aos homens e às mulheres; protetor da família (...) defensor da harmonia social mediante a minimização das diferenças de classe, da nacionalização das fábricas (propriedade de todos os trabalhadores) e da distribuição da terra entre os lavradores. Com a diminuição das divisões de classe (...) espero a ressurreição da consciência nacional mesmo no mais humilde dos pastores e a descida dos instruídos até o convívio dos exaustos, para fortalecê-los e ajudá-los em autêntica fraternidade, o alicerce da Romênia de amanhã. Amém.

Do credo também faziam parte propostas de redistribuição de renda entre as classes, além de apoio à monarquia e à Igreja ortodoxa. Era uma forma de nacionalismo orgânico algo estatista, muito esquerdista e profundamente religiosa. O indivíduo estava sujeito à nação, e a nação, subordinada apenas a Deus. Muitos dos pronunciamentos posteriores de Codreanu parecem menos políticos. O programa da Legião em 1927 paradoxalmente não se dizia um programa "político" ou "partidário", mas "um programa para um novo homem". Os erros dos políticos e a "infecção" da influência judaica exigiam novos homens. Para "a reforma do homem (...) a Legião será mais uma *escola* e um *exército* do que um partido político", com o objetivo de criar o "clima espiritual e moral" no qual possa ser moldado um "herói no sentido guerreiro" a partir do caráter romeno. Ele enumerava então as qualidades desse herói, fazendo a legião parecer mais uma seita religiosa militante do que um partido político. Também enunciava "oito normas da vida legionária", passando de generalidades como "pureza moral" e "entusiasmo" a valores de matiz fascista como "fé, trabalho, ordem, hierarquia, disciplina" e "atos em vez de palavras". A Legião, sustentava, não era apenas um "sistema lógico (...) mas uma verdade viva". Mas esta fé também era militarista: "Será uma constante convocação à batalha, uma exortação à coragem, a ativação das qualidades guerreiras de nossa raça." Como Hitler, Codreanu não detalhava muito o seu estatismo, além do princípio de liderança. Este era deduzido de seu nacionalismo orgânico. Uma nação unida deve ter uma vontade única, ou "estado de espírito", e seu líder pode perfeitamente expressá-la. Na verdade, alega, não pode ser uma "ditadura", na qual o ditador impõe sua vontade ao povo. Quando o povo e o chefe têm uma vontade única, o Estado nada mais é do que uma "*consciência nacional* elevada". O líder seleciona uma elite escolhida por sua capacidade de governar. Deste modo, ele se opunha à democracia, pois dividia e arruinava a nação — os soldados acaso elegem os melhores generais?, perguntava. A democracia também concedia igualdade aos judeus e se torna escrava dos banqueiros (Codreanu, 1990, 15-17, 219-22, 226, 231, 242-3, 304-10; cf. Ianciu, 1996, 199-200).

Embora infelizmente não disponhamos de muitos elementos documentais concretos sobre as crenças dos membros e militantes comuns do partido, a legião estava bem organizada no sentido de socializar seus membros nesses valores. Consistia em uma rede de "ninhos" de roupagens paramilitares. Os líderes desses ninhos deviam cultivar uma "aristocracia da virtude" em seus militantes, seguindo seis regras fundamentais: lealdade disciplinada, trabalho, silêncio, auto-educação, ajuda recíproca e honra. Elas haveriam de preparar os legionários para a autodefesa, o sacrifício e o martírio — "o sangue de todos nós deve correr", numa luta entre o bem e o mal. O "Novo Homem" deve "transcender o mal em si mesmo e em seus homens" para em seguida "derrotar as forças do mal e esmagar a súcia dos malfeitores". Terá de "combater e vencer os inimigos de nossa Pátria, devendo seu combate e sua vitória extravasar o mundo material para adentrar o reino dos inimigos invisíveis, as forças do mal". Ele deve distinguir os "bons" romenos do "joio", a ser tratado sem piedade.

A ênfase estava mais na militância moral do que na violência ou no treinamento no uso de armas. Era uma organização paramilitar diferente, que por muito tempo produziu poucos atos de violência organizada. A carismática autoridade de Codreanu mantinha as manifestações mais graves de violência dentro de estreitos limites políticos. Os atos individuais de provocação pública eram o máximo que se pedia. Serviam para suscitar repressão por parte das autoridades locais, expondo os vínculos entre os judeus ricos, os banqueiros e os políticos e gerando apoio de massa. Até o seu assassinato em 1938, a legião tinha oficialmente matado apenas 11 pessoas, quase todas policiais e políticos de destaque, ao mesmo tempo sofrendo 501 baixas nas mãos da polícia. O conceito de "violência defensiva", que as SA nazistas tentavam sustentar, como vimos no Capítulo 4, era neste caso bem mais autêntico — embora, de qualquer forma, uma tática deliberada. E essa violência, ao contrário da violência dos outros movimentos fascistas, também estava voltada contra o Estado — embora geralmente por iniciativa individual dos fascistas, contra funcionários individuais. E a imagem mais freqüente que a maioria dos romenos tinha dos legionários até um ponto bem adiantado do desenvolvimento da legião não era de violência, mas dos desfiles de militantes uniformizados e cantando. Desde o início, os legionários também trabalhavam arduamente em seus projetos coletivos de construção, erguendo inicialmente suas próprias sedes, e em seguida projetos rurais de desenvolvimento. A legião era muito eficaz no engaiolamento de seus membros por meio dessas árduas práticas cotidianas que ocupavam muito e socialmente consolidadoras. Por maior que fosse a carência numérica de seus contingentes, ela podia assim compensar com o grau de envolvimento. Mostrava-se particularmente capaz de vencer eleições, sempre que seus membros podiam afluir para determinado distrito eleitoral, sem recursos, comportando-se de maneira muito diferente de qualquer outro partido e se instalando entre os espantados camponeses cujos votos buscavam. Era o populismo posto em prática. Significava também que a Legião estava sendo encaminhada primordialmente numa rota eleitoral para o poder. Só bem mais tarde, contudo, ela se mostrou tão eficiente nas eleições nacionais, nas quais seus recursos foram mais postos à prova.

A propaganda legionária geralmente deixava vaga a futura forma do Estado. A legião considerava-se um fator de libertação, de expurgo, promovendo antes um novo homem e uma nova nação que uma nova forma de Estado. Neste sentido, assemelhava-se mais ao nazismo do que ao fascismo italiano. Mas sua religiosidade e seu caráter camponês eram tipicamente romenos. Codreanu acreditava que a "alma" romena tinha raízes na "singularidade cósmica" de uma nação constituída pelos "únicos latinos ortodoxos, os únicos ortodoxos latinos", encarnando a autêntica "pureza cristã" (elementos extraídos sobretudo de Cuza e outros nacionalistas). A verdadeira alma não estava nas elites cosmopolitas, mas no campesinato, que durante séculos praticou nas assembléias das aldeias uma forma incorrupta de democracia direta. O solo e a cultura dos camponeses eram primordiais para a nação, o sangue e a raça eram secundários (até que se começasse a sentir a influência nazista e das SS durante a guerra). Assim, Codreanu de bom grado admitia na legião aqueles a que se referia como "romenos macedônios", que habitavam as regiões recém-integradas do sudeste. Pois também eles haviam sido oprimidos durante séculos e podiam agora ser pacificamente assimilados na nação. O estilo, a retórica e as práticas de culto eram profundamente religiosos — por exemplo, trazer no pescoço saquinhos de terra do solo pátrio para simbolizar a terra dos antepassados. A legião não fazia muitas referências às doutrinas do cristianismo ortodoxo, mas seus rituais seguiam de perto os rituais ortodoxos. O nome religioso da legião derivava de um ícone que havia sido comprado por Codreanu e que representava o padroeiro da Romênia, São Miguel, derrotando Lúcifer. Na iconografia e nos hinos, a legião *era* São Miguel, enquanto Lúcifer representava o comunismo, o capitalismo e o judaísmo juntos. Os legionários ostentavam uma cruz branca em seus uniformes verdes; alguns também usavam suásticas. Outros movimentos fascistas também adotaram nomes religiosos — o Movimento da Cruz Flechada e, na Bélgica, o Christus Rex (que foi desautorizado pela Igreja católica). Todos alegavam credenciais religiosas, mas só a legião efetivamente se assemelhava a uma igreja. Nas regiões rurais, chegava mesmo a oferecer "milagres" como atrativo.

A legião sustentava que os opressores estrangeiros haviam aviltado a pureza do solo camponês romeno, e que os judeus continuavam a fazê-lo. Muitos romenos prontamente abraçavam esta tese. O anti-semitismo eventual não era específico da legião, mas uma característica mais geral do país. Constituía uma especialidade da direita, mas também influenciava o centro e até os liberais. Embora às vezes denunciassem o anti-semitismo violento, os legionários não deixavam de contemplar, em sua meta de "romenização" da economia, o afastamento dos estrangeiros do domínio do setor privado. A doutrina do que era "só nosso" já em 1934 se materializava em leis que estabeleciam cotas e proibições voltadas para as minorias. A lei de 1934 obrigava todas as empresas a empregar 80% de romenos e a ter pelo menos 50% de romenos na direção. O presidente também devia ser romeno. Embora essa lei valesse para todas as minorias, sua aplicação revelou-se muito difícil entre os alemães e os magiares. Nas áreas em que viviam, eram poucos os romenos capazes de ocupar essas posições. A partir de 1937, a legislação contra as minorias aumentou rapidamente, justificada pelo *slogan* "A Romênia para os romenos". Seu peso continuava a recair sobretudo sobre os judeus. E embora a ascensão de Hitler e a expansão da Alemanha nazista efetivamente influenciassem esses desdobramentos, seu impulso inicial e essencial teve caráter romeno (Mendelsohn, 1983, capítulo 4; Ancel, 1993, 215; Ianciu, 1996, 76-7, 280-306).

Em seu diário, o médico judeu Emil Dorian registra muitos casos de romenos descontando nos judeus as frustrações da vida. Circulavam muitos boatos absurdos sobre os judeus, e até o governo lhes dava curso. A proibição legal de que os judeus contratassem mocinhas, dizia ele, decorria do boato de que estavam organizando tráfico de escravas brancas. Nesta passagem, Dorian faz humor em torno de um incidente:

> Cena num bonde. Um judeu levanta-se e oferece o assento a um idoso.
>
> — Não vou me sentar num lugar que foi ocupado por um judeu — contesta orgulhosamente o idoso.
>
> Um outro gentio, de pé a seu lado, pergunta:
>
> — Mas não quer se sentar?
>
> — Pode estar certo que não.
>
> O segundo gentio senta-se no lugar oferecido pelo judeu. Passados dois minutos, levanta-se de novo.
>
> — Pode sentar-se agora — diz ao idoso —, o assento foi romenizado. (Dorian 1982: 289-90)

O conteúdo anti-semita variava ligeiramente de uma província para outra. Os judeus ortodoxos que usavam *kaftans* eram párias econômicos na Moldávia do Norte e na Bessarábia, denunciados como exploradores "estrangeiros" dos camponeses. Os judeus bessarábios também incorriam na suspeita de nutrir sentimento bolchevistas. Os "judeu-bolchevistas" foram os alvos declarados dos pogroms promovidos a partir de 1919. Na verdade, o pequeno Partido Comunista Romeno tinha substancial filiação estrangeira e judaica. Dos 25 principais delegados do partido em 1931, só nove eram de etnia romena. Seis eram judeus, e havia quatro húngaros, três ucranianos e dois búlgaros (Treptow et al., 1996, 422). A maioria dos judeus do sul residia na capital, e quase todo o resto, no sul da Moldávia, sendo alvo de queixas por seu domínio do setor privado — eram os "exploradores capitalistas". Os judeus da Transilvânia, altamente magiarizados, eram alvo de queixas econômicas, sendo considerados colaboradores do inimigo magiar (o que desencadeara as primeiras revoltas anti-semitas estudantis da década de 1920). O temor comum a essas pechas aparentemente contraditórias estava em que os judeus eram essencialmente antinacionais, em dois sentidos. Primeiro, alinhavam-se com os inimigos estrangeiros da Romênia. Depois, fosse como capitalistas ou bolchevistas, fomentavam o conflito de classes, dividindo a nação. Havia igualmente fontes mais tradicionais de anti-semitismo, especialmente cristãs, mas a direita romena também as associava ao nacionalismo. Os judeus eram "os assassinos de Cristo" e portanto "inimigos da nação cristã". Na formulação de Ianciu (1996: 318), "na Romênia, o anti-semitismo foi acima de tudo um componente primordial do nacionalismo, e nos meios nacionalistas os judeus eram vistos como uma entidade estrangeira, ameaçando a homogeneidade e até a existência do povo romeno". Quanto mais os romenos abraçavam o nacionalismo, mais o seu acentuado anti-semitismo eventual tornava-se politicamente carregado, passível de ser usado pelo fascismo.

O que realmente distinguia o anti-semitismo legionário nessa onda crescente era o fato de estar inserido numa visão fascista-cristã mais genérica do Estado, que legitimava a provocação paramilitar violenta e por fim a rebelião. Crainic, um destacado teórico da legião, propunha um "Estado etnocrático" baseado "no solo, no sangue, na alma e na fé dos romenos". Este Estado era superior ao "Estado democrático", que não passava de um "escritório de registros" para contabilizar numericamente a população "sem distinções sociais nem religiosas". Ele identificava nos judeus "um permanente perigo para cada Estado nacional", mas acrescentava que "qualquer membro não assimilado de uma minoria, ativo no organismo do Estado, é um elemento de dissolução e ruína (...) é de vital importância que a Romênia seja um Estado exclusivamente etnocrático". Assim, ele exortava à "purificação" da sociedade romena pela "eliminação" dos elementos estrangeiros. Outro intelectual legionário, Banea, acrescentava: "Os judeus (...) não podem ser perseguidos por motivos raciais ou religiosos — somente com base no perigo que representam para o Estado". O próprio Codreanu exigia uma "desesperada defesa" contra a "invasão" e a "infiltração" dos judeus. Um "imundo ninho de judeus" dominava as cidades, espalhando "uma infecção da caricatura cultural judaica". Defender-se significava levar "morte *e* misericórdia" aos "ninhos de vespas judaicos". A linguagem freqüentemente era violenta, incluindo a exigência de expurgos, especialmente em forma de deportação: "os judeus para a Palestina". Durante a Segunda Guerra Mundial, a embaixada de Vichy em Bucareste informava a Paris que o anti-semitismo legionário era mais feroz e cruel do que o dos próprios nazistas, e que Codreanu preconizara uma mistura de extermínio e expulsão. Todavia, só depois da Segunda Guerra Mundial (depois da morte de Codreanu) é que essa combinação tornou-se efetivamente a política adotada pela legião, deixando de ser mera retórica. Quanto ao que antecede esse declínio moral, minhas principais fontes são as autobiografias dos dois líderes legionários, Sima, 1967 e Codreanu, 1990; ver também Weber, 1964, 165-8; Webster, 1977; Fischer-Galati, 1989; Veiga, 1989, 128-38; Ioanid, 1990, 60, 116-31; Volovici, 1991, 93-6; Niessen, 1995, 275; Ianciu, 1996, 201-5; 1998, 14-17, 72).

Eram estas variações legionárias sobre temas comuns do fascismo da Europa Central e Oriental: nacionalismo de expurgos e anti-semitismo, a alegação de transcender conflitos partidários e de classe, elitismo paramilitar e estatismo autoritário. Mas o fascismo romeno também tinha três características próprias. Primeiro, sua política externa era pacífica, pois a Romênia dispunha de todos os territórios que seria capaz de abrigar. É um dos motivos pelos quais não era assim tão estatista. Segundo, tinha caráter religioso, preocupado com a reforma moral pessoal e extremamente desdenhoso do materialismo. Parece-nos difícil entender seu anti-racionalismo, a denúncia dos programas políticos, a celebração da "alma romena", os *slogans* imprecisos e o excessivo emprego dos hinos, assim como sua "doutrina do ato", associando moralismo e violência. Seus impressionantes rituais envolviam os legionários num companheirismo de forte grau emocional, muita tenacidade e não raro disposição para o martírio. Terceiro, evidenciava um forte "nacionalismo proletário", identificando como inimigas as classes exploradoras, aliadas às potências revisionistas, cuja quinta coluna era liderada pelos judeus. Como puderam tais idéias fincar raízes na Romênia? Examinarei primeiro os próprios legionários, passando em seguida à atração que exerciam.

QUEM ERAM OS LEGIONÁRIOS?

Como sempre, estes fascistas eram jovens e predominantemente do sexo masculino. Diplomatas britânicos confirmavam o que diziam os próprios fascistas: que o movimento "varreu" os homens jovens do país. Weber descreve-o como "uma cruzada de adolescentes" (Weber, 1966b, 514, 519; Sturdza, 1968, 102; Vago, 1975, 1987, 286-97). Surgindo inicialmente nas universidades, a legião continuou recrutando muitos estudantes e escolares. Codreanu afirma que nas "excursões" legionárias, os que cavalgavam perto do líder estavam em geral na faixa entre 25 e 30 anos, ao passo que os "soldados de infantaria" eram sobretudo estudantes. Havia também jovens soldados, embora em muito menor número do que na Hungria. Os líderes legionários eram mais jovens do que as outras elites políticas, e os militantes, ainda mais jovens. Tanto em 1927 quanto em 1942, a média de idade dos legionários ficava entre 27 e 28 anos. A embaixada de Vichy informava que no momento da guerra a legião era "composta quase exclusivamente de jovens", não tendo podido contar com um grande contingente de políticos experientes (Ianciu, 1998, 72). Para isto contribuíra a repressão, pois muitos dos dirigentes mais antigos e experientes haviam sido assassinados, encarcerados ou exilados pelas autoridades, e alguns outros combateram e morreram por Franco na Guerra Civil espanhola.

Os legionários eram tão jovens que muito cedo já não havia muitos veteranos militares. Codreanu conseguiu envolver-se numa batalha durante a Primeira Guerra Mundial, mas foi descoberto e mandado de volta para a academia militar, por ser considerado jovem demais para a frente de batalha. Para ele, como para seus primeiros seguidores, a guerra tinha extraordinária importância: o primeiro grande feito armado dos romenos modernos. A euforia nacionalista desse contingente etário transmitiu-se então, no início da década de 1920, às universidades, onde as gerações "da frente de guerra" e "doméstica" debatiam ardorosamente as soluções que o nacionalismo de Estado podia oferecer para os problemas sociais. Veio então um interregno na ascensão do Partido Camponês Nacional, seguido de rápida expansão dos legionários na década de 1930, inicialmente no campo, e logo nas cidades, mais uma vez predominantemente entre os jovens, nascidos depois do fim da guerra. Ao longo da década de 1930, homens de aproximadamente 30 anos e se aproximando logo dos 40 ensinavam aos jovens as virtudes de uma versão algo ingênua do fascismo, destituída do vetor contundente de uma verdadeira violência militar ou paramilitar armada.

Mas a legião também organizava mulheres. Em 1933, três das 34 células partidárias eram grupos femininos, chamados de "cidadelas", e as mulheres representavam 8% dos membros do partido nessa época. Constituíam 10% dos 842 membros integrados a um campo de trabalho do partido em 1936 (os homens são analisados na Tabela 8.1, linha 2, do Apêndice); as "crianças" representavam mais 6%, reunidas em creches. As mulheres estavam equilibradamente divididas entre donas-de-casa e estudantes, com a presença de uma cabeleireira (Heinen, 1986, 385-7). Não havia mulheres de destaque na liderança, mas as fotos da insurreição dos legionários em 1941 mostram que havia entre os insurgentes armados algumas mulheres jovens e crianças (Veiga, 1989, 265; Ioanid, 1990, 72). O envolvimento de mulheres e crianças nos combates não parece ter paralelo em outros movimentos fascistas. Os campos de trabalhos e a ideologia também associavam temas familiares e feministas de uma forma incomum no período. O credo de Codreanu continha uma espécie de feminismo fascista: o movimento era "provedor de direitos iguais (...) para homens e mulheres" e "protetor da família". Era o primeiro elemento do fascismo romeno passível de ser considerado "progressista". Mas existem outros. Não fica claro por que ele foi um movimento menos influenciado pelo fator gênero do que a maioria dos outros, embora se tratasse de uma nação nova, sem grande bagagem de tradições, e de um movimento sem grande experiência militar, cujo misticismo provavelmente continha os elementos de machismo.

A legião começou nas cidades, onde foi inicialmente liderada por ex-oficiais e estudantes universitários — o que a dotava de um forte componente de classe média, embora algumas fontes também identifiquem artesãos. Logo passou a atrair um círculo de intelectuais, disseminando-se em seguida pelas escolas secundárias. Esse meio gerava um camponesismo romântico:

> Por um lado, a moderna Romênia das cidades, do conforto e do bem-estar, da civilização material, do Ocidente, da indústria e da máquina, da oposição entre burguês e proletário, é no fundo uma Romênia estrangeira. Por outro, a Romênia das aldeias, a Romênia dos romenos, a Romênia da configuração

> espiritual e autóctone que preservou esta nação nesta terra em formas que permaneceram quase inalteradas desde a época de Dario (...) Não! A verdadeira oposição das tendências sociais nesta geração não é a oposição entre ditadura e democracia (...) nem a oposição entre burguesia e proletariado, pois tanto a burguesia quanto o proletariado não são em sua maioria romenos. A verdadeira oposição (...) [é] entre as duas Romênias (Citado por Ioanid, 1990, 149-50).

Vários líderes legionários eram filhos de dirigentes municipais e policiais e não raro sofreram maus-tratos nas mãos de colegas dos pais. Outros eram filhos de camponeses ou sacerdotes e professores de regiões rurais (Weber, 1966b, 569; Heinen, 1986, 383; Veiga, 1989, Capítulo 4). Verdery (1983) considera, com base em relatos orais, que os camponeses de nível médio da Transilvânia viam a educação superior, capaz de levar a uma profissão ou a um emprego público, como o melhor caminho para o progresso de seus filhos mais velhos. Deste modo, o pai poderia deixar a fazenda intacta para o segundo filho. O filho mais velho tendia a se impregnar de nacionalismo à medida que avançava na carreira, ao mesmo tempo idealizando o campesinato e a terra de onde provinha. Naturalmente, nas universidades romenas uma origem camponesa podia conferir o mesmo tipo de prestígio social das origens operárias entre os estudantes radicais na década de 1960. Alguns estudantes podem ter inventado origens camponesas. Mas era um meio suscetível de gerar um fascismo camponesista.

Embora muitos desses primeiros fascistas parecessem ter mobilidade ascendente, são comuns as explicações materialistas do fascismo com base na tese da "superprodução". Afirma-se que da guerra teriam saído soldados incapazes de encontrar emprego e que ela aumentou o número de estudantes que não podiam ser absorvidos em ocupações de classe média. Não fazia muito sentido formar-se, e poucos o faziam — supostamente, apenas 8% no período de 1921 a 1932 (o que me parece pouco digno de crédito). Indivíduos deslocados e desarraigados, sem acesso à mobilidade ascendente, cronicamente insatisfeitos, eram os recrutados pelo fascismo (por exemplo, Weber, 1966b, 514; Barbu, 1980; e Vago, 1987: 286). Encaro tudo isto com ceticismo. A extensão da Romênia e de seus territórios dobrou com os tratados de paz. Oficiais e funcionários públicos magiares, austro-germânicos, russos e búlgaros haviam fugido do país. As oportunidades para os romenos instruídos no setor público eram maiores do que em qualquer outro país europeu. Se os estudantes deixassem a universidade antes de se formar, talvez conseguissem encontrar emprego assim mesmo (como sugere Vago, 1987, 287). As coisas tornaram-se difíceis no inflado setor público durante a Grande Depressão, com a introdução dos cortes salariais e da casualização. Mas houve uma recuperação a partir de 1935, quando teve início o grande impulso ascendente do fascismo. Os observadores referiam-se aos legionários como os "melhores" de sua geração, e não como uma lumpen-burguesia. O vice-cônsul da Polônia, lamentando os efeitos da feroz perseguição dos legionários em 1938, escrevia: "O movimento já não é dominado pelos universitários e outros jovens idealistas nem por uma elite intelectual" (Watts, 1993, 186).

Os defensores da tese da "superprodução" ficariam desconcertados com o fato de que a Hungria tinha provavelmente as piores perspectivas de emprego na classe média, e a Romênia, as melhores — e no entanto em ambas o fascismo foi gerado entre os mais afetados, os estudantes e os trabalhadores do setor público. Isto certamente abala a idéia de que o fascismo representava uma reação às condições de privação na classe média. Em vez disto, ele parece uma reação dos elementos de alto nível de instrução e do setor público, *quaisquer* que fossem suas perspectivas. O fascismo era a essa altura a ideologia do futuro, supostamente capaz de resolver os problemas da sociedade moderna. Como sustentava que a salvação viria de um Estado-nação forte, atraía particularmente os que estavam no coração do Estado-nação. Como na Romênia só o campesinato podia constituir o corpo da nação, e pelo menos alguns de seus líderes provinham em mobilidade ascendente de meios camponeses, o fascismo provavelmente também seria camponesista. Aparentemente, o fascismo dava sentido à experiência social dessa geração, e não apenas ao recente declínio (ou ao *boom*).

Nem se pode dizer que os oficiais estavam em situação precária. A Romênia havia desmobilizado um menor contingente de seu exército do que a maioria dos países (pois estava cercada por países que queriam seus territórios de volta). Não há referências na época a hordas de soldados desarraigados (ao contrário do que aconteceu na Alemanha ou na Hungria no pós-guerra). Encontramos ex-oficiais na primeira fase do fascismo. Na década de 1930, os militares se haviam acomodado e poucos soldados eram legionários. À medida que se aproximava a guerra, no entanto, e o rei Carol se tornava impopular, com pressões russas, húngaras e alemãs na fronteira, houve uma segunda virada militar para a direita. Poucos soldados eram membros formais da legião, mas os governos da época da guerra duvidavam da lealdade dos oficiais e dos soldados, permeados (segundo acreditavam) por simpatias legionárias (Vago, 1987, 300; Watts, 1993, 242, 284, 296). Quando a legião entrou para o governo de Carol em 1940, havia dois generais entre os membros do gabinete. O fascismo tinha ressonância entre os soldados e o militarismo, no fascismo. Codreanu modelou sua legião (e adotou seu nome) de acordo com uma versão romantizada de seu próprio treinamento militar: "A ordem, a disciplina e a hierarquia inculcadas em meu sangue em tenra idade constituíram, juntamente com o sentimento da dignidade militar, o prumo de toda a minha existência." Outro legionário escreveria: "Sim, ditadura militar. Isto é, uma ditadura de sangue autenticamente romeno, uma ditadura da disciplina e do moral dos soldados, uma ditadura de espiritualidade heróica" (Ioanid, 1990, 134, 114). Como sempre, não foi uma casta militar em dificuldades materiais que se inclinou para o fascismo, mas simplesmente os militares.

Dispomos de detalhes sobre vários quadros de liderança na década de 1930. Metade dos líderes mencionados numa relação de 1937 eram ex-oficiais ou oficiais da reserva (oficiais da ativa não podiam expor-se dessa maneira), sendo o restante constituído de diversas ocupações de classe média. É a única relação que contém capitalistas — um industrial e um diretor de banco. Em outros anos, os líderes eram em sua maioria professores, padres ortodoxos romanos e advogados. Os candidatos parlamentares da Guarda de Ferro em 1937 eram em 98% dos casos profissionais, liderados pelos padres (33%) e os professores (31%). Em outros partidos preservou-se mais a tradicional liderança de notáveis: 40% dos membros do parlamento eram advogados e 18%, grandes proprietários fundiários (Ioanid, 1990, 39, 70-2). A primeira linha da Tabela 8.1 do Apêndice analisa uma lista de líderes legionários urbanos levados a julgamento em 1934 pelo assassinato de um ex-primeiro-ministro. Mais de um terço eram estudantes, um quarto, funcionários públicos (metade deles professores) e um quarto, profissionais (em sua maioria jornalistas, padres e oficiais).

É uma liderança de classe média, mais de um tipo específico. Muitos sacerdotes ortodoxos eram atraídos pela religiosidade da legião (Nagy-

Talavera, 1970, 287). Encontramos padres em quase todas as relações de legionários, especialmente nas regiões rurais. A Igreja ortodoxa passara a ser a igreja "oficial" do país, mas no século XIX viera a simbolizar a nação oprimida e mostrava-se agora simpática ao nacionalismo proletário — incluindo-se aí o anti-semitismo, expresso aqui pelo próprio patriarca:

> a maioria dos judeus (...) vivia em circunstâncias confortáveis, monopolizando as riquezas do país, o comércio, as casas, as cidades etc. Com o máximo refinamento, instigavam e cultivavam o germe da corrupção social e outros males; e haviam adquirido o monopólio da imprensa, a qual, com evidente ajuda estrangeira, promovia uma sinistra campanha contra a própria alma da Romênia. (...) Muitos judeus (...) chegaram como uma enchente durante a guerra e depois dela, e com isto haviam começado a pôr em risco a própria existência de todos os romenos e cristãos. (...) O destino do pobre povo romeno, de cujos ossos os judeus espremiam a própria medula, fazia-nos chorar de misericórdia. Defender-se era um dever nacional patriótico, e não anti-semitismo.

Ele sugeria medidas de deportação coercitiva, reassentamento dos judeus na África, na Austrália e na Ásia ou ainda "alguma outra ilha" (Vago, 1975, 235 e seguintes).

Codreanu afirma que inicialmente a maioria dos padres mostrava-se hostil, mas a partir de meados da década de 1930 muitos acolheram a legião em suas aldeias, concordando em consagrar seus estandartes e suas paradas (Vago, 1975, 209; Veiga, 1989, 264; Ioanid, 1990, 71, 139-48). Os advogados também estavam super-representados em algumas relações de líderes. Sua profissão fora inflada — o que poderia ser remediado com a expulsão dos advogados judeus (como propunha a legião). Mas até metade dos advogados fascistas eram na verdade funcionários governamentais — o que nos leva ao mais super-representado grupo da classe média, os funcionários públicos. Como em outros países, os funcionários públicos foram proibidos de se filiar ao movimento fascista, o que na Romênia, todavia, não parece tê-los impedido. Uma rede de "militância secreta" assistia a legião nas sedes de prefeituras e nas delegacias de polícia de todo o país. O Estado estava profundamente dividido (Veiga, 1989, 125-6) — mais um Estado dual. A embaixada britânica informava que o judiciário e a polícia mostraram-se complacentes com a legião ao longo da década de 1930 (Vago, 1975, 181, 191, 209). Não eram apenas as dificuldades econômicas que moviam os funcionários públicos em direção ao fascismo.

Heinen (1986, 458) afirma que o cerne do movimento legionário estava nas "camadas intermediárias voltadas para o Estado". Sugar (1971, 150-3) enfatiza a importância dos soldados, dos funcionários públicos, dos professores, inclusive universitários, e do clero em todos os fascismos dos Estados que se sucederam ao Império dos Habsburgo. Ele considera que isto indicava a existência em toda a região de fortes vínculos entre o fascismo e Estados burocráticos "inflados", escolas ultranacionalistas, Igrejas "corporativo-cristãs" e veteranos militares. Pudemos observar a mesma clientela nuclear em todos os fascismos europeus, embora a Romênia efetivamente pareça ter sido o caso extremo. Se somássemos os funcionários públicos, os professores do sistema estatal e metade dos advogados, teríamos algo entre 25 e 50% dos indivíduos constantes de todas as relações de legionários, com a exceção dos insurretos de 1941, que eram mais proletários (ver adiante). Os funcionários públicos representavam menos de 10% da força de trabalho da Romênia. Em contraste, a legião tinha poucos representantes da burguesia produtiva ou da pequena burguesia: empresários, gerentes e colarinhos-brancos do setor privado, além de pequenos comerciantes (embora também apareçam eventualmente artesãos). Mais uma vez, temos um fascismo profundamente estatista em sua clientela nuclear.

A legião também era amplamente apoiada pelos intelectuais. Já era forte a presença do anti-semitismo racial na *intelligentsia* do país, que não raro considerava diametralmente opostos os judeus e a nação romena. Era comum a distinção entre as "classes produtivas" romenas e o "sujo mundo dos negócios", dominado pelo capital judaico "usurário", "bancário" e "vagabundo", assim como a solução proposta — uma Romênia "desembaraçada" ou "desinfetada" dos judeus. A legião tomou de empréstimo tudo isto, mas conferiu ao anti-semitismo um lugar numa luta nacional mais ampla contra o comunismo soviético e a exploração ocidental. Como em outros países, os fascistas apressaram-se a explorar as modernas técnicas de propaganda. Na iconografia legionária, os símbolos do judaísmo eram cuidadosamente escolhidos: "Primeiro veio o *rabino*, a força oculta, depois o *banqueiro* e em seguida o *jornalista*" (Volovici, 1991, 66).

À medida que o fascismo se disseminava, eram atraídos intelectuais mais proeminentes. Mihai Manoilescu foi um dos mais famosos economistas do século. Herdeiro de uma família rica, foi diretor do Banco Central e ministro da Indústria em vários gabinetes do entreguerras. Inicialmente liberal, desenvolveu as políticas romenas de tarifas e substituição de importações, como explica em seu livro *The Theory of Protection and International Trade* (1931). Fundou em 1933 um partido político, a Liga Corporativista Nacional, e explicou sua filosofia em *The Century of Corporatism* (1934). Nele, fazia uma proclamação que ficou famosa: "O século XX será o século do corporativismo, assim como o século XIX foi o do liberalismo." "O século XIX conheceu a solidariedade econômica de *classe*. O século XX conhecerá a solidariedade econômica das *nações*" (sentimento bastante simplificador que parece estar sendo retomado por muitos sociólogos hoje). Inspirando-se na direita alemã e na italiana, Manoilescu sustentava que os países mais pobres da periferia européia poderiam alcançar a liberdade e o desenvolvimento por meio de um corporativismo "puro e integral" direcionado pelo Estado, uma "obra de engenharia planejada", regulamentando com autoridade todo conflito social. Seria assim inaugurado o que chamava de "socialismo das nações". Os conflitos de classe "artificiais e temporários" do século XIX seriam transcendidos por uma transformação nacionalista das "escalas de valores morais e sociais". O corporativismo acabaria integrando "todas as forças espirituais, morais e materiais da nação".

Manoilescu continuou a se encaminhar para a direita, assim como seu pequeno partido. Seu livro *The Single Party*, publicado em 1936, abandonava essa visão algo inocente do corporativismo. Agora o corporativismo devia "ser mantido sob tutela (...) [pelo] partido único", pois "a necessidade biológica que determina que cada povo organize sua vida em sua totalidade implica a idéia de unicidade do corpo político do poder supremo". Suas principais referências agora eram Alfred Rosenberg e Carl Schmitt (já agora um nazista), e ele também citava Mussolini, Hitler, Goebbels e Salazar. Não se sabe ao certo se Manoilescu efetivamente aderiu à legião, mas era já universalmente visto como um de seus esteios. Em 1940, ele propôs um "novo tradicionalismo" e um "retorno às verdades ancestrais": "A hierarquia, a união e o amor entre os irmãos do mesmo sangue e do mesmo credo" levariam a uma nova era de "nacionalismo totalitário". Ele propunha a "romenização" do capital, contra o "poder judaico" e o "capital estrangeiro" (Volovici 1991, 159-62; Heinen, 1986: 180-2).[1] Ele se tornara um fascista. Por algum tempo, manteve uma relação incerta com a legião, pois era o ministro do Exterior odiado por ter assinado o tratado de 1940 pelo qual Hitler privara a Romênia da maior parte de seus ganhos territoriais de 1918. Mas no início de 1941 foi nomeado para a chefia da recém-criada "Equipe Econômica Geral" do governo legionário (Ianciu, 1998, 108).

O mais destacado intelectual romeno era Mircea Eliade, o teórico das religiões comparadas (que faria posteriormente brilhante carreira nos Estados Unidos). Em 1934, ele apoiava o "romenismo", "o desejo de um Estado orgânico, unitário, étnico e justo". Em 1936, já não se mostrava tão justo: "Estamos esperando uma Romênia nacionalista, exaltada e chauvinista, armada e rigorosa, impiedosa e vingativa." No ano seguinte, publicou "Por que acredito na vitória do movimento legionário":

> Embora todas as revoluções contemporâneas tenham por objetivo a *tomada do poder* por uma classe social ou uma pessoa, a suprema meta da revolução legionária é, como disse o Capitão, a *salvação do povo*, a reconciliação do povo romeno com Deus. Por isto é que o sentido do movimento legionário levará não só à restauração das virtudes de nosso povo, a uma Romênia valorosa, digna e forte; criará também um *novo homem*, sintonizado com um novo *tipo de vida* na Europa. (Volovici, 1991, 85, grifos de Eliade.)

Depois da invasão da Polônia pela Alemanha em 1939, um amigo anotou em seu diário: "Mircea mais germanófilo, mais antifrancês e anti-semita do que nunca. Diz sobre a Romênia: 'Melhor um protetorado alemão do que uma Romênia invadida pelos *yids*'" (Ianciu, 1998, 17). Os muitos admiradores de Eliade no Ocidente têm ignorado cuidadosamente o seu fascismo.

Emil Cioran, outro importante escritor romeno, era mais extremado em seus pontos de vista. Muito influenciado pelo nazismo, proclamava:

> A hostilidade aos estrangeiros é tão característica do sentimento nacional romeno que as duas coisas serão sempre inseparáveis. A primeira reação nacional do romeno não é o orgulho pelo destino da Romênia ou o sentimento de glória (...) [como no] patriotismo francês, mas a revolta contra os estrangei-

ros, freqüentemente expressa em xingamentos e às vezes cristalizada num ódio irremovível. (...) Vivemos sob o jugo de estrangeiros durante mil anos; não odiá-los e não eliminá-los seria evidenciar ausência de instinto nacional.

O que se precisava era de uma "revolução nacional", cuja violenta função de expurgo foi exposta com deleite por Cioran:

> Uma liberação de forças irracionais, de fanatismo e violência, a consecução imperialista do destino nacional. Todos os meios são legítimos quando um povo abre caminho no mundo. Terror, crime, bestialidade e perfídia só são vis e imorais na decadência, quando servem para defender um vazio de conteúdo; por outro lado, quando contribuem para a ascensão de um povo, constituem virtudes. Todos os triunfos são morais. (...) A Romênia precisa de uma exaltação que chegue ao fanatismo. (...) A fanatização da Romênia é a transfiguração da Romênia. (Volovici, 1991, 128.)

O fascismo parece ter atraído mais intelectuais na Romênia do que em qualquer outro país. Obteve a adesão de boa parte da "Geração de 1922", grupo de estudantes de literatura que se tornaram destacados escritores. Eliade e Cioran tornaram-se entre eles os fascistas mais conhecidos. Dois membros do grupo não aderiram e nos deixaram relatos sobre a conversão dos demais. Sebastien não aderiu porque era judeu. Falava do movimento dos antigos companheiros como uma "conversão religiosa". Eugène Ionesco não aderiu porque era mais francês do que romeno do ponto de vista cultural. Escreveria mais tarde uma peça sobre os amigos, sem no entanto mencionar o fascismo ou a Romênia. Em *O rinoceronte* (1960), os habitantes de uma cidadezinha aparentemente francesa transformam-se absurdamente em rinocerontes. Esta transformação surrealista é desejada pelos próprios mutantes, simplesmente porque querem adaptar-se ao rebanho. Só conseguem explicar sua decisão com banalidades do tipo "Temos de acompanhar as mudanças da época". Em 1970, Ionesco confirmou que a sátira visava a seus ex-amigos na Romênia: "Os professores, estudantes e intelectuais tornaram-se nazistas, guardas de ferro, um após o outro (...) No início, não eram nazistas (...) um de nossos amigos dizia: 'Não concordo com eles, embora em certas questões admita o que eles dizem, como por exemplo no caso dos judeus', etc. Era o sinal.

Três semanas depois, ou dois meses depois, este homem tornava-se um nazista. Vestia o uniforme, aceitava tudo, tornava-se um rinoceronte" (Ianciu, 1998, 14-17). Os *slogans* vazios da modernidade ainda dominam a política, como sabemos, mas tendem hoje a ser de centro — a "ponte para o século XXI" de Bill Clinton, o "novo" tudo de Tony Blair. Os fascistas sabiam manusear essas banalidades à perfeição no entreguerras.

No período de 1934 a 1937, a legião também evoluía para a respeitabilidade, começando a atrair personalidades da sociedade como o príncipe e diplomata Michel Sturdza e o general Gheorghe Cantacuzino-Granicerul. Os governos começavam a envergar sua indumentária e tentavam "romenizar" a economia, estabelecendo quotas de emprego para judeus e outros estrangeiros em todos os setores. Foram inclusive iniciadas negociações entre a legião e o Partido Camponês Nacional, em busca de um programa progressista comum. Seu líder, Iuliu Maniu, foi testemunha da defesa no julgamento de Codreanu em 1938. A influência da legião na *intelligentsia* conferiu ao fascismo uma forte influência subterrânea na classe dirigente como um todo. Esses governos sentiram-se cada vez mais atraídos pelas idéias fascistas, ainda que reprimindo os fascistas na prática.

Mas a legião também se foi tornando cada vez mais populista. Sua militância centrava-se nas chamadas Excursões Populares mostradas no Mapa 8.2. O sucessor de Codreanu, Horia Sima, professor de literatura da província fronteiriça de Banat, faz um relato a respeito em suas memórias (1967, 33, 199-205). As primeiras excursões demandavam sobretudo o coração rural do país. Ninguém podia assumir uma posição oficial no movimento sem ter participado das excursões. Alguns dos "ninhos" da legião tornaram-se campos de trabalho envolvidos em projetos de desenvolvimento rural. Na década de 1930, surgiram esporadicamente na Europa Central campos de trabalho juvenis. Jovens idealistas de extração urbana mobilizavam-se para consertar estradas, escolas e igrejas. Os legionários canalizavam esse idealismo para a política concreta do fascismo. Seus campos eram administrados por estudantes e pessoas com capacitações artesanais e de classe média — o primeiro contingente estudantil surgido no pós-guerra. Um dos projetos de construção de igrejas mobilizou 636 pessoas, das quais 69% eram camponeses locais, 11%, operários, 8%, artesãos, 5%, estudantes e 4%, profissionais e funcionários públicos.[2] Em outro campo, os elementos vindos de outras regiões estavam equilibradamente divididos entre estudantes, profissionais e operários. A Tabela 8.1 do Apêndice fornece, na linha 2, detalhes sobre a participação de elementos vindos de outras regiões num campo maior. Neste caso, um terço era de estudantes, um quarto, funcionários públicos, e havia grupos de profissionais, operários e camponeses. Os camponeses comparavam o idealismo desses rapazes e moças aos projetos governamentais geridos por notáveis corruptos. O que pode parecer mera retórica romântica tinha um real efeito prático. Eram estes fascistas empenhados em boas ações, e com toda evidência se compraziam nisto. Levavam-se a sério.

A segunda fase de excursões ocorreu entre 1936 e 1937, com o *slogan* "Misturemo-nos aos trabalhadores", passando a enfocar a classe operária urbana. O socialismo romeno era fraco, chegando a seu máximo desempenho eleitoral de 6% em 1931 e voltando a declinar. Foi prejudicado por sua ligação com os judeus e o Comintern — que apoiava as reivindicações russas sobre a Bessarábia. O fascismo pôde então apropriar-se de boa parte de sua clientela. Como na Hungria, o socialismo cedeu até alguns "guetos" operários ao fascismo (embora no caso romeno os dados sejam menos claros). Em 1938, o Corpo Legionário de Operários de Bucareste tinha 8 mil membros, com um "esquadrão da morte" de 3 mil homens. Há quem sustente (embora eu não tenha tido acesso a dados concretos neste sentido) que esses membros eram especialmente recrutados na indústria de armas e nos transportes (especialmenrte táxis, bondes e ferrovias) e que eram em sua maioria camponeses recentemente urbanizados (Weber, 1966a, 548-9; Heinen, 1986, 395-6; Vago, 1987, 309; Ioanid, 1990- 71, 169).

Esse fascismo proletário tinha o forte sentimento de que o inimigo a ser enfrentado era "estrangeiro" e "judeu". Dorian (1982, 126) considerava que não demoraria a se decepcionar:

> Os trabalhadores e o campesinato aderiram na convicção de que suas queixas seriam atendidas quando o capitalismo desaparecesse, sem saber que, quando a Guarda de Ferro falava de "exploradores", estava se referindo apenas aos... judeus.

Alguns historiadores comunistas têm sustentado que a legião dependia de subsídios de capitalistas, o que no entanto parece improvável. Os capitalistas eram em sua maioria judeus ou estrangeiros. A legião recebia algum dinheiro da Alemanha (menos do que sua rival anti-semita e protofascista, a LANC) e algum também de capitalistas pró-alemães. Outros elementos ligados ao regime, entre eles o próprio rei Carol em determinada ocasião, tratavam de contribuir quando precisavam usar a legião para seus próprios fins. Mas o financiamento provinha em esmagadora maioria de seguidores do partido (Heinen, 1986, 337-41; Watts, 1993). Os *slogans* corporativistas de harmonia entre as classes produtoras adotados pela legião poderiam ter interessado os capitalistas se estivessem mais seriamente ameaçados pelo socialismo, mas o resto da classe superior tendia mais para o autoritarismo conservador. Ao longo de sua breve e sanguinolenta existência, a legião foi alternadamente usada e reprimida por elites governantes que haviam aprendido alguma coisa com os golpes de Mussolini e Hitler.

ELEITORES LEGIONÁRIOS: CLIENTELAS DE NACIONALISMO DE ESTADO

A legião constituiu um partido de fachada, "Todos pelo País" (TPT), para participar da eleição de 1937. E entrou em aliança tática com os partidos liberal e comunista, que estavam fora do poder. Juntos, passaram a atacar a "corrupção" do regime, convenientemente personificada na permissividade moral do próprio rei Carol. Suas estreitas relações com uma rica *camarilla* da corte e a existência de uma amante judia eram do conhecimento público. Sima afirmava que Codreanu identificara três exploradores das massas: primeiro os comunistas, depois os judeus e finalmente o "político sujo" (1967, 44). A legião era versada em técnicas modernas de propaganda eleitoral, especializando-se em charges e caricaturas nas quais comunistas, judeus e políticos eram apresentados como dragões, monstros, demônios ou aranhas, enfrentando em combate o Arcanjo Miguel, em geral representado com as belas feições de Codreanu. Em suas marchas pelo interior do país, os legionários cantavam:

> O país nos convoca, Ó irmãos cristãos,
> A lutar e libertá-lo das muitas sanguessugas,
> Perversões que se disseminam nos palácios,
> Os *yids* que roubam nossas riquezas.
> (Volovici, 1991, 174-5)

Note-se a ligação da religião com a exploração étnica e de classe.

Essas técnicas surtiam efeito. Sturdza (1968, 103) atribui o sucesso de seu partido na eleição de 1937 ao idealismo legionário e a sua anunciada intenção de expurgar as "corrupções de impurezas" do país:

> Eles entravam nas aldeias em formação ordenada, reuniam-se em frente à igreja, ajoelhavam e oravam, para em seguida se erguerem, cantando. Os camponeses contemplavam com amor e admiração aqueles rapazes que não os importunavam com os discursos bombásticos dos políticos profissionais, limitando-se a orações fervorosas e canções de fé e heroísmo que todos entendiam e aprovavam.

Embora Sturdza exagere um pouco nas tintas, esse tipo de auto-apresentação provavelmente tinha mesmo um certo efeito. Eles efetivamente viviam com simplicidade e não eram corruptos, eram espancados pela polícia e traziam uma mensagem de devoção e progresso, por um lado, e, por outro, de ódio aos opressores estrangeiros. Os principais motivos para não votar neles provavelmente eram sua ingenuidade e carência de experiência e influência políticas. A legião não fazia parte dos esquemas influentes de clientelismo. A corrupção tinha sua recompensa política.

Em sua maioria, as interpretações sobre o eleitorado da legião escoram-se na análise, feita por Weber (1966a), dos votos dados na maioria dos condados da Romênia (por exemplo, Barbu, 1980; Veiga, 1989, 105-21; Ioanid, 1990, 64). Weber observou que a legião se havia "aproximado do povo" inicialmente em regiões pobres de "aldeias livres" históricas nas quais os camponeses tinham relativa liberdade para se organizar. Nelas é que acreditava estarem concentrados os votos legionários — nos distritos mais pobres e atrasados do país. Todavia, Heinen (1986, 403-14), dispondo de dados mais completos, demonstra o contrário: correlações ecológicas positivas entre o voto legionário e a alfabetização ($r = 0{,}27$) e a presença de aparelhos de rádio ($r = 0{,}22$), e uma correlação negativa com o índice de mortalidade infantil (r –0,19). Observa também que 11 dos 22 condados mais industrializados eram redutos legionários, assim como dez dos vinte condados de maior índice de florestamento, nos quais funcionavam grandes indústrias madeireiras. No cômputo geral, ele considera que a legião atraía votos em áreas mais desenvolvidas social e economicamente. Foi o principal rival da legião à direita, o PNC (nacionalista autoritário e anti-semita, mas não fascista), que melhor se saiu em regiões camponesas atrasadas. A legião crescera inicialmente tomando votos em regiões rurais mais avançadas às formações que haviam antecedido o PNC, a LANC e outros partidos anti-semitas. Mas Heinen não encontra nenhuma relação entre o voto fascista e a densidade populacional ou a malha rodoviária. A relação entre fascismo e nível de desenvolvimento é positiva mas inexpressiva.

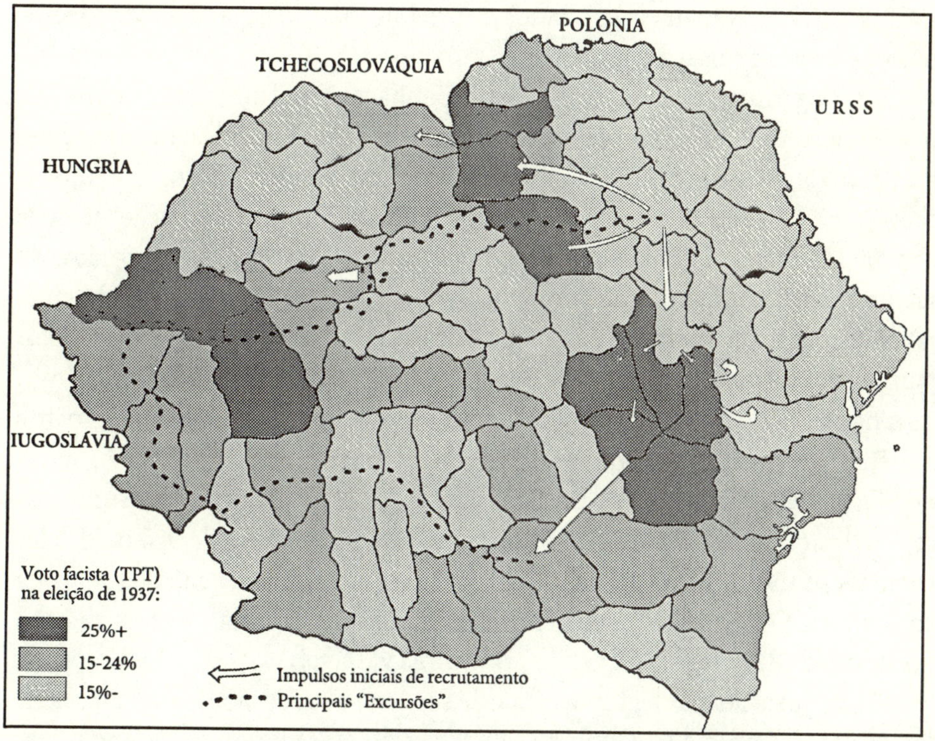

Mapa 8.2. Romênia: condados de forte presença fascista.

Para entender melhor a base social do voto fascista, devemos retornar ao Mapa 8.2. Vemos que o voto legionário se concentrava em três grupos regionais. O primeiro, no centro-norte: a província de Bukovina (perto da Polônia) votava desproporcionalmente na legião, assim como os condados vizinhos na Moldávia do Norte, na Transilvânia e em Maramures. Era a região de mais forte penetração da LANC quando nela ainda se encontrava

Codreanu. Os dez deputados eleitos por ela para o parlamento em 1926 (entre eles o pai de Codreanu) eram do centro-norte. O segundo grupo estava no centro-oeste, abrangendo a maior parte de Banat e Crisana-Maramures e a região ocidental da Transilvânia. O terceiro grupo estava no sudeste, abarcando a região sudeste da Moldávia e o nordeste da Muntênia, inclusive a capital do país, Bucareste (onde a legião recebeu 22% dos votos). Nas zonas setentrionais desse grupo também se havia verificado o maior índice de votação na legião nas primeiras eleições de que participou, em 1931 e 1932 (Codreanu, 1990, 299, 321). Não havia condados de predominância isolada do voto legionário. Ele se expressava em grupos.

Esses agrupamentos de votos acompanhavam as fronteiras provinciais históricas, o que de certa forma reduz as correlações lineares com os índices de desenvolvimento, como os apresentados por Heinen (encontraremos o mesmo efeito redutor na Espanha no próximo capítulo). A votação de duas províncias e da capital pode na verdade explicar as correlações econômicas de Heinen. A mais alta votação provincial da legião, 24%, deu-se na Bukovina, razoavelmente próspera, ao passo que Bucareste era a mais próspera de todas. Numa província muito pobre, a Bessarábia, somente 5% dos eleitores votaram nos fascistas. Se deixarmos de lado estas três, desaparece completamente a correlação entre o fascismo e o desenvolvimento econômico. Nos 57 condados restantes, a votação nos fascistas não tinha relação com o consumo *per capita* de açúcar, o número de rádios *per capita*, o consumo *per capita* de eletricidade, o índice de mortalidade infantil e o percentual de trabalhadores na agricultura. O nível de desenvolvimento não explica muita coisa. A votação nos fascistas deve ter sido afetada por outras variáveis.

A organização dos legionários pode ser uma explicação dos agrupamentos de votos. Como a legião tinha pouco acesso ao rádio ou aos grandes jornais, não era capaz de atingir de uma só vez o país inteiro. Precisava recorrer a redes de "ninhos", marchas, "excursões", campos de trabalho e às ações de panfletagem e boca-a-boca em nível local. Quando um ninho ultrapassava o limite de 16 pessoas, formava-se um outro, e logo mais outro, de tal modo que os ninhos gradualmente se disseminavam. Ou então, um campo de trabalho montado por legionários imigrantes recrutava elementos locais para formar seus próprios ninhos. O Mapa 8.2 mostra uma relação entre o proselitismo que antecedia as eleições e a votação fascista. Na maioria dos casos, os agrupamentos regionais de votos, à exceção do caso do extremo sudeste, ocorriam em áreas que haviam sido desde cedo centros de atividade legionária. O agrupamento do sul em grande parte mudou de rumo, tendo sido objeto de poucas excursões. Naturalmente, a legião optava por fazer proselitismo nas áreas onde esperava encontrar um público receptivo.

Dois tipos diferentes de receptividade parecem ressaltar no mapa: áreas de nítida mistura étnica e áreas de razoável grau de industrialização (dados étnicos e econômicos do Institul Central de Statistica 1939-40). Os efeitos desconcertantes do fator étnico revelam-se a principal causa de redução da correlação da votação fascista com o desenvolvimento econômico. O fascismo era apoiado antes por elementos de etnia romena do que pelas minorias — alemães, magiares, ucranianos, búlgaros, szeklers, ciganos ou judeus. Nas regiões de pouca presença romena, vamos encontrar poucos eleitores fascistas. Somente em dois dos 19 condados nos quais os romenos constituíam menos de 50% da população a legião efetivamente conseguiu uma votação (ligeiramente) acima da média, e no conjunto destes 19 obteve menos de metade da média da votação nacional. Todavia, os dez redutos legionários (ou seja, com 25% dos votos ou mais) tinham em média apenas 62% de romenos, contra uma média nacional de 72%. Desse modo, a legião costumava obter mais votos nos condados em que havia quantidades consideráveis *tanto* de romenos quanto de etnias minoritárias consideradas "ameaçadoras" pelos nacionalistas romenos.

Heinen não constatou uma correlação significativa entre a votação fascista e o número de judeus. Os judeus viviam sobretudo no norte e em Bucareste. Representavam 4% da população nacional, mas apenas 3% na Transilvânia, 2% na Mutênia e menos de 1% na Oltênia e em Dobroja. Mas eram 12% da população em Bucareste, 11% na Bukovina e 7% na Bessarábia. Nestas regiões, também eram urbanos: 14% da população das cidades romenas, 30% das cidades da Bukovina, 27% da Bessarábia, 23% da Moldávia (sobretudo no norte da região), 12% em Bucareste e 10% das cidades da Transilvânia (sobretudo no norte). Dominavam o crédito e o comércio — 70 a 80% deste setor na Bukovina e na Bessarábia, assim como em algumas cidades do norte da Moldávia e em Mamures. Mas o fascismo não era eminentemente setentrional. E no norte, as províncias com mais judeus — Bukovina, Bessarábia e a maior parte do norte da Moldávia — representavam os dois extremos do apoio aos fascistas: alto na Bukovina, baixo nas duas outras. Estas áreas tinham em comum antigas tradições de anti-semitismo, inclusive pogroms. Também tinham muitos romenos (e a Bessarábia, que não era majoritariamente fascista, tinha mais romenos). Por que terá sido o fascismo forte na Bukovina mas fraco na Bessarábia e no norte da Moldávia? O fascismo não poderia ter simplesmente oposto os romenos aos judeus.

Embora os fascistas romenos efetivamente vissem os judeus como uma "ameaça", o fato é que os fascistas prosperavam sobretudo em áreas nas quais havia um segundo inimigo étnico associado a um antigo poder de Estado: magiares nas províncias até então húngaras e alemães nas áreas que haviam pertencido ao Império Austro-Húngaro. Os "austro-germânicos" habitavam sobretudo as cidades da Bukovina oriental, de Arad, em Banat, e de Nasaud, no nordeste da Transilvânia. Nestas cidades havia alemães, consideráveis comunidades judaicas e nacionalistas romenos mobilizando os camponeses próximos. Como resultado, era relativamente alta a votação fascista.

Livezeanu (1995, Capítulos 2 e 3) mostra que a partir de 1918 o anti-semitismo fundiu-se na Bukovina com um novo nacionalismo romeno voltado contra os antigos dominadores austro-germânicos, que haviam imposto sua língua no Estado. Rendendo-se os exércitos austríacos, os nacionalistas se apoderaram das instituições locais de governo, exigindo que a Romênia se recusasse a incorporar direitos de minorias à Constituição (como exigiam os Aliados). Os nacionalistas não o conseguiram, mas efetivamente se asseguraram do controle da administração local, pondo fim ao domínio alemão e judaico na educação pública. Uma campanha para ensinar e usar a língua romena nas instituições públicas era agora lançada por profissionais, o exército e os padres ortodoxos. Era a habitual clientela nuclear nacional-estatista do fascismo voltada contra os antigos "opressores", judeus e alemães. Assim, o anti-semitismo histórico fundiu-se com um novo nacionalismo de Estado, estimulando o fascismo. Na verdade, os movimentos anti-semitas locais (LANC e PNC) começaram a envergar vestimentas fascistas para competir com a legião (Vago, 1975, 167).

Mas nem todos os germanófonos da Romênia eram vistos como inimigos. No leste da Transilvânia, região em grande medida alheia ao fascismo, havia uma população "saxônica", constituída sobretudo de comunidades rurais que haviam migrado da Alemanha há séculos. Perto dela encontrava-se outra minoria rural há muito estabelecida e isenta do fator "ameaça", os szeklers, grupo étnico de origem desconhecida. Como nenhuma das duas comunidades estivera ligada no passado a um Estado opressor, suas relações com os nacionalistas romenos eram muito cordiais. Nenhuma das duas minorias endossava o irredentismo, nem era vista como exploradora dos romenos. Os nacionalistas romenos diziam que os szeklers eram antigos romenos "submersos", e por isso podiam ser assimilados à nação. Os romenos e os saxões haviam chegado a um acordo para a concessão de um certo grau de autonomia local no contexto de um Estado romeno incontestado. Os agricultores romenos da região também atribuíam sua prosperidade em parte ao fato de terem aprendido técnicas agrícolas mais avançadas com os fazendeiros saxões (Verdery, 1983; Ronnas, 1984, 127). Nestas áreas, os nacionalistas romenos eram moderados, e poucos se tornavam fascistas. Os condados szeklers tinham muito pouca probabilidade de votar na legião. O saxões efetivamente passaram a mostrar-se mais receptivos às influências nazistas alemãs à medida que se aproximava a guerra, o que compeliu alguns deles para a legião, e, durante a guerra, para as SS.

A outra grande "ameaça" étnica era representada pelos magiares, que haviam estado no poder. Na Transilvânia ocidental, em Maramures e em Crisana-Banat, os romenos haviam sido servos dos proprietários fundiários magiares durante séculos. Nestas regiões, muitos magiares apoiavam as reivindicações revisionistas da Hungria na fronteira. Assim, os nacionalistas locais exigiam uma agressiva romenização nas escolas e a instauração de um Estado-nação unitário (Livezeanu, 1995, Capítulo 4). Este conflito remontava ao século XVIII. Nessa época, o centro da resistência romena à tentativa dos Habsburgo de impor a "Igreja Uniata" na Transilvânia estivera nos condados de Hunedora, Alba e Sibiu (Verdery, 1983, 118).[3] O Mapa 8.2 mostra que esses condados eram agora desproporcionalmente fascistas. Heinen constatou em toda a Transilvânia uma correlação negativa entre a votação fascista e o tamanho da congregação uniata local ($r = -0{,}38$) — sem dúvida um fascinante resíduo histórico. Maramures assistira muito cedo a distúrbios legionários e anti-semitas, abrigando em sua capital a maior proporção de falantes do iídiche na Transilvânia (Livezeanu, 1995, 290-5). Também tinha tantos húngaros quanto romenos. Cabe assinalar o baixo índice de votação fascista em dois condados húngaros da fronteira, Salaj e Satu Mare. Em nenhum dos dois havia muitos judeus, enquanto os romenos constituíam menos de 25% de suas populações urbanas.

Desse modo, a legião prosperava no confronto direto entre uma ampla população romena e *dois* "inimigos" étnicos predominantemente urbanos, um deles judeu, o outro, uma antiga nacionalidade dominante. Podia, assim, amalgamar o nacionalismo e o anti-semitismo no fascismo. A Bessarábia, portanto, não era solo fértil para os fascistas. Não carecia de judeus nem de anti-semitismo (tinha-os mesmo em abundância), mas de outros inimigos étnicos. É bem verdade que fora uma província russa antes da guerra, quase se declarou favorável aos sovietes em 1918 e voltou a cair em seu poder em 1940, causando indignação nacionalista nos romenos. Mas a burguesia romena do território não era muito nacionalista. A maioria de seus membros falava russo e associava a língua romena ao campesinato "atrasado" local. Preferia agora a Romênia à União Soviética, mas antes por evidentes motivos de classe do que nacionalistas. Como os poucos comunistas eram desproporcionalmente judeus, o anti-semitismo era fomentado. Mas a burguesia romena local na verdade queria mais autonomia para a província e laços mais fortes com a província vizinha da Moldávia (as duas tinham uma história comum), e não com o Estado-nação romeno como um todo. Assim, o nacionalismo de Estado não se desenvolveu entre os romenos da Bessarábia. Eles apoiavam a LANC e o PNC, com seu anti-semitismo, mas não o fascismo (Shapiro, 1974, mapa 1). O mesmo se verificava no norte da Moldávia. A votação na LANC e no PNC em toda a Romênia efetivamente *estava* em correlação com a proporção de judeus na população (r = 0,23; havia sido de 0,46 em 1933). Em ambas as áreas o medo burguês da União Soviética também levantava suspeitas em relação à legião "revolucionária" — que supostamente estaria sendo infiltrada pelos comunistas. O que atraía ou repelia era globalmente a ideologia fascista da legião, e o seu anti-semitismo era vinculado a uma concepção mais ampla do Estado-nação proletário.

Mas esta argumentação só funciona no caso dos dois agrupamentos fascistas do norte e do oeste. O agrupamento do sudeste era mais solidamente romeno: nele, só em Covurlui havia muitos judeus (quase 10%), e em nenhum caso minorias dignas de nota. Em Tulcea havia russos e búlgaros, mas poucos judeus, ao passo que a capital tinha muitos judeus, mas poucos representantes de outras minorias. Um segundo tema, o estatismo, provavelmente tinha mais importância na capital e nas regiões industriais. As indústrias avançadas estavam aglomeradas em Bucareste e Brasov, e a indústria petrolífera estava quase toda em Prahova, beneficiando-se ambas de políticas de substituição de importações e favorecendo a doutrina estatista (Ronnas, 1984, 118-20). Weber (1966a, 110-11) afirma que dois condados rurais de tendências fascistas (Putna e Covurlui) abrigavam muitas das "aldeias livres" históricas, tendo podido organizar na década de 1930 uma resistência local a empresas florestais e madeireiras (embora em dois outros desses condados por ele mencionados não houvesse muito apoio à legião). Eram esses alguns dos condados legionários mais pobres — exatamente como os condados do sul da Valáquia (Dolj, Teleorman e Vlasca) que segundo ele ostentavam velhas tradições de socialismo camponês. Eram poucos os judeus em quaisquer desses condados meridionais. Neles, a legião enfatizava um terceiro tema, uma luta de classes entre os camponeses pobres e o capital distante e "estrangeiro" — uma variante do nacionalismo proletário.

Pode parecer um pouco específico demais identificar três motivos de caráter regional para votar nos fascistas. Além disso, esses dados não podem dar certeza. Os condados romenos eram grandes, havendo em alguns deles condições econômicas e étnicas variadas. Em parte alguma a legião obteve oficialmente mais de 36% dos votos de um condado. Seria arriscado tentar deduzir quais os subgrupos locais que votaram nela, mas é provável que ela não tenha "varrido" nenhum grande subgrupo em parte alguma. Todavia, minha análise tende a indicar que em algumas partes do país o fascismo podia ser apoiado como uma forma extrema de nacionalismo. Nas regiões em que os nacionalistas romenos enfrentavam as "ameaças" dos judeus e de uma minoria nacional detentora do poder, muitos encaravam o fascismo de maneira favorável. Em outras regiões do país, muitos apoiavam o fascismo antes como uma defesa do proletariado camponês, como forma extrema do estatismo ou como a defesa necessária para que uma nação "proletária" enfrentasse a exploração estrangeira. O fator classe era muito importante no fascismo romeno, mas vinha filtrado pelo nacionalismo de Estado proletário da legião.

FIM DE JOGO FASCISTA

Os resultados eleitorais não eram nada bons nem para a democracia nem para o rei Carol (Shapiro, 1974). A virada para o fascismo era inconfundível — na verdade, dava continuidade à tendência direitista iniciada em 1929. O Partido Camponês Nacional manteve 20% dos votos, mas já não era tão democrático ou multicultural quanto fora. Os outros partidos minoritários quase democráticos e étnicos conseguiram reunir apenas 10%. O bloco governamental semi-autoritário de Carol conseguiu 36%, constituindo o maior bloco político, mas ainda assim insuficiente para formar um novo ministério. O que veio em seguida não era inevitável. Carol *podia* ter recuado para uma democracia mais liberal, formando uma coalizão entre esses agrupamentos. Mas não era um democrata e não desejava sê-lo. Teve assim de dobrar-se à direita — embora enfrentasse aí a hostilidade da legião. Depois de complexas negociações secretas (com uma aparente tentativa de assumir o comando da legião!), ele convidou um partido rival da extrema direita anti-semita, o Partido Cristão Nacional (com apenas 9% dos votos), a formar o governo. Esperava que pudesse governar com o apoio dos partidos do regime anterior e de alguns outros, sem muitas mudanças. Todavia, os cristãos nacionais vinham tomando de empréstimo roupagens legionárias, e o novo governo declarou-se por uma política externa pró-germânica, pelo corporativismo e por uma "Romênia para os romenos". Tentava agora ampliar a legislação existente para impedir completamente a participação judaica e de outras minorias na vida pública e profissional. Os romenos caminhavam em direção a soluções organicistas, mas não muito violentas.

Mas os novos partidos governamentais careciam de autoridade e tentavam entrar em acordo com a legião. Carol ficou alarmado, temendo que, unidos, pudessem voltar-se contra ele. Dissolveu o parlamento, assumiu plenos poderes e voltou-se violentamente contra a legião. Não houve uma resistência paramilitar imediata. Quatorze líderes, entre eles Codreanu, foram detidos, sentenciados a longas penas de prisão por sedição e sumariamente estrangulados em novembro de 1938 — espalhando-se a inacreditável versão de que haviam morrido tentando fugir. Ficava assim exposta a fraqueza paramilitar do movimento. Embora elementos fascistas fossem mobilizados para assassinar judeus e oficiais, presumia-se que outros fascistas podiam levar adiante a organização em termos abertos e eleitorais. Em sua nova versão declaradamente autoritária, contudo, o regime podia mudar as regras do jogo e acabar de um só golpe com a liderança fascista. Mas não acabou completamente com o fascismo. Na verdade, Codreanu tornava-se agora o mártir cristão/fascista, influente até depois da morte. A legião entrou para a clandestinidade, assassinando o primeiro-ministro responsável pelas matanças de setembro de 1939 (o quarto primeiro-ministro que assassinava, no exercício do cargo ou depois dele). Cerca de 400 proeminentes legionários e suas famílias foram sumariamente executados em retaliação, sendo muitos dos corpos pendurados em postes de rua. Dispomos de dados sobre muitos desses líderes: eram profissionais liberais (especialmente advogados), padres, professores e outros funcionários públicos. Outros militantes urbanos fugiram para a Alemanha e foram aprisionados. O maior grupo de reclusos era de estudantes, seguidos pelos habituais profissionais liberais e funcionários públicos, embora também houvesse alguns operários (linhas 2 e 4 da Tabela 8.1 do Apêndice). Foi em reação a essa segunda onda de repressão que a legião adotou na clandestinidade um paramilitarismo verdadeiramente organizado, coletivo e violento.

Carol havia erigido um regime autoritário semi-reacionário com certas pretensões corporativistas, mas tentou manter uma política externa neutra. Em 1940, estava sob forte pressão da Alemanha. Tendo como vizinhas potências revisionistas (uma delas a URSS comunista), a Romênia precisava de uma aliança com a Alemanha ou com as potências liberais. A França estava descartada, a Grã-Bretanha talvez não sobrevivesse por muito tempo. A contragosto, Carol entrou em aliança com Hitler, a economia romena foi reorientada para o abastecimento da Alemanha e os numerosos alemães que agora trabalhavam no país aumentaram a influência do fascismo. Carol tornou-se mais corporativista. Criou um regime de partido único, o "Partido da Nação", atraiu para ele a legião e intensificou a legislação antijudaica.

Mas foi traído por Hitler. O tratado entre Hitler e Stalin e a política pró-húngara do primeiro levaram a Romênia a perder o norte da Bukovina e a Bessarábia para a URSS e o norte da Transilvânia para a Hungria. Arruinadas as políticas do rei, o general Atonescu forçou sua abdicação, instalando-se como ditador. Não era nenhum amigo da Alemanha, mas acreditava que a Alemanha venceria a guerra, esperando que Hitler acabasse por devolver a

Transilvânia. Como Antonescu era relativamente novo no cenário político, Hitler ainda não sabia se podia confiar nele. Por um certo período, assim, o astuto general governou em conjunção com os fascistas. O novo líder da legião, Horia Sima (amigo de Himmler), foi nomeado vice-presidente do conselho, cabendo aos legionários cinco ministérios, a maioria das diretorias ministeriais e 45 das 48 prefeituras regionais (um indício de sua forte penetração no setor público em todo o país). Dispomos de informações sobre as ocupações anteriores de quarenta desses prefeitos legionários. Dezenove haviam sido advogados no serviço público, 12 eram professores, seis, oficiais do exército e os três restantes, outros tipos de profissionais (Ioanid, 1990, 201-2). A legião também continuou atraindo militantes jovens e instruídos: mais de 18 mil alunos do ensino secundário e mais de 1.100 professores atuavam em suas fileiras em 1941. A legião demonstrava particular interesse por estudantes e aprendizes das escolas de comércio. Com a proibição do partido comunista, a legião também passou a monopolizar a organização dos operários. O Corpo Legionário de Operários atuava na maioria das empresas, tendo organizado pelo menos uma grande greve dos mineiros (Ioanid, 1990, 72; Hitchins, 1994, 461).

O general Antonescu é às vezes considerado um fascista. Seu histórico até então mostrava apenas um soldado eficiente, honesto mas repressor e ferozmente anticomunista. Embora formalmente endossasse agora um autoritarismo corporativista, era basicamente leal, em última análise, às instituições vigentes, e não a uma nova ordem fascista (Watts, 1993, 275). Era em essência um autoritário semi-reacionário, usurpando certas roupagens corporativistas e fascistas para parecer acompanhar a tendência da época. Seu maior vínculo substancial com os fascistas era o seu nacionalismo primitivo, revelado em seu discurso ao Conselho de Ministros em abril de 1941:

> Devemos inspirar os romenos com o ódio contra os inimigos da nação. Foi assim que fui criado, no ódio aos turcos, aos judeus e aos húngaros. Este sentimento de ódio aos inimigos da nação deve ser levado ao extremo. Assumo a responsabilidade por isto. (Braham, 1998, 15)

Mas esta não era uma família harmoniosa de fascistas. Antonescu ficou alarmado com o radicalismo e a nova violência coletiva de seus aliados legionários, assim como pela alegada entrada de comunistas para a legião. Em novembro de 1940, ficou furioso quando os legionários assassinaram 65 políticos na prisão. Os relatórios da embaixada de Vichy em Bucareste dão farto testemunho da luta entre Antonescu e seu vice-primeiro-ministro, Sima. Antonescu pedia "calma e ordem", Sima, mais "atos de bravura". Sima tratava de infiltrar os ministérios, as universidades, os hospitais e especialmente a "Comissão de Romenização" com "comitês de vigilância" legionários, revigorando as forças policiais com uma polícia legionária auxiliar para impor uma "purificação" da nação. Antonescu tentava subordinar todos esses legionários a seguidores seus. Mas cedia terreno nas políticas adotadas, promulgando medidas de nacionalismo proletário, estimulando a igualdade salarial, atacando os "especuladores" capitalistas e sobretudo expurgando o país dos judeus. Os diplomatas franceses identificavam uma situação "revolucionária", levando a uma completa estagnação e anarquia no governo. Isto, afirmavam, alarmava os políticos sérios e os homens da Igreja e estimulava o "comunismo" dos legionários, que julgavam ser agora recrutados em massa nas "classes mais baixas", ansiosas por esbulhar os judeus e outros "traidores" ricos (Ianciu, 1998, 73-84, 91-2).

Não podia durar. Seguiu-se em janeiro de 1941 uma tentativa de golpe dos legionários. Himmler simpatizou com o movimento, mas Hitler apoiou Antonescu, acreditando-o mais capaz de controlar o país e assim assegurar o fluxo de petróleo romeno para a máquina de guerra alemã. Os legionários chegaram a controlar por pouco tempo a maioria dos prédios públicos de Bucareste e tentaram em vão assassinar Antonescu. A legação britânica enviou para o governo em Londres uma longa lista de unidades do exército que teriam desertado, mas a embaixada francesa mostrava-se mais cética e exata em suas observações. Antonescu convocara os prefeitos legionários a Bucareste, apoderando-se em sua ausência das administrações que dirigiam. Era um general respeitado, e se havia assegurado da lealdade de unidades cruciais do exército nas imediações da capital. Se o rei Carol ainda estivesse no poder, o resultado poderia ter sido diferente. Mas o exército, não obstante certos componentes de desunião, fez frente e lutou. Em tais circunstâncias, o poder militar quase sempre é capaz de derrotar o poder paramilitar — especialmente quando neste é recente a familiaridade com as táticas militares, como acontecia na legião. Depois de algumas tergiversações, Antonescu mobilizou as unidades leais do exército para esmagar os insurgentes — postergando até que a violência dos legionários os desacreditasse aos olhos dos alemães. O novo emissário alemão, Manfred von Killinger, nitidamente trazia ordens de Hitler para esmagar a revolta, e as tropas alemãs deram em desfile militar uma demonstração de força para intimidar os legionários (Ancel, 1993, 228-31; Ianciu, 1998, 111-20). Cerca de 250 legionários foram mortos e 9 mil detidos. As manifestações que deram início à insurreição haviam sido lideradas por estudantes, mas os detidos eram predominantemente proletários, dividindo-se os demais entre representantes da habitual classe média nacional-estatista (linha 4 da Tabela 8.1 do Apêndice).

Os legionários haviam aprendido a mesma lição amarga que a Cruz Flechada: o regime nazista preferia autoritários corporativistas, semi-reacionários e ordeiros a fascistas rebeldes. A legião conseguiu sobreviver a novas ondas de perseguição, infiltrando-se em muitos órgãos governamentais, até ser autorizada novamente a funcionar e a participar abertamente da Solução Final. Mudando na guerra as relações de força, Antonescu também evoluiu, acabando por se aliar aos invasores soviéticos. A legião voltou a se rebelar, assumindo o controle da região ocidental do país e promovendo sua Solução Final particular, até ser neutralizada pelo Exército Vermelho. A vida de violência dos legionários — uma violência que já então se voltava contra eles — parecia ter chegado ao fim.

O governo comunista do pós-guerra mostrou-se surpreendentemente parcimonioso. Antonescu e alguns colaboradores fascistas foram executados, mas o regime de Ceausescu viria mais tarde a usar muitos ex-legionários, ostentando pronunciados sintomas legionários: nacionalismo étnico extremista, eugenia e culto dos camponeses. O fascismo estudantil voltaria a aparecer brevemente após o colapso do comunismo, no início da década de 1990. Mas o Estado forte por enquanto perdeu credibilidade e praticamente não restam judeus no país. Só a presença de uma considerável minoria magiar poderia dar lugar a uma revivescência do nacionalismo romeno orgânico. Mas é possível que o fascismo romeno finalmente tenha chegado ao fim.

CONCLUSÃO

Assistimos na Romênia do entreguerras a uma história globalmente bem conhecida: um ímpeto de estatismo autoritário e nacionalismo orgânico. Mas os responsáveis por esse movimento eram um pouco diferentes. Na Romênia, as elites governantes não eram antigas, mas haviam sobrevivido intactas à guerra. Radicalizando um pouco no sentido nacionalista e estatista, podiam permanecer no poder. O poder militar de Estado mantinha-se firme (por pouco) frente ao poder paramilitar fascista. Um rei e um general trataram de solapar pelas bases a ameaça fascista. Embora eu tenha identificado elementos da habitual "conspiração da classe dominante" contra a democracia, esta classe dominante tentava esquivar-se não só da democracia como também do fascismo. E embora tenha identificado nos fascistas o cerne desse impulso, os fascistas romenos eram diferentes. Havia na verdade duas clientelas nucleares fascistas. Na primeira, alinhava-se a habitual clientela "nacional-estatista" de líderes e militantes, com sua ideologia — embora com o acréscimo, neste caso, de muitos padres. Mas a legião também tinha uma base nitidamente proletária com sua respectiva ideologia, recrutando camponeses pobres e operários industriais — embora não em todas as regiões do país. Assim, o fascismo romeno não era um movimento da burguesia em geral ou da pequena burguesia em particular. Se não tivessem sofrido uma repressão tão incapacitante, os fascistas poderiam ter obtido apoio majoritário do eleitorado. Suas táticas eram mais eleitorais do que paramilitares, pois até um momento bem avançado a violência da legião era mais individual e voltada primordialmente para provocar uma repressão limitada por parte do Estado, que poderia então gerar mais apoio popular.

Mas o fato é que a base de apoio da legião parece uma estranha aliança entre grupos disparatados. Que os terá unido? A legião inicialmente se beneficiou da incapacidade das elites políticas de resolver os graves problemas do país, e mais adiante veio a ser prejudicada por esta mesma incapacidade. Em 1918, os romenos foram contemplados com vastos territórios e a promessa de uma democracia moderna. Mas a realidade é que se tratava de um país desesperadamente pobre, com um amontoado de instituições provinciais conflitantes. Os alicerces políticos eram assegurados pelo antigo regime governante, fortalecido pela vitória na guerra e constituído pela monarquia e por "partidos de notáveis" baseados nas relações de clientelismo, distribuindo cargos oficiais e projetos de desenvolvimento aos clientes. No entreguerras, esses métodos semi-autoritários em toda parte davam sinais de desgaste, minados pela crescente densidade das comunicações e assaltados por ideologias modernizadoras, especialmente o fascismo. A Grande Depressão revelou a incapacidade desses regimes de aliviar as dificuldades, em especial na agricultura. E, como aconteceu em outros países, o ressentimento assumiu formas tanto étnicas quanto de classe.

O rei e a maioria dos notáveis preferiam uma solução antes menos do que mais democrática para os problemas da Romênia. Foram, assim, coniventes com a tendência para o autoritarismo nacional-estatista — exatamente como outros agrupamentos semelhantes em praticamente todos os países da Europa meridional e oriental no entreguerras. Mas não contribuíram diretamente para a tomada do poder pelos fascistas. Em vez disso, trataram de abraçar certos horizontes fascistas, até certo ponto na sincera tentativa de se tornarem mais "modernos", mas também oportunisticamente, para preservar seu domínio pelo emprego de força mais decisiva. Embora os próprios fascistas tenham sido manipulados e expurgados, o fascismo veio a triunfar parcialmente, na medida em que o rei Carol e o marechal Antonescu tomaram emprestadas roupagens fascistas e corporativistas, tornando-se na verdade "companheiros de jornada" do fascismo.

A mensagem central do fascismo falava de um novo caminho, límpido e moderno, a ser aberto por um Estado-nação orgânico. Estavam aqui incorporados elementos da habitual mensagem de transcendência de classe: "dar com as cabeças de uns nas dos outros" por meio da violência paramilitar, e em seguida usar as instituições corporativistas para promover a harmonia nacional. Mas a ênfase do fator classe era diferente em relação aos países mais ocidentais da Europa. Os "bolchevistas" eram fracos demais para ameaçar verdadeiramente a harmonia nacional — exceto na forma do imperialismo russo na Bessarábia. Internamente, a maior ameaça parecia ser a exploração capitalista "estrangeira" do país. A exploração parecia partir basicamente de uma elite econômica estrangeira, especialmente judaica — e Carol, monarca "alemão" com uma amante judia e uma *camarilla* "estrangeira" em sua corte, não pôde afinal evitar ser identificado a ela. A fraqueza do regime estava na conjugação de "estrangeirismo", "corrupção" e "exploração", o que quase permitiu ao fascismo derrubá-lo. Mas o fascismo optou por um caminho para o poder antes eleitoral que paramilitar, até que já era tarde demais. Como o regime preservava o predomínio no poder militar, conseguiu sobreviver pela força.

As cidades, as instituições declaradamente democráticas e a capital assumiam, assim, uma posição ambígua no novo Estado-nação, supostamente representando o futuro moderno da nação, mas ao mesmo tempo apresentando-se como sua antítese estrangeira, cosmopolita e corruptora. Livezeanu (1990; cf. Nagy-Talavera, 1970, 258-60) sustenta que um nacionalismo essencialmente rural, articulado por estudantes de procedência rural, voltava-se agora contra a capital, seu monarca, suas elites, sua burguesia produtiva e seus judeus. Os camponeses e seus filhos haveriam de destruir seu poder, transformando a Romênia num Estado-nação orgânico. Parece algo exagerado. Foi maior o número de camponeses que se mantiveram leais aos partidos mais democráticos do que a legião, embora esta efetivamente obtivesse considerável apoio rural. Mas o fascismo não era exclusivamente rural. Tinha ressonância no setor estatal e no exército e também se tornou popular entre os operários industriais. O socialismo era fraco e "estrangeiro". Mas o capitalismo era judaico, alemão, magiar e grego, tomando emprestado do capital francês. Os trabalhadores romenos, especialmente nas imediações da capital, se haviam beneficiado de políticas estatistas. Apoiavam o Estado-nação mas não o capitalismo. Os capitalistas eram judeus estrangeiros. No momento em que tomou o lugar dos socialistas, a legião tornou-se a única organização coletiva viável aberta aos operários. Os trabalhadores se impregnaram do fascismo como parte de uma barganha coletiva.

Com todos esses elementos se coaduna a inegável força do anti-semitismo na Romênia. Os nacionalistas integravam a ele elementos de populismo radical. Mas só a legião contribuía inicialmente com uma visão mais ampla, supostamente progressista e modernizadora: um senso mais afirmado da nacionalidade, que devia ser subtraída ao jugo dos inimigos que a exploravam, com base numa visão enraizada no passado das potencialidades da alma romena, mas associado a uma visão fascista do futuro. Assim, como vimos no caso dos dados eleitorais, o apoio ao fascismo dependia da presença *combinada* de nacionalistas de Estado e etnias estrangeiras ligadas a potências estrangeiras exploradoras. A "exploração" judaica inspirava o anti-semitismo, mas não era suficiente para gerar o fascismo. Isto dependia da plausibilidade de uma visão mais global, de uma nação proletária "ameaçada" por etnias e nações exploradoras.

Apesar dos disparatados agrupamentos de classe — classe média nacionalista de Estado, operários e camponeses —, o anti-semitismo desempenhou um importante papel no apoio ao fascismo romeno, por motivos mais materialistas e "proletários" do que no caso do nazismo alemão. Dizia-se que os judeus exploravam a nação romena. Desse modo, o anti-semitismo fascista tinha ressonância entre aqueles que se consideravam o cerne explorado do Estado-nação romeno. A legião falava pela Romênia como "nação proletária". Mas seus opressores, embora fossem supostamente "estrangeiros", não estavam primordialmente no exterior. A missão dos fascistas era dentro de casa: expurgar os opressores estrangeiros, fortalecer as fronteiras e com isto alcançar a pureza, a integração e o progresso da nação.

9

A família espanhola de autoritários

A Espanha estava em situação diferente dos países analisados anteriormente, embora não de alguns dos outros países do centro, do leste e do sul da Europa. Toda a família de autoritários espanhóis — semi-autoritários, semi-reacionários, corporativistas e fascistas — opunha-se unida aos democratas e aos esquerdistas. Estes, contudo, ao contrário do que aconteceu no resto da Europa, não cederam, resistindo e lutando. A sangrenta guerra civil de três anos que sacudiu o país terminou com maciços expurgos políticos (e não étnicos) por parte dos vitoriosos, seguindo-se o mais longo regime autoritário de direita da Europa, que durou até a morte do general Franco em 1975. Assim foi que a Espanha teve a experiência de um autoritarismo mais duradouro e de mais ampla base, que chegou ao poder quando tanto os autoritários quanto os democratas já haviam tomado partido, não apenas em eleições, mas também nos campos de batalha. Em conseqüência, enxergamos certas coisas com mais clareza no caso da Espanha.

Entre a década de 1880 e 1923, a Espanha fora um país "semi-autoritário", segundo a definição do Capítulo 2, convivendo de forma autônoma os poderes parlamentar e executivo. As eleições eram realizadas com certas limitações, mas o rei tinha poderes para afastar ministros, propor leis e decretar a lei marcial. Não obstante a multiplicidade de etnias, o país também era altamente centralizado. O sistema de *turno pacifico* ("alternância pacífica") conferia ao monarca poderes para constituir alternadamente ministérios conservadores e liberais. Quando ele decidia promover uma mudança, os chefes políticos locais (*caciques*) eram informados de que o controle do executivo passaria para a oposição. Era assim minada a metade democrática do Estado, pois os *caciques*, ansiosos por continuar mamando nas tetas da viúva, mudavam de lado, garantindo a vitória da oposição — geralmente com baixo índice de comparecimento às urnas em um terço dos assentos fora da disputa (Tusell Gómez, 1976). Com o tempo, entretanto, o esquema do *turno* viria a ser solapado nas regiões mais avançadas pela expansão da industrialização, da alfabetização e do sufrágio, estimulando a mobilização política independentemente dos *caciques*. O socialismo e o anarco-sindicalismo insuflaram o proletariado; movimentos de autonomia regional surgiram entre os catalães e os bascos; a classe média era insuflada por ideologias centristas modernizadoras. A partir de 1910, aproximadamente, alguns políticos, tanto de direita quanto de centro e de esquerda, sustentavam um discurso de autênticos princípios e programas, encaminhando-se para uma verdadeira democracia liberal.

Duas vezes, contudo, o movimento em direção à democracia foi sufocado. Em 1923, o general Primo de Rivera desceu às ruas com suas tropas e deu início a uma ditadura de tendência corporativista. Ele caiu em 1930, e no ano seguinte foi instaurada uma república democrática, com objetivos liberais e sociais, conferindo às regiões um considerável grau de autonomia. Mas a república só durou cinco anos, e uma rebelião militar deu início à guerra civil. Quando ela chegou ao fim, entre 300.000 e 400.000 espanhóis haviam morrido, quase metade deles assassinados a sangue frio, vítimas do último e mais violento dos confrontos entre a democracia liberal e o direitismo autoritário ocorridos no entreguerras. O regime então instaurado por Franco pode ser genericamente qualificado (embora tenha mudado com o tempo) como uma mistura de autoritarismo corporativista e semi-reacionário, altamente repressivo e mantendo seus numerosos elementos fascistas sob controle, embora aparentemente satisfeitos. Só viria a vacilar quando o próprio Franco vacilou, na velhice. Mas a democracia espanhola só seria firmada com segurança em 1981, com o fracasso de mais uma tentativa de golpe militar.

Neste capítulo, examinaremos principalmente dois tipos de questões. Quem foram os responsáveis pelo extermínio das tentativas de encaminhamento democrático em 1923 e especialmente em 1936, e quais eram suas motivações? E por que terá a Espanha seguido a trilha direitista identificada no Capítulo 2, mas para chegar apenas a um tipo de autoritarismo que se mostrou capaz de domesticar os seus fascistas?

CONTEXTO: O CAPITALISMO E O ESTADO-NAÇÃO NA ESPANHA

Devemos começar pelo contexto econômico e político. Em termos econômicos, a Espanha (juntamente com Portugal) era o país mais atrasado da Europa Ocidental. A indústria não avançava e poucos produtos espanhóis tinham condições de competir no mercado internacional. A neutralidade na Primeira Guerra Mundial facultou um certo crescimento com base nas exportações, que no entanto teve fim com a recessão no pós-guerra, seguida de um crescimento muito lento. Com um comércio exterior acanhado, a Espanha não sofreu muito com a Grande Depressão. Mas a situação mostrou-se muito mais grave no pequeno setor exportador, especialmente o carvão asturiano e os produtos agrícolas de Valência, assim como na atrasada agricultura, que ainda empregava 45% da mão-de-obra. Nestes setores, os empregadores tentavam manter baixos os custos trabalhistas, agravando os conflitos. Os índices constantemente baixos de crescimento frustravam as expectativas de modernização. Os espanhóis desejavam a melhora do padrão de vida, mas isto ocorria muito lentamente, ou não ocorria de todo, como em muitas áreas agrícolas. Aumentavam as tensões de classe. Como veremos adiante, os conflitos de classe tiveram um papel muito importante no fracasso da democracia espanhola.

Mas na Espanha (ver Mapa 9.1) as tensões econômicas e de classe sempre estiveram entrelaçadas com tensões regionais-nacionais. A economia variava muito de acordo com a região, provavelmente mais do que em qualquer outro país aqui examinado. Na agricultura, a maioria dos cultivos no norte pertencia a pequenos camponeses independentes ou arrendatários. Descrevendo um arco na região norte, eles eram muito pobres na Galícia, a nordeste, saindo-se um pouco melhor na região central de Castela e mostrando-se mais prósperos ao longo do litoral mediterrâneo nas regiões catalã e valenciana. Os camponeses proprietários e arrendatários tendiam a se inclinar para o centro em política, enquanto os trabalhadores e microproprietários podiam mostrar-se mais radicais. Mas qualquer desses agrupamentos podia ser compelido para a direita nas regiões em que a Igreja católica era mais forte (no centro) e para a esquerda onde ela era mais fraca (ao longo do Mediterrâneo). Mas no sul, na Andaluzia e na Estremadura e em parte de Castela, a oeste de

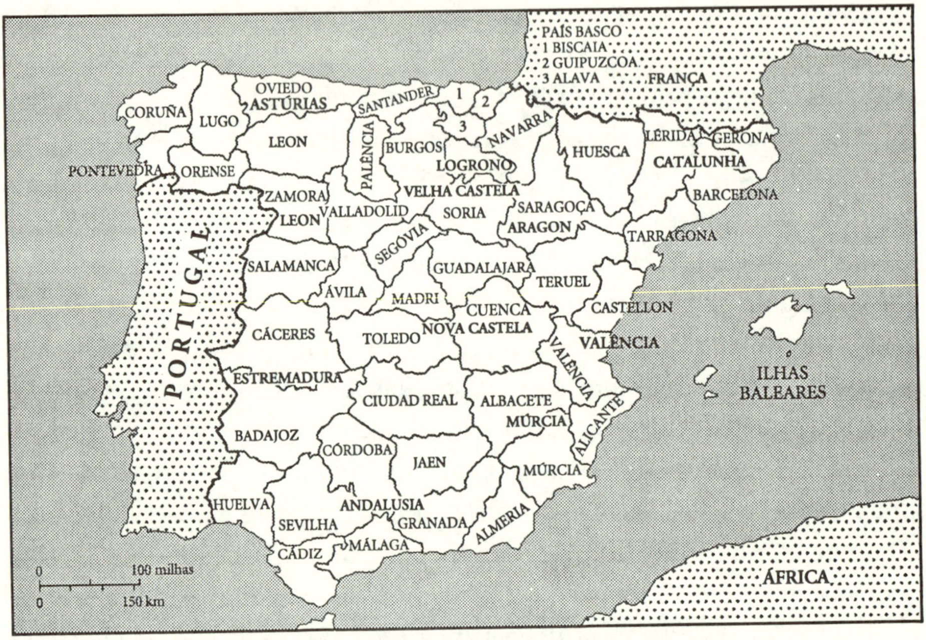

Mapa 9.1. Regiões e províncias da Espanha.

Madri, 40% das terras pertenciam a grandes latifúndios (250 hectares ou mais). Dois terços da população não tinham terras de qualquer espécie e viviam em condições econômicas desesperadoras. Cerca de 40% dos trabalhadores agrícolas sem terra dependiam para a subsistência de contratos sazonais (embora alguns deles viajassem todo ano para Cuba, para participar de uma segunda colheita em plantações de cana-de-açúcar). A maioria dos proprietários fundiários do sul não estava presente em suas propriedades, vivendo em cidades.

A intransigência dos proprietários ausentes, a evidente exploração econômica e o controle da vida cotidiana das aldeias por parte dos trabalhadores foram precisamente as condições sociológicas capazes de garantir a manifestação no sul de conflitos de classe violentos e reforçados pelas condições da vida comunitária, tão fortes quanto em qualquer outra parte da Europa. Assim, em meio a muitas variações locais e regionais (por demais complexas para serem aqui enumeradas), podemos distinguir uma linha divisória entre o norte e o sul — centrismo camponês no norte e insurrecionismo de classe no sul.

O fator regional também tinha grande peso na indústria, que chegara à Espanha de forma tardia e desigual. A indústria crescera sobretudo em regiões periféricas dotadas de culturas tipicamente regionais que resistiam à dominação política e histórica de Castela e sua capital, Madri. Havia indústrias têxteis na Catalunha e em Valência, mineração nas Astúrias, ferro, aço e um setor bancário razoavelmente desenvolvido no País Basco. Embora não fosse globalmente um país muito industrializado, a Espanha tinha uma indústria altamente concentrada, o que propiciava intensos confrontos de classe e o surgimento de "guetos proletários". Em certas partes do país, surgiu um movimento operário ameaçador e até aparentemente revolucionário, tão extremista quanto em qualquer outra parte da Europa. No caso espanhol, as classes altas talvez tivessem bons motivos para temer e mesmo reagir com seu próprio extremismo. Mas esses confrontos tinham caráter mais regional do que nacional. Nessas regiões, o desenvolvimento também havia criado um grande e mais moderno contingente de classe média, que em geral não era esquerdista, mas freqüentemente liberal e secular, e empenhado em livrar-se do jugo do antigo regime. Essa combinação de elementos progressistas está por trás do que será revelado mais adiante no Mapa 9.2: a agricultura meridional, a Catalunha e as Astúrias constituíam as principais regiões republicanas nas eleições.

O regionalismo não era suficientemente forte para levar muitos operários a apoiar movimentos autonomistas (que tendiam a ser mais burgueses). As ideologias de classe se haviam difundido entre os operários antes do crescimento maior dos sentimentos regionais. Mas havia fortes efeitos indiretos das regiões sobre a política de classes. Boa parte do cerne do proletariado industrial gravitava para o socialismo (como em outros países). Mas os operários catalães e os trabalhadores agrícolas do sul sentiam-se oprimidos por um Estado distante, e podiam perfeitamente imaginar a vida sem ele. Na verdade, o Estado espanhol era sobretudo uma presença repressiva para as classes inferiores, especialmente nesses setores e regiões. Neles, os operários sentiam-se mais atraídos pelo horizonte anarco-sindicalista de greve geral, ignorando o Estado, para acabar levando à destruição tanto do capitalismo quanto do Estado. Até a década de 1930, o anarco-sindicalismo também atraiu numerosos trabalhadores não qualificados, especialmente fora da indústria pesada. Assim, embora a estrutura econômica espanhola gerasse uma intensa luta de classes agrária e industrial, o movimento trabalhista estava entre os socialistas e os anarco-sindicalistas, cada movimento dotado de bases nitidamente regionais e nenhum deles com caráter efetivamente nacional. Isto acabaria debilitando a esquerda espanhola — assim como a Segunda República.

Em contraste com seu capitalismo tardio, a Espanha tinha um Estado muito antigo, embora também fosse regionalmente desequilibrado. Já mencionei o caráter *caciquista* de seu componente parlamentar. O componente executivo do Estado repousava em três pilares: a Igreja católica, o exército e a monarquia dos Bourbon. Na prática, o catolicismo era a religião de Estado. Pois não haviam esta Igreja e este Estado, juntos, "cristianizado metade do mundo"? Esta relação é simbolizada pelo Escorial, nas imediações de Madri: o grande palácio de Felipe II abraça a cúpula de uma imponente igreja, podendo o altar ser visto de sua cama. A Igreja manteve-se profundamente enraizada nas regiões mais agrárias da Espanha, especialmente entre os camponeses e a classe média de Castela e Leon. Em algumas outras áreas, sua implantação era fraca, exceto entre elementos do antigo regime. Nelas, as insurreições camponesas haviam gerado aqui e ali matanças de padres. Por sua implantação desigual e suas experiências amargas, a Igreja tendia a tornar-se reacionária, desconfiada da modernidade, do "catolicismo social", dos sindicatos e da democracia (Lannon, 1987, 55-65, 183-94). O antigo regime podia mobilizar considerável poder ideológico através da Igreja, mas variando de acordo com a região, e com o custo político de provocar uma aliança adversária entre o anticlericalismo tradicional e o secularismo mais moderno.

O exército era grande e importante, mas também um tanto regionalizado. A maioria dos oficiais provinha da burguesia provincial algo pobre de Castela, Leon e do sul. Mais que qualquer outro exército europeu, o espanhol recrutava os filhos de seus próprios oficiais e oficiais subalternos, introduzindo-os ainda muito jovens nas academias militares, sem praticamente qualquer experiência como adolescentes e muito menos como adultos. Franco entrou aos 14 anos. Tratava-se de uma casta, embora com um viés de classe que agora se acentuava. Embora suas raízes no século XIX fossem liberais, seus amplos poderes em matéria de lei marcial eram cada vez mais mobilizados em defesa das classes proprietárias (Ballbé, 1983; Alpert, 1989, 51-2). Como os governos desse país pobre não tinham condições de manter adequadamente as forças armadas de grandes proporções legadas pela história imperial do país, sobrevieram os desastres militares. Em 1898-9, o Império Espanhol desintegrou-se depois de uma breve guerra unilateral com os Estados Unidos, e em 1921 o exército espanhol foi dizimado na última colônia remanescente por tribos marroquinas, na batalha de Anual. Em ambas as ocasiões, o exército e os políticos se culparam reciprocamente, criando uma ruptura no Estado civil e militar. A "geração de 1898" de oficiais começou a abandonar o liberalismo e o conservadorismo tradicionais para flertar com ideologias estatistas modernas (Busquets, 1984, 94-111, 155-7; Ben-Ami, 1983, 66-72; Gómez-Navarro, 1991, 313-20). Privado de seu império, o exército foi transformado num exército aquartelado na própria Espanha, além do Marrocos. Mas era um exército profissional, e a Espanha manteve-se fora da Primeira Guerra Mundial. Deste modo, o país tinha poucos veteranos reformados, com os ideais paramilitares que costumavam abraçar. O estatismo militar manteve-se conservador, de cima para baixo mesmo quando modernizado, não sendo afetado pelo paramilitarismo popular ou pelo fascismo.

A monarquia dos Bourbon era o mais fraco dos três pilares do executivo. Afonso XIII foi amplamente responsabilizado pela derrota em Anual. Veio a ser afastado pelo general Primo de Rivera e exilado em 1931. A monarquia vira-se constantemente desafiada, e não apenas pelos liberais e os democratas. A província mais monarquista, Navarra, apoiava na verdade a dinastia rival dos "carlistas", dividindo assim os monarquistas espanhóis. O estatismo espanhol não haveria de seguir uma rota muito monarquista.

Como o cerne dos três pilares encontrava-se em regiões e instituições atrasadas, o Estado não era moderno. Sob certos aspectos, assemelhava-se ao típico Estado pré-moderno europeu: uma corte, um exército e uma Igreja, com muito poucos elementos de administração permanente. Seus alicerces fiscais eram primitivos, suas infra-estruturas educacionais, de saúde e comunicações, rudimentares. Era capaz de reprimir e considerado razoavelmente legítimo, mas não conseguia pôr em prática suas políticas — vale dizer, seu poder infra-estrutural era fraco. Ideologicamente, olhava para o passado, para o Século de Ouro de Felipe II, em busca do mito nacionalista da *Hispanidad*, a missão histórica da Espanha no mundo. Na verdade, freqüentemente enfrentava inimigos mais modernos: movimentos autonômos de base burguesa nas províncias avançadas e as ideologias internacionais do liberalismo, do socialismo e do anarquismo. Todavia, o antigo regime efetivamente recebia algum apoio mais moderno dos industriais catalães e dos banqueiros bascos, ameaçados pelo agressivo proletariado local e por isto favorecendo também a unidade orgânica (chamada na Espanha de "integral") contra o regionalismo.

Embora esse antigo Estado estivesse em decadência e se manifestassem divisões em seu interior, seu declínio era muito gradual. Ele se havia estabilizado na década de 1880, depois de um período de mudanças de regime e guerras dinásticas carlistas. Os desastres militares ocorriam a muita distância, e a Espanha manteve-se neutra durante a Primeira Guerra Mundial. Ao contrário do que acontecia com todos os demais Estados até aqui analisados, não havia uma ameaça externa contra o país, o regime era muito antigo e tampouco se verificou uma súbita perda de legitimidade. Uma forma mais conservadora e infra-estruturalmente fraca de estatismo típico do século XX seria mais capaz de sobreviver às crises do período do que nos outros países até aqui examinados. Na verdade, a maioria dos estudiosos tem observado que a durabilidade do antigo regime foi o principal motivo de o verdadeiro fascismo ter-se mostrado relativamente fraco na Espanha.

O "nacionalismo" espanhol era ainda mais característico.[1] Estado muito antigo, a Espanha não tinha fronteiras contestadas com outros países, exceto na África. Não havia revisionistas territoriais nem refugiados enfurecidos (a não ser que levemos em consideração os *africanistas* que encontraremos mais adiante). As relações com a França e com Portugal eram perfeitamente pacíficas (uma característica dos vizinhos no noroeste europeu, mas não no centro, no leste nem no sul), e a Espanha manteve-se distante da Grande Guerra. Muitos têm sustentado, assim, que o nacionalismo era fraco porque o país não enfrentava muitas ameaças externas. Payne (1962, 1), por exemplo, sustenta que os fascistas espanhóis (como os de outros países) teriam prosperado num ambiente de conflito internacional, mas não eram muito capazes de provocação. Aqui, eu discordo. É verdade que os espanhóis tiveram em sua maioria o bom senso de aceitar seu declínio geopolítico, e os nacionalistas (entre eles os fascistas) não se mostraram muito agressivos em relação a outros países. Todavia, a Espanha enfrentava consideráveis divisões internas e, como vimos em outros países, o nacionalismo orgânico tendia a prosperar também nelas, como prosperava nos conflitos externos. Deste modo, a direita espanhola — exatamente como em outros países — efetivamente conseguiu mobilizar um nacionalismo "integral" (orgânico) de massa contra "inimigos" internos supostamente internacionalistas e separatistas. O nacionalismo espanhol era forte, mas de horizontes internos, e não internacionais. Era também resolutamente político e cultural, mais do que étnico. Com efeito, eram os separatistas regionais que enfatizavam o fator étnico. Os nacionalistas orgânicos viriam a apoiar expurgos políticos, e não étnicos, pois consideravam que seus inimigos configuravam uma ameaça essencialmente política (separatista e esquerdista).

Assim, um rápido apanhado de todo o país revelou uma insurgência das classes baixas pronunciada mas com variações regionais, defrontando-se com um Estado e um antigo regime conservadores, de bases regionais e estruturados em três pilares, ainda intactos, embora infra-estruturalmente fracos, em início da decadência e gerando um nacionalismo voltado para dentro. A direita espanhola, portanto, não carecia de um nacionalismo moderno, mas de uma versão moderna do estatismo — e acabou obtendo um Estado mais reacionário do que o fascismo, comprometido com violentos expurgos políticos mas não étnicos. Só uma pequena parte disto, todavia, viera à tona na época do primeiro encontro da Espanha com o autoritarismo no século XX.

ASCENSÃO E QUEDA DO GENERAL PRIMO DE RIVERA

O contexto do golpe promovido pelo general Primo de Rivera pode ser encontrado no "Triênio Bolchevista", três anos de conflitos de classe (1918-20) envolvendo greves de massa e ocupações semelhantes às que ocorriam na mesma época em muitos países europeus. Todavia, na Espanha o conflito estava impregnado da nítida inclinação dos insurgentes espanhóis para as armas pequenas e as bombas de fabricação caseira. Os mais agressivos eram os *pistoleros* anarco-sindicalistas da CNT, que só em 1920 abateram a tiros em Barcelona cerca de cinqüenta empresários, oficiais e sindicalistas moderados (Morego, 1922). Como o exército não era capaz de combater matanças individuais, os empresários também ajudaram a organizar milícias de voluntários e violentos sindicatos de direita, dos quais os mais importantes eram conhecidos como Sindicatos Libres.

Os Libres eram em certo sentido as primeiras manifestações do fascismo espanhol. Eram sindicatos liderados por trabalhadores católicos, conservadores e carlistas (Navarra ficava perto), cansados do anarquismo, do anticlericalismo e do improdutivo "maximalismo" de esquerda. Tornaram-se mais violentos e mais semelhantes a "sindicatos amarelos", passando a receber subsídios dos patrões para furar greves. Durante vários anos disputaram com a CNT em matéria de atentados e assassinatos. Recrutavam sobretudo fora dos "guetos proletários" da indústria pesada e das grandes fábricas têxteis — em grupos como os que se especializavam em comércio têxtil; empregados ferroviários, do setor de gás e de eletricidade; barbeiros; carroceiros; empregados de cafés, bares e cozinha; padeiros; leiteiros; pedreiros; carpinteiros; artesãos de couro; artistas gráficos; e vidraceiros. Numa lista de 23 "mártires" *libres* mortos na década de 1920, encontramos três metalúrgicos, três vidraceiros, três tipógrafos, dois cozinheiros, dois empregados de banco, um padeiro, um caminhoneiro e oito do sindicato dos tingidores têxteis (Winston, 1975, 178-87). Em sua violência e na implantação entre trabalhadores alheios aos guetos proletários nucleares, os *libres* assemelhavam-se aos movimentos de trabalhadores fascistas da época, embora sem uma ideologia tão desenvolvida ou coerente.

E o ano de 1920 seria o do seu auge. Os terroristas da CNT foram em sua maioria mortos, fazendo com que o poder no interior da organização se transferisse para os moderados, especialmente na própria Barcelona. Os sindicatos socialistas reformistas da UGT também começaram a se expandir à custa da CNT. O número de dias de greve caiu em 1921, mantendo-se em menos da metade dos registrados em 1920 nos três anos subseqüentes, os últimos do regime semiparlamentar. Aumentou o número de greves ligadas a questões salariais e condições de trabalho, assim como o das que tinham desfecho favorável aos empregadores (Payne, 1970, 44-61; Ben-Ami, 1983, 8-14, 34-40; Carmona, 1989, 467-8, 495-6; Martin, 1990, 226-30). Afinal de contas, Barcelona era a uma moderna cidade industrial na qual se mantinha firme o poder de um Estado legítimo. A maioria dos trabalhadores deu-se conta de que não surtiam efeito ações de guerrilha contra ele. A violência dos *libres* já não era necessária, e eles declinaram. A economia recuperou-se e os salários tiveram aumentos reais. O parlamento (as Cortes), mesmo dividido em facções e corrompido, também dava sinais de liberalismo. No fim de 1922, o gabinete anunciou um programa de reforma eleitoral, arbitragem compulsória e partilha de lucros na indústria, uma reforma do exército e o fim da guerra no Marrocos. Uma autêntica democracia parecia quase ao alcance da mão.

Mas muitos conservadores aparentemente ficaram alarmados. Os *caciques* opuseram-se à reforma eleitoral, os empregadores, à conciliação trabalhista, e o exército sentiu ameaçados seus próprios interesses corporativos (Boyd, 1979, 276). Recorreram ao poder militar, e Primo de Rivera saiu em campo com suas tropas. A Igreja não se envolveu, o rei sobressaltou-se, mas houve apoio financeiro do mundo dos negócios. O golpe foi saudado com entusiasmo por multidões bem vestidas e a bolsa de valores subiu. Era um golpe predominantemente de base classista, embora efetivado por um exército que na realidade tentava impor seus próprios interesses corporativos. Juntas, essas elites detentoras do poder econômico e militar acabaram com a primeira tentativa de democracia.

Alguns estudiosos arriscam uma explicação ainda mais acentuadamente classista, afirmando que o golpe era *necessário* para proteger interesses de classe. "Uma revolução vinda de cima para evitar outra vinda de baixo", escreve Ben-Ami (1983, 45-7, 77-87, 401). Gomez-Navarro (1991, 487-90) sustenta que o desenvolvimento econômico tardio desestabilizara o antigo regime, "exigindo" um autoritarismo mais moderno, baseado nas duas instituições mais eficientes, o exército e a burocracia de Estado. Mas o problema com essa explicação classista funcionalista é que o golpe de Primo de Rivera não ocorrera quando a revolução representava uma ameaça, mas no momento em que burgueses liberais cautelosamente tentavam promover reformas. Embora os direitistas alegassem que tentavam impedir o caos social, o fato é que a violência e as greves efetivamente vinham diminuindo. Mais uma vez na Europa do entreguerras, os direitistas mostravam-se muito açodados no recurso às armas, com um toque de histeria — mostrando-se "acometidos de pânico" (Boyd, 1979, 116-40) e com um "medo obsessivo da revolução" (Gonzalez Hernandez, 1990, 129). Até Ben-Ami (1983, 8-14) concorda, citando uma troça comum na época:

> (...) a musa do medo, diligente companheira das classes conservadoras, [gera] (...) madrigais e baladas de exaltação da ordem social. Ordem social antes de tudo! Tudo deve ser sacrificado no altar da ordem social.

Permanece, assim, o enigma com que nos familiarizamos neste livro. Por que os conservadores se mostravam tão temerosos, recorrendo tão precocemente às armas? Seriam irracionais ou preferiam prevenir para não ter de remediar? Estariam realmente opondo resistência não à revolução, mas à democracia reformista segundo o modelo do noroeste europeu? Como os conservadores evidenciaram medos semelhantes durante a república, muito mais bem documentada, deixarei minha resposta para mais adiante.

Por algum tempo Primo de Rivera atendeu às expectativas de seus seguidores. Fechou as Cortes e substituiu os governadores civis por generais. Reprimiu os regionalistas e a CNT e suspendeu a reforma agrária. Mas tinha um lado inesperado. Como modernizador militar, sentia-se atraído pelo fascismo. Disse a Mussolini: "Sua figura não é apenas italiana, mas global. O senhor é o apóstolo da campanha contra a desintegração e a anarquia empreendida pela Europa." Primo agia de acordo com suas simpatias fascistas. Substituiu as Cortes por uma assembléia corporativista de partido único, a Unión Patriótica, e empreendeu programas de desenvolvimento econômico autárquico. Uma influência mais radical da parte do fascismo era o sindicalismo, e ele ofereceu aos sindicatos socialistas da UGT a paridade nas arbitragens trabalhistas compulsórias (ao mesmo tempo em que reprimia a CNT). Os socialistas aceitaram; em 1929 o esquema abarcava quase metade da força de trabalho industrial, e os tribunais trabalhistas se pronunciavam com mais freqüência contra os empregadores do que contra os empregados. As greves diminuíram. O ministro da Fazenda era Calvo Sotelo, homem de grande cultura, atraído pelas idéias fascistas de Estado corporativo e chegando mesmo a tentar taxar os ricos para financiar programas previdenciários (Ben-Ami, 1983; Rial, 1986). Ele procurava aumentar a capacidade infra-estrutural do Estado e redistribuir minimamente as fontes de poder entre classes que se deixassem incorporar pelo regime. Tudo isto não redundava em fascismo, mas numa mistura idiossincrática de autoritarismo semi-reacionário e corporativista.

O corporativismo de cima para baixo diminuía as chances do fascismo de baixo para cima. Como Primo reprimira os anarco-sindicalistas e domara os socialistas, os *libres* tornaram-se irrelevantes, entrando em seu declínio final. Mas o seu partido UP e sua obediente Assembléia Nacional também eram organizações de cima para baixo, incapazes de efetivamente mobilizar os camponeses e a classe média que essencialmente "representavam" (ver Tabela

9.2 do Apêndice, linha 6, e Gomez-Navarro, 1991, 207-304, 499-506). A ausência de um apoio mobilizado era grave para Primo, que adquirira muitos inimigos com suas manipulações políticas. A Igreja e os capitalistas passaram a se opor à maioria de suas inovações. Ele se saiu mal em uma crise fiscal e teve de recorrer à economias dos militares, o que serviu para alienar seus próprios soldados. Seus antigos aliados forçaram sua renúncia. Mas a coisa foi feita às pressas — como tende a acontecer com qualquer golpe contra generais em comando de tropas. Não se chegou a um acordo sobre que regime haveria de sucedê-lo. Os que tinham o poder de decisão recusaram-se a aceitar de volta o impopular rei, e não chegavam a um acordo sobre um regime autoritário alternativo. Neste vácuo de poder, sobrevieram manifestações populares de massa, e políticos de centro reagiram com a proclamação de uma república democrática. O exército não teve como interferir contra essa insurgência de moderados. Primo fizera com que o antigo regime inesperadamente se dividisse, possibilitando um novo regime. Tinha início a segunda experiência democrática, mais ousada e radical do que a primeira.

A SEGUNDA REPÚBLICA: O PROBLEMA POLÍTICO GLOBAL

A república foi inaugurada em meio a grandes expectativas, mas recebeu a pior forma de censura histórica: a sentença de que estava fadada desde o início ao fracasso. Em suas memórias, o político conservador José Maria Gil Robles (1968) afirma que a república ficou presa no inexorável extremismo da direita e da esquerda, tornando-se a democracia inviável e o autoritarismo, inevitável. Os historiadores Thomas (1977), Robinson (1970), Seco (1971), Juliá (1984) e Payne (1993) tendem a concordar. Linz (1978) acusa todos os partidos de se importar mais com seus próprios fins do que com os meios democráticos. Esses autores atribuem as responsabilidades de forma bastante equilibrada, embora alguns tendam a culpar mais a esquerda (por exemplo, Payne e Robinson) e outros, a direita (Jackson, 1965; Montero, 1977; Preston, 1978). Quem estaria com a razão?

Uma questão preliminar seria levantada pela sociologia histórica e comparativa. O movimento pela democracia nunca foi meramente "procedural", buscando apenas um método específico de governo. Tinha também um objetivo substantivo. Os movimentos populares começaram a se interessar pelos parlamentos apenas para extrair ganhos substantivos do antigo regime. Nos séculos XVII, XVIII e no início do século XIX, combateram impostos e o recrutamento militar. No fim do século XIX, acrescentaram reivindicações em matéria de educação, bem-estar social e direitos dos trabalhadores. Na era moderna, a questão central do "governo pelo povo" tem sido a redistribuição de poder e recursos das classes dominantes para as classes intermediárias e inferiores, de Estados centrais despóticos para as províncias e regiões e dos homens para as mulheres. A democracia liberal, assim, também envolve mudanças nas efetivas fontes de poder, que passam a ser garantidas pelas constituições.

Deste modo, mostrando-se as instituições liberais incapazes de promover *qualquer* redistribuição de poder e recursos, em país algum poderiam continuar sendo apoiadas pelos movimentos populares. Nos países do noroeste, os antigos regimes, submetidos a forte pressão, haviam concedido ao mesmo tempo instituições democráticas e alguma redistribuição de recursos. A maioria dos espanhóis esperava que a nova república promovesse reformas. Mas o antigo regime espanhol não fora abalado pela crise nem estava ainda muito pressionado ou reformado. Seu líder político anterior caíra inesperadamente. Quando as manifestações de massa cederam, contudo, a metade executiva continuou essencialmente controlada pelos mesmos elementos do "antigo regime", e na metade parlamentar continuaram atuando muitos *caciques*. Os movimentos populares, os políticos de centro e o executivo atrelado ao antigo regime diferiam em suas expectativas. Os parlamentares republicanos constatavam que o executivo (apoiado pela direita) não aplicava suas leis, o que empurrou os reformistas para a esquerda; outros centristas ficaram então alarmados com a ameaça que as pressões populares representavam para a ordem social. Os centristas — detentores dos decisivos votos oscilantes — tornaram-se ambivalentes, desejando a reforma *e* a estabilidade. Se o executivo e a legislatura passassem a ser controlados por uma aliança de centro-direita avessa a reformas, a esquerda poderia ter-se revoltado. Se uma aliança de centro-esquerda viesse a assumir o controle de "ambos os Estados", a direita é que poderia insurgir-se. Se ambos os lados controlassem parte do Estado, poderia advir o caos. Infelizmente, a república oscilou entre as três situações.

Quaisquer que fossem as carências da república, às quais voltaremos adiante, um grande êxito ela teve. Na Catalunha, o conflito de classes diminuiu, os patrões aceitaram a conciliação e a Igreja aceitou uma conciliação com a modernidade secular. Ao contrário das Cortes de Madri, a assembléia regional catalã não se polarizou. A partir de 1933, o partido Esquerra, de amplas bases de centro-esquerda, formou o governo regional, enquanto a liga conservadora funcionava como "oposição legal" (Molas, 1973, 344-8; Barrull Pelegrí, 1986, 342-5). Aqui, o centro foi capaz de se sustentar, promovendo com Madri um acordo de autonomia que só entrou em colapso quando um governo *integralista* direitista e centralizador surgiu em Madri em 1934. O número de anarquistas reduziu-se à metade. É verdade que os senhores fundiários apelaram a Madri contra a reforma agrária promovida pelo Esquerra, enquanto os industriais e a Igreja apoiavam Franco em 1936. Com liberdade para agir, no entanto, e a boa vontade de Madri, a Catalunha preferia a conciliação. A mais avançada região da Espanha, até então dilacerada pelos confrontos de classe, adotava práticas democráticas liberais. O mesmo acontecia na região basca, cuja Igreja também era bastante liberal e onde o partido dominante, o conservador PNV, declarou-se pela república em 1936. Ambas as regiões perceberam que uma aliança de centro-esquerda em Madri concederia mais direitos regionais do que a direita *integralista*. É esta portanto a primeira assimetria — a esquerda certamente era mais favorável à democracia regional do que a direita. E a conseqüência disto foi diminuir ainda mais a possibilidade de que as tensões étnicas se agravassem.

Três governos teve a república. Em 1931-33, a Espanha foi governada por uma coalizão de centro-esquerda. As mudanças eleitorais levaram a uma coalizão de centro-direita, até que a eleição de fevereiro de 1936 instaurou no poder a "Frente Popular" de centro-esquerda. Ela durou apenas até julho, quando uma revolta militar desencadeou a guerra civil. Os três governos tiveram de ser coalizões porque havia dezenas de partidos. Embora fossem variados e mutáveis, eles tendiam a agrupar-se em torno de cinco grandes tendências políticas. Aproximadamente 10% dos espanhóis apoiavam a esquerda anarco-sindicalista — e portanto raramente votavam. Cerca de 20% apoiavam a esquerda socialista (e comunista), 20%, os republicanos de esquerda, 30%, os republicanos de direita e 20%, a direita anti-republicana — sendo estes dois últimos percentuais invertidos a partir de 1933. Quase todo esse espectro, no entanto, era permeado por cerca de 10% de eleitores (em sua maioria da Catalunha e do País Basco) que não estavam interessados primordialmente nas divisões políticas entre esquerda e direita, mas em maior autonomia regional. Embora essas tendências globais apresentassem uma força eleitoral bastante estável, isto não era refletido com precisão pelo sistema eleitoral. Pequenas mudanças na votação conduziram a grandes alterações na ocupação dos assentos das Cortes, como vemos na Tabela 9.1.[2]

Constatamos que as Cortes deram uma considerável virada para a direita em 1933 e para a esquerda em 1936. Mas nenhuma das tendências era capaz de dominar por muito tempo: a república exigia conciliação entre muitos de seus partidos, e fracassou quando esta possibilidade entrou em colapso.

Que clientelas sociais eram mobilizadas pelos partidos? Havia, para começar, nítidos padrões regionais de votação, como vemos no Mapa 9.2.

Vemos que a votação republicana/socialista estava fortemente concentrada no sul, na Catalunha e nas Astúrias, as principais áreas de confronto de classes na agricultura e na indústria. O Levante, a Galícia e o litoral basco estavam equilibradamente divididos. Castela e Leon eram eminentemente de direita, embora a cidade de Madri fosse republicana/socialista. Podemos constatar o duplo efeito da existência de regiões com níveis diferentes de conflitos de classe e regiões com distâncias políticas variáveis em relação ao antigo binômio Igreja/Estado de Castela. Não havia regiões "fronteiriças ameaçadas" adernando para a direita, apenas regiões periféricas resistentes ao centro que se tornavam esquerdistas, num movimento que às vezes reforçava a composição de classe dessas regiões e às vezes não a afetava.

Tabela 9.1
Eleições nacionais na Segunda República espanhola. Número de assentos conquistados pelos principais agrupamentos políticos

Agrupamentos partidários	1931	1933	1936
Socialistas/comunistas	118	63	119
Republicanos de esquerda	110	36	125
Regionalistas catalães e bascos	53	56	58
Republicanos de direita	164	113	30
Direita anti-republicana	25	180	142

Nota: Nenhuma classificação política dos muitos partidos espanhóis pode ser considerada definitiva. Omiti em cada uma das legislaturas cinco a dez deputados particularmente difíceis de classificar.

Fontes: Varela Diaz, 1978, 33, 69-74; Irwin, 1991, 269; Tusell Gómez et al., 1993, II; complementados por Montero, 1988 para o agrupamento dos partidos.

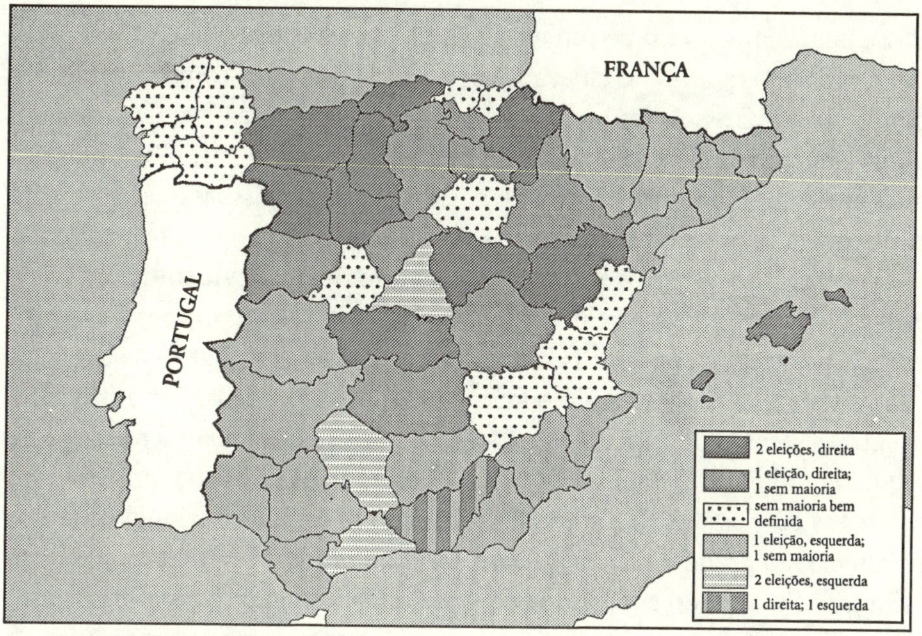

Mapa 9.2. Como as províncias espanholas votaram nas eleições de 1933 e 1936.

Mas não dispomos de estudos ecológicos nacionais sobre a votação comparáveis aos efetuados na República de Weimar. Precisamos recorrer a uma variedade de estudos ecológicos locais. Os principais dizem respeito a Madri (Tusell Gómez, 1970), Alicante (García Andreu, 1985), a província de Aragão (Germán Zubero, 1984), Saragoça (Germán Zubero et al., 1980), Logroño (Bermejo Martin, 1984), Lleida, na Catalunha (Mir, 1985; Barrul Pelegrí, 1986) e a Catalunha como um todo (Vilanova, 1986). Esses estudos mostram que as classes sociais eram um fator geralmente muito associado à votação. Quase todos os distritos dominados por trabalhadores urbanos, trabalhadores rurais e agricultores mais pobres votavam mais à esquerda. Muitos deles também exibiam padrões de baixo índice de comparecimento, indicando a presença de considerável apoio ao anarco-sindicalismo. Neste contexto, contudo, "esquerda" não significava apenas socialista ou anarco-sindicalista. Fora dos principais "guetos proletários" urbano-industriais e dos latifúndios, era tão provável que os bairros operários votassem nos republicanos de esquerda, puxados pela classe média, quanto nos socialistas. E especialmente nas áreas atrasadas do *caciquismo*, entre um quarto e metade dos eleitores da classe operária votavam na direita. As mulheres da classe operária, em especial nos casos em que trabalhavam (na maioria das vezes como empregadas domésticas, influenciadas por seus patrões conservadores), votavam mais à direita, assim como os operários de bairros mais religiosos e os operários mais antigos. No setor de serviços e nas chamadas profissões liberais, o voto também era mais de direita.

Por um lado, assim, a Espanha era cenário de uma evidente política de classes. Não havia, no seu caso, movimentos fascistas ou populistas significativos, capazes de confundir essa relação de classes com a geração de clientelas nucleares transcendendo o fator classe em todo o país. Por outro lado, os fatores setor econômico, religião, gênero, idade e especialmente região e religião também tinham efeitos que em certas áreas podiam competir com os efeitos de classe e que, somados, tinham em âmbito nacional uma importância tão grande quanto a classe. Os movimentos políticos precisavam esforçar-se para exercer atração em todas ou pelo menos na maioria dessas fontes de identidade social. Passarei agora a percorrer o espectro político da esquerda para a direita, discutindo as bases de apoio dos grupos, seus programas de ação, sua violência e sua responsabilidade na queda da república. Em seguida, tratando especificamente dos direitistas (meu foco principal neste livro), abordarei o papel que desempenharam nas linhas de frente da guerra civil.

ANARCO-SINDICALISMO

Os dois movimentos trabalhistas da Espanha detestavam o capitalismo, mas também se detestavam reciprocamente. Como queriam abolir o Estado, os anarco-sindicalistas também detestavam a república. Como não dispunham de um partido político, sua principal organização era a federação sindical CNT, altamente descentralizada, capaz de mobilizar intensamente muitas comunidades locais, mas de fraca presença nacional. Sua filiação era fluida e difícil de estimar, mas em meados da década de 1930 provavelmente estava pouco acima de um milhão — 13% da força de trabalho, mais ou menos no mesmo nível que a UGT socialista (pertencendo mais 2% aos sindicatos católicos e outros 2% aos comunistas). Da Catalunha provinham 30% dos membros, da Andaluzia, 15% e de Valência, outros 15%. O apoio vinha sobretudo de trabalhadores rurais da Andaluzia, trabalhadores têxteis e da construção da Catalunha e de Valência e microproprietários agrícolas da região de Saragoça. A indústria pesada estava sub-representada. Somente 5% dos membros eram colarinhos-brancos, e 5%, mulheres — embora este seja um dado enganoso, pois havia uma quantidade muito maior de mulheres ativas em suas atividades comunitárias. Era portanto um movimento esmagadoramente proletário, e os principais militantes eram em sua maioria trabalhadores braçais. É o que podemos perceber, por exemplo, no registro de uma batida policial contra militantes de Logroño — um pintor-decorador, um mecânico, um torneiro, um zelador, um sapateiro, um barbeiro, dois trabalhadores em metal, um pedreiro, um trabalhador por jornada, um ferreiro e um vendedor (Bermejo Martin, 1984, 253).

Mas o movimento estava dividido entre sindicalistas mais moderados e anarquistas mais jovens, urbanos e violentos liderados por uma organização à parte, a FAI. Em 1933, a FAI assumiu o controle da CNT quando os sindicalistas se dividiram quanto a uma possível colaboração com a república. Mas o golpe não foi dado no bom momento. O governo direitista que então tomava posse rapidamente tratou de encarcerá-los ou exilá-los. Com o perdão concedido em 1936 pelo governo da Frente Popular, as duas facções da CNT mal tiveram tempo para uma reconciliação antes do início da sublevação militar (Tuñón de Lara, 1972, 718-19, 785-9, 873-81; Guinea, 1978, 96 e seguintes; Bar, 1981; Vega, 1987; Kelsey, 1991; Fraser, 1994, 542-52). Assim, durante a república o movimento mostrou-se desorganizado — talvez como deviam mesmo ser os anarquistas!

Mas a CNT exortava reiteradamente a uma greve geral revolucionária. A retórica dos panfletos da FAI era particularmente inflamada, preconizando uma "ginástica revolucionária" e sublevações violentas para treinar os trabalhadores para uma eventual revolução, tudo na linguagem de uma violenta opção pelos expurgos políticos:

> Morte à polícia! Morte aos soldados, filhos de nossa classe, que empunharam armas contra nós! Morte aos ardilosos cavalheiros burgueses do capitalismo feudal! Morte aos malditos parasitas, aos padres, aos políticos de todas as cores! Se vocês não se levantarem hoje, fortes e impiedosos, amanhã eles have-

> rão de matá-los sem perdão nem mercê! Endureçam os corações na hora do combate, tomem das armas. Derrubem as igrejas, os conventos, os quartéis, as fortalezas, as prisões, as prefeituras e as favelas! (Ramírez Jiménez, 1969, 106.)

Essa retórica deve ter parecido terrível — especialmente ao clero, o grupo mais exposto e indefeso dentre os "inimigos" citados anteriormente. Os padres há muito eram vítimas em insurreições populares na história espanhola. Mas os inimigos da CNT exageravam a realidade que estava por trás da retórica. As autoridades constantemente alegavam ter descoberto complôs e depósitos de armas, e a imprensa publicava histórias alarmistas com alto grau de exagero. Esses "complôs" eram então usados para justificar a repressão.

Examinemos o que a CNT efetivamente fez. Declarou três "greves gerais" durante a república — em janeiro de 1932, janeiro de 1933 e dezembro de 1933 —, mas os objetivos eram ambíguos, misturando-se intenções revolucionárias com manifestações mais limitadas de protesto. A maioria dos militantes limitava-se a ocupar fábricas ou terras ou promover manifestações ruidosas nas ruas. Alguns, todavia, iam muito mais longe, cortando linhas de comunicação, ocupando prédios públicos, destruindo arquivos governamentais e mesmo atirando contra quartéis da guarda civil ou lançando bombas muito eventualmente. As poucas mortes ocorridas foram antes acidentais que deliberadas. A retórica do movimento como um todo nada tinha de mortífera. Na verdade, não raro mostrava-se ingenuamente idealista — como na revolução promovida em determinada aldeia:

> Todos os cidadãos são informados de que fica instaurado o regime do comunismo libertário, sendo em conseqüência abolido o uso do dinheiro. O comitê revolucionário anuncia que todos poderão obter nas lojas todos os produtos de que precisarem, mas tomando o cuidado de não retirar quantidade maior do que a necessária para suas exigências diárias normais. (Kelsey, 1991, 96.)

As três insurreições foram lamentáveis fracassos. Bandos desorganizados da CNT se sublevaram, geralmente em aldeias mais remotas ou em bairros operários, ocuparam-nos por um dia ou dois e trataram de fugir quando atacados pela polícia. Não eram exatamente revoluções, embora houvesse quem o pretendesse.

Em sua maioria, as demais iniciativas da CNT começaram como disputas trabalhistas comuns. Todavia, como os empregadores mostravam-se hostis e a CNT tirava o peso das barganhas coletivas, as negociações não raro tinham um caráter meramente formal. A CNT tentava então recorrer à coação, mobilizando multidões hostis e bloqueando rodovias. Às vezes funcionava. Caso contrário, ocorriam atos de vandalismo e eventualmente incêndios criminosos ou explosões. Intervindo a polícia ou a Guarda Civil, podiam surgir barricadas e armas de fogo. Os operários de algumas indústrias podiam comprar dinamite, o que eventualmente levava a mortes. Mas a violência tinha limites. Os militantes não davam muita importância à propriedade, mas a violência contra pessoas raramente era premeditada (apesar da retórica anarquista). Também estavam muito precariamente armados. A CNT não formava contingentes paramilitares, não treinava nem uniformizava ou construía depósito de armas. Seus militantes eram meramente agitadores. É verdade que em sua maioria haviam prestado o serviço militar, e alguns tinham acesso a antigos fuzis e pistolas. Mas eram armas mais apropriadas para abater coelhos do que *guardas civis*, e a maioria dos tiros era disparada para o alto. Estranhamente, os "prolongados tiroteios" de mais de uma hora relatados pelos jornais não deixavam baixas.

Podemos tentar estimar o número de mortes. Utilizando dados coligidos por Malefakis, Linz (1978) deu início à tentativa de quantificar as mortes ocorridas nos conflitos políticos durante a república. Chegou a um total global de pouco menos de 2 mil, reconhecendo tratar-se de resultado "aproximado, sujeito a revisão, provavelmente para cima". Meu cálculo, baseado nas fontes secundárias arroladas neste capítulo, chegou a 2.500 — provavelmente também um resultado subestimado. Cerca de 1.500 destas foram baixas ocorridas num único episódio, a insurreição asturiana de 1934 (analisada adiante, quando tratarmos dos socialistas). As mil baixas restantes ocorreram em cerca de cem incidentes espalhados por toda a Espanha. Mas eu enveredei por essa coleta bastante rudimentar de dados porque as pesquisas anteriores que utilizaram fontes primárias não tentaram esclarecer um fator vital: quem matou quem. Não é possível ter certeza a este respeito em todos os casos, envolvendo todas as pessoas. Mas geralmente consigo distinguir entre "esquerdistas", "direitistas" e autoridades policiais ou militares — embora entre as vítimas "esquerdistas" (e em menor grau as "direitistas") devessem figurar com freqüência indivíduos marginais às disputas (crianças, por exemplo). Também tentei estabelecer uma distinção entre os anarco-sindicalistas e os socialistas/comunistas (às vezes determinados muito rudimentarmente pelo fato de o incidente ter ocorrido num reduto socialista ou anarquista). À medida que os "fascistas" se vão tornando proeminentes, também consigo distingui-los, assim como outros civis de direita. Não consegui identificar as vítimas ou os responsáveis em 150 casos de morte, e eliminei 29 transeuntes e um punhado de políticos centristas dos cálculos das baixas. Na Tabela 9.2, encontramos dados sobre os demais 812 assassinatos políticos.

Talvez o primeiro ponto a ser assinalado diga respeito ao que não vamos encontrar nesta tabela: os protagonistas étnicos. Havia apenas um punhado de catalães, bascos ou carlistas matando ou sendo mortos por seus adversários "espanhóis". Eram expurgos de caráter nitidamente político, em termos de ortodoxa divisão esquerda/direita, embora ela fosse eventualmente exacerbada por conflitos regionais.

Tabela 9.2
Praticantes e vítimas de assassinatos políticos durante a Segunda República

Praticantes	Vítimas					Total
	Anarco-sindicalistas	Socialistas/comunistas	Direitistas	Fascistas	Militares/policiais	
Anarco-sindicalistas	1	4	20	18	70	113
Socialistas/comunistas	2	0	42	56	61	171
Direitistas	4	19	0	0	0	23
Fascistas	10	75	0	0	0	85
Militares/policiais	252	177	0	1	0	430
Total	269	275	62	75	131	812

A tabela mostra que os confrontos violentos com mortes ocorriam quase sempre entre a polícia e os militares, de um lado, e de outro a esquerda. Os fascistas entraram em ação em 1935 e no início de 1936, período em que também houve vítimas e atacantes em outros movimentos da direita (quase todos carlistas). Mas a polícia e os militares não eram realmente neutros. Constituíam o cerne do antigo regime no Estado, parte da direita espanhola

— como ficaria claro com sua participação na sublevação de 1936. E eram muito mais mortíferos do que a esquerda: tinham 3,3 mais probabilidade de estar entre os que matavam do que entre os que morriam, ao passo que os socialistas e os comunistas tinham 1,6 e os anarco-sindicalistas, 2,4 mais probabilidade de ser vítimas. A violência não era equilibradamente distribuída: manifestava-se muito mais contra a esquerda do que partindo dela, sendo praticada sobretudo por organismos do Estado, e não por forças mais "populares". Por isto, rejeito algumas das interpretações até aqui enunciadas a respeito da violência homicida durante a república. O relato de Linz é "equilibrado". Payne (1993, 360-4) atribui maior grau de culpa à esquerda, por causa do surto de matanças ocorrido no fim de 1934 e mais particularmente em 1936, sob o governo da Frente Popular. Mas os esquerdistas é que eram mortos em grau desproporcional. Culpar a vítima parece um pouco fora de propósito.

A CNT era a principal vítima. Quando seus militantes atacavam patrões e o Estado, a retaliação era muito mais letal. Assim, em 1935 o anarco-sindicalismo estava em apuros, com muitos militantes mortos, a maioria dos líderes na prisão e os demais em áspera disputa interna. Objetivamente, já não representavam um risco para a ordem social. Não fazia sentido mais falar de uma "ameaça revolucionária" partindo deles. A CNT pode ter contribuído mais para solapar a república recusando-se a colaborar com suas reformas. Ela não participava das iniciativas de conciliação trabalhista, da reforma agrária ou das eleições porque, como assinalava um de seus militantes,

> Aqueles de nós que não acreditávamos na política simplesmente ríamos. Sabíamos que a política nada mais era do que isto: política. Sob a república, sob qualquer sistema político, nós, trabalhadores, continuaríamos sendo escravos de nosso pedacinho de terra, de nosso trabalho. (Fraser, 1994, 97)

Em 1933, a abstenção da CNT pode ter sido responsável pela vitória do centro-direita. Em 1936, todavia, os líderes da CNT, amedrontados, desistiram da abstenção, e a votação dos anarco-sindicalistas na Frente Popular foi suficiente para decidir uma eleição muito disputada (Cancela, 1987, 144-5, 194-7, 260-75). Agora, os militantes da CNT também cooperavam com os socialistas e os comunistas (Balcells, 1971; Forner Muñoz, 1982). Mas era tarde demais. A hostilidade da CNT foi uma das principais causas do fracasso da república. Na verdade, alguns anarco-sindicalistas festejaram esse fracasso, que lhes permitiria dar início à "revolução".

Acima de tudo, o anarco-sindicalismo era contraproducente. A ausência de coordenação dos levantamentos locais com a organização paramilitar inevitavelmente levava à derrota, a menos que a polícia e o exército se recusassem a atirar. O mesmo efeito tinha a crença de que investir contra todo mundo ao mesmo tempo levaria à vitória. Sua violência e especialmente sua violência retórica pareciam justificar as histórias de horror inventadas pela direita, alienando a burguesia, o campesinato intermediário e muitos trabalhadores — especialmente as mulheres, os mais idosos ou os mais religiosos. Da perspectiva dos próprios anarco-sindicalistas, suas táticas poderiam ser justificadas se efetivamente se tivessem mostrado capazes de promover uma revolução. Num contexto de divisão do movimento trabalhista, contudo, seu principal efeito foi aumentar a força, o extremismo e o fervor moral da direita autoritária. Ao lado de semelhante feito, só pode empalidecer nossa simpatia por seus padecimentos, nossa admiração por sua coragem e seu irrefreável otimismo.

SOCIALISMO

Como a Espanha tinha apenas um pequeno partido comunista (até a guerra civil), o principal partido da esquerda (como aliás ainda hoje) era o PSOE, socialista. Com algo entre 60 mil e 80 mil membros, seu cerne era formado por operários industriais capacitados, ampliado por um recente influxo de trabalhadores agrícolas. Deste modo, o socialismo também era um movimento predominantemente proletário — embora a maioria de seus líderes proviesse dos 15 a 25% de militantes que não eram trabalhadores braçais. A maioria de seus deputados às Cortes era de professores e escritores, embora houvesse mais trabalhadores do que nas bancadas parlamentares dos outros partidos (Tabela 9.1 do Apêndice, linha 9). Os líderes do partido na seção de Sevilha eram empregados de todas as classes, sobretudo colarinhos-brancos (Tabela 9.2 do Apêndice). O movimento juvenil tornou-se grande e ultra-esquerdista — e os eleitores socialistas eram mais jovens do que os dos outros partidos. Havia menos mulheres do que homens entre os eleitores do partido, e as seções femininas representavam apenas 10% dos membros (Contreras, 1981, 84-112; Aubert, 1987, 181-2; Palomares Ibáñez, 1988). Os sindicatos socialistas estavam federados na UGT, que alcançou a marca de um milhão de membros em 1932, sendo mais de 80% deles trabalhadores braçais (Guinea, 1978, 38, 96, 401; Contreras, 1981, 108-9). Os socialistas também organizavam *casas del pueblo* em toda a Espanha: sociedades locais de fundo mutuário, social e educacional que tiveram um papel importante na consolidação dos "guetos proletários" das regiões mais avançadas.

Os líderes socialistas misturavam reformismo e marxismo evolutivo, com uma dose tipicamente espanhola de socialismo "moral". Em sua maioria, alimentavam inicialmente expectativas positivas de ações reformistas por parte da república. A eleição de 1931 fez do PSOE o maior partido nas Cortes, e seus três ministros no governo de centro-esquerda — Largo Caballero, Indalecio Prieto e Fernando De Los Ríos — revelaram-se reformistas capazes. Até mesmo a facção marxista ortodoxa do partido sustentava que ele devia cooperar, com o argumento de que a revolução burguesa devia ser completada para que só então tivesse início a proletária. Como alguns outros partidos socialistas da época, o PSOE não tinha como meta privilegiada a "democracia burguesa", e estava formalmente comprometido com a "revolução" — embora aparentemente uma revolução sem muita violência. Os dois primeiros anos da república foram de cooperação entre os líderes republicanos e socialistas. Os recém-criados comitês de conciliação trabalhista, os Jurados Mixtos, disseminaram-se em redutos socialistas, enquanto as reformas trabalhistas aumentavam a filiação da UGT (Carmona, 1989, 408; Bosch, 1993).

Mas logo se tornaram evidentes dois problemas. Primeiro, os decretos e leis governamentais para promover a reforma estimularam os trabalhadores e os camponeses pobres a exigir ainda mais, exacerbando tendências para a ação direta. O equilíbrio de poder político e militar em nível local parecia estar sendo alterado, com a repressão e o aparente enfraquecimento do *caciquismo*. Aumentava o número de greves e ocupações de terras, que contavam antes com a força numérica do que com formas altamente organizadas de violência, e geralmente não visavam a uma "revolução", mas reformas capazes de assegurar condições materiais mínimas (Bosch, 1993). De qualquer forma, representavam violações da ordem pública. Em segundo lugar, a coalizão republicano-socialista sequer controlava todo o aparelho de Estado, muito menos o país. O importantíssimo Ministério do Interior — o cerne do executivo do antigo regime nas questões internas — era controlado por republicanos conservadores. E não por acaso. Como em muitos outros regimes democratizantes, o preenchimento de cargos neste caso era feito de maneira a manter satisfeitos o exército e a polícia. Mas também havia uma tendência (não menos normal) para nomear administradores provinciais conservadores — na Espanha, os governadores civis — dispostos a mobilizar poderes de emergência contra a esquerda. Calvo Sotelo observou em 1935 que a república só vigorara durante 23 dias sem recorrer a poderes de emergência (o que, para ele, era um argumento a favor de sua abolição). A aplicação da legislação trabalhista era particularmente desequilibrada. A debilidade infra-estrutural do Estado espanhol era agravada por suas divisões políticas internas. Em áreas controladas por senhores fundiários e a Igreja, os esquerdistas eram justificadamente alvo de crítica, com a exortação "Vão comer república!" Pois o fato é que nessas regiões a república não passava de conversa. Alguns administradores socialistas locais conseguiram promover reformas (Collier, 1987), mas a esquerda queixava-se de que a legislação não era aplicada na maior parte do país.

O ano de 1933 foi ruim para a república.[3] Começou com revoltas promovidas pela CNT, culminando no terrível massacre de aldeões em Casas Viejas, na Andaluzia. O gabinete inteiro (inclusive os ministros socialistas) manifestou-se inicialmente satisfeito com o esmagamento de uma insurreição aparentemente violenta. À medida que se disseminou a informação de que o derramamento de sangue em Casas Viejas fora na verdade da responsabilidade da guarda civil, obedecendo a ordens da administração provincial, a esquerda passou a denunciar a participação de seus líderes neste ato de "terrorismo de Estado". O sindicato socialista dos agricultores liderou no sul do país ocupações de terra que, na avaliação de Juliá (1989, 25), teriam dado início a uma "invasão da esfera política pelos sindicatos", por demais identificados com o ritmo turbulento das greves de massa para permitir a evolução de uma política irresponsável. À medida que se debilitava a coalizão de centro-esquerda, a república deixou de promover as reformas. No verão, as associações de empregadores deixaram de cooperar com o governo, exigindo a revogação das reformas recentes. Caballero, o ministro do Interior, já recebia delegações de trabalhadores queixando-se de que as reformas não estavam sendo aplicadas. Em agosto, sua retórica resvalou para a esquerda: se a reforma era impossível, declarou, os socialistas deviam abandonar a democracia burguesa.

Os socialistas eram influenciados pelos acontecimentos na Alemanha, em Portugal e especialmente na Áustria católica (de grande repercussão na Espanha). Para garantir as reformas, diziam alguns socialistas, o "fascismo" que se apoderava da direita espanhola devia ser enfrentado com a força. Tínhamos aqui um reflexo das reações a que assistimos nos dois últimos capítulos nos casos da Hungria e da Romênia. Nestes, foi a direita que considerou necessário rechaçar o fascismo pela força. Como se sabe, a direita espanhola não era fascista. Mas tampouco o haviam sido Salazar, Dollfüss em seu primeiro governo ou os governos alemães entre 1930 e 1932. Os espanhóis podiam identificar um padrão de abrangência européia, começando com o autoritarismo reacionário e conduzindo ao fascismo. Já sofriam na carne a coação por parte dos proprietários fundiários, dos empregadores e dos governadores civis — ruidosamente apoiados pela direita nas Cortes. Parecia plausível portanto que a Espanha também estivesse adernando para o fascismo. Com efeito, quando o centro-direita venceu a eleição de novembro (por razões enunciadas anteriormente), o novo governo resvalou ainda mais para a direita, revogando certas reformas e diluindo outras. Nem todas as suas iniciativas foram retrógradas. Em maio de 1934, contudo, o governo começou a desmantelar a reforma agrária, enquanto o ministro do Interior, da linha dura, e os governadores civis dissolviam as administrações e associações locais de esquerda. Em junho, uma greve convocada pelo sindicato rural socialista foi acompanhada de 7.000 detenções e muitas sentenças de prisão. A direita agora estava no controle de ambos os Estados, impedindo as reformas — havia inclusive quem dissesse que estava empenhada em acabar com a democracia, embora provavelmente não fosse verdade.

Caballero sustentava agora que se a república desmantelava até mesmo suas reformas moderadas, a resposta só poderia estar na revolução e na ditadura do proletariado. Juliá (1983) considera que os "revolucionários" de Caballero não passavam de corporativistas frustrados, buscando no interior do Estado uma influência para os sindicatos que agora lhes era negada. Mas começavam a surgir autênticos revolucionários à esquerda de Caballero, especialmente no movimento juvenil. As matanças cometidas por socialistas (como podemos ver na Tabela 9.2) ganharam intensidade, envolvendo a organização clandestina em pequena escala de pessoal esquerdista no exército e na polícia, mas ainda não de paramilitares treinados. Embora preservassem a maioria na direção executiva do PSOE, os reformistas não eram capazes de sustentar a UGT ou o movimento juvenil. Os debates socialistas eram saturados da retórica marxista da luta de classes, na qual as intenções morais elevadas eram atribuídas à esquerda. Nessa retórica, a cada classe cabia um partido político próprio. O "partido do proletariado" não podia aliar-se a "partidos burgueses". Mas em muitas partes da Espanha os republicanos de esquerda supostamente "burgueses" atraíam tantos votos de operários quanto os socialistas (muitos operários também votavam na direita). Mas as exortações endereçadas a outras classes, ou a identidades independentes de classe como região, religião ou gênero, eram consideradas "desvios oportunistas". Como somente 20% dos espanhóis votavam nos socialistas, tais exortações eram na verdade essenciais (como observa Tuñón de Lara, 1985, 151). O líder republicano de esquerda Azaña lembrava, cortante, a seus aliados socialistas: "O país não apoiará uma insurreição, pois quatro quintos de sua população não são socialistas."

É provável que a maioria dos que apoiavam os socialistas se tenha mantido nos limites do reformismo. Os membros da UGT continuaram ativos nos Jurados Mixtos; nos comícios de Azaña, os socialistas davam ruidosos vivas quando ele exigia enfaticamente todo respeito à Constituição; e os socialistas moderados geralmente obtinham mais votos do que os extremistas (os candidatos moderados também eram mais votados na direita). Mas o fato é que o partido estava seriamente dividido, e as iniciativas do novo governo de centro-direita davam argumentos à extrema esquerda. Em setembro de 1934, toda a esquerda (socialistas, comunistas e pequenos partidos trotskistas) considerou inaceitável que o partido antidemocrático CEDA passasse a integrar, segundo diziam os boatos, o gabinete de centro-direita. As bases socialistas fecharam questão a este respeito. O reformista Prieto foi inclusive solicitado pelo partido a organizar uma rebelião. Ele estaria incumbido de entrar em contato com soldados simpáticos à causa, embora não pareça tê-lo feito. Mas efetivamente lançou mão de algumas armas já obtidas pelo governo Azaña para ajudar rebeldes portugueses. Poderia ter sido este o primeiro passo para um paramilitarismo organizado. Mas seu objetivo parece ter sido meramente tático: recorrer a ameaças para dissuadir o presidente de admitir a CEDA em seu gabinete. Não funcionou: em outubro, ministros da CEDA efetivamente entraram para o governo.

A UGT reagiu convocando uma greve geral. Muitos pensaram que era o início da revolução. Como observamos em outros países, todavia, a esquerda *falava* muito bem na revolução, mas não a *fazia* efetivamente. Os líderes da UGT tiveram a gentileza de dar ao governo um aviso prévio de greve de 24 horas, para estimular a conciliação. Mas o que lhe deram na verdade foi tempo para encarcerá-los. Os que permaneceram livres tiveram de se desdobrar para conter bases que haviam sido levadas às ruas por sua retórica (Juliá, 1984). Debilitado, o sindicato agrícola não contribuía muito no campo. Alguns trabalhadores catalães se levantaram, embora não fossem apoiados pela CNT ou a UGT, e o movimento principal da revolta foi protagonizado pelo governo regionalista do Esquerra, estarrecido com a entrada da CEDA integralista para o governo. Tentando talvez evitar iniciativas da esquerda catalã (que supostamente treinava destacamentos de trabalhadores), o Esquerra declarou a independência da Catalunha. Há quem sustente que não passou de um movimento de barganha na disputa agrária que ainda opunha a região a Madri, enquanto outros consideram que foi um convite para que Madri mandasse tropas. Seja como for, o Esquerra rendeu-se assim que despontaram destacamentos do exército no horizonte. Cinqüenta pessoas haviam sido mortas na Catalunha.

Só na região setentrional das Astúrias ocorreu uma insurreição em regra, a primeira na Europa Ocidental desde a Comuna de Paris em 1871. Foi lançada e coordenada por mineiros, devendo ser entendida no contexto do controle espacial defensivo que os mineiros podem exercer em suas comunidades ocupacionais isoladas. Seus sindicatos haviam apoiado leis de segurança nas minas, indenização por acidentes, condições de trabalho e pensões. Mas estas iniciativas haviam sido brecadas pelos patrões, invocando motivos de custos. A Depressão acabou levando os empregadores a promover demissões, *lockouts* e padrões de segurança menos rígidos — e nisto eles se sentiram estimulados pela mudança no governo. Como a CNT e os comunistas recrutavam entre os enfurecidos mineiros, a UGT radicalizou, para competir. Estabeleceu-se então uma frente comum, uma das poucas autênticas "frentes populares" da Espanha nesse período. Os insurgentes tomaram minas, fábricas e alguns prédios públicos, apoderando-se de armas de policiais rendidos e de fábricas de munições. Assumiram o controle dos vales de mineração mas não conseguiram tomar os principais prédios de Oviedo, a capital provincial. Como em toda a Europa, essa esquerda carecia do planejamento e do treinamento necessários numa guerra ofensiva, mesmo de natureza tão rudimentar. Ela desprezava e negligenciava o poder militar. Mostrou-se capaz de defender ardorosamente seu território frente à polícia e às tropas regionais, mas a chegada de 26 mil soldados, muitos com experiência na contra-insurgência no Marrocos, acabou com suas chances (Aguado Sanchez, 1972; Preston, 1978, 127-8; Shubert, 1987).

Depois de duas semanas, a insurreição se esvaziou. Cerca de 1.500 pessoas haviam morrido. As autoridades haviam matado cerca de 1.200, pouco mais da metade em combates, o resto numa onda de retaliação no fim. Os insurgentes mataram 281 policiais e soldados e cerca de quarenta civis, entre eles 29 padres, assassinados a sangue frio. O governo de centro-direita deu à repressão alcance nacional, centrando-se na CNT, cujo papel fora na verdade marginal, mas aumentado pelos relatos exagerados dos acontecimentos na imprensa. Todavia, os preceitos legais da lei marcial foram observados e houve poucos assassinatos. Cerca de 20 mil esquerdistas e regionalistas foram presos, entre eles a maioria dos membros das direções executivas da CNT, da UGT e do PSOE. As *casas del pueblo* e os sindicatos locais foram fechados. Mais de 10% dos prefeitos de todo o país foram substituídos por decreto. Até Azaña foi acusado de cumplicidade, embora as Cortes não dessem seguimento às acusações. Se a direita fosse decididamente autoritária, poderia ter dissolvido então a república. Se contivesse elementos pronunciados de populismo "radical" ou de fascismo, a retaliação teria sido mais mortífera. Mas o principal objetivo era pôr fim às reformas — de uma maneira ordeira e legal. O controle de ambos os Estados e a derrota da esquerda permitiram-lhe fazê-lo no quadro das instituições republicanas.

A insurreição de outubro não foi uma revolução. Carecia de liderança e coordenação, exceto nas Astúrias. Nas outras áreas, jovens militantes, desorientados por sua própria ingenuidade e pela retórica de Caballero, se haviam atirado às ruas, carentes de organização, de armas e de apoio de massa, sendo rapidamente neutralizados — mais ou menos como numa "revolução" da CNT. Nas Astúrias a situação era diferente, mas também lá os trabalhadores careciam de poder militar ofensivo. O fim era inevitável, se não houvesse apoio em outras regiões. Prieto reconheceu que "vamos merecer uma catástrofe, por causa de nossa estupidez", e a esquerda agora pedia moderação. O número de greves violentas diminuía, e os sindicatos da CNT, da UGT e comunistas começaram a cooperar (Balcells, 1971; Forner Muñoz, 1982). Calvo Sotelo confidenciou dias antes da sublevação militar que as chances de uma insurreição de esquerda haviam caído vertiginosamente ao longo do último ano (Payne, 1993, 352).

A violência persistiu no movimento juvenil e numa pequena guerra de rua que agora tinha início entre a Falange fascista e os carlistas. Assim é que se explica a maioria das mortes cometidas por socialistas e comunistas, detalhadas na Tabela 9.2. No final de 1935, pequenos grupos de socialistas, comunistas e anarco-sindicalistas começavam a formar grupos armados *ad hoc*, que no entanto permaneceram em estado rudimentar. O movimento socialista nem de longe estava preparado para a resistência revolucionária que logo seria chamado a montar. Em reação à sublevação militar, a UGT limitou-se a convocar uma greve geral. O poder militar supostamente seria combatido pela retirada do poder econômico.

Era portanto tripla a responsabilidade dos socialistas pelo colapso da república. Em primeiro lugar, sua ideologia impregnada de conceitos de classe e revolução comprometeu a percepção de uma realidade política em que a consciência de classe era apenas uma dentre várias fontes importantes de identidade social. Com isto, eram alienados os que não se sentiam comprometidos. O marxismo convenceu o partido socialista de que só ele representava o proletariado, e o partido passou a evitar as alianças políticas e apelos a outros grupos, na verdade necessários para defender a república. Em caráter individual, alguns reformistas faziam acertos com republicanos "burgueses", mas não podiam carregar o partido nas costas nem brandir princípios políticos em concorrência com o exigente marxismo dominante. Não era esta uma fraqueza específica dos socialistas espanhóis, pois muitos movimentos socialistas da época acreditavam equivocadamente que eram os detentores exclusivos da chave da modernidade. Na verdade, o marxismo de alto teor de exigência teórica provavelmente também impediu a esquerda de organizar qualquer movimento efetivo de violência paramilitar. Em segundo lugar, o partido estava seriamente dividido depois de 1933, o que impedia a adoção de qualquer estratégia coerente frente à república ou à Depressão, assim como a capacidade de disciplinar seus próprios seguidores (Preston, 1978; Juliá, 1989; Macarro Vera, 1989). Essa divisão também impediu que os reformistas do partido aderissem formalmente ao governo da "Frente Popular" em 1936. Em terceiro lugar, uma minoria ultra-esquerdista, ocupando posições cruciais na estrutura de poder do partido, tornou-se anti-republicana, alienando muitos centristas. Em 1936, os reformistas recuperavam algum controle, mas era tarde demais. Esses pontos fracos dos socialistas contribuíram para fomentar a conspiração militar.

Mas não estou convencido de que o partido estivesse tão empenhado na consecução de metas socialistas, em detrimento dos meios democráticos, quanto sugerem Linz, Payne e Robinson. A ala reformista manteve-se disposta a entrar em acordo para preservar um governo de centro; a facção marxista de Besteiro apoiou a "fase burguesa" da revolução. Os movimentos caballerista, de ultra-esquerda e da juventude têm uma responsabilidade mais direta, com características que já constatamos no resto da Europa. Contribuíram para solapar a república com uma retórica da insurreição, mas não chegaram efetivamente a ameaçá-la. Muitos o sabiam, tanto na direita quanto no exército. Os dirigentes da direita reiteradamente debatiam a possibilidade de uma intervenção militar com os generais, ouvindo deles que nem o exército nem o público daria muito apoio. A solução poderia ser provocar uma insurreição de esquerda fadada ao fracasso. O líder da CEDA, Gil Robles, daria prova de franqueza bem mais tarde:

> Fiz a mim mesmo a seguinte pergunta: "Darei à Espanha três meses de tranqüilidade se não entrar para o governo. Se entrarmos, haverá uma revolução? Melhor que ela sobrevenha quando ainda não estiver bem preparada, para que não nos derrote." Foi o que fizemos: precipitamos o movimento, enfrentamo-lo e o esmagamos implacavelmente do interior do governo.

Como na prática a política é mesmo absurda, emocional e imprevisível (especialmente numa crise), duvido que a direita fosse assim tão inteligente em seu maquiavelismo quanto dá a entender Gil Robles. Mas os complôs de direita eram mais organizados do que os de esquerda. E implicavam a decidida mobilização do poder militar. A responsabilidade não estava simetricamente distribuída — como veremos claramente adiante, ao tratar da direita.

O CENTRO REPUBLICANO

Os partidos republicanos do centro não podiam deixar de ser o esteio de qualquer acerto democrático, e foram com efeito suas manobras que provocaram as duas mudanças de governo. Eles eram efetivamente moderados — nenhum movimento do centro participou dos assassinatos políticos arrolados na Tabela 9.2; nenhum deles promoveu atos graves de violência ou contribuiu muito para a insurreição militar. Chegado o momento, boa parte do centro efetivamente se posicionou pela república. O que só aconteceu na Espanha (dentre os casos analisados neste livro) foi que a maioria dos centristas "burgueses" não abandonou a democracia. Mantiveram-se firmes e lutaram por ela.

Esse regime é muitas vezes chamado de "República Burguesa" ou às vezes de "República dos Intelectuais", já que eles pareciam dominar os partidos republicanos. Os mais importantes escritores da época participaram: Miguel de Unamuno, José Ortega y Gasset e Salvador de Madariaga. O principal partido de centro-esquerda, a Acción Republicana de Azaña, tinha inicialmente 140 patrocinadores, dos quais 112 eram escritores ou professores. Jornais, clubes e lojas maçônicas surgiram para exigir essa república — exatamente como na Revolução Francesa (Espín, 1980, 39, 288-92; Aubert, 1987; Marco, 1988, 171-5; Alvarez Rey, 1993). Na verdade, a tradição do liberalismo secular militante iniciada pelos revolucionários americanos e franceses estava viva no zelo democrático desses intelectuais. Na Espanha, a maioria dos intelectuais — em reação à Igreja e ao antigo regime — era mais favorável a uma democracia reformista do que ao autoritarismo, quanto mais ao fascismo. Galvanizados pelos desastres de 1898, com os quais não raro haviam convivido quando estudantes, eles acreditavam que seria possível salvar a Espanha tratando de "europeizá-la" (Marco, 1988, 100-2).

Dados sobre o contexto social dos líderes partidários podem ser encontrados nas linhas 4-6 e 8 da Tabela 9.1 do Apêndice e nas linhas 7-9 da Tabela 9.2 do Apêndice (cf. os estudos locais de Tusell Gómez, 1970; Bermejo

Martin, 1984; Germán Zubero, 1984; e Cancela, 1987). À parte os republicanos de esquerda nas regiões rurais, os partidos de centro eram dominados por profissionais liberais, seguidos por funcionários públicos e proprietários. Em Sevilha, os líderes (detalhes na Tabela 9.2 do Apêndice) representavam um amplo espectro da classe média: os mais bem representados eram os profissionais liberais, seguidos de trabalhadores no comércio, sendo os empresários representados no centro-direita e os colarinhos-brancos, no centro-esquerda. Os grandes setores profissionais tinham cada um sua política própria. Os professores do ensino fundamental representavam um amplo espectro da esquerda, mas estavam mais presentes entre os socialistas e os republicanos de esquerda (os radical-socialistas, como na França). Os médicos e veterinários representavam amplo espectro do centro, e os advogados, também o centro e a direita anti-republicana. Sabemos também que a maioria dos advogados votou no centro-direita na eleição de 1933 para a Suprema Corte (da qual podiam legitimamente participar). Os oficiais militares eram em sua maioria de direita, os agrônomos e os padres, convictos direitistas. Professores universitários e jornalistas eram líderes em todos os partidos.

Em todos estes dados podemos identificar indícios da existência de "dois" Estados. Um deles era civil e voltado para os serviços, tendendo a ser secular e de centro-esquerda. O outro era militar, clerical e voltado para a manutenção da ordem. Tendia para a direita e o antigo regime. Havia muito poucos trabalhadores entre esses líderes partidários, e só entre os líderes da esquerda republicana podiam ser encontrados muitos colarinhos-brancos. Eram poucos os grandes empresários, e os pequenos participavam em nível local. Embora fossem eminentemente partidos de "burgueses notáveis", seu secularismo, sua posição modernizadora e sua moderação nas questões de classe também lhes proporcionavam votos em áreas mais pronunciadamente operárias ou de classe média.

Essencialmente, contudo, as questões de classe importavam menos do que o anticlericalismo e o antimilitarismo em boa parte do centro-esquerda (Espín, 1980, 106-12, 293-6; Farré, 1985). Parece ter sido este o principal motivo pelo qual esses militantes não debandavam para a direita, como em outros países. Qualquer possível solidariedade de classe entre liberais e conservadores "burgueses" esbarrava em suas fundamentais divergências em questões militares e religiosas. Mas a conseqüência disto era que os conservadores militares e religiosos mais tradicionais se viam compelidos para a direita. Na Espanha, a fenda se abriu bem no centro, em vez de empurrar a maior parte do centro para a direita. Nas Cortes, contudo, Unamuno era capaz de prever as conseqüências:

> Nesta câmara há professores demais. Toda vez que o exército transgride, eles formam um partido antimilitarista; toda vez que o clero transgride, eles formam um partido anticlerical. Nossos filhos e netos encontrarão um partido antiacadêmico na Espanha. (Aubert, 1987, 186.)

Há quem acuse os republicanos de esquerda de terem provocado a Igreja a atacar a democracia (por exemplo, Payne, 1970). Mas parece exagerado. A Igreja já era reacionária, e as leis da república não eram mais extremas do que as que já haviam sido aprovadas em outros países católicos (Jackson, 1965, 48). Como em outros países, os republicanos tentavam separar a Igreja do Estado, proclamando a tolerância religiosa e declarando que o Estado não tinha uma religião oficial. No prazo de dois anos, o Estado deixaria de financiar o clero secular, e as ordens religiosas teriam de registrar suas propriedades, mantendo apenas o que fosse necessário para seu funcionamento. A Constituição determinava a expulsão dos jesuítas (como em outros países), a menos que renegassem seu juramento de obediência incondicional ao papa (o que eles se recusavam a fazer). Uma decisão ainda mais provocadora era a de proibir que as ordens ensinassem, exceto para a formação de padres. Mas o problema principal é que a legislação foi proposta com pressa e agressividade contra uma Igreja reacionária, que considerava estarem os republicanos em aliança com o anticlericalismo mais violento da extrema esquerda.

O papa não representava um problema. Ele buscava entrar em acordo e forçou a renúncia do primaz, o intransigente cardeal Segura. Mas a hierarquia espanhola seguiu a liderança do primaz e instruiu grupos leigos de pressão a intensificar a oposição à república. Suas provocações eram imitadas por Azaña, que parecia deliciar-se com o conflito, proclamando nas Cortes que "a Espanha deixou de ser católica" e acrescentando — como um Robespierre ou um St. Just: "Que ninguém venha me dizer que isto fere a liberdade, pois é uma questão de saúde pública." Ele certamente não era capaz de avaliar o impacto de sua retórica nos fiéis católicos mais devotos de todas as classes

(Payne, 1970, 92, 1993, 82-3). Ela servia para compeli-los (especialmente as mulheres e os mais idosos) e aos partidos de centro-direita ainda mais para a direita. Como veremos adiante, a Igreja constituiria a alma da direita autoritária espanhola.

As principais facções das coalizões de centro-esquerda tendiam a centrar-se em diferentes áreas de ação política. Nas questões de classe, os socialistas eram mais extremados, porém mais responsáveis também, pelo menos no setor industrial, pois essas questões eram consideradas muito importantes. Mas embora o centro tendesse para a conciliação de classe, não tinha verdadeiro interesse neste sentido e recuava ao enfrentar a oposição dos patrões. Nas questões agrárias, nenhum dos dois grupos estava muito interessado, pois seus membros não haviam crescido no campo nem estavam acostumados a representá-lo (Heywood, 1990, 139-43). Em matéria religiosa, certos socialistas não se interessavam realmente. Deste modo, os programas de ação raramente eram apoiados com entusiasmo por toda a coalizão quando havia oposição nas Cortes ou no interior da administração de Estado. Mais do que a falta de convicção democrática, a incapacidade de pôr em prática os programas de ação é que se revelou o calcanhar-de-aquiles da aliança de centro-esquerda.[4]

A fraqueza do centro-direita era outra. Herdeiro das tradições do *turno*, ele estava preocupado sobretudo com cargos e clientelismo. O maior partido era o Radical, formado antes por advogados notáveis do que por intelectuais, com militantes do setor agrícola intermediário, do setor industrial e da classe média comercial. Inicialmente, o partido obteve amplo apoio, inclusive de alguns operários organizados. Ao contrário do PSOE e da CEDA, os radicais não tinham uma sólida base de apoio regional. Originalmente liberais e anticlericais, eles haviam adernado para a direita, abraçando um populismo calcado na retórica, mas vago quanto aos programas de ação. Seus líderes pediam reformas para *todos los españoles* e para *el pueblo* (a maneira populista como utilizavam a expressão "o povo" fora tomada emprestada pelos republicanos e os socialistas durante a guerra civil) mas não apresentavam soluções para resolver as divergências de classe e região. Embora tivesse atraído apoio de todas as classes, o partido tornou-se mais burguês. Agora os radicais mais uma vez se inclinavam para a direita, em parte compelidos por um influxo de monarquistas moderados, conservadores em questões de classe. A facção mais liberal deixou o partido para juntar-se a Azaña (Manjón, 1976, 192-201, 252 e seguintes, 403-8, 589-600, 611-14, 681; Bermejo Martin, 1984, 453-4; Townson, 1988, 65-7).

O desligamento dos radicais da coalizão de centro-esquerda que daí resultou precipitou a eleição de 1933, da qual saíram como principal partido do novo governo de centro-direita, empenhado em rever a Constituição para melhor defender a ordem e a propriedade. O ministro do Interior encarregado da repressão em 1934 era um radical. Mas os radicais também eram oportunistas, acreditando (como tantos partidos modernos) que o acesso ao poder e à influência é mais importante do que a proclamação de princípios abstratos. Numa república assoberbada por princípios em excesso, semelhante pragmatismo poderia contribuir para a democracia, já que este partido de centro dispunha-se a entrar em acordo com praticamente qualquer um que lhe oferecesse postos no gabinete. Mas a corrupção é uma tentação para um partido assim predisposto, e em 1934 ele veio a ser enfraquecido pelos escândalos. Seu apoio começou a esvair-se no fim de 1934, e acabou de ser aniquilado na eleição de 1936. Este fato foi importante na chegada da Frente Popular ao poder.

Os radicais diferenciavam-se dos partidos de direita, que cultivavam "princípios" em superabundância: propriedade, ordem, hierarquia, religião, a integridade da Espanha. Mas as duas correntes podiam convergir no descuido pela democracia propriamente dita. O acesso ao poder e os princípios conservadores podiam ter precedência sobre ela. Este calcanhar-de-aquiles do centro-direita levou-o a endossar apelos ao exército em 1936. O centro-esquerda pode ter-se mostrado ineficaz na consecução da reforma e na defesa da república, mas tendia a acreditar nela e preservou seu apoio popular. O centro-direita perdia votos na direita e se tornou ambivalente em relação à república. Suas facções mais à direita aderiram aos apelos aos militares pela destruição da república.[5] Um esvaziamento mais limitado do centro-direita do que na República de Weimar contribuiu para solapar a República espanhola.

A DIREITA

Mas a principal parceria política da sublevação militar foi a dos conservadores. Ambivalentes a respeito da nova república popular, os conservadores se haviam saído muito mal nas primeiras eleições. *El Debate*, o principal jornal conservador, exortava então: "Devemos todos defender a Espanha e a nós mesmos, assim como a nossos bens materiais e espirituais, nossas convicções (...) a preservação da propriedade, da hierarquia na sociedade e no trabalho." Propugnava então o que passou a ser conhecido como "acidentalismo": qualquer constituição seria menos importante (e por isto "acidental") do que essas metas políticas. A democracia seria aceita como "mal menor" *se* mantivesse o conservadorismo. Mas os conservadores deram-se conta de que não tinham alternativa imediata senão aderir com maior entusiasmo ao processo eleitoral, tentando enveredar pelo caminho da mobilização de massa por meio do moderno sistema político-partidário. Alguns deles flertavam com o fascismo ou alimentavam conspirações militares, mas a maioria sabia que por enquanto o jogo eleitoral era o único que valia (Preston, 1978, Capítulo 2; 1986, 111-26; Alvarez Rey, 1993: 448).

Examinemos os diferentes componentes do conservadorismo espanhol. Um de seus bastiões era a classe capitalista espanhola, e boa parte dela tinha certa responsabilidade na queda da república. Fora da agricultura, os patrões enfrentavam reivindicações de reforma, e não uma revolução, mas ainda assim resistiam fortemente, considerando que a reforma ameaçava seus direitos de propriedade. Suas declarações eram permeadas de um "provincianismo reacionário" que, na opinião de Cabrera, refletia uma "agrarianização da burguesia espanhola". Frente à insatisfação trabalhista, muitos limitavam-se a recorrer à repressão legal, convocando os governadores civis, a polícia, a Guarda Civil e o exército. Foi assim que ocorreu cerca de um terço das mortes registradas na Tabela 9.2. Pressionados pela Depressão, os patrões passaram em 1933 a colaborar com o governo de centro-direita, para enfraquecer os Jurados Mixtos. Estes foram trazidos de volta ao regaço do Ministério do Interior, onde se manifestavam com mais freqüência em favor dos empregadores. A intransigência dos patrões foi sufocada em 1936 pela vitória eleitoral da Frente Popular, a incoerência de sua política econômica e por uma onda de greves convocadas por aumentos salariais e redução das horas de trabalho. Muitos acreditavam agora que a república seria um luxo inacessível (Cabrera, 1983, 251-86; Carmona, 1989, parte 3; Macarro Vera, 1989; Tusell Gómez et al., 1993).

Mas eram poucos os industriais e financistas engajados na militância política. Embora fique difícil, assim, avaliar os pontos de vista da maioria dos capitalistas, é provável que eles tivessem preferido uma república semi-autoritária voltada para a "ordem pública" (como os regimes anteriores a Primo de Rivera ou o regime de 1934 e 1935) a uma ditadura militar. Os empresários estavam mais presentes nos partidos de centro-direita do que na direita antirepublicana (Tabela 9.2 do Apêndice). Alguns capitalistas efetivamente financiaram a CEDA "acidentalista" e os movimentos tradicionalistas e declaradamente autoritários da Acción Española e da Renovación Española (Montero, 1977; Cabrera, 1983, 307-12; Morodo, 1985, 48-52; Preston, 1986). Mas o financiamento da Falange fascista diminuiu quando se tornou evidente o seu radicalismo, embora voltasse a aumentar nos meses imediatamente anteriores à sublevação militar. Embora muitos viessem afinal a apoiar a intervenção militar, poucos se envolveram diretamente na conspiração (Payne, 1962, 61-2; Preston, 1978, Capítulo 7). Os industriais e financistas não mataram a república, mas sua contribuição foi negativa.

O envolvimento dos latifundiários foi mais patente. Os titulares de rendas residentes em Sevilha mostravam-se muito ativos em partidos anti-republicanos de extrema direita (Tabela 9.2 do Apêndice, linhas 1 e 2). Em quase toda parte os proprietários fundiários se opunham aos sindicatos, aos Jurados Mixtos e na verdade a todas as reformas republicanas. Quando submetidos a forte pressão nas regiões camponesas menores ou mais prósperas, a maioria dos empregadores cedia (Bosch, 1993). Mas os proprietários maiores, especialmente no sul, eram mais intransigentes. Suas associações os estimulavam a suspender qualquer cultivo da terra, submetendo os trabalhadores pela fome e rejeitando qualquer reivindicação de salários mais altos ou limitações nas práticas de demissão. Cerca de um terço das mortes arroladas na Tabela 9.2 resultaram da ação repressiva das autoridades por eles convocadas em casos de revolta. Boa parte do setor agrícola no sul fervilhava. As ocupações de terras eram endêmicas, e muitos políticos deram-se conta de que só uma grande reforma agrária poderia detê-las. Mas isto não era fácil. Nem o Estado nem a Igreja tinham terras a serem redistribuídas. Como a burguesia do sul havia comprado terras no fim do século XIX, o problema não podia ser atribuído simplesmente ao "feudalismo reacionário". Envolvia relações de classe perfeitamente contemporâneas. Pequeno e com problemas de financiamento, o Estado não poderia indenizar os senhores fundiários. O conflito no sul só poderia ser resolvido por um Estado forte — fosse pela repressão dos trabalhadores ou por uma reforma agrária imposta aos proprietários.

A república começara com boas intenções. Caballero estendeu a legislação sobre acidentes, inspeções e conciliação ao setor agrário, proibindo a importação de fura-greves de outras regiões. Os salários aumentavam enquanto a Depressão diminuía os preços, o que tendia a alienar até mesmo os pequenos agricultores que contratavam mão-de-obra. A reforma do regime de arrendamento também foi contemplada, embora só na Catalunha houvesse uma organização de arrendatários suficientemente forte para pressionar neste sentido. Mas o sul dominava a questão agrária (Malefakis, 1970; Tuñón de Lara, 1985, 210-218). O primeiro governo de centro-esquerda prometeu uma reforma radical, lançando informes e projetos neste sentido. Mas a direita e os fazendeiros de tal forma se opuseram que os centristas vacilaram. E tampouco era fácil esboçar propostas voltadas eminentemente para o sul que também pudessem funcionar em outras regiões. Infelizmente, as atenções do centro-esquerda estavam voltadas em outras direções, o anticlericalismo, no caso dos republicanos, e o conflito de classes urbano-industrial, no dos socialistas. Dos 470 deputados, apenas 189 participaram da crucial votação sobre a questão agrária. Até que a ascensão da FNTT, o sindicato agrícola socialista, pressionou os socialistas a tomarem alguma iniciativa. Mas os grupos mais interessados eram o Partido Agrário, reacionário, e os anarco-sindicalistas — ambos hostis à república.

Deste modo, a primeira reforma agrária saiu malfeita. Autorizou o confisco de mais de 80 mil agricultores pequenos a médios, além dos *latifundistas*. Em ordem de prioridade, os candidatos ao recebimento de terras seriam os verdadeiros sem-terra, os membros de sociedades de trabalhadores agrícolas filiados há pelo menos dois anos (sobretudo à UGT), proprietários de menos de dez hectares e finalmente rendeiros e meeiros que trabalhavam em terrenos de menos de dez hectares (embora pequenos arrendatários em regime de seis anos pudessem adquirir a terra). Criavam-se assim muitas disparidades. Nem os republicanos de esquerda nem os socialistas tentaram realmente distinguir os pequenos camponeses dos proprietários fundiários ou da Igreja. A lei foi então aplicada sem critério, não raro por governadores civis e administrações locais hostis. A maior parte das greves e ocupações de terra de 1933 foi convocada para protestar contra a falta de aplicação da lei.

A eleição de 1933 instaurou o governo de centro-direita liderado pelos radicais, com apoio da CEDA e dos Agrários (o partido dos senhores fundiários). Estes agora faziam parte do governo, neutralizando as pressões por reformas originadas na pequena ala social-cristã da CEDA. Os radicais pareciam desinteressados, e a maioria dos deputados da CEDA juntou-se aos agrários no boicote às propostas feitas pelo ministro da Agricultura, um social-cristão. O partido socialista era pressionado pela FNTT a se pronunciar pela revolução agrária, e não pela reforma. A Lei Agrária foi revogada, e a fermentação aumentou no sul.

Com a vitória da Frente Popular em 1936, a reforma agrária foi retomada com entusiasmo. Tanto Azaña quanto os socialistas viram que era a única maneira de impedir o caos social. Cinco por cento de todas as terras aráveis do país foram redistribuídas, em meio a pressão popular por mais ainda. Os senhores fundiários deram-se conta de que o governo não mandaria tropas para reprimir novas ocupações de terras (das quais participavam os prefeitos socialistas). Careciam agora de poder militar legítimo. Se eu fosse um senhor fundiário andaluz vivendo longe das minhas terras e preocupado em preservar meu estilo de vida requintado e civilizado, poderia ter recorrido aos generais num momento como este. Mas o problema (como também pudemos constatar no caso dos senhores fundiários italianos) está em saber como esses proprietários convenceram outros a lutar por seus interesses. Estes outros teriam sido "agrarianizados"? Por quê?

Não é fácil tentar verificar se o conservadorismo espanhol foi agrarianizado. Ele estivera tradicionalmente vinculado aos três pilares do Estado — monarquia, exército e Igreja —, que tinham suas raízes no campo, além das cidades administrativas mais antigas. Mas a monarquia os dividiu em partidos diferentes, apoiando diferentes dinastias. O exército mostrava-se favorável, e as preocupações com a ordem e a segurança nitidamente tinham um último recurso — um golpe militar. Mas o exército constituía uma espécie de casta à parte, mantida à distância, politicamente queimada pelo golpe de Primo de Rivera e por posteriores tentativas fracassadas de golpe, e agora cautelosa neste sentido. A Igreja católica seria o elemento unificador ativo, mobilizador das massas e provedor do fervor moral. Os conservadores foram mais cristianizados do que agrarianizados.

A Igreja era profundamente anti-republicana, temendo reformas anticlericais em meio ao pesadelo de novas matanças de padres como as do século XIX, que pareciam ser estimuladas pelos anarquistas (infelizmente, sua própria intransigência contribuiu para garantir que isto acontecesse). Sua influência permeava a direita. Os conservadores notáveis em geral davam ênfase a sua identidade cristã e também participavam de grupos católicos de pressão — de pais, mães, organizações femininas e juvenis, associações de publicistas, educadores, trabalhadores na saúde e assim por diante. Em Valladolid, por exemplo, as organizações sediadas na Casa del Pueblo, de esquerda, tinham 6.000 membros, menos da metade dos militantes organizados pela Casa Social Católica. As cooperativas de consumidores e as sociedades beneficentes educativas e médicas da Igreja católica eram muito maiores do que suas rivais socialistas (Palomares Ibáñez, 1988, 58-77, 123). Em escala nacional, os sindicatos católicos chegaram a corresponder a 10% do total dos sindicatos socialistas e anarco-sindicalistas reunidos, o que não representava uma força propriamente maciça, mas mobilizável.

Examinemos os partidos conservadores, começando pelos principais. Entre os mais importantes dos primeiros a surgir estava a Acción Popular (AP), surpreendentemente variada em termos sociais. Em 1932, seus membros sevilhanos (detalhados na Tabela 9.2 do Apêndice, linha 3) provinham de todas as camadas da estrutura de classes, embora os grupos intermediários estivessem super-representados. Em Zamora, 26% dos membros da AP eram operários, artesãos ou criados, 8%, camponeses, 16% colarinhos-brancos, 13%, profissionais liberais, 18%, padres, e 19%, empresários e comerciantes. Dos dois partidos rurais locais, um era constituído de 70% de fazendeiros e 20% de trabalhadores (em sua maioria na agricultura), e o outro era mais diversificado, sendo os maiores grupos os de empresários e trabalhadores. A Igreja era crucial no recrutamento de membros das classes baixa e média — como também na importante seção feminina (Mateos Rodríguez, 1993). Foi a Igreja que assegurou fundamentalmente o apoio ao conservadorismo espanhol em todo o espectro de classes.

No início de 1933, a maioria dos partidos conservadores aglutinou-se na CEDA (Confederação Espanhola da Direita Autônoma), que logo afirmaria contar com 735.000 membros, o que (se for verdade) a transformava no maior partido da Espanha. Foi também (extra-oficialmente) o partido mais influente no golpe militar de 1936. Os líderes nacionais e regionais da CEDA eram profissionais e grandes proprietários, destacando-se em algumas regiões os banqueiros e os padres. Descendo mais na escala social, sua composição se ampliava na classe média: dos 77 membros de comitês locais em toda a Espanha, 33% eram profissionais liberais, 20% funcionários públicos, 13%, empresários, 9%, colarinhos-brancos, 9%, senhores fundiários/fazendeiros, e 12%, operários (Tabela 9.1 do Apêndice, linha 4). O grande movimento juvenil da CEDA, o JAP, teria sido dominado por estudantes de classe média, embora não disponhamos de dados concretos.

Tão importantes quanto as classes, contudo, eram os fatores religião, gênero e agricultura. A seção de Madri afirmava que 45% de seus membros eram mulheres, percentual sem equivalente entre os partidos da época (Payne, 1993, 168), ao passo que na maioria das províncias as famílias dedicadas à agricultura representavam o grosso dos membros. A Igreja era muito importante na mobilização tanto das mulheres quanto dos agricultores, grupos altamente envolvidos na freqüência às igrejas ou na organização da vida religiosa. A CEDA dava ênfase acima de tudo ao restabelecimento dos privilégios da Igreja. Muitos representantes locais da CEDA eram declaradamente confessionais, provenientes de organizações católicas leigas — que tinham mais membros do que os sindicatos trabalhistas locais (sobre o caso de Múrcia, ver Moreno Fernandez, 1987; sobre o de Salamanca, Vincent, 1989, 83). A associação de fazendeiros católicos era a maior organização filiada à CEDA, com sede em Castela. Seus organizadores tentavam recrutar notabilidades de todas as classes respeitadas na comunidade, com preferência para os ativos nos terrenos religioso e da caridade (Castillo, 1979).

A CEDA não desprezava os interesses materiais. Enfatizava o compromisso comum de senhores fundiários, capitalistas e pequeno-burgueses com os direitos de propriedade. Em seu cerne agrário, dava ênfase ao interesse setorial por preços altos para os alimentos e salários baixos compartilhado por agricultores e proprietários de terras (Montero, 1977, 419-49). Mas os interesses setoriais e de classe eram interpretados no contexto de uma ordem moral mais ampla, centrada numa ideologia de nacionalismo integral, garantidora da ordem e da segurança, que alegava "transcender e eliminar" os conflitos e a desordem regionais e de classe. A preocupação de sua ala social-cristã com os pobres era ideologicamente importante nos apelos eleitorais, embora não tivesse grande influência concreta nos programas de ação da CEDA. Os rótulos sociais eram usados com cautela. As palavras "*labrador*" (lavrador) e "*agricultor*", não raro servindo de fachada para alguém ausente que vivia de renda, também denotavam alguém de valor e recursos que punha a mão na massa. Nos registros da CEDA, essas expressões dificultam a identificação da exata posição de classe dos militantes — e era esta efetivamente a intenção. Embora as seções da CEDA freqüentemente fossem dominadas por elementos do antigo regime, nas regiões mais religiosas do campo e nas cidades administrativas mais antigas do centro, na região de Castela, o partido atraía votos de todas as classes. Assim, mostrava-se capaz de mobilizar amplamente fora dos "guetos proletários", da burguesia secular e dos movimentos de autonomia regional.

Em termos ideológicos, a CEDA manteve-se "acidentalista" no que diz respeito à democracia. Em certa medida, o objetivo era evitar disputas constitucionais entre suas disparatadas facções — democratas-cristãos, *caciques* e autoritários (Tusell Gómez, 1974). A CEDA debatia as constituições mais em termos de "possibilidades táticas" do que de princípios, e não raro a democracia era encarada apenas como "o mal menor" (Montero, 1988, 17; Preston, 1986, 111-26). A constituição era menos importante ("acidental") do que os objetivos a que servia — convicção de muitos na esquerda, como se sabe. A CEDA insistia em que a república alterasse a constituição no capítulo das relações entre a Igreja e o Estado, até que ampliou suas condições. Desde que a república garantisse a ordem, a propriedade, os direitos da Igreja, a harmonia entre as classes e a integridade da Espanha, a CEDA aceitaria a democracia. Caso contrário, não se chegava a dizer explicitamente, mas a maioria entendia que ela defendia um regime instalado pelos militares. Mas a CEDA era paciente, e estava disposta a esperar pelo menos até o quarto aniversário da república (dezembro de 1935), depois do qual qualquer maioria simples nas Cortes permitiria emendar a constituição. O líder da CEDA, Gil Robles, preferia um desfecho constitucional, pois havia apostado sua liderança no caminho parlamentar. Mas até ele tentou cercar-se de todas as garantias. Em dezembro de 1933, declarava:

> Hoje, tratarei de facilitar a formação de governos de centro; amanhã, quando chegar o momento, exigirei o poder e promoverei uma reforma da Constituição. Se não obtivermos o poder, se os acontecimentos demonstrarem que não é possível uma evolução da política para a direita, a República arcará com as conseqüências. Não é uma ameaça, mas uma advertência.

Em outubro de 1935, sua "advertência" vinha matizada de fascismo:

> Precisamos fundar um novo Estado, expurgar a pátria dos maçons judacizantes. (...) Temos de avançar para um novo Estado, o que impõe deveres e sacrifícios. Que importa se for preciso derramar sangue! (...) Precisamos de plenos poderes, e é o que exigimos. (...) Para concretizar este ideal, não vamos perder tempo com formas arcaicas. A democracia não é um fim, mas um meio para a conquista do novo Estado. Quando chegar o momento, ou o parlamento se submete, ou haveremos de eliminá-lo. (Preston, 1978, 98, 48)

À parte a obsessão tipicamente católica com a maçonaria, poderia ser um discurso de Hitler ou Mussolini.

Assim foi que os republicanos e socialistas começaram a chamar a CEDA de "fascista", considerando inaceitável sua integração aos governos de coalizão. A CEDA não era fascista. Apoiava as instituições tradicionais de Estado e rejeitava explicitamente o paramilitarismo. Na verdade, a CEDA tinha uma composição tão variada quanto o partido socialista, mas com uma diferença: partido centrado na Igreja, era mais disciplinado. Os republicanos tentaram dividir a CEDA seduzindo sua "esquerda" a aderir a um governo de coalizão — o que teria sido uma excelente solução para a sobrevivência de uma república democrática. Mas suas tentativas fracassaram: os "esquerdistas" da CEDA não se achavam capazes de sobreviver por si mesmos, fora do manto protetor de um partido cujo cerne não era fascista, mas católico, autoritário e reacionário. Exceto pelos socialistas, os republicanos e os autonomistas regionais, a diferença entre o fascismo e o autoritarismo reacionário era insignificante. Eles sabiam que a CEDA revogaria as reformas republicanas, reprimiria seus movimentos e os levaria à prisão. Estavam menos interessados no motivo — fosse ele fascista ou meramente católico reacionário — do que na probabilidade do fato concreto. A palavra "fascista" tornou-se a alcunha geralmente utilizada pela esquerda e o centro-esquerda europeus para designar os autoritários que queriam levá-los à prisão. Em outros países, essas pessoas não raro se tornavam efetivamente fascistas — e a retardatária Espanha o sabia. Como sociólogo de carteirinha, comprometido com a precisão terminológica, não considero que a CEDA fosse "fascista", mas talvez os seus adversários não pudessem (em caráter pessoal) deixar de considerá-lo.

Uma vez no controle dos dois Estados, no fim de 1934, a CEDA revelou tendências semi-autoritárias, tomando a frente da repressão depois da sublevação de outubro. Mas o tiro saiu pela culatra, alienando os centristas não comprometidos (Montero, 1977, II, 124 e seguintes). Quando os radicais começaram a entrar em colapso em meio aos escândalos em que se haviam envolvido, o líder da CEDA, Gil Robles, presumiu que (como dirigente do maior partido da coalizão governamental) seria convidado a formar o novo governo. Mas o medo do "fascismo" da CEDA estava tão disseminado que o presidente Zamora recusou-se, convocando eleições. Ainda confiante, a CEDA fez uma agressiva campanha eleitoral, denunciando os adversários como traidores imorais da nação. Com isto, foram alienados certos partidos conservadores republicanos e regionais, que abandonaram a aliança com a CEDA, o que conferiu 5% de votos a mais à Frente Popular. Os assustados anarco-sindicalistas, votando pela primeira vez, provavelmente contribuíram com um pouco mais. Juntos, esses votos custaram a vitória à CEDA, que ficaria impedida de atingir suas metas pela democracia ou por meios legais no futuro próximo.

A conciliação era difícil para a CEDA, e extrema-direita e a Igreja por causa de sua tendência comum a demonizar os adversários. Em seus jornais, panfletos e discursos estavam constantemente falando de uma *reconquista*, sonora referência à histórica retomada do controle da Espanha medieval aos muçulmanos. Pois agora a moderna Espanha seria recuperada pela força àquilo que a CEDA chamava de a "*Anti-España*" dos socialistas, anarquistas e republicanos ateus, estranhos à nação integral (ou seja, orgânica). A república trouxera divisões, morte e anarquia. Os cartazes eleitorais da CEDA proclamavam: "Votar pela República é votar pela Guerra Civil". A Espanha precisava ser salva dos "marxistas, maçons e separatistas [e eventualmente também dos judeus] que servem aos interesses estrangeiros. Eles não são espanhóis!" A Igreja corroborou, afirmando que não se tratava de um combate político, mas "moral", entre "a construção e a destruição; entre a Espanha das antigas tradições, dos princípios religiosos e da conservação da sociedade e a anti-Espanha da demolição, do incêndio de igrejas e (...) da revolução". Em sua "Cruzada de Oração e Penitência" ela pedia orações, oferendas e penitências para derrotar "os adversários do Cristo [que] desfraldaram a bandeira da destruição e do ódio (...) os inimigos, apóstatas de sua religião e de sua pátria". Na eleição de 1936, a imprensa católica pela primeira vez denunciava os republicanos conservadores como não-cristãos (Vincent, 1989, 80-6; Montero, 1977; Bermejo Martin, 1984; Lannon, 1984; cf. Alvarez Chillida, 1992; Alvarez Rey, 1993, 334-6). Foi um momento decisivo, somando-se o peso da Igreja a um nacionalismo orgânico excludente, o que prefigurava a "cruzada contra a anti-España" identificada pela Igreja no levantamento militar. Em meio a uma pressão ideológica tão forte, muitos espanhóis encontravam dificuldade para associar os diferentes programas partidários a seus interesses privados. Os capitalistas alheios ao setor agrícola do sul também encontravam dificuldade para associá-los a seus interesses na preservação de suas propriedades ou na obtenção de lucros. O poder ideológico era mobilizado de maneira efetiva, tornando os católicos mais intransigentes quanto a seu poder e a seus interesses econômicos. É verdade que o objetivo desta retórica era vencer uma eleição democrática. Mas se a perdessem? Aceitariam ser governados por homens a que se referiam como inimigos estrangeiros e traidores?

O nacionalismo de direita era portanto muito mais coerente e perigoso em sua combinação de ódio e moralidade do que o seu estatismo. Este estatismo era autenticamente "acidentalista", pois a direita não sabia que tipo de Estado autoritário queria. Alguns militantes da CEDA foram atraídos para uma mistura algo fascista de repressão com a transcendente "terceira via" da ordem, da hierarquia e da harmonia. Seu movimento juvenil, o JAP, passou a envergar uma roupagem fascista, com direito a mobilização de massas, violência de rua e adulação do "Líder" (Montero, 1977, I, 621 e seguintes, II, 81 e seguintes e 248 e seguintes; Preston, 1986, 63-8). Mas não havia o domínio de uma tendência única em toda parte. Na seção de Sevilha, havia menos fascismo do que uma volta ao *caciquismo* (Alvarez Rey, 1993). O JAP adotou uma saudação fascista significativamente hesitante: o braço direito levantado em altura intermediária e dobrado paralelamente ao peito. Basta experimentar: parece acovardado demais para ser fascista, um fascismo envergonhado, incapaz de se afirmar plenamente. E tampouco havia ainda muitos paramilitares de direita. Alguns grupos do JAP pediam que fossem constituídos, mas a liderança da CEDA não o permitia. À parte os recrutas carlistas e a pequena Falange, a direita procurava o exército quando precisava recorrer à força. A CEDA não precisava de um projeto da sociedade futura: bastava um *pronunciamiento* militar. No fim das contas, seu acidentalismo aplicou-se até a ela mesma. Insurgindo-se o exército, a CEDA desapareceu: acabara-se a hora dos partidos. Os homens da CEDA simplesmente se transferiram para o novo regime, depois de terem funcionado como principal elemento político de destruição da democracia espanhola. Sua trajetória "acidentalista" nesta direção foi muito mais prejudicial do que a trajetória supostamente "revolucionária" dos anarco-sindicalistas ou dos socialistas.

À sua direita, e sobrepondo-se à ala direita da própria CEDA, estavam os partidos que se diziam "tradicionalistas", rejeitando abertamente a república e a democracia — os Agrários e a maior parte dos monarquistas afonsinos e carlistas. Todavia, por toda a república eles adotavam cada vez mais as idéias corporativistas e autoritárias mais modernas que eram defendidas pelo grupo de pressão Renovación Española. Na extrema-direita, começavam a se confundir as linhas de demarcação entre os diferentes membros da família autoritária. Eram diferentes seus núcleos regionais e religiosos. Seus líderes geralmente eram proprietários fundiários, advogados, padres e oficiais militares, que no entanto mobilizavam diferentes classes entre os fiéis em nível comunitário, apelando a eles como "pessoas moralmente dignas de confiança, profundamente católicas, apaixonadas pelas tradições patrióticas". Os operários sintonizados com a causa eram ditos "católicos, dignos e honrados". O tom altamente moral desses ultras era um de seus chamarizes, atraindo sobretudo estudantes (Alvarez Rey, 1993, 307-11). Os carlistas representavam uma mistura algo estranha de democracia populista local e corporativismo monárquico de cima para baixo. Dominavam em Navarra, dispondo apenas de bolsões de apoio nas outras regiões. Como não reconheciam a legitimidade da República nem de sua principal alternativa, uma monarquia Bourbon, não tinham escrúpulos quanto à organização de sua própria violência armada. Constituíram assim um movimento paramilitar de carlistas, armando-se e treinando para uma eventual sublevação. Em 1936, eram, de todos os movimentos políticos, o único capaz de assegurar decisivamente o controle militar de seus redutos territoriais. Sua contribuição em termos de poderio militar para o colapso da república foi portanto tão grande quanto caberia esperar da exigüidade de seus efetivos.

FASCISTAS

Não havia muitos fascistas autênticos na Espanha — até o início da guerra civil. As instituições autoritárias do antigo regime espanhol eram por demais poderosas para deixar muito espaço para um movimento portador de uma nova teoria do autoritarismo. O que acontecia era que as novas teorias se amalgamavam às velhas instituições. Mas nem todas foram absorvidas.

O grupo fascista dominante era a Falange, que ostentava um fascismo italianizante. Mas ela dispunha de um jovem líder original e carismático, José Antonio Primo de Rivera (filho do ex-ditador), morto pelos republicanos nos primeiros dias da guerra civil. Seu estilo poético e sentimental, seus melindres e sua inocência política eram típicos daquele "fascista moral" que raramente sobrevivia na cúpula dos movimentos fascistas. A Falange não chegava a 2% da votação nacional, e até 1936 tinha menos de 10 mil filiados. Como o Estado não fora engolfado por nenhuma crise súbita, o autoritarismo reacionário mantinha-se encastelado, tomando emprestadas idéias corporativistas e ocupando os espaços do fascismo populista. Os conservadores podiam contar com o exército e a Guarda Civil, em vez de combatentes de rua imprevisíveis. As coisas mudaram um pouco em 1936, pois com o início da guerra civil a Falange rapidamente passou a contar com 20 mil a 25.000 membros, em parte porque os conspiradores militares buscavam aliados civis para aumentar sua legitimidade. Em outubro, a Falange já contribuía com 43 mil dos 65 mil milicianos voluntários da causa nacionalista — sendo a maior parte dos demais fornecida pelos carlistas (Casas de Veja, 1974). A polarização política aumentara o poder de atração do fascismo paramilitar, especialmente para os jovens.

Embora disponhamos de poucos dados sobre os fascistas, costuma-se pressupor que eles eram "pequeno-burgueses" (como acontecia em muitos dos partidos fascistas menores da Europa). Sua votação era maior nos distritos mais abastados e de direita, mas como eles quase nunca chegaram a 5%

dos votos, não podemos identificar efetivamente os eleitores fascistas por meio de estudos ecológicos. Suarez Cortina (1981, 157) recolheu dados limitados referentes às Astúrias, identificando líderes que eram professores, advogados, empresários e pequenos comerciantes, mas se mostravam capazes de mobilizar apoio entre os estudantes e os operários católicos. Ele deduz que sua votação era mais elevada nos distritos pequeno-burgueses. Chegaram até nós informações detalhadas sobre 1.103 membros do partido na província de Madri. Como em toda parte, estes fascistas eram jovens, com menos de 21 anos em 60 a 70% dos casos. Surpreendentemente, 55% eram operários, o que pode ser um dado enganador, pois havia provavelmente mais 1.000 a 2.000 estudantes fascistas locais não registrados nesta lista (os estudantes com menos de 21 anos não podiam filiar-se a um partido). E geralmente a Falange estava mais fortemente implantada em cidades universitárias (Payne, 1965, 45, 63, 68-70, 81-3, 225-6; 1980, 423-6). Em Cádiz, a recém-criada seção local da Falange rapidamente recrutou vinte estudantes e oitenta operários, desiludidos com o desempenho de todos os partidos da república (Cancela, 1987, 222). Em Sevilha, o núcleo era constituído por estudantes, seguidos, em ordem decrescente, de operários qualificados, trabalhadores do setor hoteleiro e alguns trabalhadores em funções burocráticas do setor de serviços (Alvarez Rey, 1993, 385-92). Como a direita autoritária católica já mobilizava o apoio de massa que em países como a Alemanha e a Itália era hipotecado ao fascismo, a Falange pode ter mobilizado apenas aqueles que geralmente constituíam o núcleo duro dos fascistas paramilitares — jovens arruaceiros, com destaque também para estudantes e trabalhadores alheios aos guetos proletários.

Esses fascistas não se mostravam no início muito eficazes. Até a primavera de 1934, a Falange estava numa situação estranha para um partido fascista: embora preconizasse a violência, provocava menos mortes do que sofria. Ao longo dos dois anos seguintes, os seus *pistoleros* tratariam de equilibrar as coisas (ver Tabela 9.2). No ano de 1936, ela concentrou sua violência nas grandes cidades, especialmente Madri — infligindo à república prejuízos totalmente desproporcionais ao tamanho de sua organização e aumentando o receio de que a ordem pública estivesse em colapso.

Mas a vitória eleitoral da Frente Popular em 1936 levou a direita a tomar medidas desesperadas. Enquanto os conservadores conspiravam com os generais e os militantes da CEDA começavam a renegar seus líderes pragmáticos, a Falange se expandia consideravelmente. Afirma-se (com base em poucos dados factuais) que essa expansão deu-se na classe média instruída das cidades de Castela e Leon, e também entre os pequenos agricultores e em todo o espectro da classe média (Blinkhorn, 1987, 335-9). Os líderes da CEDA afirmavam que 15 mil membros de seu movimento juvenil, o JAP, entraram para a Falange na primavera, e a maioria dos militantes nacionalistas entrevistados na velhice por Fraser eram então filiados recentes provenientes da CEDA e do JAP. Em termos sociais, eram representativos das mais diferentes camadas — vários pequenos agricultores, um operário gráfico, um advogado, um estudante —, mas provinham todos de contextos fortemente católicos, desiludidos com a "covardia" da CEDA frente às metas "anticristãs" e à "desordem" da república. Tinham uma tendência a chamar os inimigos de "bolchevistas". Alguns, como este agricultor, abraçavam os ideais do social-cristianismo radical:

> O objetivo era redistribuir parte da riqueza do país de uma forma nova e mais justa; todos teriam de trabalhar — mas trabalhar juntos harmoniosamente; era puro evangelismo, a doutrina de Jesus Cristo, segundo a qual todos devem viver melhor, e não que alguns vivam confortavelmente e outros na pobreza. (Fraser, 1994, 87.)

O estereótipo pequeno-burguês da Falange parece uma simplificação excessiva, sobretudo porque também influíam a região e a religião. A Falange mostrava-se ambivalente em relação à religião, mas era nas províncias mais religiosas e de direita — Castela, Leon e Navarra, especialmente — que aumentavam os atrativos do autoritarismo e do fascismo em todos os grupos sociais que não estavam isolados por uma forte organização de esquerda (e eram relativamente poucos os que estavam, nessas regiões). É certamente assim que devemos interpretar a reação de massa verificada nessas regiões nucleares ao programa de alistamento voluntário lançado poucos meses depois pelas milícias falangistas e nacionalistas. Algumas regiões permitiam que o fascismo recrutasse num espectro mais amplo de classes, mas não era este um movimento fascista que pudesse alegar plausivelmente estar transcendendo as classes por seus próprios méritos. O que importava acima de tudo em praticamente todo o espectro político espanhol era o amálgama dos fatores classe, região e religião.

PODER MILITAR, LINHAS DE FRENTE MILITARES

Mas Franco nunca dependeu de votos, partidos ou movimentos de massa. Como tampouco dependera Primo de Rivera antes dele. Ambos comandaram revoltas militares. Devemos portanto analisar a organização específica dos militares para tentar entender como o Estado perdeu o monopólio do poder militar. Como observamos antes, o corpo de oficiais se autoperpetuava, sendo metade de seus recrutas filhos de oficiais, e a outra metade, da classe média provincial, aristocrática mas pobre — sendo a procedência em ambos os casos sobretudo de Castela e Leon. Os oficiais tendiam portanto para o conservadorismo modernizado, na forma do nacionalismo integral. Os interesses de casta da corporação dos oficiais também tendiam a voltá-los contra a república. Eles eram muito numerosos para as reduzidas necessidades militares do país, o que gerava conflito com governos civis preocupados em manter baixos os salários, retardar as promoções e restringir a modernização. Deste modo, o exército oferecia um contraste da virtude militar com o vício civil. Um general rebelde resumia a situação em suas memórias:

> O exército (...) imbuíra-se de uma atitude psicológica bem característica, considerando-se sozinho num imenso deserto, único detentor da verdade em meio a milhares de compatriotas equivocados; a única fonte de justiça e honra, o único patriota; e esta exaltação de um egoísmo particular levava logicamente a impor suas opiniões aos outros por todos os meios, despoticamente, ditatorialmente, declarando guerra ao Estado. (Kindelan, s.d., 188.)

Os governos de centro-esquerda agravaram o conflito, cortando orçamentos e criando uma organização paramilitar de Estado, a Guarda de Assalto Republicana, controlada pelas autoridades civis, para assumir as funções de ordem pública até então atribuídas ao exército. Era a única força paramilitar com que os republicanos podiam contar em 1936. Os governos de centro-esquerda tentaram então proteger-se de um golpe promovendo oficiais leais à república, o que representava um flagrante desvio da estrita meritocracia. A curto prazo, isto tinha a desvantagem de acabar de transformar interesses corporativos de casta em ideologia — modernidade tecnocrática autoritária em oposição a democracia civil corrupta (Boyd, 1979, 19-43, 276; Espín, 1980, 183-201; Busquets, 1984; Alpert, 1989; Gómez-Navarro, 1991, 313-20). Mas até que a Igreja exigisse o apoio moral e a intolerância de todos os verdadeiros espanhóis, a ideologia do exército preservou um certo matiz de casta, insatisfeita, hostil ao republicanismo, mas temendo estar isolada. Manteve-se relutantemente "leal". O exército veio a rebelar-se quando seus próprios interesses se amalgamaram com princípios políticos corporativistas e estatistas e com uma moralidade nacionalista.

Esses valores também haviam adquirido maior contundência durante a guerra suja no Marrocos, quando o país defendia a sagrada Espanha contra um inimigo anticristão "bárbaro". Franco desempenhou um papel importante no desenvolvimento das táticas mais modernas e mortíferas que por fim dariam a vitória no Marrocos ao Exército da África. Foi então convocado pelo governo de centro-direita, em 1934, a comandar mais operações de contra-insurgência, tomando a frente de unidades do Exército da África no esmagamento da insurreição nas Astúrias. Ele relataria a experiência em termos algo marroquinos, declarando: "Trata-se de uma guerra de fronteira contra o socialismo, o comunismo e tudo aquilo que ataca a civilização para substituí-la pela barbárie" (Preston, 1993, 105). Ele haveria de mostrar-se igualmente implacável durante a guerra civil. De grande visibilidade em julho de 1936, nos primeiros dias do levante, foi a determinação mais implacável dos oficiais rebeldes, em comparação com os oficiais republicanos legalistas. Os rebeldes mostravam-se muito mais inclinados a atirar imediatamente ou a executar seus oficiais superiores quando sentiam alguma oposição. Destacavam-se entre eles os *africanistas*, oficiais que haviam servido por longo tempo no Marrocos. Tentei quantificar essas tendências na Tabela 9.3.

Tabela 9.3
Os africanistas na elite militar da Guerra Civil

Os lados da guerra civil	Serviço africano			
	–5 anos	5 anos + (africanistas)	Incerto	Total
Republicanos	13	5	1	19
Nacionalistas	5	39	2	46
Total	18	44	3	65

Nota: Amostra de oficiais generais relacionados por Suero Roca (1975, 1981) ou indexados em Thomas (1977) cujo histórico de serviço ficava claro nas fontes usadas neste capítulo. Na minha amostra, sessenta prestaram serviço principalmente no exército, três na marinha e dois na aeronáutica. Quase todos serviram pelo menos por breve tempo na África. Esta pesquisa poderia ser grandemente enriquecida com a utilização dos arquivos do corpo de oficiais.

A tabela mostra claramente a super-representação dos *africanistas* entre os rebeldes nacionalistas: 87% dos generais rebeldes eram *africanistas*, contra apenas 26% de generais republicanos. Em certa medida, isto se deve ao fato de que a república tentara "exilar" os generais direitistas no Marrocos e nas Ilhas Canárias. Mas a experiência na África também exacerbara o seu ódio moral aos inimigos estrangeiros, dentro e fora da Espanha.

Assim que a Frente Popular venceu a eleição em 1936, tiveram início os preparativos para uma insurreição militar. Entre 1931 e 1933, a direita conduzira sua campanha dentro das Cortes e do aparelho de Estado. A partir de 1934, fora suficiente a repressão legal dentro das formalidades parlamentares. Agora ela se voltava para sua outra alternativa, a militar. Antes mesmo de deixar o cargo, Gil Robles pediu ao presidente que decretasse a lei marcial e aos generais que interviessem. Embora Franco demonstrasse certo interesse, o presidente recusou-se e a maioria dos oficiais mais graduados declarou que o exército não estava pronto. A partir de março, realizaram-se consultas entre generais, monarquistas e políticos da CEDA. Gil Robles considerou conveniente manter-se em posição discreta. Mas reconhece ter colaborado "com estímulo moral, ordens secretas de colaboração e até assistência econômica, retirada em quantidades apreciáveis dos fundos eleitorais do partido". Ele tentou mediar quando os conspiradores manifestaram discordância a respeito de uma constituição posterior ao golpe e instruiu membros da CEDA a se prepararem para entrar para o exército, em vez de constituir forças paramilitares (1968, 719, 728-30, 798-802). Mas não teve envolvimento na guerra civil ou no regime de Franco.

Em abril de 1936, os conspiradores designaram o general Mola como comandante clandestino da planejada insurreição, embora Franco fosse considerado o general rebelde mais eficiente. Mola e Franco fizeram de tudo para evitar o erro cometido por Primo de Rivera: sabiam que era necessário esclarecer as metas políticas antes de dar início ao golpe. Mas isto não foi possível. Poucos dentre os conspiradores eram monarquistas (e estavam divididos entre afonsinos e carlistas); alguns queriam uma ditadura corporativista e outros, apenas uma república semi-autoritária. Só concordavam quanto à necessidade de promover uma insurreição militar para salvar a Espanha de seus "inimigos", sem mencionar uma constituição. A forma era verdadeiramente "acidental" em relação à meta real e substantiva: derrubar a democracia pelo autoritarismo, qualquer autoritarismo, e expurgar o país dos inimigos políticos. Franco apressou-se a articular uma ditadura corporativista ao se ver alçado ao comando pelas mortes inesperadas de Mola e outros. Passou então a utilizar fascistas em seu regime, às vezes adotando a linguagem do fascismo, de acordo com suas necessidades políticas. Mas a insurreição sabia mais sobre a anti-Espanha que combatia do que sobre a constituição política da verdadeira Espanha.

Os preparativos de massa ficaram a cargo de uma sociedade militar semi-secreta, a UME, que afirmava contar com 3.436 oficiais (um quarto do corpo de oficiais da ativa), além de 1.843 oficiais reformados e 2.131 oficiais subalternos. Seu equivalente republicano, a UMRA, tinha apenas cerca de 200 oficiais, além de oficiais subalternos e policiais da Guarda de Assalto, sobretudo em Madri. Seu principal feito foi o assassinato, no início de julho, do líder da Renovación Española (e ex-ministro de Primo de Rivera) Calvo de Sotelo, personalidade muito respeitada da direita. Para alguns direitistas, foi realmente a última gota, e para outros, o pretexto — pois a conspiração na verdade vinha amadurecendo há alguns meses. Teve início a insurreição militar, e um quarto do corpo de oficiais manteve-se leal à república, enquanto dois terços se declaravam em insurreição. Na Guarda Civil verificou-se uma divisão equivalente, mas na pequena Guarda de Assalto Republicana a maioria manteve-se leal à república.

O Mapa 9.3 mostra as primeiras linhas de frente da guerra civil, misturando-se as configurações logísticas militares e políticas. A divisão inicial em duas Espanhas, nacionalista (rebelde) e republicana, reflete até certo ponto áreas anteriormente existentes de penetração política da esquerda ou da direita, e também áreas de implantação do exército. Como se podia esperar, a república manteve o controle da Catalunha, de Valência e de Madri, além de áreas rurais radicais do centro-norte. Era nestas regiões que recrutava a maior parte dos integrantes de suas milícias socialistas e anarquistas. O núcleo político-geográfico do nacionalismo estava no resto de Castela e Leon, que contribuiu desproporcionalmente com recrutas do exército, embora com menos voluntários da Falange. Madri estava dividida, pois abrigava contingentes desproporcionalmente grandes tanto de ricos quanto da classe trabalhadora. Era também a sede do antigo Estado e da nova república. Declarou-se pela república, com considerável ajuda das principais unidades da Guarda de Assalto Republicana. A sinergia entre a ideologia cultural e o industrialismo da Catalunha gerara tendências de esquerda entre os trabalhadores e um republicanismo liberal na classe média, ambos avessos à centralização promovida pela direita. Barcelona tornou-se um bastião revolucionário durante a guerra civil. Descendo pelo litoral, os sentimentos seculares e moderadamente autonômicos de Valência converteram-se em republicanismo moderado. Na Andaluzia, a esquerda era muito mais numerosa, como se poderia esperar, mas foi rapidamente derrotada na invasão do Exército da África comandado por Franco. A região contribuiu com um contingente desproporcionalmente grande de voluntários nacionalistas, e muito poucos falangistas.[6] Subindo em direção oeste, onde a Estremadura converge com a Velha Castela, o catolicismo e o franquismo fortaleceram-se. No noroeste, na Galícia, o catolicismo e os *caciques* foram sobrepujados por um regionalismo brando, o que gerou apoio moderado a Franco. Ele contribuiu com muitos recrutas nacionalistas do exército, mas poucos voluntários falangistas. Nas Astúrias, ainda com as feridas abertas em 1934, a adesão a um dos dois lados parece ter sido determinada sobretudo pelo fator classe: a maioria dos trabalhadores optou pela república, e a burguesia, pelos nacionalistas. As elites do País Basco hesitaram. Não confiavam na esquerda, mas, como a república oferecia autonomia regional, resolveram majoritariamente apoiá-la. Mas na vizinha Navarra o regionalismo rumou para a direita, pois era católico e carlista, tendo obtido concessões regionais dos nacionalistas. Foi lá que se arregimentou um número desproporcionalmente maior de voluntários falangistas, assim como a maioria das milícias carlistas (Blinkhorn, 1975; Payne, 1980, 427-8).

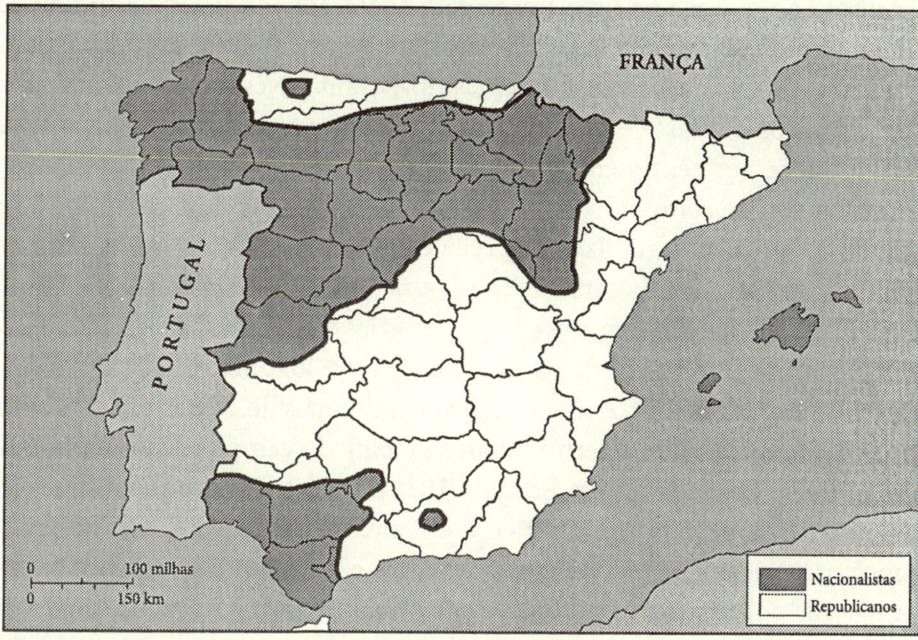

Mapa 9.3. Guerra civil: áreas iniciais de controle, julho de 1936.

Vejam-se, em particular, as variações que encontramos numa fração de classe isolada mas muito expressiva, a dos pequenos proprietários rurais. Em geral, suas associações econômicas coletivas consideravam que os partidos republicanos e socialistas favoreciam os trabalhadores e os consumidores urbanos em seu detrimento. Em Castela, Leon e algumas outras áreas, a Igreja também se mostrara capaz de implantar certas infra-estruturas econômicas do "catolicismo social" — bancos de crédito, cooperativas para fornecimento de maquinaria e serviços de comercialização, além de organizações profissionais e sociais. A Igreja e seus notáveis leigos cada vez mais assumiam a liderança de todos os tipos de iniciativas sociais. Assim, as escolas, a religiosidade cada vez mais forte das mulheres, os jornais e as seções locais dos partidos políticos insuflavam entre os camponeses católicos a hostilidade ao republicanismo e ao socialismo seculares (Montero, 1977; Castillo, 1979; Perez Diaz, 1991, 47-9, 96-100, 177). Esses camponeses respondiam por boa parte da filiação de massa do partido manipulado pelo ditador Primo de Rivera. Na década de 1930, constituíam a espinha dorsal da CEDA. Em 1936, alinharam-se decisivamente com Franco — o que configurava a maior refutação de que o campo nacionalista não passava de uma frente para servir aos interesses da burguesia. Mas setores equivalentes de proprietários de nível pobre a intermediário tomaram rumos políticos diferentes no Levante. Neste caso, os interesses econômicos de classe e o catolicismo social foram solapados pelo anticlericalismo e por sentimentos regionais anticastelhanos. Esses camponeses haviam votado sobretudo nos republicanos e agora se declaravam pela república. Em nenhuma das duas regiões os camponeses eram extremistas em seu próprio campo, mas estavam em campos diferentes. O mesmo se verificava na oposição entre as classes agrárias da Catalunha e do País Basco (republicanas) frente às de Navarra (carlistas e logo nacionalistas). Nestes casos, foram antes os conflitos religiosos-regionais do que as relações agrárias de produção que determinaram a escolha do campo (ver os ensaios de Blinkhorn, Fusi e Jones em Preston, 1984). Os católicos conservadores foram cruciais para Primo de Rivera e Franco. O fracasso de Primo levara muitos a flertar com idéias corporativistas e fascistas. E a "cruzada santa" invocada por Franco seria decisiva não só para a vitória na guerra civil, mas também para a subseqüente estabilidade de seu regime (Lannon, 1984, 35-58; 1987, 203-34; Morodo, 1985, 21-39, 52-7).

O exército não estava suficientemente organizado como uma casta para deixar de ser influenciado por tudo isto. Os oficiais e especialmente a tropa eram afetados pelo sentimentos das áreas em que ficavam estacionados. Nas áreas mais solidamente conservadoras, quando os oficiais se levantavam, a tropa obedecia, e os poucos elementos leais do exército e combatentes de rua republicanos eram facilmente reprimidos. As cidades de Saragoça e Oviedo constituíam exceções. Nelas, um núcleo de decididos rebeldes militares assumiu o controle antes que as forças populares tivessem tempo para se mobilizar em escala mais ampla. Mas nos casos em que os rebeldes logo se depararam com multidões armadas e hostis, muitos oficiais e comandados (assim como unidades inteiras da Guarda de Assalto) aderiram à república para não investir contra a multidão. Mas a posição dos soldados, e especialmente do corpo de oficiais, também era importante. Sem o apoio da minoria legalista dos militares à república, a sublevação teria sido um mero golpe, tomando o poder em questão de poucos dias. Mas sem o apoio da maioria dos oficiais, o golpe teria gorado com a mesma rapidez. Em todo o sul, destacamentos locais do exército e da Guarda Civil defendiam ferozmente seus quartéis contra o sentimento esquerdista majoritário, fomentado por multidões armadas de republicanos entusiásticos mas sem treinamento; estavam convencidos de que o Exército da África comandado por Franco, de longe a força de combate mais eficaz, logo chegaria em seu apoio. Este exército viria em seguida a conquistar rapidamente o sul.

Embora recrutas falangistas, carlistas e de outras origens populares logo somassem contingentes parcialmente treinados ao campo nacionalista (exatamente como as milícias anarquistas e socialistas faziam no lado republicano), a rebelião só teve êxito parcial no início em virtude de seu cerne militar — e só fracassou parcialmente porque a república contava com suas próprias tropas (Fraser, 1994, 106-13). Os militares eram agora o epicentro da direita autoritária espanhola. Sua organização militar superior (com a ajuda da Itália e da Alemanha fascistas, superando a contribuição soviética à república) foi decisiva para a vitória na guerra. Embora os territórios republicanos fossem mais avançados, com uma população muito maior e base de recursos mais sólida, sua capacidade de organizar esta vantagem concentrando uma força militar de ataque era inferior. Os rebeldes tinham um exército, equipado, abastecido e com uma estrutura de comando unificada — exatamente os recursos de poderio militar que agora faltavam à república. Em qualquer guerra, mesmo nas guerras civis, é a superioridade militar que dá a vitória.

O ALCANCE DOS EXPURGOS POLÍTICOS

Uma vez iniciada a insurreição militar, ambos os lados tentaram expurgar suas zonas de qualquer oposição política. E ambos desenvolveram ideologias para legitimar esta ação. Os nacionalistas proclamaram uma cruzada para "limpar" a Espanha de elementos antiespanhóis ateus, comunistas e "estrangeiros". Os republicanos desenvolveram um nacionalismo orgânico excludente e de esquerda, considerando o inimigo alheio ao *pueblo* — palavra que significava ao mesmo tempo povo e aldeia, assinalada pela ausência das classes superiores. Muitos padres foram assassinados em atos de profanação de igrejas.

Não temos como saber quantas baixas fatais cada lado causou. As estimativas variam consideravelmente. As estimativas sobre o total de vítimas dos republicanos variam de 20 mil a 75 mil, embora pareça mais razoável permanecer na metade inferior deste arco. Costumam-se estimar as vítimas dos nacionalistas entre 50 mil e 200 mil. Mas estudos recentes detalhando o ocorrido em províncias específicas permitem-nos chegar a outra estimativa. Ficaram assim documentadas 75 mil mortes causadas pelos nacionalistas em 24 províncias e 38 mil pelos republicanos em 22 províncias. Estes estudos cobrem a maior parte das mortes ocorridas na maioria das cinqüenta províncias da Espanha (Juliá, 1999, tabelas 1 e 3). Aumentando em um terço cada um destes totais, estaremos nos aproximando globalmente do total de mortes provocadas por ambos os campos em toda a Espanha. É claro que mais mortes de republicanos provavelmente ocorreram em campos de trabalhos forçados, não sendo computadas, e cerca de 165.000 republicanos fugiram para o exílio no exterior, temendo destino semelhante. Os nacionalistas provavelmente patrocinaram duas a três vezes mais atos de vingança contra indivíduos desarmados do que os republicanos. Naturalmente, foram o lado vencedor, e estavam portanto em posição de fazê-lo.

Do lado republicano, a guerra civil começou com um terrível surto de matança de padres. Mais de 6 mil deles foram assassinados, a maioria nas primeiras semanas da guerra, sobretudo em áreas controladas pelas milícias anarquistas (Moreno, 1961, 758-68; De la Cueva, 1998). Só isto teria sido suficiente para transformar uma sublevação militar numa cruzada. As atrocidades cometidas pelos nacionalistas agrupam-se em dois períodos, variando um pouco de acordo com a região. Primeiro, à medida que avançavam suas forças, ocorriam as "liberações" iniciais de distritos conquistados à república, seguidas da matança sistemática dos esquerdistas capturados, em meio a uma onda de atos de carnificina e estupro. A escala dessas matanças tendia a diminuir ao longo da guerra, pois os esquerdistas cada vez mais optavam por fugir, frente à perspectiva de derrota. Em Granada, estima-se que a direita matou 5 mil pessoas em questão de meses, praticamente todas a sangue frio, levadas à noite para o cemitério e fuziladas sem julgamento — entre elas o poeta Federico García Lorca. O principal responsável pelas execuções em Granada, Ruiz Alonso, costuma ser apresentado como um psicopata em mobilidade social descendente, empenhado num projeto de vingança pessoal contra a república. O que talvez não seja toda a verdade. Seu desejo de vingança tinha origem numa questão de princípio: como trabalhador gráfico, ele se havia recusado a aderir a um sindicato de esquerda. Deste posicionamento político decorrera sua mobilidade descendente, pois foi impedido pelo sindicato de ter acesso a um novo emprego. Com isto, passou a militar em sindicatos de direita e veio a se envolver em ações homicidas de expurgo político (Gibson, 1979). Como não dispomos de detalhes biográficos sobre outros responsáveis por essas matanças, não temos como saber até que ponto a mistura de zelo ideológico e ódio feroz, verificada em seu caso, poderia ser generalizada.

Depois, houve também as prolongadas represálias depois da guerra, os fuzilamentos em massa, os campos de trabalhos forçados em condições acerbas, os maus-tratos sistemáticos e a subnutrição dos prisioneiros republicanos. De acordo com a "Lei das Responsabilidades" decretada por Franco em fevereiro de 1939, eram considerados crimes o simples apoio manifestado à república depois de 1934, a filiação a organizações republicanas ou lojas maçônicas e até mesmo uma atitude de "grave passividade". Republicanos, esquerdistas, autonomistas catalães e outros tinham direito apenas a julgamentos sumários e justiça arbitrária. Cerca de 23 mil republicanos foram oficialmente executados pelo regime de Franco depois do fim da guerra. Franco tinha de assinar todas as sentenças de morte, e quase invariavelmente o fazia. Em março de 1943, o ministro do Interior reconheceu que ainda havia 75 mil presos políticos, sem contar os batalhões de trabalhos forçados e os que se encontravam em prisões militares. Cerca de 45% do orçamento oficial de 1946 foram destinados à polícia, à Guarda Civil e ao exército. Era um orçamento necessário para um regime envolvido num excesso de zelo homicida gerado por paranóia e desejo de vingança. Nenhum outro regime na Europa — nem mesmo o de Hitler — eliminou em tão grande proporção seus inimigos políticos (independentemente de etnia).

Temos algum conhecimento das motivações daquele que pode ser considerado em última análise o principal responsável. A hierarquia e a autoridade tinham para Franco valor absoluto, seu anticomunismo era paranóico e seus métodos, marcados por sua experiência numa guerra colonial selvagem. Indo de encontro a todos os indícios, ele acreditava que a sublevação de 1934 fora detalhadamente planejada e executada por agentes soviéticos. A partir de então, partia da convicção de que a esquerda republicana nadava em dinheiro e ouro soviéticos roubados às classes proprietárias em 1934. Em 1937, declarou a um jornalista francês: "Nossa guerra não é uma guerra civil. (...) mas uma Cruzada. (...) Sim, nossa guerra é uma guerra religiosa. Nós (...) somos soldados de Deus e não lutamos contra homens, mas contra o ateísmo e o materialismo." O que redundava em negar a humanidade dos inimigos políticos. Ele se recusava a entrar em acordos para a troca de presos políticos por intermédio de negociadores estrangeiros, preferindo entregar criminosos comuns. Com o colapso da resistência republicana em 1939, Franco comentou com assessores que estava fora de questão uma paz negociada, "pois os criminosos e suas vítimas não podem viver lado a lado". Os que compartilhavam a obsessão de Franco com os "inimigos" — entre eles os primeiros-ministros Carrero Blanco e Arias Navarro, o carniceiro de Málaga — também eram favoráveis à continuação da repressão (Preston, 1995, 16, 104-5, 114, 146, 225-7, 290, 315-6, 436, 527, 549). Franco estava empenhado em expurgos políticos mais extremados do que Mussolini ou Himmler porque sua política incorporava elementos religiosos e quase raciais. Estes seriam capazes de considerar os "bolchevistas" compatriotas, caso renegassem suas convicções. Mas a Espanha de Franco era politicamente mais pura. Em 1940, eram poucos os espanhóis dispostos a aceitar o reinício de uma guerra civil. A república perdera. Franco poderia ter-se mostrado muito mais conciliador, o que teria contribuído inclusive para a recuperação do país. Mas tudo que ele enxergava era o combate do bem contra o mal, e o mal devia ser eliminado.

Alguns nacionalistas fizeram objeção às dimensões e à selvageria das matanças. A oposição era manifestada especialmente por oficiais tradicionalistas. O general Kinderlán considerava que a repressão estava destruindo o prestígio do exército. O coronel Yagüe, que durante a guerra civil defendeu a selvageria de suas tropas, viria mais tarde a propor a conciliação. Inesperadamente, Heinrich Himmler também fez críticas durante uma visita à Espanha em 1940. Surpreendido pelas execuções e as prisões abarrotadas, ele comentou que seria mais interessante incorporar militantes das classes trabalhadoras à nova ordem do que eliminá-los (Preston, 1993, 392, 449). Aparentemente não se dava conta de que os militantes das classes trabalhadores eram para Franco o mesmo que os judeus para ele próprio. Franco rejeitaria os reiterados pedidos de Hitler e Himmler para entregar judeus espanhóis, mas com os esquerdistas mostrou-se impiedoso. É esta a diferença entre limpeza étnica e política.

O REGIME DE FRANCO

Há muito os historiadores e sociólogos do caso espanhol debatem a classificação do regime de Franco e o alcance do poder detido por Franco e as várias "famílias" do regime (por exemplo, Miguel, 1975; Giner, 1977; Jerez Mir, 1982; Chueca, 1983; Fusi, 1985; Preston, 1990, capítulos 4-6; 1993). Mas aqui serão necessárias apenas pinceladas largas. Em setembro de 1936, a súbita morte de seus principais rivais alçou Franco à condição de incontestável chefe de Estado, generalíssimo e Caudillo[7] das forças nacionalistas. Os três anos de guerra, seguidos da constante repressão dos derrotados, conferiram-lhe infra-estruturas institucionalizadas de domínio pessoal que não estavam ao alcance da maioria dos ditadores do entreguerras. A estabilidade foi mantida graças à neutralidade na Segunda Guerra Mundial — o que talvez fosse resultado de seu bom senso pessoal, por sua vez decorrente mais provavelmente do fato de Hitler se ter recusado a pagar o preço (em territórios franceses no norte da África) por ele exigido para uma aliança (ver Preston, 1993, Capítulo 15). Seu regime nunca chegou a ter uma constituição formal, o que lhe permitiu governar por mais de três décadas como governante absolutista arbitrário, dividindo para reinar entre as diferentes "famílias" que haviam vencido a guerra civil. Ele nunca conferia plenos poderes a nenhuma delas, demitia ministros que entravam em disputa com colegas, conferia autonomia e longevidade aos que se mostravam obedientes e restringia as reuniões do Conselho de Ministros a questões administrativas, alheias a qualquer agenda política. Em seu estilo pessoal, parecia indolente, desconfiado da mudança e sem visão. O regime podia permanecer à deriva, sem metas efetivas, à parte manter suas famílias no poder e reprimir os inimigos. Como as famílias também compartilhavam muitos valores, entre eles o desejo de continuar mamando nas tetas do Estado, esse número de malabarismo não era assim tão difícil.

Três "famílias" principais costumam ser identificadas: o exército, a Falange e os católicos — sendo estes subdivididos por alguns estudiosos entre Igreja, tradicionalistas/carlistas e/ou monarquistas. Franco reconhecia que dependia do exército em matéria de poder militar e da Igreja no poderio ideológico. Os ministérios eram dominados por generais e coronéis, o da Educação, pelos católicos, o do Trabalho era dividido entre católicos e a Falange, e os carlistas controlaram Navarra e o Ministério da Justiça até 1973.

O Alto Comando só debatia coletivamente questões militares, e nunca políticas, sendo mantido por Franco com um orçamento apertado. Em 1939, Franco incorporou voluntários falangistas e carlistas ao corpo de oficiais para debilitar sua solidariedade e servir de contrapeso aos oficiais monarquistas. Ele acenava para os monarquistas com a possibilidade de ser sucedido por um rei (o que acabou acontecendo mesmo), mas adiava indefinidamente quaisquer preparativos sucessórios. A Igreja efetivamente tinha uma vida coletiva forte, mas em geral não interferia diretamente no Estado. Sua influência era mais difusa, expressando-se através da forte religiosidade de muitos conservadores.

Franco sentia-se menos à vontade com alguns falangistas. Eles haviam sido necessários durante a guerra e por breve período posteriormente, contribuindo com uma mobilização popular muito necessária. Foram responsáveis por boa parte dos elementos acessórios de seu regime a partir de 1937, quando a Falange fundiu-se com os carlistas num partido único de nome inacreditavelmente longo e destituído de valor informativo. Com a abreviatura F. E. T. y de las Jons, ficou popularmente conhecido apenas como Movimiento — um "movimento" cujo caráter não podia ser definido. Enquanto a maré da guerra mostrava-se favorável a Hitler e Mussolini, a ideologia da Falange manteve-se proeminente, sendo aceita por Franco como a retórica do futuro. Todavia, Franco reprimiu implacavelmente os falangistas mais populistas, e a partir de 1947 os falangistas foram relegados a posições visíveis mas subordinadas, dirigindo um sindicato sem poder, programas previdenciários sem dinheiro e um Ministério da Agricultura sem poder. A coesão das famílias era garantida pelos interesses comuns, sobrepondo-se aos valores, e por estruturas corporativistas de cima para baixo dirigidas por um déspota decididamente reacionário. Considero portanto este regime uma mistura das duas categorias descritas no Capítulo 2: um regime autoritário corporativista e semi-reacionário.

O regime também tinha uma sólida base de classe. Era recrutado desproporcionalmente nas classes mais altas e entre os de nível mais elevado de instrução, reprimindo severamente todo tipo de organização independente das classes mais baixas. Curiosamente, no entanto, os industriais, os banqueiros e mesmo os proprietários fundiários não desempenhavam coletivamente um papel muito importante no regime. E suas metas assemelhavam-nos mais a exploradores de rendas reacionários do que a capitalistas em busca do lucro.

Seus direitos de propriedade eram mais do que assegurados por uma feroz repressão da mão-de-obra. Opuseram-se então sem convicção nem eficácia à subseqüente política de integração dos trabalhadores no Estado corporativista por intermédio dos sindicatos falangistas. Pareciam satisfazer-se com a obtenção de rendas através de suas propriedades e dos cargos e da proteção do Estado, em vez de cultivar um capitalismo racional voltado para o lucro. Isto convinha a Franco, interessado no capitalismo como manifestação da ordem, e não como forma de desenvolvimento econômico. A Espanha estagnou com suas políticas de "autarquia do quartel", sua população foi mantida na pobreza, seus oficiais burgueses permaneceram fascistas e outros apaniguados do regime receberam sinecuras na direção de empresas públicas e privadas. Os tecnocratas capitalistas continuaram sendo ignorados até a ascensão da organização católica Opus Dei na década de 1960. No fim das contas, a Espanha modernizou-se antes por estar na Europa Ocidental do que por qualquer empenho do regime. A Comunidade Econômica Européia e o Concílio Vaticano II acabaram funcionando como grandes influências liberalizantes. À medida que a Igreja se afastava de Franco, o regime perdia sua alma. O corpo de oficiais e a Falange mantiveram-se leais até depois de sua morte, impedindo qualquer insurreição — que de qualquer maneira era temida pela maioria no país, com medo de outra guerra civil. Na Europa Ocidental de 1975, contudo, a maioria das elites espanholas, fossem de direita ou de esquerda, sabia que um regime moderno teria de ser uma democracia liberal. O cauteloso caminho seguido nessa direção passou por uma monarquia Bourbon restaurada mas constitucional. O rei Juan Carlos, defrontando-se em 1981 com um golpe militar desencadeado em seu nome, vacilou por algumas horas. Teria telefonado ao presidente da França, Valéry Giscard d'Estaing, pedindo conselhos. Giscard teria perguntado se ele queria ser o último dos reis Bourbon na Europa. Caso contrário, optasse pela democracia. Juan Carlos repudiou o golpe, que rapidamente morreu.

CONCLUSÃO

Neste capítulo, levantamos dois grandes pares de questões. O primeiro: quem matou a democracia espanhola e por quê? Vimos que surgiu uma controvérsia sobre a existência ou não de um extremismo ao mesmo tempo de esquerda e direita que condenou a república ao fracasso. A resposta é "sim" nas regiões agrícolas do sul e em um momento importante nas Astúrias. A intransigência dos senhores fundiários do sul encontrava eco no comportamento insurrecional dos trabalhadores famintos por terras. Para ambos os grupos, a posse da terra era mais importante do que qualquer constituição. Uma reforma agrária baseada na conciliação só seria possível se imposta de fora. Como os senhores fundiários controlavam o Estado regional, podiam manter-se firmes em sua posição. Como os trabalhadores controlavam as aldeias, podiam ocupar as terras se não tivessem de enfrentar a repressão do Estado. Foi efetivamente esta a situação que passou a prevalecer sob a Frente Popular no início de 1936. Da mesma forma, em 1934 os mineiros asturianos também haviam chegado a acreditar, por breve período, que tinham o poder de assumir o controle em sua região. Eram situações quase revolucionárias nas quais o conflito de classes já não podia ser controlado apenas pelas forças policiais locais. No sul, impunha-se uma mobilização permanente da Guarda Civil, além das guarnições estratégicas de unidades regulares do exército; nas Astúrias, eram necessárias divisões de tropas regulares. Se a Espanha se resumisse a isto, poderíamos concluir que essas tentativas de revolução, guerra civil e expurgos políticos em massa eram sobretudo escaladas da luta de classes. Em última análise, as relações de poder econômico teriam determinado os resultados políticos.

Mas em outras partes do país a intransigência de classe não era simétrica nem insuperável. Nem a maioria dos capitalistas industriais nem os sindicatos, os senhores fundiários, os camponeses e os trabalhadores rurais de outras regiões estavam em busca da vitória de classe a qualquer preço. A maioria dos empregadores era favorável a um republicanismo da "ordem pública", no máximo semi-autoritário. A maioria dos trabalhadores organizados apoiava variedades reformistas do republicanismo, do socialismo e do sindicalismo. Entre essas forças de classe efetivamente ocorreram transigências, nos Jurados Mixtos, na reforma agrária e nos governos nacionais e locais de coalizão. Deste modo, o conflito econômico de classe na Espanha como um todo, embora tivesse certo efeito desestabilizador, não determinou a queda da república, e menos ainda as matanças que se seguiram.

Na verdade, os coveiros da república não alcançaram a simetria conferida pela dialética da luta de classes. A esquerda manteve-se mais profundamente dividida quanto aos meios e às constituições. A maioria de seus líderes era reformista, mas também havia revolucionários influentes. A maioria dos trabalhadores e camponeses envolvidos na militância (talvez inclusive no sul) pareciam querer a reforma. Saudaram a república aderindo desproporcionalmente aos sindicatos com líderes reformistas. Em sua maioria, suas greves e ocupações com objetivos políticos pretendiam assegurar a aplicação e a plena consecução das reformas da república. E só alguns elementos da esquerda estavam tão desiludidos das instituições democráticas que se voltaram para o paramilitarismo antes do início da guerra civil. Como acontecia com a esquerda em geral no resto da Europa, sua violência tinha caráter mais retórico, acompanhado de manifestações e multidões em marcha, com uns poucos elementos dispostos a quebrar janelas e narizes. O centro republicano também queria a reforma, apoiando o parlamentarismo de maneira mais uniforme.

Esses grupos, com o consentimento relutante da maioria dos empregadores e dos trabalhadores sindicalizados, poderiam ter forçado a adoção de um substancial programa de reformas que amainasse a insatisfação popular e salvasse a república. Se fracassaram, foi em certa medida por sua própria culpa. A esquerda, dividida e irresponsável, estimulava a retórica extremista e uma certa violência em suas bases. O poder ideológico desempenhou um papel crucial nas divisões. O marxismo e o anarco-sindicalismo apresentavam-se como poderosas teorias da modernidade, escoradas em grande autoridade intelectual, o que fazia com que os pragmáticos parecessem menos dotados de princípios, mais "corruptos". Mas essas teorias eram inadequadas na maneira como eram aplicadas às relações de classe na Espanha e contraproducentes para aqueles que as abraçavam. O centro-esquerda pode ter-se mostrado excessivamente zeloso e imprudente na busca de suas metas ideológicas de um Estado secular e de uma corporação militar controlada pelos civis — embora fossem estes (em termos comparativos) objetivos modernizadores normais. A esquerda e o centro-esquerda também tinham prioridades diferentes, e não se apoiaram reciprocamente em nível adequado contra uma oposição encastelada especialmente na "metade" executiva do Estado. No centro-direita, as tradições clientelistas do *turno* amainaram o comprometimento com a democracia liberal, acarretando a corrupção e o seu próprio colapso. Todos esses terríveis erros não foram acidentais, pois estavam profundamente arraigados nesses movimentos políticos de esquerda e de centro. Mas ainda assim eram erros, pois eram poucos entre os envolvidos os que pretendiam deliberadamente acabar com a democracia.

As coisas eram diferentes na direita. A direita tradicionalista e corporativista e os poucos fascistas estavam constantemente em busca de poderes executivos incompatíveis com a democracia republicana. Os "acidentalistas" da CEDA, muito mais numerosos, não tinham metas tão claras, profundamente divididos que estavam quanto às questões constitucionais. Mas essas diferentes facções mostravam-se mais respeitosas da hierarquia e mais determinadas a preservar os privilégios da velha ordem. Assim, os acidentalistas e os ultras uniram forças para se opor às reformas substantivas promovidas pela república, valendo-se de seu controle sobre órgãos executivos do Estado para impedir a aplicação da legislação. Finalmente, defrontando-se com o governo da Frente Popular e as ações diretas empreendidas por operários e camponeses, tentaram destruir a república pela força militar, substituindo-a por um regime autoritário.

Nesta classe, os interesses econômicos eram importantes. Inicialmente, ela tentou defender as relações de propriedade com moderadas medidas semi-autoritárias de preservação do "império da lei", entre elas o aumento dos poderes do executivo e a mobilização rotineira de paramilitares de Estado. Mas elas vinham profundamente entrelaçadas com expressões do poder ideológico, político e militar. A direita teve enorme ajuda de uma Igreja reacionária, que tinha seus próprios interesses materiais e ideais e cujo poder ideológico constituía a maior fonte de popularidade de massa da direita. Isto contribuiu para aumentar sua indignação moral e também para convencê-la de que havia metas mais elevadas do que constituições ou o pragmatismo político. A direita também usou o poder político do braço executivo do Estado por meio do predomínio do antigo regime no controle da polícia, do Ministério do Interior e das prefeituras. Tratou então de promover uma escalada ainda maior, voltando-se para o "último recurso" de uma aliança decididamente não-democrática com uma casta militar. Esta casta era autoritária, favorável à repressão dos insatisfeitos regionais e de classe e com seus próprios interesses adquiridos. Deste modo, os conservadores acabaram majoritariamente invocando um poder militar que compartilhava muitos de seus valores.

Aqueles que responsabilizam "equilibradamente" a esquerda e a direita ignoram a flagrante disparidade de poderio militar entre os dois campos.

Presumindo-se que isto não seja explicado por preferências políticas pessoais, deve ser conseqüência do generalizado desprezo pelas relações de poder militar nas ciências humanas. Devemos entender que existem níveis muito diferentes de "violência" envolvidos nas lutas pelo poder. Na república, verificavam-se as tensões e lutas normais das democracias defrontadas com crises graves: eleições turbulentas, multidões e manifestações; a pressão das greves, ocupações e *lockouts* acompanhada de certo grau de intimidação física; e as pressões nos bastidores para a mobilização da polícia, de fura-greves e esquadrões de intimidação (de ambos os lados). Todos os principais partidos em confronto recorreram a essas técnicas, e eventualmente todos vieram a contornar as regras dos procedimentos democráticos e constitucionais. Era uma luta simétrica entre esquerda e direita, intermitentemente evoluindo para a violência física, voltada sobretudo para objetivos de classe. Mas nada disto destruiu a república. A tendência reforçava o moral da base de apoio de cada lado, alienando os moderados, de maneira a inclinar a eleição para o outro campo. Este nível de violência era eleitoralmente contraproducente — exatamente no nível em que se espera que as democracias funcionem.

A república caiu diante de um nível qualitativamente diferente de violência. Caiu em mais de metade da Espanha por força de uma revolta militar, e foi tocada do resto do país por um exército mais organizado e profissional, ajudado pelas forças armadas das duas principais potências fascistas. A retórica esquerdista de companheirismo, luta, força e revolução empalidecia ante a organização militar. Acho estranho que Payne (1993, 383-4) dedique as últimas páginas de seu livro, que resumem as causas globais da queda da república, ao detalhamento das agressões verbais de seu principal defensor, Manuel Azaña. Será que ele não é capaz de distinguir entre retórica política e barragens de artilharia como formas de violência? Neste último caso, que efetivamente ocorreu entre 1936 e 1939, o poder militar de direita prevaleceu, derrubando uma república democrática (mais turbulenta do que o habitual, mas indubitavelmente uma democracia), ocasionando mortes em massa e instaurando uma ditadura repressiva por trinta anos.

Meu segundo par de questões dizia respeito ao regime vitorioso. Por que terá assumido a forma de uma colaboração perfeitamente harmoniosa entre autoritários reacionários e corporativistas, e por que terão sido os fascistas tão facilmente domesticados por Franco? Em boa medida, a reposta não é difícil de encontrar, e tem sido enunciada muitas vezes. O antigo regime espanhol sofreu muito poucos desequilíbrios no século XX. Embora seus três pilares — a Igreja, o exército e a monarquia — estivessem sofrendo certo declínio e a monarquia se mostrasse decididamente abalada, os territórios nacionais nem de longe estavam ameaçados, os governos mantinham-se à parte das guerras européias e até a Depressão não era assim tão "grande". Um movimento contra a democracia liberal provavelmente assumiria formas conservadoras e mesmo reacionárias. Não havia uma crise suficiente para abrir espaço para uma direita radical capaz de atrair forças populares para um fascismo mobilizador de massas. Quando o fascismo efetivamente se expandiu muito em 1936, seus principais adeptos vinham da direita conservadora. Havia na Espanha muito poucos socialistas transformados em fascistas. Mas isto significava que a direita tinha pouco poder de mobilização de massas (exceto aos domingos e nos dias santos). Para derrubar a democracia, assim, era necessário recorrer ao exército, que por sua vez também demonstrava preferência por métodos de governo mais conservadores, ordeiros e de cima para baixo do que o fascismo.

Esta aliança foi então ainda mais consolidada, incorporando um pouco mais de mobilização fascista "de baixo para cima", graças à decisão de abrir uma guerra contra o governo republicano de esquerda. Podemos constatar a importância do compromisso de toda a direita com a ordem e a hierarquia no fato de que seus componentes se mantiveram muito mais unidos de que os do campo republicano. Praticamente não houve fratricídio entre os nacionalistas durante a guerra civil, ao contrário do que aconteceu no campo republicano. Depois da guerra, as instituições da inquestionável autoridade de Franco já estavam em funcionamento, e ele teve o cuidado de permitir que as diferentes "famílias" mamassem na teta. Mais uma vez, o regime manteve-se neutro na década de 1940 e conseguiu se eximir de crises graves, apesar da persistente estagnação. Os fascistas não tinham nenhum rumo alternativo a não ser deixar o poder e talvez ir para a prisão. Foram domesticados pelo poder militar e político e pela indução econômica — e pelo fato de que suas ideologias de qualquer forma coincidiam consideravelmente. Assim, a direita espanhola desenvolveu um "estatismo" essencialmente reacionário e limitado, e não moderno e ambicioso, como solução para a crise social. Mas seu nacionalismo orgânico era tão feroz quanto qualquer dos outros que examinamos, exceto no terreno do anti-semitismo, e passou a endossar os expurgos políticos em larga escala. Não deixa de ser instrutivo lembrar que, se outros antigos regimes não tivessem sido enfraquecidos pelas crises em torno da Primeira Guerra Mundial e se os regimes autoritários que os sucederam não tivessem sido desestabilizados pelas crises econômicas e o avanço das potências do Eixo na década de 1930, sendo destruídos pela Segunda Guerra Mundial, regimes como o de Franco poderiam ter-se arrastado confortável e desastrosamente com seu estilo repressivo durante décadas em boa parte da Europa.

Mas permanece um importante enigma. E é o mesmo de sempre, com um matiz diferente na Espanha por se tratar de um regime autoritário tão "bem-sucedido", tendo sobrevivido por quase quarenta anos. A Espanha era um país de conflitos de classe muito pronunciados, no qual o recurso ao autoritarismo tinha motivações de classe particularmente declaradas da parte das classes proprietárias. Mas do ponto de vista de uma busca capitalista do lucro em termos racionais, isto era desastroso. A combinação de reacionarismo, repressão e corporativismo no regime de Franco resultou num longo período de declínio econômico e social. Teríamos de ser muito pessimistas em relação à Segunda República para supor que sua sobrevivência depois de 1936 representaria para a burguesia um resultado pior do que o apresentado pelo regime de Franco. Se alguém efetivamente se beneficiou com o regime de Franco, foram sua família e suas relações pessoais (e mais tarde a família Bourbon, com suas próprias relações) e alguns elementos na Igreja, entre os militares, na Falange e na classe dos proprietários fundiários. Mas entre os beneficiários não estavam os capitalistas espanhóis ou a classe média em geral. Em vez de preservar a civilização ocidental, o regime efetivamente excluiu a Espanha dela por mais de uma geração, exceto quando se tratava do uso de suas praias por europeus em férias. É possível que esta exceção tenha sido demais para o regime. Nos últimos anos de vida de Franco, seu regime deixou de lado quaisquer vestígios de fascismo, esperando que ele morresse. Foi, nas palavras de Payne (1998), uma "desfascificação de dentro para fora".

Embora não possa dizer que estou convencido de minha resposta para o enigma, o fato é que as circunstâncias específicas da agricultura espanhola, permeada pelo conflito de classes e com proprietários fundiários muito bem encastelados no Estado do antigo regime, efetivamente "agrarianizou" em parte o capitalismo espanhol. Assim foi que a burguesia espanhola exagerou a suposta ameaça a seus direitos de propriedade, elevando este medo acima da busca calculada do lucro. Mas ela foi mais substancialmente estimulada nesta reação exagerada por uma minoria da esquerda do país e pelos poderes exercidos por dois dos três pilares do Estado do antigo regime. Pois a Igreja e o exército tinham razões mais fundamentadas para temer por seus próprios privilégios. Esta combinação constituiu um movimento de poder ideológico capaz de convencer muitos capitalistas — e mesmo pessoas de todas classes sociais temerosas da desordem e da insegurança — a encarar os adversários como inimigos e traidores e considerar que a salvação teria de vir de um poder militar capaz de impor um nacionalismo orgânico transcendente. Mais uma vez, foi um gigantesco erro cometido pela direita, desta vez abrindo caminho não para o fascismo, mas para um ditador corporativista reacionário que prejudicou enormemente seus interesses materiais. Nem se pode dizer que foi apenas um "erro", pois levou muitos a incríveis atos de crueldade. Mas é exatamente o que fazem os seres humanos quando se defrontam com crises envolvendo ao mesmo tempo várias fontes de poder social complexas, emaranhadas e que implodem — como deixou tão claro o século XX.

10

Conclusão

FASCISTAS, MORTOS E VIVOS

Resumirei inicialmente minha explicação da ascensão do fascismo. Perguntarei em seguida se o fascismo é hoje apenas história ou se poderá voltar a assombrar o mundo. Estariam mortos todos os fascistas?

FASCISTAS MORTOS

Apresentei uma dupla explicação da ascensão do fascismo. A primeira parte diz respeito ao avanço de uma família mais ampla de direitistas autoritários que chegaram ao poder em metade da Europa no entreguerras, além de poucas outras áreas no resto do mundo. Na Europa, esse avanço impulsionou regimes mais adiante no espectro que identifiquei no Capítulo 2, do semi-autoritarismo ao semi-reacionarismo e daí para o corporativismo. Alguns poucos foram então mais adiante, até o fascismo.

O autoritarismo de direita foi uma resposta a problemas gerais da modernidade e a crises sociais específicas geradas pela Primeira Guerra Mundial. A modernização foi buscada conscientemente pela maioria dos autoritários: crescimento industrial e reestruturação, mais ciência e planejamento econômico, mais integração nacional, um Estado mais ambicioso e maior mobilização política das massas. Depois de uma certa hesitação inicial, a maioria dos direitistas adotou em essência o pacote modernista, ao mesmo tempo rejeitando a mobilização democrática de massa. Todavia, essa adesão também se deveu à pressão de uma série de crises — econômica, militar, política e ideológica — acarretadas ou exacerbadas pela guerra. Não fossem estas crises e não fosse a própria guerra, não teria havido um grande surto autoritário, e o fascismo teria permanecido como uma série de seitas e panelinhas, em vez de evoluir para um movimento de massa.

Graves crises econômicas ocorreram no fim da guerra e novamente ao se manifestar em 1929 a Grande Depressão. Entre esses dois momentos, no meado da década de 1920, ocorreram crises inflacionárias menos graves. Mas na verdade poucas economias se mantiveram sempre muito saudáveis no entreguerras. Como se esperava agora que os governos promovessem políticas econômicas para superar as dificuldades, as crises econômicas desestabilizavam os governos. Os representantes do "antigo regime" também temiam a corrente econômica secular do período, pois muitos deles viviam dos lucros das partes menos modernas da economia. Sua nêmese poderia estar na modernidade e na reestruturação induzida pela crise. Os regimes no poder, especialmente os "antigos", perceberam que precisavam fazer alguma coisa.

A guerra gerou uma crise militar, a derrota para alguns e desequilíbrios seguidos de súbita desmobilização para todos. A crise foi sentida com mais gravidade no centro e no leste do continente, onde se encontrava a maioria das potências derrotadas. Mas a crise militar também perdurou nos países em que os "revisionistas" mantiveram uma atitude de desafio aos termos dos tratados de paz, buscando recuperar os "territórios perdidos". O ressentimento dos refugiados e a agressividade dos movimentos nacionalistas mantinham o clima de incitação. A questão era saber se os revisionistas triunfariam na Áustria, na Alemanha e na Hungria, se os regimes criados depois da guerra nos territórios dos impérios multinacionais derrotados poderiam sobreviver, se a França e a Romênia preservariam suas conquistas territoriais, se a Sérvia manteria sua dominação na Iugoslávia. Até que a crise militar generalizou-se, à medida que se aproximava uma segunda guerra mundial, aumentando a influência e a ameaça de uma Alemanha nazista revisionista.

A crise política foi diferente no centro, no leste e no sul do continente. No noroeste, já se haviam estabilizado regimes liberais antes de 1914. Seus governos e seus eleitorados enfrentaram as crises econômicas e militares com mudanças tranqüilas de governo, sem alterar a constituição básica da democracia liberal. Mas neste exato momento o centro, o leste e o sul tentavam promover uma transição para parlamentos democráticos e liberais, ao mesmo tempo deixando intactos muitos poderes de Estado do antigo regime. Neles, a crise foi enfrentada por Estados duais, meio liberal-democráticos, meio autoritários. Como geralmente controlavam a parte executiva do Estado, inclusive os militares e a polícia, os conservadores do antigo regime tinham o recurso de usar a repressão para resolver a crise — reduzindo ou derrubando o poder da metade parlamentar do Estado. Na verdade, a guerra havia ampliado a ressonância do militarismo, enquanto o breve surto de conflitos de classe no pós-guerra normalizara a mobilização de tropas em casos de conflitos civis. Mas na direita a maioria considerava que a repressão já não era suficiente na era moderna para manter o domínio. Também era necessário socavar a democracia com formas alternativas de mobilização das massas. Os conservadores reagiram de formas diferentes nas duas metades da Europa. No noroeste, o predomínio das instituições liberais levou os conservadores a estruturar partidos políticos mais populistas que funcionassem de acordo com as regras da democracia eleitoral. Mas no centro, no leste e no sul os conservadores no controle da metade executiva do Estado promoveram golpes associados a movimentos autoritários mais mobilizadores. Quero enfatizar que o fascismo não foi uma crise do liberalismo, pois o liberalismo institucionalizado enfrentava todas essas crises sem grave desestabilização. O fascismo foi resultado de uma súbita e mal preparada tentativa de liberalização em meio a crises sociais.

Estas crises foram exacerbadas por uma crise ideológica. Na direita, embora apenas na metade da Europa, isto evoluiu para a noção de que a modernidade era desejável mas perigosa, de que o liberalismo era corrupto ou turbulento, de que o socialismo era o caos, de que o secularismo ameaçava as certezas morais — e portanto, cumulativamente, de que a civilização precisava ser salva para que a modernização fosse em frente. Surgiu assim uma visão direitista mais autoritária da modernidade, enfatizando um nacionalismo populista mais acentuadamente de cima para baixo, um estatismo desenvolvimentista, a ordem e a hierarquia. Estes valores começaram a ter ampla circulação, especialmente entre os jovens moralistas — jovens de classe média nos colégios, universidades e academias militares, assim como em igrejas "estabelecidas" que de qualquer forma se inclinavam para o nacionalismo ou o estatismo. Assim foi que em metade do mundo mais desenvolvido verificou-se uma ofensiva política conservadora protagonizada pelas classes proprietárias, liderada por um antigo regime que manipulava a repressão de Estado, ao mesmo tempo patrocinando partidos políticos de massa com ideologias nacionalistas e estatistas. Esse direitismo autoritário insurgente não era puramente reacionário (como dá a entender Mayer, 1981), pois carreava visões inovadoras da modernidade.

Nem se tratava de uma mera estratégia de classe, passível de ser explicada em termos marxistas puramente funcionais. Não era sequer a estratégia mais economicamente racional ao alcance das classes proprietárias. Elas tinham duas possíveis motivações econômicas: "defesa da propriedade" e "maximização do lucro". O primeiro surto de luta de classes no pós-guerra poderia representar uma ameaça para a propriedade privada, assim como certos revolucionários espanhóis mais adiante e uma proximidade muito grande com a União Soviética. Mas não havia, depois de 1921, uma ameaça fundamental generalizada à propriedade em toda a Europa. A esquerda revolucionária fora derrotada. A ofensiva da direita ocorreu essencialmente, portanto, *depois* de ter cedido qualquer ameaça revolucionária séria partindo de baixo. No período em questão, não havia necessidade de uma decidida defesa da propriedade. A "maximização do lucro" pode ser considerada um motivo mais provável, embora também seja mais complexo. Trata-se de um fator menos soma-zero, pois não se pode dizer que, para um lado ganhar, o outro devesse necessariamente perder. Também é mais difícil calcular lucros alternativos. Alguns governos de esquerda e as pressões da Grande Depressão levaram à compressão dos lucros, e para os capitalistas talvez fizesse sentido a curto prazo reequilibrar a balança, obrigando a mão-de-obra a arcar com maior parte dos custos — e portanto reprimindo os trabalhadores. Mas as elites políticas dos países do noroeste, e não só neles, concebiam estratégias muito melhores de maximização dos lucros — liberalismo corporativo nos Estados Unidos, compromisso social-democrata na Escandinávia, divisão do Partido Trabalhista na Grã-Bretanha. A primeira destas políticas pode ter beneficiado ambos os lados na guerra de classes, a segunda certamente o fez e a terceira provavelmente beneficiou apenas os capitalistas. Eram estratégias democráticas eficazes para assegurar a sobrevivência e a lucratividade do capitalismo — o que era a principal meta do mais importante economista do noroeste, Keynes.

Por que se terão mostrado as classes proprietárias tão hipersensíveis à oposição da esquerda que lançaram mão tão rapidamente da força armada autoritária, quando nem a propriedade nem os lucros sofriam grave ameaça? Identifico cinco razões para essa reação exagerada, abarcando todas as fontes do poder social.

(1) As últimas décadas haviam deixado claro que a revolução era uma possibilidade real nas sociedades modernas. Essa perspectiva parecia agora recuar, mas os proprietários não podiam ter certeza. Alguns cientistas políticos têm considerado recentemente, tratando do "dilema da segurança", que os interessados podem reagir exageradamente a uma ameaça que contenha "risco de vida" mesmo que sejam baixas as probabilidades de que ela se concretize. Talvez fosse baixa a probabilidade de que ocorresse uma revolução bolchevique na Alemanha depois de 1922, mas os capitalistas alemães podiam reagir exageradamente à esquerda com base no princípio de que "é melhor prevenir do que remediar". Para a direita, "certeza", "segurança" e "ordem" eram valores associados.

(2) Um setor de classe específico tinha mais motivos para temer. Os direitos de propriedade dos senhores agrários *eram* efetivamente mais vulneráveis. A reforma agrária era considerada desejável em boa parte da Europa no entreguerras; eles também sofriam certas ameaças diretas vindas de baixo em vários países; e seu controle dos Estados do antigo regime provavelmente não duraria muito mais tempo. Naquele momento, todavia, ainda dispunham de extraordinário poder político executivo, especialmente por meio do corpo de oficiais e dos ministérios do Interior. Os sistemas de apadrinhamento do *caciquismo* ainda lhes conferiam, por outro lado, um certo poder parlamentar em regiões relativamente atrasadas. Para eles, a "certeza" da posse podia ser alcançada mediante uma combinação de repressão e poder político desproporcional no contexto das classes proprietárias como um todo. Por que arriscar-se ao incerto quando a preservação da propriedade podia ser *garantida* pelo autoritarismo de direita? Note-se, contudo, que embora as motivações do antigo regime fossem economicamente racionais, as de seus aliados nas classes proprietárias provavelmente não eram. Elas estavam sendo arrastadas à força pelo poder político e militar do antigo regime, especialmente os senhores fundiários.

(3) Parte do corpo de oficiais raciocinava de maneira semelhante. Sua autonomia, equivalente à de uma casta e associada ao antigo regime, era

ameaçada por exigências de controle civil dos militares feitas pelos liberais e a esquerda. Suas verbas estavam sob ameaça. Alguns corpos de oficiais eram usados para promover golpes, outros, não, mas o surgimento de movimentos direitistas de tendências mais militares aparentemente veio em seu auxílio.

(4) Algumas Igrejas raciocinavam da mesma forma. Enfrentavam um secularismo de esquerda que ameaçava suas propriedades e sua riqueza, além do seu controle sobre a educação, o casamento e outras práticas sociais. Também faziam parte do antigo regime, e sua ênfase na "ordem" e na "hierarquia" igualmente lhes conferia um poder ideológico mais difuso na comunidade dos fiéis, especialmente nas regiões mais rurais. Esses detentores de poder ideológico cultivavam o autoritarismo de direita para proteger seus próprios interesses materiais e morais.

(5) A "ordem" e a "ameaça" não eram apenas problemas internos de classe, mas também geopolíticos. Eles faziam com que certas minorias étnicas, religiosas ou políticas parecessem particularmente ameaçadoras porque ligadas a potências estrangeiras. Era típica da direita a mistura de supostos "inimigos" internos e estrangeiros — os esquerdistas eram vistos como "bolchevistas" (russos) e "judeu-bolchevistas"; o capital estrangeiro, financeiro e judaico, os separatistas liberais e assim por diante eram todos vistos ao mesmo tempo como ameaças internas e externas.

Associados, esses medos agravavam a sensação global de ameaça. Tornando-se mais difusas, as ameaças pareciam também mais vagas, de tal maneira que a reação era "arrancá-las pela raiz", "eliminá-las na fonte". Deste modo, as metas eram deslocadas de uma estreita racionalidade instrumental preocupada com os interesses econômicos para uma mais ampla "racionalidade dos valores", no sentido adotado por Max Weber. A ordem, a segurança, a hierarquia, o sagrado no lugar do secular, o nacional no lugar dos interesses de classe vieram a tornar-se os *slogans* primordiais, enquanto o inimigo era menosprezado e até demonizado, como antítese de todos esses valores, indigno de tratamento democrático ou (em casos extremos) humano. O que poderia ter começado como um comportamento economicamente motivado das classes proprietárias veio a ser deslocado, pela mediação do sentimento de ameaça de outros, para metas muito mais difusas de nacionalismo e estatismo. Assim foi que as classes proprietárias (e talvez também os senhores fundiários) não tomaram o rumo de maior racionalidade instrumental. O autoritarismo de direita que se seguiu desenvolveu então sua própria racionalidade econômica, adotando pioneiramente políticas econômicas estatistas que eram úteis ao mesmo tempo para o desenvolvimento tardio e o combate à depressão. Mas a busca da ordem e da hierarquia e o empenho de evitar riscos fizeram com que a direita quase sempre encurtasse seus horizontes aquém do que os países do noroeste começavam a realizar, graças a uma ampliada capacidade de mobilização democrática.

Assim, embora a luta de classes tivesse desempenhado um papel substancial no avanço da família autoritária de direita, também devemos associá-lo, em nossa explicação, a relações de poder político, militar e ideológico. Quando uma multiplicidade de crises gera uma multiplicidade de objetivos entre protagonistas coletivos que se sobrepõem e imiscuem de formas complexas, as iniciativas que se sucedem raramente obedecem à racionalidade dos interesses acanhados de grupo. Isto levou os regimes autoritários de direita a zonas perigosas que ameaçavam sua própria sobrevivência. O fato de contar com um Estado-nação mais militarizado e mais sagrado e "ameaçado" por inimigos internos e externos tinha conseqüências perigosas. Tornava mais provável uma guerra, e a moderna guerra total gera muito mais derrotados do que vencedores. Alguns desses regimes provocavam guerras capazes de destruí-los. Foi o que efetivamente aconteceu em 1945. A adesão a valores autoritários de direita também os expunha à possibilidade de serem superados por uma direita mais radical.

Entram em cena os fascistas. Chegamos à segunda parte da explicação no momento em que os fascistas vêm se impor sobre tudo isto. Eles não teriam crescido sem a ocorrência de crises que, provocadas pela guerra, desafiavam Estados duais, antigos regimes em pânico e classes proprietárias geradoras de valores de nacionalismo de Estado. Os fascistas não cresceram nos países em que as crises ocorreram sem a presença de Estados duais e antigos regimes em pânico, no noroeste do continente. Os fascistas prosperavam na direita autoritária e manteve com ela estreitos laços de família. Como em todas as famílias, essas relações podiam ser de amor ou de ódio. Assim, a segunda parte de nossa explicação deve deixar claro qual dessas manifestações se deu, e onde.

Tenho enfatizado aqui que os fascistas eram diferentes. Fosse por sua organização ou por seus valores, não podiam ser simplesmente um veículo de interesses de classe. Em termos organizacionais, eram diferentes dos outros autoritários, pois eram um movimento "de baixo para cima", e não de cima para baixo. E eram impulsionados em direções "radicais" por seus próprios valores primordiais: acreditavam num nacionalismo de Estado paramilitar, transcendente e de expurgos. O fascismo não estava comprometido com o Estado existente nem com seu braço militar, mas tentava revolucioná-los, "dar com as cabeças das classes umas nas outras", expurgar a nação de seus inimigos e assim transcender os conflitos políticos e de classe. Como se consideravam um movimento "popular", não se mostravam avessos a eleições como estratégia de chegada ao poder. Em sua maioria, disputavam vigorosamente as eleições, adotando pioneiramente técnicas eleitorais de massa em matéria de manipulação ideológica. Somente na Itália, onde chegaram muito rapidamente ao poder, a via eleitoral não constituiu um elemento central da atividade fascista. Ao contrário da direita autoritária mais conservadora, os fascistas não podiam usar o poder de Estado para manipular eleições e estabelecer seus resultados (até depois de chegarem ao poder). Embora os fascistas não acreditassem na democracia, ela foi vital para o seu sucesso.

Mas o eleitoralismo convivia com uma segunda forma de luta popular. O cerne da militância fascista consistia em formações paramilitares voluntárias comprometidas com a violência organizada de rua. Eram três os objetivos. Ela era "provocativa", destinada a gerar uma reação violenta da parte dos adversários políticos, o que permitia aos fascistas afirmar que sua violência era promovida em "autodefesa". Em segundo lugar, o paramilitarismo fascista servia para reprimir os inimigos, pois conferia ao movimento superioridade logística nos combates de rua, capacitando-o a impor a "ordem" nas ruas. Esperava-se que a "autodefesa" e o "sucesso" conferissem mais apoio e legitimidade à idéia de que a "violência ordeira" dos fascistas seria capaz de pôr fim ao caos social. O que era então explorado em termos eleitorais. Em terceiro lugar, o paramilitarismo poderia em último caso desencadear um golpe — desde que o exército também fosse imobilizado (já que os fascistas sabiam que seu paramilitarismo era inferior ao poder militar do Estado).

Esse ativismo paramilitar conferiu ao movimento valores e recrutas bem característicos. O primeiro contingente de recrutas, sem o qual o fascismo jamais teria levantado vôo, consistia em grande medida de jovens veteranos militares que transmitiam valores de companheirismo, hierarquia e violência adquiridos em tempo de guerra a um movimento político de tempo de paz.

Neste sentido, o fascismo nunca teria deixado de ser uma panelinha de intelectuais para se transformar num movimento de massa sem a Primeira Guerra Mundial. Na verdade, os militantes fascistas eram um bando de rapazes das mais diferentes classes que se sentiam particularmente atraídos por essa combinação de manifestações, marchas e gestos de bazófia. Eram portanto, em quantidades desproporcionais, estudantes, cadetes, atletas e jovens valentões da classe operária (que também estão bem representados entre os responsáveis por atrocidades em meu próximo volume sobre limpeza étnica). O fascismo também refletia o impacto da modernização entre os jovens: a libertação dos jovens do sexo masculino da disciplina familiar e das jovens do sexo feminino de boa parte do fardo da gestação, o crescimento das atividades desportivas organizadas e o crescimento das profissões que exigiam maior grau de instrução, especialmente a profissão da guerra. Os estudiosos do fascismo (e mesmo do século XX em geral) não têm dado a devida atenção a esses efeitos decorrentes do fator etário, que contribuíram para o surgimento de uma característica mais genérica do século XX, o culto da juventude. O fascismo foi a primeira grande manifestação política desse culto.

O nacionalismo e o estatismo de baixo para cima eram valores fascistas em toda parte, atraindo clientelas nucleares específicas de apoio popular. O fascismo tinha ressonância especialmente entre os refugiados ressentidos, nas regiões de "fronteira ameaçada", entre os funcionários públicos (especialmente nas forças armadas), nas indústrias estatais ou protegidas pelo Estado e nas Igrejas que se consideravam "a alma da nação" ou "a moralidade do Estado". Como têm observado os teóricos de classe, o fascismo não teria ganhado impulso sem um impulso anterior no conflito de classes, e não teria tomado um impulso tão forte sem a Revolução Bolchevique. Mas nem por isto se segue — como têm sustentado esses mesmos teóricos — que os fascistas representavam apenas um dos lados desse conflito de classes ou mesmo nenhuma das classes. Suas clientelas nucleares refletiam o apelo exercido pela meta de transcendência dessa luta. De maneira geral, o fascismo não exercia grande apelo sobre a classe operária organizada nem sobre indivíduos das classes média ou alta que se defrontavam diretamente com o proletariado organizado. Atraía mais, isto sim, os que se encontravam à margem desse conflito, pessoas de todas as classes e de vários setores, em indústrias menores ou mais novas e no setor de serviços, gente capaz de desejar que "se danem vocês todos". O cerne do fascismo, especialmente sua militância, escorava-se preponderantemente em jovens machistas receptivos ao paramilitarismo e em contextos sociais receptivos à mensagem do nacionalismo de Estado extremista ou da transcendência de classe.

Mas os regimes fascistas não conseguiram transcender o fator classe. Como não eram efetivamente anticapitalistas, foram capazes de se entender com a classe capitalista; como eram pró-militaristas, puderam se entender com as forças armadas; e como, em sua maioria, pouco ligavam para a religião, dispuseram-se a firmar concordatas com as Igrejas mais poderosas. Na prática, portanto, e uma vez tendo se aproximado do poder, os movimentos fascistas adquiriram um viés de parcialidade em questões relacionadas com a luta de classes. Inclinavam-se para a classe capitalista, as classes proprietárias de maneira geral e em particular o antigo regime. Dentre os principais valores fascistas, contudo, a transcendência de classe era o que mais variava de acordo com os diferentes movimentos nacionais. O fascismo italiano era mais conservador e burguês no frigir dos ovos, e o romeno tornou-se decididamente proletário.

Como os grandes movimentos fascistas eram diversificados e surgiram em circunstâncias as mais variadas, não é fácil generalizar quando se trata de sua ascensão, como seria no caso da família da direita autoritária vista globalmente. Tratarei inicialmente de resumir essas variações, caso a caso, abordando em seguida as semelhanças genéricas.

O *fascismo italiano* surgiu e tomou o poder precocemente, nos anos do imediato pós-guerra, quando o conflito de classes mal começava a declinar (e ainda se manifestava com vigor na agricultura). Tinha portanto um componente de classe mais direto do que os outros casos. Havia uma evidente aliança entre os fascistas e as classes proprietárias, de modo que o fascismo italiano pode em certa medida ser explicado em termos marxistas funcionais: as classes superiores voltaram-se para os fascistas para serem salvas da revolução de classe. Mas a proximidade da Primeira Guerra Mundial também levou a uma contribuição militar/paramilitar mais direta ao fascismo, por intermédio dos jovens veteranos militares. Quase poderíamos dizer que o paramilitarismo era a ferramenta do fascismo italiano, e a repressão de classe de inspiração agrária, sua meta. Mas isto seria uma excessiva simplificação, pois o paramilitarismo também proporcionou ao movimento recrutas e metas específicos. Embora o eleitoralismo não fosse essencial, a combinação de "autodefesa" e sucesso (o movimento efetivamente destruiu o poder socialista e dos *popolari*) aumentou a popularidade do fascismo entre os que valorizavam a ordem social. As metas mais amplas de nacionalismo de Estado do fascismo também eram populares, tendo solapado a vontade de resistência do antigo regime e do executivo de Estado. As relações de poder geopolíticas e políticas também eram importantes. Como a Itália praticamente não tinha problemas de fronteira nem enfrentava ameaças do exterior, o seu nacionalismo não continha grandes expressões de agressão externa ou racismo no interior da Europa (a África já era uma história diferente).

O Estado italiano também era dual e suas duas metades estavam debilitadas, o que o tornava suscetível a um golpe. O parlamentarismo liberal não foi diretamente desafiado pelo fascismo, pois a súbita ascensão do fascismo ocorreu entre eleições. Mas o parlamento fora debilitado pela tradicional hostilidade da Igreja e a rapidez da transição para a plena democracia. Os socialistas, os *popolari* católicos, os liberais e os conservadores ainda não haviam sido socializados nas regras do jogo parlamentar e não foram capazes de formar as coalizões que melhor lhes teriam servido e à democracia. Todavia, como a Igreja já se havia afastado da política e a Itália se caracterizava por um desenvolvimento econômico desigual, o país também carecia de um antigo regime homogêneo. Os proprietários fundiários, os grandes capitalistas, o exército e a Igreja não eram capazes de subverter a transição para a democracia com seu próprio autoritarismo conservador. Alguns logo se sentiram atraídos pelos fascistas (que não raro eram seus filhos). Houve portanto três causas para o triunfo do fascismo italiano: intensa luta de classes, paramilitarismo no pós-guerra e um antigo regime debilitado.

O *nazismo alemão* surgiu mais tarde, depois de uma prolongada tentativa de fazer com que funcionasse a democracia de Weimar. Mais uma vez, a situação do antigo regime mostrou-se extremamente importante. A derrota na guerra derrubara a monarquia e os partidos liberais e conservadores a ela leais, contribuindo também para diminuir muito as forças armadas. O antigo regime já não podia exercer o poder. Começando a democracia a vacilar a partir de 1930, o autoritarismo conservador dispunha de poucas bases de apoio fora do executivo de Estado.

Em segundo lugar, o paramilitarismo mais uma vez mostrou-se importante, embora aqui o seu papel fosse diferente do exercido na Itália. Os veteranos militares foram importantes na formação dos primeiros contingentes de nazistas e outros extremistas populistas, mas tiveram de ser reforçados posteriormente por outros contingentes de alemães que não haviam participado da guerra. A partir de 1928, os nazistas participavam do processo eleitoral da república, ao contrário do que acontecia na Itália. Com isto, seu paramilitarismo estava mais voltado para a busca de apoio eleitoral e a perseguição dos inimigos nos confrontos de rua do que para a conquista do Estado.

Em terceiro lugar, o conflito de classes, embora fosse relevante, não era dominante. Ele se intensificou durante a Grande Depressão, mas revelou-se muito menos severo que no imediato pós-guerra, não chegando a ameaçar os direitos capitalistas de propriedade. Todavia, verificou-se uma compressão dos lucros, e uma solução possível seria reprimir a mão-de-obra. Houve portanto uma certa cumplicidade das classes proprietárias no golpe nazista, embora em muito menor grau do que na Itália.

Em quarto lugar, o nazismo também era um movimento eleitoral popular, ao contrário do fascismo italiano, exercendo sobre os eleitores dois principais apelos de massa. O aparente "impasse de classe" verificado durante a Depressão tornou atraente a retórica nazista de transcendência das questões de classe, especialmente considerando-se que o movimento nazista era o menos classista na Alemanha. Além disso, seu nacionalismo de Estado populista prosperava na dureza dos conflitos geopolíticos e étnicos que se manifestavam na Alemanha. Grande potência amargando perdas territoriais, sorvida nas tensões dos povos germânicos, judeus e eslavos da Europa Central (até então na esfera do império dos Habsburgo), a Alemanha tinha refugiados, "fronteiras ameaçadas" e "inimigos" étnicos dentro de suas fronteiras e no exterior. O nacionalismo orgânico de expurgos tinha um apelo muito forte. O estatismo do nazismo limitava-se ao militarismo e à veneração do Führer. Mas seu nacionalismo era mais intenso e racista. Deste modo, o nacionalismo de Estado transcendente dos nazistas revelou-se suficientemente popular para levá-lo às portas do poder. O seu paramilitarismo e a fraqueza (e às vezes a cumplicidade) do antigo regime instalaram-no plenamente nele. Esta é uma explicação genérica que entrelaça fatores ideológicos, econômicos, militares e políticos.

O *fascismo austríaco* dividia-se entre dois movimentos fascistas rivais. Embora a monarquia e o império tivessem ficado para trás, não faltavam elementos de continuidade, em relação ao período anterior à guerra, nas instituições do parlamento, no executivo de Estado e na Igreja católica, e o antigo regime sobrevivia nos governos social-cristãos. O "austro-fascismo" e o movimento nazista austríaco surgiram como rivais nas organizações paramilitares revisionistas do pós-guerra e prosperaram graças aos sentimentos de insatisfação manifestados no processo eleitoral. Ambos os movimentos exploraram a intensidade da antipatia austro-germânica em relação aos eslavos e aos judeus. O austro-fascismo era menos populista e radical, mais estruturado de cima para baixo e mais pró-capitalista. Fortaleceu-se à medida que o semi-autoritarismo dos social-cristãos mostrou-se aparentemente incapaz de superar o impasse de classes na Áustria, que a Depressão contribuía para perpetuar. Mas o fator decisivo foi a ascensão de Hitler na vizinha Alemanha. Ele intensificou o apelo do fascismo, solapou o austro-fascismo e deu a vitória aos nazistas austríacos. Os paramilitares de ambos os partidos tentaram golpes, mas só chegaram ao poder com a ajuda do poder militar de um Estado (respectivamente, a Áustria e a Alemanha). O resultado final foi o *Anschluss* entre os dois movimentos nazistas, embora tivessem chegado ao poder de formas diferentes, sendo um enormemente mais poderoso do que o outro.

Os *fascismos húngaro e romeno* diferiam substancialmente dos demais. Os dois países haviam estado em lados opostos durante a guerra, saindo a Hungria como grande derrotada e a Romênia, como grande vitoriosa. Mas esse contraste foi amainado pela guerra civil que se seguiu na Hungria, resultando no esmagamento da esquerda húngara e permitindo que o antigo regime húngaro ressurgisse, ainda que numa manifestação ressentida e radicalizada. O poder era exercido por um Estado dual composto do executivo e da burocracia tradicionais e de um parlamento dominado pela aristocracia. Mas o antigo regime continha agora muitos jovens radicais de direita, endereçando à nação mensagens mais populistas, revisionistas (na exigência da recuperação dos "territórios perdidos") e modernas. O caso da Romênia foi algo diferente. Sua aristocracia fundiária (de origem eminentemente estrangeira) fora desapossada, mas isto e a vitória na grande guerra permitiram que o monarca, a burocracia e o exército ressurgissem, na forma de um regime mais nacionalista porém ainda corrupto. Assim foi que os antigos regimes sobreviveram bastante bem em ambos os países, embora se mostrassem algo radicalizados e logo também desestabilizados pelo surgimento de outros radicais em seu interior e ao seu redor. A disputa política na direita era particularmente feroz nas universidades e nas escolas militares, assim como no processo eleitoral. Os grandes movimentos fascistas só surgiram em meados da década de 1930, muito depois de ter cessado a ameaça da esquerda. Deste modo, os fascistas não exibiam um viés capitalista; na verdade, tornaram-se eminentemente proletários em sua composição. Em ambos os casos, o paramilitarismo era mais usado como ferramenta eleitoral do que na repressão de rivais ou na conquista do poder. Seguiu-se uma desigual dança da morte, na qual o poder militar triunfou sobre o paramilitar e os autoritários radicalizantes do regime, sobre os fascistas. Só o caos dos últimos anos de guerra facultaram aos fascistas uma vitória passageira e sem futuro.

O *fascismo espanhol* também tinha suas peculiaridades. Neutro na Primeira Guerra Mundial, o antigo regime espanhol foi o que menos sofreu abalos dentre todos os meus estudos de caso, de modo que nele foram os autoritários conservadores e não os fascistas que dominaram. Na verdade, foi este, e não o fascismo, o resultado mais comum no centro, no leste e no sul do continente. Neste sentido, Portugal, a Bulgária, a Grécia e o núcleo sérvio da Iugoslávia assemelhavam-se à Espanha. Os Estados que sucederam aos impérios em colapso — as três repúblicas bálticas, a Polônia e a Albânia — também evoluíram apenas, na crise, para formas reacionárias ou corporativistas de autoritarismo. Embora não fossem "antigos", mas novinhos em folha, seus regimes políticos extraíam poder e legitimidade do fato de serem regimes de "libertação nacional". Foram eles, e não os fascistas, que desenvolveram associações de veteranos e partidos populistas.

O antigo regime espanhol efetivamente tinha um elemento de debilidade, um monarca impopular, o que abriu as portas para o regime militar do general Primo de Rivera. Seu fracasso levou à Terceira República democrática, cuja desintegração efetivamente acabou gerando um considerável movimento fascista, com direito a uma organização paramilitar arregimentada às pressas. Esta manteve-se no entanto subordinada ao exército nacionalista durante a guerra civil, sendo marginalizada sob o regime de Franco. O novo ditador teve como principais ferramentas o exército, a Igreja e as "velhas" classes proprietárias. Em grande medida, seu regime pode ser entendido nos termos de minha explicação genérica anterior sobre a chegada à cena da família autoritária de direita.

Todos esses casos eram diferentes. Para entendê-los, é necessário proceder a análises sintonizadas com as histórias e as estruturas sociais locais. Todavia, identifico em meio a essa variedade forças comuns que foram determinantes no poder dos fascistas. Uma das possíveis causas desempenhou na verdade um papel relativamente pequeno: a ameaças dos movimentos da classe operária. Ela não teve uma relação direta com a força do movimento fascista. Esta ameaça pode ter parecido substancial na Itália (embora já tivesse passado de seu apogeu); na Áustria, parecia substancial, embora fosse na verdade mais formal do que real; a Alemanha tinha um movimento trabalhista grande mas eminentemente moderado; a Romênia e a Hungria não tinham movimentos de esquerda consideráveis no momento em que germinava o fascismo — na verdade, foi o próprio fascismo que gerou seus principais movimentos trabalhistas. Em grau limitado e variável, o fascismo foi apoiado pelas classes proprietárias para se defenderem dos movimentos operários, mas esta não pode ser considerada uma explicação genérica muito convincente do fascismo.

O principal atrativo do fascismo era a intensidade de sua mensagem, que sempre suscitou ardoroso apoio sobretudo entre os jovens, mais dispostos a dar de seu tempo e de sua energia do que os militantes de quaisquer outros movimentos políticos. A militância, sempre com um componente paramilitar, era necessária ao êxito do fascismo. Graças a sua energia e a sua violência, milhares podiam nutrir a expectativa ao mesmo tempo de atrair e de derrotar milhões. Esta militância estava centrada na capacidade de aprisionar jovens solteiros do sexo masculino em "gaiolas" de companheirismo hierarquizado e violento. Os partidos e as organizações paramilitares fascistas quase poderiam ser considerados "instituições totais". O fascismo também foi capaz de gerar apoio eleitoral considerável (mas não majoritário), graças aos atrativos de variadas combinações de estatismo, nacionalismo e transcendência de classe, embora não tanto ao paramilitarismo e aos expurgos. Como vimos, as três primeiras das cinco características fascistas por mim arroladas tinham muito maior plausibilidade nos países em que surgiram grandes movimentos fascistas.

Mas a popularidade do fascismo também foi muito afetada pela força política e a estabilidade do conservadorismo do antigo regime, que constituía (mais do que a democracia liberal ou social) o principal rival do fascismo. Só os antigos regimes debilitados e divididos em facções vieram a ser minados por movimentos fascistas. Os antigos regimes que se mantiveram unidos conseguiram reprimi-los ou subordiná-los, ao passo que os mais fracos permitiram que os fascistas encontrassem espaço para se organizar militar e politicamente. A Primeira Guerra Mundial abriu espaço para a legitimação do paramilitarismo, inicialmente uma expressão de veteranos de guerra insatisfeitos. Seus valores foram então transmitidos a duas novas gerações de recrutas, formadas predominantemente por jovens estudantes, cadetes e operários. O segundo espaço foi aberto pelas eleições democráticas. Os fascistas prosperaram numa luta eleitoral de três facetas, opondo a esquerda a um centro conservador/liberal e a conservadores radicalizantes. Os fascistas puderam então engolir parte da direita radical ou toda ela, enquanto o centro era esvaziado e a esquerda, reprimida. Foi assim que os fascistas obtiveram êxito eleitoral.

Como diziam eles próprios, os fascistas não eram meros "reacionários" nem "fantoches" do capitalismo ou de quem quer que fosse. Eles apresentavam soluções para as quatro crises da modernidade no início do século XX: econômica, militar, política e ideológica. Propunham soluções plausíveis para as lutas de classe e as crises econômicas do moderno capitalismo. Transmitiram para o paramilitarismo e o nacionalismo agressivo os valores do novo tipo de guerra, de mobilização de massa da cidadania. Eram produto da transição de Estados duais para o "governo pelo povo", propondo uma versão menos liberal e mais "orgânica" desse tipo de exercício do poder. Finalmente, permitiram superar o cisma ideológico da modernidade. De um lado estava a tradição do Iluminismo, o "partido da humanidade" capaz de ampliar constantemente a esfera da razão, da liberdade, da cidadania democrática e do planejamento racional na sociedade humana. De outro, a versão modernista do romantismo: a noção de que os seres humanos também são dotados de sentimentos, emoções, de uma alma e de um inconsciente, e de que as formas modernas de organização — multidões, movimentos de massa, guerra total, meios de comunicação de massa — poderiam servir a estas qualidades exatamente como ele servira à razão. Os fascistas diziam ter fundido esses dois aspectos do comportamento humano e de massa. Talvez não apreciemos qualquer de suas quatro soluções, mas devemos levá-las a sério. Os fascistas foram e continuam sendo parte do lado escuro da modernidade.

Assim, os fascistas foram gerados em grandes quantidades pelas crises nas relações de poder ideológico, econômico, militar e político verificadas no pós-guerra, para as quais uma solução plausível era apresentada por uma ideologia de nacionalismo de Estado transcendente fomentada por organizações paramilitares "populares". O fascismo só se manifestou nos países em que o poder era exercido por Estados duais que continham executivos debilitados do tipo "antigo regime" e parlamentos democráticos vibrantes mas insuficientemente institucionalizados. Os Estados duais com antigos regimes mais estáveis geraram formas mais conservadoras de autoritarismo. O fascismo resultou do processo de *democratização* em meio a profundas crises geradas pela guerra. Representou uma versão nitidamente estatista e militarista do "governo pelo povo", o ideal político dominante de nossa época. Os regimes solidamente parlamentares (no noroeste) sobreviveram às quatro crises com suas instituições intactas e os fascistas como pequenas minorias.

FASCISTAS VIVOS?

Ainda haveria fascistas entre nós, capazes de ressurgir e dominar mais uma vez? Encontraremos mais uma vez as mesmas precondições e a mesma conseqüência? Ou terá sido o fascismo menos um fenômeno genérico do que característico de uma época na Europa? Parece evidente que algumas das causas por mim identificadas não eram apenas condições específicas do período do entreguerras, mostrando-se permanentemente possíveis nas sociedades modernas. Tendo identificado cinco características essenciais do fascismo — nacionalismo, estatismo, transcendência, expurgos e paramilitarismo —, é claro que encontraremos algumas delas espalhadas pelo mundo, provavelmente em diferentes combinações. Alguns movimentos podem ser mais ou menos fascistas. Mas é improvável que venham a se denominar fascistas movimentos comparáveis que surjam no futuro. Na linguagem contemporânea, a palavra é usada sobretudo no xingamento "fascista!", invectiva vaga contra aqueles de quem não gostamos. Só uns poucos malucos e arruaceiros se dizem fascistas ou nazistas. Alguns poucos italianos e romenos têm uma visão algo romântica de Mussolini e Codreanu como vítimas bem-intencionadas, e por isso se dizem "neofascistas". Mas os rótulos não são necessariamente a realidade. Existem atualmente em todo o mundo movimentos com uma semelhança mais do que casual com o fascismo, e a eles dedicarei estas páginas finais.

Mas eles são poucos no coração geográfico original do fascismo, a Europa. O fascismo foi derrotado, seus principais líderes foram executados ou encarcerados e muitos outros, expurgados. A democracia liberal e o comunismo triunfaram e impuseram suas respectivas ordens na Europa. Depois de 1945, não houve movimentos de veteranos nem políticas de revisionismo territorial. O que se verificou foi um prolongado crescimento econômico na Europa Ocidental e a institucionalização de um efetivo autoritarismo comunista no leste. Na parte ocidental, instaurou-se uma competição democrática estável entre partidos "genéricos" de amplas bases no centro-esquerda e no centro-direita. Como o presente era evidentemente melhor do que o passado, o fascismo definhou. Para a ampla maioria dos europeus, o fascismo ainda hoje evoca imagens relacionadas com o mal. Na Espanha e em Portugal, regimes corporativistas apodreciam de dentro e se haviam ido em 1975, sem deixar saudade. A partir de 1989, o Leste começou a se desvincular do autoritarismo. O fascismo parecia um capítulo encerrado.

A partir da década de 1970, contudo, verificou-se uma aparente revivescência na Europa Ocidental. Primeiro, muitos grupos pequenos mas violentos de autoproclamados neofascistas e especialmente neonazistas conseguiram certa proeminência em setores marginais. São revisionistas históricos (negando o Holocausto) que imitam o estilo e os rituais do fascismo tradicional, fazendo profissão de fé de doutrinas fascistas: hipernacionalismo assentado num racismo biológico, limpeza étnica de estrangeiros, estatismo antidemocrático, "terceira via" (embora sem grande convicção aparente) e violência disfarçada em exortações à "ação" no lugar de palavras. Em sua maioria, esses grupúsculos atendem a quatro de meus cinco critérios de identificação do fascismo, embora ainda não se tenham manifestado casos de paramilitarismo declarado. Mas são movimentos minúsculos e provavelmente continuarão a sê-lo. Fazem eco a grupúsculos da extrema esquerda: altamente divididos, sem apoio popular, prosperando sobretudo a expensas dos equivalentes e adversários. Fornecem material para o jornalismo sensacionalista e ocupam mais espaço na realidade virtual da Internet do que na das ruas, e menos ainda nas tribunas e nas urnas.

Mais ameaçadores têm sido os surtos desiguais de novos partidos da direita radical, geralmente seguidos de declínio, mas registrando uma ligeira curva ascendente. Estes partidos têm recebido no máximo entre 10 e 27% dos votos em determinados países. Baseando-me em Ignazi (1997), distingo dois tipos principais. O primeiro é o dos que se dizem neofascistas. Efetivamente apresentam algumas das cinco características fascistas, mas não todas. Mas só dois desses partidos neofascistas chegaram a conquistar relevância eleitoral, o MSI italiano e o NDP alemão, herdeiros das duas principais tradições nacionais do fascismo. Outros movimentos neofascistas, como o BNP britânico e o CP'86 holandês, não conseguiram sair de uma dimensão minúscula. Mas só o MSI conseguiu chegar a 10% dos votos, e o auge desses partidos neofascistas foi nas décadas de 1970 e 1980 (Taggart, 1995). Como ocorrera com os fascistas italianos no entreguerras, o MSI arrebanhou apoio desproporcional nos setores público e de serviços e nas classes trabalhadoras mais marginais (Ferraresi, 1998; Weinberg, 1998). Mas ambos os movimentos declinaram na década de 1990. O NDP alemão declinou frente aos Republikaner, não fascistas, e em 1994 Gianfranco Fini rebatizou o MSI de Aliança Nacional, afirmando que não era um movimento neofascista, mas pós-fascista. Sob sua liderança, o partido transformou-se numa grande agremiação conservadora do "sistema", embora alguns de seus próceres não estejam satisfeitos com este rumo. Continua existindo uma pequena dissidência neofascista do MSI, que no entanto definhou. Na década de 1990, o neofascismo recuou para as margens da política européia, sendo atualmente insignificante.

A extrema direita é atualmente dominada por partidos que costumam ser designados como "populistas" ou "populistas radicais". Taggart (1995) considera que surgiram "no fim dos acertos do pós-guerra", em reação a problemas ligados à globalização e à pós-industrialização. Ignazi considera-os "pós-industriais": a globalização, o fim da Guerra Fria e o declínio da extrema esquerda e do conflito de classes criaram novos problemas para a mobilização da direita populista. Mas é a crescente imigração para a Europa Ocidental que mais tem contribuído para o crescimento desses partidos nas últimas décadas. Os principais partidos desse grupo têm sido a Frente Nacional de Le Pen na França, os Republikaner alemães, o Partido da Liberdade de Haider na Áustria e, na região flamenga, o Volksunie e o Vlaams Blok. Mais recente ainda é a ascensão de movimentos populistas radicais na Dinamarca (o DPP) e na Noruega (o FrP), recebendo entre 12 e 15% dos votos recentes, e a List antiimigração do falecido Pim Fortuyn na Holanda. Até o momento, só a

Irlanda, Portugal e a Espanha parecem totalmente imunes a partidos dessa natureza. Eles representam atualmente uma característica persistentemente minoritária da política na Europa Ocidental.[1]

Evidenciam no entanto uma certa ambigüidade em três das principais características do fascismo. Denunciam em termos bastante genéricos "o sistema" e "o *establishment*", assim como a "impostura" de uma democracia liberal dominada pelos partidos do *establishment*, que, segundo eles, perderam contato com a vida concreta dos cidadãos comuns. Mas raramente denunciam a democracia em si mesma, e suas metas são estritamente eleitorais. Formam inclusive um pequeno bloco unido no Parlamento Europeu. Mostram-se igualmente ambivalentes em relação ao Estado. Como tendem a representar alguns dos cidadãos mais vulneráveis, pedem proteção para eles, às vezes inclusive apoio previdenciário do Estado. Exigem invariavelmente que o Estado faça valer com mais firmeza a ordem pública e a moralidade tradicional — pois, segundo alegam, os imigrantes é que dominam na criminalidade, na prostituição e no tráfico de drogas. Mas se queixam do controle do Estado pelos grandes partidos, as grandes empresas e os grandes sindicatos, insistindo em que querem se livrar do peso morto do Estado. Alguns chegam a endossar políticas neoliberais. Na Áustria, Haider afirma que quer a desregulamentação radical das empresas, um imposto único de 23% e a redução em dois terços do funcionalismo público austríaco. Parece globalmente mais próximo da execração do Estado pela direita republicana nos Estados Unidos do que da adoração do Estado pelo fascismo. Em terceiro lugar, seu *ninismo* — nem direita nem esquerda —, às vezes influenciado pela "terceira posição" do neofascismo, é bastante vago e fica aquém da transcendência de classe apregoada pelos fascistas do entreguerras. Mas o principal problema é que esses princípios perderam o gás com a menor relevância da luta de classes. As democracias liberais conseguiram institucionalizá-la. Essas três ambigüidades e debilidades programáticas e de princípios também geram instabilidade, à medida que os extremistas ou moderados tentam impor uma conduta mais coerente do que os resultados das divisões e expulsões, como aconteceu na reconfiguração do MSI italiano e na desintegração dos Republikaner alemães no meado da década de 1990.

Embora os mais duradouros dentre esses partidos efetivamente apresentem toda uma série de programas de ação, sua principal característica é um nacionalismo xenófobo e excludente decorrente de uma única questão: o desejo de pôr fim à recente onda de imigração para a Europa (embora isso não se aplique tanto no caso da Itália). O inimigo é o que não é branco ou cristão, o europeu do leste e imigrantes em busca de asilo, variando a mistura de acordo com o país. Nisto, são atendidos meus critérios de nacionalismo e expurgos com respeito ao fascismo. Também é possível assim engatar uma série de outras questões — ordem pública, decadência moral, desemprego e habitação — supostamente geradas pelos imigrantes. Mas sua xenofobia nacionalista é diferente da dos fascistas ou neofascistas, pois raramente deriva de uma teoria hierárquica genérica da vontade coletiva, da cultura ou da identidade racial. Wieviorka (1994) considera que aí se manifesta no racismo um desvio de uma "lógica de inferiorização" hierárquica para uma "lógica de diferenciação". Tudo que se alega é que os imigrantes são incompatíveis com a cultura e as tradições da França, da Alemanha, da Áustria, da Dinamarca e assim por diante, devendo portanto retirar-se ou ser deportados. Há inclusive os que se dizem os autênticos multiculturalistas: todas as culturas e etnias devem ter liberdade para se desenvolver como bem quiserem, mas separadamente. Não existe qualquer intenção de dominá-las ou a quaisquer estrangeiros. Eles não apóiam o revisionismo territorial nem a agressão a outras nações, como acontecia no fascismo do entreguerras. Na verdade, também se dizem adeptos da "civilização européia", ameaçada por uma enxurrada de imigrantes. Sua *bête noire* internacional é o imperialismo americano. Eles próprios estão muito distantes do militarismo.

Finalmente, nenhum desses partidos europeus ocidentais dispõe de autênticas organizações paramilitares. Atos chocantes mas esporádicos de violência são cometidos por grupúsculos marginais muito informalmente organizados, compostos sobretudo por jovens desempregados e de baixo grau de instrução, os chamados *skinheads*, excitados pelo álcool em sua violência voltada quase inteiramente para os imigrantes. A vasta maioria dos que cometem delitos contra a ordem pública não está filiada a qualquer partido de extrema direita ou grupo neonazista. As lideranças partidárias também se mostram contrariadas com sua violência, considerando que aliena votos. Outros demonstram simpatia por sua violência, mas tendem a ser indivíduos de baixo grau de instrução e sobretudo idosos (Willems, 1995; Gress, 1998, 238-50).

Levantamentos realizados mostram que as clientelas nucleares dos partidos da direita populista são formadas por pessoas que se consideram cidadãos traídos, supostamente na plena posse de seus direitos de emancipação em seu Estado, mas na realidade sendo comprimidos para baixo pelas elites, as grandes empresas e os imigrantes. Tendem a ser os menos instruídos, menos capacitados, entre a idade madura e a velhice, das classes trabalhadoras em cidades pequenas, donos de pequenos negócios ou pequenos empreendimentos agrícolas e do sexo masculino — diferentes, nisto, das clientelas nucleares do fascismo clássico. Sua xenofobia, assim, não é apenas uma reação à competição direta dos imigrantes em matéria de empregos e habitação, nem a alguma incompatibilidade cultural "objetiva" ou simplesmente conseqüência da prevalência do racismo na sociedade como um todo. Todos estes fatores são mediados por um sentimento de privação de direitos de cidadania, particularmente forte entre os cidadãos mais despossuídos (Betz, 1994; Wimmer, 1997). Como observa Eatwell (2001), seu apoio é mais setorial do que de classe, pois parecem atrair os setores de cada classe que hoje se vêem mais economicamente ameaçados (embora o rótulo da "globalização" esteja por demais banalizado para designar as diferentes fontes de ameaça hoje existentes). O Partido da Liberdade austríaco de certa forma destoa, dispondo de uma base de apoio mais ampla, derivada da terceira grande tradição fascista que não foi totalmente destruída em 1945 (Bailer-Galanda, 1998).

Mas os maiores êxitos eleitorais desses partidos ocorrem quando conseguem ampliar suas limitadas clientelas nucleares, capitalizando manifestações mais amplas de descontentamento com os partidos governantes tradicionais. Este "voto de protesto" manifesta-se mais fortemente onde existem queixas regionais específicas contra a capital, como no caso dos partidos flamengo e austríaco — e também, caso a incluamos, a Liga Norte da Itália. O fato de que esse voto de protesto se encaminhe para a direita e não para a esquerda provavelmente decorre (fora dos países com fortes tradições fascistas) da questão racial, que é evitada pelos partidos de esquerda (às vezes indo de encontro aos sentimentos de seus seguidores). Todavia, seu apoio de fato flutua consideravelmente, tanto entre os distritos quanto no tempo. Eles são capazes de obter grandes votações em localidades muito específicas, de Burnley à Antuérpia ou à Caríntia (Eatwell, 2001). O que provavelmente é conseqüência de sua dependência de uma votação ampla mas não muito profunda de protesto que precisa ser mobilizada por seus militantes em algumas poucas localidades.

Mas os seus problemas aumentam com o sucesso. Sua vacuidade ideológica e programática (à parte a questão da imigração) passa então a ser mais rigorosamente denunciada e criticada. Quando conseguem integrar coalizões de governo (como na Áustria) ou governar determinadas regiões (como na Bélgica), seu desempenho também vem a ser examinado com rigor. Até agora, os grandes partidos do sistema têm conseguido então voltar ao poder. Em 2002, o partido conservador austríaco obteve um importante êxito eleitoral em detrimento do Partido da Liberdade. Os ciclos de ascensão e queda continuam, o que me leva a duvidar de que esses partidos efetivamente prossigam em sua trajetória ascensional. Com efeito, se os grandes partidos reagissem ao surto de xenofobia restringindo fortemente a imigração, o apoio aos partidos da direita radical provavelmente definharia. Foi o que aconteceu no primeiro caso ocorrido na Europa depois da guerra: a Grã-Bretanha na década de 1960. Um acordo tácito entre os partidos Conservador e Trabalhista no sentido de maior limitação da imigração de não-brancos pôs fim à ameaça eleitoral da direita radical.

Os partidos da direita populista são nacionalistas e apóiam uma limpeza étnica de contornos relativamente moderados, na forma de deportações organizadas, sejam voluntárias ou compulsórias. Mas não são estatistas; só da maneira mais vaga têm pretensões de "transcendência" dos conflitos de classe — que já não constituem uma questão candente na Europa —, e não têm organizações paramilitares. Acima de tudo, a importância assumida pela principal questão de sua pauta, a imigração, tende a impedir a configuração de qualquer *Weltanschauung* mais genérica, seja fascista ou de outra natureza. Por estes motivos, não podem ser considerados efetivamente partidos fascistas de acordo com minha definição ou com as mencionadas definições de Nolte, Payne, Eatwell e Griffin.

Tentei demonstrar neste livro que a democracia liberal institucionalizada constitui um obstáculo ao fascismo. A Europa Ocidental do pós-guerra tem por demais consolidada a democracia liberal para que os neofascistas ou a direita populista conquistem apoio sobre bases mais genéricas do que a questão da imigração. A Europa Ocidental conseguiu institucionalizar o conflito de classes que contribuiu para o surgimento do fascismo clássico. Ela se mostra capaz de institucionalizar a maior parte das formas de conflito, exatamente como ocorria no noroeste europeu no período entreguerras. Só a imigração constitui uma questão potencialmente intratável, pois o capitalismo estimula a imigração, ao passo que a cidadania liberal democrática ou social-democrática pode facilmente ser levada a privilegiar os cidadãos nativos. Esta contradição favorece o populismo de direita. Pode tornar difícil a vida dos imigrantes mas é improvável que conduza ao fascismo ou a qualquer outra ideologia totalizadora. Esses partidos da direita populista radical podem ser incômodos, mas se os "partidos do sistema" se adaptarem na Europa às mudanças do macroambiente, mantendo-se atentos às exigências dos cidadãos, o fascismo europeu pode ser considerado derrotado, morto e enterrado.[2] Depois do terrível século XX, os europeus têm pelo menos este consolo.

A zona da Grande Europa onde vigorou o comunismo tem seus problemas específicos. Nela, a democracia liberal foi implantada há pouco mais de uma década e ainda se mostra frágil. O autoritarismo continua rondando nos antigos regimes comunistas, verificando-se a convivência de certos bolsões de conflitos étnicos com os conflitos entre Estados. Como vimos, foi na Romênia que surgiu no entreguerras o maior movimento fascista. Como se poderia esperar, é neste país que existe hoje o maior movimento neofascista. O Partido da Grande Romênia, nacionalista, acentuadamente tendente para o estatismo e integrado a uma linhagem que remonta à Guarda de Ferro, é neofascista e obteve quase 30% dos votos em 2000. Todavia, é um fenômeno raro na região. A Hungria, mais próxima da União Européia, não parece estar recriando sua trajetória do entreguerras. Na Europa Oriental, o autoritarismo não é abertamente proclamado, mas negado. Nem é provável que venha a ser abertamente proclamado enquanto os regimes estejam empenhados em se integrar à UE ou à Otan ou enquanto precisarem de recursos da UE, dos Estados Unidos ou das instituições financeiras internacionais. Nas regiões extremas do continente, a exigência de democracia para a integração à UE tem surtido efeito. Embora em certo sentido tenhamos mais uma vez "duas Europas", hoje a parte ocidental é maior, associa formas sociais, cristãs *e* liberais de democracia e passou a dominar a outra Europa dos Estados duais.

Caberia contemplar a possibilidade futura (por exemplo, na Rússia) de um movimento de direita radical que associasse elementos de nacionalismo e comunismo para proclamar orgulhosamente um nacionalismo de Estado extremista. Seria uma situação muito mais próxima do fascismo — embora com quase toda certeza sem usar o nome. O fascismo causou terríveis danos à região e passou cinqüenta anos sendo vilipendiado por regimes comunistas. Poucos seriam capazes de apoiá-lo hoje em dia.

Em certas partes do sul do planeta o estatismo e o nacionalismo freqüentemente são mais importantes do que no norte. Apesar da recente influência do neoliberalismo, a maioria dos países do sul considera que o Estado deve desempenhar um papel substancial na promoção do desenvolvimento social e econômico. Em alguns deles, o nacionalismo mobilizador de massas, geralmente um etnonacionalismo voltado para minorias internas apoiadas por uma "pátria" em Estado vizinho, é fortalecido por revisionismo territorial e agressão militar. Muitos desses Estados também apresentam a desestabilizadora forma dual que observamos durante o período do entreguerras, associando instituições parlamentares e um forte poder executivo. Os militares desempenham um papel particularmente importante em boa parte do sul. Nos casos de enfraquecimento e divisão do Estado em facções, também surgem com freqüência organizações paramilitares, especialmente na África.

Mas o fato é que esses diferentes elementos, que todos contribuíram para o fascismo, quase nunca são encontrados juntos. O estatismo de países como a Argentina, o Brasil e o México efetivamente teve origem em regimes corporativistas altamente influenciados pelo fascismo. Mas nem mesmo em seu auge os regimes de Perón, Vargas e do PRI promoveram o paramilitarismo ou o nacionalismo agressivo, buscando antes incorporar e pacificar as massas do que mobilizá-las. Hoje, o estatismo desses países tornou-se conservador, um remanescente de antigas políticas de substituição de importações associado à promoção institucionalizada de empregos e oportunidades de negócios para os clientes, com um toque de keynesianismo em certos casos (como também em países como a Índia). Muitos regimes estatistas são conservadores e pró-capitalistas, como acontece na Coréia do Sul e em Cingapura. Os regimes militares tendem a recorrer à repressão interna, e os etnonacionalistas, a monopolizar os recursos de Estado para o respectivo grupo étnico. São poucos os regimes militares ou etnonacionalistas dotados de programas macroeconômicos sérios. Alguns poucos efetivamente misturam o estatismo e o populismo numa retórica do desenvolvimento, que no entanto gera um populismo mais de esquerda do que de direita, como na América Latina de hoje (por exemplo, com Hugo Chávez na Venezuela). Não se vê em ação o completo pacote fascista de estatismo, nacionalismo e paramilitarismo, nem tampouco qualquer das mais ambiciosas teorias atuais sobre a sociedade e o progresso. Não existe uma Terceira Via utópica nem qualquer pretensão de transcendência.[3]

É possível que o fascismo mais se tenha aproximado de uma ressurreição em surpreendentes roupagens religiosas. *Teodemocracia* foi a palavra cunhada pelo estudioso fundamentalista islâmico Madoudi para designar um governo que não é exercido pelos sacerdotes (neste caso teríamos uma teocracia), mas por toda a comunidade dos fiéis, seguindo os preceitos de sua religião.[4] Este populismo freqüentemente tem tinturas fascistas, especialmente nos movimentos políticos islâmicos e hindus. Algumas dessas tinturas derivavam de contingências históricas, dependendo de quais das grandes potências haviam apoiado suas lutas de emancipação e independência. Os árabes e os indianos lutaram contra a dominação britânica e francesa. Absorveram ideologias anticolonialistas liberais e socialistas de seus próprios opressores. Mas podiam ampliar o socialismo em direção ao comunismo, com a ajuda da União Soviética e da China. Eram todas estas ideologias seculares, hostis ou indiferentes ao islamismo ou ao hinduísmo.

Mas as potências fascistas, a Alemanha e a Itália, também se dispunham a apoiar suas lutas de independência, para enfraquecer os impérios liberais. Mas os nazistas, fascistas, muçulmanos e hindus também perceberam a compatibilidade de algumas de suas idéias. Nacionalistas do Oriente Médio e da Índia estudaram em Berlim e Roma no entreguerras, declarando alguns deles que os seus movimentos podiam adaptar o fascismo a suas próprias necessidades. Os teóricos nazistas respeitosamente consideravam o hinduísmo uma religião de pureza ariana, e a hierarquia da casta clássica hindu (*varna*) também combinava bem com o elitismo fascista. Todos esses movimentos consideravam que o Estado devia expressar a essência espiritual do povo, e todos enfatizavam a história e o espírito marciais deste povo. Os teóricos do nacionalismo hindu dão ênfase à *hindu rastra* (nação hindu) e à *hindutva* (hinduidade), ambas idéias de essência *völkisch*. Os nacionalistas muçulmanos e hindus da década de 1930 também adaptaram explicitamente organizações fascistas, enfatizando a hierarquia, a disciplina, o paramilitarismo e a segregação entre militantes dos dois sexos. Os líderes da grande organização paramilitar nacionalista hindu, a RSS, freqüentemente louvavam o fascismo e o nazismo. Seu principal teórico, Savarkar Gowalkar, assim comentou em 1939 o "expurgo" de judeus promovido por Hitler: "Deu-se aí a mais alta manifestação do orgulho racial (...) uma boa lição para aprendermos e aproveitarmos no Hindustão." As tendências fascistas pareciam mais evidentes nas formações militares indianas: a Legião Indiana na Alemanha e o exército indiano de libertação nacional, o INA, organizado pelos japoneses, que combateram os britânicos na Segunda Guerra Mundial.

Mas esses movimentos apoiaram os derrotados na guerra e foram destruídos. A Índia não se tornou independente graças a eles nem a islamistas de tendências fascistas, mas aos movimentos seculares moderados indianos e paquistaneses. Seja como for, não devemos exagerar as semelhanças. Esses movimentos consideravam exagerado o estatismo italiano e não se sentiam à vontade com o racismo nazista, preferindo considerar a nação hindu uma "sociedade" capaz de assimilar outros elementos. Na Índia, contudo, o hinduísmo, religião da esmagadora maioria, tem-se inclinado para um nacionalismo de Estado que rivaliza com o nacionalismo indiano secular proclamado pelos partidos do Congresso, socialista e comunista. Como se sabe, desde que o partido nacionalista hindu BJP chegou ao poder na Índia na década de 1980, o hinduísmo impregnou-se de elementos da moderação secular dos governos anteriores, ao passo que o BJP também advoga políticas econômicas neoliberais. Sua oposição ao estatismo do Partido do Congresso decorre em parte do fato de que as redes de favorecimento patrão-cliente no Estado voltavam-se para os seguidores desse partido. Globalmente, o nacionalismo hindu não reserva um papel específico para o Estado nas questões seculares, propondo uma transcendência estritamente espiritual, e não secular. Não existe uma Terceira Via, no sentido fascista. Os paramilitares continuam ativos, embora nos últimos anos o RSS tenha sido superado por organizações paramilitares hindus mais radicais, em suas manifestações locais, porém menos ideológicas. O nacionalismo hindu manifesta certas tendências fascistas, mas não é efetivamente uma forma de fascismo.

A expressão "fascismo islâmico" tem sido muito usada recentemente, em especial por parte de americanos e israelenses, para designar a *jihad* islâmica voltada contra eles. O rótulo não deixa de ter fundamento. Os novos *jihadi* (popularmente chamados de "fundamentalistas") efetivamente buscam a criação de um regime monocrático e autoritário capaz de impor um ideal corânico utópico. Este regime criará uma nova forma de Estado, assim como um novo homem (e uma nova mulher). Sua organização predominante são os paramilitares, assumindo formas diferentes mas sempre dominantes — brigadas guerrilheiras internacionais na guerra contra os soviéticos no Afeganistão, bandos armados para impor os ditames pelo terror no caso dos talibãs e dos islamistas iranianos (à semelhança das SA ou das SS) e redes clandestinas de terrorismo em outros casos. Tudo isto pode ser decididamente considerado fascista.

Todavia, também se verificam alguns desvios importantes. O islamismo não é nacionalista. O Islã é muito mais amplo do que qualquer Estado ou seu povo — a Conferência Islâmica conta atualmente 54 Estados-membro. Os islamistas opõem-se aos nacionalistas, incluindo-os entre seus piores inimigos — líderes como Saddam Hussein e Hosni Mubarak. Em princípio, os islamistas almejam um grande Estado muçulmano, o califado, que constituiria uma espécie de pan-Estado-nação. Mas quase todos reconhecem que pode ser um ideal impossível. E tampouco reservam qualquer papel ao Estado, à parte a imposição de sua concepção da charia. Temos como exemplos três regimes islamistas. Os talibãs mostraram-se ferozes em questões culturais, como as burcas e os vídeos, mas não tinham políticas concretas em matéria econômica, de saúde ou educação. Sob seu domínio, o Afeganistão decaiu materialmente. Os islamistas sudaneses chegaram a propor alguns projetos de desenvolvimento no auge de seu regime, na década de 1990, juntamente com ataques aos cristãos e aos pagãos e uma infindável guerra civil, que também degradou o país. Os aiatolás iranianos não foram tão destrutivos, mas suas políticas econômicas não pareciam ter vinculação com seus ditames de pureza moral. A al-Qaeda jamais se pronunciou sobre políticas econômicas. A doutrina dos jihadis não reserva um papel de princípio para o Estado ou para o povo fora da dimensão sagrada.[5] Mais uma vez, não temos aqui o pacote fascista completo.

Parece claro que a expressão "fascismo islâmico" não passa na verdade de um caso específico do xingamento "fascista!" que costumamos voltar contra nossos inimigos. É o xingamento mais terrível que existe no mundo de hoje — muito mais forte do que "comunista!" —, e portanto é compreensível que os americanos e os israelenses, sofrendo o impacto do terrorismo, recorram a ele. O mas nem o islamismo nem o nacionalismo hindu podem ser considerados realmente fascistas. E isto por um motivo muito simples: ao contrário do fascismo, eles *efetivamente são* religiões políticas. Contêm uma ideologia sagrada, mas não secular. Mais se assemelham ao fascismo no recurso a meios de assassinato moral, mas a transcendência, o Estado, a nação e o novo homem que buscam não são deste mundo. Naturalmente, poderíamos falar aqui de "fascismo sagrado", mas talvez seja melhor reconhecer que a capacidade humana de violência feroz, expurgos e metas totalitárias pode ter origens e formas diferentes, sendo necessário atribuir-lhes rótulos diferentes — fascismo, comunismo, imperialismo, religião, etnonacionalismo e assim por diante.

Não parece portanto que o fascismo, tal como definido por mim e outros estudiosos, esteja em florescimento no mundo atualmente. O fascismo teve origem num momento histórico mundial em que surgiu a guerra da cidadania mobilizada maciçamente, juntamente com transições de massa para a democracia, num contexto de crise capitalista global. Não parecia implausível sua alegação de que seria capaz de resolver esses problemas concretos num admirável mundo novo em que a nação, o Estado e até a guerra poderiam ser considerados geradores de progresso. Este momento passou. Hoje a guerra é amplamente repudiada (fora dos Estados Unidos e de certas partes do sul do planeta) como causadora de retrocesso social. O capitalismo sempre haverá de gerar crises, e a transição para a democracia é difícil. Mas se considera de maneira geral que as combinações maleáveis de capitalismo, democracia e socialismo podem gerar soluções e progresso. Crises importantes voltarão a ocorrer. Num mundo cada vez mais globalizado, torna-se menos provável que qualquer combinação de nacionalismo de Estado transcendente, paramilitar e empenhado em expurgos venha a ser considerada a melhor solução.

Todavia, é muito provável que voltem a surgir movimentos de tendências fascistas no sul do planeta se o norte, liderado pelos Estados Unidos, continuar a comprometer os atrativos do nacionalismo de Estado moderado e democrático com sua exploração capitalista, o imperialismo militar americano e o agravamento das desigualdades entre o norte e o sul. É possível então que nossos descendentes tenham de conviver com novos movimentos sociais não pouco semelhantes ao fascismo, matizados com tinturas socialistas e mobilizando todas as fontes locais de resistência ideológica que estejam a seu alcance — o que é representado hoje pelo islamismo. Por enquanto, todavia, os fascistas estão mortos e sua ressurreição não é iminente. Até agora, o fascismo do entreguerras não é um fenômeno genérico, mas de um período específico da Europa. Seu legado sobrevive hoje sobretudo num tipo diferente de movimento social: os etnonacionalistas empenhados em ações homicidas de expurgo. Nos últimos anos, as versões mais estatistas e militares do "governo pelo povo" representadas pelo fascismo têm sido suplantadas por versões étnicas, religiosas e mais obstinadamente nacionalistas. Mas esta história fica para outro livro.

Apêndice

Tabela 3.1
Contexto ocupacional dos fascistas italianos (%)

Amostra	Senhores fundiários	Camponeses	Trabalhadores rurais	Empresários	Profissionais	Funcionários públicos	Colarinho-branco	Pequeno-burgueses	Operários	Estudantes	*N*
Força de trabalho italiana		31	22	1	1	2	1	12	26	1	
PNF (partido fascista), Itália, 1921	—	12	24	3	7	6	10	9	16	13	151.644
PNF, Udine, 1922	1	3	—	3	8	c18	c12	10	25	16	539
PNF, Reggio Emilia, 1922	5	7	3	—	13	c8	c8	33	18+	2	265
Squadristi, cidades de Bolonha e Florença, 1921-22	4	0	0	3	10	11	13	6	5	46	381
Squadristi, província de Bolonha, 1922	2	13	c25	5	2	5	8	5	c22	10	281
"Mártires" fascistas, Itália	?	8	?	9		19	5	5	27	27	145
Paramilitares do MVSN, 1923-33	3	11	—	0	1	29	6	17	18	12	374
Deputados do PNF, 1924	4	1	5	6	68	17	2	1	0	0	313
Deputados do partido católico PPI, 1921	3	3	6	5	60	21	3	3	3	0	117

Fontes: Linha 1: Sylos Labini, 1978: 61, Weiss 1988: 33; Linhas 2 e 6: Revelli, 1987. Na linha 5, o setor público inclui 18% de militares, e os que trabalham por conta própria são quase todos artesãos. Linha 3: Preziosi, 1980: apêndice 1. Os "empregados de escritório" são 50% do setor público e 50% do setor privado. Linha 4: Cavandoli, 1972: 132-4. Os colarinhos-brancos dos setores público e privado não são distinguidos na fonte. Estabeleci para eles uma divisão de 50% no setor público e 50% no privado. A estatística relativa aos operários é provavelmente subestimada; ver o texto. Linha 5: Suzzi Valli, 2000: 136-7. As categorias "padeiro", "mecânico" e assim por diante são divididas em 50% pequeno-burgueses e 50% operários. Linhas 6 e 7: Reichardt, 2000, 279-81, 306-7, 344. Nem sempre é possível distinguir os trabalhadores na agricultura e na indústria, e no caso dos mártires as "classes superiores" são amalgamadas. Linhas 8 e 9: Linz, 1976: 57-8.

Tabela 4.1
Contexto ocupacional dos membros do partido nazista (%)

Distrito	Agricultores	Trabalhadores rurais	Empresários	Profissionais	Funcionários públicos	Colarinho-branco	Pequeno-burgueses	Operários	Outros	*N*
Munique, 1921	1	–1	2	12	14	14	20	28	11	2.222
Ruhr Ocidental, 1925-6	–1	—	1	5	6	23	9	52	4	698
Westfália do Sul, 1925-8	1	—	1	7	8	16	25	41	1	672
Hanover, 1925-32	3	—	3	6	5	12	23	39	2	427
Hanover-Brunswick, 1925-33	8	4	2	8	11	12	18	34	2	2.241
Württemberg, 1928-30	5	2	2	6	6	9	26	43	3	4.099
Hesse-Nassau, 1929-31	7	1	2	7	5	12	22	41	2	9.773
Baviera (predominantemente), 1923	8	2	2	7	8	13	20	36	5	4.450
Alemanha, 1925	4	0	1+	4+	13	21–	19	37	5	23.000
Alemanha, 1927	6	—	1+	2+	5	19–	17	46	3	15.900
Alemanha, 1929	18	—	1	2	6	15	19	37	3	61.000
Alemanha, 1930-2	13	—	2	7	6	11	22	36	3	1.954
Alemanha, 1933	9	—	5	7	15	11	22	31	2	3.316
Alemanha, 1937	7	—	3	6	18	17	14	35	1	3.997

Fontes: Linhas 1 e 8: Mühlberger, 1987, 55, 66, 131; Douglas, 1977; e Madden, 1982b: 42. Na linha 1, "outros" refere-se a estudantes. Linhas 2 e 4-7: Mühlberger, 1991, 34, 77; linhas 3 e 9-14, Kater, 1983, 248-53. Todas as ocupações agrárias são combinadas nessas linhas. Nas linhas 9 e 10, profissionais de nível inferior e gerentes de colocação mais elevada são igualmente classificados colarinhos-brancos.

Tabela 4.2

Contexto ocupacional dos líderes nazistas alemães (%)

Nível de liderança	Agricultores	Empresários	Profissionais	Funcionários públicos	Colarinho-branco	Pequeno-burgueses	Operários	*N*
Reichsleiter	8	12	16	50	4	4	0	24
Gauleiter, 1925-30	0	15	18	45	9	8	7	92
Funcionários do escalão superior, 1929	7	5	7	19	16	21	23	246
Dirigentes de seção, 1923-31	23	2	7	8	12	26	21	285
Candidatos do Reich, 1928	21	4	13	30	6	8	16	126
Candidatos do Reich, 1930	15	6	14	18	13	14	18	380
Oficiais das SA, 1930-4	8	1	8	11	12	11	47	75
Oficiais das SA, 1935	7	6	2	16	41	13	13	951
Oficiais das SS, 1938	6	1	15	10	31	1	25	1.895

Fontes: Linhas 1-3: Kater, 1983; linhas 4-6: Mühlberger, 1987, 98-101, 106. A linha 4 é uma combinação de oito seções locais espalhadas pela Alemanha. Note-se que metade desses dirigentes de seções provém de duas seções nitidamente rurais. Linha 7: Mühlberger, 1991, 171; linha 8: Jamin, 1984, 194-5. A abrangente categoria "colarinho-branco" aparentemente inclui profissionais e gerentes. Linha 9: Ziegler, 1989, 104-5. O que temos aqui são médias de suas três amostras de oficiais. Os "outros" são estudantes.

Tabela 4.3

Contexto ocupacional dos militantes das SA e das SS alemãs (%)

Amostra	Agricultores	Trabalhadores rurais	Empresários	Profissionais	Funcionários públicos	Colarinho-branco	Pequeno-burgueses	Operários	Outros	*N*
SS, antes de 1933	8	2	1	7	5	15	14	41	4	496
SS, 1933	4	2	1	5	4	16	12	53	3	802
SA Berlim, 1931	0	0	0	8	3	27	2	54	7	1.824
SA, 1929-32	3	0	0	3	7	17	3	58	9	1.306
SA, 1933-4	2	0	0	3	7	15	2	68	3	3.925
SA, 1931-4	6	2	1	4	7	7	11	55	7	924

Fontes: Linhas 1, 2 e 6: Mühlberger, 1991, 189, 178. Os "outros" são estudantes; linha 3: Bessel e Jamin, 1979, 113; linhas 4 e 5: Fischer, 1978, 138-9. Na linha 4, cerca de 5% de "assalariados braçais" são classificados como funcionários públicos, e na linha 5, cerca de 4%.

Tabela 4.4

Contexto ocupacional dos membros e líderes de outros partidos políticos alemães (%)

	Senhores fundiários	Agricultores	Trabalhadores rurais	Empresários	Profissionais	Funcionários públicos	Colarinho-branco	Pequeno-burgueses	Operários	Outros	*N*
Líderes do DNVP, 1927	17	1	1	14	12	34	8	3	3	9	106
Candidatos do DNVP, 1924		13		7	15	38	c7	17	c4	0	418
DNVP, Düsseldorf, 1928	0	1	0	14	9	31	12	21	11	0	178
DNVP, Osnabruck, 1928	0	1	0	4	14	39	7	32	2	0	202
Membros do DVP, 1919-33		4		7	7	25	1	19	1	5	3.298
Direção nacional do SPD, 1890-1933	0	0	0	4	8	4	16	0	63	8	27
Membros do SPD, 1930		1		0	1	3	9	4	66	17	70.000
Comitê central do KPD, 1924-9	0	0	1	1	4	9	11	1	68	4	91
Quadros de liderança do KPD, 1924-9	0	0	0	2	0	12	11	4	63	6	504
Prisioneiros e mártires do KPD, 1933-45	0	0	1	0	5	2	7	16	67	1	612

Fontes: Linhas 1, 3, e 4: Bacheller, 1976, 321-3, 365-80, 453-67. Os "outros" são mulheres nesta linha. As mulheres estão excluídas das linhas 3 e 4. Linha 2: Liebe, 1956, 77. Os trabalhadores braçais e colarinhos-brancos, totalizando 11%, não estão separados na fonte. Linha 5: Döhn, 1970, 79. Amostragem nacional de membros. Certo grau de contagem dupla de empregos exercidos por uma mesma pessoa. Nove por cento de "atacadistas" contabilizados como empresários (como indicado por Mühlberger). Os "outros" são funcionários do partido. Linhas 6 e 7: Guttsman, 1981, 160; Hunt, 1964, 103. Os "outros" são mulheres ou donas-de-casa, e as mulheres constituíam 25% do contingente de filiados do SPD. Linhas 8 e 9: Weber, 1969, 38, 27. Todos os funcionários públicos são professores, os "outros" são estudantes. Na linha 9, os "outros" são "revolucionários profissionais". Linha 10: Kater, 1983, 253.

Tabela 4.5

Contexto ocupacional de militantes políticos em Marburg (%)

Partidos	Empresários	Profissionais	Funcionários públicos	Colarinho-branco	Pequeno-burgueses	Operários	Outros	*N*	% de mulheres
Nazistas, antes de 1933	1	5	16	22	22	16	17	246	18
Partidos burgueses	6	7	36	6	35	3	6	155	16
Partidos de interesses específicos	3	5	21	11	41	7	12	225	11
Partidos socialistas: SPD, USPD, KPD	0	0	10	20	4	63	3	70	7
Força de trabalho de Marburg			13	23		30	20		

Fonte: Koshar, 1986, 238-9. Os "outros" são aposentados ou donas-de-casa. Os estudantes foram excluídos da tabela de Koshar, mas representavam 55% dos filiados à seção local do partido nazista.

Tabela 4.6

Contexto ocupacional dos deputados do Reichstag alemão (%)

Partidos	Agricultores	Empresários	Profissionais	Funcionários públicos	Colarinho-branco	Pequeno-burgueses	Operários	*N*
Nazistas, 1930-março de 1933	14	8	22	18	9	14	15	727
Nazistas, novembro de 1933	14	6	17	28	11	15	13	547
DNVP, 1919-32	32	10	15	30	5	1	5	—
Centro católico, 1919-32	14	10	26	28	9	4	15	176

Fontes: Linhas 1 e 2: Mühlberger, 1987, 106-7. São excluídos os de situação indefinida e funcionários do partido em tempo integral. Linhas 3 e 4: Linz, 1976, 63-6 e Morsey, 1977, 35. Os "operários" são em sua maioria funcionários dos sindicatos cristãos.

Tabela 6.1

Contexto ocupacional dos militantes políticos austríacos (%)

Partidos	Agricultores	Gerentes de empresa	Profissionais	Funcionários públicos	Colarinho-branco	Pequeno-burgueses	Operários	Outros	*N*
Membros nazistas, 1923-5	0	—	2	11	26	8	44	9	167
Novos membros nazistas, 1926-32	10	0	5	27	18	18	19	4	158
Novos membros nazistas, 1934-8	11	0	1	14	13	22	35	1	438
Candidatos nazistas, 1930	4	1	6	53	17	8	14	0	80
Candidatos da *Heimwehr* (austro-fascistas), 1930	26	10	7	19	7	20	17	0	90
Líderes da *Heimwehr*, 1930-4	23	22	7	30	—	—	15	2	324
Militantes da *Heimwehr*, 1930-1	28	—	5	21	3	22	21	1	58
Militantes nazistas	0	0	2	10	29	9	40	10	150
Militantes marxistas	0	0	0	11	5	2	82	0	66
Militantes nazistas, 1934	3	0	3	7	19	23–	38+	7	301
Militantes socialistas, 1934	1	0	3	19	14	14–	48+	0	457
Membros socialistas, 1929	—	—	—	9	12	6	51	23	416.170
Socialistas de Viena, 1927	0	2	1	~10	~10	3	74	2	274
Socialistas de Viena, 1934	—	—	—	16	10	4	48	21	122
Nazistas de Viena, 1938	1	—	5	19	22	9	25	20	260
Força de trabalho austríaca, 1934	11	0	1	11	11	12	54		

Fontes: Linha 1: Bukey, 1978, 305. Os "outros" são estudantes. Linhas 2-5 e 16: Botz, 1987a, 258. Linhas 4 e 5: candidatos na Alta e na Baixa Áustria. Note-se que os estudantes representavam 0,6% da força de trabalho nacional. Linha 6: Wiltschegg, 1985, 277-8. Conjunto de comitês e candidatos da *Heimwehr*. Os colarinhos-brancos são tratados conjuntamente com os funcionários públicos, e os trabalhadores autônomos, com os empresários. Os fazendeiros são lavradores em 20% dos casos e proprietários em 3%. Não há sobreposição dos líderes com os da linha anterior. Linha 7: Bukey, 1986, 81, com base em duas listas da *Heimwehr* referentes à Alta Áustria. Linhas 8 e 9: Botz, 1980a. Nazistas, socialistas e comunistas registrados na polícia por atos de violência. Os "outros" são em sua maioria estudantes. Linhas 10 e 11: Jagschitz 1975, 150-1. Militantes reclusos pelo governo de Dollfüss no campo de concentração de Wöllersdorf. Alguns trabalhadores capacitados e empregados podem ter sido equivocadamente classificados como autônomos (ver texto). Os "outros" são estudantes. Linhas 12-14: Botz, 1983, 156-7, 254. A Linha 12 refere-se aos membros nacionais do Partido Socialista. Entre os "outros" estão as mulheres. A Linha 13 refere-se a manifestantes detidos, feridos e mortos em julho de 1927. Funcionários do setor público e do privado tratados conjuntamente, na base de 50-50. A Linha 14 refere-se aos detidos depois da revolta socialista de 12 de fevereiro de 1934. Linha 15: Botz, 1988: 218. Entre os "outros" estão donas-de-casa (7%), estudantes (4%) e pensionistas (4%).

Tabela 6.2

Contexto ocupacional dos militantes políticos em Linz (%)

Militantes	Agricultores	Profissionais	Funcionários públicos	Colarinho-branco	Pequeno-burgueses	Operários	Outros	*N*
Nazistas, 1923-33	0	11	37	24	5	18	3	212
Nazistas, 1933-8	1	16	23	14	14	28	4	74
Social-cristãos, 1918-34	20	6	34	5	22	10	5	107
Nacionalistas alemães, 1918-34	0	13	31	16	21	4	9	102
Socialistas, 1918-34	0	4	32	12	9	35	9	130
Comunistas, 1929-33	0	0	2	8	5	81	5	62
Heimwehr, 1927-31	5	5	41	14	19	11	6	81
Fascistas de Dolfüss, 1934-8	2	3	31	19	15	27	4	126
Força de trabalho de Linz	3	5	13	20	8	50		

Fontes: Bukey, 1986. Bukey não distingue entre empreendimentos agrícolas ou comerciais grandes ou pequenos. Os percentuais da força de trabalho são aproximativos: estabeleci uma estimativa com base nos dados parciais sobre ocupações e setores fornecidos por Bukey. Os "outros" são donas-de-casa, aposentados, estudantes e pessoas inadequadamente descritas.

Tabela 7.1
Contexto ocupacional dos militantes políticos húngaros (%)

Amostra	Senhores fundiários	Camponeses	Empresários	Profissionais	Funcionários públicos	Colarinho-branco	Pequeno-burgueses	Operários	*N*
Líderes fascistas em aldeias, 1940-1	0	46	2	6	2	2	19	21	150
Líderes fascistas em cidades, 1940-1	4	3	4	18	4	5	3	2	43
Candidatos fascistas, 1939	12	16		32	16	0	16	8	75
Candidatos do partido do governo, 1939	22	0		20	52	0	0	0	—
Líderes fascistas, 1939-45	—	14		24	36	6	12	8	157
Deputados liberal-conservadores do governo, 1921-32	—	29		26	35	1	6	0	314
Deputados nacional-radicais do governo, 1935-9	—	30		22	35	6	6	–1	348

Fontes: Linhas 1 e 2: Szöllösi-Janze, 1989, 136-47. Nesta tabela, "fascistas" são os membros do movimento da Cruz Flechada. Os "mestres artesãos" são incluídos na pequena burguesia, outros artesãos, entre os operários. Sempre que indicado, o tamanho das propriedades dos camponeses é geralmente muito pequeno. Entre os "operários" na linha 1 estão dois couteiros empregados. Linhas 3 e 4: Janos, 1970, tabela 6.6. Grandes e pequenos empresários não são distinguidos no original. Linhas 5-7: Janos, 1982, 280-5. Os líderes fascistas são candidatos e deputados da Cruz Flechada em 1940 e ministros nacional-socialistas e membros do Conselho Nacional em 1944-5. Nas linhas 6 e 7, encontramos dados sobre a "máquina governamental" na Câmara dos Deputados, primeiro no período "liberal-conservador" e logo no período "nacional-radical". Como Janos não fornece separadamente os totais desses dois períodos, as percentagens a que cheguei são médias das percentagens de três anos do primeiro período e de dois anos do segundo. Pequenos e grandes proprietários agrícolas não foram separados, nem os pequenos e grandes empresários. A categoria "jornalistas e professores" está equilibradamente dividida entre profissionais e funcionários públicos.

Tabela 8.1
Contexto ocupacional dos fascistas romenos (%)

Grupo legionário	Senhores fundiários	Camponeses	Empresários	Profissionais	Funcionários públicos	Colarinho-branco	Pequenos-burgueses	Operários	Estudantes	*N*
Detidos, 1934	1	3	0	25	24	5	2	3	37	73
Militantes de campos de trabalho, 1936	0	9	2	10	25	8	8	5	33	630
Rendidos ou abatidos a tiro, 1939	0	2	0	48	20	2	7	5	15	383
Insurretos, 1941	0	22	0	4	8	6	13	44	2	2.143
Reclusos na Alemanha, 1942	0	3	–1	20	24	8	7	11	27	249

Fontes: Linhas 1 e 2 com base em Heinen, 1986, 386-9. A linha 1 refere-se aos detidos pelo assassinato de Duca. A linha 2 refere-se aos militantes do sexo masculino no campo de trabalho de Carmen-Sylva. Em todos os dados sobre a Romênia, distribuí igualmente entre colarinhos-brancos e funcionários públicos os "diplomados" (de colégios ou universidades) sem profissão declarada. Linhas 3 e 4 com base em Veiga, 1989, 263-5. Linha 3: legionários, sobretudo urbanos, que se renderam ou foram abatidos a tiros pelo governo em 1939. Alfaiates, carpinteiros e semelhantes incluídos entre os autônomos. Entre os profissionais estão 13% de padres. Linha 4: legionários encarcerados após o fracasso de sua insurreição em 1941. Linha 5: Heinen, 1986, 457. Weber, 1966a, 108 apresenta uma versão ligeiramente diferente da mesma lista, com menos detalhes.

Tabela 9.1
Contexto ocupacional dos militantes políticos espanhóis (%)

Partidos	Agricultores	Empresários	Profissionais	Funcionários públicos	Colarinho-branco	Pequeno-burgueses	Operários	Outros	*N*
Fascistas de Madri (Falange), 1936	0	0	10	2	29	2	55	3	1.103
Nacionalistas bascos (PNV), 1931-6	20	—	5	5+	11	17–	36	4	1.700
Comitês de direita (CEDA), 1931-5	9	6	34	19	9	10	12	0	77
Comitês da CEDA em Múrcia, 1931-3	17	11	23	12	10	19	5	4	151
Delegados nacionais de centro-direita (radicais), 1932	0	18	44	14	5	13	5	1	474
Comitês urbanos de centro-esquerda (republicanos), 1930-6	2	—	48	—	15	29–	5	2	—
Comitês rurais republicanos, 1930-6	41	—	13	—	7	24	13	2	—
Deputados da CEDA, 1933, 1936	5	3	64	19	2	4	2	0	186
Deputados do centro, 1933, 1936	1	2	68	20	1	6	3	0	542
Deputados socialistas, 1933, 1936	1	0	33	23	11	2	28	0	111

Fontes: Linha 1: Payne, 1962, 82. Os "outros" são estudantes. Linha 2: de Pablo, 1995. Em caso de totais imprecisos, estabeleço que "mais de 200" são 210 e que Vitoria e o resto de Alava contribuíram igualmente para o total geral. Cerca de 16% dos agricultores eram pequenos proprietários ou rendeiros, e 4%, trabalhadores. Os grandes empresários estão incluídos na pequena burguesia, e os administradores de escalão mais elevado, entre os profissionais. Linhas 3 e 8-10: Montero, 1977, 449. A linha 3 refere-se a membros de nove comitês locais. Linha 4: Moreno Fernandez, 1987, 156. Cerca de 50% dos agricultores são pequenos proprietários; os "outros" são estudantes. Linha 5: Partido Republicano Radical, 1932, 48-59; Manjón, 1976, 594. Linhas 6 e 7: Farré, 1985, 343. Em caso de totais e *N*s incompletos, calculei a média dos partidos urbanos e rurais. Não existem dados específicos sobre grandes ou pequenos negócios nem funcionários públicos.

Tabela 9.2

Contexto ocupacional de militantes partidários em Sevilha (Espanha) (%)

Partidos	Senhores fundiários	Empresários	Profissionais	Pequeno-burgueses	Colarinho-branco	Artesãos e operários	Outros	*N*
Líderes anti-republicanos de extrema-direita (CT, RE), 1931-6	48	1	38	7	5	1	0	128
Líderes conservadores "acidentalistas" (AP, CEDA), 1931-6	37	6	43	10	1	3	0	78
Membros da AP, conservadores 1932	12	12	?	25	22	15	13	2.585
Partidos do centro (PC, PL, CD), 1914-23	41	2	46	9	2	0	0	283
Líderes partidários do regime de Primo de Rivera (UP), 1929	25	11	27	25	11	2	0	334
Líderes republicanos de centro-direita, 1931-6	16	19	34	21	10	0	1	101
Líderes radicais de centro-direita, 1931-6	8	14	43	16	11	4	4	139
Líderes republicanos de centro-esquerda, 1931-6	6	5	28	17	33	7	4	174
Líderes socialistas (PSOE), 1931-6	0	12	22	17	34	12	2	54

Fontes: Alvarez Rey 1993. Linha 1: Os profissionais são em sua maioria advogados e oficiais do exército; linha 2: os profissionais são na maioria advogados; linha 3: a qualidade desta fonte é questionável. Presume-se que os profissionais estão distribuídos em outras categorias. Os outros são *dependientes*.

Notas

CAPÍTULO 1

1. A idéia de que o Estado como portador de um projeto moral surgiu e desapareceu no século XX é o principal tema de Perez-Diaz (1993)
2. O leitor que quiser informar-se mais sobre minha teoria geral pode começar pelos capítulos introdutórios dos dois volumes já publicados da minha história do poder na sociedade (Mann, 1986, 1993).
3. Note-se que Eatwell (2001) renega o conceito de "renascimento", que anteriormente usara, considerando-o "filosoficamente banal". Tratarei das concepções rivais de nação — primordial, perene e moderna — em meu próximo livro, Capítulo 2.
4. Refiro-me a movimentos "grandes" porque os movimentos fascistas freqüentemente *começaram* entre grupos que *eram* de classe média (especialmente estudantes e oficiais menos graduados). À medida que cresciam, os movimentos fascistas tendiam a ampliar suas bases. Assim, no noroeste da Europa, onde os movimentos fascistas não cresceram muito, os contingentes de classe média mantiveram-se desproporcionalmente grandes no fascismo. Na França, onde ele acabou adquirindo proporções grandes, suas bases também se foram ampliando.
5. Esse intenso companheirismo masculino efetivamente era acompanhado aqui e ali de homossexualidade, embora este aspecto do fascismo nunca tenha sido muito documentado. Sabe-se que os líderes nazistas voltaram-se violentamente contra os homossexuais nos expurgos de Roehm, em 1934. Os registros sobre os contingentes das SS eventualmente continham indicações de homossexualidade, dando a entender que a organização podia valer-se da vulnerabilidade sentida por alguns de seus membros para obrigá-los a cumprir tarefas "difíceis" (ou seja, assassinatos).

CAPÍTULO 2

1. Gregor antecipa-se à objeção mais óbvia — "e o caso da Alemanha?" (desenvolvida mas fascista) — ponderando esdruxulamente que as "experiências traumáticas" da guerra e do

pós-guerra fizeram com que a Alemanha "se identificasse com os países revolucionários da hora".

2. Alguns fascistas efetivamente tinham aspirações democráticas, desejando que seu partido autorizasse a representação das bases (Linz, 1976, 21). O líder devia representar a "vontade geral" do movimento. Mas esses quase democratas foram derrotados em quase todos os movimentos fascistas.
3. A distinção era nitidamente influenciada pela política externa americana do fim do período da Guerra Fria, que estabelecia uma diferença entre os governos "autoritários" amigos (alguns dos quais eram na verdade dos mais cruéis) e os governos comunistas e inimigos "totalitários" (alguns dos quais eram mais brandos que certos regimes "autoritários"). O critério decisivo não era na realidade o grau de autoritarismo, mas o fato de serem considerados capitalistas ou comunistas, e portanto amigos ou inimigos, pelo governo americano (e as grandes empresas americanas).
4. A distinção estabelecida por Payne (1980, 1995, 15) entre "conservador de direita", "radical de direita" e "fascista" assemelha-se à minha, sobrepondo-se em sua categoria intermediária a maior parte dos elementos dos meus dois tipos intermediários. Mas ele considera "conservadores" alguns dos que eu situo em categorias intermediárias (por exemplo, Salazar, Smetana e o rei Carol da Romênia).
5. Os países bálticos não se encaixam bem nessa tipologia. Como não dispunham de Estados antes de 1918 nem de monarcas depois, seus autoritários não eram estritamente "reacionários". Todavia, os três viriam a compartilhar outros atributos dos regimes reacionários. Pats provavelmente foi o mais moderado. Seu regime provavelmente ficou na fronteira entre o autoritarismo reacionário e semi-reacionário.
6. Nesta altura já eram pequenas as diferenças nos índices de mortalidade (ao contrário do que acontecera no século XIX).
7. Não me empenhei em medir *graus* de democratização ou autoritarismo. As medidas baseadas em eleições e constituições não se adaptam bem às instituições não raro de fachada dos regimes do entreguerras, ao passo que a maior parte dos países do leste e do sul não manteve a mesma posição ao longo do percurso.
8. A inclusão dos índices de mortalidade infantil limitaria o alcance da comparação histórica. Os países do noroeste mencionados só entre 1890 e 1920 alcançaram os índices atingidos pela Espanha e pela Itália em 1930. Naturalmente, suas estruturas democráticas partidárias estavam ainda mais consolidadas a essa altura. Meus dois outros índices corresponderiam a âmbitos históricos intermediários (com a exceção de que a data comparável no caso do emprego agrícola na Grã-Bretanha seria recuada para a década de 1820 — quando tiveram êxito os movimentos de massa em favor da ampliação do sufrágio).
9. Fazendo da palavra um uso amplo que inclui os presidentes eleitos com o mesmo tipo de competitividade que os membros do parlamento.

10. Quero dizer com isto que, no noroeste, os primeiros direitos de voto baseados na propriedade raramente estabeleciam distinções em matéria de etnia. Proprietários ingleses, galeses e escoceses do sexo masculino eram considerados cidadãos ativos, e raramente se organizavam em termos étnicos (ver meu próximo volume).
11. Os três parágrafos seguintes baseiam-se em Balakrishnan (2000). Os principais trabalhos de Schmitt que parafraseio são *The Crisis of Parliamentary Democracy* (1923) e *Concept of the Political* (1927). Também sou grato pela ajuda de Dylan Riley em discussões sobre a crise do liberalismo parlamentar.
12. A Espanha não se adapta a este modelo, pois as universidades eram mais divididas, influenciadas por tradições mais antigas, liberais e às vezes seculares, assim como pelo estatismo conservador (ver Capítulo 9).

CAPÍTULO 3

1. Excluí da força de trabalho os "outros", que são em grande número. Podem ser escolares (pois o censo cobre idades de dez anos ou mais). Também excluí os militares de ambos os lados da equação. Friuli era uma província de fronteira que abrigava grandes contingentes de militares provenientes de outras regiões.
2. Um grupo grande da força de trabalho não é capaz de atingir um coeficiente tão alto ou tão baixo quanto um grupo pequeno. Como os trabalhadores braçais geralmente constituíam cerca de metade da força de trabalho, nem mesmo num partido *inteiramente* proletário seu coeficiente poderia ultrapassar muito 2,0. Mas o coeficiente de um grupo pequeno — como os estudantes — podia ultrapassar 20,0. Eu poderia ter acrescentado um fator padronizador de correção nesses coeficientes, mas a estatística daí resultante careceria de significado imediato e intuitivo. Nenhuma estatística é capaz de revelar tudo isoladamente.
3. Presume-se aqui que a categoria "lavoratori dell'industria" também incluiu trabalhadores braçais do setor de serviços (embora os marinheiros sejam listados separadamente). Caso contrário, pode-se considerar que os dados de filiação ao partido subestimam a contribuição dos operários.
4. Em quase todos os países, designações como "artesão" ou "artífice" são ambíguas. A pessoa em questão seria um trabalhador especializado empregado ou um pequeno mestre independente, talvez empregando outros? Nos estudos sobre o nazismo, os *Handwerker* costumavam ser classificados sobretudo nesta última categoria, ou seja, na da pequena burguesia clássica (por exemplo, Kater, 1983), contribuindo para uma teoria do fascismo como movimento da baixa classe média. Os autores recentes (por exemplo, Mühlberger 1987, 1991) classificam a maior parte como operários, contribuindo para uma teoria relativamente isenta do fator classe. Os dados são os mesmos; a interpretação muda.

CAPÍTULO 4

1. A área onde efetivamente se manifesta um impressionante poder do governo federal americano, a dos militares, foi a única que se manteve isenta do ataque republicano. Nas eleições que presenciei num terceiro país, as de 1993 na Espanha, o partido socialista provavelmente conseguiu na última hora manter-se no poder recorrendo a advertências populistas de que seu inofensivo adversário conservador, o PP, nutria secretamente intenções franquistas autoritárias. Hoje o PP está à frente do respeitável governo democrático da Espanha, tendo vencido a eleição seguinte.
2. Isto explica as estimativas extraordinariamente altas que às vezes encontramos na literatura sobre o número de membros do sexo feminino dos partidos "burgueses". As mulheres supostamente constituíam 25% do DDP liberal, 47% do DNVP ultraconservador e 35 a 60% do DVP de centro-direita (Boak, 1990). Incluindo as organizações auxiliares do nazismo, também chegaríamos a números elevados.
3. Agradeço a Ron Rogowski por ter-me generosamente aberto os arquivos sobre os quais baseou seu artigo de 1977 sobre os *Gauleiter.*
4. Minha maior preocupação quanto à representatividade das amostras diz respeito ao fato de que as amostras regionais colhidas por Mühlberger (1991) (talvez os melhores dados disponíveis sobre o NSDAP) não incluem elementos sobre o leste do país, seja da Prússia rural ou da Saxônia industrializada.
5. Compartilho o ceticismo de Hamilton (1997, 333) quanto aos métodos de Brustein. Seus dados são colhidos em documentos de filiação de membros do partido nazista, que freqüentemente dão conta das ocupações de forma desordenada. Dentre os que pude consultar no caso de minhas amostras sobre os criminosos de guerra, só estabeleceria firmemente a classificação "setor industrial" em pouco mais de metade dos casos. Com base nos dados de tais fontes, fico imaginando como Brustein conseguiu separar os operários "metalúrgicos" (o grupo mais nazista) dos operários em "produtos metálicos" (o grupo menos nazista). Também parece um salto e tanto passar dessa classificação para a pressuposição de que a concepção do interesse ocupacional de determinada pessoa seria dominada pela questão do livre comércio ou do protecionismo.
6. Cabe lembrar, todavia, que Koshar (1986) excluíra de suas tabelas os estudantes (que seriam predominantemente não-proletários) e que afirma que os estudantes representavam 55% da filiação da seção local do partido nazista.
7. Duas unidades das SA no leste rural da Prússia, analisadas por Bessel, (1984), diferem, dominadas por "fazendeiros, jovens fazendeiros e supervisores agrícolas" (35 e 45% das duas unidades) e "artesãos e aprendizes de artesãos" (29 e 33%). Os "operários" representavam apenas 12 e 8%. O que leva Bessel e Jamin (1979) a abrir polêmica contra uma interpretação proletária das SA. Mas Fischer e Hicks (1980) e Mühlberger (1991, 164-5) observaram que nessa região oriental muitos trabalhadores agrícolas eram eslavos, e não alemães, sendo improvável que aderissem às SA racistas. Além disso, certos "artesãos e

aprendizes" provavelmente eram operários. Naturalmente, havia diferenças entre as unidades das SA, pois as economias locais diferiam. Mas essas duas correções, se aplicadas, levariam a composição de classe das SA do leste prussiano mais perto da composição do movimento nas outras regiões.

8. A segunda amostra de Jamin, abarcando líderes expurgados das SA, evidenciava um índice muito baixo de reação em termos de mobilidade. Aqueles sobre os quais conseguiu colher dados efetivamente evidenciavam índice mais alto de mobilidade descendente. Podem ter sido esses os verdadeiros arruaceiros do movimento — e por outro lado talvez constituíssem apenas uma amostra viciada.

CAPÍTULO 5

1. Trata-se de questão controvertida na qual adotei posição intermediária entre as que consideram os capitalistas "culpados" ou "inocentes". Em ordem mais ou menos descendente de "culpabilidade", ver Mason, 1972; Geary, 1983, 1990; Hamilton, 1982, 393-419, 428-33; Neebe, 1981; e Turner, 1985.

CAPÍTULO 7

1. O fascismo húngaro abrangia vários partidos e grupos pequenos cujo crescimento era dificultado pela desunião. No fim da década de 1930, a Cruz Flechada conseguiu unir a maioria deles sob a liderança de Ferenc Szálasi, embora sobrevivessem no período da guerra pequenos grupos "nacional-socialistas" independentes. Para simplificar, incluo as diferentes facções do fascismo húngaro sob a denominação genérica de "Cruz Flechada".
2. Se sua fonte de informação incluía nesse número trabalhadores do setor terciário, os coeficientes cairiam para pouco acima da paridade.

CAPÍTULO 8

1. Schmitter (1974, 117-23) apóia-se muito em Manoilescu em sua brilhante análise das teorias do corporativismo — mesmo o título é tomado de empréstimo a Manoilescu. Mas ele trata muito diplomaticamente de minimizar as tendências fascistas e anti-semitas de Manoilescu.
2. Exceto quando indicadas outras fontes, os dados sobre os grupos legionários derivam de Heinen, 1986, 384-9 e Veiga, 1989, 165-6, 262-6. No momento, não há disponibilidade de dados em fontes de língua inglesa.
3. Na Romênia, esta Igreja só pode ser encontrada na Transilvânia, resíduo de uma tentativa dos Habsburgo, no século XVIII, de aumentar o controle austríaco sobre a Transilvânia mediante a fusão das doutrinas católica e ortodoxa.

CAPÍTULO 9

Gostaria de agradecer o generoso apoio da Fundación Juan March através de uma bolsa de estudos de um ano no Instituto Juan March em Madri, que permitiu efetuar as pesquisas que dão sustentação a este capítulo.

1. Os espanhóis geralmente empregam a expressão "nacionalismo" em relação às aspirações autônomas regionais baseadas em identidades étnicas próprias, encontradas especialmente entre catalães e bascos, mas também entre certos galegos, valencianos e outros.
2. Isto resultou de uma tentativa de evitar eleitorados de um só membro (que poderiam ser controlados por *caciques*), mas ao mesmo tempo assegurando maiorias governamentais viáveis. A Constituição assegurava amplos eleitorados de múltiplos membros, abarcando uma província inteira ou sua capital. O partido que obtivesse maioria simples na província ou na capital ficava com 67 a 80% dos assentos, ficando os demais para as listas minoritárias. Deste modo, a maioria dos partidos tentava formar pactos eleitorais, combinando listas de candidatos, capazes assim de conquistar a maioria dos assentos. A direita mostrou-se mais bem-sucedida nesse tipo de pacto em 1933, e a esquerda, em 1936. Assim, ambas tiveram nas Cortes maiorias mais expressivas que as mudanças efetivamente verificadas no apoio popular. Um sistema eleitoral diferente talvez tivesse induzido maior acomodação entre os dois blocos, fortalecendo o centro. A república talvez não tenha sido ajudada por suas próprias leis eleitorais.
3. Meu relato sobre a tragédia que se seguiu na esquerda escora-se sobretudo na combinação dos relatos divergentes de Juliá, 1977; Preston, 1978, Capítulos 4, 5 e 7; Heywood, 1990; e Payne, 1993, 189-223.
4. É verdade que os republicanos de esquerda e os socialistas reagiram mal à derrota em 1933, solicitando ao presidente que convocasse novas eleições (Payne, 1993, 181-2). Mas foi um arroubo momentâneo que logo cedeu. Os republicanos de esquerda nunca se organizaram efetivamente contra a democracia.
5. Payne (1993, 208, 255-6, 381-4) afirma que os radicais e outros "liberais de centro" eram os únicos democratas constitucionais autênticos. Mas não apresenta elementos de comprovação, à parte as efêmeras negociações de Azaña com o presidente em outubro de 1934 e uma declaração de seu movimento juvenil ("[Somos] esquerdistas, democratas e parlamentares, nesta ordem"), em apoio ao fato de excluir os republicanos de esquerda, ao passo que muitos de seus "liberais de centro" preconizavam severa repressão da esquerda. O relato de Payne também é condescendente com a CEDA e duro com os socialistas (o inverso de Preston).
6. Uma vez liberta do franquismo, esta região retomou sua política favorita. Hoje os bastiões do partido socialista (o PSOE) se irradiam de Madri em direção ao sul, alcançando a Andaluzia e Estremadura.
7. Geralmente traduzido como líder, líder militar ou chefe de Estado, mas tendendo também a associar Franco a figuras históricas sagradas como El Cid e os reis medievais das Astúrias — heróis e mártires cristãos.

CAPÍTULO 10

1. A Liga Norte italiana às vezes é incluída nesse grupo, mas na realidade só é extremista em sua posição contra a imigração. Ver Diamanti, 1996.
2. O mesmo sustentam Larson, 1998 e Linz, 1998. Eatwell aparentemente discorda, pois concluiu um livro recente com a alegação de que "o fascismo está novamente em ação" (1995, 286) — muito embora os dados concretos colhidos por ele mesmo pareçam indicar o contrário.
3. E é esta a conclusão geral dos diferentes ensaios contidos em Larsen, 2001.
4. Analiso mais detidamente a teodemocracia e a Índia em meu próximo livro. Ver também Jaffrelot, 1996, 53-62; Gold, 1991; Prayer, 1991; e Larsen, 2001, 749-58.
5. Analiso o islamismo e os *jihadis* em meu livro *Incoherent Empire* (2003), Capítulos 4 e 5; ver também os importantes estudos de Roy, 1994 e Kepel, 2002.

Bibliografia

Abel, T. *Why Hitler Came to Power*. Nova York: Prentice-Hall, 1938.

Abse, T. "The rise of Fascism in an industrial city: The case of Livorno 1918-1922". In D. Forgacs (org.), *Rethinking Italian Fascism*. Londres: Lawrence & Wishart, 1986.

——."Italian workers and Italian Fascism". In Bessel (org.), *Fascist Italy and Nazi Germany*. 1996.

Aguado Sanchez, F. *La revolución de octubre 1934*. Madri: San Martin, 1972.

Aldcroft, D. e S. Morewood *Economic Change in Eastern Europe since 1918*. Aldershot, Hants: Edward Elgar, 1995.

Alexander, M. S. e H. Graham (orgs.) *The French and Spanish Popular Fronts*. Cambridge: Cambridge University Press, 1989.

Allen, M. "Engineers and modern managers in the SS: The business administration main office". Tese de doutorado, Universidade da Pensilvânia, 1995.

——.*The Business of Genocide: The SS, Slave Labor and the Concentration Camps*. Chapel Hill: University of North Carolina Press, 2002.

Allen, W. S. *The Nazi Seizure of Power: The Experience of a Single German Town, 1930-1935*. Chicago: Quadrangle, 1965.

Alpert, M. "The Spanish army and the Popular Front". In Alexander e Graham (orgs.), *French and Spanish Popular Fronts*, 1989.

Alvarez Chillida, G. "Nación, tradición e imperio en la extrema derecha española durante la década de 1930". *Hispania* 52/3, 1992.

Alvarez Rey, L. *La derecha en la II república: Sevilla, 1931-1936*. Sevilha: Secretariado de Publicaciones de la Universidad de Sevilla, 1993.

Ancel, J. "Antonescu and the Jews". *Yad Vashem Studies* 23, 1993.

Ashman, C. e R. Wagman *The Nazi Hunters*. Nova York: Pharos, 1988.

Aubert, P. "Los intelectuales en el poder (1931-1933): Del constitucionalismo a la Constitución". In M. Tuñon de Lara (org.), *La segunda república España: El primer bienio*. Madri: Siglo XXI, 1987.

Augustinos, G. *Conciousness and History: Nationalist Critics of Greek Society, 1897-1914*. Boulder, Colorado: East European Quarterly e Columbia University Press, 1977.

Bacheller, C. "Class and conservatism: The changing social structure of the German right, 1900-1928." Tese de doutorado, Universidade de Wisconsin-Madison, 1976.

Bailer-Galanda, B. "Old or new right? Juridical denazification and right-wing extremism in Austria since 1945". In Larsen e Hagtvet (orgs.), *Modern Europe after Fascism*, 1998.

Bairoch, P. "Europe's gross national product: 1800-1975". *Journal of European Economic History* 5, 1976.

Balakrishnan, G. *The Enemy: An Intellectual Portrait of Carl Schmitt*. Londres: Verso, 2000.

Balcells, A. *Crisis económica y agitación social en Cataluña de 1930 a 1936*. Barcelona, 1971.

Ballbé, M. *Orden público y militarismo en la España constitucional*. Madri: Alianza, 1983.

Bar, A. "La Confederación Nacional del Trabajo frente a la II República." In M. Ramírez (org.), *Estudios sobre la II República española*. Madri: Technos, 1975.

——. *La CNT en los años rojos*. Madri: Akal. 1981.

Baldwin, P. "Social interpretations of Nazism: Renewing a tradition". *Journal of Contemporary History* 25, 1990.

Barany, G. "The dragon's teeth: The roots of Hungarian fascism". In Sugar (org.), *Native Fascism*, 1971.

Barbagli, M. *Educating for Unemployment: Politics, Labour Markets and the School System - Italy, 1859-1923*. Nova York: Columbia University Press, 1982.

Barbu, Z. "Psycho-historical and sociological perspectives on the Iron Guard, the fascist movement in Romania". In Larsen et al. (orgs.), *Who Were the Fascists?*, 1980.

Barkai, A. *Nazi Economics*. Oxford: Berg, 1990.

Barrull Pelegrí, J. *Les comarques de Lleida durant la segona república (1930-1936)*. Barcelona: L'Avenç, 1986.

Batkay W. *Authoritarian Politics in a Transitional State: Istvan Bethlen and the Unified Party in Hungary, 1919-26*. Nova York: Columbia University Press, 1982.

Ben-Ami, S. *Fascism from Above: The Dictatorship of Primo de Rivera in Spain, 1923-1930*. Oxford: Clarendon, 1983.

Berend, I. *Decades of Crisis: Central and Eastern Europe before World War II*. Berkeley e Los Angeles: University of California Press, 1998.

Berend, I. e G. Ránki. *Economic Development in East-Central Europe in the 19th and 20th Centuries*. Nova York: Columbia University Press, 1979.

Berezin, M. *Making the Fascist Self*. Ithaca, N.Y.: Cornell University Press, 1997.

Bermejo Martin, F. 1984. *La IIª república en Logroño: Elecciones y contexto político*. Logroño: Conimunidad Autónoma de la Rioja, 1984.

Bernardini, G. "The origins and development of racial anti-semitism in fascist Italy". In M. Marrus (org.), *The Nazi Holocaust*, vol. 4: *"The Final Solution" Outside Germany*. Westport, Connecticutt: Meckler, 1989.

Bessel, R. *Political Violence and the Rise of Nazism*. New Haven: Yale Universsity Press, 1984.

——. "Violence as propaganda: The role of the stormtroopers in the rise of National Socialism". In Childers (org.), *The Formation of the Nazi Constituency*, 1986.

——. "The Great War in German memory: The soldiers of the First World War, demobilization and Weimar political culture." *German History* 6, 1988.

Bessel, R. (org.). *Fascist Italy and Nazi Germany: Comparisons and Contrasts*. Cambridge: Cambridge University Press, 1996.

Bessel, R. e M. Jamin. "Nazis, workers and the uses of quantitative evidence". *Social History* 4, 1979.

Betz, H.-G. *Radical Right-Wing Populism in Western Europe*. Londres: Macmillan, 1994.

Binchy, D. A. *Church and State in Fascist Italy*. Londres: Oxford University Press, 1941.

Birn, R. "Austrian higher SS and police leaders and their participation in the Holocaust in the Balkans." *Holocaust and Genocide Studies* 6, 1991.

Blinkhorn, M. *Carlism and Crisis in Spain 1931-1939*. Cambridge: Cambridge University Press, 1975.

——. "The Iberian States". In D. Mühlberger (org.), *The Social Basis of European Fascist Movements*. Londres: CroomHelm, 1987.

——.*Fascists and Conservatives*. Londres: Unwin Hyman, 1990.

Boak, H. 1990. "Women in Weimar Politics". *European History Quarterly* 20, 1990.

Borchardt, K. *Wachstum, Krisen, Handlungsspielraume der Wirtschaftspolitik*. Göttingen: Vandenkoeck & Ruprecht, 1982.

Bosch, A. "Sindicalismo, conflictividad y política". In Bosch et al. (orgs.), *Estudios sobre la segunda república*. Valencia: Edicions Alfons el Magnánim, 1993.

Botz, G. "Introduction" e "The changing patterns of social support for Austrian National Socialism (1918—1945)". In Larsen et al. (orgs.), *Who Were the Fascists?* 1980.

——. "Political violence, its forms and strategies in the First Austrian Republic". In W. Mommsen e G. Hirschfeld (orgs.), *Social Protest, Violence and Terror in Nineteenth and Twentieth-Century Europe*. Nova York: St. Martin's Press, 1982.

——. *Gewalt in der Politik*, 2ª ed. Munique: Fink, 1983.

——. "Strategies of political violence: Chance events and structural effects as causal factors in the February rising of the Austrian Social Democrats". In Rabinbach (org.), *Austrian Socialist Experiment*, 1985.

——. "Austria". In D. Mühlberger (org.), *The Social Basis of European Fascist Movements*. Londres: CroomHelm, 1987a.

——. "The Jews of Vienna from the Anschluss to the Holocaust". In Oxaal et al. (orgs.), *Jews, Antisemitism and Culture*, 1987b.

——. 1988. *Nationalsozialismus in Wien*. Viena: DVO.

Boyd, C. *Praetorian Politics in Liberal Spain*. Chapel Hill: University of North Carolina Press, 1979.

Bracher, K. D. *The German Dictatorship*. Harmondsworth: Penguin, 1971.

Brademas, J. *Anarcosyndicalismo y revolución en España (1930-1937)*, 1974. Barcelona: Ariel.

Braham, R. *The Politics of Genocide: The Holocaust in Hungary*, 2 vols. Nova York: Columbia University Press, 1981.

——. *Romanian Nationalists and the Holocaust: The Political Exploitation of Unfounded Rescue Attempts*. Nova York: Columbia University Press, 1998.

Brooker, P. *The Faces of Fraternalism*. Oxford: Clarendon, 1991.

Broszat, M. *The Hitler State*. Londres: Longman, 1981.

——. *Hitler and the Collapse of Weimar Germany*. Leamington Spa: Berg, 1987.

Brown, J. "The Berlin NSDAP in the *Kampfzeit*". *German History* 7, 1989.

Brubaker, R. *Citizenship and Nationhood in France and Germany*. Cambridge, Massachusetts: Harvard University Press, 1992.

Brustein, W. "The political geography of Belgian fascism: The case of rexism". *American Journal of Sociology* 53: 69-70, 1988.

——. "The 'Red Menace' and the rise of Italian Fascism". *American Sociological Review* 56, 1991.

——. *The Logic of Evil: The Social Origins of the Nazi Party, 1925-1933*. New Haven, Connecticutt: Yale University Press, 1996.

Bukey, E. "The Nazi Party in Linz, Austria, 1931-1939: A sociological perspective". *German Studies Review* 1, 1978.

——. *Hitler's Hometown: Linz, Austria 1908-1945*. Bloomington: University of Indiana Press, 1986.

——. "Popular opinion in Vienna after the Anschluss." In Parkinson (org.), *Conquering the Past*, 1989.

——. "Nazi rule in Austria". *Austria History Yearbook* 23, 1992.

Burleigh, M. *The Third Reich*. Nova York: Hill & Wang, 2000.

Busquets, J. *El militar de carrera en España*. Barcelona: Ariel, 1984.

Cabrera, M. *La patronal ante la II república: Organizaciones y estrategia (1931-1936)*. Madri: Siglo Veintiuno Editores, 1983.

Caldwell, L. "Reproducers of the Nation: Women and the family in Fascist policy". In Forgacs (org.), *Rethinking Italian Fascism*, 1986.

Campbell, A. "The invisible welfare state: Class struggles, the American Legion and the development of veteran's benefits in the 20th century United States". Tese de doutorado, Universidade da Califórnia, Los Angeles, 1998.

Campbell, B. *The SA Generals and the Rise of Nazism*. Lexington: University of Kentucky Press, 1998.

Campos, M. *El socialismo español y la cuestión agraria (1890-1936)*. Madri: Ministerio de Trabajo y Seguridad Social, 1986.

Cancela, D. *La segunda república en Cadiz: Elecciones y partidos politicos*. Cadiz: Diputación Provincial, 1987.

Caplan, J. "Speaking the right language: The Nazi party and the civil service vote in the Weimar Republic". In Childers (org.), *The Formation of the Nazi Constituency*, 1986.

——. *Government Without Administration: State and Civil Service in Weimar and Nazi Germany*. Oxford: Clarendon, 1988.

Cardoza, A. *Agrarian Elites and Italian Fascism: The Province of Bologna, 1901-1926*. Princeton, Nova Jersey: Princeton University Press, 1982.

Carmona, A. *El trabajo industrial en la España contemporánea (1874-1936)*. Barcelona: Anthropos, 1989.

Carsten, F. "Interpretations of fascism". In W. Laqueur (org.), *Fascism: A Reader's Guide*. Berkeley e Los Angeles: University of California Press, 1976.

——. *Fascist Movements in Austria*. Londres: Sage, 1977.

——. *The Rise of Fascism*. Berkeley e Los Angeles: University of California Press, 1980.

Casas de Vega, R. *Las milicias nationales en la guerra de España*. Madri: Editora Nacional, 1974.

Castillo, J. J. *Propietarios muy pobres: Sobre la subordinación política del pequeño campesino*. Madri: Ministerio de Agricultura, 1979.

Cavandoli, R. *Le origini del fascismo a Reggio Emilia*. Roma: Editori Riuniti, 1972.

Ceva, L. "The Strategy of Fascist Italy: A Premise". *Totalitarian Movements and Political Religions*, edição 2.3, 2000.

Childers, T. *The Nazi Voter*. Chapel Hill: University of North Carolina Press, 1983.

——. "Who, indeed, did vote for Hitler?" *Central European History* 17: 45-53, 1984.

——. "The social language of politics in Germany: The sociology of political discourse in the Weimar Republic". *American Historical Review* 95, 1990.

——. "The middle classes and National Socialism". In D. Blackbourn e R. Evans (orgs.), *The German Bourgeoisie*. Londres: Routledge, 1991.

Childers, T. (org.) *The Formation of the Nazi Constituency, 1919-1933*. Londres: CroomHelm, 1986.

Chirot, D. "Neoliberal and social-democratic theories of development: The Zeletin-Voinea debate concerning Romania's prospects in the 1920s and its contemporary importance". In K. Jowitt (org.), *Social Change in Romania, 1860-1940*. Berkeley: Institute of International Studies, University of California, 1976.

Chueca, R. *El fascismo en los comienzos del regimen de Franco*. Madri: C.I.S., 1983.

Clark, M. "Italian squadrismo and contemporary vigilantism". *European History Quarterly* 18, 1988.

Close, D. H. "The police in the Fourth-of-August Regime". *Journal of the Hellenic Diaspora* 13, 1984.

Close, D. "Conservatism, authoritarianism and fascism in Greece, 1915-1945". In M. Blinkhorn (org.), *Fascists and Conservatives: The Radical Right and the Establishment in Twentieth-Century Europe*. Londres: Unwin Hyman, 1990.

Codreanu, C. *For My Legionaries*, 2. ed. Reedy, Virginia Ocidental: Liberty Bell, 1990.

Collier, G. *Socialists of Rural Andalusia*. Stanford, Califórnia: Stanford University Press, 1987.

Collins, R. *The Sociology of Philosophies: A Global Theory of Intellectual Change*. Cambridge, Massachusetts: Harvard University Press, 1998.

Contreras, M. *El PSOE en la II república*. Madri: Centro de Investigaciones Sociológicas, 1981.

Corner, P. *Fascism in Ferrara, 1915-1925*. Londres: Oxford University Press, 1975.

Craig, G. "The true believer". *New York Review of Books*, 24 de março, de 1994.

Cruz, R. "La organización del PCE (1920-1934)". *Estudios de Historia Social* 31, 1984.

——. *El partido communista de España en la II república*. Madri: Alianza, 1987.

Dahl, O. *Syndicalism, Fascism and Post-Fascism in Italy 1900-1950*. Oslo: Solum Forlag, 1999.

Dahl, R. *Polyarchy*. New Haven, Connecticutt: Yale University Press, 1977.

Deak, I. "Hungary". In H. Rogger e E. Weber (orgs.), *The European Right: A Historical Profile*. Berkeley: University of California Press, 1966.

——. "Survivors". *New York Review of Books*, 5 de março de 1992.

De Felice, R. *Mussolini il fascista: La conquista del potere 1921-25*. Turim: Einaudi, 1966.

——. *Mussolini il Duce: Gli anni del consenso 1929-1936*. Turim: Einaudi, 1974.

——. *Interpretations of Fascism*. Cambridge, Massachusetts: Harvard University Press, 1977.

——. "Italian Fascism and the middle classes". In Larsen et al. (orgs.), *Who Were the Fascists?*, 1980.

——. *Mussolini il rivoluzionario 1883-1920*, 2. ed. Turim: Einaudi, 1995.

De Grand, A. *The Italian Nationalist Association and the Rise of Fascism in Italy*. Lincoln: University of Nebraska Press, 1978.

De Grazia, V. *How Fascism Ruled Women: Italy 1922-1945*. Berkeley e Los Angeles: University of California Press, 1992.

De la Cueva, J. "Religious persecution, anti-clerical tradition and revolution: Atrocities against the clergy during the Spanish Civil War". *Journal of Contemporary History* 33, 1998.

Del Boca, A. *The Ethiopian War 1935-1941*. Chicago: University of Chicago Press, 1969.

Delzell, C. *Mediterranean Fascism 1919-1945: A Documentary History*. Londres: Macmillan, 1970.

De Pablo, Santiago. *Historia del nacionalismo vasco*. Vitoria-Gasteiz: Fundación Sancho el Sabio, 1995.

Diamanti, I. "The Northern League: From regional party to party of government". In S. Gundle e S. Parker (orgs.), *The New Italian Republic*. Londres: Routledge, 1996.

Diehl, J. *Paramilitary Politics in Weimar Germany*. Bloomington: University of Indiana Press, 1977.

Döhn, L. *Politik und Interesse: Die Interessenstruktur der Deutschen Volkspartei*. Meisenheim am Glan: Anton Hain, 1970.

Dorian, E. *The Quality of Witness: A Romanian Diary 1937-1944*. Filadélfia: Jewish Publication Society of America, 1982.

Douglas, D. M. "The parent cell: Some computer notes on the composition of the first Nazi Party group in Munich, 1919-21." *Central European History* 10, 1977.

Downing, B. *The Military Revolution and Political Change: Origins of Democracy and Autocracy in Early Modern Europe*. Princeton, Nova Jersey: Princeton University Press, 1992.

Dunnage, J. *The Italian Police and the Rise of Fascism*. Londres: Praeger, 1997.

Eatwell, R. *Fascism, a History*. Londres: Chatto & Windus, 1995.

——. "On defining the fascist minimum: The centrality of ideology". *Journal of Political Ideologies* 1, 1996.

——. "Universal fascism? Approaches and definitions". In S. U. Larsen (org.), *Fascism outside Europe*. Nova York: Columbia University Press, 2001.

Edmondson, C. E. *The Heimwehr and Austrian Politics, 1918-36*. Athens: University of Georgia Press, 1978.

——. "The Heimwehr and February 1934: Reflections and questions". In Rabinbach (org.), *Austrian Socialist Experiment*, 1985.

Elazar, D. "The making of Italian Fascism: The seizure of power, 1919-1922." Tese de doutorado, Universidade da Califórnia, Los Angeles, 1993.

Eley, G. *Rethinking the German Right*. New Haven, Connecticutt: Yale University Press, 1980.

——. "What produces fascism: Pre-industrial traditions or a crisis of the capitalist state?" *Politics and Society* 12, 1983.

——. *From Unification to Nazism: Reinterpreting the German Past*. Londres: Routledge, 1986.

Epelbaum, D. *Alois Brunner: La Haine Irreductible*. Paris: Calmann-Levy, 1990.

Espín, E. *Azaña en el poder: El partido de Acción Republicana*. Madri: Centro de Investigaciones Sociológicas, 1980.

Falter, J. *Wahlen und Abstimmungen in der Weimarer Republik*. Munique: Beck, 1986.

——. *Hitlers Wähler*. Munique: Beck, 1991.

——. "Die Jungmitglieder der NSDAP zwischen 1925 und 1933. Ein demographisches und soziales Profil". In W. Krabbe (org.), *Politische Jugend in der Weimarer Republik*. Bochum: Universitatsverlag, 1993.

——. "Recurring patterns of West German voting behaviour: Continuities and discontinuities 1928 to 1953". In S. U. Larsen e B. Hagtvet (orgs.), *Modern Europe after Fascism, 1943-1980s*. Nova York: Columbia University Press, 1998.

Falter, J. e H. Bömermann. "Die Entwicklung der Weimarer Parteien in ihren Hochburgen und die Wahlerfolge der NSDAP". In H. Best (org.), *Politik und Milieu*. St. Katharinen: Scripta Mercaturae, 1989.

Fargion, L. "The anti-Jewish policy of the Italian Social Republic (1943-1945)". In Marrus (org.), *The Nazi Holocaust*, vol. 4, 1989.

Farré, J. *La Izquierda Burguesa en la II república*. Madri: Espas-Calpe, 1985.

Ferenc, T. "The Austrians and Slovenia during the Second World War". In Parkinson (org.), *Conquering the Past*, 1988.

Ferraresi, F. "The radical right in postwar Italy". In Larsen e Hagtvet (orgs.), *Modern Europe after Fascism*, 1998.

Fischer, C. "The occupational background of the SA's rank and file membership during the Depression years, 1929 to mid-1934". In P. Stachura (org.), *The Shaping of the Nazi State*. Londres: CroomHelm, 1978.

——. *Stormtroopers*. Londres: Allen & Unwin, 1983.

——. *The German Communists and the Rise of Nazism.* Nova York: St. Martin's Press, 1991.

——. *The Rise of the Nazis.* Manchester: Manchester University Press, 1995.

Fischer, C. e C. Hicks. "Statistics and the historian: The occupational profile of the SA of the NSDAP". *Social History* 5, 1980.

Fischer-Galati, S. "Fascism in Romania". In Sugar (org.), *Native Fascism,* 1971.

——. "Fascism, communism and the Jewish question in Romania". In M. Marrus (org.), *The Nazi Holocaust,* vol. 4: *"The Final Solution" Outside Germany.* Westport, Connecticutt: Meckler, 1989.

Flora, P. *State, Economy and Society in Western Europe, 1815-1975.* Chicago: St. James Press, 1983—87.

Fogarty, M. *Christian Democracy in Western Europe, 1820-1953.* Londres: Routledge, 1957.

Forgacs, D. "The Left and Fascism: Problems of definition and strategy". In Forgacs (org.), *Rethinking Italian Fascism,* 1986.

Forner Muñoz, S. *Industrialización y movimiento obrero: Alicante 1923-1936.* Valência: Institución Alfonso el Magnánimo, 1982.

Francini, M. *Primo dopoguerra a origini del fascismo a Pistoia.* Milão: Feltrinelli, 1976.

Franco Rubio, G. A. "La contribución de la mujer española a la política contemporánea: De la Restauración a la Guerra Civil (1876-1939)". In R. M. Capel Martinez (org.), *Mujer y sociedad en España 1700-1975.* Madri: Ministerio de Cultura, 1982.

Franzosi, R. "Mobilization and counter-mobilization processes: From the 'red years' (1919-20) to the 'black years' (1921-22) in Italy. A new methodological approach to the study of narrative-data". Dissertação inédita, Trinity College, Oxford, 1996.

Fraser, R. *Blood of Spain,* 2 ed. Londres: Pimlico, 1994.

Friedlaender, S. "Nazism: Fascism or Totalitarianism?" In C. S. Maier et al. (orgs.), *The Rise of the Nazi Regime. Historical Re-assessments.* Boulder, Colorado: Westview, 1986.

——. *Nazi Germany and the Jews,* vol. 1: *The Years of Persecution, 1933-1939.* Nova York: HarperCollins, 1997.

Fritzsche, P. *Rehearsals for Fascism: Populism and Political Mobilization in Weimar.* Oxford: Oxford University Press, 1990.

——. *Germans into Nazis.* Cambridge, Massachusetts: Harvard University Press, 1998.

Frye, B. *Liberal Democrats in the Weimar Republic.* Carbondale: Southern Illinois University Press, 1985.

Fusi, J. P. *Franco: Autoritarismo y poder personal.* Madri: El País, 1985.

Gaillard, J. "The attractions of Fascism for the Church of Rome". In J. Milfull (org.), *The Attractions of Fascism.* Oxford: Berg, 1990.

Gallagher, T. "Conservatism, dictatorship and fascism in Portugal, 1914-45". In M. Blinkhorn (org.), *Fascists and Conservatives: The Radical Right and the Establishment in Twentieth-Century Europe.* Londres: Unwin Hyman, 1990.

Gao, Bai. *Economic Ideology and Japanese Industrial Policy.* Cambridge: Cambridge University Press, 1997.

García Andreu, M. *Alicante en las elecciones republicanas 1931-1936*. Alicante: Universidad de Alicante, 1985.

Geary, D. "The industrial elite and the Nazis in the Weimar Republic". In P. Stachura (org.), *The Nazi Machtegreifung*. Londres: Allen & Unwin, 1983.

——. "Employers, workers and the collapse of the Weimar Republic". In I. Kershaw (org.), *Weimar: Why Did German Democracy Fail?* Nova York: St. Martin's Press, 1990.

Gentile, E. *Storia del Partito Fascista, 1919-1922*. Roma: Laterza, 1989.

——. "Fascism as political religion". *Journal of Contemporary History*, 1990.

——. *The Sacralization of Politics in Fascist Italy*. Cambridge, Massachusetts: Harvard University Press, 1996.

——. *Fascismo e antifascismo: I partiti italiani fra le due guerre*. Florença: Le Monnier, 2000.

Germán, L., et al. *Elecciones en Zaragoza-Capital durante la II república*. Saragoza: Diputacion Provincial, 1980.

Germán Zubero, L. *Aragon en la II república*. Saragoza: Institución Fernando El Católico, 1984.

Geyer, M. "The past as future: The German officer corps as profession". In G. Cocks e K. Jarausch (orgs.), *German Professions, 1800-1950*. Nova York: Oxford University Press, 1990.

Gibson, I. *The Assassination of Federico García Lorca*, 2. ed. Londres: W. H. Allen, 1979.

Gil Robles, J. M. *No fue posible la paz*. Barcelona: Ariel, 1968.

Giles, G. "The rise of the National Socialist Students" Association and the failure of political education in the Third Reich". In P. D. Stachura (org.), *The Shaping of the Nazi State*. Londres: CroomHelm, 1978.

——. "National Socialism and the educated elite in the Weimar Republic". In Stachura (org.), *The Nazi Machtergreifung*, 1983.

Giner, S. "Sociologia del franquismo". Barcelona, documentos, nº. 6, 1977.

Giolitti, G. *Memoirs of My Life*. Londres: Chapman & Dodd, 1923.

Gold, D. "Organized Hinduisms: From Vedic truth to Hindu nation". In M. Marty e R. Appleby (orgs.), *Fundamentalisms Observed*. Chicago: University of Chicago Press, 1991.

Gomez-Navarro, J. L. *El Regimen de Primo de Rivera*. Madri: Catedra, 1991.

Gonzalez-Hernández, M. *Ciudadania y acción: El conservadurismo maurista, 1907-23*. Madri: Siglo XXI, 1990.

Gordon, S. *Hitler, Germs and the Jewish Question*. Princeton, Nova Jersey: Princeton University Press, 1984.

Gosztony, P. "Annual Statistic al Romaniei". Bucareste: Institut Central de Statistica, 1939-40, 1985.

Gramsci, A. *Selections from the Prison Notebooks*. Nova York: International, 1971.

Gregor, A. J. *Italian Fascism and Developmental Dictatorship*. Princeton, Nova Jersey: Princeton University Press, 1979.

Gregor, J. *The Ideology of Fascism: The Rationale of Totalitarianism*. Nova York: Free Press, 1969.

——. "Fascism, Marxism and some considerations concerning classification." *Totalitarian Movements and Political Religions*, nº 3.2, 2000.

Gress, F. "Right-wing extremism in the history of the Federal Republic of Germany". In Larsen e Hagtvet (orgs.), *Modern Europe after Fascism*, 1998.

Griffin, R. *The Nature of Fascism*. Londres: Routledge, 1991.

——. *Fascism*. Oxford: Oxford University Press, 1995.

——. "Caught in its own net: Post-war fascism outside Europe". In Larsen (org.), *Fascism outside Europe*, 2001.

——. "The primacy of culture: The current growth (or manufacture) of consensus within fascist studies". *Journal of Contemporary History* 37, 2002.

Grill, J. *The Nazi Movement in Baden, 1920-1945*. Chapel Hill: University of North Carolina Press, 1983.

Gruber, H. "Socialist Party culture and the realities of working class life in Red Vienna". In Rabinbach (org.), *Austrian Socialist Experiment*, 1985.

Guinea, J. *Los movimientos obreros y sindicales en España: De 1833 a 1978*. Madri: Ibérico Europea de Ediciones, 1978.

Gulick, C. *Austria from Habsburg to Hitler*, vol. 2: *Fascism: Subversion of Democracy*. Berkeley e Los Angeles: University of California Press, 1948.

Guttsman, W. L. *The German Social Democratic Party, 1875-1933*. Londres: Allen & Unwin, 1981.

Hagtvet, B. "The theory of mass society and Weimar". In Larsen et al. (orgs.), *Who Were the Fascists?*, 1980.

Hamann, B. *Hitler's Vienna: A Dictator's Apprenticeship*. Nova York: Oxford University Press, 1999.

Hamilton, R. *Who Voted for Hitler*? Princeton, Nova Jersey: Princeton University Press, 1982.

——. "Review of The Logic of Evil by W. Brustein". *Contemporary Sociology* 26, 1997.

Hanisch, E. "Austrian Catholicism: Between accommodation and resistance". In Parkinson (org.), *Conquering the Past*, 1989.

Heberle, R. 1964. *From Democracy to Nazis*. Baton Rouge: University of Louisiana Press, 1964.

Heilbronner, O. "The role of Nazi antisemitism in the Nazi Party's activity and propaganda. A regional historiographical study". *Leo Baeck Institute Yearbook* 38, 1990.

Heinen, A. *Die Legion "Erzengel Michael" in Rumänien: Soziale Bewegung und politische Organisation*. Munique: Oldenbourg, 1986.

Helmreich, E. C. *The German Churches under Hitler*. Detroit, Michigan: Wayne State University Press, 1979.

Herf, J. *Reactionary Modernism*. Nova York: Cambridge University Press, 1984.

Hesse, S. "Fascism and the hypertrophy of male adolescence". In J. Milfull (org.), *The Attractions of Fascism*. Oxford: Berg, 1990.

Heywood, P. *Marxism and the Failure of Organised Socialism in Spain, 1879-1936*. Cambridge: Cambridge University Press, 1990.

Hitchins, K. *Rumania 1866-1947*. Oxford: Clarendon, 1994.

Hitler, A. *Mein Kampf*. Nova York: Reynal & Hitchcock, 1940.

Hobsbawm, E. *The Age of Extremes: A History of the World, 1914-1991*. Nova York: Pantheon, 1994.

Holtfrerich, C.-L. "Economic policy options and the end of the Weimar Republic". In Kershaw (org.), *Weimar*, 1990.

Hughes, H. S. *Consciousness and Society: The Reorientation of European Social Thought*. Londres: Macgibbon & Kee, 1967.

Hunt, R. N. *German Social Democracy, 1918-33*. Chicago: Quadrangle Books, 1964.

Huntington, S. P. *The Third Wave: Democratization in the Late Twentieth Century*. Norman: University of Oklahoma Press, 1991.

Ianciu C. *Les juifs en Roumanie (1919-1938): De l'emancipation à la marginalisation*. Paris/ Louvain: Peeters, 1996.

——. *La Shoah en Roumanie*. Montpellier: Université Paul-Valéry, 1998.

Ignazi, P. "The extreme right in Europe: A survey". In P. Merkl e L. Weinberg (orgs.), *The Revival of Right-Wing Extremism in the 1990s*. Londres: Frank Cass, 1997.

Ioanid, R. *The Sword of the Archangel*. Nova York: Columbia University Press, 1990.

Ionesco, E. *Rhinoceros*. Nova York: S. French, 1960.

Institutul Central de Statistica. *Anuarul Statistic Al României*. Bucareste: autor, 1939-40.

Irwin, W. *The 1933 Cortes Elections*. Nova York: Garland, 1991.

Jackson, G. *The Spanish Republic and the Civil War 1931-1939*. Princeton, Nova Jersey: Princeton University Press, 1965.

Jaffrelot, C. *The Hindu Nationalist Movement in India*. Nova York: Columbia University Press, 1996.

Jagschitz, G. *Vom Justizpalast zum Heldenplatz*. Viena: DVO, 1975.

James, H. "Economic reasons for the collapse of the Weimar Republic". In Kershaw (org.), *Weimar*, 1990.

Jamin, M. *Zwischen den Klassen: Zur Sozialstruktur der SA-Fuhrerschaft*. Wuppertal: Peter Hammer, 1984.

Jarausch, K. *The Unfree Professions: German Lawyers, Teachers and Engineers, 1900-1950*. Oxford: Oxford University Press, 1990.

Janos, A. "The one-party state and social mobilization: East Europe between the Wars". In S. Huntington e C. Moore (org.), *Authoritarian Politics in Modern Society*. Nova York: Basic, 1970.

——. *The Politics of Backwardness in Hungary, 1825-1945*. Princeton, Nova Jersey: Princeton University Press, 1982.

——. "The politics of backwardness in Continental Europe, 1780-1945". *World Politics* 61, 1989.

Jedlicka, L. "The Austrian Heimwehr". In G. Mosse (org.), *International Fascism: New Thoughts and New Approaches*, 2. ed. Londres: Sage, 1979.

Jerez Mir, M. *Elites políticas y centros de extracción en España, 1938-1957*. Madri: C.I.S, 1982.

Jones, L. *German Liberalism and the Dissolution of the German Party System, 1918-1933*. Chapel Hill: University of North Carolina Press, 1988.

Jowitt, K. *Revolutionary Breakthroughs and National Development: The Case of Romania, 1944-1965*. Berkeley e Los Angeles: University of California Press, 1971.

Juliá, S. *La izquierda del PSOE (1935-1936)*. Madri: Siglo XXI, 1977.

——. *Orígenes del frente popular en España (1934-1936)*. Madri: Siglo XX, 1979.

——. "Corporativistas obreros y reformadores políticos: Crisis y escisión del PSOE en la II República". *Studia Histórica* 1, 1983.

——. *Madri, 1931-1934: De la fiesta popular a la lucha de clases*. Madri: Siglo XXI, 1984.

——. "The origins and nature of the Spanish Popular Front". In Alexander e Graham (orgs.), *French and Spanish Popular Fronts*, 1989.

——. "Guerra civil como guerra social". In *La iglesia católica y la guerra civil española*. Madri: Fundación Friedrich Ebert, 1990.

Juliá, S., et al. *Víctimas de la guerra civil*. Madri: Temas de Hoy Historia, 1999.

Karady, V. "Antisemitism in twentieth-century Hungary: A socio-historical overview". *Patterns of Prejudice* 27, 1993.

——. "Identity strategies under duress before and after the Holocaust". In R. Braham e A. Pok (orgs.), *The Holocaust in Hungary: Fifty Years Later*. Nova York: Columbia University Press, 1997.

Kallis, A. "The 'regime-model' of fascism: A typology". *European History Quarterly* 30, 2000.

Karsai, L. "The last phase of the Hungarian Holocaust: The Szalasi Regime and the Jews". In R. Braham e S. Miller (orgs.), *The Nazis' Last Victims: The Holocaust in Hungary*. Detroit, Michigan: Wayne State University Press, 1998.

Kater, M. *Studentenschaft und Rechtsradikalismus in Deutschland 1918-1933*. Hamburgo: Hoffmann & Kampe, 1975.

——. *The Nazi Party*. Cambridge, Massachusetts: Harvard University Press, 1983.

Kele, M. *Nazis and Workers*. Chapel Hill: University of North Carolina Press, 1972.

Kelikian, A. *Town and Country under Fascism: The Transformation of Brescia, 1915-1926*. Oxford: Clarendon, 1986.

Kelsey, G. *Anarchosyndicalism, Libertarian Communism and the State: The CNT in Zaragoza and Aragon, 1930-1937*. Amsterdã: Kluwer, 1991.

Kepel, G. *Jihad: The Trail of Political Islam*. Cambridge, Massachusetts: Harvard University Press, 2002.

Kershaw, I. "Introduction: Perspectives of Weimar's Failure". In Kershaw (org.), *Weimar*, 1990.

——. *Hitler*. Londres: Longman, 1991.

——. *Hitler. 1889-1936: Hubris*. Nova York: Norton, 1998.

——. *The Nazi Dictatorship*, 4 ed. Londres: Edward Arnold, 2000.

Kershaw I. (org.) *Weimar: Why did Weimar Democracy Fail?* Nova York: St. Martin's Press, 1990.

Kindelan, A. (tenente-general). *Ejército y política*. Madri: Aguilar, s.d.

Kirk, T. *Nazism and the Working Class in Austria*. Cambridge: Cambridge University Press, 1996.

Kitchen, M. *Fascism*. Londres: Macmillan, 1976.

Kluge, U. *Der Österreichische Ständestaat 1934-1938.* Viena, 1984.

Knight, M. *The German Executive 1890-1933.* Stanford, Califórnia: Stanford University Press, 1952.

Knox, M. "Expansionist zeal, fighting power and staying power in the Italian and German dictatorships". In Bessel (org.), *Fascist Italy and Nazi Germany*, 1996.

Kofas, J. *Authoritarianism in Greece: The Melaxas Regime.* Nova York: Columbia University Press, 1983.

Kolb, E. "Zur Sozialbiographie einer Führungsgruppe der SPD am Anfang der Weimarer Republik". In Herkunft e Mandat: *Beitrage zur Föhrungsproblematik in der Arbeiterbewegung.* Frankfurt e Colônia: Europaische Verlagsanstalt, 1979.

Konrad, H. "Social democracy's drift toward nazism before 1938". In Parkinson (org.), *Conquering the Past*, 1989.

Koshar, R. *Social Life, Local Politics e Nazism. Marburg, 1880-1935.* Chapel Hill: University of North Carolina Press, 1986.

Kovács, M. "The ideology of illiberalism in the professions: Leftist and rightist radicalism among Hungarian doctors, lawyers and engineers, 1918-45". *European History Quarterly* 21, 1991.

Kratzenberg, V. *Arbeiter auf dem Weg zu Hitler?* Frankfurt/Main: Peter Lang, 1989.

Kühr, H. *Partien und Wahlen im Stadt- und Landkreis Essen in der Zeit der Weimarer Republik.* Düsseldorf: Droste, 1973.

Lackó, M. *Arrow-Cross Men, National Socialists. 1935-1944.* Budapeste: Akademiai Kiado, 1969.

Lannon, F. "The church's crusade against the republic". In P. Preston (org.), *Revolution and War in Spain.* Londres: Methuen, 1984.

——. *Privilegio, persecución y profecia: La iglesia católica en España. 1875-1975.* Madri: Alianza, 1987.

Laqueur, W. (org.) *Fascism: A Reader's Guide.* Berkeley: University of California Press, 1976.

Larsen, S. U. "Overcoming the past when shaping the future". In Larsen e Hagtvet, *Modern Europe after Fascism*, 1998.

——. "Was there Fascism outside Europe? Diffusion from Europe and domestic impulses". In Larsen (org.), *Fascism outside Europe*, 2001.

Larsen, S. U. (org.). *Fascism outside Europe.* Nova York: Columbia University Press, 2001.

Larsen, S. U. e B. Hagtvet (orgs.). *Modern Europe after Fascism 1943-1980s.* Nova York: Columbia University Press, 1998.

Larsen, S. et al. (orgs.). 1980. *Who Were the Fascists? Social Roots of European Fascism.* Oslo: Universitetsforlaget.

Ledeen M. *The First Duce: D'Annunzio at Fiume.* Baltimore, Maryland: Johns Hopkins University Press, 1977.

——. "The evolution of Italian fascist anti-semitism". In Marrus (org.), *The Nazi Holocaust*, vol. 4, 1989.

Lee, S. *The European Dictatorships, 1918-1945.* Londres: Methuen, 1987.

Lewis, J. *Fascism and the Working Class in Austria, 1918-34*. Oxford: Berg, 1991.

Liebe, W. *Die Deutschnationale Volkspartei, 1918-1924*. Düsseldorf: Droste, 1956.

Lindstrom, U. *Fascism in Scandinavia, 1920-1940*. Estocolmo: Almquist & Wiksell, 1985.

Linz, J. "Some notes toward a comparative study of fascism in sociological historical perspective". In W. Laqueur (org.), *Fascisim: A Reader's Guide*. Berkeley: University of California Press, 1976.

——. "From great hopes to civil war: The breakdown of democracy in Spain". In Linz e A. Stepan (orgs.), *The Breakdown of Democratic Regimes: Europe*. Baltimore, Maryland: Johns Hopkins University Press, 1978.

——. "Political space and fascism as a late-comer". In S. U. Larsen et al. (orgs.), *Who Were the Fascists*? Bergen: Universitetsforlaget, 1980.

——. "Fascism is dead. What legacy did it leave?" In Larsen e Hagtvet (orgs.), *Modern Europe after Fascism*, 1998.

Lipset, S. M. *Political Man*. Londres: Heinemann, 1963.

Luebbert, G. *Liberalism, Fascism or Social Democracy: Social Classes and the Political Origins of Regimes in Interwar Europe*. Nova York: Oxford University. Press, 1991.

Livezeanu, I. "Fascists and conservatives in Romania: Two generations of nationalists". In M. Blinkhorn (org.), *Fascists and Conservatives*. Londres: Unwin Hyman, 1990.

——. *Cultural Politics in Greater Romania*. Ithaca, Nova York: Cornell University Press, 1995.

Loewenberg, P. "The psychohistorical origins of the Nazi youth cohort". In Loewenberg, *Decoding the Past*. Nova York: Knopf, 1983.

——. "Otto Bauer as an ambivalent party leader". In Rabinbach (org.), *The Austrian Social Experiment*, 1985.

Lösche, P. *Die SPD: Klassenpartei — Volkspartei — Quotenpartei*. Darmstadt: Wiss. Buchges, 1992.

Lyttleton, A. "Fascism and violence in post-war Italy: Political strategy and social conflict". In Mommsen e Hirschfeld (orgs.), *Social Protest, Violence and Terror*, 1982.

——. *The Seizure of Power: Fascism in Italy, 1919-1929*. Londres: Weidenfeld & Nicolson, 1987.

——. "The 'crisis of bourgeois society' and the origins of Fascism". In Bessel (org.), *Fascist Italy and Nazi Germany*, 1996.

Macarro Vera, J. M. "Social and economic policies of the Spanish left in theory and in practice." In Alexander e Graham (orgs.), *French and Spanish Popular Fronts*, 1989.

Madden, P. "Generational aspects of National Socialism, 1919-1933". *Social Science Quarterly*, 63, 1982a.

——. "Some social characteristics of early Nazi Party members, 1919-23". *Central European History* 15, 1982b.

Maddison, A. *Phases of Capitalist Development*. Oxford: Oxford University Press, 1982.

Maier, C. *Recasting Bourgeois Europe*. Princeton, Nova Jersey: Princeton University Press, 1975.

Malefakis, E. *Agrarian Reform and Peasant Revolution in Spain*. New Haven, Connecticutt: Yale University Press, 1970.

Mallett, R. *The Italian Navy and Fascist Expansionism, 1935-1940.* Londres: Frank Cass, 2000.

Manjón, O. *El partido republicano radical 1908-1936.* Madri: Tebas, 1976.

Mann, M. *The Sources of Social Power*, vol. 1: *A History from the Beginning to 1760 AD.* Nova York: Cambridge University Press, 1986.

——. "The autonomous power of the state: Its origins, mechanisms and results". In M. Mann (orgs.), *States, War and Capitalism.* Nova York: Basil Blackwell, 1988.

——. *The Sources of Social Power*, vol. 2: *The Rise of Classes and Nation-States, 1760-1914.* Nova York: Cambridge University Press, 1993.

——. "Sources of variation in working-class movements in twentieth-century Europe". *New Left Review*, nº 212, 1995.

——. "The contradictions of continuous revolution". In I. Kershaw e M. Lewin (orgs.), *Stalinism and Nazism: Dictatorship in Comparison.* Cambridge: Cambridge University Press, 1997.

——. *Incoherent Empire.* Londres: Verso, 2003.

——. No prelo. *The Darkside of Democracy: Explaining Ethnic Cleansing.*

Manoilescu, M. *Le Parti Unique*, 2. ed. Paris: Alcan, 1937.

——. *Le Siècle du corporatisme: Doctrine du corporatisme integral et pur*, 2. ed. Paris: Alcan, 1938.

Maravall, J. M. *Regimes, Politics and Markets: Democratization and Economic Change in Southern and Eastern Europe.* Oxford: Oxford University Press, 1997.

Marco, J. M. *La inteligencia republicana: Manuel Azaña 1897-1930.* Madri: Biblioteca NueVirgínia, 1988.

Marcuse, P. "The housing policy of social democracy: Determinants and consequences". In Rabinbach (org.), *Austrian Socialist Experiment*, 1985.

Marshall, B. "Politics in academe: Gottingen University and the growing impact of political issues, 1918-33." *European History Quarterly* 18, 1988.

Martin, B. *The Agony of Modernization: Labor and Industrialization in Spain.* Ithaca, Nova York: Cornell University Press, 1990.

Mason, T. "The primacy of politics — politics and economics in Nationalist Socialist Germany". In H. A. Turner (org.), *Nazism and the Third Reich.* Nova York: Quadrangle, 1972.

——. *Social Policy in the Third Reich.* Oxford: Berg, 1993.

——. *Nazism, Fascism and the Working Class.* Org. Jane Caplan. Cambridge e Nova York: Cambridge University Press, 1995.

Mateos, Rodriguez. "Formación y desarrollo de la derecha católica en la provincia de Zamora durante la Segunda República". In J. Tusell et al. (orgs.), *Estudios sobre la derecha española contemporánea.* Madri: Unea, 1993.

Mayer, A. *The Persistence of the Old Regime.* Londres: CroomHelm, 1981.

Mayeur J.-M. *Des partis catholiques à la democratie chrétienne, XIXe–XXe siècles.* Paris: Colin, 1980.

Meaker, G. "A civil war of words: The ideological impact of the First World War on Spain, 1914–18". In H. Schmitt (org.), *Neutral Europe between War and Revolution, 1917-19.* Charlottesville: University of Virginia Press, 1988.

Melograni, P. "Confindustria e fascismo tra il 1919 e il 1925". *Il Nuovo Osservatore* 6 (nov.): 834-73, 1965.

——. *Gli industriali e Mussolini: Rapporti fra Confindustria e fascismo del 1919 al 1929.* Milão: Longanesi, 1972.

Mendelsohn, E. *The Jews of East Central Europe between the World Wars.* Bloomington: University of Indiana Press, 1983.

Merkl, P. *Political Violence under the Swastika.* Princeton, Nova Jersey: Princeton University Press, 1975.

——. *The Making of a Stormtrooper.* Princeton, Nova Jersey: Princeton University Press, 1980.

Michaelis, M. "The current debate over fascist racial policy". In Wistrich e DellaPergola (orgs.), *Fascist Antisemitism*, 1995.

Miguel, A. de *Sociologia del franquismo.* Barcelona: Euros, 1975.

Milatz, A. *Walher und Walhen in der Weimarer Republik.* Bonn: Bundeszentrale fur Politische Bildung, 1965.

Mintz, J. *The Anarchists of Casas Viejas.* Chicago: University of Chicago Press, 1982.

Mir, C. *Lleida (1890-1936): Caciquisme politic i lluita electoral.* Montserrat: l'Abadia de Montserrat, 1985.

Misefari, E. e A. Marzotti. *L'Avvento del Fascismo in Calabria.* Cosenza: Pellegrini, 1980.

Mitchell, B. *International Historical Statistics: The Americas 1750-1993.* Nova York: Grove, 1993.

——. *International Historical Statistics: Africa, Asia and Oceania 1750-1993.* Nova York: Grove, 1995.

——. *International Historical Statistics: Europe 1750-1993.* Nova York: Grove, 1998.

Mócsy I. *The Effects of World War I. The Uprooted: Hungarian Refugees and Their Impact on Hungary's Domestic Politics, 1918–1921.* Nova York: Columbia University Press, 1983.

Molas, I. *Lliga Catalana: Un estudi d'estasiologia*, 2. ed. Barcelona: Editions 62, 1973.

Molony, J. *The Emergence of Political Catholicism in Italy.* Londres: CroomHelm, 1977.

Mommsen, H. "Hitler's position in the Nazi system". In Mommsen, *From Weimar to Auschwitz.* Princeton, Nova Jersey: Princeton University Press, 1991.

Mommsen, W. "The varieties of the nation state in modern history: Liberal imperalist, fascist and contemporary notions of nation and nationality". In M. Mann (orgs.), *The Rise and Decline of the Nation State.* Cambridge: Basil Blackwell, 1990.

Mommsen, W J. e G. Hirschfield (orgs.) *Social Protest, Violence and Terror in Nineteenth and Twentieth-Century Europe.* Nova York: St. Martin's Press, 1982.

Montero, J. R. *La CEDA: El catolicismo social y político en la II república*, 2 vols. Madri: Ediciones de la Revista de Trabajo, 1977.

——. "Las derechas en el sistema de partidos del segundo bienio republicano: Algunos datos introductorios". In Tuñón de Lara (org.), *La II república española*, 1988.

Moore, B. *Social Origins of Dictatorship and Democracy.* Harmondsworth: Penguin, 1966.

Morego, J. M. F. *Los atentados sociales en España, las teorias, los hechos, estadísticas.* Madri: Casa Faure, 1922.

Moreno, A. M. *Historia de la persecución en España*. Madri: Biblioteca de Autores Cristianos, 1961.

Moreno Fernandez, L. *Acción popular murciana: La derecha confesional en Murcia durante la II república*. Murcia: Universidad de Murcia, 1987.

Morodo, R. *Los origines ideológicos del franquismo: Acción Española*. Madri: Alianza, 1985.

Morsey, R. *Der Untergang des Politischen Katholicizismus*. Stuttgart: Belser, 1977.

Mosse, G. *The Crisis of German Ideology: The Intellectual Origins of the Third Reich*. Nova York: H. Testig, 1964.

——. "The genesis of fascism". *Journal of Contemporary History* 1, 1966.

——. *Germans and Jews: The Right, the Left and the Search for a Third Force in Pre-Nazi Germany*. Nova York: H. Testig, 1970.

——. *The Fascist Revolution*. Nova York: Howard Fertig, 1999.

Mühlberger, D. (org.). 1987. *The Social Basis of European Fascist Movement*. Londres: CroomHelm.

——. *Hitler's Followers*. Londres: Routledge, 1991.

Mussolini, B. *The Political and Social Doctrine of Fascism*. Nova York: Gordon Press, 1976. Publicado originalmente em 1932.

Myklebust, J. e B. Hagtvet. "Regional contrasts in the membership base of the Nosjonal Samlung". In S. Larsen et al. (orgs.), *Who Were the Fascists? Social Roots of European Fascism*. Oslo: Universitets Farlager, 1980.

Nagy-Talavera, N. *The Green Shirts and the Others: A History of Fascism in Hungary and Romania*. Stanford, Califórnia: Hoover Institute Press, 1970.

Neebe, R. *Grossindustrie, Staat und NSDAP 1930-1933*. Gottingen: Vanenhoeck & Rupricht, 1981.

Newman, K. *European Democracy between the Wars*. Londres: George Allen & Unwin, 1970.

Niessen, J. "Romanian nationalism: An ideology of integration and mobilization". In P. Sugar (org.), *Eastern European Nationalism in the Twentieth Century*. Washington: American University Press, 1995.

Noakes, J. *The Nazi Party in Lower Saxony, 1921-1933*. Oxford: Oxford University Press, 1971.

Noakes, J. e G. Pridham. 1974. *Documents on Nazism, 1919-1945*. Londres: Cape.

Nolte, E. *Three Faces of Fascism*. Londres: Weidenfeld & Nicolson, 1965.

O'Sullivan, N. *Fascism*. Londres: Dent, 1983.

Oxaal, I., et al. (orgs.). *Jews, Antisemitism and Culture in Vienna*. Londres: Routledge, 1987.

Ozsvath, Z. "Can words kill? Anti-Semitic texts and their impact on the Hungarian Jewish catastrophe". In Randolph, Braham e Attila Pók (orgs.), *The Holocaust in Hungary* (Nova York: East European Managraphs, 1997), 1997.

Palomares Ibáñez, J. M. *El socialismo en Castilla*. Valladolid: Universidad, 1988.

Parkinson F. "Epilogue". In Parkinson (org.), *Conquering the Past*, 1989.

Parkinson F. (org.). *Conquering the Past: Austrian Nazism Yesterday and Today*. Detroit, Michigan: Wayne State University Press, 1989.

Parming, T. *The Collapse of Liberal Democracy and the Rise of Authoritarianism in Estonia*. Beverly Hills, Califórnia: Sage, 1975.

Partido Republicano Radical. *Asemblea nacional extraordinaria*. Madri: Imprenta Zolia Ascasibar, 1932.

Passchier, N. "The electoral geography of the Nazi landslide". In Larsen et al. (org.), *Who Were the Fascists?*, 1980.

Passerini, L. *Fascism in Popular Memory: The Cultural Experience of the Turin Working Class*. Cambridge: Cambridge University Press, 1987.

Patton, C. "The myth of moderation: German chemical employer responses to labour conflict, 1914-24". *European History Quarterly* 24, 1994.

Pauley, B. "Nazis and Heimwehr Fascists: The struggle for supremacy in Austria, 1918-1938". In Larsen et al. (orgs.), *Who Were the Fascists?*, 1980.

——. *Hitler and the Forgotten Nazis*. Chapel Hill: University of North Carolina Press, 1981.

——. "Political antisemitism in interwar Vienna". In Oxaal et al. (orgs.), *Jews, Antisemitism and Culture*, 1987.

——."The Austrian Nazi Party before 1938: Some recent revelations". In Parkinson (org.), *Conquering the Past*, 1989.

Paxton, R. "Radicals." *New York Review of Books*, 23 de junho, 1994.

——. "The uses of fascism". *New York Review of Books*, 28 de novembro, 1996.

——. "The five stages of fascism". *Journal of Modern History* 70, 1998.

Payne, S. *Falange: A History of Spanish Fascism*. Londres: Oxford University Press, 1962.

——. *The Spanish Revolution*. Nova York: Norton, 1970.

——. *Fascism: Comparison and Definition*. Madison: University of Wisconsin Press, 1980a.

——. "Social Composition and Regional Strength of the Spanish Falange." In S. V. Larsen et al. (orgs.), *Who Were the Fascists? Social Roots of European Fascism*. Bergen: Universitetsforlaget, 1980b.

——. *Spain's First Democracy: The Second Republic, 1931-1936*. Madison: University of Wisconsin Press, 1993.

——. *A History of Fascism, 1914-1945*. Madison: University of Wisconsin Press, 1995.

Peirats, J. *La CNT en la revolución española*, 2. ed., 3 vols. Paris: Ediciones CNT, 1971.

Perez Diaz, V. *Structure and Change of Castilian Peasant Communities*. Nova York: Garland, 1991.

——. *The Return of Civil Society*. Cambridge, Massachusetts: Harvard University Press, 1993.

Petersen, J. "Elettorato e base sociale del fascismo italiano negli anni venti". *Studi Storici*, ano 16, 1975.

——. "Violence in Italian fascism, 1919-25". In Mommsen e Hirschfeld (orgs.), *Social Protest, Violence and Terror*, 1982.

Peterson, L. "A social analysis of KPD supporters: The Hamburg insurrectionaries of October 1923". *International Review of Social History* 28, 1983.

Peukert, D. *Inside Nazi Germany: Conformity, Opposition and Racism in Everyday Life*. Trad. R. Deveson. Londres: Penguin, 1989.

Polonsky, A. *The Little Dictators: The History of Eastern Europe since 1918*. Londres: Routledge, 1975.

Prayer, M. "Italian fascist regime and nationalist India 1921-1945". *International Studies* 28, 1991.

Preston, P. *The Coming of the Spanish Civil War: Reform, Reaction and Revolution in the Second Republic*. Londres: Routledge, 1978.

——. *Las derechas españolas en el siglo XX: Autoritarismo, fascismo y golpismo*. Madri: Sustema, 1986.

——. *The Politics of Revenge*. Londres: Unwin Hyman, 1990.

——. *Franco: A Biography*. Londres: Fontana, 1995.

Preston, P., org. *Revolution and War in Spain, 1931-1939*. Londres: Methuen, 1984.

Preti, L. "Fascist imperialism and racism". In R. Sarti (org.), *The Ax Within: Italian Fascism in Action*. Nova York: New Viewpoints, 1968.

Preziosi, A. M. *Borghesia e fascismo in Friuli negli anni 1920-1922*. Roma: Bonacci, 1980.

Pridham, G. *Hitler's Rise to Power: The Nazi Movement in Bavaria, 1929-33*. Londres: Hart-Davies, McGibbon, 1973.

Poulantzas, N. *Fascism and Dictatorship*. Londres: New Left Books, 1974.

Pulzer, P. "The tradition of Austrian Antisemitism in the nineteenth and twentieth centuries". *Patterns of Prejudice* 27, 1993.

Rabinbach, A. (org.). *The Austrian Socialist Experiment: Social Democracy and Austromarxism, 1918-1934*. Boulder, Colorado: Westview, 1985.

Ramírez Jiménez, M. *Los grupos de presión en la segunda república española*. Madri: Technos, 1969.

Ránki, G. "The Problem of Fascism in Hungary". In Sugar (org.), *Native Fascism*, 1971.

——. "The fascist vote in Budapest in 1939". In Larsen et al. (orgs.), *Who Were the Fascists?*, 1980.

Rath. J e C. Schum. "The Dollfuss-Schusnigg Regime: Fascist or Authoritarian?" In Larsen et al. (org.), *Who Were the Fascists?*, 1980.

Reichardt, S. *Faschistische Kampfbünde*. Colônia: Böhlau Verlag, 2002.

Renton, D. *Fascism: Theory and Practice*. Londres: Pluto, 2000.

Revelli, M. "Italy." In D. Mühlberger (org.), *The Social Basis of European Fascist Movements*. Londres: CroomHelm, 1987.

Rial, J. *Revolution from Above: The Primo de Rivera Dictatorship in Spain, 1923-1930*. Fairfax, Virgínia: George Mason University Press, 1986.

Riley, D. "Hegemony and domination: civil society and regime variation in inter-war Europe". Tese de doutorado, Universidade da Califórnia, Los Angeles, 2002.

Roberts, D. "Petty bourgeois Fascism in Italy: Form and content". In Larsen et al. (orgs.), *Who Were the Fascists?*, 1980.

Robinson, R. *The Origins of Franco's Spain: The Right, the Republic and Revolution, 1931-1936*. Newton Abbot: David & Charles, 1970.

Rogowski, R. "The Gauleiter and the social origins of Fascism". *Comparative Studies in Society and History* 19, 1977.

Rokkan, S. *Citizens, Elections, Parties: Approaches to the Comparative Study of the Process of Development*. Oslo: Scandinavian University Books, 1970.

Ronnas, P. *Urbanization in Romania*. Estocolmo: Economic Research Institute, Stockholm School of Economics, 1984.

Rosenhaft, E. "The KPD in the Weimar Republic and the problem of terror during the 'Third Period', 1929-33". In Mommsen e Hirschfeld (orgs.), *Social Protest, Violence and Terror*, 1982.

——. *Beating the Fascists? The German Communists and Political Violence 1929-33*. Cambridge: Cambridge University Press, 1983.

——. "The unemployed in the neighbourhood: Social dislocation and political mobilisation in Germany 1929-1933". In R. Evans e D. Geary (orgs.), *The German Unemployed: Experiences and Consequences of Mass Unemployment from the Weimar Republic to the Third Reich*. Londres: CroomHelm, 1987.

Rothschild, J. *East Central Europe between the Two World Wars*. Seattle: University of Washington Press, 1974.

Roy, O. *The Failure of Political Islam*. Cambridge, Massachusetts: Harvard University Press, 1994.

Rueschemeyer, D., E. Stephens e J. Stephens. *Capitalist Development and Democracy*. Chicago: University of Chicago Press, 1992.

Ságvári, A. "Did they do it under orders?" In R. Braham e A P6k (orgs.), *The Holocaust in Hungary: Fifty Years Later*. Nova York: Columbia University Press, 1997.

Sakmyster, T. *Hungary's Admiral on Horseback: Miklos Horthy 1918-1944*. Boulder, Colorado: Columbia University Press, 1994.

Saladino, S. "Italy". In H. Rogger e E. Weber (orgs.), *The European Right: A Historical Profile*. Berkeley: University of California Press, 1966.

Salvatorelli, L. *Nazional-fascismo*. Turim: Gobetti, 1923.

Salvemini, G. *The Origins of Fascism in Italy*. Nova York: Harper & Row, 1973.

Santacreu Soler, J. M., et al. "El anarchosindicalismo Alicantino durante la Segunda República". In Instituto de Estudios Juan Gil-Albert (org.), *El anarquismo en Alicante (1868-1945)*. Alicante: Diputación Provincial, 1986.

Sarti, R. *Fascism and the Industrial Leadership in Italy, 1919-1940*. Berkeley e Los Angeles: University of California Press, 1971.

——. "Italian fascism: Radical politics and conservative goals". In M. Blinkhorn (org.), *Fascists and Conservatives*. Londres: Unwin Hyman, 1990.

Schleunes, K. *The Twisted Road to Auschwitz: Nazi Policy toward German Jews, 1933-1939*, 2ª ed. Urbana, Illinois: University of Illinois Press, 1990.

Schmidt-Hartmann, E. "People's democracy: The emergence of a Czech political concept in the late ninetheenth century". In S. J. Kirschbaum (org.), *East European History*. Columbus, Ohio: Slavica, 1988.

Schmitt, H. (org.). *Neutral Europe between War and Revolution, 1917-1923*. Charlottesville: University of Virginia Press, 1988.

Schmitter, P. "Still the century of corporatism?" *Review of Politics*, 1974.

Schneider, W. *Die Deutsche Demokratische Partei in der Weimarer Republik 1924-1930*. Munique: Wilhelm Fink, 1978.

Schorske, C. *Fin-de-Siècle Vienna: Politics and Culture*. Nova York: Vintage, 1981.

Schwartz, R. "Nazi wooing of Austrian Social Democracy between Anschluss and war". In Parkinson (org.), *Conquering the Past*, 1989.

Seco, C. "Introduction" a Gil Robles, *Discursos parlamentarios*. Madri: Taurus, 1971.

Segrè, C. *Ital Balbo: A Fascist Life*. Berkeley e Los Angeles: University of California Press, 1987.

Sereny, G. *Albert Speer: His Battle with Truth*. Londres: Macmillan, 1995.

Seton-Watson, C. *Italy from Liberalism to Fascism*. Londres: Methuen, 1967.

Seton-Watson, H. *Eastern Europe between the Wars, 1918-1941*. Nova York: Harper, 1967.

Shapiro, P. "Prelude to dictatorship in Romania: The National Christian Party in power, December 1937-February 1938". *Canadian-American Slavic Studies* 8, 1974.

Shubert, A. *The Road to Revolution in Spain*. Urbana: University of Illinois Press, 1987.

Siegfried, K. J. *Klerikalfaschismus: Zur Entstehung und Sozialen Funktion des Dollfussregimes in Österreich*. Frankfurt: Lang, 1979.

Silverman, D. "National Socialist Economics: The *Wirtschaftswunder* Reconsidered". In B. Eichengreen e T. Hatton (orgs.), *Interwar Unemployment in International Perspective*. Dordrecht: Kluwer, 1988.

Silvestri, C. "Storia del fascismo di Trieste dalle origini alla conquista del potere (1919-1922)". In *Fascismo, guerra, resistenza, lotte politiche e sociali nel Friuli-Venezia Giulia 1918-1943*. Udine: Del Bianco, 1969.

Sima, H. *Histoire du mouvement légionnaire*. Rio de Janeiro: Editora Dacia, 1967.

Snowden, F. "On the social origins of agrarian fascism in Italy". *European Journal of Sociology* 13, 1972.

——. *The Fascist Revolution in Tuscany, 1919-1922*. Cambridge: Cambridge University Press, 1989.

Soucy, R. "French fascism and the Croix de Feu: A dissenting interpretation". *Journal of Contemporary History* 26, nº 1: 159-88, 1991.

Southern, D. "Anti-democratic terror in the Weimar Republic: The Black Reichswehr and the *Feme*-murders". In Mommsen e Hirschfeld (orgs.), *Social Protest, Violence and Terror*, 1982.

Speier, H. *German White-Collar Workers and the Rise of Hitler*. New Haven, Connecticutt: Yale University Press, 1986.

Stachura, P. *Nazi Youth in the Weimar Republic*. Santa Barbara, Califórnia: Clio Books, 1975.

——. "German youth, the youth movement and national socialism in the Weimar Republic". In Stachura (org.), *The Nazi Machtergreifung*, 1983a.

——. "The Nazis, the bourgeoisie and the workers during the *Kampfzeit*". In Stachura (org.), *The Nazi Machtergreifung*, 1983b.

——. "National Socialism and the German proletariat, 1925-1935: Old myths and new perspectives". *Historical Journal* 36, 1993.

Stachura P. (org.) *The Nazi Machtergreifung*. Londres: Allen & Unwin, 1993e.

——. (org.). *Unemployment and the Great Depression in Weimar Germany*. Londres: Macmillan, 1986.

Stadler, K. "Austria". In S. Woolf (org.), *European Fascism*, 2. ed. Londres: Weidenfeld & Nicolson, 1981.

Steinberg, J. "Fascism in the Italian South: The case of Calabria". In Forgacs (org.), *Rethinking Italian Fascism*, 1986.

Steinhoff, J., et al. *Voices from the Third Reich: An Oral History*. Nova York: De Capo, 1989.

Stephan, W. *Aufstieg und Verfall des Linksliberalismus 1918-1933*. Gottingen: Vandenhoeck & Ruprecht, 1973.

Stephens, J. D. "Democratic transition and breakdown in Western Europe, 1870-1939: A test of the Moore thesis". *American Journal of Sociology* 94, 1989.

Sternhell, Z. "Fascist ideology". In Laqueur (org.), *Fascism: A Reader's Guide*, 1976.

——. *Neither Right nor Left: Fascist Ideology in France*. Berkeley e Los Angeles: University of California Press, 1986.

——. *The Birth of Fascist Ideology*. Princeton, Nova Jersey: Princeton University Press, 1994.

Stühlpfarrer, K. "Nazism, the Austrians and the military". In Parkinson (org.), *Conquering the Past*, 1989.

Sturdza, P. *The Suicide of Europe: Memoirs of Prince Michel Sturdza, Former Foreign Minister of Rumania*. Belmont, Massachusetts: Western Islands, 1968.

Suarez Cortina, M. *El fascismo en Asturias (1931-1937)*. Madri: Biblioteca Julia Somoza, 1981.

Suero Roca, T. *Los generales de Franco*. Barcelona: Bruguera, 1975.

——.*Militares republicanos de la guerra de España*. Barcelona: Peninsula, 1981.

Sugar, P. "Conclusion". In Sugar (org.), *Native Fascism*, 1971a.

Sugar, P. (org.). *Native Fascism in the Successor States, 1918-1945*. Santa Barbara, Califórnia: Clio Press, 1971b.

Sühl, K. *SPD und öffentlicher Dienst in der Weimarer Republik*. Opladen: Westdeutscher, 1988.

Sully, M. "The Waldheim connection". In Parkinson (org.), *Conquering the Past*, 1989.

Suzzi, Valli R. "The myth of squadrismo in the fascist regime". *Journal of Contemporary History* 35, 2000.

Sylos Labini, P. "Sviluppo economico e classi sociali". In M. Paci (org.), *Capitalismo e classi sociali in Italia*. Bolonha: Il Mulino, 1978.

Szelenyi, B. "German Burghers in Sixteenth-Nineteenth Century Hungary." Tese de doutorado, Universidade da Califórnia, Los Angeles, 1998.

Sznajder, M. "The fascist regime, anti-semitism and the racial laws in Italy". In Wistrich e DellaPergola (orgs.), *Fascist Antisemitism*, 1995.

Szöllösi-Janze, M. *Die Pfeilkreuzlerbewegung in Ungarn*. Munique: Oldenbourg, 1989.

Szymanski, A. "Fascism, industrialism and socialism: The case of Italy". *Comparative Studies in Society and History*, 15, 1973.

Taggart, P. "New populist parties in western Europe". *West European Politics* 18, 1995.

Tapia, A. R. "La justificación ideológica del 'Alzamiento'". In Tapia, *Violencia y terror: Estudios sobre la guerra civil española*. Torrejon de Ardoz: Akal, 1990.

Tasca, A. *The Rise of Italian Fascism, 1919-1922*. Nova York: Gordon Press, 1976. Publicado originalmente em 1938. Esta reimpressão foi publicada sob o pseudônimo A. Rossi.

Therborn, G. "The rule of capital and the rise of democracy". *New Left Review*, nº 103, 1977.

Theweleit, K. *Male Fantasies*, 2 vols. Minneapolis: University of Minnesota Press.

Thomas, H. 1987, 1989. *The Spanish Civil War*. Londres: Eyre & Spottiswoode, 1977.

Tilly, C. *The Formation of National States in Western Europe*. Princeton, Nova Jersey: Princeton University Press, 1975.

——. *Coercion, Capital and European States*. Oxford: Blackwell, 1990.

Townson, N. "Algunas consideraciones sobre el proyecto 'republicano' del Partido Radical". In Tuñón de Lara (org.), *La II república española*, 1988.

Treptow, K. et al. *A History of Romania*. Nova York: Columbia University Press, 1996.

Tuñón de Lara, M. *El movimiento obrero en la historia de España*. Madri: Taurus, 1972.

——. *Luchas obreras y campesinas del siglo XX: Jaén (1917-1920), Sevilla (1930-1932)*. Madri: Siglo XXI, 1978.

——. *Tres claves de la segunda república*. Madri: Alianza, 1985.

Tuñón de Lara, M. (org.). *La II república española: Bienio rectificador y frente popular, 1934-1936*. Madri: Siglo XXI, 1988.

Turner, H. A. *German Big Business and the Rise of Hitler*. Nova York: Oxford University Press, 1985.

Turner, H. A. (org.). *Hitler — Memoir of a Confidant*. New Haven, Connecticutt: Yale University Press, 1984.

Tusell Gómez, J. *La segunda república en Madri: Elecciones y partidos politicos*. Madri: Technos, 1970.

——. *Las elecciones del frente popular en España*. Madri: Cuadernos para el Diálogo, 1971.

——. *Historia de la democracia cristiana en España*. Madri, 1974.

——. *Oligarquia y caciquismo en Andalucia (1890-1923)*. Barcelona: Editorial Planeta, 1976.

Tusell Gómez, J., et al. *Estudios sobre la derecha española contemporánea*. Madri: UNED, 1993.

Vago, R. "Eastern Europe". In D. Mühlberger (org.), *The Social Basis of European Fascist Movements*. Londres: CroomHelm, 1987.

Vago, R. (org.) *The Shadow of the Swastika*. Londres: Saxon House, 1975.

Varela, Diaz, S. *Partidos y parlamento en la II república española*. Madri: Fundación Juan March, 1978.

Vega, E. *Anarquistas y sindicalistas 1931-1936*. Valencia: Edicions Alfons el Magnánim, 1987.

Veiga, F. *La Mística del Ultranacionalismo*. Barcelona: Universitat Autónoma de Barcelona, 1989.

Verdery, K. *Transylvanian Villagers: Three Centuries of Political, Economic and Ethnic Change*. Berkeley e Los Angeles: University of California Press, 1983.

Vilanova, M. *Atlas electoral de Catalunya durant la segona república*. Barcelona: Magrana, 1986.

Vincent, M. "The Spanish church and the Popular Front: The experience of Salamanca province". In Alexander e Graham (orgs.), *French and Spanish Popular Fronts*, 1989.

Volovici, L. *Nationalist Ideology and Anti-Semitism: The Case of Romanian Intellectuals in the 1930s*. Oxford: Pergamon, 1991.

Watts, L. *Romanian Cassandra: Ion Antonescu and the Struggle for Reform, 1916-1941*. Nova York: Columbia University Press, 1993.

Weber, E. *Varieties of Fascism*. Princeton, Nova Jersey: Van Nostrand, 1964.

——. "The Men of the Archangel". *Journal of Contemporary History* I, 1966a.

——. "Romania". In H. Rogger e E Weber (orgs.), *The European Right: A Historical Profile*. Londres: Weidenfeld & Nicholson, 1966b.

——. "Revolution? Counterrevolution? What revolution?" In W. Laqueur (org.), *Fascism: A Reader's Guide*, 1976.

Weber, H. *Die Wandlung der deutschen Kommunismus*, 2 vols. Frankfurt: Europaische Verlagsanstalt, 1969.

Webster, A. "The Romanian Legionary Movement". *Carl Beck Papers, Center for Russian and East European Sudies, University of Pittsburgh*, nº 502, 1986.

Wegner, B. *The Waffen-SS*. Oxford: Blackwell, 1990.

Weinberg, L. "The MSI and the fascist heritage in Italy: The persistence of a neofascist party in the post fascist context". In Larsen e Hagtvet (orgs.), *Modern Europe after Fascism*, 1998.

Weiss, L. *Creating Capitalism*. Oxford: Blackwell, 1988.

Weisbrod, B. "The crisis of bourgeois society in interwar Germany". In R. Bessel (org.), *Fascist Italy and Nazi Germany: Comparisons and Contrasts*. Cambridge: Cambridge University Press, 1996.

Wessely, A. "From the labour movement to the Fascist Government: The End of the Road by Lajos Kassák". In S. Larsen et al. (orgs.), *Fascism and European Literature*. Bern: Peter Lang, 1991.

Whiteside, A. "Austria". In H. Rogger e E. Weber (orgs.), *The European Right: A Historical Profile*. Berkeley e Los Angeles: University of California Press, 1966.

Wickham, J. "Working-class movement and working-class life: Frankfurt am Main during the Weimar Republic". *Social History* 8, 1983.

Wieviorka, M. *Racisme et xénophobie en Europe: Une comparaison internationale*. Paris: La Découverte, 1994.

Willems, H. "Right-wing extremism, race or youth violence? Explaining violence against foreigners in Germany". *New Community* 21: 501-23, 1995.

Willson, P. "Women in Fascist Italy". In Bessel (org.), *Fascist Italy and Nazi Germany*, 1996.

Wiltschegg, W. *Die Heimwehr*. Munique: Oldenbourg, 1985.

Wimmer, A. "Explaining racism and xenophobia: A critical review of current research approaches". *Ethnic and Racial Studies* 20: 17-41, 1997.

Winston, C. *Workers and the Right in Spain, 1900-1936*. Princeton, Nova Jersey: Princeton University Press, 1985.

Wistrich, R. e S. DellaPergola (orgs.). *Fascist Antisemitism and the Italian Jews*. Jerusalém: Vidal Sassoon International Center, 1995.

Wohl, R. *The Generation of 1914*. Cambridge, Massachusetts: Harvard University Press, 1979.

Yavetz, Z. "An eyewitness note: Reflections on the Rumanian Iron Guard". *Journal of Contemporary History* 26, 1991.

Zach, K. e C. Zach. "Romanian fascism and communist take-over". In S. U. Larsen e B. Hagtvet (orgs.), *Modern Europe after Fascism 1943-1980s*. Nova York: Columbia University Press, 1998.

Zamagni, V. "Distribuzione del reddito e classi sociali nell'Italia fra le due guerre". *Annali della Fondazione Giagiacomo Feltrinelli* 20, 1979-80.

Ziegler, H. *Nazi Germany's New Aristocracy. The SS Leadership, 1925-39*. Princeton, Nova Jersey: Princeton University Press, 1989.

Zofka, Z. "Between Bauernbund and National Socialism: The political orientation of the peasants in the final phase of the Weimar Republic". In Childers (org.), *The Formation of the Nazi Constituency*, 1986.

Zuccotti, S. *The Italians and the Holocaust*. Nova York: Basic Books, 1987.

Índice

Este livro foi composto na tipologia Minion,
em corpo 11,5/15, e impresso em papel off-white
80g/m² no Sistema Cameron da Divisão Gráfica
da Distribuidora Record.